Eleonore Bock

Meine Augen haben dich geschaut

Eleonore Bock

Meine Augen haben dich geschaut

Mystik in den Religionen der Welt

BENZIGER

CIP - Titelaufnahme der Deutschen Bibliothek
Bock, Eleonore:
Meine Augen haben dich geschaut : Mystik in den Religionen der Welt / Eleonore Bock. - Zürich : Benziger, 1991
ISBN 3-545-25080-6

ISBN 3 545 25080 6

Dem Andenken

Albert Schweitzers

gewidmet

Inhalt

Vorwort

Mit diesem Buch wird der Versuch unternommen, eine leichtverständliche Einführung in ein weites Gebiet des menschlichen Geisteslebens zu geben. Das Hauptanliegen ist die Beschreibung der vier großen Religionen Hinduismus, Buddhismus, Islam und Christentum und der mit ihnen verbundenen mystischen Strömungen. Da der Begriff der »Mystik« im heutigen Sprachgebrauch überaus uneinheitlich verwendet wird, wird er auf seinen ursprünglichen Inhalt zurückgeführt und klar definiert. Dadurch ergibt sich eine Abgrenzung zu manchen anderen Erfahrungen, die oft als »mystisch« bezeichnet werden, aber außerhalb der hier gewählten Definition liegen.

Die indische religiöse Denkweise kommt nicht nur im Hinduismus und Buddhismus zum Ausdruck (vom Jainismus sei abgesehen), sondern ist stark auch von den Yoga-Lehren geprägt worden, welche in einer Parallelentwicklung entstanden sind. Diese können teils als religiös gefärbte, teils als areligiöse Mystik aufgefaßt werden, sofern man von den mehr technischen Anfangsstufen zu den höheren Bewußtseinsebenen vordringt. Das gewählte Thema wurde daher durch den Abschnitt »Yoga« erweitert.

Eine isolierte Betrachtung des Islams und des Christentums ohne Berücksichtigung des Judaismus und der griechischen Philosophie hätte ein nur sehr unvollständiges Bild ergeben. Das Christentum hat vom Judaismus die Heilige Schrift und wesentliche Inhalte der Lehre übernommen. Es hat weiterhin in einer jahrhundertelangen Auseinandersetzung mit der griechischen Philosophie gestanden und von dieser zahlreiche Ideen und Denkmethoden entlehnt. Und schließlich wurde die mittelalterliche christliche Mystik erst durch die mystische Philosophie des Neuplatonismus eigentlich ins Leben gerufen.

Der Islam entstand in einem Milieu, in dem neben den arabischen Stämmen eine starke jüdische Minderheit anwesend war, außerdem bestanden Beziehungen zum christlichen Äthiopien. So lassen sich denn auch viele jüdische und manche christliche Züge in der Religion Muhammads nachweisen. Nach der Berührung mit Byzanz hat auch der Islam sich mit der griechischen Philosophie beschäftigen müssen.

Im Mittelmeerraum besteht somit ein ausgedehntes Ideen-Geflecht zwischen der Philosophie und den dortigen Hauptreligionen. Anscheinend hat der indische Kulturkreis kaum etwas zu diesen Entwicklungen beigetragen, wie aus dem fast völligen Fehlen von Berichten über Indien im Altertum zu schließen ist. Doch dürfte die Ausdehnung des Alexanderreiches bis nach Nordindien auch bis zu einem gewissen Grade zu einem kulturellen Austauch geführt haben, der wohl im beiden Richtungen verlaufen sein wird. Die indischen Denker haben aber ihre religiösen, mystischen und philosophischen Systeme zweifellos im wesentlichen selbständig (und z. T. vor der Alexanderzeit) entwickelt.

Das vorliegende Buch will in keinem der verschiedenen Abschnitte eine ausführliche Darstellung des behandelten Gebietes geben. Es wird vielmehr versucht, an Hand von ausgewählten Beispielen die wichtigsten Entwicklungen anzudeuten. Die Ausführungen sind für den interessierten Laien gedacht; dem Fachmann können und wollen sie nichts bieten. Die Literatur der besprochenen Gebiete ist für den Einzelnen nicht mehr übersehbar. Es werden daher nur verhältnismäßig wenige Werke nach subjektiver Auswahl angeführt.

Herr Dr. Syed Laik Ali und Frau Rafia Ali (Bad Vilbel), Herr A.Marck (Moledet/Israel), Frau L.Noam (St.Legier) sowie Herr W.G.Prins (Chailly sur Clarens) hatten die Güte, einzelne Kapitel kritisch durchzusehen, sind aber selbstverständlich für Mängel im Plan und in der Ausführung des Werkes nicht verantwortlich. Herr G.de Beauclair (Freiburg/Br.), Frau I.Fresenius (Wiesbaden) und Herr D.Saur (Mainz) waren in liebenswürdiger Weise anderweitig behilflich. Infolge schwerer Erkrankung konnte ich das Manuskript nicht druckfertig erstellen; diese Aufgabe übernahm mein Mann. Allen Genannten sei auch an dieser Stelle herzlich gedankt.

Freiburg im Breisgau, Frühjahr 1990

E.B.

1. Einleitung; Definition der Mystik; Verhältnis von Religion und Mystik

Religion bedeutet dem Sinne nach »Bindung«. Gemeint ist damit das Verhältnis des Menschen zu übersinnlichen Mächten, von denen er sich abhängig fühlt. Angst vor Naturgewalten und Ohnmacht gegenüber Krankheit und Tod, aber auch Staunen über das Zweckmäßige in der Natur und Dankbarkeit für ihre Gaben haben wohl seit Urzeiten den Glauben an die Existenz solcher Wesenheiten hervorgerufen. Diese bestimmen das Schicksal des Menschen weitgehend oder in allen Einzelheiten. Man muß ihnen für Wohltaten danken und sie um Abwendung von Unglück bitten. Die Verbindung des Einzelnen zu diesen Mächten übernahmen bestimmte Personen, die dadurch in der Gemeinschaft eine Sonderstellung erhielten: Die Priester, Medizinmänner, Zauberer, Magier oder Schamanen.

Es gibt Religionen, deren Ursprung sich im Dunkel der Urzeit verliert (z.B. Hinduismus); bei anderen kennt man die Person des Stifters (Buddhismus, Christentum, Islam). In allen bestehen – entweder von Anfang an oder nach einer längeren Entwicklung – festgelegte Formen, in denen sich die Religiosität der Anhänger ausdrückt. Dies sind Riten, Kult und Gottesdienstordnung. Die äußeren Formen der Gottesverehrung beruhen wenigstens teilweise auf den Lehren, welche den eigentlichen Inhalt der Religion bilden.

Im allgemeinen sind die für die Ausübung der Zeremonien Verantwortlichen bestrebt, die einmal eingeführte Lehre und die Art des Gottesdienstes unverändert zu lassen. So hat sich z.B. in der katholischen Kirche ein Dogmengerüst – ähnlich den Axiomensystemen der Mathematik – herausgebildet, welches nicht mehr geändert (höchstens ergänzt) werden kann. Manche Religionen haben sich dadurch als außerordentlich beständig erwiesen und z.T. mehrere Jahrtausende überdauert. Trotzdem sind in wohl allen Religionen im Laufe der Zeit Änderungen eingetreten, die teils durch freiwilliges Übernehmen fremder Ideen, teils durch äußere Einflüsse und teils durch Fortschritte in Philosophie und Naturwissenschaften bewirkt wurden.

Trotz allen äußeren Verschiedenheiten der Religionen weisen die meisten von ihnen (vor allem die vier Weltreligionen Hinduismus, Buddhismus, Christentum und Islam) auch gemeinsame Züge auf, von denen nur der Begriff des Göttlichen und das Aufgreifen von allgemeinen ethischen Fragen erwähnt werden sollen.

Der zentrale Begriff jeder Religion ist der des Gottes oder des Göttlichen. Gerade dieser Begriff weist aber ganz unterschiedliche Ausprägungen auf. Zunächst kann das Göttliche in Gestalt eines konkreten Dinges, sei es ein Stein, ein Baum, ein Bild oder eine Statue, verehrt werden. Selbst bei dieser Art der Religiosität gibt es wesentliche Unterschiede: Das dargestellte materielle Wesen kann als solches angebetet werden; es kann als Abbild eines Gottes aufgefaßt werden, der für den Menschen unsichtbar bleibt, und auf einer abstrahierenden weiteren Ebene kann es ein Symbol für ein nicht beschreibbares Göttliches sein.

Mit der zuletzt genannten Form ist bereits eine Stufe erreicht, in welcher das Göttliche nicht mehr mit allzu konkreten Eigenschaften versehen ist. Eine weitere Abstrahierung findet man in Religionen, die jede Darstellung des Göttlichen ablehnen, diesem aber noch Eigenschaften zuerkennen, die menschlicher Denkweise entstammen. So wird Ahura Mazda im Zoroastrismus mit dem Licht verbunden, Gott im Judaismus mit der Gerechtigkeit und im Christentum mit der Menschenliebe.

Die endgültige Abstraktion wird mit einem völlig transzendenten Gottesbegriff erreicht. Das Göttliche besitzt dann keinerlei Wesenszüge mehr, die menschlichem Vorstellungsvermögen zugänglich sind. Es ist eigenschaftslos, undenkbar und frei von jeglicher Aktivität, es ruht in sich selbst. Dieser Gottesbegriff bringt allerdings die Schwierigkeit mit sich, daß jedes Einwirken Gottes auf die Welt und jede Verbindung zwischen ihm und dem Menschen ausgeschlossen sind. Eine derartige Auffassung muß den Religionen fremd sein, die gerade die Beziehung des Menschen zu Gott betrachten und zu klären versuchen. Um die beiden gegensätzlichen Vorstellungen, die des inaktiven, ruhenden Gottes und die des aktiven Schöpfergottes, miteinander in Einklang zu bringen, werden zusätzliche Wesen eingeführt, die eine vermittelnde Rolle zwischen dem transzendenten Gott und der materiellen Welt übernehmen. Je nach Glaubensrichtung sind das »Aspekte« Gottes, geistige Prinzipien, »Emanationen«, ein »Demiurg«, Engel, »Logoi« u.a.m. In monotheistischen Religionen ist dabei immer die Einheit Gottes zu wahren.

In der Regel wird in einer Religion auch eine bestimmte Auffassung vom Göttlichen vertreten, so daß unter den Gläubigen eine im wesentlichen einheitliche Gottesvorstellung vorhanden sein wird. Doch lassen sich individuelle Unterschiede in der Denkweise der einzelnen Anhänger nie völlig ausschalten; manche werden einer mehr konkreten Gottesgestalt zugeneigt sein, während andere stärker einer abstrakten Idee anhängen. Die äußere Zugehörigkeit zur Religionsgemeinschaft pflegt davon nicht beeinflußt zu werden; sie wird vor allem durch Annahme der wesentlichen Inhalte der Lehre und durch Beachten des Kultes bestimmt. So wird sich z.B. die Religiosität eines christlichen Indianers, der in der Woche zu seinen alten Göttern und sonntags zu Jesus Christus und der Jungfrau Maria betet, erheblich von der eines religionsphilosophisch geschulten Jesuiten unterscheiden. Aber beide glauben, daß Jesus der

Sohn Gottes und der Messias ist. Sie stimmen in den grundlegenden Artikeln überein, und sie beide sind daher Christen.

Die in jeder Religion vorhandenen ethischen Elemente sollen das Zusammenleben der Gläubigen ermöglichen, sie werden vom göttlichen Willen abgeleitet. Das Befolgen ihrer Regeln ergibt innere Sicherheit, es verbindet den Menschen mit dem Göttlichen. Die Vorschriften, die aus allgemeinen ethischen Auffassungen abgeleitet werden, sind natürlich je nach Religion unterschiedlich ausgebildet.

So wendet sich z.B. der gläubige Hindu von allem Tun ab, das nicht mit der Ausübung der Religion verbunden ist, vermeidet verwerfliche Handlungen und verachtet alle Tätigkeiten, die nur der Befriedigung äußerer Bedürfnisse dienen. Die Abkehr von irdischen Freuden befähigt ihn, Not und Elend gelassen auf sich zu nehmen.

Der Buddhist verzichtet ebenfalls auf alles, was begehrenswert erscheint. Freiheit von jeglicher Begierde läßt ihn gleichmütig alle Wechselfälle des Lebens ertragen.

Der Moslem ist bestrebt, alle Gesetze seiner Religion zu befolgen und sich ohne Murren geduldig in das ihm von Gott bestimmte Schicksal zu fügen.

Der Christ strebt nach Freiheit von Schuld und Sünde, nach einem reinen Gewissen. Er bereut seine Fehler und hofft voller Demut auf Vergebung durch die Gnade Gottes. Der Glaube, daß Gott ihn beschützt und ihm beisteht, bewahrt ihn vor Verzweiflung im Unglück.

In den hier beschriebenen (und in anderen) Religionen, ferner auch außerhalb von Religionsgemeinschaften hat es immer wieder einzelne Persönlichkeiten gegeben, denen besondere seelische Erlebnisse zuteil wurden. Diese sind in Ausnahmefällen als plötzliche innere »Erleuchtung« aufgetreten, waren in der Regel aber erst das Ergebnis eines langen Ringens um letzte Wahrheiten. Die zu solchen Erlebnissen Befähigten sind die sogen. »Mystiker«, ihre Erlebnisse werden als »Mystik« bezeichnet (nach dem griechischen Wort »myein«: die Augen schließen).

Definition der Mystik

Es gibt verschiedene Definitionen des Begriffes »Mystik«, und es gibt sogar die Ansicht, daß eine allgemein gültige Definition dieses Begriffes überhaupt nicht möglich wäre, da seine Ausformung in jeder Religion und in jedem Kulturkreis einmalig sei. Anderseits wird aber auch die Meinung vertreten, daß alle mystischen Erlebnisse im Grunde einander gleichen würden und daß die Mystik die über allen Religionen stehende gemeinsame Wurzel des Religiösen sei. Im Folgenden soll versucht werden, einige wesentliche Gemeinsamkeiten im Erleben verschiedener Mystiker herauszustellen; solche Gemeinsamkeiten lassen sich trotz aller Unterschiede im Einzelnen erkennen und zur Definition der Mystik verwenden.

Fast alle Mystiker, die sich über ihre Erlebnisse geäußert haben, berichten über eine schrittweise erfolgende Änderung ihres Bewußtseins oder ihrer seelischen Struktur. Das Ergebnis ist eine Umwandlung ihres Wesens, das aus dem Alltagsleben heraus zu einer anderen, als höher empfundenen Ebene geführt wird. Fast immer wird aber auch betont, daß nur wenige diesen »mystischen Weg« bis zu den letzten Stufen zurücklegen können. Die große Mehrheit der Menschen ist zu mystischen Erfahrungen nicht befähigt oder ist nicht gewillt, die Beschwernisse dieses Weges auf sich zu nehmen. Selbst von denen, die die Begabung und den Willen dazu besitzen, bleiben viele auf einer der unteren Stufen stehen und können die letzten Erfahrungen nicht erlangen. Der mystische Weg besteht vor allem in verschiedenen Methoden und Vertiefungen der Meditation. Er kann bis zu einem gewissen Grade gelehrt werden; besonders im indischen und im islamischen Kulturkreis wird die Notwendigkeit eines geistigen Führers, eines Gurus oder Pirs, betont. Ohne dessen Hilfe und Anleitung kann der Anfänger keine Fortschritte erzielen oder sogar Schaden nehmen, er muß sich aber auf den höheren Stufen wieder von ihm lösen.

Es sei nochmals auf die Betrachtungen über die unterschiedliche Religiosität von Anhängern ein und derselben Religionsgemeinschaft hingewiesen: Trotz aller Unterschiede lassen sich Gläubige eindeutig einer bestimmten Religion zuordnen, wenn sie grundlegende Glaubenssätze anerkennen, Glaubensgrundsätze, die ihre Religion gegen alle anderen Religionen abgrenzen. Ähnlich verhält es sich mit den Mystikern: Auch bei ihnen gibt es ein breites Spektrum von Ausprägungen in den Anschauungen und Erlebnissen, und es ist nach den Zügen zu fragen, die ihnen allen gemeinsam zukommen.

Als Grundlage der Definition der Mystik soll der mystische Weg dienen, der häufig ausführlich beschrieben wird und der bei aller unterschiedlichen Anzahl und Benennung der einzelnen Stufen doch auch einige immer wiederkehrende Merkmale aufweist:

1) Aufgeben allen Besitzes;
2) Aufgeben aller menschlichen Bindungen;
3) Erreichen eines Zustandes der Emotionslosigkeit;
4) Erreichen eines als glückhaft empfundenen Zustandes inneren Friedens;
5) Aufgeben des »Ichs«, der eigenen Persönlichkeit;
6) Einswerden von Objekt und Subjekt (Verschwinden aller Unterschiede, sogen. »Einheitserlebnis«);
7) Erreichen eines höchsten, mit den Ausdrucksmitteln der menschlichen Sprache nicht beschreibbaren Zustandes.

Man findet noch zahlreiche Zwischenstufen, z.B. das Verschwinden des Zeit- und Raumgefühls, das Erlebnis von etwas »Ankommendem« oder »Umfassendem« u.a.m., auch brauchen nicht alle Stufen durchlaufen zu werden. Die obige Aufstellung dürfte jedoch die Stationen wiedergeben, die immer oder fast immer beschrieben werden. Die ersten Stufen des mystischen Weges muß jeder Mystiker zurücklegen, doch sind sie ohne weitere Schritte oder Erlebnisse noch nicht zur Charakterisierung der Mystik ausreichend. Auch der Mönch und der Asket geben Besitz und menschliche Bindungen auf, auch sie können zu Leidenschaftslosigkeit, zu innerem Frieden und zu einem Zustand der Glückseligkeit gelangen, ohne daß man sie deshalb als Mystiker ansehen müßte.

Auf diesen ersten Stufen des Weges treten bei manchen Meditierenden Visionen, Lichterscheinungen, das Hören von Stimmen u.dgl. auf, die – wenn sie religiös gefärbt sind – meist als mystische Ereignisse angesehen werden. Ein typisches Beispiel aus dem christlichen Bereich möge genügen:

> »Er (Jesus) bat mich zu glauben, daß er mich nicht vergessen habe. Er würde mich nie verlassen, aber ich müsse auch alles in meinen Kräften Stehende tun. Unser Herr sagte all' dies mit großer Sanftheit und Süße. Er sprach auch weiter sehr gnadenvolle Worte, die ich nicht wiederzugeben brauche. Seine Herrlichkeit zeigte mir weiter seine große Liebe zu mir und sprach oft zu mir: 'Du bist mein, und ich bin dein' ...« [1].

Bei derartigen Erfahrungen handelt es sich um eine tiefgläubige, schwärmerische Religiosität mit inniger Liebe zum Göttlichen, die oft noch mit Askese und Kasteiung verbunden ist. Solche Erlebnisse sind selbstverständlich immer durch die Religion, die Lebensumstände oder die philosophischen Anschauungen des Betroffenen gefärbt. Wenn man sie als Mystik oder als mystische Erfahrungen definiert, so unterscheidet sich tatsächlich die Mystik jeder Religion und jeder Kultur von der Mystik aller anderen Kulturen und Religionen.

Bei einer zweiten, gänzlich anderen Definition werden nur die drei letzten Stufen des oben angeführten Weges – das Aufgeben des Ichs, das Einheitserlebnis und das nicht beschreibbare letzte Erlebnis – als für die Mystik charakteristisch angesehen. Die inneren Erfahrungen auf diesen Stationen des Weges werden von Mystikern unterschiedlichen Herkommens und verschiedener Religionen im wesentlichen übereinstimmend wiedergegeben; sie mögen in Nuancen voneinander abweichen, sind aber offenbar doch letzten Endes gleichartig. Die letzte Stufe, die vermutlich mit dem Einheitserlebnis zusammenhängt, wird zwar unterschiedlich benannt: In den monotheistischen Religionen wird sie als »Vereinigung mit Gott« oder als »Vereinigung mit dem Göttlichen« (unio mystica), gelegentlich auch als »Erfahren der Nähe Gottes« bezeichnet; im Hinduismus spricht man vom Erlebnis der »Einheit des Atman mit dem Brahman« (der Einzelseele mit der Weltseele), im Buddhismus von dem »Eingehen ins Nirvana«, im Taoismus vom »Einswerden mit dem Tao«. Unterschiedliche Benennungen eines an sich nicht beschreibbaren Erlebnisses besagen aber nicht, daß diesem jeweils auch verschiedene Erfahrungen zugrunde liegen. Man kann daher mit guten Gründen annehmen, daß es sich immer um die gleichen oder doch um einander sehr ähnliche Erlebnisse handelt (allerdings läßt sich diese Annahme weder beweisen noch widerlegen). Die letzten Stufen des mystischen Weges bewirken im Erlebenden eine Bewußtseinsumwandlung; seine Lebensführung und seine Einstellung zu den Dingen des gewöhnlichen Lebens verändern sich grundlegend. Diese Umwandlung ist von Dauer, im Gegensatz zu gelegentlich beschriebenen ähnlichen, aber flüchtigen Erlebnissen mancher sensibler Personen.

Der wesentliche Unterschied dieser zweiten Definition gegenüber der zuerst angeführten besteht in der Wertung von Visionen u.ä. Erlebnissen: Solche Erscheinungen werden als zu überwindende Vorstufen angesehen, da sie immer etwas Ichbezogenes einer bewußt und subjektiv empfindenden Persönlichkeit sind. Mystik liegt nach der zweiten Definition aber erst dann vor, wenn alle individuellen Empfindungen im Zustand der Versenkung ausgelöscht sind. Auch der Zustand innerer Freude ist nur eine Vorstufe auf dem Wege, und auch auf dieser Stufe soll der Mystiker nicht stehen bleiben, sondern soll sie fortschreitend überwinden.

Der mystische Weg ist ein Weg der inneren Schau. Er wird gerade von tief religiös Empfindenden, die kontemplativ veranlagt sind, beschritten; das erklärt die starke Bindung vieler Mystiker an ihre angestammte Religion. Anderseits tritt gerade in den letzten Stufen des Weges (bei der zweiten Definition der Mystik) das Religiöse weitgehend zurück. Weder die Auflösung des Ichs noch das Einheitserlebnis haben im Grunde etwas mit Religion zu tun, und die letzte, unbeschreibbare Stufe kann ebenso areligiös wie in religiösem Kontext erlebt werden. Sie wird von religiös gebundenen Mystikern im Nachhinein wohl immer religiös gedeutet. Es gibt daher – bei Annahme der zweiten Mystik-Definition – auch eine areligiöse Mystik. Die scheinbar unvereinbaren gegensätzlichen Auffassungen über das Wesen der Mystik beruhen demnach nur auf unterschiedlichen Definitionen, die beide nebeneinander stehen. Die zuerst genannte Definition umfaßt einen verhältnismäßig großen Kreis von Mystikern, die meist schwärmerisch veranlagt sind und die wohl immer über die Religion zur Mystik gelangen; sie erleben ihre Religiosität in Visionen und in Unterredungen mit göttlichen oder heiligen Wesen.

Die zweite Mystik-Definition ist durch wesentlich schwerer zu erreichende Stufen der Bewußtseinsumformung gekennzeichnet. Diese können in der Regel nur durch jahrelanges, intensives Bemühen unter Anleitung eines hervorragenden Lehrers gemeistert werden. Der hierfür geeignete Personenkreis ist viel kleiner, anderseits werden damit auch Mystiker erfaßt, die auf außerreligiösem

Wege zu den höchsten mystischen Erlebnissen gelangen. Nur diese schärfere (oder engere) Definition der Mystik soll im folgenden berücksichtigt werden.

Außer den erwähnten Visionen und akustischen Erlebnissen gibt es eine ganze Reihe von seelischen Erlebnissen, die ebenfalls nicht zur Mystik gehören:

Der *Rauschzustand nach Drogengenuß* ruft Illusionen, Visionen und Halluzinationen hervor, die beglückend oder beängstigend sein können. Sie sind daher ich-bezogen. Beim Genuß des mexikanischen Peyote-Pilzes werden Erfahrungen der Beseitigung des Ichs als Persönlichkeit, Verschmelzen von Subjekt und Objekt und die Vereinigung des Ichs mit der Welt beschrieben [2]. Derartige Erfahrungen ähneln offenbar denen von echten Mystikern, doch sind die Begleitumstände völlig verschieden. In der mystischen Versenkung liegen anders als nach Drogengenuß völlige innere Ruhe und Beziehungslosigkeit zum Ich und zur Außenwelt vor. Weiterhin führt längerer Drogengenuß im Gegensatz zur mystischen Versenkung zu körperlicher und geistiger Zerrüttung.

Hypnotische Zustände unterscheiden sich von mystischer Versenkung vor allem dadurch, daß sie in der Regel durch äußere Beeinflussung herbeigeführt werden und im Hypnotisierten bestimmte Vorstellungen oder Illusionen hervorrufen. Nach dem Aufhören der Hypnose hat sich auch das ursprüngliche Bewußtsein der Versuchsperson nicht verändert. Die mystische Versenkung ist dagegen eine Schau in das Innere des Mystikers, sie bedingt die Selbstaufgabe und bewirkt eine bleibende Bewußtseinsänderung.

Etwas anderes sind hypnotische Kräfte, mit denen manche Mystiker (Yogis) dritte Personen beeinflussen können. Diese gehören zu den später zu besprechenden »außergewöhnlichen Fähigkeiten«, die bei manchen Mystikern in den höheren Versenkungsstufen auftreten sollen, die aber nur ein Nebenergebnis auf dem Wege zur höchsten Stufe darstellen.

Ekstase und Trance sind schamanische Erfahrungen, die in vielen Kulturen von besonders veranlagten, oft psychisch labilen Personen erlebt werden. Sie werden gewöhnlich bewußt durch exzessive körperliche Anstrengung, z.B. durch Tanz, herbeigeführt. Dabei glaubt man oft, daß die Seele in der Ekstase den Körper verließe und sich auf eine Reise durch Himmel und Hölle begäbe, oder auch, daß ein Dämon dem Besessenen seinen Willen aufzwingen würde. Ekstase ist demnach etwas Unkontrolliertes; sie hat nichts mit mystischem Erleben zu tun, bei dem im Gegenteil höchste Konzentration vorliegt.

Im Trance-Zustand können besondere seelische Kräfte auftreten, die zum Wahrsagen oder zu Krankenheilungen befähigen. Es gibt auch in der Mystik Beschreibungen von Trancen (vor allem im Yoga), doch werden derartige vorübergehende Zustände den niederen Stufen des Weges zugeordnet. Sie sind mit fortschreitender Bewußtseinsumwandlung zu überwinden.

Der Ausdruck »Ekstase« wird häufig für die höchste mystische Versenkungsstufe gewählt, doch soll er in diesem Buch nicht hierfür angewendet werden (außer in wörtlichen Zitaten).

Ohnmacht (Bewußtlosigkeit) tritt auf Grund von krankhaften körperlichen Vorgängen, seltener durch seelische Emotionen ohne willentliche Beeinflussung ein. Bis zu einem gewissen Grade kann sich dieser Zustand den Erfahrungen auf den höheren Stufen des mystischen Weges nähern. Die durch Sauerstoffmangel im Gehirn verursachte Ohnmacht läßt sich mit Zuständen vergleichen, die bei manchen Meditationstechniken mit absichtlich herabgesetzter Atmung auftreten. Ferner ist bekannt, daß aus tiefster

Bewußtlosigkeit mit Annäherung an den Tod Wiedererwachte sich manchmal an ein Glücksgefühl erinnern, welches möglicherweise dem der Freude in den tieferen Stufen der Mystik ähnelt. Aber eine Ohnmacht hinterläßt keine bleibende charakterliche Veränderung, und außerdem ist das Glücksgefühl in der Mystik nur eine unwesentliche Nebenerscheinung.

Verhältnis von Religion und Mystik

Der Gottesbegriff des Mystikers ist wohl immer transzendent, wie man aus der Unbeschreibbarkeit der letzten mystischen Erfahrung entnehmen kann. Gewöhnlich ergibt sich dann die Erkenntnis, daß der Gottheit nicht mit äußeren Ritualen, mit Gebeten, Schriften oder mit guten Werken gedient werden kann. So sagte z.B. Thomas v. Aquin am Ende seines Lebens:

> »Alles, was ich geschrieben habe, kommt mir vor wie Stroh ... Alles kommt mir vor wie Stroh – verglichen mit dem, was ich geschaut habe« [3].

Der Mystiker steht gewissermaßen über allen religiösen Vorschriften, ja sogar über allen ethischen und moralischen Gesetzen, da er ihrer nicht mehr bedarf. Wenn der Mystiker aber derartige Ansichten laut äußert, so pflegt er bei Nichtmystikern und vor allem bei den Autoritäten seiner Religionsgemeinschaft Anstoß zu erregen. Und schließlich haben sich manche Mystiker zu Äußerungen hinreißen lassen, die sich auf ihre letzte Erfahrung beziehen, die aber von gewöhnlichen Menschen nicht verstanden werden können und von ihnen als Blasphemie angesehen werden müssen. Gemeint sind Aussagen wie »Ich bin das Licht« oder »Ich bin die Wahrheit« oder letzten Endes »Ich bin Gott«.

Da der Mystiker über die Lehren seiner Religion hinauszugelangen pflegt und zu ungewöhnlichen, der Häresie verdächtigen Ansichten kommt, ist in der Regel Konfliktstoff mit seiner Kirche oder Religionsgemeinschaft gegeben. Anderseits bejahen fast alle religiös gebundenen Mystiker ihre angestammte Religion und haben keineswegs die Absicht, sich von ihr zu lösen. Diesen Zwiespalt haben sie auf verschiedene Weise zu vermeiden oder zu beseitigen versucht:

Am einfachsten ist es, über alle mystischen Erfahrungen zu schweigen, und zweifellos sind viele Mystiker diesen Weg gegangen. Andere aber haben das Bedürfnis gespürt, ihre Erlebnisse – soweit möglich – den Mitmenschen zu vermitteln, auch wenn sie sich der Gefahren bewußt waren:

> »Und vielleicht hätte uns die heilige Scheu dahin gebracht, über die göttliche Weisheit gar nichts zu sagen – wenn wir nicht die innerste Überzeugung gewonnen hätten, daß es nicht erlaubt ist, die Kenntnis des Göttlichen brachliegen zu lassen, wenn sie uns einmal geschenkt wurde« [4];
> »Ich will es niederschreiben und darf es nicht, ich will es nicht niederschreiben und kann es doch nicht gänzlich sein lassen; so schreibe ich denn und halte ein und komme noch einmal an anderen Stellen andeutungsweise darauf zurück, und dies ist mein Verfahren« [5].

Gelegentlich gab man auch schriftliche Werke anonym heraus oder schrieb sie einem anderen Autor zu. Wieder andere Mystiker haben angeregt, die äußeren Vorschriften und Gebote ihrer Religion besonders sorgfältig einzuhalten und die Autoritäten der betr. Religionsgemeinschaft vorbehaltlos anzuerkennen, um auf diese Weise jeden Anstoß zu vermeiden. Oft wird auch die Methode der allegorischen Auslegung der Hl. Schriften angewendet. Dabei wird der vordergründige Inhalt scheinbar anerkannt, aber zusätzlich wird ein verborgener innerer Sinn angenommen. Auf diese Weise können völlige Umdeutungen vorgenommen werden. Da diese je nach der Denkweise des Auslegenden ausfallen, ergibt sich eine fast unbegrenzte Wandelbarkeit der Auslegungen. Dies läßt sich positiv als eine außerordentliche Erweiterung des religiösen Denkens auffassen, negativ kann es aber auch die Preisgabe jedes festen Bodens bedeuten.

Wie weit es dem Mystiker gelingt, das Mißtrauen der Autoritäten seiner Religionsgemeinschaft zu überwinden, hängt auch von dem Grad an Toleranz ab, der von diesen in der gegebenen geschichtlichen Situation aufgebracht wird. Manchmal wurden die Mystiker anerkannt, manchmal wurden sie unbeachtet gelassen, manchmal mehr oder weniger widerwillig geduldet, oft aber auch verfolgt und im Extremfalle sogar hingerichtet.

Aktives oder kontemplatives Leben

Zuletzt sei noch das Verhältnis des Mystikers zum tätigen Leben in seiner Umwelt betrachtet, d.h. die Entscheidung zwischen kontemplativem und aktiv tätigem Leben. An sich wird er dem kontemplativen Dasein, der Versunkenheit in Meditation und Betrachtung, zuneigen. Es hat aber immer auch Mystiker gegeben, die tätig, teils lehrend, teils helfend in der Gemeinschaft verblieben sind oder die sich erst nach aktivem Wirken in die Kontemplation zurückgezogen haben:

> »Übt und betätigt euch also vorher in den privaten und öffentlichen Angelegenheiten des Lebens, und erst wenn ihr mittels verwandter Tugenden – Haus- und Staatsverwaltung – gute Haus- und Staatsverwalter geworden seid, so seid ihr wohl gerüstet, in ein anderes, besseres Leben auszuwandern. Denn es ist gut, wenn man als eine Art von Vorübung für den vollkommeneren Kampf vor dem theoretischen Leben das praktische durchmacht« [6].

Immer hat es auch falsche Mystiker gegeben. Man kann sie an ihrem Bestreben nach Ansehen, Macht oder materiellen Gütern erkennen. Teils sind es Betrüger und Scharlatane, teils auch Neurotiker, die sich ihrer Krankheit nicht bewußt sind. Für diejenigen, die sich auf göttliche Eingebungen berufen, möge ein Wort des Johannes vom Kreuz angeführt werden:

»Eine wahrhaft demütige Seele zeichnet sich dadurch aus, daß sie sich nicht getraut, mit Gott Zwiesprache zu halten« [7].

Zuletzt möge noch auf eine häufig zu findende Verwechslung hingewiesen werden: Die Ausdrücke »Mysterium« und »mysteriös« bedeuten etwas völlig anderes als »Mystik« und »mystisch«. Mysteriös sind geheimnisvolle, unerklärliche Vorgänge, aber nicht die mystischen Erfahrungen. Mysterienreligionen gehören ebenfalls nicht zum Bereich der Mystik; ihr Grundprinzip ist die Geheimhaltung der Lehren vor allen Nichteingeweihten.

Anmerkungen

1 Aus der Autobiographie der Teresa von Avila, nach St.T.Katz, Mysticism and Religious Traditions; 1.Aufl., Oxford Univ. Press, Oxford 1983, S. 11.
2 Nach: P.Gerber, Die Peyote-Religion; 1.Aufl., Völkerkundemuseum der Stadt Zürich, Zürich 1980.
3 Nach: J.Pieper, Thomas von Aquin; 3.Aufl., Kösel-Verlag, München 1986, S.30.
4 Aus: Dionysios Areopagita, Mystische Theologie und andere Schriften aus dem Griechischen übersetzt mit Einleitung und Kommentar von W.Tritsch; 1.Aufl., Beck, München 1956.
5 Rabbi Baruch Togarmi; nach: G.Scholem, Die jüdische Mystik in ihren Hauptströmungen; Wiss. Sonderausgabe Suhrkamp, Frankfurt 1967, S.137.
6 Nach: Philo von Alexandria, Die Werke in deutscher Übersetzung, herausgegeben von L.Cohn, I.Heinemann, M.Adler u. W.Theiler; 2.Aufl., de Gruyter, Berlin 1962-1964, Bd. VI, S.63.
7 Aus: J.Lhermite, Echte und falsche Mystiker; 1.Aufl., Räber u. Cie., Luzern 1953.

Literatur

Almond, Ph.C.: Mystical Experience and Religious Doctrine; 1.Aufl., Mouton Publ., Berlin 1982.
Otto, R.: West-östliche Mystik; 3.Aufl., Beck, München 1971.
Smart, N.: The Purification of Consciousness and the Negative Path. In: St.T.Katz, Mysticism and Religious Traditions; 1.Aufl., Oxford Univ. Press, Oxford 1983.
Smith, M.: An Introduction to the History of Mysticism; London 1930 (Nachdr. Philo Press, Amsterdam 1973).
Spencer, S.: Mysticism in World Religion; 1.Aufl., P.Smith, Gloucester Mass. 1971 (Nachdr. der Ausgabe Penguin Books 1963).
Stace, W.T.: Mysticism and Philosophy; 1.Aufl., Macmillan, London 1960 (Nachdr. 1980).
Suzuki, D.T.: Christian and Buddhist; 1.Aufl., Greenwood Press, Westport 1975 (Nachdr. der Ausgabe Harper, New York 1957).
Underhill, Evelyn: Mystik; Turm Verlag, Bietigheim o.J. (Nachdr. der Ausgabe 1928).

2. Hinduismus

2. 1 Geschichtliches

In der Zeit von etwa 1500 - 1250 v.Chr. drangen Indoarier von Nordwesten her in Vorderindien ein. Zuerst eroberten sie den Punjab, das Land, in dem fünf vom Himalaya kommende Ströme sich mit dem Indus vereinigen, und dann das Indus-Gebiet selbst. Die alte Kultur, die sie vorfanden, wurde zum Teil übernommen, zum Teil vernichtet. Später stießen sie nach Osten in die Jamuna- und Ganges-Ebenen vor und erreichten schließlich etwa 300 v.Chr. Südindien.

Die Indoarier gehören dem indogermanischen Sprachstamm an. Das Wort »Hindu« ist ebenso wie das Wort »Inder« aus dem Sanskrit-Wort »Sindhu«, dem Namen des Flusses Indus, abgeleitet. Im späteren Sprachgebrauch wurden die Bezeichnungen »Inder« für die Bewohner des Subkontinentes und »Hindu« als das Kennzeichen ihrer Religionszugehörigkeit verwendet.

Bei der geschichtlichen Betrachtung der Hindu-Religion nimmt man gewöhnlich eine Dreiteilung vor: Die früheste Epoche bis etwa 1000 v.Chr. wird als »vedische Religion«, die anschließende als »Brahmanismus« und der ab etwa 800 n.Chr. zu datierende Zeitabschnitt als »Hinduismus« bezeichnet. Allerdings wird der zuletzt genannte Ausdruck oft (auch in dieser Zusammenstellung) als Oberbegriff für die gesamte Hindu-Religion in ihren verschiedenen zeitlichen und räumlichen Ausbildungsformen verwendet. Im folgenden wird zur Unterscheidung der dritte Abschnitt »neuerer Hinduismus« genannt.

Die *vedische Religion* ist die älteste Religion der Indoarier. Sie ist bereits nachweisbar, als diese Stämme noch in Afghanistan, im Punjab und im Industal siedelten. Wir lernen sie durch die Schriften des Rig-Veda, des ältesten Teils des Veda (s.u.) kennen. Die Menschen dieser Zeit erhofften als Lohn eines frommen Daseins, daß sie nach dem Tode zusammen mit ihren Ahnen und mit den Göttern im Himmel weiterleben würden. Ihre weltzugewandte Haltung gipfelte in dem Wunsch, »1000 Herbste« zu leben. Doch stoßen wir bereits in den Hymnen des Rig-Veda auf ein Denken, aus dem sich der spätere Hang zu Weltentsagung und Lebensverneinung entwickelte. Diese Neigung wurde möglicherweise durch den Genuß des berauschenden Soma-Trankes, der aus einer als göttlich angesehenen Pflanze gewonnen wurde, gefördert. Der Berauschte glaubte sich allem Irdischen enthoben und deutete diesen Zustand als religiöse Erfahrung.

Zu den zahlreichen frühen vedischen Göttern zählen Varuna, der Hüter des Rechts, Mitra, der Beschützer der Freundschaft, und Vishnu, einer der vier Sonnengötter. Weitere Götter sind Indra, der »König der Götter« und Herr über Wind und Gewitter, ferner Agni, der Gott des Feuers, Kama, der Liebesgott, und der Sturmgott Rudra, in welchem der spätere Gott Shiva vorgebildet ist.

Der *Brahmanismus*, die zweite Stufe der Hindu-Religion, ist gekennzeichnet durch die Annahme einer unpersönlichen obersten Gottheit. Eine starke Ritualisierung des Kultes bewirkt eine Steigerung der Macht der Priester; diese stehen seitdem an der Spitze der Gesellschaft, sie vererben ihre Ämter auf ihre Nachkommen. Die Ausbildung einer priesterlichen Hierarchie verursacht eine zunehmende Schichtung des Volkes. Die Anfänge dieser Entwicklung sind bereits im Rig-Veda zu erkennen, sie verstärkt sich aber in der zweiten Periode deutlich, wie aus den Schriften dieser Zeit, den Brahmanas und den Upanishaden (s.u.), zu entnehmen ist. Durch die letzteren gewinnt die Religion eine ganz neue Gestalt: Die frühere Richtung wird zwar in ihren Grundzügen beibehalten, und man verehrt die alten Götter weiter, doch ist das Ziel des religiösen Denkens ein völlig anderes geworden. Erstrebt wird die Erfahrung des ewig unwandelbaren Einen, des Brahman und des Atman (s.u.), durch Versenkung in das eigene Innere. Neu ist auch die Lehre von der Seelenwanderung und der Wiedergeburt, die erstmals in den Upanishaden auftritt.

Um die Mitte des 6. vorchristlichen Jahrhunderts breiteten sich in Indien zwei weitere Religionen aus, die neue Lehre des Buddha und die des von Mahavira erneuerten Jainismus. Durch diese wurde der Hinduismus zeitweise stark beeinträchtigt, bis er etwa 800 n.Chr. durch Reformen erneuert wurde und nun seinerseits den Buddhismus verdrängte.

Damit beginnt die dritte Entwicklungsstufe der indischen Religion, die des *neueren Hinduismus.* Die indische Tradition schreibt das allmähliche Verschwinden des Buddhismus im eigenen Land vor allem der erfolgreichen Tätigkeit des Brahmanen Shankara zu. Dieser gilt als Reformer des Hinduismus, weil er eine erneute Hinwendung der Gläubigen zu den Göttern einleitete. Die brahmanische Mystik vom Einswerden der Einzelseele mit der unpersönlichen Allseele (s.u.) verliert an Geltung gegenüber der Mystik vom Einswerden der Seele mit einem persönlichen Gott. Es bilden sich Sekten, die aus der Vielzahl der Götter immer nur einen Gott bevorzugt anbeten. Die Verehrung von Göttern nimmt damit wieder einen wichtigen Platz in der Religion ein. Man glaubt aber, daß sie nur verschiedene Erscheinungsformen des höchsten Gottes sind. Shiva und Vishnu werden zu Hauptgöttern, und für ihre Anhänger wird jeweils einer von ihnen zum all-einen Gott.

In der Neuzeit nimmt die Bedeutung des Shaktismus, d.h. der Verehrung weiblicher Gottheiten, zu. Ferner finden Lehren und Aussprüche des Ramakrishna sowie religionsphilosophische Schriften von Rabindranath Tagore, Sri Aurobindo, Radhakrishnan und anderen nicht nur in Indien, sondern auch im Abendland und in den USA Anhänger.

2. 2 Allgemeines; Schrifttum des Hinduismus

In Indien bekennen sich heute etwa 300 - 400 Millionen Menschen zum Hinduismus. Unter diesen Begriff fallen jedoch ganz verschiedene Formen des religiösen Denkens und Glaubens: Naturreligionen, primitive Volksreligionen, ferner mono- und polytheistische sowie mystische Religionsarten. Man versteht demnach unter dem Ausdruck »Hinduismus« keine in sich geschlossene, einheitliche Lehre, sondern eine Zusammenfassung einer ganzen Anzahl von religiösen Denkweisen, die nebeneinander bestehen. Einem Hindu bleibt es überlassen, welche Götter er verehren und in welcher Form er die Verehrung ausüben will. Er besitzt völlige Freiheit in Glaubensfragen. Der Hinduismus ist demnach eine dogmenfreie Religion von größter Toleranz gegenüber anderen Richtungen, die er sämtlich ohne Wertung duldet. Die Bezeichnung »Hinduismus« ist gewissermaßen ein Hilfsbegriff, der die traditionellen Religionen

Indiens umfaßt; auf ihn treffen im wesentlichen die folgenden drei Charakteristika zu:

a) Das Kastenwesen als soziale Grundlage;

b) der Glaube an die Wiedergeburt und

c) die Anerkennung der Veden als heilige Schriften.

Das *Kastenwesen* bildete sich bei der Einwanderung der Indo-Arier in das Gangesgebiet aus; mit ein Grund für sein Entstehen war wohl der Wunsch nach Abgrenzung gegenüber den Ureinwohnern. Im Laufe der Zeit wurde es typisch für das Hindu-Wesen, es hat sich bis heute gehalten. Man bleibt zeitlebens Angehöriger einer Kaste und muß von der Geburt bis zum Tode die vorgeschriebenen Pflichten und Zeremonien erfüllen. So heiratet man z.B. nur innerhalb der eigenen Kaste und übt nur einen der Berufe aus, die für diese zugelassen sind.

Nach alter Überlieferung ist die oberste Kaste die der Brahmanen; ihre Stellung als Inhaber des Priesteramtes ist unumstritten. Darauf folgt als zweite die Kriegerkaste. Der dritten Kaste gehören die Bauern und Gewerbetreibenden an, und darunter steht die vierte mit den dienenden, abhängigen Berufen. Diejenigen, die nicht zu einer Kaste oder einer der zahlreichen Unterkasten gehören, sind die Kastenlosen, die Parias.

Da es ein wesentliches Merkmal jedes Hindus ist, in einer Kaste geboren zu sein, kann kein Fremder in die hinduistische Religionsgemeinschaft aufgenommen werden. Vier Lebensziele sind allen Kasten gemeinsam: Das Streben nach Wohlstand, das Streben nach Liebe und Eheglück, die Einhaltung der Pflichten gegenüber der Kaste und als Wichtigstes das Streben nach Erlösung. Es gibt verschiedene Anschauungen über die Art und Weise, wie die Erlösung zu erreichen ist. Eine Möglichkeit besteht darin, in der zweiten Lebenshälfte nach der Versorgung der Familie alles aufzugeben und sich bis zum Tode in völlige Weltabgeschiedenheit zurückzuziehen.

Die *Wiedergeburtslehre* ist mit dem Wunsch nach Erlösung aus der Kette der Geburten verknüpft. Aus dem Verhalten des Menschen und aus seinen guten oder bösen Taten ergibt sich, ob er bei der Wiedergeburt in eine höhere oder niedere Kaste gelangt. Sittlich hochstehendes Verhalten hat aber nur eine günstigere Wiedergeburt zur Folge; die endgültige Erlösung aus dem Kreislauf der Geburten kann (nach der Lehre der Upanishaden, s.u.) nur durch Weltentsagung und volllkommene Konzentration auf das Übersinnliche bewirkt werden. Dieser Glaube entspricht der alten Brahmanen-Mystik, die das Einswerden der Einzelseele (Atman) mit der Weltseele (Brahman) zum Ziel hat und als Vorbedingung die völlige Weltentrücktheit fordert. Nur dann gelangt der Mensch zu der Erkenntnis, daß er die Allseele in sich trägt. Die tiefste Schicht des Ichs, der Wesenskern, entspricht also der alles bewirkenden, doch selbst unwandelbaren Ursache in der Welt, der Weltseele. Außer »Atman« und »Brahman« nennt man dies Prinzip alles Seins und Werdens auch »Purusha«. Purusha kann demnach »Urwesen«, »höchstes Wesen« und »unsterbliches Etwas in der menschlichen Seele« bedeuten (über weitere Deutungsmöglichkeiten s.u.).

Schrifttum des Hinduismus

Die religiösen Schriften, von denen einige schon kurz erwähnt wurden, gelten zum Teil als Offenbarungen, die nicht auf einen Religionsgründer zurückgeführt werden, sondern heiligen Sehern mitgeteilt wurden. Sie sind Urkunden, die ewige göttliche Wahrheiten verkünden. Ihr Inhalt wurde lange Zeit nur mündlich weitergegeben und erst nach dem dritten vorchristlichen Jahrhundert schriftlich festgelegt. Die ältesten Teile dieser heiligen Schriften datiert man auf etwa 1500 v.Chr., die endgültige Fertigstellung des Gesamtwerkes, das von den Hindus »der Veda« (Wissen) genannt wird, zog sich über eine lange Zeitspanne hin. Die heiligen Schriften lassen sich in die vier »Samhitas« oder Sammlungen (die ältesten Texte) sowie die »Brahmanas« und die »Aranyakas« (erläuternde Schriften) gliedern; als letzte schließen sich die »Upanishaden« an.

Außer den heiligen Schriften gibt es die sogen. »Werke der Überlieferung«, die Epen, Gesetze, philosophische Betrachtungen u.a.m. enthalten und die nicht auf übernatürlichen Ursprung zurückgeführt werden. Schließlich sind noch die »Tantras« zu erwähnen, ein Lehrsystem jüngeren Ursprunges, das im Zusammenhang mit dem Shaktismus entwickelt wurde, teilweise aber auch auf alte Überlieferungen zurückgeht.

Religiöses Schrifttum der Hindus

I. Veda (heilige Schriften)

Samhitas	ab ca. 1500 v.Chr.
a) Rig-Veda	
b) Sama-Veda	
c) Yahur-Veda	
d) Atharva-Veda	
Brahmanas	ab ca. 1000 v.Chr.
Aranyakas	ab ca. 1000 v.Chr.
Upanishaden	ab ca. 700 v.Chr.

II. Werke der Überlieferung

Sutras	ca. 500 v.Chr. - 500 n.Chr.
Gesetze des Manu	Entstehungszeit unbekannt
Puranas	Entstehungszeit unbekannt
Mahabharata	400 v.Chr. - 400 n.Chr.
Ramajana	4./3. Jahrh. v.Chr.

III. Tantras ab 300 n.Chr.

Wie alle nachträglich vorgenommenen Gliederungen eines heterogenen Stoffes ist auch die hier für die Werke der Überlieferung gegebene nicht frei von Willkür; in der Literatur finden sich auch andere Anordnungen.

Von den Samhitas ist der Rig-Veda der älteste; die in ihm enthaltenen Hymnen nehmen nur auf das Punjab-Gebiet Bezug. Die drei anderen Samhitas lassen erkennen, daß die arischen Eroberer inzwischen die Ganges-Ebene erreicht hatten. Der Rig-Veda enthält religiöse Hymnen und Lieder, die sich auf geschichtliche Ereignisse beziehen. Wir erhalten dadurch Kenntnis von Mythologien und Weltanschauungen in früher Zeit. Während die ältesten Teile des Rig-Veda eine naive polytheistische Opferreligion darstellen, liegen in jüngeren Abschnitten bereits Texte vor, die innerhalb der Mannigfaltigkeit der Götter eine letzte göttliche Einheit annehmen, d.h. den Beginn einer monotheistischen Richtung anzeigen. Neben einer persönlichen Gottesvorstellung findet sich auch schon die mystische Schau eines transzendenten Göttlichen, das weder Namen noch Eigenschaften besitzt und das doch allem als das Eigentliche zugrunde liegt.

Außerdem wird im Rig-Veda ein gewaltiger Urgeist »Purusha« (der Mann, der Mensch) beschrieben, aus dem die Welt hervorgegangen ist, der sie aber unermeßlich überragt. Es heißt aber auch, daß die Welt durch Opferung dieses Urwesens entstanden sei. Das Opfer wird als schöpferischer Akt begriffen, der den Fortbestand des Alls gewährleistet. Schöpfung ist nach dieser Auffassung Opfer.

Der *Sama-Veda* besteht aus über 500 Strophen, die bei verschiedenen Opfern gesungen werden. Der *Yajur-Veda* gibt die beim Opfern zu verlesenden Liturgien und Gebete wieder. Der *Atharva-Veda* enthält Beschwörungsformeln in Liedform. Zu den heiligen Schriften zählen weiter die sogen. *Brahmanas* und die *Aranyakas*. Die Brahmanas enthalten Beschreibungen von Opferhandlungen und Anweisungen über die Art des Opferns. Die Aranyakas sind philosophische Abhandlungen für Einsiedler; sie befassen sich mit der Identität des inneren Menschen, seinem Selbst (Atman) und mit der Weltseele, dem Brahman.

Schließlich gehören zum heiligen Schrifttum der Hindus noch die *Upani-*

shaden. Sie bestehen aus zahlreichen Texten – die traditionelle Zahl beträgt 108, tatsächlich gibt es aber über 200 Upanishaden. Sie sollen von Sehern, den Rishis, einer kleinen, jeweils ausgewählten Zahl von Schülern mitgeteilt, sonst aber geheimgehalten worden sein. Später wurden sie den drei obersten Kasten zugänglich gemacht. Als wichtigste werden die folgenden 14 Texte angesehen:

Brihadaranyaka-Upanishad
Chandogya-Upanishad
Taittirya-Upanishad
Aitareya-Upanishad
Kaushitaki-Upanishad
Kena-Upanishad
Kathaka-Upanishad
Isha-Upanishad

Svetasvatara-Upanishad
Mundaka-Upanishad
Mahanayarana-Upanishad
Prasna-Upanishad
Mandukya-Upanishad
Maitrayana-Upanishad

Die ersten 8 Upanishaden der obigen Aufstellung sind die ältesten. Sie stammen aus vorbuddhistischer Zeit, vermutlich etwa aus dem 8./7. Jahrhundert v.Chr. Die Abfassung der übrigen hat sich bis in das 3. Jahrh. v.Chr. erstreckt. Die Upanishaden sind eine unzusammenhängende Sammlung von Einzelschriften, in denen man vielleicht als Grundthema die Suche nach dem Absoluten erkennen kann. Sie enthalten neben sagenhaften und belehrenden Erzählungen, Beschreibungen von Opfern, Riten u.a. vor allem philosophische Betrachtungen. Bemerkenswert ist die Ausbildung einer Art von Religionsphilosophie, die in abstrahierender Denkweise die alte Vielgötterreligion ergänzt und z.T. wohl auch verdrängt. Weiterhin wird die Wiedergeburtslehre ausgebildet, und es wird der Weg gezeigt, der aus dem Kreis der Wiedergeburten herausführt.

Die Upanishaden beeinflußten die Entwicklung der Hindu-Religiosität sehr stark, und sie sind – anders als die sonstigen Schriften des Veda – bis heute von Bedeutung. Ihre Lehren wurden später in den 6 philosophischen Systemen (s.u.) zu vereinheitlichen versucht. Über die Anfänge mystischer Betrachtungen in den Upanishaden wird ebenfalls weiter unten berichtet.

Im Gegensatz zum Veda werden die *Werke der Überlieferung* nicht auf göttlichen Ursprung zurückgeführt, sondern sollen von heiligen Menschen verfaßt worden sein. Der Umfang der Texte ist nie genau festgelegt worden; gewöhnlich rechnet man zu ihnen die *Sutras* (Aphorismen überwiegend philosophischen Inhaltes), die *Gesetzbücher des Manu*, die *Puranas* (i.w. Verherrlichungen von Göttern) und als Wichtigste die beiden Volksepen, das *Mahabharata* und das *Ramajana*. Alle diese Werke gelten als verbindlich, weil sie mit dem Veda übereinzustimmen beanspruchen. Sie waren von Anfang an allen Kasten zugänglich.

Das etwa 400 v.Chr. bis 400 n.Chr. entstandene *Mahabharata* erzählt in 100 000 Doppelversen die Geschichte von den Kämpfen zwischen den Sippen der Kurus (oder Kauvaras) und Pandus (oder Pandavas). Dies Nationalepos enthält zahlreiche Lehrgedichte, von denen die *Bhagavadgita* (der Gesang des Erhabenen) das berühmteste ist. Der Erhabene ist Krishna, eine Menschwerdung des Gottes Vishnu. Er erteilt dem Helden Arjuna als dessen Wagenlenker auf dem Schlachtfelde ethische Belehrungen über rechtes Handeln, als Arjuna den Kampf aufgeben will, weil er nahe Verwandte im gegnerischen Heer erblickt. Nach Krishnas Worten besteht rechtes Handeln darin, unabhängig von eventuellem Erfolg oder Mißerfolg das zu tun, was man als seine Pflicht erkennt. Der Mensch muß sich fragen, ob das, was er tun will, getan werden muß und ob es aus Liebe zu Gott getan wird. Ist das der Fall, so bleibt er frei von jeglicher Schuld, auch wenn er andere tötet.

In den Weisungen Krishnas werden die beiden Heilswege der Hindus dargelegt, die bis heute gültig sind: Der in der Weltentsagung bestehende Weg der Erkenntnis (entsprechend den Lehren der Upanishaden) und der (neue) Weg des wunschlosen und selbstlosen Handelns aus pflichtgemäßer Liebe zu Gott. »Wer alle Dinge Gott anheimstellt, den rettet er gnädig aus dem Strom der Wiedergeburten«, verkündet Krishna. Man nennt diese Lehre auch den »Yoga des selbstlosen Handelns« (Karma-Yoga, s.u. Abschn. 3.3.5). Dieser verlangt die Ausübung irdischer Pflichten ohne Wunsch nach Belohnung oder Anerkennung. Der Weg des Karma-Yoga kann durch den »Bhakti-Yoga« (den »Yoga der Hingabe an Gott«) unterstützt werden (s.u. Abschn. 3.3.4).

Neben den Schriften Shankaras gab vor allem die Bhagavadgita den Anstoß zur Umgestaltung des Hinduismus. Für die große Masse trat an die Stelle der asketischen Entsagung und der Selbstaufgabe eine Religion der Hingabe an Gott, die sich schnell über das ganze Land verbreitete; sie ist bis heute vorherrschend geblieben. Die Wirkung der Bhagavadgita möge am Beispiel Ghandis gezeigt werden, der diese Dichtung immer bei sich trug. Zweifellos hat er aus ihr den Gedanken des gewaltlosen Widerstandes entnommen, mit dem die Loslösung Indiens vom britischen Empire erreicht wurde. Über mystische Ideen in der Bhagavadgita soll unten (Abschn. 2.5) Näheres ausgeführt werden.

Das *Ramajana* (der Lebenslauf Ramas) ist das zweite große Nationalepos der Inder. In einigen Teilen des Werkes ist Rama nur ein menschlicher Held, in anderen eine Menschwerdung des Gottes Vishnu. Der Königssohn Rama wird von seiner Stiefmutter um den Thron gebracht und lebt mit seiner Gemahlin Sita in der Verbannung. Sita wird ihm durch den Dämonenkönig Ravanna entführt und nach Sri Lanka gebracht. Mit Hilfe des Affenkönigs Sugriva, dessen Beraters Hanuman und eines Affenheeres, das eine Brücke von Indien nach Sri Lanka baut, zieht Rama über das Meer, besiegt Ravanna in langen Kämpfen und befreit Sita. Er kehrt mit ihr in sein Land zurück und wird rechtmäßiger Herrscher.

Die 18 *Puranas* sind altindische Erzählungen, die von der Weltschöpfung, von den Taten der Götter, von kultischen Riten u.a. handeln. Sie geben z.T. sehr alte Sagen wieder, wurden aber erst im 1. Jahrtausend n.Chr. schriftlich aufgezeichnet. Das berühmteste Purana ist das *Bhagavata-Purana*, das die Legende über das Leben Krishnas enthält. Er wuchs in einem Hirtenstamm auf und wurde dessen Anführer. Seine Liebe zu den Hirtenmädchen wird als Sinnbild des Verhältnisses zwischen Gott und Seele gedeutet.

Die *Tantras* sind Sektenschriften, die über den allgemeinen Tempelkult hinaus Anweisungen für Zeremonien geben, die meist geheimzuhalten sind. Die tantrischen Schriften wurden verhältnismäßig spät verfaßt; teilweise sind sie nach dem Muster der Puranas gestaltet. Sie enthalten Lobpreisungen von Gottheiten, hauptsächlich von Shiva und seiner Gemahlin. Die Zwiegespräche zwischen den beiden gelten als Offenbarungen. Außerdem gehören Zauberformeln, geheime Riten, Sprüche, astrologische Texte u.a.m. zu den tantrischen Schriften. Vieles geht auf alte vedische Vorlagen zurück, und die Tantras werden deshalb von ihren Anhängern auch als der »fünfte Veda« bezeichnet, zumal ihre Ideen und Rituale vielfach an die Stelle der archaisch gewordenen vedischen Opferriten getreten sind. Den Gläubigen, die den tantrischen Riten folgen, sind Shiva und seine Gemahlin die höchsten Götter. Das Hauptverbreitungsgebiet der Tantras scheint zunächst Bengalen gewesen zu sein. Von hier aus sind sie im 8. Jahrhundert n.Chr. nach Nepal und Tibet gelangt und haben hier das Schrifttum des lamaistischen Buddhismus (s.u.) stark beeinflußt.

2. 3 Götter des neueren Hinduismus

Im Hinduismus gibt es eine große Anzahl von Göttern, die mit Ausnahme des höchsten Gottes sämtlich der Seelenwanderung unterliegen. Man glaubt, daß die göttlichen Seelen auf Erden wiedergeboren werden, wenn der Lohn der Werke, denen sie ihre hohe Stellung verdankt haben, erschöpft ist. Gleichzeitig tritt eine andere, geeignete Seele an ihre Stelle. Die Götter sind nicht allmächtig, sie können nur Wünsche nach irdischen Dingen erfüllen, die ihnen im Gebet vorgetragen wurden. Die verschiedenen Sekten unterscheiden sich häufig nur durch die Wahl des obersten Gottes.

Die meisten der alten vedischen Götter (Mitra, Indra, Varuna u.a.) sind heute ohne Bedeutung. Teils werden sie überhaupt nicht mehr verehrt, teils üben sie nur untergeordnete Funktionen aus und teils wurden ihre Eigenschaften abgewandelt. Die Hauptgötter des heutigen Hinduismus sind *Brahma*, *Vishnu* und *Shiva*. Brahma ist der Schöpfer, Vishnu der Erhalter und Shiva der Zerstörer. Jedem wird eine Gemahlin zugeordnet: Brahma die Sarasvati, Vishnu die Lakshmi und Shiva die Parvati (oder Durga oder Kali). Die Göttin wird als die fruchtbare, schöpferische Seite des Gottes angesehen; sie verkörpert seine Kraft und Energie. Am meisten werden Vishnu und Shiva verehrt.

Monotheistische Bestrebungen führten dazu, daß die drei Hauptgötter zu einer einzigen Gottheit, der sogen. *Trimurti*, zusammengefaßt wurden. Diese Vorstellung ist jedoch mehr eine philosophische Abstraktion, sie hat im Leben des Volkes nicht Fuß gefaßt.

Brahma, der höchste Gott der meisten Sekten, hat im Gegensatz zu den beiden anderen Göttern der Trimurti nie einen weitverbreiteten Kult gehabt. Er stellt eine Personifikation des abstrakten Brahman-Begriffes dar und gilt als Schöpfer und Lenker der Welt. Er ist der langlebigste aller Götter; geht sein Leben zu Ende, so hört auch die Welt auf zu bestehen, doch bildet sich nach einiger Zeit eine neue Welt. Ein neuer Brahma wird geboren, der den Kosmos neu gestaltet.

Vishnu ist eine überwiegend wohlwollende und milde Gottheit. Seine Funktionen sind die der Welterhaltung und der Erlösung. Er ist Helfer und Retter, der schon neunmal in tierischer oder menschlicher Gestalt auf Erden erschienen ist, um die Ordnung der Welt wieder herzustellen. Er erscheint in verschiedener Form: als Schildkröte, als Eber, aber auch als Zwerg, als Krishna, Rama oder Buddha. Die Inkarnation als Buddha wurde wahrscheinlich aufgenommen, um Buddhisten für den Hinduismus zu gewinnen. Die letzte, zehnte Verkörperung des Gottes wird am Ende der Zeiten erwartet; dann wird er die Welt vernichten, um das goldene Zeitalter zu errichten.

Vishnu wird oft mit vier Armen, deren Hände Diskus, Lotus, Muschel und Keule halten, dargestellt. Zu ihm gehört der adlerartige Vogel Garuda, der Fürst der Vögel, der ebenfalls göttliche Verehrung genießt. In anderen Darstellungen ruht Vishnu auf der Weltenschlange. Vishnus Gattin Lakshmi (oder Shri) ist die Göttin des Glücks und der Schönheit.

Die Inkarnation des Gottes als Krishna führte zur Intensivierung der Vishnu-Verehrung. Krishna symbolisiert das Göttliche im Menschen. Seine Liebe zu den Hirtenmädchen, insbesondere zu Radha, veranschaulicht die enge Verbindung des Gottes mit der menschlichen Seele. Dies Verbundensein mit einem Gott, dem der Mensch in Liebe und Verehrung anhängt, findet seinen sichtbaren Ausdruck in der Darstellung des Liebesaktes an vielen hinduistischen Tempeln. Das Liebespaar versinnbildlicht einmal das Einswerden des Menschen mit dem Göttlichen, und zum anderen bedeutet es Fruchtbarkeit und Schöpfung.

Shiva ist eine Gottheit mit mehreren Aspekten. Charakteristisch sind seine Maßlosigkeit und seine ungeheure Energie, die er einerseits als Schöpfer der Welt, andererseits aber auch als Zerstörer einsetzt. Seinen positiven, lebenserzeugenden Aspekt faßt man auch sexuell auf; als sein Symbol wird der Phallus verehrt. Als zerstörende Macht wird Shiva in grausigen Darstellungen gezeigt. Als Gott des Tanzes gibt er sich ekstatischen Tänzen hin, die sowohl die Weltvernichtung als auch die Harmonie des Weltgeschehens versinnbildlichen. Shiva ist aber auch ein Asket, ein Yogi, der durch geistige Konzentration und Versenkung die Kraft zur Weltschöpfung und Ordnung des Kosmos gewinnt.

Große Bedeutung gewann auch Shivas Gemahlin, auch sie eine Gottheit mit mehreren Aspekten. In ihr sind alte Vorstellungen von einer Muttergöttin verschmolzen wie: Spenderin von Fruchtbarkeit, Seuchengöttin, Erdfrau oder Dorfgöttin. Als Gnade Gewährende wird sie wegen ihrer Güte und lebensbringenden Eigenschaften verehrt. Anderseits ist ihre göttliche Energie als »Durga« (die Unnahbare) oder als »Kali« (die Schwarze) furchtbar und zerstörend.

Von den zahlreichen anderen Hindu-Göttern sind noch Kartikeya (oder Skanda), der Gott des Krieges, und Ganesha mit dem Elefantenkopf, der Beschützer der Kaufleute und Reisenden, erwähnenswert. Ferner wird Kubera, der Gott des Reichtums, nicht nur von den Hindus, sondern auch von einigen Buddhisten verehrt. Weiterhin gibt es im Hinduismus den Glauben an Geister und Dämonen sowie die Verehrung von Naturerscheinungen und von Tieren. So wird der Ganges als heilig angesehen, und die Kuh gilt als verehrungswürdiges Tier, das niemand töten darf. Als Glaubensäußerungen sind Wallfahrten zu heiligen Orten und religiöse Feiern zu nennen.

2. 4 Die wichtigsten philosophischen Systeme

2. 4. 1 Übersicht

Im Hinduismus unterscheidet man (vereinfachend) 6 orthodoxe philosophische Systeme, die sogen. Darsanas. Als orthodox werden sie bezeichnet, weil sie sämtlich die Autorität des Veda und die brahmanische Ordnung anerkennen, obwohl sie z.T. völlig verschiedene Auffassungen vertreten. Sie werden als unterschiedliche Aspekte der einen endgültigen Wahrheit angesehen. Die einzelnen Systeme gehen mehr oder weniger von den Upanishaden aus, sie wurden aber erst in nachchristlicher Zeit in äußerst gedrängten Zusammenfassungen, den Sutras, schriftlich fixiert. Diese wiederum sollen ursprünglich von bestimmten Persönlichkeiten abgefaßt worden sein, von denen man jedoch außer den Namen nichts weiß, so daß möglicherweise nicht nur Einzelpersonen, sondern ganze Schulen an der Ausarbeitung beteiligt waren. Die Sutras sind z.T. schwer verständlich; es gibt daher zahlreiche Kommentare, und oft läßt erst die Verbindung beider den Inhalt der Systeme erkennen. Die Darsanas enthalten nicht nur philosophische Lehren, sondern auch religiöse, ethische und psychologische Betrachtungen. Die 6 Systeme sind im folgenden Schema zusammen mit den zugehörigen Sutras und ihren angeblichen Begründern aufgeführt. Außer diesen gibt es noch mehrere nicht-orthodoxe Systeme.

Die orthodoxen philosophischen Systeme mit den Sutras der Begründer

Das Samkhya:	Samkhya-Sutra des Kapila
Der Yoga:	Yoga-Sutra des Patanjali
Das Vaisheshika:	Vaisheshika-Sutra des Kanada
Der Nyaya:	Nyaya-Sutra des Akpasada oder Gotama
Die Mimamsa:	Mimamsa-Sutra des Jaimini
Der Vedanta:	Brahma-Sutra (oder Vedanta-Sutra) des Badarayana

Alle sechs Systeme erkennen die Seelenwanderung an und lehren die Befreiung der Seele aus dem Kreislauf der Wiedergeburten; der Kreislauf setzt sich ewig fort, wenn nicht Erlösung eintritt. Der Zustand der von der Wiedergeburt erlösten Seele wird verschieden beschrieben, der duldsame Geist des Hindus läßt aber die unterschiedlichsten Auffassungen gelten. Wegen inhaltlicher Ähnlichkeit oder gegenseitiger Ergänzung faßt man oft je zwei Systeme zusammen: Samkhya und Yoga, Nyaya und Vaisheshika sowie Mimamsa und Vedanta. Vor allem das Samkhya-, das Yoga- und das Vedanta-System haben das indische Denken stark beeinflußt.

2. 4. 2 Samkhya und Yoga

Das Samkhya ist das älteste der 6 orthodoxen Systeme, seine Lehren lassen sich teilweise bis in das vorarische Altertum zurückverfolgen. Die wesentlichen Ideen sind allerdings erst in verhältnismäßig späten Upanishaden und in der Bhagavadgita schriftlich festgehalten worden. Die Samkhya-Lehren sind das Ergebnis einer Verschmelzung der religiösen Vorstellungen der Ureinwohner Indiens mit denen der arischen Eindringlinge.

Der Grundgedanke im Samkhya-System ist der eines Dualismus von »Purusha« und »Prakriti«. Mit Hilfe dieser Begriffe werden Wesen, Verhalten und Erlösungsmöglichkeit des Menschen gedeutet. Purusha ist im Samkhya nicht wie im Rig-Veda der Weltengrund oder der Urmensch, sondern die innere Essenz eines Lebewesens, der unvergängliche seelische Kern. Unser Ausdruck »Seele« deckt sich aber nicht mit dem des Purusha; mit diesem wird vielmehr der auslösende Faktor aller seelischen Vorgänge bezeichnet, an denen er selbst jedoch nicht beteiligt ist. Der Purusha ist immateriell, abgesondert und unbeeinflußbar. Er setzt alles in Bewegung, greift aber in den weiteren Ablauf der Dinge nicht ein. Er gleicht einer Kraftquelle, die Energie liefert, ohne deren Nutzung zu steuern.

Auch der Prakriti-Begriff läßt sich nicht mit einem Wort unserer Sprache wiedergeben. Außer aller Materie gehören zu ihm noch das Geistige und das Seelische im Menschen. Er ist u.a. das vom Purusha ausgelöste aktive Prinzip, das die Entwicklung der Welt und des Menschen in Gang setzt. Das Prakriti enthält in sich drei Aspekte oder Prinzipien »wie ein Tau, das aus drei Stricken zusammengeflochten ist«. Das sind die drei *Gunas*: *Sattva* (»seiend«), der ideale Seinszustand tiefster innerer Ruhe, Freude, Klarheit und Güte; *Rajas* (»Unreinheit«), Aktivität, Unruhe, Anstrengung, rastloses Jagen nach materiellen Gütern; und *Tamas* (»Finsternis«), Gleichgültigkeit, Gefühlskälte, Hartherzigkeit, Stumpfheit, Apathie und Trägheit. Diese drei Triebfedern (Selbstlosigkeit, Aktivität und Trägheit) sind verantwortlich für das Verhalten des Menschen.

Wenn die drei Gunas im Gleichgewicht sind, herrschen Ruhe und Untätigkeit. Durch den Anstoß des Purusha wird das Gleichgewicht gestört, und im Menschen setzt eine Entwicklung ein, durch die seine geistigen Tätigkeiten, seine charakterliche Haltung und seine Einstellung gegenüber der Mitwelt beeinflußt werden. Je nach dem Grade des Vorherrschens eines der Gunas ergeben sich verschiedene Entwicklungsmöglichkeiten. Sie führen in bestimmter Abfolge zum Bewußtsein, zu den intellektuellen Fähigkeiten, zu den sinnlichen Wahrnehmungen, zu den materiellen Gegebenheiten und schließlich auch zu dem, was man als »Umgebung« bezeichnet. Durch den Verlauf dieser Entwicklung wird der innere Wert des Menschen bestimmt.

Nach dem Tode bewirkt der starke Lebenswille der Seele die Wiedergeburt, die je nach dem Wert des Verstorbenen zu einer höheren oder niederen neuen Lebensform führt. Erlösung aus der Kette der Wiedergeburten kann erlangt werden, wenn das Zusammenwirken von Purusha und Prakriti erkannt wird und wenn es gelingt, die Verknüpfung beider zu beseitigen. Voraussetzung ist ein Umlenken aller der nach außen wirkenden Energien in das eigene Innere. Die aus den drei Gunas hervorgegangenen Aktivitäten und Prinzipien werden zurückentwickelt, bis jede körperliche und geistige Tätigkeit zum Stillstand gekommen ist. Nunmehr kann der reine, unverhüllte Purusha wahrgenommen werden, und der Mensch erlangt die Kenntnis seiner wahren Identität. Das ist ein Zustand, der dem Nichtsein gleichkommt. Jetzt kann sich der Purusha von den Prakritis lösen, er befindet sich dann im Zustand absoluter Ruhe.

Diese Deutung des Entstehens und Vergehens im menschlichen Bereich wird entsprechend der Mikrokosmos-Makrokosmos-Lehre auch auf den Kosmos übertragen. In dieser Lehre nimmt man an, daß Aufbau und Funktionsweise des Kosmos und des Menschen einander entsprechen. Dem Samkhya zufolge ist die Welt nicht aus einem Schöpfungsakt entstanden, sondern ist ein Entfaltungsprozeß ohne zeitlichen Anfang: Die Purushas wirken nach ewigem Rhythmus zu Beginn jeder Entwicklung auf die Prakritis ein, und am Ende einer Weltperiode findet ein rückläufiger Vorgang statt. Wenn sich die Purushas wieder von den Prakritis gelöst haben, ist die Welt erlöst; sie hört zu bestehen auf, und es kann eine neue Weltperiode beginnen. Die Vorstellung von den Weltperioden hat sich in Indien bis in die Neuzeit erhalten.

Das Samkhya-System versucht demnach, eine vollständige Erklärung der materiellen Welt und des menschlichen Seins und Verhaltens zu geben. Außerdem wird der Weg zur Befreiung aus dem Kreis der Wiedergeburten gewiesen. Der Gottesbegriff kommt in diesem System nicht vor.

Eng mit dem Samkhya verbunden ist der Yoga, der wesentliche Teile des Samkhya übernommen hat, aber teilweise theistisch ist. Im Unterschied zum Samkhya werden in ihm die praktischen Methoden zum Erreichen der Erlösung stark betont. Der Yoga soll wegen seiner weiten Verbreitung gesondert behandelt werden (Abschn. 3).

2. 4. 3 Vaisheshika und Nyaya

Im Vaisheshika- und im Nyaya-System wird die Erlösung aus dem Kreis der Wiedergeburten durch Erlangen der rechten Erkenntnis und durch Erwecken des Bewußtseins bewirkt. In beiden wurden umfangreiche Schemata ausgearbeitet, die die Elemente der Erkenntnis ergeben. Beide sehen die Welt als real an, im Gegensatz zu manchen anderen Auffassungen, nach denen alles Äußerliche nur in unserer Einbildung besteht. Besonderes Interesse haben gewisse Gedanken gefunden, die Ideen der abendländischen Wissenschaft nahekommen. Im Vaisheshika gibt es eine Atomlehre, im Nyaya die Entwicklung einer Art von formaler Logik; die Begründer beider Systeme werden daher auch mit Demokrit und Aristoteles verglichen.

Im *Vaisheshika-System* Kanadas gibt es 6 (später 7) Kategorien, in die alles körperliche und geistige Sein eingeteilt ist:

1) Substanz (Erde, Wasser, Feuer, Luft, Äther, Zeit, Raum, Seele, Verstand);

2) Qualität (Farbe, Geschmack, Geruch, Tastgefühl, Zahl, Ausdehnung, Individualität, Verbindung, Trennung, Priorität, Posteriorität, Erkenntnis, Freude, Leid, Begierde, Abneigung, Wille);

3) Bewegung (Tun, Aktivität);

4) Verbindung (Allgemeinheit; das, was Objekte gemeinsam besitzen);

5) Unterschied (Besonderheit; das, was eine besondere Eigenschaft eines Objektes ist, die zu seiner Unterscheidung von anderen Objekten dient);

6) Inhärenz (Behaftetsein mit etwas; etwas, was Objekte verbindet, z.B. Teile - das Ganze oder Ursache - Wirkung).

Nachträglich wurde noch eine weitere Kategorie angefügt:

7) Nichtexistenz

Erlösung von der Wiedergeburt wird erlangt, wenn man zur Erkenntnis und zum Verstehen dieser Kategorien kommt. Die ersten drei sind objektiv vorhanden, die anderen ergeben sich durch intellektuelles Unterscheiden und durch logisches Schließen. Kanada arbeitet die Kategorien bis ins einzelne aus, so daß ein System entsteht, mit dem er die materielle Welt ebenso wie die geistigen Vorgänge erklären kann.

Das *Nyaya-System* ähnelt in der Betonung der zur Befreiung führenden Erkenntnis dem Vaisheshika. Anstelle der 7 Kategorien werden aber 16 Hauptthemen oder -prinzipien angeführt:

1) Arten der Erkenntnis;

2) Objekte der Erkenntnis (z.B. Seele, Geist, Körper, Verstand, Wille, Leid u.a.);

3) Zweifel, Unsicherheit (über etwas Erkanntes);

4) Zweck, Motiv;

5) Beispiel;

6) anerkannte Wahrheit, Lehrsatz;

7) Voraussetzungen (Glieder eines Syllogismus);

8) vernünftiges Schließen;

9) Feststellung, Ermittlung;

10) Argumentieren;

11) Sophisterei;

12) Bekritteln;

13) Trugschlüsse, Irrtümer;

14) Spitzfindigkeiten;

15) Umdefinieren von Begriffen, Verwenden falscher Ausdrücke;

16) Unfähigkeit zum Diskutieren.

Die letzten 7 Themen gehören weniger in den Bereich der Philosophie als in den der Rhetorik. Nur das erste Thema (Arten der Erkenntnis) und das siebente (Syllogismus) sollen kurz besprochen werden.
Im Nyaya-System gibt es vier Arten der Erkenntnis:

a) Wahrnehmung (sinnliche Wahrnehmung und geistiges Verarbeiten des Wahrgenommenen);

b) Folgerung, Schlußweise (auf Grund einer Wahrnehmung);

c) Analogieschluß (Vergleichen einer Angelegenheit mit einer ähnlichen, bekannten);

d) glaubwürdiges Zeugnis (auf Grund der Aussage einer Autorität, insbesondere der der Veden).

Die einzige wirklich zuverlässige Quelle der Erkenntnis ist die unter b) angeführte Folgerung. Im siebten Thema des obigen Schemas wurde dazu ein Syllogismus (logisches Schluß-Schema) ausgearbeitet, der sich von dem klassischen dreigliedrigen Syllogismus des Aristoteles durch eine fünffache Gliederung unterscheidet. Aristoteles schließt:

1) A ist B

2) C ist A

---

3) C ist B (Schluß).

Beispiel:

1) Alle Menschen sind sterblich

2) Plato ist ein Mensch

---

3) Plato ist sterblich (Schluß).

Im Nyaya-System schließt man folgendermaßen:

1) Behauptung
2) Ursache
3) Verallgemeinerung
4) Wiederholung der Ursache

---

5) Schluß.

Beispiel:
1) Auf dem Berg brennt ein Feuer
2) Weil vom Berg Rauch aufsteigt
3) Wenn Rauch auftritt, ist Feuer vorhanden
4) Der Berg raucht

---

5) Also brennt auf dem Berg ein Feuer.

Dies etwas umständliche Verfahren wurde später gelegentlich vereinfacht, wobei auch dreigliedrige Syllogismen verwendet wurden.

2.4.4 Mimamsa und Vedanta

Im Laufe der Entwicklung traten manchmal Zweifel an der Wirksamkeit der Kulthandlungen auf, die in den Veden und Upanishaden angegeben sind. Außerdem waren die Vorschriften nicht immer eindeutig, so daß sich Auseinandersetzungen über die korrekte Art der Ausführung ergaben. Daher wuchs das Bedürfnis nach begründeter, fester Regelung und nach Widerlegung unrichtiger Meinungen. Diese Aufgabe wurde von Jaimini mit den Sutras der Mimamsa (auch Purva-Mimamsa oder ältere Mimamsa genannt) und von Badayrana mit dem Brahma-Sutra des Vedanta (Uttara-Mimamsa oder spätere Mimamsa) unternommen. Beide Werke betonen die absolute Wahrheit der alten Schriften; sie sind offenbar Zusammenfassungen nach langdauernden Auseinandersetzungen. Da auch diese Sutras wegen der äußersten Kürze im Ausdruck schwer verständlich sind, gibt es zu beiden jeweils mehrere Kommentare, die allerdings nicht immer übereinstimmen.

Der wesentliche Inhalt der *Mimamsa* ist die Anerkennung der Autorität der

Veden und der Upanishaden sowie der Versuch, ihre Lehren mit logischer Beweisführung als richtig zu erweisen. Man kann dies nur als einen Versuch bezeichnen, da es fraglich ist, ob sich dogmatische Behauptungen überhaupt beweisen lassen. In den Sutras der Mimamsa werden zunächst die Riten und die Liturgie des brahmanischen Kultes erörtert; dabei wird eine bestimmte Systematik angewendet:

a) Es wird eine Behauptung aufgestellt;
b) alle erdenkbaren Gegenargumente werden widerlegt;
c) die falschen Methoden der Erörterung werden aufgezeigt;
d) diese falschen Methoden werden widerlegt;
e) die richtige Lösung des Problems wird gefolgert.

Ganz allgemein werden alle Wahrnehmungen und Erkenntnisse primär als richtig angesehen, ihre Wahrheit braucht nicht bewiesen zu werden. Wenn jemand die Richtigkeit einer Erkenntnis bestreitet, so muß er, nicht der Gesprächspartner, seinen Standpunkt beweisen. Offensichtlich falsche Behauptungen oder Erkenntnisse brauchen überhaupt nicht berücksichtigt zu werden; sie bestehen aus einer möglicherweise richtigen Wahrnehmung und einem geistigen Vorgang, einer »Erinnerung«. Wenn z.B. behauptet wird, ein Kieselstein bestehe aus Gold, so liegt eine Verknüpfung der richtigen Wahrnehmung des Kieselsteins mit der Erinnerung an einen Goldklumpen vor. Die falsche Behauptung resultiert daraus, daß beides nicht richtig getrennt wurde, oder auch, daß die Wahrnehmung nicht gründlich genug überlegt wurde.

Diese Denkweise wird auch auf die alten Schriften angewendet. Wahr sind deren Aussagen; andere Ansichten sind a priori falsch, falls sie nicht bewiesen werden können. Wenn ein Ritus oder ein Opfer den gewünschten Erfolg nicht unmittelbar ergibt, so bleibt eine transzendente Kraft bestehen, die die beabsichtigte Wirkung später doch noch erbringt.

Das Befinden der Seele nach dem Tode hängt einmal vom Grad der Erkenntnis des esoterischen Gehaltes der Veden und der Upanishaden ab, zusätzlich aber auch von den Taten des Verstorbenen während seines Lebens. Als Taten werden vor allem rituelle Handlungen gewertet.

Der *Vedanta* befaßt sich im wesentlichen mit der Erläuterung der Upanishaden. Die Hauptschrift, das Brahma-Sutra, wurde von größter Bedeutung für die gesamte Hindu-Religion. Es ist eine Sammlung von 555 ganz kurzen, vieldeutigen Aphorismen. Wegen der Vieldeutigkeit wurden zahlreiche Kommentare zum Brahma-Sutra verfaßt, so daß heute fast jede Hindu-Sekte einen eigenen Kommentar besitzt. Die bekannteste und wichtigste Interpretation stammt von Shankara (Lebenszeit zwischen 650 und 800), der als der eigentliche Reformer des Hinduismus gilt und der durch sein Wirken und seine Schriften maßgebend zum Rückgang des Buddhismus in Indien beigetragen hat.

Der Vedanta gibt die orthodoxe Lehre des Brahmanentums wieder, dessen Grundidee das Einssein des Brahmans (der Weltseele) mit dem Atman (dem menschlichen Seelengrund) ist. Weil das ewig unendliche Brahman keiner Veränderung unterliegt und auch nicht aus einzelnen Teilen bestehen kann, ist jeder Mensch seinem innersten Wesen nach nicht ein Teil des Brahmans, sondern das gesamte Brahman. (In den Upanishaden wird das Brahman unterschiedlich aufgefaßt: Einmal ist es der höchste Gott, ein andermal das eigenschaftslose Absolute).

Shankaras Kommentar zum Vedanta ist der sogen. *Advaita-Vedanta*; seine Lehre wird als »advaita« (zweitlos) bezeichnet, da sie nicht dualistisch ist wie das Samkhya mit den beiden Prinzipien Purusha und Prakriti. Die Idee der absoluten Ruhe und Untätigkeit des Purusha wird von Shankara beibehalten, nicht aber die der zahllosen, voneinander getrennten Purushas und auch nicht die des Prakriti. Die verschiedenen Purushas (des Samkhya) sind vielmehr mit dem Brahman (des Vedanta) identisch. Demnach ist der Purusha, das individuelle Selbst (oder der Atman), auch das universelle Selbst (das Brahman), die alleinige, ewige Wirklichkeit.

Ebenfalls vom Samkhya verschieden ist Shankaras Ansicht von der Welt. Sie ist seiner Ansicht nach nicht real vorhanden, sondern scheint nur zu existieren. Durch das Blendwerk der von ihr ausgehenden Wirkungen nimmt sie den Menschen so gefangen, daß er das Brahman gewöhnlich nicht erkennen kann. Alles, was der Mensch wahrnimmt, ist der Zeit verhaftet und in einem dauernden Wandel begriffen; das alles ist aber nur ein Aspekt der kosmischen Kraft des Brahman. Je enger die Bindung des Menschen an die Welt ist, desto mehr Schalen und Hüllen umschließen seinen innersten Wesenskern, so daß er irrtümlich das Abbild für die Wirklichkeit hält.

Nach Shankara ist aus dem absoluten Brahman eine allmächtige, allwissende Gottheit hervorgegangen, ohne daß es davon irgendwie verändert oder berührt worden wäre. Dieser Gott, der Weltenherrscher, hat die Welt geschaffen und erhält und vernichtet sie. Er steht zwischen der jenseitigen Realität und unserer diesseitigen Illusion. Der Schöpfergott selbst bleibt aber ohne jede Bindung an die von ihm geschaffene Welt. Er kann jederzeit zu seinem Ursprung, der wahren Realität (dem Brahman), zurückkehren.

2. 5 Hinduistische Mystik und hinduistische Mystiker

2. 5. 1 Übersicht

Während in den ältesten hinduistischen Schriften, dem Rig-Veda und dem Atharva-Veda, eine buntgemischte Götterwelt verehrt wird, beginnt mit den Upanishaden ein Prozeß der Verinnerlichung der Religion mit dem Ideal der Abkehr von den weltlichen Annehmlichkeiten und Vergnügungen. Damit geht die Ausbildung der Lehre vom Brahman einher, eine Entwicklung, die als Hinwendung zum Monotheismus oder auch zum Pantheismus angesehen werden kann, die sich aber nur unvollständig mit solchen vereinfachenden Begriffen erfassen läßt.

Eine weitere Phase in der Entwicklung der alten Veda-Religion ist das Nachdenken über den Menschen selbst, über sein inneres Wesen und über seine Stellung im Kosmos. Man kommt zu dem Ergebnis, daß es über der Sinnenwelt mit ihren vordergründigen Erfahrungen noch etwas Höheres, Allgemeineres geben müsse, das eigentliche Selbst. Dies kann jedoch nicht durch rationelles Denken erkannt, sondern nur in intuitivem Erleben erfahren werden. Der Mensch befindet sich dann in einem Zustand, der außerhalb des gewöhnlichen Bewußtseins liegt und in welchem es für ihn keine Dualität mehr gibt, keinen Unterschied zwischen Erkenntnis und erkennendem Subjekt; auch sind dann alle Bindungen an materielle Güter und an Angehörige und Freunde aufgegeben. In diesem Zustand innerer Freiheit hat er sein wirkliches Selbst gefunden, das sich über dem gewöhnlichen Ich mit seinen vielfältigen Aktivitäten befindet. Jetzt kann er auch das Brahman erleben, eine Wesenheit, die entweder als göttlich (meist als Krishna) verehrt oder als ein außerhalb jeder Religion befindliches Urprinzip, als Urgrund allen Seins, angesehen wird.

Mit diesen Lehren und Erlebnissen wird der Bereich der Mystik erreicht, in welchem als höchste Erfahrung das Selbst (Atman) mit dem Brahman zu einer Einheit verschmilzt. Mystische Erlebnisse sind wohl erstmals in Indien beschrieben worden. Z.B. enthalten die Upanishaden und die Bhagavadgita Abschnitte, in denen solche Erfahrungen ausgedrückt werden. Die Weiterbildung zu systematisch ausgearbeiteten mystischen Pfaden erfolgte im Yoga (vgl. Abschn. 3). Von dem umfangreichen mystischen Schrifttum des Hinduismus sollen im folgenden nur die Upanishaden und die Bhagavadgita, von den zahlreichen Mystikern nur Shankara und Ramakrishna besprochen werden.

2.5.2 Die Upanishaden

Ebenso wie in anderen Religionen wird auch im Hinduismus zwischen niederem und höherem Wissen unterschieden. Mit dieser Lehre war es möglich, eine Weiterentwicklung und Vertiefung der ursprünglichen Veda-Religion zu erreichen, ohne daß sie völlig aufgegeben werden mußte. Bereits in den Upanishaden wird diese Unterscheidung vertreten:

> »Zwei Wissenschaften soll man wissen nach dem, was die Brahmanwisser sagen, nämlich die höhere und die niedere.
> Die niedere ist der Rigveda, Yajurveda, Samaveda, Atharvaveda, Lautlehre, Kultus, Grammatik, Wortschatz, Metrik, Astronomie.
> Aber die höhere ist die, durch welche jenes Unvergängliche erkannt wird:
> Jenes, welches
> Unsichtbar, ungreifbar, ohne Stammbaum, farblos,
> Ohn' Aug' und Ohren, ohne Händ' und Füße,
> Ewig, durchdringend, überall, schwer erkennbar,
> Jenes Unwandelbare,
> Das als der Wesen Schoß die Weisen schauen« [1].

Im zweiten Teil des Zitates läßt sich eine Art von negativer Theologie erkennen, wie sie später im Neuplatonismus ausgearbeitet wurde. Dabei wird Gott durch Verneinen aller Eigenschaften zu definieren versucht. Eine solche Auffassung vom Göttlichen führt folgerichtig zu Kritik an äußeren Ritualen und zur Ablehnung von Opfern und Kulthandlungen:

> »Nicht durch Belehrung wird erlangt der Atman,
> Nicht durch Verstand und viele Schriftgelehrtheit;
> Nur wen er wählt, von dem wird er begriffen:
> Ihm macht der Atman offenbar sein Wesen« [2];
> »Nicht reicht zu ihm (dem Atman) das Auge, nicht die Rede,
> Nicht andre Sinnengötter, Werk, Kasteiung:
> Wenn ruhig das Erkennen, rein das Herz ist,
> Dann schaut man sinnend ihn, den Ungeteilten« [3].

Oft kreisen die Gedanken der »Rishis«, der heiligen Seher, um die Begriffe der Wahrheit und der Erkenntnis. Beide sind unentbehrlich zum Erreichen des letzten Ziels, des Brahman:

> »Mit einer Schale ganz aus Gold
> Ist zugedeckt der Wahrheit Mund;
> O öffne, Pushan, diese mir,
> Dem Wahrheitstreuen mach' sie kund« [4];
> »Wahrheit ersiegt er (der Sprecher), nicht Unwahrheit,
> Durch Wahrheit eröffnet sich der Devayana (der Götterweg),
> Auf dem empor die Weisen, wunschvollendet,
> Zum höchsten Hort der Wahrheit hingelangen« [5].

Mit der Wahrheit ist oft die Erkenntnis verknüpft; sie wird manchmal mit fast göttlichen Eigenschaften versehen, dann aber ist sie wieder nur eine Voraussetzung für die Erlösung aus dem Kreis der Wiedergeburten:

»Wer zur Erkenntnis aufwachte
Hienieden vor des Leibs Zerfall,
Dem ist in Schöpfungen, Welten,
Es (das Erkennen) dienlich zur Verkörperung« [6];
»Wer Gott nicht kennt, bleibt als Genießer gebunden,
Wer ihn erkannt, wird frei von allen Banden« [7].

Der Suchende benötigt einen Lehrer, einen Guru, um zur Erkenntnis des höchsten Brahman zu gelangen. Das Verhältnis des Schülers zum Lehrer ist von tiefer Verehrung geprägt; der Lehrer aber nimmt nur ihm geeignet erscheinende Schüler nach längerer Probezeit an:

»Ein Wunder, wer ihn (den Atman) lehrt, kundig, wer ihn auffaßt,
Ein Wunder, wer ihn kennt, belehrt von Kund'gen. –
Und ohne Lehrer ist hier gar kein Zugang:
Zu tief ist er für eignes tiefes Denken« [8];
»Upakosala, der Sproß des Kamala, wohnte als Brahmanschüler bei Satyakama, dem Sohne des Jabala. Zwölf Jahre hatte er (Up.) ihm seine Opferfeuer bedient, da ließ er (Sat.) die anderen Schüler ziehen, ihn aber wollte er nicht ziehen lassen« [9].

In mehreren Upanishaden kommt zum Ausdruck, daß die letzte Erkenntnis nur für Wenige erreichbar ist:

»Jener Weg der Paramahansa's (Yogis) ist schwer in der Welt zu finden und nicht viel betreten« [10];
»Von dem (Atman) auch zu hören, vielen nicht beschieden,
Den viele, von ihm hörend, nicht begriffen, ... « [11].

Vorbedingungen für die endgültige Befreiung sind das Aufgeben allen Besitzes, aller Wünsche und aller persönlichen Bindungen. Die Erlösung von der Wiedergeburt wird durch das Streben nach Belohnung für gute Werke verhindert:

» ... auf Unsterblichkeit aber ist keine Hoffnung durch Reichtum« [12];
»Er (der Yogi) aber tut von sich Kinder, Freunde, Weib, Verwandte, die Haarlocke und Opferschnur, das Vedastudium und alle Werke, er verzichtet auf die ganze Welt und greift zum Lendentuch, zu Stab und Decke, nur noch strebt, seinen Leib zu erhalten und anderen hülfreich beizustehen ...
Aber dieser ist noch nicht der Höchste; und fragst du, wer der Höchste ist, – der ist es, welcher als Paramahansa nicht Stab, nicht Haarlocke, nicht Opferschnur, nicht Decke mehr trägt, nicht mehr nach Kälte und Hitze, nach Lust und Schmerz, nach Ehre und Unehre fragt, sondern frei ist von den sechs Wogen (Hunger, Durst, Kummer, Wahn, Alter, Tod), indem er Tadel, Stolz, Eifersucht, Trug, Hochmut, Wunsch, Haß, Lust, Schmerz, Verlangen, Zorn, Habgier, Wahn, Freude, Ärger, Selbstsucht und alles dergleichen dahinten läßt; und weil von ihm sein eigener Leib nur als ein Aas wird angesehen, so wendet er sich von diesem

verkommenen Leibe, welcher die Ursache ist von Zweifel, Verkehrtheit und Irrtum, für immer ab, richtet auf jenes (das Brahman) beständig sein Erkennen ... Sein Kleid ist der Weltraum, er kennt nicht Verehrung, nicht Manenspende, nicht Tadel noch Lob, nicht Opferruf, sondern lebt, wie es eben kommt, als Bettler. Er lockt nicht an, und er stößt nicht ab; für ihn gibt es keine Vedasprüche mehr, keine Meditation, keine Verehrung, kein Sichtbares und kein Unsichtbares, kein Gesondertes und kein Ungesondertes, kein Ich, kein Du und keine Welt ... «[13].

In diesem Zitat aus der Paramahansa-Upanishad wird die Aufgabe des Selbst angedeutet, in anderen Upanishaden wird dies noch klarer ausgedrückt:

»Wer so durch sein Selbst das Selbst, feiner als das Feine erglänzend, unter Schwinden des Manas (Verstand, Wille), sieht, der, indem er durch sein Selbst das Selbst gesehen, wird selbstlos, und vermöge der Selbstlosigkeit ist er als unmeßbar und grundlos zu denken« [14].

Der Laut »Om« spielt in der Technik der Meditation eine wichtige Rolle; nachdem er schon bei den alten Opferriten ausgerufen wurde, wird er nunmehr zum Symbol für das Brahman, das zur Erlösung führen kann (das »Om« wird im nächsten Abschnitt nochmals erwähnt):

»Das Wort, das alle Veden uns verkünden,
Das sich in jeglicher Kasteiung ausdrückt,
Um das in Brahmanschülerschaft sie leben,
Dies Wort vernimm in einem Lernbegriffe:
Om! so lautet es.
Ja, diese Silbe ist Brahman,
Diese Silbe das Höchste ist:
Wer dieser Silbe ist kundig,
Was er zu wünschen mag, fällt ihm zu.
Dies ist der Stützen vornehmste,
Diese Stütze die höchste ist;
Wer dieser Stütze ist kundig,
Lebt selig in der Brahmanwelt« [15];
»Fürwahr, o Satyakama, der Laut Om ist das höhere und das niedere Brahman. Darum erlangt der Wissende, wenn er sich auf denselben stützt, das eine oder das andere ...« [16].

Die Einheit des Atman mit dem Brahman wird in vielen Upanishaden gelehrt. Ob es sich dabei nur um philosophische Spekulationen oder um echtes Erleben der unio mystica handelt, geht aus den Texten nicht immer klar hervor. Doch kann man annehmen, daß derartige Sätze kaum ohne mystische Erfahrung ausgesprochen worden wären:

»Denn so heißt es: Der da im Feuer weilt, und der im Herzen weilt, und der in der Sonne weilt, die sind nur er, der Eine allein. – Der gelangt zur Einheit mit dem Einen, wer solches weiß« [17];
»Wahrlich, wer jenes höchste Brahman kennt, der wird zum Brahman« [18];
»Brahman, die höchste Allseele,
Des Weltalls großer Ruhepunkt,

Des Feinen Feinstes, dies Ew'ge
Du selbst bist es, und es ist du!« [19];
»In mir entstand das Weltganze,
In mir nur hat Bestand das All,
In mir vergeht es, dies Brahman,
Das zweitlose, ich bin es selbst!« [20].

Wer diese Einheit des Selbst mit dem All oder dem Brahman erlebt, für den verschwinden alle Unterschiede, alles wird zu einer Einheit, und er erlebt ein unendliches Glücksgefühl:

»Wie Ströme rinnen und im Ozean,
Aufgebend Name und Gestalt, verschwinden,
So geht, erlöst von Name und Gestalt,
Der Weise ein zum göttlich höchsten Geiste« [21];

» ... darum wird durch Wissen, durch Askese und durch Meditation das Brahman erkannt. Und wer es tut, der geht noch über das (niedere) Brahman hinaus zur Übergöttlichkeit über die Götter; und so erlangt er unvergängliche, unermeßliche, leidenfreie Lust, wer, solches wissend ... das Brahman verehrt. Aber womit er (vordem) angefüllt, wovon er überwältigt ... war, von dem erlöst, geht er in dem Atman zur Gemeinschaft (mit ihm) ein« [22].

Die letzten Erkenntnisse lassen sich mit Worten nicht beschreiben:

»Des Hörens Hören und des Denkens Denken,
Der Rede Reden – sie ist ein Hauch des Hauchs nur,
Des Auges Seh'n, – der Weise läßt sie fahren;
Und wird, hinscheidend aus der Welt, unsterblich.
Das, bis zu dem kein Aug' vordringt,
Nicht Rede und Gedanke nicht,
Bleibt unbekannt, und nicht sehn wir,
Wie einer es uns lehren mag!
Verschieden ist's vom Wißbaren,
Und doch darum nicht unbewußt! -
So haben von den Altvordern
Die Lehre überkommen wir.
Was unaussprechbar durch Rede,
Wodurch Rede unaussprechbar wird,
Das sollst du wissen als Brahman,
Nicht jenes, was man dort verehrt.
Was durch das Denken undenkbar,
Wodurch das Denken wird gedacht,
Das sollst du wissen als Brahman,
Nicht jenes, was man dort verehrt« [23];
»Nur wer es nicht erkennt, kennt es,
Wer es erkennt, der weiß es nicht, –
Nicht erkannt vom Erkennenden,
Erkannt vom Nichterkennenden!« [24].

Die Zitate, die sich beliebig vermehren lassen, sollen kein Bild von Form und Inhalt der Upanishaden vermitteln; sie wurden ausschließlich im Hinblick auf eine Denkweise ausgewählt, die man als mystisch oder als zur Mystik hinführend ansehen kann. Man findet in ihnen Forderungen, Begriffe und Aussagen, die in ähnlicher Weise in der Mystik immer wieder vorkommen: Das Aufgeben aller weltlichen Güter, aller menschlichen Bindungen, Meditation, das Verschwinden aller Verschiedenheiten zwischen Objekt und Subjekt und schließlich die Vereinigung mit dem All oder dem Brahman.

Man darf sich jedoch die Erkenntnis, daß Atman und Brahman eins sind, nicht als eine philosophische Lehre oder als etwas oberflächlich Geglaubtes vorstellen; diese Erkenntnis muß innerlich erfahren werden, so daß der Mensch von allem befreit wird, was ihn an die Welt der Sinne und der Erscheinungen bindet.

2. 5. 3 Die Bhagavadgita

Wie oben (Abschn. 2.2) schon angedeutet wurde, finden sich auch in der Bhagavadgita mystische Gedanken. Die zerstreuten Hinweise in den Upanishaden werden wieder aufgenommen und zu einem einheitlicheren Ganzen ausgeweitet.

Mehrfach wird Arjuna, an den sich die Belehrungen Krishnas richten, zum Aufgeben von Besitz und von allen weltlichen Wünschen sowie zum Abbrechen aller menschlichen Beziehungen aufgefordert:

> »Wer keine Wünsche hat, Herz und Selbst bezähmt, allen Besitz verläßt, nur mit dem Körper handelt, der begeht kein Fehl« [25];
> »So verfolgt er (der Yogi) auch nicht die Absicht, durch Handlungen, die er vollbracht hat, und durch Handlungen, die er nicht vollbracht hat, irgendetwas in dieser Welt zu gewinnen. Er hängt mit keinem Zweck von diesen Dingen ab« [26];
> »Nicht-Anhänglichkeit (an Irdisches), Nicht-Haften an Sohn, Weib, Heim und dergleichen und andauernder Gleichmut gegenüber allen erwünschten und unerwünschten Vorfällen, unerschütterliche Hingabe an mich (Krishna) in vollkommener Selbstzucht ... , das wird als wahres Wissen bezeichnet« [27].

Im letzten Zitat klingt die Forderung nach Gleichmut und Freiheit von Leidenschaften an, eine Forderung, die in der Bhagavadgita wiederholt ausgesprochen wird:

> »Sei gleichmütig gegen Erfolg und Mißerfolg« [28];
> »Wer alle Begierden aufgibt, ohne Verlangen handelt, ohne Selbstsucht und Egoismus ist, dieser erlangt den Frieden« [29];
> »Wer, bevor er seinen Körper aufgibt, dem Ansturm von Begierde und Zorn widerstehen kann, ist ein Yogin, ein glücklicher Mann« [30].

Breiten Raum nehmen in der Bhagavadgita Erörterungen über »Werke« oder »Handeln« und Askese ein, d.h. über den Wert des aktiven und des kontemplativen Lebens. Beide schließen sich nicht aus, sondern ergänzen sich, aber dem aktiven Leben wird der Vorzug gegeben. Voraussetzung ist allerdings, daß die Tätigkeit um ihrer selbst willen und ohne Wunsch nach Belohnung oder Anerkennung ausgeübt wird:

> »Deine Aufgabe liegt allein im Handeln, nicht in dessen Früchten. Lasse nicht die Früchte deines Tuns deinen Beweggrund sein; ergib dich nicht der Untätigkeit« [31];
> »Der Verzicht auf die Werke und das uneigennützige Verrichten derselben, beide führen zur Erhöhung der Seele. Aber von diesen beiden ist das uneigennützige Verrichten der Werke besser als der Verzicht auf sie« [32].

Als Hilfen auf dem Wege zum Brahman werden Yoga-Übungen empfohlen; der Yogi muß das ziellose Schweifen des Geistes unterbinden. Dabei führt ihn die Silbe »Om« zum Ziel:

> »Er (der Yogi) errichte sich an einem reinen Platz einen Sitz ... Er lasse sich auf diesem Sitze nieder, richte seinen Geist auf einen Punkt, bezähme das Denken und die Sinne und übe so, zur Läuterung der Seele, den Yoga« [33];
> »Wer die Silbe »Om«, (die das) Brahman (ist), ausspricht und meiner (Krishnas) gedenkt, wenn er seinen Leib verlassend hingeht, dieser gelangt zum höchsten Ziel« [34].

Zur Erlösung führt die Erkenntnis des Brahmans (bzw. Krishnas):

> »Wer so in Wahrheit meine (Krishnas) göttliche Geburt und meine göttlichen Werke kennt, wird nicht wiedergeboren« [35];
> »Der Weise, der mich (Krishna) als den Genießer der Opfer und Kasteiungen, den großen Herrn aller Welten, den Freund aller Wesen, erkannt hat, geht in den Frieden ein« [36].

Das höchste Brahman wird einerseits persönlich, in Krishna verkörpert, aufgefaßt; andererseits ist es aber eigenschaftslos, anfanglos, weder seiend noch nichtseiend, es ist unvorstellbar. Der Gläubige, der alles aufgegeben hat, sogar sich selbst, der »ichlos« geworden ist, kann die Vereinigung mit dem Brahman erlangen:

> »Eine Lampe an einem windstillen Ort flackert nicht. Mit ihr wird der Yogin verglichen, der sein Denken bezähmt hält und die Vereinigung mit dem höchsten Selbst übt« [37];
> »Von diesen (den Gottsuchern) ist der Weise, der sich in ständiger Vereinigung mit dem Göttlichen befindet, dessen Hingabe nur auf eines gerichtet ist, der Vorzüglichste« [38];
> » ... und jene, die mich mit Hingabe verehren, sind in mir und ich bin in ihnen« [39].

Am Ende der Bhagavadgita werden die wesentlichen Gedanken der Lehre nochmals zusammengefaßt:

»Er, dessen Verstand nirgendwo haftet, der sein Selbst bezähmt hat, und von dem die Begierde gewichen ist, gelangt durch Entsagung in den höchsten, alles Werk überschreitenden Zustand ...

Mit reinem Verstande ausgestattet, sich mit Stärke zügelnd, sich abkehrend vom Ton und den übrigen Sinnesobjekten, und Zuneigung und Abneigung abwerfend, in Einsamkeit verweilend, nur wenig essend, Rede, Körper und Geist im Zaume haltend, stets in Meditation und Versenkung befindlich, seine Zuflucht zur Leidenschaftslosigkeit nehmend und Selbst-Sinn, Gewalt, Hochmut, Begierde, Zorn und Besitz abwerfend wird er, der ichlos und ruhigen Geistes ist, würdig, mit dem Brahman eins zu werden.

Ist er mit dem Brahman eins und ruhigen Geistes geworden, so trauert er nicht mehr und begehrt nicht. Alle Wesen als gleich betrachtend, erlangt er die höchste Hingabe an mich (Krishna).

Durch Hingabe erkennt er mich, meine Größe und wer ich in Wahrheit bin. Nachdem er mich in Wahrheit erkannt hat, geht er alsbald in mich ein« [40].

Wer den Zustand der Einheit mit dem Brahman erreicht hat, empfindet höchstes Glück. Für ihn ist alles zu einem geworden, alle Unterschiede sind aufgehoben:

»Denn dem Yogin, dessen Geist friedvoll ist, dessen Leidenschaften gestillt sind, der fleckenlos und mit Gott eins geworden ist, wird höchste Wonne zuteil.

Indem er auf diese Weise das Selbst in Einklang bringt, erfährt der Yogin, der die Sünde abgelegt hat, mühelos die unendliche Wonne der Berührung mit dem Ewigen« [41];

»Er, dessen Selbst durch Yoga in Einklang gebracht ist, sieht das Selbst in allen Wesen wohnen und alle Wesen im Selbst; überall sieht er dasselbe« [42];

»Da schaute der Pandava (Arjuna) das ganze Universum mit seinen mannigfaltigen Teilen in einem einzigen vereinigt, in dem Körper des Gottes der Götter« [43].

Allerdings gelangen nur wenige Auserwählte zu diesem Ziel; die große Masse verharrt in Unwissenheit:

»Unter tausend Menschen strebt kaum einer nach Vollendung, und von denen, die danach streben und Erfolg haben, kennt mich kaum einer wirklich« [44].

2. 5. 4 Die Mystik Shankaras

Die philosophischen Ideen Shankaras wurden oben bei der Erörterung des Vedanta-Systems erwähnt; zu besprechen bleiben noch seine Lehren über den mystischen Weg und die Erlösung. Aus den Upanishaden übernahm er die Ansicht, daß man die Welt von zwei verschiedenen Standpunkten aus betrachten kann: Von einem niederen Standpunkt aus sieht man sie als real an. Das ist die Meinung der meisten Menschen, und für sie ist diese Anschauung wahr. Der Mystiker, der in der Versenkung seine Identität mit dem Urgrund allen

Seins erlebt hat, betrachtet die Welt jedoch von einem höheren Standpunkt aus: Für ihn ist der Urgrund, das Brahman, real, während die äußere Welt dem Menschen durch Unkenntnis nur vorgespiegelt wird.

Um von der niederen zur höheren Ebene zu gelangen, muß man einen Stufenweg beschreiten. Zuerst hält man noch Materie und Seele für verschieden, glaubt an persönliche Gottheiten und an den Nutzen guter Werke wie Opfer, Spenden und Veda-Studium. Gute Werke führen aber nicht zur Erlösung, sondern nur zu einer günstigeren Wiedergeburt. Sie sind auch insofern nützlich, als sie helfen, die Leidenschaften zu vermindern, die dem Erlangen des höchsten Ziels, dem Erkennen der Wirklichkeit, im Wege stehen.

Das Ziel wird durch Befolgen von vier Erfordernissen erreicht:

1) Unterscheidung des Ewigen und des Nichtewigen;

2) Verzicht auf jeden Lohn (in dieser Welt und im Jenseits);

3) Erlangung von 6 Hilfsmitteln:
   a) Gemütsruhe
   b) Selbstbeherrschung
   c) Entsagung
   d) Ertragen von Mühsalen
   e) Andacht
   f) Glaube

4) Wunsch nach Erlösung.

Vorbedingungen zum Beschreiten des mystischen Weges sind der intensive Wunsch nach Erlösung und der Verzicht auf jeden Lohn. Nur durch Einhalten dieser Bedingungen ist die völlige Konzentration auf die eigentliche Aufgabe möglich. Von den sechs Hilfsmitteln sollen die ersten fünf die Abkehr von der Sinnenwelt bewirken; das sechste, der Glaube, die Versenkung in Gott, führt den Mystiker dem letzten Ziel zu. Wichtig ist auch die Meditation, die am besten über einen der heiligen Texte erfolgt. Besonders sind einige Abschnitte der Upanishaden dazu geeignet, die sogen. »großen Worte«, vor allem die Formel »Tat tvam asi« (»das bist du«, d.h. »du bist das Brahman«).

Shankara übernimmt die Yoga-Technik, nicht aber die Samkhya-Lehre. Yoga-Übungen bewirken wunderbare Kräfte, aber der Yogi soll dadurch nicht hochmütig werden. Sie sind auch nicht das endgültige Ziel der Yoga-Technik, das ist vielmehr die Erkenntnis des wahren Selbst. Yoga-Übungen müssen unbedingt unter der Leitung eines spirituellen Führers, eines Gurus, ausgeübt werden.

Wenn die niederen Stufen des mystischen Weges durchlaufen sind, gelangt der Mystiker zur Erkenntnis der Identität der Einzelseele mit der Weltseele, dem Brahman. Nur derjenige kann das Brahman erfassen, der es intuitiv durch innere Wahrnehmung erfährt. Man kann es nicht mit menschlichen Ausdrücken wiedergeben; es kann demjenigen, der es nicht erfahren hat, nur umschreibend, behelfsmäßig angedeutet werden.

Im Zustand tiefster Versenkung werden zwei Stufen unterschieden. Auf der ersten bleibt das Bewußtsein von wahrgenommenem Objekt und wahrnehmendem Subjekt erhalten, trotzdem man weiß, daß beide identisch sind. In diesem Zustand erwählt der Mystiker Gott zu seinem inneren Führer; durch bedingungslose Hingabe an Gott hört seine Ichbezogenheit auf. Er erlebt ein vollkommenes Glücksgefühl, ein Aufhören aller Wünsche. Wegen dieser Glückseligkeit unterbleibt aber oft der Schritt zur nächsten, höheren Stufe, auf der ein Versenkungszustand ohne Bewußtsein erreicht wird. Um dahin zu gelangen, muß man den Glauben an einen Gott aufgeben, da jede Gottesvorstellung ein Ausdruck des Denkvermögens ist, das jedoch begrenzt ist und die wahre Realität nicht zu erkennen vermag. Erst nach dem Aufhören jeden Denkens und aller Vorstellungen kann durch Selbstaufgabe das Eingehen in das unpersönliche Brahman erfolgen. Nunmehr ist alles Individuelle erloschen, Objekt und Subjekt können nicht mehr unterschieden werden. Die einzig mögliche »Sprache« hierfür ist das Schweigen, da jede Aussage über diesen Zustand unmöglich ist.

Ein Mensch, der den Schritt des »selber zu Nichts werden« vollzogen hat, ist schon zu Lebzeiten erlöst. Er ist frei von allem Irdischen, auch wenn er körperlich noch existiert. Er empfindet keine Schmerzen, benötigt keine Rituale, kein Fasten, keine Askese, keine Opfer. Er ist jenseits von Gut und Böse.

2. 5. 5 Ramakrishna

Gadahar Chatopadhyaya wurde 1836 als Sohn einer Brahmanenfamilie in Kamakur, einem Dorf in Bengalen, geboren. Unter dem Namen Ramakrishna wurde er als einer der großen Heiligen Indiens in der ganzen Welt bekannt.

Bereits in jungen Jahren vertieft er sich in die heiligen Schriften und erlangt durch Meditation und Versenkung schon früh mystische Gotteserfahrungen. Vor seinem 16. Lebensjahr wird er Gehilfe eines Priesters in einem Tempel der Göttin Kali, der Gemahlin des Gottes Shiva. Kali verkörpert die göttliche Urnatur; sie ist die Mutter des Weltalls und zugleich seine Zerstörerin. Aus ihr werden alle Dinge geboren, und alle Dinge gehen wieder in sie ein. Ramakrishna erklärt die Bedeutung der göttlichen Mutter Kali folgendermaßen: Die göttliche Urkraft Kali schafft, erhält und zerstört gleichsam im Spiel. In Wahrheit ist Kali Brahman, und Brahman ist Kali. Beide sind ein und dasselbe Wirkliche; wenn man sich diese Kraft untätig vorstellt, so nennt man sie das Brahman, ist sie aber tätig, so heißt sie Kali oder Shakti. Vor der Erschaffung der Welt, vor dem Beginn jeder Tätigkeit waren beide eins, danach bildeten sich die beiden Aspekte des Einen aus.

Ramakrishna fühlt sich von der Kali durchdrungen und lebt im Bewußtsein ihrer steten Gegenwart. Die enge Verbundenheit mit der Göttin bewirkt, daß die Besucher seines Tempels in ihm die Wiederverkörperung Kalis sehen, nicht den Priester, der deren Dienst geweiht ist. Im Zustand tiefster Versenkung erlebt er nicht nur das Erfülltsein mit Kali, sondern auch mit Rama und Krishna. Ramakrishna hatte zunächst nur die Vereinigung mit einem persönlich aufgefaßten Gott erfahren. 1864 wird er aber durch den Einfluß eines Asketen namens Totapuri soweit geführt, daß er das Einswerden mit dem Absoluten, dem Brahman, erlebt:

> »Das Weltall erlosch. Selbst der Raum war nicht mehr. Zunächst glitten noch Ideenschatten über den dunklen Grund des Geistes. Bloß das schwache Bewußtsein vom Ich wiederholte sich eintönig. Dann hörte auch das auf. Es verblieb die bloße Existenz. Die Seele ging unter im Selbst. Jeder Dualismus verschwand. Der endliche Raum und der unendliche Raum wurden eins. Jenseits des Wortes, jenseits des Gedankens verwirklichte er Brahman« [45].

Trotz dieser Erfahrung bleibt Ramakrishna im Dienste der Göttin Kali, da er in ihr auch weiterhin den Ausgangspunkt allen religiösen Erlebens sieht. Das gleichzeitige Festhalten an einer persönlichen Gottheit und an dem unpersönlichen Absoluten begründet er folgendermaßen:

> »Wenn ich das höchste Wesen anrufe in seinem Ruhezustand, wenn es nicht schafft, nicht erhält, nicht zerstört, dann nenne ich es Brahman. Wenn ich es mir als tätig, schaffend, erhaltend und zerstörend vorstelle, nenne ich es Shakti oder Maya oder Prakriti, den persönlichen Gott. Die so bezeichnete Unterscheidung zwischen diesen beiden Anschauungsweisen bedeutet aber nicht eine Verschiedenheit. Der persönliche Gott und der unpersönliche Gott sind ein und dasselbe, wie Milch und ihre weiße Farbe, der Diamant und sein Glanz. Es ist unmöglich, sich das eine ohne das andere zu denken. Die göttliche Mutter und Brahman sind eins« [46].

Mit fortschreitender innerer Entwicklung befaßt sich Ramakrishna auch mit anderen Religionen, dem Islam und dem Christentum. Bei Frömmigkeitsübungen nach islamischem Ritus hat er Visionen Muhammads und gelangt zur völligen Identifikation mit dem Propheten. Er verwirklicht gewissermaßen Muhammad in sich. Einige Jahre später läßt er sich in die christliche Religion einführen und kommt zu demselben inneren Erleben: Christus ergreift von ihm Besitz und durchdringt ihn mit seiner göttlichen Wirklichkeit. Ramakrishna wird eins mit ihm, wie er vorher mit Kali, Rama, Krishna und Muhammad eins geworden war. Er erkennt Christus als Inkarnation Gottes, allerdings nicht als die einzige.

Ramakrishna ist davon überzeugt, daß jeder sich zu seiner angestammten Religion bekennen soll, ein Christ zum Christentum, ein Hindu zum Hinduismus und ein Mohammedaner zur Lehre Muhammads. Allein wichtig ist, daß der Gläubige sich Gott in Liebe hingibt und dem Nächsten in Liebe dient:

> »Gott ist auf dem Dach. Nun muß man hinaufklettern. Die einen nehmen eine Leiter, die anderen ein Seil oder eine Steintreppe oder eine Bambusstange, andere steigen hinauf nach ihrer Art. Die Hauptsache ist nur eines: daß man auf das Dach hinaufkommt; ob ihr diesen oder jenen Weg nehmt, ist ziemlich gleichgültig. Was man natürlich nicht tun kann, ist, mehrere Arten zugleich zu verwenden; wenn schon, dann eine nach der anderen. Wenn ihr Gott gefunden habt, dann seid ihr auf dem Dach, und nun versteht ihr, daß man verschiedene Wege nehmen kann, um ihn zu erreichen. Nur dürft ihr keinesfalls meinen, daß die anderen Wege nicht zu Gott führen. Es sind verschiedene Wege auf dasselbe Dach! Ein jeder gehe seinen eigenen Pfad! Wer aber redlich und heißen Herzens sucht – Friede sei mit ihm! Gewiß wird er Ihn finden. Ihr mögt sagen, in einer anderen Religion gebe es doch viele Irrtümer und Aberglauben, darauf antworte ich: Es mag so sein. Jede Religion hat ihre Irrtümer. Jeder denkt, daß nur seine Uhr richtig geht. Es genügt aber, eine heiße Liebe zu Gott zu haben. Es ist genug, Ihn zu lieben und sich zu Ihm hingezogen zu fühlen. Wißt ihr denn nicht, daß Gott unser innerer Führer ist?« [47].

Das Verlangen völliger Toleranz anderen Religionen gegenüber, die Botschaft von der Liebe zu Gott und das Erleben der mystischen Gotteserfahrung waren die Hauptthemen von Ramakrishnas Lehre und Verkündung. Er starb 1886. Bis zu seinem letzten Tag sprach er mit seinen Anhängern, vermittelte ihnen seine Erkenntnisse und beantwortete ihre Fragen. Auf dem Sterbebett machte er seinen Schüler Vivekananda zu seinem Nachfolger. Dieser setzte Ramakrishnas Lebenswerk fort und verbreitete dessen Lehren auch außerhalb Indiens.

Anmerkungen

1 Nach: Deussen, Sechzig Upanishad's (s.Lit.), Mundaka-Up. 1,1,4 - 6.
2 Deussen, Kathaka-Up. 2,23.
3 Deussen, Mundaka-Up. 3,1,8.
4 Deussen, Isha-Up. 15.
5 Deussen, Mundaka-Up. 3,1,6.
6 Deussen, Kathaka-Up. 6,4.
7 Deussen, Svetasvatara-Up. 1,8.
8 Deussen, Kathaka-Up. 2,7 - 8.
9 Deussen, Chandogya-Up. 4,10,1.

10 Deussen, Paramahansa-Up. 1.
11 Deussen, Kathaka-Up. 2,7.
12 Deussen, Brihadaranyaka-Up. 2,4,2.
13 Deussen, Paramahansa-Up. 2,4.
14 Deussen, Maitrayana-Up. 6,20.
15 Deussen, Kathaka-Up. 2,15 - 17.
16 Deussen, Prasna-Up. 5,1 - 2.
17 Deussen, Maitrayana-Up. 6,17.
18 Deussen, Mundaka-Up. 3,2,9.
19 Deussen, Kaivalya-Up. 16.
20 Deussen, Kaivalya-Up. 19.
21 Deussen, Mundaka-Up. 3,2,8.
22 Deussen, Maitrayana-Up. 4,4.
23 Deussen, Kena-Up. 1,2 - 5.
24 Deussen, Kena-Up. 2,11.
25 Radhakrishnan, Die Bhagavadgita (s.Lit.), IV/21.
26 BG III/17 - 18.
27 BG XIII/9 - 11.
28 BG II/48.
29 BG III/71.
30 BG V/23.
31 BG II/47.
32 BG V/2.
33 BG VI/11 - 12.
34 BG VIII/13.
35 BG II/19.
36 BG V/28.
37 BG VI/19.
38 BG VI/17.
39 BG IX/29.
40 BG XVIII/49,51 - 55.
41 BG VI/27 - 28.
42 BG VI/29.
43 BG XI/13.
44 BG VII/13.
45 Aus: Mensching (s.Lit.), S. 80.
46 Aus: Lemaitre (s.Lit.), S. 86.
47 Lemaitre, S. 92.

Literatur

Dasgupta, S.N.: Hindu Mysticism; 1.Aufl. 1927 (Reprint by Motilal Banarsidass, Delhi 1987).

Deussen, P.: Sechzig Upanishad's des Veda; 1.Aufl., Brockhaus, Leipzig 1899 (Nachdr. Kleine, Bielefeld 1980).

Glasenapp, H.v.: Der Hinduismus; 1.Aufl., Wolff Verlag, München 1922 (Nachdr. Olms, Hildesheim 1978).

Lemaitre, S.: Ramakrishna in Selbstzeugnissen und Bilddokumenten; rowohlts monographien, Rowohlt Taschenbuch-Verlag, Hamburg 1963.

Mensching, G.: Die Söhne Gottes, aus den heiligen Schriften der Menschheit; 1.Aufl., Verlag K.Desch, Wien 1958.
Radhakrishnan, S.: Die Bhagavadgita; Löwit, Wiesbaden o.J.
Radhakrishnan, S. u. C.A.Moore: A Sourcebook in Indian Philosophy; 1.Aufl., Princeton Univ.Press, Princeton N.J. 1957.
Schweitzer, A.: Die Weltanschauung der indischen Denker; 1.Aufl., Beck, München 1935.
Upanishaden, Die Geheimlehre der Inder, übertragen und eingeleitet von A.Hillebrandt; Diederichs gelbe Reihe, Diederichs Verlag, Köln 1984.

3. Yoga

3. 1 Einführung

Yoga ist eine Disziplin, die den Menschen zur höchsten Bewußtseinsebene, zum Erlebnis der Vollkommenheit oder zur Einheit mit Gott führen will. Wenn das Ziel erreicht ist, wird Befreiung aus dem Kreis der Wiedergeburten erlangt. Im Yoga wird geistige Schulung mit hygienischen und ethischen Vorschriften verbunden, außerdem sollen körperliche Übungen und Meditation das Erreichen des Ziels bewirken. Yogi (oder Yogin) ist, wer den Yoga-Weg beschreitet, und der, der zum Ziel gelangt ist.

Yoga-Methoden haben in allen indischen Religionen größte Bedeutung erlangt. Im Hinduismus sind sie mit dem Samkhya-System verbunden (Abschn. 2.4.2), nehmen diesem gegenüber aber eine Sonderstellung ein, da sie z.T. theistisch sind, also den Glauben an Götter oder an einen Gott einbeziehen, während das Samkhya atheistisch ist. Weiterhin ist der Yoga auf Praktisches, auf

Übungen und Erfahrungen, ausgerichtet, während das Samkhya sich mehr philosophischen Spekulationen hingibt. In den Buddhismus wurde der Yoga vor allem durch das Yogacara-System eingeführt (s.u. Abschn. 4.4.3), und auch der Jainismus übernahm Yoga-Übungen. Nachdem indische Literatur und indisches Gedankengut seit dem vorigen Jahrhundert im Westen mehr und mehr bekannt wurden, hat sich der Yoga auch hier stark verbreitet; heute wird er fast in der ganzen Welt ausgeübt.

Das Wort Yoga entspricht dem deutschen Ausdruck »Joch«. Im Sanskrit bedeutet es »Zusammenkoppeln« oder »Zusammenbinden«; gemeint ist die Verbindung des Menschlichen mit dem Absoluten oder mit dem Göttlichen. Yoga-Übungen gehen vermutlich bis auf die Zeit vor der indo-arischen Einwanderung in den indischen Subkontinent zurück. Andeutungen dieser Technik sind schon in den vedischen Schriften, ausführlichere Angaben in mehreren Upanishaden enthalten. Noch stärker wird später im Mahabharata und vor allem im Bhagavadgita auf Yoga-Methoden eingegangen. Zur Ausbildung eines systematischen Yoga-Weges kam es aber erst mit dem Yoga-Sutra des Patanjali. Dies Werk ist bis heute die wichtigste und inhaltsreichste Yoga-Schrift geblieben. Vor allem hat das Schema des Yoga-Weges, der sogen. »achtfache Pfad«, den größten Einfluß auf die gesamte Yoga-Bewegung ausgeübt. Die im Yoga-Sutra gelehrte Technik ist die des »Raja-Yoga«; in der Folge wurden noch weitere Yoga-Arten ausgearbeitet, die letzte oder eine der letzten ist der »Hatha-Yoga«.

Der Yoga setzt den Willen voraus, die Gedanken auf die in der Tiefe des Menschen zu erlebende Erfahrung zu lenken. Ob diese ein konkretes Gotteserlebnis ist, oder ein unpersönliches Göttliches oder auch das »Ewige«, das »Absolute« zum Inhalt hat, ist für den Yoga ohne Bedeutung. Wichtig ist allein, daß die Möglichkeit dieser inneren Erfahrung erkannt wird, und man entwickelte Methoden, die sie auf höheren Bewußtseinsebenen zu erreichen gestatten. Als letztes Ziel aller Bemühungen wird ein »Samadhi« genannter Zustand höchster Vollkommenheit angesehen, in dem jedes Ich-Bewußtsein verschwunden ist. Die Beziehungen dieses Zustandes zur Mystik werden unten erörtert.

3. 2 Die wichtigsten Begriffe und Techniken des Yoga

Eine Anzahl von Ausdrücken und Begriffen ist den meisten Yoga-Systemen gemeinsam, und die betr. Sanskrit-Worte sind z.T. in die westliche Literatur eingegangen. Es empfiehlt sich daher, sie im voraus zu erklären, auch wenn dadurch einige Wiederholungen bei späteren Ausführungen verursacht werden. Als wichtigste sind die schon erwähnten 8 Stufen des Yoga-Pfades anzusehen:

Yamas - Niyamas - Asanas - Pranayama - Pratyahara - Dharana - Dhyana - Samadhi.

Yamas bedeutet Disziplin, die sich in 5 sittlichen Verhaltensweisen ausdrückt:

Nicht-Töten (Achtung des Lebens in allen Formen);
Wahrheitsliebe (Ehrlichkeit und Aufrichtigkeit sich selbst und anderen gegenüber);
Nicht-Stehlen (auch nicht etwas begehren);
Keuschheit (Selbstbeherrschung und Achtung vor dem Liebesakt);
Freiheit von Neid (Großzügigkeit, nicht an Materiellem haften).

Niyamas sind 5 Regeln der Selbstzucht:

Reinheit (des Körpers; Aufgeben aller persönlichen Bindungen);
Zufriedenheit;
Askese;
Selbsterkenntnis;
Hingabe (an Gott).

Asanas sind bestimmte Sitzarten und Körperhaltungen, über die es eine umfangreiche Literatur gibt. Es sind Hunderte von Asanas verschiedener Schwierigkeitsgrade beschrieben worden, von denen ein Yogi wenigstens einige auszuführen imstande sein soll. Da bei falscher Ausführung körperliche Schäden auftreten können, sollen sie nur unter der Leitung eines Meisters ausgeübt werden. Der Sinn dieser Körperhaltungen besteht darin, daß der Yogi seinen Körper völlig beherrschen und dadurch Gesundheit und Ausdauer erlangen soll. Durch eine gerade Haltung von Kopf und Wirbelsäule wird eine gute Durchblutung unter körperlicher Entspannung erreicht. Der Yogi soll bei festem, in sich selbst ruhenden Sitzen seinen Körper vergessen, um sich ohne Ablenkung der Meditation hingeben zu können.

Häufig wird ein gerade aufgerichtetes Sitzen am Boden oder auf einer niedrigen Unterlage mit untergeschlagenen Beinen empfohlen; die Füße liegen dabei mit den Sohlen nach oben jeweils auf dem Oberschenkel des anderen Beins; die Hände werden vor dem Leib gehalten oder befinden sich – mit den Handflächen nach vorn – vor den Knien. Das ist der sogen. Lotus-Sitz *(Padmasana)*. Ähnlich sind *Virasana* (halber Lotus-Sitz mit einem Fuß auf dem gegenüberliegenden Oberschenkel und dem anderen darunter), *Svastikasana* (jeder Fuß liegt zwischen gegenüberliegendem Oberschenkel und Wade) und *Bhadrasana* (beide Fersen liegen am Unterleib, die Fußsohlen – von den Händen gestützt – drücken gegeneinander).

Pranayana (Atemübungen; Atemkontrolle; Atemschulung): In mehreren Yoga-Schulen führte man eine wissenschaftliche Untersuchung des Atemvorganges durch, bei der zahlreiche Arten des Atmens auf ihre körperliche und geistige Wirkung geprüft wurden. Ausgehend von der Beobachtung, daß emotionelle Bewußtseinsregungen die Schnelligkeit und die Tiefe des Atmens beeinflussen, schloß man, daß bewußte, willkürliche Änderungen des Atmens sich umgekehrt auf seelische Vorgänge auswirken müßten. Für den Yogi ist daher das Atmen mehr als ein rein körperlicher Vorgang. Atemkontrolle ist gleichzeitig auch eine Kontrolle der Lebensenergie. Von den vielen Vorschriften über die Art des Atmens sollen nur einige angeführt werden.

Für Atemübungen wird fast immer eine bestimmte Körperhaltung vorgeschrieben, vor allem eignet sich der Lotus-Sitz und die ihm ähnlichen Sitzarten; man kann die Übungen aber auch entspannt im Sitzen oder im Liegen durchführen. Der Ausübende soll körperlich sauber sein und vor den Übungen keine oder nur wenig Nahrung zu sich genommen haben. Fast ausschließlich wird durch die Nase geatmet. Die Übungen sollen täglich viermal (morgens, mittags, abends und nachts), aber nicht öfter, durchgeführt werden. Wichtig ist, daß man sich immer des Atmens bewußt bleibt. Auch bei diesen Übungen soll ein Lehrer, der die Technik beherrscht, zugegen sein.

Die einfachste Atemübung besteht im kontrollierten, tiefen Ein- und Ausatmen, das aber oft (z.B. im Hinayana-Buddhismus) mehr als Konzentrationsübung verstanden wird (vgl. Abschn. 4.3.3). Bei anspruchsvolleren Übungen wird das Atmen in einem bestimmten Rhythmus ausgeführt. So kann man z.B. den Atemvorgang in drei Teile zerlegen: Ausatmen - Einatmen - den Atem anhalten. Die Dauer jedes der Intervalle kann variieren, oft wird ein Verhältnis von 1 : 4 : 2 empfohlen. Wenn man nach dem Ausatmen ebenfalls eine Zeitlang wartet, bevor wieder eingeatmet wird, ergibt sich ein Vierer-Rhythmus: Ausatmen - Warten - Einatmen - Anhalten. Die Zeitdauer der einzelnen Abschnitte läßt sich leichter regulieren, wenn das Atmen mit einem Mantra (s.u.) verbunden wird, d.h. mit einem Laut oder einem Wort, das dem Intervall entsprechend wiederholt wird.

Die rhythmischen Atemübungen können mit unterschiedlicher Tiefe und Schnelle des Atmens ausgeführt werden; man kann sie über einen längeren oder kürzeren Zeitraum ausdehnen, man kann den Rhythmus ändern, und man kann zum Ein- oder Ausatmen das linke oder rechte Nasenloch nehmen. Anfangs müssen meist einige Willenskräfte aufgebracht werden, um den Rhythmus einzuhalten, nach einigem Üben verläuft der Vorgang aber gewöhnlich automatisch.

Die Atemschulung dient vordergründig zum Ausbilden und Üben der Konzentrationsfähigkeit und zum Verhindern des ziellosen Umherschweifens der Gedanken. Außerdem soll eine Änderung des Bewußtseins mit innerer Loslösung von der Welt und vom eigenen Körper eingeleitet werden. Derartiges ist nach den Yoga-Lehren möglich, weil zwischen dem Atmen und dem Zustand des Bewußtseins ein Zusammenhang besteht. Es ist daher verständlich, daß die meisten Yoga-Systeme größten Wert auf die Atemtechnik legen.

Bei einer weiteren Art der Atemschulung wird das Atmen immer mehr verlangsamt, bis es praktisch zum Stillstand gekommen ist. Es gibt glaubhafte Berichte über Yogis, die in dieser Technik fortgeschritten waren und stunden- oder sogar tagelang ohne jedes Atmen bleiben konnten. Vermutlich wird dabei durch Sauerstoffmangel im Gehirn ein Zustand herbeigeführt, der einer Ohnmacht ähnelt. Während diese exzessive Technik nur für wenige Yogis in Frage kommt, werden die Anfangsstufen auch dem gewöhnlichen Yogi empfohlen; der Atem wird dann für immer weiter verlängerte Perioden angehalten: Zuerst für 48, dann für 96 Sekunden und zuletzt für 2 Minuten und 24 Sekunden.

Pratyahara (Zurückziehen der Sinne von der Außenwelt; Abwenden des Geistes von den Sinnesobjekten) bedeutet, daß sich das Bewußtsein ganz auf das eigene Innere richtet. Die Empfindungen werden frei von der Herrschaft äußerer Eindrücke, sie werden auch frei von Strömungen und Stimmungen, die aus dem Unterbewußtsein in das Bewußtsein drängen. Pratyahara dient zur Vorbereitung der nächsten Stufe auf dem Yoga-Weg, der Stufe der Konzentration.

Im *Dharana* (Konzentration; Fixierung auf einen Punkt oder auf einen Gedanken) lenkt der Yogi sein Denken ausschließlich auf etwas ganz Bestimmtes. Auf einer niederen Ebene kann das ein konkretes Objekt sein, auf einer höheren ist es ein abstraktes Gebilde. Die gewöhnliche Art der geistigen Konzentration, z.B. auf einen Arbeitsvorgang oder auf ein Buch, entspricht nicht ganz der des Yoga; sie ist meist auf irgendein Vorhaben oder auf einen Gedankengang, d.h. auf etwas Fließendes, gerichtet, und sie ist mit geistiger Anstrengung verbunden. Demgegenüber ist die Konzentration des Yoga statisch, sie ist auf etwas Unveränderliches fixiert, und außerdem soll sie ohne jede Anstrengung in völlig entspannter Ruhe erreicht werden.

Auf der niederen Ebene richtet der Yogi sein Denken auf einen Punkt, z.B. auf seinen Nabel, seine Nasenspitze oder auf die Stelle zwischen den Augenbrauen, die als Sitz des Geistes angesehen wird. Er kann auch einen Gegenstand – den Mond, ein Götterbild, eine brennende Kerze u.a.m. – betrachten. Derartige Konzentrationsübungen müssen täglich ausgeübt und anfangs etwa eine Minute durchgehalten werden. Die Zeitdauer soll dann allmählich bis auf etwa eine halbe Stunde ausgedehnt werden. Äußere Bedingungen sind eine entspannte Sitzhaltung und Atemkontrolle.

Wenn der Yogi die einfacheren Konzentrationsübungen beherrscht, kann er zu den schwierigeren übergehen. Er setzt dann an die Stelle der konkreten Objekte allgemeine Gedanken oder abstrakte Begriffe. So kann er z.B. den Anblick einer Götterstatue aufgeben und sich dem Gedanken an den Gott zuwenden. Er kann die auf eine Tafel geschriebene Silbe »Om« durch den nur in seinem Inneren vernommenen Laut »Om« ersetzen, oder er kann sich auf die Idee des »Lotus seines Herzens« konzentrieren. Diese Übungen werden gewöhnlich mit geschlossenen Augen durchgeführt.

Die Dharana-Stufe der Konzentration bewirkt, daß sich der Yogi jederzeit und überall von sämtlichen äußeren Einflüssen freimachen kann. Er beherrscht seine Gedanken und Gefühle völlig und erlangt dadurch eine außerordentliche Willenskraft. Dharana geht kontinuierlich in die nächste Stufe, die der Versenkung, über.

Dhyana (Versenkung; besonders intensive Meditation) ist eine wesentlich vertiefte Konzentration, die zur letzten Stufe, dem Samadhi, überleitet. Der Yogi muß sich bereits von allem Weltlichen abgekehrt haben und muß den ernsthaften Wunsch fühlen, die letzte Stufe, das Samadhi, zu erreichen. Er muß seine Gedanken kontrollieren und in absoluter Ruhe verharren können. Er muß auch so weit sein, daß er seinen eigenen Körper vergißt. Ohne alles dies sind im Dhyana keine Fortschritte möglich.

Zum Meditieren benötigt man einen ruhigen, abgeschlossenen Raum. Der Yogi soll die Meditation in entspannter Haltung mit kontrolliertem Atem beginnen. Zu Beginn soll man zweimal täglich je etwa eine Stunde meditieren, nach 6 - 12 Monaten kann man eine weitere Stunde hinzufügen.. Entscheidend ist, daß man regelmäßig und ausdauernd meditiert. Um äußere Einflüsse besser abschirmen zu können, soll zuerst mit geschlossenen Augen meditiert werden. Der Fortgeschrittene kann aber auch im größten Trubel und mit offenen Augen jedes Wahrnehmen der Umgebung abstellen. Der Anfänger nimmt manchmal farbige Lichterscheinungen oder Visionen von Göttergestalten wahr, auch können Krämpfe auftreten. Das sind aber nur nebensächliche Effekte, die vorübergehen. Hypnotische Bewußtseinstrübungen, Tiefschlaf, Trance oder Ekstase haben nichts mit Dhyana bzw. echter Meditation zu tun, bei der im Gegenteil ein klarer, ruhiger Geisteszustand vorliegt.

Es wird empfohlen, sich zu Beginn der Meditation ein Bild Gottes einzuprägen. Wenn der Meditierende ein reelles Bild vor sich hat, handelt es sich um die sogen. »konkrete Meditation«. Stellt er sich das Gottesbild nur im Geiste vor, so ist die Meditation noch konkret, sie nähert sich aber der abstrakten Form. Diese wird weitgehend, aber immer noch nicht ganz erreicht, wenn man über etwas weniger Anschauliches meditiert, z.B. über den Himmel in seiner unendlichen Weite oder über das ewige Licht. Zuletzt, in der völlig abstrakten Meditation, verschwinden auch Eindrücke solcher Art. Der Meditierende und das Objekt der Meditation werden eins.

Mit dem Fortschreiten des Meditierens wird eine absolute Sammlung des Geistes auf den Gegenstand der Meditation erreicht. Der Yogi nimmt diesen gewissermaßen in sich auf, durchdringt dessen inneres Wesen und erkennt ihn in seiner Gesamtheit. Dieser Zustand wird »Ekragata« genannt. In der tiefsten Phase überläßt sich der Yogi ganz dem Göttlichen oder Absoluten, er erkennt sein Selbst, und alle seine Gedanken kommen zum Stillstand. Die Meditation geht dann ohne weiteres Zutun in die letzte Stufe, das Samadhi, über.

Samadhi, der höchste Zustand des Yogi, ist in seinem vollen Gehalt mit rationellem Denken nicht zu erfassen; es kann nur erlebt, nicht aber beschrieben werden, ebenso wenig, wie man einem Blinden die Farben beschreiben kann. Man kann nur den Weg, der zum Samadhi hinführt, aufzeigen. Alle Versuche, einen treffenden deutschen Ausdruck für diesen Zustand zu finden, sind daher unvollkommen geblieben (»höchste Form des Bewußtseins«, »totale Freiheit«, »Vereinigung«, »Einfaltung«, »höchste Stufe der Tiefenbesinnung«, »Ekstase«, »Erleuchtung« u.a.m.); das Wort »Samadhi« soll daher im folgenden unübersetzt bleiben.

Samadhi ist in allen Yoga-Systemen das letzte Ziel. Das Samadhi-Erlebnis führt zu einer außerordentlichen inneren Bereicherung des Yogi, ferner ist dann für ihn das Karma-Gesetz schon zu Lebzeiten aufgehoben und damit die Befreiung aus dem Kreislauf der Wiedergeburten erreicht. Samadhi ist der Zustand der »Ichlosigkeit«; alle Unterschiede sind aufgehoben, der Yogi wird eins mit dem Selbst und eins mit dem Absoluten. Diese Beschreibung oder Definition des Samadhi weist auf ganz entsprechende Züge bei dem Erlebnis der mystischen unio hin. Beide kennen die Auslöschung des Ichs, die Aufhebung aller Unterschiede und die Vereinigung mit einem Höchsten, sei es Gott oder das unpersönliche Absolute.

Die Samadhi-Stufe der Meditation wird in mehrere, etwas voneinander verschiedene Erfahrungen gegliedert. Hier sollen nur zwei dieser Ebenen, die häufig im Yoga-Schrifttum vorkommen, beschrieben werden. Einmal ist das eine erste, etwas flachere Ausprägung, in der der Yogi ein Glücksgefühl, eine tiefe innere Freude, erlebt. Dann sind noch Reste von Bewußtsein und Erinnerungsvermögen vorhanden; alle genaueren Beschreibungen des Samadhi-Erlebnisses dürften sich auf diesen Zustand beziehen. Er wird als Samadhi »mit Saat«, »mit Stütze« oder »mit Bewußtsein« bezeichnet.

Aber auch dieser Zustand soll überwunden werden. In der endgültig letzten Stufe ist alles ausgelöscht, auch das Bewußtsein. Das ist das Samadhi »ohne Saat«, »ohne Stütze« oder »ohne Bewußtsein«. Nach der Rückkehr des Bewußtseins ist der zu Lebzeiten Erlöste frei von allem Irdischen, auch wenn er körperlich noch existiert. Er empfindet keine Schmerzen mehr, und alles Äußerliche wie Askese, Gebete, Rituale u. dgl. ist für ihn ohne Bedeutung.

Der Samadhi-Zustand wird von einigen wenigen Yogis ohne großes Bemühen fast von selbst erreicht. Das ist aber die Ausnahme; in der Regel muß der mühsame und langwierige Aufstieg über die verschiedenen Stufen des Weges unter der Anleitung eines Gurus zurückgelegt werden. Vielen Yogis ist es aber auch dann nicht möglich, das letzte Ziel zu erreichen; sie bleiben auf einer der unteren Stufen stehen. Dem geübten Yogi gelingt es, wiederholt zur Samadhi-Stufe zu gelangen. Über deren Dauer gibt es einige

Angaben: Gewöhnlich soll sie nur kurze Zeit bestehen (weniger als eine Minute), doch liegen auch Berichte über Yogis vor, die tage- oder sogar wochenlang in der tiefen Bewußtlosigkeit des Samadhi verharrten. Nach der Rückkehr des Bewußtseins ist der Yogi gewöhnlich verwirrt und weiß nicht, wie ihm geschehen war.

Mantras sind heilige Laute oder Formeln, die ein suggestiv wirkendes Symbol des Kosmos darstellen. Dem Yogi wird von seinem Guru ein Mantra mitgeteilt, das er bei Konzentrationsübungen und bei der Meditation murmeln oder im Geiste aufsagen soll. Durch monotones Wiederholen wird ein Entspannungszustand herbeigeführt, der bis zur Auflösung des Bewußtseins gehen kann. Dadurch werden die inneren Kräfte des Yogis erweckt und konzentriert, so daß er zu den höheren Bewußtseinsstufen gelangen kann. Das Aussprechen von Mantras wird als »Japa« bezeichnet; man kann es mit dem Aufsagen christlicher Litaneien vergleichen.

Viele Mantras bestehen nur aus einer scheinbar sinnlosen Silbe, deren innerer Gehalt jedoch vom Yogi intuitiv erfaßt werden soll. Das berühmteste Mantra ist die Silbe »OM« (oder A - U - M); es ist ein sehr alter Ausdruck für »Gott«, es verkörpert die Idee des Göttlichen und kann daher von den verschiedensten religiösen Richtungen angewendet werden. Im Hinduismus ist es ein Symbol für das Brahman. Andere Mantras enthalten den Namen eines Gottes (z.B. »Hare Krishna«) oder bestehen aus längeren Formeln:

> »Laßt uns meditieren über den Ruhm Ishvaras, der die Welt geschaffen hat, der Verehrungswürdige, die Verkörperung von Weisheit und Licht, der die Sünden aufhebt und alles Unwissen. Möge er unseren Geist erleuchten!« (Gayatri-Mantra) [1].

Mudras werden symbolische Gesten (meist der Hände) genannt, mit denen man bestimmte Gedanken ausdrückt. In manchen Yoga-Systemen sind ausgewählte Körperstellungen und eine bestimmte Haltung der Zunge vorgeschrieben (s.u. Abschn. 3.3.6).

Bandhas, ebenfalls bestimmte Körperhaltungen, werden im Hatha-Yoga geübt, um die völlige Beherrschung von Muskeln und Nerven zu erlangen.

Mandalas sind Meditationshilfen, die im tantrischen Yoga verwendet werden. Es sind unter sorgfältig beachteten Riten hergestellte Bilder mit Götterfiguren, geometrischen Gebilden u.a. Ihr Sinn ist meist geheim, oft sollen sie den Kosmos versinnbildlichen.

Als *Siddhis* oder *Vibhutis* werden außergewöhnliche Fähigkeiten bezeichnet, die der Yogi auf dem Yoga-Wege erwirbt. Manchmal werden sie schon durch Atemschulung, im allgemeinen aber erst auf einer der drei letzten Stufen des Pfades erlangt. Meist wird eine Gruppe von acht solcher Fähigkeiten angeführt:

1) Fähigkeit des Eingehens in einen fremden Körper;
2) Gedanken-Lesen;
3) übermächtige Willenskräfte;
4) Hellsehen;
5) Hellhörigkeit;
6) Allwissenheit;
7) geistige Ausstrahlung;
8) Fähigkeit, sich unsichtbar zu machen.

In anderen Zusammenstellungen heißt es, daß der Yogi sich beliebig klein oder groß machen kann, er kann beliebig leicht oder schwer werden, er kann sich augenblicklich an jeden beliebigen Ort begeben, er ist unempfindlich gegen Schmerzen und Gift, er kann in anderen das Gefühl des Schwebens bewirken, er kann auf dem Wasser gehen, er kann Nahrung aus der Luft herbeizaubern und z.B. mit einer Schale voll Reis eine große Menschenmenge sättigen; weiter kann er Gegenstände bewegen, ohne sie zu berühren (Telekinese), er kann ein totes Tier für eine gewisse Zeit wieder lebendig machen u.a.m.

Die Siddhis haben Anlaß zu einer ausgedehnten Folklore gegeben, und sie haben die Entwicklung des Fakirwesens begünstigt. Von echten Yogis wird dies aber nur als Entartung angesehen, zumal es in erheblichem Ausmaße auf Taschenspielertricks und Betrügereien beruht. Der wirkliche Yogi stellt seine Fähigkeiten nicht zur Schau und sieht sie schon gar nicht als Verdienstquelle an. So berichtet z.B. Hauer, daß er während eines fünfjährigen Indienaufenthaltes trotz aller Bemühungen keinen Yogi finden konnte, der ihm solche außergewöhnlichen Fähigkeiten zeigte. Anderseits gibt es glaubhafte Berichte über Yogis mit außerordentlicher Körperbeherrschung und besonderen geistigen Kräften. Diese Fähigkeiten gehören teils in das Gebiet der Medizin, teils in das der Psychologie (vgl. Abschn. 3.5).

Der *Guru* ist in den meisten Yoga-Systemen die zentrale Gestalt, der geistige Führer, ohne den das Ziel der Erlösung nicht erreicht werden kann. Ausnahmslos sprechen alle Yogis, denen ein Guru den rechten Weg gewiesen hatte, mit größter Hochachtung von ihrem Lehrer. Der Schüler hat sich dem Guru völlig unterzuordnen und muß jede seiner Anweisungen widerspruchslos ausführen, selbst wenn er keinerlei Zusammenhang mit dem Yoga oder sonstiger Unterweisung erkennen kann. Dies ist jedoch ebenfalls als Schulung anzusehen: Der angehende Yogi soll lernen, auf seinen eigenen Willen zu verzichten.

Auch hier ist die Gefahr von Fehlentwicklungen und von Mißbrauch gegeben. Ohne Zweifel haben manche falschen Gurus das ihnen entgegengebrachte Vertrauen nicht verdient und haben die geistige Macht über ihre Schüler zu selbstsüchtigen Zwecken ausgenutzt.

3. 3 Verschiedene Yoga-Systeme

3. 3. 1 Übersicht

Sämtliche Yoga-Systeme erstreben als letzte und höchste Stufe den Zustand des Samadhi, und bei allen wird zum Erreichen dieses Zustandes eine Kombination aus körperlichen und geistigen Übungen angewendet. Die Unterschiede bestehen in verschiedener Gewichtung der beiden Arten von Übungen und z.T. in etwas verschiedenen Techniken.

Die beiden am weitesten voneinander geschiedenen Systeme sind der Raja-Yoga und der Hatha-Yoga. Der erste betont vor allem die geistige Entwicklung und erwähnt körperliche Übungen nur am Rande; der Hatha-Yoga lehrt umgekehrt die körperlichen Übungen in aller Ausführlichkeit und beschreibt den Samadhi-Zustand nur kurz. Bezeichnenderweise werden aber die letzten Stufen des Weges im Hatha-Yoga oft als »Raja-Yoga« bezeichnet. Verschiedene andere Systeme stehen zwischen diesen beiden, sie sind als Varianten oder als Ergänzungen anzusehen.

Verschiedene Yoga-Systeme (Beispiele)

Bezeichnung	Charakteristikum
Raja-Yoga	geistige u. charakterliche Entwicklung
Jnana-Yoga	Streben nach Weisheit und Erkenntnis
Bhakti-Yoga	liebevolle Hingabe an Gott
Karma-Yoga	aktives Handeln
Kundalini-Yoga	Erwecken geistiger Energien
Mantra-Yoga	Rezitation von Mantras
Hatha-Yoga	Betonung von Körperübungen

Als Hauptsysteme werden meist

Mantra-Yoga,
Hatha-Yoga,
Kundalini-Yoga und
Raja-Yoga

angesehen; ihr Schwierigkeitsgrad steigt in der angeführten Reihenfolge. Außer der Art des Weges ist bei ihnen auch die Anzahl der Stufen verschieden. Die Entwicklung von mehreren Yoga-Systemen war notwendig, weil nicht jedes System für jeden Schüler geeignet ist. Man kann das Ziel (der Erkenntnis Gottes oder des Brahman oder Samadhi) auf verschiedene Weise erreichen:

Für aktive Menschen eignet sich der Weg der Tat (Karma-Yoga),
für mystisch Veranlagte der Weg der Geisteskontrolle (Raja-Yoga),
für Gefühlsbetonte der Weg der Liebe (Bhakti-Yoga) und
für rational Denkende der Weg der Selbstanalyse und Erkenntnis (Jnana-Yoga) [2].

Weiter heißt es im Shiva-Samhita, einer späten Yoga-Schrift (s.u. Abschn. 3.3.7):

> »Die Yogis sind von vier Arten: Gewöhnliche, mittlere, gute und sehr gute. Die von letzter Art sind die besten, sie können den Ozean der weltlichen Erscheinungen durchqueren« [3].

Die gewöhnlichen Schüler müssen 12 Jahre unter der Aufsicht eines Gurus üben, dann sind sie für den Mantra-Yoga geeignet; die mittleren sind (nach 9 Jahren Übung) geeignet für den Kundalini-Yoga, die guten nach 6 Jahren für den Hatha-Yoga und die sehr guten nach 3 Jahren für den Raja-Yoga. Die verschiedenen Yoga-Arten sind jedoch nicht streng voneinander geschieden, sondern gehen mehr oder weniger ineinander über. Sie können auch miteinander kombiniert werden. Am Ende vereinigen sich alle Yoga-Wege zum gemeinsamen Ziel. Im folgenden werden zuerst die in der obigen Tabelle angeführten Systeme beschrieben, einige weitere werden im Abschn. 3.3.9 kurz erwähnt.

3. 3. 2 Raja-Yoga; das Yoga-Sutra des Patanjali

Das älteste erhaltene, grundlegende Werk über den Yoga ist das sogen. »Yoga-Sutra des Patanjali«. Die in diesem Werk wiedergegebene Lehre wird als »Raja-Yoga« (Königs-Yoga) bezeichnet. Weder über den Verfasser noch über die Zeit der Abfassung des Yoga-Sutras ist man sich einig. Teils wird es als im wesentlichen einheitliche Schrift eines unbekannten Verfassers angesehen, der im 3. Jahrhundert n.Chr. gelebt haben soll [4]; teils nimmt man an, daß es nur mehrere ältere Lehren zusammenfaßt, wobei der vermutlich älteste Abschnitt aus dem 3./2. Jahrhundert v.Chr. stammen und den bekannten Grammatiker Patanjali zum Verfasser haben soll. Andere Abschnitte seien später, die letzten erst im 3. oder 4. Jahrhundert n.Chr. entstanden [5]. Eine Entscheidung zwischen den unterschiedlichen Ansichten ist derzeit nicht möglich.

Im Yoga-Sutra wird versucht, die wesentlichen Züge des Yoga in äußerster Kürze systematisch wiederzugeben. Hauptsächlich werden Erfahrungen von seelischen Vorgängen mitgeteilt und die zum Samadhi führenden Wege sowie der Samadhi-Zustand selbst beschrieben. Das Yoga-Sutra besteht aus 195 kurzen Sentenzen, die in 4 Abschnitte (Padas) eingeteilt sind:

I. Samadhi-Pada: 51 Sprüche über das Samadhi;

II. Sadhana-Pada: 55 Sprüche über die Mittel (Sadhana), die zum Samadhi führen;

III. Vibhuti-Pada: 55 Sprüche über die außergewöhnlichen Fähigkeiten (Vibhuti), die der Yogi erwirbt;

IV. Kaivalya-Pada: 34 Sprüche über das Bewußtsein des göttlichen Wesenskernes (Kaivalya).

Inhaltlich sind die vier Abschnitte teilweise einander ähnlich, doch werden die Akzente verschieden gesetzt und einzelne Fragen mehr oder weniger ausführlich behandelt. Es ist nicht bekannt, ob diese Einteilung schon im Original vorhanden war oder erst nachträglich von dritter Seite vorgenommen wurde. Von modernen Bearbeitern wurden gelegentlich andere Gliederungen vorgeschlagen.

Die Sprüche des Yoga-Sutra sind – wie schon erwähnt – von äußerster Kürze; oft bestehen sie nur aus wenigen Stichworten, wie einige Beispiele zeigen mögen:

I,1: »Jetzt Unterweisung Yoga«.
I,2: »Yoga zur-Ruhe-bringen Denkbewegungen«.
I,5: »Denkbewegungen fünffach: bedrängend, nichtbedrängend«.
I,6: »Beweis, Irrtum, begriffliches Denken, Schlaf, Gedächtnis«.

Wegen der knappen, auch für Inder häufig kaum verständlichen Ausdrucksweise sind zahlreiche Kommentare zum Yoga-Sutra erschienen. Der älteste stammt von dem (legendären) Vyasa, er wird in indischen Ausgaben des Werkes manchmal zusammen mit einem Kommentar dieses Kommentars von Vascapati Misra, einem Philosophen des 9. nachchristlichen Jahrhunderts, wiedergegeben. Einen weiteren, berühmten Kommentar verfaßte Bhoja, der König eines kleinen nordindischen Reiches, welcher im 11. Jahrhundert n.Chr. lebte.

Vor der Wiedergabe des Inhaltes des Yoga-Sutras empfiehlt es sich, einige Begriffe zu erläutern. Im Yoga werden Geist, Seele und Körper als eine natürliche Einheit angesehen. Jeder Mensch besitzt aber noch zusätzlich einen »inneren Wesenskern« oder einen »göttlichen Wesenskern«, der ihm allein angehört, während der hinduistische Atman allen Menschen kollektiv zugeordnet ist. Der Wesenskern (das »Selbst«) glaubt irrtümlich, mit Körper und Geist verbunden zu sein; das Ziel des Yoga-Weges ist nun die Erkenntnis, daß der Wesenskern nichts mit beiden gemein hat und von ihnen gelöst werden muß. Das ist jedoch nur auf einem langen, beschwerlichen Wege zu erreichen.

Regungen oder »Schwingungen« der Seele werden verursacht durch eine Urenergie, die auch nach dem Tode bestehen bleibt. Die seelischen Schwingungen können bereits vor dem Tode zur Ruhe kommen, sie können aber im Augenblick des Sterbens noch vorhanden sein. Im diesem Falle bleiben sie nach dem Tode bestehen und bilden das »Karma«; der Mensch wird dann wiedergeboren, wobei sein Karma in den neuen Leib übergeht. Wenn die seelischen Schwingungen vor dem Tode durch Yoga zur Ruhe gekommen sind, wird der Mensch nicht wiedergeboren; sein göttlicher Wesenskern ist dann von allem anhaftenden Menschlichen befreit. Die Urenergie bleibt zwar erhalten, sie hat aber für den Befreiten (Erlösten) keine Wirksamkeit mehr.

Erst wenn die seelischen Schwingungen zur Ruhe gekommen sind, kann der Mensch erkennen, daß sich sein Wesenskern völlig von Körper, Geist und Seele unterscheidet. Diese Erkenntnis wird als »Unterscheidungsschau« bezeichnet, erreicht wird sie durch die »Unterscheidungskraft«. Damit ist man in die höchste Stufe des Weges, den Samadhi-Zustand, eingetreten. Der häufig verwendete Ausdruck »Erkenntnis« darf nicht mit der mehr oder weniger oberflächlichen Aufnahme von Wissen oder von Lehren verwechselt werden. Die Erkenntnis des Yogi wird ausschließlich im Zustand des Samadhi gewonnen.

Wenn im folgenden versucht wird, den Inhalt des Yoga-Sutra wiederzugeben, so ist zu beachten, daß in der Literatur nicht immer Übereinstimmung über die Deutung der kurzen Sentenzen besteht [6].

Im *ersten Kapitel* sind die gewöhnlichen Denkvorgänge der Ausgangspunkt Patanjalis. Der Mensch leidet unter einer Flut von äußeren Eindrücken, die durch Vermittlung der Sinne aufgenommen werden, und unter einer Vielzahl von Ideen, die der Geist unkoordiniert in sich zu entwickeln pflegt. Das gewöhnliche Denken ist demnach ein Hin- und Herfluten von sprunghaften, unkontrollierten Gedanken (nur bei den verhältnismäßig seltenen Phasen der Konzentration auf eine bestimmte Aufgabe sind die Gedanken bis zu einem gewissen Grade unter Kontrolle). Dies Hin- und Herfluten ist jedoch schädlich, es verhindert das Erreichen von höheren Bewußtseinszuständen.

Zu Beginn des Yoga-Sutra werden Sinn und erstes Ziel des Yoga angegeben:

> »Yoga (bewirkt das) zur-Ruhe-bringen (der) Denkbewegungen« [7],

erst dann vermag der Yogi sein wahres Selbst zu erkennen, das sonst unter den schweifenden Gedanken verdeckt liegt. Die gewöhnlichen (schädlichen) Denkweisen bestehen aus fünf Kategorien:

1) Korrektes Denken (Logik, Bildung von Theorien, Schluß- und Beweisverfahren, Anschauung);

2) Unrichtiges Denken (Irrtümer, Mißverständnisse, falsche Auffassungen über Erscheinungen oder Wahrnehmungen);

3) Einbildungen (Phantasien, Illusionen, eingebildete Vorstellungen ohne realen Hintergrund);

4) Schlaf (Rest von Bewußtsein trotz Aufhörens der Sinnesempfindungen);

5) Erinnerungen (Zurückrufen von früheren Eindrücken).

Die Einordnung des Schlafes unter die Denkkategorien erscheint ungewöhnlich. Aber im Schlaf verbleibt ein Rest von Bewußtsein und Denkvermögen, da man sich erinnern kann, ob man gut oder schlecht geschlafen oder geträumt hat. Alles Denken, auch dieser Rest, muß zum Verschwinden, zur Ruhe gebracht werden, andernfalls kann das Samadhi nicht erreicht werden. Zum Ausschalten des Denkens gibt es mehrere Wege, die jeweils von einer tieferen zur nächsthöheren Stufe führen:

a) »Übung und Verzicht« [8] (beharrliche Yoga-Übungen; Verzicht auf alle äußeren Gefühle und Genüsse);

b) »Glauben, Tatkraft, Achtsamkeit, Meditation, Erkenntnis« [9] (Glauben an die Wirksamkeit des Yoga-Weges; je nach Religion auch Glauben an einen Gott; Energie auf Grund dieses Glaubens; Achtsamkeit: richtige Auffassung der seelischen Vorgänge und Vergessen alles dessen, was die letzte Wirklichkeit verbirgt; Meditation über die fortgeschrittenen seelischen Vorgänge; Erkenntnis des Selbst und des Weltplanes: dies führt in die Nähe des Samadhi).

c) »Hingabe an den höchsten Gott« [10] (Meditation über sein Wesen; Laut-Meditation mit der Silbe »OM«).

Die Meditation über den höchsten Gott (Ishvara) ist als Abkehr von der atheistischen Samkhya-Philosophie (vgl. Abschn. 2.4.2) anzusehen, obwohl das Yoga-Sutra sonst mit diesem System übereinstimmt. Man kann aber die unter c) aufgeführte Anweisung auch so verstehen, daß der Yoga-Weg die Wahl zwischen atheistischer Denkweise und der Hingabe an Gott freistellt. Hindernisse auf dem Weg sind körperliche und geistige Mängel wie Krankheit, Unachtsamkeit, Trägheit, Genußsucht u. dgl. Diese »Gegenkräfte« werden überwunden durch Gleichmut, Atemübungen, Konzentrationsübungen und Meditation über reale Dinge oder abstrakte Ideen. Schließlich wird die höchste Ebene, Samadhi, erreicht, die sich in zwei Stufen, »mit Saat« und »saatlos«, gliedert:

> »Wenn das Bewußtsein aufgehört hat zu schwingen und es wie ein durchsichtiges Juwel geworden ist, ergibt sich ein Zustand, bei dem der Erkennende, das Erkannte und der Akt des Erkennens eins geworden sind« [11].

Damit ist ein Zustand erreicht, in dem Objekt und Subjekt verschmelzen und alle Unterschiede aufgehoben sind. Aber dieser Zustand wird noch bewußt erlebt, er ist noch nicht die allerletzte Erfahrung:

> »Dies ist Samadhi mit Saat« [12].

Erst wenn alles Denken aufgehört hat und die Einheit von Objekt und Subjekt ohne jedes Bewußtsein und ohne Vorstellung erlebt wird, gelangt die Seele zur letzten Klarheit:

> »(Diese besondere Vereinigung) beseitigt alle anderen Eindrücke.
> Wenn auch dieser letzte Eindruck beseitigt wird, tritt die saatlose Vereinigung ein« [13].

Das *zweite Kapitel des Yoga-Sutra* beginnt mit einer erneuten Beschreibung des Yoga-Weges. Nunmehr liegt die Betonung auf Askese, Studium des Selbst und Gottesverehrung, d.h. auf Tätigkeiten kontemplativer Art (nicht weltlichem Tun). Dies System wird »Kriya-Yoga« genannt, »Yoga des Handelns« oder »Yoga der Übungen« (nicht zu verwechseln mit dem unten zu besprechenden Karma-Yoga = Yoga der Tat). Im Kriya-Yoga werden die Stufen der Umformung des Bewußtseins ausführlicher als bisher dargelegt. Man kann diesen Teil des zweiten Kapitels als Ergänzung des im ersten Kapitel Angeführten ansehen oder als fremde Einschiebung oder als eigens von Patanjali entwickelte Methode.

Sodann beginnt die systematische Beschreibung des Yoga-Weges, der »achtgliedrige Pfad«; diese Ausführungen nehmen den Rest des zweiten und den Anfang des dritten Kapitels ein. Die acht Glieder wurden oben (Abschn. 3.2) schon erläutert:

Sittliches Verhalten (Yama),
Selbstzucht (Niyama),
Körperhaltungen (Asanas),
Atemübungen (Pranayama),
Zurückziehen der Sinne (Pratyahara),
Konzentration (Dharana),
Meditation (Dhyana) und
Samadhi.

Die ersten fünf Stufen des Pfades handeln von äußeren Vorgängen oder Übungen, sie werden als die »vorderen Glieder« bezeichnet. Die ersten beiden Glieder (sittliches Verhalten und Selbstzucht) werden in je fünf Unterbegriffe geteilt (vgl. Abschn. 3.2), man hat sie daher mit den 10 Geboten des Alten Testamentes verglichen. Körperhaltungen und Atemübungen werden im Yoga-Sutra nur kurz erwähnt, offenbar wird die Beherrschung dieser Techniken vorausgesetzt. Die drei letzten Stufen des Pfades, die sogen. »inneren Glieder« bewirken die Beherrschung des Geistes und führen zum Samadhi. Wenn dies erreicht ist, verbleibt zunächst im Bewußtsein des Yogis noch ein Schimmer des in der Meditation Vorgestellten, doch ist das nur eine leere, inhaltslose Form.

Der Yogi ist nun soweit gelangt, wie er durch sein Bemühen überhaupt kommen kann. Er fühlt in sich eine besondere Kraft (Vibhuti), die er aber nur mit Vorsicht gebrauchen soll. Sie bringt ihm das Licht der Erkenntnis, so daß ihm nichts mehr verborgen bleibt. Aber auch dieser Zustand ist noch mit »Saat« behaftet, da das Bewußtsein noch nicht völlig geschwunden ist. Die endgültig letzte, »saatlose« Stufe wird erst dann erreicht, wenn alle Unterschiede aufgehoben sind und kein Bewußtsein mehr vorhanden ist.

Im Hauptteil des *dritten Kapitels des Yoga-Sutra* werden zuerst die Vorgänge in der Seele des Yogis während seines Fortschreitens auf dem Yoga-Weg behandelt. Es wird erklärt, wieso der Yogi umgeformt, auf eine höhere Bewußtseinsebene gehoben werden kann, obwohl sein Selbst doch unveränderlich ist. Die Umformung verläuft in mehreren Stufen: Zuerst werden von den Sinnen äußere Eindrücke aufgenommen und im Geist verarbeitet. Dann folgt ein Zustand, in dem der Yogi seinen Geist unter Kontrolle hat und in dem er innerlich zur Ruhe gelangt. Anfänglich dauert dieser Zustand immer nur kurze Zeit; der Yogi muß dann lernen, ihn durch beharrliches Üben auszudehnen, so daß er schließlich bei jedem einströmenden Eindruck seinen Geist sofort kontrollieren kann. Nunmehr vermag er in sich gesammelt zu sein und in dauernder Meditation zu verharren. Er ist sich seines Ichs nicht mehr bewußt, sondern hat sich auf die »letzte Realität« konzentriert. Objekte und sinnliche Wahrnehmung sind eins geworden. Die Objekte werden aber noch in der Gesamtheit ihres Wesens erfaßt, so daß der Geist noch in aktiver Tätigkeit ist. Diese Entwicklung formt den Yogi um.

Nunmehr geht Patanjali auf die außergewöhnlichen Fähigkeiten (Vibhutis) ein, die durch die Umformung der Persönlichkeit erlangt werden. Der Yogi, der von der Kraft der Selbstlosigkeit durchdrungen ist, weiß um Vergangenheit und Zukunft, kann die Sprache aller Lebewesen verstehen, kennt seine früheren Geburten und kann die Absichten und Gedanken fremder Personen erkennen. Er weiß um die Stunde seines Todes, er kann sich unsichtbar machen. Durch Freundlichkeit, Gleichmut und Mitleid erlangt er Macht, durch Meditation die intuitive Kenntnis von verborgener Weisheit. Er kennt den Lauf der Welt, die Bewegungen der Sterne und das Wesen seines eigenen Körpers. Er vermag sich von diesem zu lösen und in einen anderen Körper einzugehen.

Alles dieses darf ihm jedoch nichts wert sein. Wenn er seine Fähigkeiten zur Schau stellt, so führt das zur Entartung des Yoga, zum Fakirtum, das mit echtem Yoga nichts gemein hat. Der Yoga-Weg führt über die außergewöhnlichen Fähigkeiten hinaus. Der Yogi soll zur Erkenntnis kommen, daß alle äußeren Bindungen aufgegeben werden müssen und daß sein göttlicher Wesenskern vom Bewußtsein gelöst werden muß. Dann erst ist er unabhängig von allem, er ist frei:

> »Wenn das Bewußtsein und das Selbst von gleicher Reinheit sind, wird Unabhängigkeit (Freiheit) erreicht« [14].

Im *vierten Kapitel des Yoga-Sutra* werden hauptsächlich die Bewußtseinsumwandlung und die seelisch-geistigen Regungen (»Schwingungen«) behandelt. Die Denkweise des ganzen Abschnittes ist stark philosophisch geprägt, es soll gewissermaßen der theoretische Unterbau des Yoga gegeben werden. Im ersten Vers werden die Mittel angeführt, die den Yogi zu einer höheren Bewußtseinsebene führen:

> »Die höheren Fähigkeiten] werden erreicht durch Geburt (Veranlagung), Kräuter (Drogen), Rezitation (von Mantras), Askese oder Meditation« [15].

Da an keiner anderen Stelle des Yoga-Sutras und auch sonst niemals im Yoga der Gebrauch von Drogen empfohlen wird, kann man ihre Erwähnung als eine Einschiebung von fremder Hand ansehen. In den folgenden Versen wird ausgeführt, wie es zu der Bewußtseinsumwandlung kommen kann:

> »Die Umwandlung zu einer andersartigen Existenz wird durch den Überfluß der Natur bewirkt« [16].

Das bedeutet, daß im Urgrund der Natur ein großes Reservoir von Kräften vorhanden ist, die zu gegebener Zeit im Yogi wirksam werden. Durch die Yoga-Übungen werden Hindernisse beseitigt, die gegen diese Kräfte gerichtet sind.

Sodann wendet sich Patanjali dem Begriff des Karma zu. Das Karma des vollendeten, bereits erlösten Yogis ist weder gut noch schlecht; er steht mit seinem Handeln jenseits von Gut und Böse. Das Karma der anderen Menschen kann von dreierlei Art sein: Gut bei den Frommen, schlecht bei den Schurken und teils gut, teils schlecht bei den gewöhnlichen Menschen. Der tiefste Grund für das Entstehen von Lebewesen ist die in der Natur vorhandene Lebensenergie. Sie liegt allem Lebenden zugrunde, und sie ist auch im Karma enthalten. Sie ist der Antrieb für die seelisch-geistigen Regungen des Menschen, deren Qualität wiederum von der Art seines Karmas abhängt. Der Übergang des Karmas in neue Existenzen durch die Wiedergeburt hört erst auf, wenn Lebenswille, Triebe und alle Aktivitäten erloschen sind und wenn der Yogi das letzte Ziel, Samadhi, erreicht hat. Alle Aktivitäten und die Objekte, auf die sie sich richten, sind zeitbedingt, also unterschiedlich in Vergangenheit, Gegenwart und Zukunft. Solange die seelisch-geistigen Regungen noch Objekte der Welt wahrnehmen, ist der betr. Mensch mit Karma behaftet. Wenn die Regungen zur Ruhe gekommen sind (aufgehört haben), hören auch alle Wahrnehmungen auf, und das Karma verliert seinen Einfluß.

Weiter entwickelt Patanjali eine Theorie des Denkens, die mit der des Samkhya-Systems übereinstimmt. Die geistig-seelische Tätigkeit des Menschen entsteht durch das Zusammenwirken der drei Gunas (Kräfte oder Neigungen): Trägheit, Aktivität und Selbstlosigkeit (vgl. Abschn. 2.4.2). Diese bestimmen die Art seiner Regungen und damit auch die Stärke des Einflusses, den weltliche Dinge und Vorgänge auf ihn ausüben. Die geistig-seelischen Regungen werden von den Objekten der Wahrnehmung geprägt. Der göttliche Wesenskern, der keiner solchen Regung unterliegt, nimmt diese seelischen Vorgänge nur wahr, ohne von ihnen beeinflußt zu werden.

Zuletzt geht Patanjali wieder auf die letzte Stufe des Yoga-Weges, das Samadhi, ein. In diesem Zustand kann der Mensch den Unterschied zwischen seiner geistig-seelischen Art und dem göttlichen Wesenskern erkennen. Die Urenergie, die ursprünglich seine Regungen ausgelöst hatte, bleibt zwar erhalten, aber ihre Verbindung mit dem Menschen ist gelöst, und der Wesenskern ist frei geworden:

> »Dann kommen die drei Gunas zum Stillstand, da sie ihren Zweck erfüllt haben. Auch die Zeit, die die Folge der geistigen Bewegungen ist, kommt zum Ende. Wenn nun die drei Grundkräfte (Gunas) in ihren Urzustand zurückströmen, so ist das Selbst absolut für sich (frei)« [17].

Im Yoga-Sutra finden sich demnach die Hauptgedanken des Samkhya-Systems wieder: Der Gegensatz zwischen dem unwandelbaren göttlichen Wesenskern oder Selbst (Purusha) und der in steter Wandlung begriffenen körperlichen und geistigen Welt (Prakriti), ferner die Lehre von den drei Grundkräften (Prinzipien, Aspekten), den Gunas. Die ebenfalls vorhandenen Karma- und Wiedergeburtslehren gehören nicht nur dem Samkhya-System an, sondern bilden den allgemeinen Ideengrund der indischen Welt.

Der wesentliche Unterschied des Yoga-Sutras zum Samkhya besteht in der Anerkennung eines höchsten Wesens (Ishvara), das allerdings kein Schöpfergott wie in vielen religiösen Systemen ist. Dies göttliche Wesen ähnelt vielmehr den Purushas, es wird aber im Gegensatz zu diesen nicht von Unwissenheit, Leid und Karma beeinflußt.

3. 3. 3 Jnana-Yoga

Der Jnana-Yoga (Yoga der Erkenntnis; Yoga der Weisheit) fußt stärker als die anderen Yoga-Systeme auf der in den Upanishaden enthaltenen Brahman-Lehre. Er wird als ein Weg zur Erkenntnis angesehen: Der Erkenntnis, daß das Selbst (Atman) und das Absolute (Brahman) eins sind. Der Jnana-Yoga beruht demnach auf der Vedanta-Philosophie (vgl. Abschn. 2.4.4), er ist gewissermaßen die mystische Komponente des Vedanta. Seine Entwicklung läßt sich aus einigen Upanishaden ableiten, wenn er auch erst verhältnismäßig spät zu einer systematischen Lehre ausgearbeitet wurde. So enthält die Kathaka-Upanishad eine Definition des Yoga:

»Das ist es, was man Yoga nennt,
Der Sinne starke Fesselung,
Doch ist man dabei nicht lässig:
Yoga ist Schöpfung und Vergang« [18].

Verhältnismäßig ausführliche Yoga-Anweisungen enthält die Svetasvatara-Upanishad:

»Den Leib dreifach gerichtet, ebenmäßig,
Manas und Sinne im Herzen eingeschlossen,
So mag der Weise auf dem Brahmanschiffe
Die fürchterlichen Fluten überfahren.
Den Odem hemmend, die Bewegung zügelnd,
Bei Schwund des Hauchs ausatmend durch die Nase,
Wie jenen Wagen mit den schlechten Rossen
So fesselt ohne Lässigkeit das Manas!
Rein sei der Ort und eben, von Geröll und Sand,
Von Feuer, von Geräusch und Wasserlachen frei;
Hier, wo den Geist nichts stört, das Auge nichts verletzt,
In windgeschützter Höhlung schicke man sich an« [19];
»Wem seiner Seele Wesen ward zur Fackel,
Im Yoga Brahman's Wesen zu erschaun,
Fest, ewig, rein von allen Daseinsformen,
Wer so den Gott weiß, der wird frei von Banden« [20].

In diesen Versen kommen schon mehrere Züge des Yoga zum Ausdruck: Gedanken-Kontrolle, Sitzhaltung, Meditation an einem ruhigen, einsamen Ort, Atemübungen und Freiheit von Bindungen. In der Maitrayana-Upanishad wird ein Stufenweg angegeben, der zum Brahman führt:

»Folgendes ist die Ordnung zur Bewerkstelligung derselben (der Einheit): Anhalten des Atems, Zurückziehung der Sinnesorgane, Meditation, Fixierung des Denkens, Kontrollierung desselben und Versenkung; dieses wird der sechsgliedrige Yoga genannt« [21].

Wenn die Yogis diese Stufen durchlaufen haben,

»gehen sie in dem höchsten, wortlosen, unoffenbaren Brahman unter; dort sind sie ohne individuelle Eigenschaften, ohne individuelle Unterschiede wie die zum Honig eingegangenen mannigfachen Blumensäfte« [22].

Auch in der Svetasvatara-Upanishad wird das höchste Ziel, die Einung mit dem Göttlichen, ausgesprochen:

»Pradhanam (Materie) fließt; nicht fließt, unsterblich (Gott) Hara,
Als Gott beherrschend Fließendes und Seele;
Ihn denkend, ihm ergeben, zu ihm werdend
Allmählich, wird zuletzt man frei von Maya (irdischer Illusion)« [23].

Durch Meditation über den Laut »OM« kann man in die Nähe des Brahmans gelangen:

> »Der Laut OM ist das Brahman,
> Der Laut OM ist die ganze Welt ... « [24].

Es gibt jedoch noch etwas Höheres als den Laut OM, das Schweigen:

> »Höher als die Grundsilbe (OM) der Punkt,
> Höher als er der Hall (das Echo),
> Die Silbe mit dem Laut verschwindet,
> Lautlos (schweigend) die höchste Stätte ist« [25].

Der Weg zur Erkenntnis des Brahmans führt beim Jnana-Yoga über mehrere Stufen, die durch Übungen des Geistes durchlaufen werden. Zuerst müssen alles Begehren und alle Gefühle wie Zorn, Haß, Eifersucht, Neid u. dgl. beseitigt sein. Ferner muß man die völlige Ruhe des Geistes erreichen. Der Schlüssel hierzu liegt in der Erkenntnis, daß die in dauerndem Wechsel begriffene äußere Welt unreal ist. Hinter ihr liegt aber etwas Reales, das Brahman, das ewig und unwandelbar ist. Wenn man dies erkannt hat, ist man indifferent gegenüber allen Wünschen und Hoffnungen und hält nichts von Anerkennung oder Ehrungen.

Weitere Schritte auf dem Yoga-Wege sind das Freiwerden von Trieben sowie das Erreichen absoluten Gleichmutes und einer völligen Gleichgültigkeit gegenüber Sinneseindrücken. Das bedeutet aber nicht, daß sich der Yogi ganz von der Welt zurückziehen soll, es ist vielmehr ein rein geistiger Zustand, zu dem man durch Atemschulung, Meditation und durch das Rezitieren von Mantras gelangen kann. Der Yogi soll weiterhin Freude und Schmerz mit Gleichmut ertragen. Beide gehören zueinander: Ohne Freude gibt es keinen Schmerz, ohne Schmerz keine Freude.

Die höchste Ebene wird durch Meditation über die Weisheit der Upanishaden erreicht; die Silbe »OM« führt den Yogi durch die verschiedenen Bewußtseinszustände (Wachheit – Traum – Tiefschlaf) zum letzten Ziel, bei dem das Bewußtsein zu schwinden beginnt und das Brahman intuitiv erfaßt wird. Alles ist dann Brahman: Objekt und Subjekt, Brahman und Selbst sind eins. Dieser Zustand besteht aus zwei Stufen. In der ersten ist noch ein Rest von Bewußtsein vorhanden, der Yogi nimmt die Welt noch wahr. Sie bedeutet ihm aber nichts, denn er weiß, daß sie nur eine Illusion ist. Sie ist nur eine Äußerung seines Intellektes, den er aber hinter sich gelassen hat und unbeteiligt von außen betrachtet. Das Irdische ist wie ein Schleier, der das Brahman verhüllt, und diesen Schleier hat er zerrissen. Nunmehr ist er furchtlos und frei von Tod und Wiedergeburt; er hat Körper, Geist und Seele aufgegeben.

Hinter diesem Bewußtseinszustand liegt noch eine letzte Stufe, auf der die

Welt für den Yogi nicht mehr besteht; selbst den Gedanken an das Brahman gibt es nicht mehr, da sein Bewußtsein ausgelöscht ist. Über diese Stufe läßt sich nichts aussagen.

3. 3. 4 Bhakti-Yoga

Bhakti-Yoga, der Yoga der liebenden Hingabe an Gott oder der Yoga der Gottesliebe, wird schon in der Bhagavadgita beschrieben:

> »Jene aber, die alle ihre Handlungen auf mich (Krishna) laden, die, auf mich bedacht, über mich nachsinnend, mit unerschütterlicher Hingabe Verehrung üben,
> diese, o Partha (Arjuna), deren Gedanken auf mich gerichtet sind, erlöse ich geradewegs aus dem Meere des todgeweihten Daseins« [26];
> »Wer mir mit unerschütterlicher, liebender Hingabe dient, erhebt sich über die drei Erscheinungsweisen (Gunas); er ist tauglich, zum Brahman zu werden« [27].

Der Bhakti-Yoga wurde aber erst von Ramanuja, einem Philosophen und Yogi des 11./12. Jahrhunderts, zu einem vollständigen Yoga-System ausgearbeitet. Im Bhakti-Yoga wird sowohl die Idee des transzendenten Göttlichen des Jnana-Yoga als auch das etwas blasse göttliche Wesen Ishvara des Raja-Yoga durch eine konkretere Gottesgestalt ersetzt. Diese Art von Religiosität ist der des gewöhnlichen Gläubigen besser angepaßt, da sie dem Wunsch nach Kult und persönlicher Verehrung entgegenkommt. Welchem Gott sich der Yogi zuwendet, ist gleichgültig; das hängt von seiner Herkunft und Erziehung ab.

Ramanuja verlangt von angehenden Yogi 11 Charaktereigenschaften oder Handlungsweisen:

1) Dauerndes Denken an Gott;
2) Unterscheidung (von Recht und Unrecht);
3) Sehnsucht nach Gott und Freiheit von der Anhänglichkeit an die Welt;
4) Wahrhaftigkeit;
5) Aufrichtigkeit und Ehrlichkeit;
6) jedem Gutes antun;
7) dienen; wünschen, daß es allen Menschen gut geht;
8) Mitleid und Erbarmen;

9) nicht töten, niemanden verletzen;

10) Nächstenliebe;

11) Freundlichkeit; optimistische Lebensauffassung.

Im wesentlichen sind das Eigenschaften, die auch in anderen Yoga-Systemen gefordert werden. Beim Fortschreiten auf dem Weg soll der Yogi frei werden von Gemütsbewegungen wie Ärger, Zorn, Neid, Stolz, Egoismus u. dgl., er soll Furcht und Schmerz überwinden. Er benötigt unbedingt Hilfe und Unterweisung durch einen Guru, der ihn zum rechten Glauben führt. Ohne tiefen Glauben sind alle Bemühungen fruchtlos. Der Glaube wird gestärkt durch die Verehrung von Götterbildern, Darbringen von Opfergaben, Dienst im Tempel, Gebet, Wallfahrten, Rezitieren von Mantras und durch das Studium heiliger Schriften.

Die *Verehrung von Götterbildern* ist keine leere Handlung. Das Verehren eines Idols bedeutet immer auch eine Verehrung des dargestellten Gottes.

Gebete sollen kein Bitten um materielle oder ideelle Gaben für den Betenden sein. Allenfalls bittet man um Erlösung oder um das Wohlergehen des Nächsten. Gebet beruhigt und festigt den Geist. Es ist wirksam, aber seine Macht kann verstandesmäßig nicht erfaßt werden. Es bereitet die Erkenntnis des Höchsten vor.

Das *Rezitieren von Mantras* bedeutet beim Bhakti-Yoga hauptsächlich ein langdauerndes Aufsagen des Namens (oder der Namen) Gottes. Ein Name ist immer mit dem Begriff verbunden, der ausgedrückt wird, und der Name Gottes ist ein Konzept des höchsten Wesens. Harmonische, rhythmische Laute erzeugen im Geist bestimmte Bilder; das Wiederholen des Namens Gottes bewirkt, daß sich die Idee Gottes in den Geist einprägt. Der Gläubige erlebt auf diese Weise zuletzt eine Vision Gottes; Gott und sein Name werden für ihn identisch.

Alle diese Übungen gehören noch zu den unteren Stufen des Yoga-Weges, und der Yogi muß nun mit Hilfe seines Gurus zu höheren Bewußtseinsebenen gelangen. Auf der nächsten Stufe werden völlige innere Ruhe, Leidenschaftslosigkeit sowie Kontrolle der Sinne und Gedanken erlangt. Der Yogi fühlt, daß er die Gnade Gottes empfängt. Er liebt Gott, weiß aber, daß er gegenüber Gottes Größe unendlich gering ist. Er bittet ihn um Errettung. Beim Fortschreiten auf dem Wege fühlt der Yogi, daß Gott sein Freund ist; er ist ihm zwar näher gekommen, ist sich des großen Abstandes zu Gott aber noch bewußt.

Eine weitere Ebene ist die der persönlichen Bindung an Gott. Der Yogi liebt ihn, wie eine Mutter ihr Kind liebt. Auf dieser Stufe wird leicht Gottes Größe verkannt, aber Gott kann den Yogi durch seine Gnade auf den rechten Weg zurückführen.

Wenn der Yogi alle weltlichen Bindungen abgelegt, alle Hindernisse überwunden und sich selbst aufgegeben hat, kann er zur höchsten Ebene gelangen.

Er läßt dann die Ebene der Anbetung und der rituellen Handlungen hinter sich. Alles Persönliche geht verloren; er befindet sich in einem Zustand größter innerer Freude und sieht Gott überall und in allen Dingen. Der Unterschied zwischen Sehendem und Gesehenem, zwischen Subjekt und Objekt verschwindet, und der Yogi erlebt, daß er eins mit Gott wird. Bei diesem Erlebnis verbleibt noch ein Rest von Bewußtsein. Der Bhakti-Yoga ist durch diese mystische Vereinigung mit einem persönlichen Gott der Mystik anderer Länder verwandt.

Es ist möglich, noch über diese Ebene hinauszugelangen. Dann schwindet auch die letzte Spur von Bewußtsein; der Yogi weiß nicht mehr von seinem Körper, er kann die Welt nicht mehr erkennen, es gibt für ihn weder Raum noch Zeit noch Kausalität. Er ist jetzt völlig frei und hat auch die Bindung zu seinem Guru gelöst. Dieser Zustand läßt sich nicht beschreiben, er wird als »neti neti« (nicht dies, nicht das) bezeichnet. Nur wenige können ihn erreichen. Der Yogi hat dann auch die Stufe der Gottesliebe verlassen und ist über den Bhakti-Yoga hinausgelangt. Bei der Rückkehr des Bewußtseins ist er verwirrt und kann sich nicht erklären, was geschehen war.

3. 3. 5 Karma-Yoga

Im Abschnitt 2.5 (hinduistische Mystik) wurden Zitate aus der Bhagavadgita angeführt, in denen Yoga-Lehren verschiedener Systeme angedeutet wurden. Nunmehr sollen – unter teilweiser Wiederholung von früher Gesagtem – Zitate herausgegriffen werden, die zum Karma-Yoga-System geführt haben (Karma-Yoga: Yoga der Tat). Karma bedeutet in diesem Zusammenhang die aktive Tätigkeit in der irdischen Welt, im Gegensatz zur früheren Definition, bei der das Karma die Quintessenz aller Tätigkeiten während des Menschenlebens und die Ursache der Wiedergeburt war. Im indischen Denken verschmelzen beide Begriffe, die Tat und ihre Wirkung.

Der Ausgangspunkt zur Entwicklung des Karma-Yoga ist in der Bhagavadgita die Erzählung vom Beginn eines Kampfes zwischen zwei miteinander verwandten Stammesgruppen, den Pandavas und den Kauvaras. Arjuna, der Führer der Pandavas, steht mit seinem Streitwagen vor dem Heer und sieht auf der Gegenseite seine Verwandten, Lehrer und Freunde. Es kommen ihm Bedenken, ob er durch Kampf und Töten nicht das Sippengesetz der gegenseitigen Achtung und Schonung verletzt. Sein Wagenlenker, der Gott Krishna, der menschliche Gestalt angenommen hat, belehrt ihn aber über seine Pflichten:

»Ein Ende haben die Körper, unzerstörbar und unfaßbar ist das Ewige (das Selbst), welches in diese Körper eingegangen ist. Darum kämpfe, o Bharata (Arjuna)!
Wer denkt, er tötet, wer glaubt, er werde getötet, sind beide im Irrtum. Nicht tötet dieser eine, noch wird er getötet« [28].

Im weiteren Sinne besteht das Problem darin, daß jeder Mensch irgendwann einmal gezwungen ist zu handeln, irgendetwas zu tun. Handlungen sind niemals völlig gut oder völlig böse; immer wirkt sich eine gute Tat in anderer Richtung oder in bezug auf andere Personen auch ungünstig aus, und in einer bösen Tat ist immer auch eine gute Komponente enthalten. Aber jede Tat beeinflußt das Karma des Menschen (das persönliche Karma, die Summe seiner Taten) und verhindert dessen Erlöschen, durch das allein der Kreislauf der Wiedergeburten aufgehoben wird.

Die eine Lösung des Dilemmas besteht darin, sich von der Welt zurückzuziehen und als Eremit in Untätigkeit zu verharren. Gerade dies lehnt Krishna ab und lehrt eine zweite Möglichkeit: Eine Tat ist neutral, ohne Einfluß auf das Karma, wenn sie ohne innere Anteilnahme, ohne Wunsch nach Belohnung oder Anerkennung ausgeführt wird:

»Rüste dich zum Kampfe, nachdem dir Freude und Leid, Gewinn und Verlust, Sieg und Niederlage gleichgültig geworden sind. So wirst du nicht in Schuld geraten« [29];
»Deine Aufgabe liegt allein im Handeln, nicht in dessen Früchten. Lasse nicht die Früchte deines Tuns deinen Beweggrund sein; ergib dich nicht in Untätigkeit« [30].

Der Weg zu dieser Geisteshaltung führt über den Yoga, wie Krishna sogleich aufweist:

»Was ich dir eben gegeben habe, o Partha (Arjuna), ist die Weisheit des Samkhya. Vernimm nun die Weisheit des Yoga! Wenn dein Verstand diese aufnimmt, wirst du die Bindung an die Werke ablegen« [31].

Krishna beschreibt nun zunächst den Weg der Erkenntnis (Jnana-Yoga), der aber nicht für jeden geeignet ist. Ein anderer Weg ist der Yoga der Tat (Karma-Yoga):

» ... der Weg der Erkenntnis (ist) für die betrachtenden Menschen und der Weg der Werke (Taten) für die tätigen Menschen.
Nicht durch Unterlassen der Werke erlangt der Mensch Befreiung von den Welten; nicht durch bloßes Entsagen erlangt er Vollkommenheit« [32].

Der gewöhnliche Mensch ist tätig, um Geld zu verdienen, um berühmt zu werden, um Macht und Einfluß zu gewinnen, um in den Himmel zu kommen und aus anderen selbstsüchtigen Motiven. Alle diese Handlungsweisen sind schädlich. Ein Yogi handelt selbstlos, ohne irgendwelche »Frucht«, d.h. Belohnung oder Dank, zu erwarten; in dieser Art des Tuns ist für ihn eine starke

Kraft enthalten. Alle seine Tätigkeiten sollen ohne persönliche Bindung, ohne »Anhänglichkeit« wie ein Opfer ausgeführt werden:

> » ... darum befreie dich ... von aller Anhänglichkeit und vollziehe das Werk als Opfer« [33];
> »Vollbringe darum immer, ohne Anhänglichkeit, die auszuführende Tat, denn durch Handeln ohne Anhänglichkeit gelangt der Mensch zum Höchsten« [34].

Im Karma-Yoga wird eine Art von Ethik der Arbeit entwickelt. Handeln, Tätigkeit versteht sich als selbstloser, demütiger und geduldiger Dienst am Nächsten. Der Yogi soll sämtliche ihm übertragenen Aufgaben gründlich, überlegt und ohne Ablenkung ausführen; man kann Karma-Yoga nicht halbherzig und unaufmerksam üben. Mißerfolge dürfen nicht zu Entmutigung führen. Auch bei tätigem Handeln muß immer der Gedanke an Gott gegenwärtig sein.

Durch richtiges, in diesem Sinne ausgeführtes Handeln kann man auch ohne sonstige Yoga-Übungen zur Vollkommenheit gelangen. Im Karma-Yoga wird aber doch empfohlen, die körperlichen und geistigen Techniken anderer Yoga-Arten zusätzlich anzuwenden. Es wird manchmal sogar vorgeschlagen, zunächst den Bhakti- oder den Jnana-Yoga auszuüben, bevor man sich dem Karma-Yoga zuwendet. Denn auch in jenen sind Selbstbeherrschung, Gleichmut, Toleranz, Kontrolle der Sinne, Freiheit von Zorn oder Ärger und das Aufgeben aller menschlichen Bindungen die Voraussetzungen für den Erfolg. Auch soll der Körper durch gesunde Ernährung, Atemschulung und Üben von Sitzhaltungen gekräftigt werden. Ferner soll sich der Yogi täglich mehrere Stunden im Schweigen üben.

Der Karma-Yoga hatte sich besonders mit der Lehre vom Karma des Menschen auseinanderzusetzen. Es war zu erklären, wie sich die menschliche Willensfreiheit, die implizit in der Philosophie des Karma-Yoga enthalten ist, mit der schicksalhaften Wiedergeburt auf Grund des Karmas vereinbaren läßt. Man kam zu folgender Lösung des Problems:

Die ererbten Eigenschaften des Menschen sind die Folgen seiner Gedanken und Handlungen in früheren Geburten; sie werden durch das Karma auf sein jetziges Leben übertragen. Jeder hat für seine Taten einzustehen, gleichgültig, ob sie im jetzigen oder in einem früheren Leben ausgeführt wurden. Krankheiten, Unglück, scheinbar schuldloses Leid werden oft durch Verfehlungen in einem früheren Leben verursacht und müssen in diesem Leben bezahlt werden. Immer gilt das Gesetz von Ursache und Wirkung.

Diese Lehre bedeutet aber nicht, daß der Mensch einem unausweichlichen Schicksal unterworfen ist. Er braucht nicht in Fatalismus zu versinken, denn es ist nicht alles vorherbestimmt. Wenn die alte Schuld abgegolten ist, steht es ihm frei, sein Leben nach seinen Wünschen und Absichten zu gestalten. Er hat zwar keinen Einfluß auf die Auswirkungen seiner Taten in früheren Geburten, besitzt aber in seinem jetzigen Leben völlige Willensfreiheit. Doch hat er immer für seine Handlungen einzustehen, sei es in diesem, sei es in einem zukünftigen Leben.

Die Karma- und Wiedergeburtslehren erklären die (scheinbaren) Ungerechtigkeiten in dieser Welt. Sie ergeben eine Synthese zwischen den extremen Anschauungen des blinden Schicksals einerseits und der Willensfreiheit anderseits. Der Mensch selbst verursacht sein Geschick, nicht ein strafender oder belohnender Gott.

3. 3. 6 Kundalini-Yoga (Laya-Yoga)

Der Kundalini- oder Laya-Yoga ist eine verhältnismäßig späte Entwicklung. Er wird vor allem in tantrischen Werken und in Schriften des Hatha-Yoga beschrieben; das Hauptwerk dieser Methode ist das Laya-Yoga-Samhita. Der Schüler des Kundalini-Yoga soll 9 Stufen durchlaufen:

1) Yama (sittliches Verhalten);
2) Niyama (Selbstzucht);
3) Sthula-Kriya;
4) Suksma-Kriya;
5) Pratyahara (Zurückziehen der Sinne);
6) Dharana (Konzentration);
7) Dhyana (Meditation);
8) Laya-Kriya und
9) Samadhi.

Von diesen Stufen brauchen nur die dritte, vierte und die achte erklärt zu werden, die anderen wurden bereits besprochen (Abschn. 3.2). *Sthula-Kriya* besteht aus äußerlichen Übungen (Sitz- und Körperhaltungen und Mudras), beim *Suksma-Kriya* sind hauptsächlich bestimmte Atem-Techniken anzuwenden. Wichtiger ist die *Laya-Kriya-Stufe*; in ihr erlebt der Yogi die Auflösung des Bewußtseins und sein Eingehen in das Brahman. Es handelt sich demnach um eine Vorstufe oder Eingangsstufe zum Samadhi-Zustand.

Im Laufe des Stufenweges, und zwar auf einer der höheren Ebenen, wird eine besondere Technik angewendet, die aus einer Vereinigung von Yoga-

Übungen mit mehr physiologischen Theorien besteht. Zum Verständnis dieser Technik ist die Kenntnis einer Lehre erforderlich, deren Hauptbegriffe die sogen. »Nadis« und die »Chakras« sind und die man als eine Art von »Metaphysiologie« bezeichnen kann. Danach enthält der physische Mensch (Körper einschließlich Lebenskraft, Geist und Seele) in sich noch einen nichtmateriellen »Astralkörper«, der dem physischen Leib auf einer höheren Ebene entspricht. Dieser ist von einem Geflecht aus zahlreichen, unstofflichen Kanälen, den »Nadis«, durchzogen, in denen die Lebensenergie fließt. Über deren Anzahl ist man sich nicht einig, meist werden 72 000 Nadis angegeben, von denen aber nur wenige für den Kundalini-Yoga von Bedeutung sind. Die wichtigste Nadi, die »Sushumna«, verläuft innerhalb des Rückgrates; sie vermag Lebensenergie vom unteren Ende der Wirbelsäule bis in den Kopf zu leiten.

Die Nadis gehen von bestimmten Zentren, den »Chakras«, aus. Das sind gedachte, knotenartige Stellen in verschiedenen Teilen des Körpers, von denen es ebenfalls eine ganze Anzahl gibt. Die 7 wichtigsten Chakras liegen im oder am Rückgrat, die höchste von ihnen befindet sich im (nach manchen Lehren auch über dem) Kopf. Es sind dies (von unten nach oben) die

Muladhara-Chakra,
Svadhishthana-Chakra,
Manipura-Chakra,
Anahata-Chakra,
Vishuddha-Chakra,
Ajna-Chakra und die
Sahasrara-Chakra.

Am unteren Ende der Wirbelsäule, nahe der Muladhara-Chakra, befindet sich die Kundalini, eine potentielle geheimnisvolle Kraft, eine kosmische Urenergie, die auch als die schlafende Shakti des Gottes Shiva gedacht wird; bildlich dargestellt wird sie als eine in mehreren Windungen zusammengerollte Schlange. Der Kundalini-Yoga besteht darin, erstens diese potentielle Energie zu erwecken und sie – zweitens – über die unteren 6 Chakras zur höchsten Ebene, der Sahasrara-Chakra, zu leiten. Hier vereinigt sich die Shakti mit Shiva (oder mit dem Purusha des Yogi, wenn man die hinduistische Shiva-Shakti-Symbolik vermeiden will). Damit hat der Yogi das letzte Ziel, Samadhi, erreicht.

Die Nadi-Chakra-Lehre ist schon im Yoga-Sutra des Patanjali enthalten, ohne daß allerdings die Kundalini erwähnt wird. In den Puranas wird diese neben den Nadis und Chakras angeführt. Der zu einem System ausgearbeitete Kundalini-Yoga ist aber offensichtlich jünger; die Shiva-Shakti-Vereinigung wurzelt zweifellos im Tantrismus. Die im folgenden wiedergegebene Darstellung fußt auf Beschreibungen von Swami Sivananda und von Sh.S.Goswami (s.Lit.).

Bevor der eigentliche Kundalini-Yoga, d.h. das Aufsteigen der Kundalini-Kraft, beginnen kann, soll der Yogi schon die Anfangsstufen des 9-gliedrigen Pfades zurückgelegt haben. Er muß in hohem Maße sittlich gefestigt sein und Sinne und Leidenschaften beherrschen. Alle weltlichen Bindungen müssen gelöst sein, ferner muß er seinen Körper völlig in der Gewalt haben und die üblichen Körperhaltungen und Mudras ausüben können.

Die Erweckung der Kundalini-Kraft ist ein besonders wichtiger und schwieriger Schritt; er muß unbedingt unter der Aufsicht eines Gurus erfolgen. Hierbei spielen Atemübungen und Mudras eine wesentliche Rolle. Durch sie werden die Nadis »gereinigt«; erst wenn der Atem durch die Hauptnadi, die Sushumna, strömt, kann der Geist des Yogis ruhig werden und ein Zustand tiefer Konzentration eintreten. Die besondere Wirkung der Atemübungen wird damit erklärt, daß sich an der Stelle der Nase mehrere bedeutende Nadis vereinigen und hier einen dreifachen Knoten bilden. Korrektes Atmen beeinflußt gerade die an dieser Stelle befindliche Chakra, wodurch der gesamte Körper aktiviert wird. Als zusätzliche Unterstützung soll das sogen. »Khecari-Mudra« ausgeübt werden, welches aus einer bestimmten Stellung der Zunge besteht. Das Zungenbändchen wird nach und nach durchtrennt, so daß man die Zunge weit herausstrecken kann. Sie wird dann im Mund soweit zurückgebogen, daß der Atem völlig unterbunden wird. Dann kommt auch der Geist des Yogis zur Ruhe.

Nunmehr kann der Aufstieg der Kundalini beginnen. Der Yogi konzentriert sich nacheinander auf die 7 Chakras längs der Sushumna, wobei ihm bildliche Darstellungen zu Hilfe kommen. Auf diesen sind den einzelnen Chakras Lotus-Blätter (in verschiedener Anzahl und Farbe je nach Chakra), Elemente, Buchstaben des Sanskrit-Alphabetes (die als Mantras gemurmelt werden), Götterbilder und geometrische Figuren mit Symbolgehalt zugeordnet. So durchschreitet der Yogi während der Meditation mehrere Bewußtseinsebenen und erlangt dabei immer stärkere außergewöhnliche Fähigkeiten.

1) Durch Meditation über das Muladhara-Chakra (die physische Ebene, der Erde zugehörig) erreicht der Yogi das Erwecken der Kundalini-Kraft. Er beherrscht dann seinen Körper und kann sich in die Luft erheben.

2) Auf der Ebene des Svadhishthana-Chakra (astrale Ebene, Element Wasser) wird Kontrolle über das Element Wasser erlangt. Der Yogi wird leidenschaftslos, beherrscht seine Sinne und verliert die Angst vor dem Tod.

3) Durch Meditation über das Manipura-Chakra (Element Feuer) werden Freiheit von Krankheiten und die Fähigkeit, verborgene Schätze zu finden, erreicht. Der Yogi fürchtet sich nicht vor Feuer.

4) Bei der Meditation über das Anahata-Chakra (Luft-Ebene) wird ein bestimmter Laut vernommen. Der Yogi erlebt die Empfindungen kosmischer Liebe und innerer Freude. Er kann fliegen und in den Körper einer anderen Person eingehen.

5) Das Vishuddha-Ckakra spiegelt die Äther-Ebene wieder. Der Yogi erlangt in extremer Konzentration äußerste Erkenntnisse. Er weiß um Vergangenheit und Zukunft.

6) Das Ajna-Chakra entspricht einer hohen kosmischen Ebene, es ist der Sitz des Geistes. Bei der Meditation über dies Chakra soll man den Laut »OM« murmeln oder sich innerlich vorstellen. Dann wird das Karma aller früheren Geburten ausgelöscht, der Yogi wird von allem Körperlichen befreit und erlangt noch stärkere übernatürliche Kräfte. Die Wirkung dieses Chakras läßt sich mit Worten nicht beschreiben.

7) Das Sahasrara-Chakra entspricht dem ewigen Absoluten, es ist das Reich Shivas. Die Kundalini-Kraft ist am letzten Ziel angelangt, und der Yogi tritt in den höchsten Bewußtseinszustand, Samadhi, ein. Bei weiterem Fortschreiten im Sahasrara-Chakra wird auch das Bewußtsein aufgegeben und der Zustand der Einheit erreicht.

Der Kundalini-Yoga soll nur von fortgeschrittenen Yogis und nur unter der Aufsicht eines Gurus ausgeübt werden. Die wichtigsten Praktiken sind Atemübungen und die Meditation über die 7 Chakras. Dabei können farbige Visionen und Leuchterscheinungen erlebt werden. Diese Yoga-Art ist besonders zum Einfügen in andere Yoga-Systeme, z.B. in den Hatha-Yoga, geeignet.

Im allgemeinen werden die Ausdrücke Kundalini-Yoga und Laya-Yoga synonym verwendet. Es gibt aber eine Variante des Laya-Yoga, die einen etwas anderen Weg einschlägt, bei der jedoch das Nadi-Chakra-System beibehalten wird.

3. 3. 7 Hatha-Yoga

Der Hatha-Yoga wurde vermutlich auf Grund der Beobachtung ausgebildet, daß gewisse Körperübungen günstig für physisches Wohlbefinden und Gesundheit sind. Körperübungen, Atemtechnik und Mudras werden daher im

Hatha-Yoga besonders gepflegt. Der Gründer dieser Yoga-Art war Goruksanata, ein nordindischer Yogi. Er und seine unmittelbaren Nachfolger hinterließen aber nur unzusammenhängende Angaben über die Art der Übungen. Erst durch drei spätere Werke wurde ein festes System geschaffen: Svatmarama verfaßte im 14. oder 15. Jahrhundert das sogen. »Hatha-Yoga-Pradipika«; es folgten das »Gheranda-Samhita« (Sammlung der Lehren des Gheranda) und das »Shiva-Samhita«. Letzteres wurde dem Shiva als Autor zugeschrieben, um ein hohes Alter vorzutäuschen; in Wirklichkeit stammt es aber wohl erst aus dem 16. oder 17. Jahrhundert n.Chr.

Das Hatha-Yoga-System umfaßt in der gewöhnlichen Ausführung 7 Stufen:

1) Verschiedene Methoden zur Reinigung des Körpers (Satkarmas);
2) Körperhaltungen (Asanas);
3) Gesten (Mudras);
4) Zurückziehen der Sinne (Pratyahara);
5) Atemübungen (Pranayama);
6) Meditation (Dhyana);
7) Samadhi.

Wegen der Betonung der Körperübungen und der Atemtechnik wird der Hatha-Yoga oft als grob, primitiv oder sogar als überflüssig angesehen. Er selbst versteht sich als Einführung oder als Vorübung zum anspruchsvollen Raja-Yoga; denn die letzten Stufen des Hatha-Yoga münden in die des Raja-Yoga-Systems:

> »Wer den hohen Raja-Yoga anstrebt, dem hilft sie (die Hatha-Yoga-Lehre) dabei wie eine Leiter« [35].

Zum Ausüben des Hatha-Yoga wird ein ruhiger Raum in angenehmer Umgebung benötigt. Der Schüler soll unbedingt unter der Aufsicht eines Gurus stehen, da bei falscher Ausführung der Übungen Schäden an Leib und Seele auftreten können. Für die allgemeine Lebensweise werden zahlreiche Ratschläge gegeben: Man soll wenig und nur leichte Nahrung zu sich nehmen, Fleischkost, Alkohol und Drogen vermeiden, sich nicht übermäßig anstrengen, wenig reden, sexuell enthaltsam leben und sich nicht viel in Gesellschaft begeben. Günstig ist gelegentliches Fasten, außerdem helfen Mut, Ausdauer, Glaube und Unterscheidungsvermögen (von Gut und Böse).

Die Anzahl der empfohlenen Körperhaltungen ist mit etwa 16 - 32 im Hatha-Yoga gegenüber anderen Yoga-Arten (die bis zu 200 verschiedene Stellungen kennen) recht gering, zusätzlich werden noch gymnastische Übungen durchgeführt, die z.T. leicht, z.T. schwieriger und z.T. ausgesprochen akrobatisch sind. Einige wichtige Übungen sollen täglich ausgeführt werden. Der Sinn dieser Übungen besteht vordergründig darin, völlige Körperbeherrschung zu erlangen und Erschlaffungserscheinungen zu beseitigen oder zu verhindern. Zusammen mit den beschriebenen Diät- und Hygiene-Vorschriften sollen auch Abwehr oder Heilung von Krankheiten erreicht werden. Als tieferes Ziel der Übungen wird Stärkung des Willens und der Konzentrationsfähigkeit angestrebt, wodurch das Erreichen des Samadhi erleichtert wird.

> »Wenn ein Yogi zwölf Jahre lang
> mäßig ißt und das Selbst bedenkt,
> und dies stets in vollkommenem Sitz,
> so erreicht er die Vollendung« [36].

Die körperlichen Übungen müssen mit Atemtechnik verknüpft werden. Die Gedanken des Yogis werden durch kontrolliertes Ein- und Ausatmen mit langem Anhalten der Luft zur Ruhe gebracht:

> »Fließt der Atem, fließen auch die Gedanken;
> ruht der Atem, ruhen auch sie.
> Da ein Yogi nach Ruhe strebt,
> muß der Atem beruhigt werden« [37].

Außerdem werden durch richtiges Atmen die Nadis gereinigt, in denen die Energien und die (geistigen) Nährstoffe fließen. Wenn das unkörperliche Nadi-System gereinigt ist, müssen auch die physischen Körperöffnungen gesäubert werden. So soll man zum Reinigen des Schlundes und des Magens einen langen Stoffstreifen fast ganz verschlucken und dann langsam wieder herausziehen. Die Nase wird gereinigt, indem man eine Schnur durch die Nasenöffnung einführt bis sie aus dem Mund wieder herauskommt. Auch zum Säubern von Augen und Darm werden Mittel angegeben.

Weiterhin sind Mudras zu üben. Gewöhnlich versteht man unter diesem Ausdruck Gesten, z.B. bestimmte Handhaltungen bei Buddha-Statuen, welche einen Gedanken oder eine Vorschrift ausdrücken (vgl. auch Abschn. 3.2). Im Hatha-Yoga bedeuten sie aber Techniken, durch die (gemeinsam mit Körper- und Atemübungen) die Befreiung des Nadi-Systems von Hemmungen und das Erwecken der Kundalini-Energie bewirkt werden. Eine wichtige Rolle spielt dabei das Khecari-Mudra (s. Abschn. 3.3.6). Die Mudras bestehen weiter aus Anspannung der Bauchmuskeln, aus dem Betrachten der Stelle zwischen den Augenbrauen (an der sich das dritte Auge des Shiva befindet) und einigen anderen Übungen.

Sinn und Zweck der Mudras ist die Vereinigung von Körper und Geist und die Beherrschung des Geistes. Durch sie wirkt der grobstoffliche Körper auf den feinstofflichen ein, und die Kundalini-Energie wird geweckt. Bei diesem Prozeß kann es zu Visionen kommen: Der Yogi steht plötzlich sich selbst gegenüber oder er sieht die Quintessenz der vier Elemente oder die des Raumes als farbige oder helle Erscheinungen vor sich.

Eine wichtige weitere Technik des Hatha-Yoga, die schon zum Raja-Yoga überleitet, ist die der Meditation. Dabei werden drei (in manchen Texten nur zwei) Arten unterschieden:

> Die konkrete Art,
> die leuchtende Art und
> die subtile (feine, zarte) Art.

Bei der konkreten Art der Meditation stellt sich der Meditierende etwas Dingliches oder Fühlbares vor, z.B. eine Lotus-Blüte, seinen Guru oder einen Laut. Bei der leuchtenden Art steht die Kundalini-Lebenskraft in Form einer brennenden Kerze vor dem inneren Auge, auch kann diese helle Energie im Gehirn als der Laut »OM« in einer Flut von Strahlen erlebt werden. Die subtile Art der Meditation bewirkt die Vereinigung der Kundalini-Energie mit dem Selbst, sie führt auf die höchste Ebene des Seins. Dies ist die wertvollste Meditationsart; sie wird oft nicht mehr zur eigentlichen Meditation gerechnet, da sie fließend zum Samadhi überleitet.

Zuletzt kann der Yogi Samadhi, den Zustand der Erleuchtung, durch Meditieren über den Laut »OM« erreichen. Dieser Laut ist beim Eingehen des Geistes in das Brahman zu vernehmen (nicht physisch zu hören). Weiter soll durch Einstellen des Atmens das Denken zur Ruhe gebracht und schließlich sogar ausgelöscht werden. Das Samadhi ist mit einem unbeschreiblichen Glücksgefühl verbunden; das Selbst ist mit dem höchsten Selbst, dem Brahman, vereinigt, und der Tod wird überwunden:

> »Ruhen alle Bewegungen
> des Geistes und des Körpers,
> entsteht ein nicht beschreibbarer
> Zustand, den man selbst erfahren muß« [38];
> »Wenn das Denken aufgelöst ist,
> verschwindet alles Gesehene.
> Ist der Geist vom Denken befreit,
> empfindet er nur noch Einheit« [39];
> »Dieses Einswerden des Geistes
> wird Raja-Yoga genannt.
> Gottgleich steht nun der Yogi
> über Schöpfung und Zerstörung« [40].

In der Gheranda-Samhita heißt es, daß der Geist im Zustand des Samadhi vom Körper getrennt wird und sich mit dem Höchsten vereinigt. Alles Weltliche ist aufgegeben: Frau, Kinder, alle menschlichen Beziehungen, aller Besitz, selbst das eigene Ich. Der Yogi ist frei von sinnlichen Eindrücken (Hören, Sehen,

Riechen, Fühlen), frei von Sorge, Angst, Haß, Neid und frei von allen Trieben. Wer Samadhi erreicht hat, fühlt:

> »Ich bin Brahman, ich bin der Höchste ... ich bin ewig; ich bin frei; ich bin mein eigenes Selbst« [41].

Der Hatha-Yoga ist wohl diejenige Yoga-Technik, die im Westen am meisten ausgeübt wird. Allerdings dürfte in vielen Yoga-Schulen nur ein kleiner, und zwar der am leichtesten auszuführende Teil der Praktiken wirklich angewendet werden.

3. 3. 8 Mantra-Yoga (Japa-Yoga)

Im Mantra-Yoga wird - wie schon der Name ausdrückt - größter Wert auf langdauerndes Rezitieren (»Japa«) von Mantras gelegt. Der Yogi kann auf diesem Wege zur Erlösung, zum Samadhi, gelangen, wenn er das rechte Streben und die notwendige Ausdauer besitzt. Man unterscheidet im Mantra-Yoga 16 Stufen des Pfades, von denen aber nur die erste und die drei letzten angeführt werden sollen:

1) Bhakti (Bindung an die erwählte Gottheit);

***

14) Japa (Wiederholen des Mantras);

15) Dhyana (Meditation);

16) Samadhi.

Die anderen Stufen bestehen aus den üblichen Vorschriften und Disziplinen wie Reinigungsvorschriften, Körperhaltungen, Atemübungen, Konzentrationsübungen und Mudras. Außerdem werden mehrere Rituale und Opferhandlungen ausgeübt. Der Mantra-Yoga ist ausgesprochen theistisch. Ohne Glauben ist die Erlösung nicht möglich. Gottesverehrung und Gebete dürfen aber nicht dazu führen, daß der Yogi etwas für sich selbst erbittet. Gottesverehrung soll ihn zur Selbstaufgabe hinleiten, sie mündet zuletzt in die Verehrung des Brahman.

Zu Beginn des Weges soll sich der Yogi nach Reinigung seines Körpers einen ruhigen Raum suchen, in dem er ungestört meditieren kann. Er soll mit den Übungen am frühen Morgen beginnen, nachdem er nur leichte oder gar keine Nahrung zu sich genommen hat. Als Sitzhaltungen werden Padmasana (Lotus-Sitz) oder der ähnliche Svastikasana vorgeschrieben. Die gewählte Haltung soll nach einigem Üben mehrere Stunden lang beibehalten werden können, dabei sind Atemkontrolle und -technik anzuwenden.

Wichtig sind weiterhin Konzentrationsübungen. Der Yogi konzentriert sich z.B. auf den »Lotus des Herzens« oder auf die Stelle zwischen den Augenbrauen, wie es schon in der Bhagavadgita angegeben ist:

> »Der Weise, der alle äußeren Objekte ausschließt, den Blick zwischen die Augenbrauen richtet, ... der Sinne, Geist und Verstand bezähmt hat, auf Erlösung bedacht ist und Begierde, Furcht und Zorn abgelegt hat, ist für immer befreit« [42].

Nach genügender Vorbereitung und nach einigen Fortschritten auf dem Wege erhält der Yogi von seinem Guru in einer Art von Initiationsritus ein für ihn passendes Mantra, das er geheimzuhalten hat. Dies Mantra soll täglich mehrere Stunden lang unter völliger geistiger Konzentration wiederholt werden, andernfalls ist es nutzlos. Das Wiederholen geschieht durch Aufschreiben oder Aufsagen; man unterscheidet dabei drei Arten:

1) Lautes Aufsagen;
2) murmeln und
3) wiederholen nur im Geiste.

Die letzte Art ist die schwierigste, da hierbei die Gefahr der Ablenkung am größten ist. Zu Beginn des »Japa« kann man einen Rosenkranz mit z.B. 108 Perlen zu Hilfe nehmen, der Fortgeschrittene benötigt aber derartige Hilfen nicht. Wichtig sind Klang, Betonung und Rhythmus beim Aufsagen des Mantras. Es soll mit dem Rhythmus des Atmens in Einklang gebracht werden, so daß es wie Musik empfunden wird.

Durch Japa wird der Geist beruhigt, alle weltlichen Bindungen werden gelöst, alles Begehren hört auf, und der Yogi gelangt zur Gotteserkenntnis. Dem Mantra liegt die Idee der Macht des Wortes oder des Namens (Gottes) zugrunde. Der Laut erzeugt Schwingungen, die sich dem Geiste mitteilen; dadurch wird er zu Form und Gestalt. Durch dauerndes Wiederholen prägen sich das Wort und dessen Form oder Bedeutung immer fester dem Geist auf. Zuletzt verschwindet der Unterschied zwischen dem Wort, seiner Bedeutung und dem Sprechenden; der Yogi und der Träger des im Mantra wiederholten Namens, Gott, werden eins. In Verbindung mit dem Kundalini-Yoga kommt es zu der Vorstellung, daß durch Japa die Kundalini-Energie geweckt wird.

Japa geht nach und nach in die Stufe der Meditation über. Der Unterschied zwischen Japa und Dhyana (Meditation) besteht darin, daß Japa nur eine stereotype Wiederholung von Silben oder Worten ist, während man sich beim Dhyana gedanklich auf Gott und seine Attribute konzentriert. Anfangs werden

Japa und Dhyana weitgehend gemeinsam ausgeübt, mit der Zeit überwiegt die Meditation aber immer mehr, bis sie schließlich allein stattfindet. Zuletzt führt die Meditation zum Samadhi, und der Yogi ist erlöst.

Dieser Yoga-Weg gilt als einfach, er ist in Wirklichkeit aber sehr schwer. Zwar werden keine schwierigen psychologischen oder philosophischen Fragen behandelt, aber es bedarf jahrelanger, intensiver Übung, bis der Yogi die höheren Stufen des Weges erreichen kann. Der Mantra-Yoga bedeutet kein Zurückziehen in die Einsamkeit und kein Aufgeben weltlicher Verpflichtungen. Auch bei der täglichen Arbeit kann der Yogi immer in seinen Gedanken bei Gott sein.

3. 3. 9 Weitere Yoga-Arten

Von den zahlreichen weiteren Yoga-Arten und -Abarten sollen nur der Kriya-Yoga und der Tantra-Yoga erwähnt werden. Der Kriya-Yoga wurde bereits von Patanjali angedeutet, er ist in neuerer Zeit zu einem 6-stufigen Pfad ausgearbeitet worden, der auch von im praktischen Leben stehenden Personen ausgeübt werden kann.

Der *Kriya-Yoga* ist streng theistisch. Gott ist überall und in allen Dingen und Wesen, und alle Wesen sind in ihm. Der menschliche Geist vermag ihn nicht zu erfassen:

> »Was der Geist nicht begreifen kann, aber was den Geist erzeugt hat, wisse, das allein ist Gott. Was die Sprache nicht offenbaren kann, aber was die Sprache hervorgebracht hat, wisse, das allein ist Gott« [43].

Der Kriya-Yoga übernimmt von anderen Systemen die Lehren von den Chakras und von der Kundalini-Kraft, und auch in der Meditationstechnik schließt man sich eng an die klassischen Methoden an. Selbstbeherrschung, körperliche und geistige Ruhe werden durch Yama, Niyama und Asanas erlangt; durch Pranayama werden Herz- und Pulsschlag sowie Geist und Lebenskraft kontrolliert, durch Pratyahara zieht der Yogi sein Bewußtsein von der physischen Welt und von den Sinneseindrücken zurück. Dharana befähigt ihn, das zurückgezogene Bewußtsein auf einen Punkt zu konzentrieren; im Dhyana verstärkt sich die Konzentration, sie wird auf Gott gelenkt, von dem intuitiv eine Vorstellung gewonnen wird. Zuletzt wird im Samadhi die Vereinigung mit Gott erreicht. Bemerkenswert ist, daß das Samadhi im Kriya-Yoga als Vereinigung mit Gott, als unio mystica, angesehen wird.

Der *Tantra-Yoga* wird vor allem im tibetischen Lamaismus (s.u. Abschn. 4.4.7) gepflegt. Er ist mit dem Kundalini-Yoga verwandt, zerfällt aber selbst wieder in eine ganze Reihe von Unterarten. Im Tantra-Yoga werden oft Visualisationen erlebt, auch werden heilige Bilder, sogen. Mandalas, als Meditationshilfen verwendet (die christliche Bild-Meditation ähnelt dieser Methode). In einigen Richtungen des tantrischen Yoga werden körperliche Vorgänge, hauptsächlich Sexuelles, in die Übungen einbezogen. Dieses wird dabei teils auf eine geistige Ebene emporgehoben (vgl. die Vereinigung Shivas mit der Shakti als Symbol der Überwindung des Dualismus), teils wird aber auch die körperliche Vereinigung der Geschlechter bei völliger Beherrschung der Sinne als Ritual ausgeübt (sogen. »Tantra zur linken Hand«). Schließlich sei noch auf das japanische Zen hingewiesen, das ebenfalls zu den Yoga-Systemen gehört (vgl. Abschn. 4.4.6).

3. 4 Yoga, Religion und Mystik

Der Yoga hat schon frühzeitig (im Yoga-Sutra) die Idee des Göttlichen anerkannt; mehrere Systeme, vor allem der Bhakti-Yoga und der Mantra-Yoga, sind eindeutig theistisch. In anderen Yoga-Arten spielt das Göttliche keine oder eine nur nebensächliche Rolle. Dem Yogi bleibt es demnach überlassen, ob er einen persönlichen oder einen transzendenten Gott verehren oder ohne Bezug auf das Göttliche auskommen will. Auch steht es ihm frei, sich zu irgendeinem Gott seiner Wahl zu bekennen, zu dem er sich auf Grund seiner Erziehung oder seiner seelischen Einstellung besonders hingezogen fühlt. Der Yoga steht allen Religionen mit völliger Toleranz gegenüber und bringt im allgemeinen dem Gottesglauben und der Gottesverehrung ein wohlwollendes Verständnis entgegen:

> »Die Lehre von Jesus Christus, des Yogis von Nazareth, ist für die Europäer die beste, wie die Lehre des Buddha für China, Thailand, Japan und Ceylon. Die Lehre Mohammeds paßt für Arabien. Alle diese waren Söhne Gottes, geschaffen nach seinem Bilde. Sie überbrachten der Welt eine Botschaft des Friedens und der Geheimnisse des Lebens« [44].

Allerdings wird gelegentlich auch eine gewisse Kritik an Auswüchsen religiösen Treibens deutlich:

> »Es gibt ebensoviele Sekten in der Welt wie Sandkörner am Strand des Meeres. Die Leute haben den wahren Inhalt der Religion aus den Augen verloren. Sie streiten sich unnötigerweise über nebensächliche Dogmen, äußerliche Rituale und Unwesentliches. Sie veröffentlichen Schriften, in denen sie sich gegenseitig schmähen. In der Öffentlichkeit beschimpft ein Prediger den anderen, der einem anderen Kult anhängt ... Das ist der heutige traurige Zustand« [45].

Der Yoga konnte wegen seiner Anpassungsfähigkeit und seiner vielseitigen Ausgestaltung ohne Schwierigkeit von allen indischen religiösen Systemen übernommen werden. Der Islam und das Christentum stehen ihm jedoch reserviert bis ablehnend gegenüber. Im Islam haben Sufi-Kreise nach dem Bekanntwerden des Yoga (etwa im 10./11. Jahrhundert) manche Yoga-Techniken übernommen, um zu mystischen Erlebnissen zu gelangen. Doch konnten diese Kreise nur wenig Einfluß auf die allgemeine Religiosität ausüben. Auch läßt sich die im Yoga enthaltene indische Philosophie des Karma und der Wiedergeburt, die die Verantwortlichkeit des Menschen für alle seine Taten betont, nur schwer mit dem islamischen Fatalismus vereinbaren.

Im Abendland wurde der Yoga erst in der Neuzeit näher bekannt. Hier wurde das religiöse Denken lange Zeit von der Auseinandersetzung mit der griechischen Philosophie beherrscht. Eine geistige Verarbeitung des Ideengehaltes des Yoga hat daher in den christlichen Kirchen bisher kaum stattgefunden. Man hat die von den Kirchen abgelehnte Wiedergeburtslehre (die allerdings erst im 6. Jahrhundert verboten wurde) dafür verantwortlich gemacht; der Hauptgrund dürfte aber das allgemeine Desinteresse des heutigen Christentums an der Mystik sein. Diese Haltung scheint sich erst in neuester Zeit etwas zu ändern.

Der Yoga hat vieles mit der Mystik des Neuplatonismus, des frühen und mittelalterlichen Christentums und des Islams gemein. Alle von Mystikern beschriebenen Erfahrungen finden sich auch auf den höheren Stufen des Yoga. Selbst die Techniken, die in beiden Systemen zum Erreichen von höheren Bewußtseinsebenen angewendet werden, sind in vielem einander ähnlich. An erster Stelle ist hier die Meditation zu nennen, die in der vertieften Form der Versenkung bis zur Selbstaufgabe führt. Auch die Voraussetzungen, die zu Beginn des mystischen Weges erfüllt sein müssen, sind für den Yogi und den Mystiker weitgehend gleich. Beide müssen bereit sein, auf Besitz, Ehre, Anerkennung und auf alle menschlichen Bindungen zu verzichten.

Vor allem fordert der Zustand des Samadhi den Vergleich mit dem der unio mystica heraus, der von allen religiös gebundenen Mystikern als das höchste Erlebnis beschrieben wird. Samadhi und unio sind beide mit tiefer innerer Freude verbunden, und beide leiten in ein Erlebnis über, bei dem alle Unterschiede zwischen Objekt und Subjekt aufgehoben sind. Bei beiden wird zuletzt ein Zustand erreicht, über den sich mit den Mitteln der menschlichen Ausdrucksfähigkeit nichts angeben läßt.

Diesen Gemeinsamkeiten stehen allerdings auch Unterschiede gegenüber. Während die Mystik oft religiös gebunden ist und ein höchstes Gotteserlebnis anstrebt, ist der Yoga in dieser Hinsicht unbestimmt. Samadhi kann ein Gotteserlebnis sein, kann aber auch areligiös empfunden werden. Auch ist der Yoga viel umfassender als alle mystischen Systeme. Er bezieht nicht nur Pflege und Übung des Körpers ein, sondern besitzt auch Theorien über physiologische Vorgänge und eine ausgearbeitete Psychologie. Ob man den Yoga der Mystik zurechnen oder ihn als ein wesentlich anderes System ansehen will, ist Ansichtssache.

Die Haltung des Yoga zur Mystik nichtindischer Religionen ist im allgemeinen die einer verständnisvollen, aber sich manchmal etwas überlegen gebenden Betrachtungsweise; so heißt es z.B.:

> »Wir wollen hier nicht ausführlich die Berichte gewisser früherer religiöser Persönlichkeiten betrachten, die Angaben über großartige Zustände geistiger Erhebung machen, in denen sie die Gegenwart des ›Absoluten‹ erlebt haben oder ›innerhalb des Lichtes seiner Strahlung‹ waren.
>
> Wir haben große Achtung vor diesen Berichten und haben jeden Anlaß zu glauben, daß viele von ihnen authentisch sind, wenn auch die Angaben von Personen, die solches erlebt haben, widersprüchlich sind. Die Berichte sind widersprüchlich, weil die geistige Verfassung der berichtenden Personen nicht darauf vorbereitet war oder sie nicht imstande waren, die Natur der Phänomene zu verstehen. Sie entdeckten, daß sie in der Gegenwart von etwas von schrecklicher Größe und geistiger Höhe waren, und sie waren völlig verwirrt bei diesem Erlebnis. Sie verstanden nicht die Natur Gottes, und wenn sie wieder zu Besinnung kamen, erzählten sie, daß sie ›in der Gegenwart Gottes‹ gewesen wären, wobei das Wort ›Gott‹ ihre persönliche Auffassung von Gott bedeutete. Das heißt, das Eine, das in ihrem speziellen Glauben dem Begriff ›Gott‹ entsprach. Sie sahen nichts, was sie mit ihrer besonderen Definition Gottes identifizieren konnten, sondern sie glaubten nur: Dies muß Gott sein. Und da sie keinen anderen Gottesbegriff als ihren eigenen kannten, identifizierten sie naturgemäß dieses Etwas mit dem Gott wie sie ihn verstanden, und ihre Berichte bewegten sich natürlich auf dieser Linie.
>
> So gibt es in allen Religionen Berichte von dem Vorkommen sogenannter ›wunderbarer Ereignisse‹. Der katholische Heilige berichtet, daß er das ›Licht von Gottes Antlitz‹ sah, und der Nichtkatholik erzählt gleichermaßen von Gott, wie er ihn kennt. Der Mohammedaner berichtet, daß er einen Schimmer des Antlitzes Allahs gesehen habe, und der Buddhist erzählt uns, daß er den Buddha unter dem Baum gesehen habe. Der Brahmane sieht das Antlitz Brahmas, und die verschiedenen Hindu-Sekten besitzen Berichte über Menschen, die solches über ihre eigenen Gottheiten erzählen. Die Perser haben ähnliche Erzählungen, und selbst die alten Ägypter hinterließen Berichte von solchen Ereignissen. Diese sich widersprechenden Angaben führten bei Personen, die die Natur der zugrunde liegenden Phänomene nicht kennen, zu der Annahme, daß alle diese Dinge Einbildung und Phantasie seien, wenn nicht sogar glatter Betrug oder Täuschung. Aber die Yogis wissen es besser. Sie wissen, daß hinter allen diesen Berichten, so verschieden sie sind, ein gemeinsamer, wahrer Untergrund liegt, der jedem offenbar wird, der sich mit der Materie beschäftigt. Sie wissen, daß alle diese Berichte (mit Ausnahme einiger Betrugsfälle ...) auf Wahrheit beruhen und die wunderbaren Erlebnisse der verschiedenen Beobachter sind. Sie wissen, daß alle diese Leute zeitweise über die gewöhnliche menschliche Bewußtseinsebene emporgehoben waren und sich der Existenz eines Wesens oder mehrerer Wesen bewußt wurden, die höher als der Sterbliche stehen ... So akzeptiert der Yogi diese Berichte der verschiedenen Mystiker, Heiligen und inspirierten Personen und nimmt sie innerhalb der Yoga-Philosophie als völlig natürlich an, wenn sie auch dem als übernatürlich erscheinen, der nicht mit diesen Gedanken vertraut ist« [46].

3. 5 Yoga und der Westen

Der Westen hat dem Yoga in seiner Gesamtheit nichts Gleichartiges zur Seite zu stellen. Im Yoga liegt ein System vor, das von Hygiene- und Diät-Vorschriften über Körper- und Konzentrationsübungen bis zu den tiefsten seelischen Vorgängen das gesamte menschliche Dasein berührt. Bei den körperlichen Übungen wird immer auch auf den erzieherischen Hintergrund gesehen. Der Yoga enthält Lehren, die der Physiologie, Psychologie, Ethik, Philosophie und Religion angehören. Dank seiner systematisch ausgearbeiteten »spirituellen Wege« führt er verhältnismäßig viele Yogis zu inneren Erlebnissen, die in anderen Kulturen nur ganz vereinzelten begnadeten Mystikern vorbehalten sind. Der Yoga ist ferner überaus wandlungsfähig, undogmatisch und flexibel, so daß er von den unterschiedlichsten Naturen angenommen und ausgeübt werden kann, ohne daß Zwänge und Verkrampfungen zu entstehen brauchen.

Nicht jeder Yogi kann zum höchsten Bewußtseinszustand, dem Samadhi, gelangen. Der Weg dorthin ist langwierig und schwer. Aber auch derjenige, der auf einer der tieferen Ebenen stehenbleibt, wird eine mehr oder weniger intensive Wandlung seines Bewußtseins und eine veränderte Einstellung gegenüber den Vorgängen des täglichen Lebens verspüren.

Nachdem der Yoga im Westen besser bekannt wurde, haben sich nach und nach zahlreiche Zirkel oder Gemeinschaften gebildet, in denen Yoga-Übungen durchgeführt werden. Diese Entwicklung ist durch indische Yoga-Lehrer gefördert worden, die Yoga-Schulen vor allem in den Vereinigten Staaten gegründet haben; sie ist ferner begünstigt worden durch Abwandlungen in der Technik, wodurch die Übungen für den westlichen Menschen leichter durchführbar werden. In den meisten, wenn nicht in allen diesen Gemeinschaften wird der Hatha-Yoga ausgeübt. Die Mehrzahl der Teilnehmer kann dabei wohl nur eine der unteren Stufen erreichen; für sie ist der Yoga hauptsächlich eine Entspannungstherapie gegen täglichen Ärger und dauernde Überbelastung. Ob der angehende Yogi darüberhinaus zu den höheren Stufen des Weges findet, hängt von ihm selbst ab, von seiner Energie und von seiner Ausdauer.

Im Westen haben vor allem zwei Aspekte des Yoga Beachtung gefunden: Einmal die im Yoga weit ausgearbeitete Psychologie, und zum anderen die »außergewöhnlichen Fähigkeiten« der fortgeschrittenen Yogis, soweit sie nicht auf Täuschung beruhen.

In der Psychologie war der Yoga zur Zeit seiner Gründung und Ausarbeitung allen anderen psychologischen Lehren, sofern es solche überhaupt gab, weit voraus; hat er doch Methoden zum Beherrschen der Denkvorgänge entwickelt, denen nichts Gleichwertiges in anderen Kulturen entspricht. Die vielbeachteten »außergewöhnlichen Fähigkeiten« haben naturgemäß das Interesse sowohl der westlichen Psychologie als auch der Medizin erregt. Manche dieser

Fähigkeiten lassen sich als Autosuggestion deuten, so das »Kleinwerden«, das »Sich-ausdehnen-können« oder die Fähigkeit, sich in die Luft zu erheben. Bei anderen Fähigkeiten sind starke hypnotische Wirkungen des Yogi auf Personen in seiner Umgebung anzunehmen, so bei der Fähigkeit, sich unsichtbar zu machen (derartiges ist auch in der westlichen Hypnose-Technik bekannt). Auch das »Eingehen in einen fremden Körper« dürfte dem Gebiet der Hypnose angehören.

Ohne oder fast ohne westliche Beispiele sind aber einige körperliche Fähigkeiten von Yogis, so die willkürliche Herabsetzung der Herzfrequenz, die Beeinflussung der Körpertemperatur oder das tagelange Anhalten des Atmens, das in mehreren Fällen unter strenger Kontrolle und unter Ausschluß jeder Täuschungsmöglichkeit durchgeführt wurde. Bei einem ärztlich überwachten Samadhi-Erlebnis eines indischen Yogis wurde ein minutenlanges Aussetzen der Hirnströme beobachtet. Auch die völlige Ausschaltung des Schmerzempfindens ist im Westen bisher kaum einem Mystiker gelungen. Die Hauptschwierigkeit, mit wissenschaftlichen Methoden derartige Phänomene untersuchen zu können, besteht in der mangelnden Bereitschaft echter Yogis, sich für Versuche zur Verfügung zu stellen.

Anmerkungen

1 Nach: Swami Sivananda (s.Lit.), Bd. III, S. 309.
2 Swami Sivananda Bd. III, S. 4.
3 Nach: Sh. Ghosh (s.Lit.), Shiva Samhita V, 17.
4 Feuerstein (s.Lit.).
5 Hauer; ähnlich Oberhammer (s.Lit.).
6 Die Inhaltsangabe des Yoga-Sutra folgt den kommentierten Übersetzungen von Prasada, Bailey, Hauer, Feuerstein u. Weiss (s.Lit.).
7 Yoga-Sutra I, 2.
8 Yoga-Sutra I, 12.
9 Yoga-Sutra I, 20.
10 Yoga-Sutra I, 23.
11 Yoga-Sutra I, 41.
12 Yoga-Sutra I, 46.
13 Yoga-Sutra I, 50 - 51.
14 Yoga-Sutra III, 55.
15 Yoga-Sutra IV, 1.
16 Yoga-Sutra IV, 2.
17 Yoga-Sutra IV, 32 - 34.
18 Nach: Deussen, Sechzig Upanishad's des Veda (s.Lit.), Kathaka-Up. VI, 11.
19 Deussen, Svetasvatara-Up. II, 8 - 10.
20 Deussen, Svetasvatara-Up. II, 15.
21 Deussen, Maitrayana-Up. VI, 18.
22 Deussen, Maitrayana-Up. VI, 22.
23 Deussen, Svetasvatara-Up. I, 10.

24 Deussen, Taittiriya-Up. I, 8.
25 Deussen, Dhyanabindu-Up. 4.
26 Aus: Radhakrishnan, Die Bhagavadgita (s.Lit.), BG XII, 6 - 7.
27 Radhakrishnan, BG XIV, 26.
28 Radhakrishnan, BG II, 18 - 19.
29 Radhakrishnan, BG II, 38.
30 Radhakrishnan, BG II, 47.
31 Radhakrishnan, BG II, 39.
32 Radhakrishnan, BG III, 3 - 4.
33 Radhakrishnan, BG III, 9.
34 Radhakrishnan, BG III, 19.
35 Nach: Weiss (s.Lit.), Hatha-Yoga-Pradipika I, 1.
36 Weiss, Hatha-Yoga-Pradipika I, 40.
37 Weiss, Hatha-Yoga-Pradipika II, 2.
38 Weiss, Hatha-Yoga-Pradipika IV, 32.
39 Weiss, Hatha-Yoga-Pradipika IV, 62.
40 Weiss, Hatha-Yoga-Pradipika IV, 77.
41 Nach: Sh. Ghosh (s.Lit.), Gheranda-Samhita VII, 4.
42 Radhakrishnan, BG V, 27 - 28.
43 Nach: Swami Hariharananda, Kriya-Yoga (s.Lit.), S. 73.
44 Swami Sivananda Bd. III, S. 212.
45 Swami Sivananda Bd. III, S. 240.
46 Swami Sivananda Bd. III, S. 227.

Literatur

Bailey, A.A.: The Light of the Soul, A Paraphrase of the Yoga-Sutras of Patanjali; 12.Aufl., Lucis Publ. Comp., New York 1983.

Bäumer, B.: Die Wurzeln des Yoga; 5.Aufl., Barth, München 1985.

Behanan, K.T.: Yoga, A Scientific Evaluation; 1.Aufl., Dover, New York 1959.

Deussen, P.: Sechzig Upanishad's des Veda; 1.Aufl., Brockhaus, Leipzig 1897 (Nachdr. Kleine, Bielefeld 1980).

Eliade, M.: Yoga; 1.Aufl., Rascher Verlag, Zürich 1960.

Feuerstein, G.: The Yoga-Sutra of Patanjali; 1.Aufl., Dawson, Folkestone 1979.

Ghosh, Shyam: The Original Yoga; 1.Aufl., Munshiram Manoharlal Publ., New Delhi 1980.

Goswami, Shyam Sundar: Layayoga; 1.Aufl., Routledge and Kegan Paul, London 1980.

Swami Hariharananda: Kriya Yoga; 3.Aufl., Hugendubel, München 1988.

Hauer, J.: Der Yoga; 2.Aufl., Martin, Südergellersen 1983.

Iyengar, B.K.S.: Licht auf Pranayama; 1.Aufl., Scherz Verlag, Bern 1984.

Mishra, Rammurti S.: Vollendung durch Yoga. Das grundlegende Lehrbuch des Raja-Yoga; Neuausgabe, 1.Aufl., Barth, München 1985.

Oberhammer, G.: Strukturen Yogischer Meditation; 1.Aufl., Verlag d. österr. Akademie d. Wissensch., Wien 1977.

Radha, Swami Sivananda: Kundalini Yoga for the West; 1.Aufl., Shambhala Publ., Boulder, Colorado, 1978.

Radhakrishnan, S.: Die Bhagavadgita; 1.Aufl., Löwit, Wiesbaden o.J.

Rai, Ram Kumar: Encyclopedia of Yoga; 2.Aufl., Prachya Prakashan, Varanesi 1982.

Sivananda, Sri Swami: Science of Yoga (8 Bde.); 1.Aufl., All India Press, Pondicherry 1981.
Taimni, I.K.: Die Wissenschaft des Yoga; 1.Aufl., Hirthammer Verlag, München 1982.
Weiss, H.: Quellen des Yoga; 1.Aufl., Barth, München 1986.
Worthington, V.: A History of Yoga; 1.Aufl., Routledge and Kegan Paul, London 1982.
Zimmer, H.: Philosophie und Religionen Indiens; suhrkamp taschenbuch wissenschaft 26, 2.Aufl., 1976.

4. Buddhismus

4. 1 Leben des Buddha

Siddhartha Gautama, der Begründer des Buddhismus, wurde vermutlich etwa 560 v.Chr. geboren (die häufig angeführte Lebenszeit von 560 - 480 v.Chr. ist unsicher. Man setzt sein Leben auch ca. 100 Jahre später an); er entstammte der Königsfamilie der Shakya, die in einem kleinen Reich im jetzigen indischnepalesischen Grenzgebiet herrschte. Der junge Prinz wuchs sorgenlos auf, heiratete früh und wurde Vater eines Sohnes.

Bei einem Ausflug in die Umgebung des Palastbezirkes sah er zum ersten Male Armut, Krankheit und Tod. Dies erschütterte ihn zutiefst und veranlaßte ihn, sein bisheriges Leben aufzugeben, um einen Weg zu finden, der aus dem menschlichen Elend herausführt. Er verließ den väterlichen Palast und seine Familie für immer, verzichtete auf jeglichen Besitz und lebte 7 Jahre lang als Asket in größter Armut. Dann gab er diese Lebensweise als unfruchtbar auf und versuchte, durch Meditation zur Erleuchtung zu gelangen. Unter einem Bodhi-Baum im Dorf Urvala erreichte er meditierend sein Ziel: Aus Gautama wurde Buddha, der »Erleuchtete«. Später erhielt er von seinen Anhängern den Beinamen »Shakyamuni«, »der Heilige aus dem Geschlecht der Shakya«.

Der Buddha predigte erstmals im Gazellenhain zu Benares vor einigen Asketen, die dann die ersten Mönche des von ihm gegründeten Ordens wurden. Von da an durchwanderte er das Land und verkündete seine Lehre, er »setzte das Rad der Lehre in Bewegung«. Das Rad wurde zum Symbol des Buddhismus. Der Buddha starb im Alter von 80 Jahren in Kusinagara in Nordwestindien. Sein Leichnam wurde verbrannt, über den Verbleib der Asche ist nichts bekannt.

4. 2 Die Lehre des Buddha

4. 2. 1 Allgemeines

Der Buddha ist als Hindu geboren und erzogen worden; sein Denken bleibt daher im Bereich der indischen Religionsphilosophie, er greift aber das Problem der Erlösung neu auf. Von den Lehren des Hinduismus übernimmt er die des Kreislaufes der Geburten und des Karma-Gesetzes; die Idee des Nirvana, die sich schon in den Upanishaden findet, wird von ihm zu einem wichtigen Begriff seiner Lehre ausgestaltet.

Im Unterschied zum Hinduismus lehnt der Buddha die brahmanische Lehre von der Allseele und vom Einssein der Einzelseele mit der Allseele ab. Damit wird die Existenz des all-einen, höchsten Seins verneint. Der Buddhismus behauptet vielmehr, daß alle Lebewesen ohne ein eigentliches, unveränderliches Selbst sind. Danach gibt es auch kein wesenhaftes Ich, es gibt keine Objekte, die von Dauer sind. Der Buddha verwirft auch die Askese; in einer Predigt erklärt er, daß man sich von allen Extremen fernhalten solle, sowohl von einem inhaltslosen Leben in grobem Sinnengenuß, als auch von einem sinnlosen Dasein in Selbstquälerei. Er selbst habe für sich einen mittleren Weg gewählt. Das indische Kastenwesen lehnt er ebenfalls ab, und die heiligen Schriften der Hindus werden nicht übernommen.

Die Lehre des Buddha wird »Yana« genannt, d.h. Fähre oder Fahrzeug. Wenn die irrigen Ansichten und die falschen Handlungen des Menschen auf dem diesseitigen Ufer des Flusses durch Annehmen und Befolgen der Lehre überwunden sind, hat die Fähre ihren Zweck erfüllt. Der Mensch ist dann über den Strom des Lebens und der Wiedergeburten an das jenseitige Ufer gelangt und hat sein Ziel, das endgültige Erlöschen, das Nirvana, erreicht. (Die Lehre wird auch als »Dharma« bezeichnet, s. u..).

4. 2. 2 Die vier edlen Wahrheiten

Den Kern der Lehre des Buddha bildet die »Erkenntnis der vier edlen Wahrheiten« mit dem »achtfachen Pfad« und den »fünf Geboten«. Die vier edlen Wahrheiten wurden schon in der ersten Predigt des Buddha in Benares verkündet:

I. Das Leben ist leidvoll.

II. Ursache des Leidens ist das unablässig drängende Begehren und Wünschen.

III. Erkennen wir dies, so können wir uns vom Leiden befreien.

IV. Dies wird durch Beschreiten des achtfachen Pfades erreicht.

Die erste der vier Wahrheiten ist offenbar die Grundlage der gesamten Lehre; sie möge daher mit den eigenen Worten des Buddha wiedergegeben werden:

> »Was ist aber, ihr Mönche, die heilige Wahrheit vom Leiden? Geburt ist Leiden, Alter ist Leiden, Krankheit ist Leiden, Sterben ist Leiden, Kummer, Jammer, Schmerz, Gram und Verzweiflung sind Leiden, mit Unliebem verbunden sein ist Leiden, von Liebem getrennt sein ist Leiden, kurz gesagt: die fünf Stücke des Anhangens sind Leiden« [1].

Die fünf Stücke des »Anhangens« sind: Anhangen an der Form (Körperlichkeit), am Gefühl, an der Wahrnehmung, an der Unterscheidung und am Bewußtsein. Für den gewöhnlichen Menschen ist die Lehre des Buddha vom Leiden in ihrer Einseitigkeit und Radikalität nur schwer einzusehen; gibt es doch auch Freude, Glück und Erfolg. Verneint man alles dies, so müßte man in Pessimismus und Weltschmerz versinken. Doch pflegt der Buddhist ganz im Gegenteil von heiterer Wesensart zu sein. Ebenso wie der Buddha kennt auch er die positiven Seiten des Lebens. Er weiß aber, daß jede Freude ein Ende hat und daß alle Werte des körperlichen Daseins vergänglich sind. So nimmt er Freude und Leid gleichmütig hin.

Die Ursache des Leidens ist nicht in äußeren Einwirkungen wie Strafen der Götter oder in einem unausweichlichen Schicksal zu suchen. Leiden entsteht ausschließlich im Inneren des Menschen selbst, aus menschlichem Begehren. Wenn man ein Leben ohne Leiden führen will, so muß man die Ursache, das unablässige Wünschen, beseitigen. Die Anleitung dazu gibt der achtfache Pfad, der in der vierten edlen Wahrheit angeführt ist.

4. 2. 3 Der achtfache Pfad und die fünf Gebote; Versenkungstechniken

Der achtfache Pfad besteht aus den Stufen

1)	rechte Erkenntnis	Wissen
2)	rechte Gesinnung	
3)	rechtes Reden	
4)	rechtes Tun	Sittlichkeit
5)	rechtes Streben	
6)	rechte Anstrengung	
7)	rechte Achtsamkeit	Geistesschulung
8)	rechtes Sichversenken (oder Sammlung).	

Man unterteilt ihn in die drei Gruppen Wissen - Sittlichkeit - Geistesschulung. Die ersten fünf Stufen enthalten die Ethik des Buddhismus, die letzten drei die Meditationstechniken und den Weg, der zur Erlösung führt.

Unter *rechter Erkenntnis* sind zu verstehen das Erkennen des Leidens, das Erkennen der Leidensentstehung, das Erkennen der Leidenserlöschung und das Erkennen des zur Leidenserlöschung führenden Pfades (d.h. das Annehmen der vier edlen Wahrheiten).

Die *rechte Gesinnung* besteht aus Friedfertigkeit, Freisein von Haß und aus Geringschätzung weltlicher Güter.

Rechtes Reden bedeutet: Nicht lügen, nicht denunzieren, nicht schimpfen und fluchen, nicht töricht daherreden.

Rechtes Tun heißt: Nicht töten, nicht stehlen, nicht huren.

Bei *rechtem Streben* sind verboten: Handel mit Waffen, lebenden Wesen, Fleisch, Gift und berauschenden Getränken. Außerdem soll nicht nach Gewinn gestrebt und betrogen werden.

In diesen Stufen des Pfades sind die fünf buddhistischen Gebote enthalten:

Das Gebot des Nichttötens (das für alle Lebewesen gilt),
das Gebot des Nichtstehlens,
das Gebot des Nichtlügens und
das Gebot der Enthaltsamkeit von berauschenden Getränken.

Die letzten drei Stufen des achtfachen Pfades bestehen aus Vorschriften und Anleitungen zur Meditation, die zu höheren Bewußtseinszuständen und zur Erlösung aus dem Kreislauf der Wiedergeburten führen. Man kann in diesen Anweisungen Elemente aus dem Hinduismus, dem Yoga und aus dem Jainismus erkennen, doch dürften die wesentlichen Gedanken eigenes buddhistisches Ideengut sein. Ein Erfolg der Meditation ist nur dann möglich, wenn der Ausübende schon die ersten Stufen des achtfachen Pfades zurückgelegt und zu einer sittlich hochstehenden Haltung gefunden hat. Er soll frei sein von Gier, Haß, Zorn, Neid, Geiz, Herrschsucht, Verkleinerungssucht, Zweifelsucht und Aufgeregtheit. Er soll gleichmütig und innerlich ruhig in Sammlung verweilen. Er erkennt dann die Wirklichkeit (bzw. Unwirklichkeit) der Dinge, löst sich von Begierden und Trieben und gelangt auf den Weg zum Nirvana. Meditation und Versenkung gehören untrennbar zur buddhistischen Lehre, sie führen kein Sonderdasein wie in anderen Religionen oder Systemen.

Im älteren Buddhismus kann die Meditation nicht auf ein konkretes Gottesbild oder auf eine abstrakte göttliche Wesenheit gerichtet werden, da es hier eine solche Wesenheit nicht gibt. Stattdessen soll der Meditierende sich »öffnen« und zur klaren Einsicht in die Vergänglichkeit und Nichtigkeit aller Dinge gelangen. Diese Art der Meditation wird als »Meditation ohne Form« bezeichnet; ihr Ziel ist die Loslösung vom Ich und zuletzt die Auslöschung des Ichs. Dazu wird das »dreifache Rad« rezitiert:

> »Ich existiere nicht; das äußere Schaubild existiert nicht; der Akt des Schauens existiert nicht«.

Die *rechte Anstrengung*, die sechste Stufe des achtfachen Pfades, besteht aus vier Forderungen oder »Kämpfen«: Erstens soll der Mensch in seinem Inneren schlummernde böse Gedanken und Wünsche durch Zügelung der Sinne nicht aufkommen lassen (»Kampf zur Vermeidung«); zweitens soll er schon zum Bewußtsein aufgestiegene böse Triebe wieder auslöschen (»Kampf zur Überwindung«); drittens soll er im Inneren ruhende gute Anlagen zum Aufkeimen bringen (»Kampf zur Erweckung«), und als viertes soll er vorhandene gute Anlagen zur vollen Entfaltung bringen (»Kampf zur Erhaltung«). Vervollkommnung ist nicht etwas von außen Zugefügtes oder Angelerntes, sondern etwas, das im Inneren des Menschen als Möglichkeit bereitliegt und zur Verwirklichung erweckt werden kann.

Bei der *rechten Achtsamkeit* handelt es sich um Anweisungen, die über Selbsterkenntnis und Einsicht in die materiellen und geistigen Daseinsgrundlagen zu klarer Erkenntnis der vier edlen Wahrheiten und zur Erlösung führen [2]. Dabei werden vier Stufen durchlaufen:

Körperbetrachtung,
Gefühlsbetrachtung,
Geistbetrachtung und
Geistobjektbetrachtung.

Das besagt, daß die körperlichen Gegebenheiten und Lebensvorgänge, dann das innere Gefühlsleben, weiter die vom Geist verarbeiteten Wahrnehmungen und deren Einfluß auf das Bewußtsein und zuletzt die Denkvorgänge und Denkinhalte einer wachen Betrachtung zu unterziehen sind. Man soll sowohl seine äußeren Beziehungen als auch sein inneres Wesen kritisch analysieren und dadurch zu höheren Einsichten und zu einer Umformung des Bewußtseins gelangen.

Als vorbereitende und später die Meditation begleitende Schritte sind das »reine Beobachten« und Übungen in »Wissensklarheit« durchzuführen. Reines Beobachten ist das emotionslose Feststellen von Tatsachen ohne jede Beurteilung oder Bewertung. Die im gewöhnlichen Leben meist untrennbar verquickten Vorgänge des Wahrnehmens und des Bewertens sollen zeitlich getrennt werden, so daß mehr Abstand von den Dingen gewonnen wird. Diese Art der Beobachtung soll eine sichere Grundlage für spätere Urteile und Entscheidungen geben. Damit ist auch eine leidenschaftslose Selbstbeobachtung verbunden, welche zur Erkenntnis des eigenen Wesens und zur Einsicht in die Vergänglichkeit aller Dinge führt.

Das reine Beobachten kann immer nur eine begrenzte Zeitlang aufrecht erhalten werden; im täglichen Leben muß man es ablösen durch Urteile, Bewertungen und Entscheidungen, die wiederum zu Tätigkeiten führen. Solche zweckbewußten Tätigkeiten sollen in einem Zustand der »Wissensklarheit« ausgeübt werden. Wissensklarheit bedeutet, daß der Mensch sich auch im Alltagsleben stets der Lehre des Buddha bewußt bleibt; alle täglichen Verrichtungen müssen in Beziehung zur Lehre gesetzt werden. Die Wissensklarheit soll zum Überwinden des Ich-Wahns führen. Man soll erkennen, daß es ein beständiges Ich, welches handelt, nicht gibt, und auch kein beständiges Ich, welches von Handlungen (anderer) betroffen wird. Diese Einsicht führt zu geistiger Unabhängigkeit von Erfolg und Mißerfolg, Lob und Tadel.

Das reine Beobachten bewirkt die »Freiheit des Lassens« oder des »Nichthandelns«, die Wissensklarheit die »Freiheit des Handelns«; Freiheit des Handelns bedeutet selbstloses Handeln, das zwar zweckgerichtet sein kann, aber ohne Streben nach Lohn oder Anerkennung ausgeführt werden soll. Solches Handeln bewirkt kein neues Karma (vgl. Abschn. 3.3.5, Karma-Yoga). An diese Vorübungen schließt sich die eigentliche Meditation an, die aus den erwähnten vier Übungen besteht.

Die Körperbetrachtung

Die sogen. Körperbetrachtung bedeutet ein bewußtes Wahrnehmen und Beobachten der Körperfunktionen, vor allem der Atmung. Das Atmen soll bewußt, aber natürlich, nicht in Form einer besonderen Technik, ausgeführt werden; so ist es als Konzentrationsübung anzusehen:

> »Da ist hier, o Mönche, der Mönch in den Wald gegangen, an den Fuß eines Baumes oder in eine leere Behausung. Er setzt sich nieder, mit verschränkten Armen, den Körper gerade aufgerichtet, die Achtsamkeit vor sich gegenwärtig haltend, und achtsam eben atmet er ein, achtsam atmet er aus.
>
> Lang einatmend, weiß er: ›Ich atme lang ein‹; lang ausatmend, weiß er: ›Ich atme lang aus‹. Kurz einatmend, weiß er: ›Ich atme kurz ein‹; kurz ausatmend, weiß er: ›Ich atme kurz aus‹. ›Den ganzen Körper empfindend, werde ich einatmen‹, so übt er; ›den ganzen Körper empfindend, werde ich ausatmen‹, so übt er. ›Die Körper-Funktion beruhigend, werde ich einatmen‹, so übt er; ›die Körper-Funktion beruhigend, werde ich ausatmen‹, so übt er« [3].

Des weiteren soll der Meditierende seine Körperhaltungen und -tätigkeiten (Gehen, Stehen, Sitzen, Liegen) aufmerksam beobachten und alle Körperfunktionen wie Essen, Trinken, Sprechen, Schlafen u.s.w. analysieren. In der Betrachtung fortschreitend soll er die Widerlichkeit seines Körpers erkennen (Haare, Blut, Schleim, Kot) und sich mehr und mehr von ihm abwenden, um ihn zuletzt in die vier Elemente als die unpersönliche Grundlage des materiellen Daseins zu zerlegen. Den Schluß der Körperbetrachtung bilden die sogen. »Leichenfeldbetrachtungen«, bei denen der Zerfall nach dem Tode, das Verfaulen der Leiche und das Vermodern der Knochen vor dem inneren Auge vorüberziehen. Bei jeder einzelnen Betrachtung wird ein dreifacher Rhythmus eingehalten:

> »So weilt er (der Meditierende) nach innen beim Körper in Betrachtung des Körpers; oder er weilt nach außen beim Körper in Betrachtung des Körpers; oder er weilt nach innen und außen beim Körper in Betrachtung des Körpers«.

Das bedeutet, daß nicht nur der eigene Körper beobachtet werden soll, sondern daß man auch andere Personen in die Betrachtung einbeziehen soll, und außerdem soll man den eigenen und fremde Körper gleichzeitig analysieren. So wird jede Einseitigkeit (ausschließliches Befassen mit dem eigenen Körper oder ausschließliches Befassen mit fremden Körpern) vermieden.

Die Gefühlsbetrachtung

Unter dem Begriff »Gefühl« werden freudige, leidvolle und indifferente Gefühle verstanden, nicht aber Emotionen wie Haß, Liebe, Furcht u.dgl. Der Meditierende soll sich über seine Gefühle Rechenschaft geben; denn aus der gefühlsmäßigen Bewertung eines Objektes kann ein Begehren erwachsen, das dann ein »Anhangen« an dem betr. Gegenstand verursacht. Durch reines Beobachten seines am Beginn dieser Gedankenkette stehenden Gefühls vermag der Meditierende diese ungünstige Entwicklung im Keime zu ersticken. So wird ein gewisses »über den Dingen stehen« erreicht, und damit geht eine Verminderung subjektiver Urteile und gefühlsbetonter Reaktionen einher.

Die Geistbetrachtung

»Geistbetrachtung« bedeutet klare Selbsterkenntnis. Durch reines Beobachten der Bewußtseinszustände (Haß, Verblendung, Zerstreutheit, Gehemmtheit, Begierde u.a.) und der jeweiligen Gegensätze zu diesen Zuständen gewinnt man Einsicht in die guten und schlechten Seiten des eigenen Charakters. So vermag man das Entstehen von schlechten Eigenschaften von Anfang an zu erkennen und kann deren Ausbreitung sofort unterbinden. Gleichzeitig mit der Betrachtung des eigenen Charakters soll die Geistbetrachtung auch auf andere Personen ausgedehnt werden.

Die Geistobjektbetrachtung

Durch die Geistobjektbetrachtung soll die gesamte Gedankenwelt des Meditierenden auf die Lehre des Buddha ausgerichtet werden, damit er durch die Erkenntnis der in ihr enthaltenen Wahrheiten zur Erlösung gelangt. Dies geschieht im Laufe von fünf Übungen, bei denen »Hemmungen« oder »Fesseln« überwunden und die zum Nirvana führenden Einsichten erarbeitet werden.

a) Zuerst müssen die fünf Hemmungen (Sinnenverlangen, Haß, Starrheit und Müdigkeit, Aufgeregtheit und Gewissensunruhe sowie Zweifelsucht) durch reines Beobachten erkannt und überwunden werden.

b) Sodann muß man die fünf Gruppen des Anhangens durchdenken, die oben aufgezählt wurden. Bei jeder dieser Gruppen muß die Entstehung, ihr Dasein und ihr Vergehen erkannt werden.

c) Die sechs Sinnesgrundlagen (Sehen, Hören, Riechen, Schmecken, Tastgefühl und Geist oder Bewußtsein) müssen als Hindernisse auf dem Weg zur Erlösung erkannt werden. Der Meditierende weiß um ihr Entstehen und um ihre Gegenwart; er weiß, daß sie die Fesseln sind, die ihn an das Dasein binden, und er kennt den Weg, auf dem sie überwunden werden. Dieser Weg besteht in der Verknüpfung aller äußeren Wahrnehmungen und aller inneren Bewußtseinsvorgänge mit der Erkenntnis der vier edlen Wahrheiten.

d) Es gibt sieben Glieder der Erleuchtung: Achtsamkeit, Ergründen aller Daseinsfaktoren, Tatkraft, Entzücken, Ruhe, Sammlung und Gleichmut. Der Meditierende muß klar erkennen, ob er diese Erleuchtungsglieder besitzt oder nicht besitzt, wie sie in ihm entstanden sind und wann sie sich in ihm entfalten.

e) Als letzte Übung ist die Lehre von den vier edlen Wahrheiten zu überdenken und innerlich aufzunehmen.

Die Meditationsübung der letzten Stufe des achtfachen Pfades wird als *rechtes Sichversenken* oder auch als *Sammlung* bezeichnet. Man erreicht zunächst die Versunkenheit in einer Folge von vier »Vertiefungen«; an diese schließen sich weitere Stufen an, die zuletzt zum Nirvana führen.

Die *1. Vertiefung* ist die Stufe der »Geistesruhe«. Der Meditierende soll frei von bösen Gedanken und Begierden in ruhiger Heiterkeit sinnen und denken. Er soll sich von allen »Sinnendingen« befreien wie Lust, Zweifelsucht, Unruhe, aber auch von angenehmen Gedanken wie die an Töne, Düfte oder sogen. Körpereindrücke. Alle Wahrnehmungen solcher Art müssen beseitigt werden. Es kommt zu einem Gefühl von Verzückung und Glückseligkeit, das den ganzen Körper durchströmt. Die Fähigkeit zum Denken ist noch nicht erloschen.

Die 2. *Vertiefung* wird erreicht, wenn das in der ersten Stufe noch vorhandene Denken und Überlegen ausgeschaltet sind. Der Meditierende gelangt dann zum sogen. »Klarblick«, bei dem er die erste Stufe gewissermaßen von außerhalb, von einer höheren Warte aus, beobachtet; er erkennt, daß diese Stufe noch aus mehreren Elementen zusammengesetzt ist. Er gewinnt einen tiefen inneren Frieden, eine Sammlung aller Geisteskräfte, eine innere Einheit des Geistes. Die den ganzen Körper durchströmende Glückseligkeit und Verzückung ist in diesem Zustand noch vorhanden.

3. Vertiefung: Das Gefühl der Verzückung ist ein Hindernis auf dem weiteren Wege der Meditation, es muß nunmehr überwunden werden. Dagegen verbleibt das sogen. »Gleichmuts-Glücksgefühl« noch; es besteht aus heiterer innerer Ruhe und Gleichmütigkeit, die beide bei klarem Bewußtsein empfunden werden.

4. Vertiefung: Jetzt muß auch das Gleichmuts-Glücksgefühl zum Verschwinden gebracht werden, so daß ein von jedem Wohlgefühl, aber auch von Schmerz freier Zustand erreicht wird. Die vierte Vertiefung besteht in absolutem Gleichmut, der frei von allen emotionellen Regungen ist. Sogar das Ein- und Ausatmen sollen möglichst unterbunden werden, da sie die Vertiefung stören können.

5. Stufe: Mit der fünften Stufe betritt der Meditierende das Gebiet der »Raumunendlichkeit«. Die Körperlichkeitswahrnehmungen, d.h. alle Wahrnehmungen von Formen, Gegenständen, »Vielheiten«, werden aufgehoben. Dagegen ist anderes Erleben noch vorhanden, vor allem die Vorstellung des unendlichen Raumes.

6. Stufe: Das Empfinden des Raumunendlichkeitsgebietes muß überwunden werden. Mit fortschreitender Versenkung tritt man in das Gebiet der »Bewußtseinsunendlichkeit« ein. Der Meditierende kommt zu der Vorstellung: »Unendlich ist das Bewußtsein«.

7. Stufe: Auch die sechste Stufe ist noch ein Hindernis auf dem Wege zur Vollendung, sie muß ebenfalls überwunden werden. Der Meditierende gelangt dann in das Gebiet der »Nichtsheit« oder das »Reich des Nichtdaseins«. Er hat die Vorstellung: »Nichts ist da«.

8. Stufe: Das Verweilen im Gebiet der Nichtsheit ist noch eine Art von Wahrnehmung; auch diese muß zum Erlöschen gebracht werden. Man gelangt dann in das Gebiet der »Weder-Wahrnehmung-noch-Nichtwahrnehmung« oder der »Grenzscheide möglicher Wahrnehmung«.

9. Stufe: Wenn auch der letzte Rest von Wahrnehmung, der auf der achten Stufe noch bestanden hat, erloschen ist, versiegen die Triebe, der Mönch ist dem Bösen entronnen, er haftet nicht mehr an der Welt. Alle Hindernisse sind beseitigt, er gelangt schon zu Lebzeiten zum Nirvana.

Diese Meditationsart besteht demnach aus dem von Stufe zu Stufe fortschreitenden Ausschalten von »Hemmungen«: Denken – Verzückung – Glückseligkeit u.s.w. bis zum Überwinden auch der letzten Reste an Wahrnehmung. Der Buddha wurde einst gefragt, ob nach dem Erlöschen aller Wahrnehmung doch noch etwas empfunden werden könne; er antwortete:

> »Da ... hat der Mönch die Wahrnehmung: Dies ist der Friede, dies das Erhabene, nämlich: der Stillstand aller karmischen Bildungen, die Loslösung von allen Daseinsgrundlagen, die Versiegung des Begehrens, die Entsüchtung, Erlöschung, das Nirvana« [4].

Der neunstufige Weg ist schwer zu begehen, nur wenige können bis zu seinem Ende gelangen. Doch ist auch schon das Erreichen einer der unteren Stufen günstig für das Heil des Meditierenden. Auch werden Hilfen zum Fortschreiten auf dem Wege angegeben: Der Mönch konzentriert sich z.B. auf bestimmte Vorgänge wie sein Atmen oder auf Vorstellungen wie die des Erleuchteten, der Lehre, der Vergänglichkeit des Körpers, der Nichtigkeit aller Dinge, des Todes u.a.m.

Grob vereinfachend kann man in der buddhistischen Lehre zwei Hauptschichten unterscheiden, die natürlich nicht scharf voneinander getrennt sind, sondern fließend ineinander übergehen. Zunächst ist das die Ebene einer hochentwickelten Ethik; wenn der Mensch die sittlichen Vorschriften des Buddha befolgt, gelangt er zu einer günstigeren Wiedergeburt (die entsprechende Lehre gibt es auch im Hinduismus). Die zweite, höhere Ebene besteht aus dem Inhalt der drei letzten Stufen des achtfachen Pfades: Meditation, Versenkung und Vervollkommnung; sie bewirken ein Erlöschen aller Triebe und führen zum Erreichen des Nirvanas schon zu Lebzeiten.

Übernatürliche Fähigkeiten werden wie im Yoga auch im Buddhismus auf den höheren Stufen der Bewußtseinsumwandlung erworben. In den »Lehrreden der mittleren Sammlung« findet sich eine Aufzählung solcher Kräfte; doch handelt es sich offenbar um einen späteren Zusatz, da der Buddha derartiges ausdrücklich verworfen hat. Es werden fünf Gruppen von übernatürlichen Fähigkeiten unterschieden:

> Man kann sich vervielfachen und wieder zu Einem werden; man kann erscheinen und verschwinden (d.h. sich unsichtbar machen); man kann durch Mauern, Wälle oder Berge hindurchgehen, man kann auf dem Wasser schreiten, durch die Luft fliegen und selbst Sonne und Mond berühren.
>
> Man kann mit übermenschlichem Gehör die himmlischen und die irdischen Töne vernehmen.
>
> Man kann den Charakter anderer Menschen durchschauen.
>
> Man kann sich an seine früheren Daseinsformen und die Ereignisse während dieser Existenzen erinnern.
>
> Man kann erkennen, welche Daseinsformen andere Menschen nach ihrem Tode einnehmen werden.
>
> Als sechste Fähigkeit wird manchmal das Eingehen ins Nirvana angesehen.

4. 2. 4 Philosophische Lehren

In seiner ursprünglichen Form kennt der Buddhismus keine Dogmen, keine Anbetung, keine Rituale, keine Gebete oder Opfer. Spekulationen über metaphysische Fragen, deren Beantwortung über das menschliche Erkenntnisvermögen hinausgeht, lehnt der Buddha ab; sie sind unfruchtbar und führen nur zu Weitschweifigkeit und Dünkel:

> »Aller Dogmen ledig, ihr Mönche, heißt man einen Mönch, von jedem Wunsche restlos befreit, gestillt in den Körperfunktionen, ein Entgangener.
> Wie aber ist ein Mönch aller Dogmen ledig? Was es da bei den zahlreichen Asketen und vielerlei Priestern an Dogmen gibt, wie: ›Ewig ist die Welt‹ oder ›Zeitlich ist die Welt‹, ›Endlich ist die Welt‹ oder ›Unendlich ist die Welt‹, ›Die Seele ist identisch mit dem Körper‹ oder ›Die Seele ist verschieden vom Körper‹, ›Der Vollendete besteht nach dem Tode‹ oder ›Der Vollendete besteht nicht nach dem Tode‹ oder ›Der Vollendete besteht und besteht nicht nach dem Tode‹ oder ›Der Vollendete besteht weder nach dem Tode noch besteht er nicht nach dem Tode‹ – von allen jenen Dogmen hat er sich frei gemacht, sich ihrer entledigt, hat ihnen entsagt, hat sie verworfen, abgetan, aufgegeben, sich ihrer entäußert. So ist ein Mönch aller Dogmen ledig« [5].

Nicht philosophische Diskussionen will der Buddha, sondern Selbstkontrolle, Befreiung von allen Wünschen und Emotionen, Aufgabe des »Ich-Wahns«. Es wird keine Theorie oder Doktrin gelehrt, sondern der Weg zur spirituellen Vervollkommnung gezeigt, der zur endgültigen Befreiung, zum Nirvana, führt. Voraussetzungen sind untadelige Gesinnung und ein sittlicher Lebenswandel. Man darf nicht auf Wunder oder auf göttliche Hilfe hoffen; unsere Leiden werden durch uns selbst verursacht. Wir sind für unser Tun verantwortlich. Das Beschreiten des buddhistischen Erlösungsweges bedeutet nicht apathische Untätigkeit, sondern aktives Handeln, Hilfe für andere und Liebe zu aller Kreatur.

Die Behauptung, daß es kein unveränderliches Selbst gibt, erklärt sich aus dem offensichtlichen Wandel aller Dinge. Alle Geschöpfe sind vergänglich, sie existieren nur in einer fortlaufenden Reihe von Geburten, Daseinszuständen und Auflösungen. Es sind Ketten ohne Anfang und ohne Ende. Auch das Selbst muß veränderlich sein, denn es kann während des irdischen Daseins verbessert werden; man kann Leidenschaften und Begierden überwinden, andernfalls gäbe es keinerlei Moral. Es gibt ein moralisches Naturgesetz, das *Dharma*, welches die Welt lenkt und kontrolliert. Es befindet sich auch im Menschen, aufgespalten in eine Vielheit von Dharmas, welche die letzten Daseinsfaktoren oder Lebensimpulse darstellen. Deren Zusammenwirken macht das Leben aus. Je nach ihren Wirkungsbereichen werden sie in fünf Gruppen eingeteilt:

1) Körperlichkeit (Sinne, Geschlecht, körperliche Eigenschaften);

2) Empfinden und Gefühl (Lust, Unlust, Ekel u.a.);

3) Wahrnehmungen und Vorstellungen;

4) mehr oder weniger unbewußte Tätigkeiten infolge von Veranlagung und Trieben (Haß, Liebe, Denken, Glaube, Gier u.a.);

5) reines Bewußtsein ohne Inhalt.

Die Dharmas sind die letzten Wirklichkeiten der menschlichen Existenz, sie sind aber ebenfalls nicht von Dauer; sie entstehen, bleiben eine Zeitlang bestehen und vergehen dann wieder in immerwährendem Wechsel. Das gleiche gilt natürlich auch für die von ihnen verursachten geistigen und materiellen Faktoren; auch diese sind in dauernder Veränderung begriffen. Daher kann es kein unveränderliches Selbst geben.

Die Wiedergeburtslehre ist mit der Lehre vom Karma verknüpft: Solange der Mensch in Unwissenheit verharrt, solange er die vier edlen Wahrheiten und den achtfachen Pfad nicht kennt und beachtet, bilden sich in ihm auf Grund von Gier, Haß und Verblendung immer frische Willensregungen als Triebkräfte für Wiedergeburt und neues Dasein. Die Summe dieser Kräfte ist das Karma. Es bleibt beim Tode bestehen, und je nach seiner Beschaffenheit führt die Wiedergeburt zu einem besseren oder schlechteren neuen Leben (»danach, was sie tun, werden sie wiedergeboren ...«). Das Karma ist – wie im Hinduismus – die Bilanz im Tun des Menschen, es ist zudem eine psychische Energie, die im nächsten Körper einer neuen Bestimmung zugeführt wird.

Der Weg zur Erlösung ist damit vorgegeben: Wenn man die Lehre des Buddha befolgt und dadurch das Nichtwissen um die vier Wahrheiten und den achtfachen Pfad beseitigt, können keine schädlichen Willensregungen mehr entstehen. Ihr Erlöschen bewirkt das Ende der Wiedergeburten und das Eingehen ins Nirvana:

> »Wenn ein unwissender Mensch sich betätigt und dabei eine verdienstliche oder schuldvolle karmagestaltende Triebkraft hervorbringt, dann ist das Bewßtsein mit Verdienst oder Schuld versehen.
> Wenn aber bei einem Mönch das Nichtwissen vernichtet und das Wissen entstanden ist, dann bringt er weder verdienstliche noch schuldvolle gestaltende Kräfte hervor. Dann hängt er an nichts mehr in der Welt, begehrt nicht mehr und erreicht das Nirvana« [6].

Diskussionen über das in der Erleuchtung empfangene Wissen lehnt der Buddha ab; da diese Erkenntnis nicht mit Worten ausgedrückt werden kann, sind Gespräche darüber sinnlos. Die Erleuchtung ereignet sich wie ein Erwachen; wer zur Selbstlosigkeit erwacht, erlischt als ich-bezogene Persönlichkeit. Erloschen ist in der Erleuchtung die Vorstellung vom Fluß des Lebens, erloschen sind die Ideen von den Ufern, vom Fahrzeug und vom Fährmann. Das Nirvana kennt keinen Fährmann, keinen Buddha.

Der abstrakte Nirvana-Begriff ist schwer verständlich, er hat zu vielerlei Deutungen Anlaß gegeben. In den Upanishaden und in der Bhagavadgita bedeutet er das Aufhören aller Leidenschaften und die Vereinigung mit dem höchsten Geist. Ähnlich ist auch im Buddhismus das Eingehen ins Nirvana nicht als völlige Auslöschung des Seins zum Nichts zu verstehen, denn der Buddha war kein Nihilist. Hier sei nur auf eine Deutung hingewiesen, die man als »atheistisch-mystisch« bezeichnen kann. Hiernach ist das Nirvana die Vereinigung mit dem Absoluten nach der Aufgabe der eigenen Persönlichkeit. Es ist eine höhere Lebensform, ein geistiges Sein in Freiheit über Zeit und Raum. Im Nirvana gibt es kein menschliches Bewußtsein mehr. Während das Leben ein dauernd veränderlicher Prozeß ist, ist das Nirvana Ruhe und Friede. (Ein gleicher oder doch sehr ähnlicher Zustand wird von vielen Mystikern als höchstes Erlebnis in der Versenkung angedeutet). Eine dem Buddha zugeschriebene Äußerung über das Nirvana besagt:

> »Es gibt, ihr Mönche, einen Bereich, in dem ist weder Erde noch Wasser, weder Feuer noch Luft, weder das Raumunendlichkeitsgebiet noch das Bewußtseinsunendlichkeitsgebiet, weder das Gebiet der Nichtheit noch das der Weder-Wahrnehmung-noch-Nichtwahrnehmung, weder diese Welt noch jene Welt, weder Sonne noch Mond. Dies, ihr Mönche, nenne ich weder Kommen noch Gehen, noch auch Stillstand, weder Tod noch Geburt; es ist ohne Grundlage, Fortschritt oder Stütze; es ist das Ende allen Kummers. Denn alles, was an einem anderen Ding anhängt, kann zu Fall kommen, aber zu dem, was nicht anhängt, kann kein Fall kommen. Wo kein Fall ist, da ist Ruhe, und wo Ruhe ist, da ist kein heftiges Begehren, da kommt nichts und geht nichts; und wo nichts kommt und nichts geht, da ist kein Tod, keine Geburt. Wo weder Tod noch Geburt ist, da ist weder diese noch jene Welt, noch etwas dazwischen – es ist das Ende allen Kummers.
> Es gibt, ihr Mönche, ein Ungewordenes, Ungeborenes, Ungemachtes, Ungeformtes; wenn es dieses Ungewordene, Ungeborene, Ungemachte, Ungeformte nicht gäbe, würde es keinen Ausweg geben aus dem, was geworden, geboren, gemacht, geformt ist; aber weil es ein Ungewordenes, Ungeborenes, Ungemachtes, Ungeformtes gibt, darum gibt es auch ein Entrinnen aus dem, was geworden, geboren, gemacht und geformt ist« [7].

Durch Versenkung kann das Nirvana schon zu Lebzeiten des Meditierenden erlangt werden; im Buddhismus werden folgerichtig zwei Arten des Nirvanas unterschieden: Es gibt einen »mit Daseinsresten behafteten Nirvana-Aspekt« und einen »mit keinem Daseinsrest mehr behafteten Nirvana-Aspekt«. Der Mönch, der alle Triebe und die Unkenntnis überwunden hat, der schon vor seinem Tode zum Nirvana gelangt ist, ist zwar ein Heiliger, ein »Arhat«; er besitzt aber noch Sinnesorgane, die ihm (nach Rückkehr aus der Versenkung zum gewöhnlichen Leben) von außen kommende Eindrücke vermitteln. Er hat das noch mit Daseinsresten behaftete Nirvana erreicht. Erst mit dem Tode streift er auch die letzten Fesseln ab, die ihn an das körperliche Dasein binden, erst dann gelangt er zum mit keinem Daseinsrest behafteten Nirvana.

4. 2. 5 Ausbreitung des Buddhismus nach dem Tode des Buddha

Der Buddha wünschte, daß seine Mönche die Lehre weitergeben und verbreiten sollten. Obwohl er eine Spaltung seines Ordens befürchten mußte, ernannte er keinen Nachfolger, der dies hätte verhindern können. Wie berichtet wird, wurde kurz nach seinem Tode ein Konzil abgehalten, bei dem man den Wortlaut der Ordensregeln und der Lehre festlegte. Etwa hundert Jahre später soll es zu einem zweiten Konzil und bald danach zu einer Spaltung des Mönchsordens gekommen sein. Die Orthodoxen wurden »Theravadins«, die Mitglieder der neuen Gruppe mit abweichenden Ansichten »Mahasanghikas« (die große Gemeinde) genannt. Die Auseinandersetzungen fanden zur Regierungszeit des nordindischen Herrschers Asoka (264 - 247 v.Chr.) statt, der den Buddhismus als Religion seines Reiches eingeführt hatte. Später bildete sich eine dritte Gruppe von Buddhisten, die »Sarvastivadins«. Vermutlich aus Anlaß dieser erneuten Spaltung berief Asoka ein drittes Konzil, auf dem die Theravadins als orthodox erklärt wurden. Die Anhänger der neuen Schule mußten fliehen, doch hielten sie sich in Kaschmir und in einigen anderen Gegenden noch längere Zeit.

Auf dem dritten Konzil sollen Abhandlungen über die Lehre des Buddha, die die Theravada-Schule gesammelt hatte, als weiterer Teil des buddhistischen Schrifttums (neben den Ordensregeln und der eigentlichen Lehre) als allgemeinverbindlich erklärt worden sein.

In den nächsten Jahrhunderten kam es einerseits zu weiteren Spaltungen, andererseits aber auch zu einer starken Ausbreitung des Buddhismus. Nach dem König Asoka förderten auch andere Mächtige die Lehre, so der in Nordindien herrschende griechische Fürst Menander und der indo-scytische König Kanishka (78 - 123 n.Chr.). Kanishka berief ein viertes Konzil ein, auf dem der Sanskrit-Kanon festgelegt wurde. Durch Berichte chinesischer Pilger, die das Ursprungsland des Buddhismus zu Wallfahrten und zum Erwerb von Schriften aufsuchten, weiß man, daß der Buddhismus in Indien wenigstens bis etwa 400 n.Chr. dominierte. Doch schon wenige Jahrhunderte später war ein deutlicher Rückgang zu verzeichnen, der sich u.a. im Verfall von Klöstern bemerkbar machte. Der Rückgang dürfte hauptsächlich auf die Angleichung vieler buddhistischer Sekten an den Hinduismus zurückzuführen sein. Die beiden Systeme verschmolzen mehr und mehr, die Unterschiede verwischten sich, und Auseinandersetzungen wurden gegenstandslos. Von etwa 1175 - 1340 n.Chr. beherrschten von Persien aus eingedrungene Mohammedaner einen großen Teil des Landes, wodurch der endgültige Niedergang des Buddhismus in Indien beschleunigt wurde.

Im Laufe der Zeit bildeten sich im Buddhismus drei Hauptrichtungen mit jeweils mehreren Sekten. Die konservativste Schule, die der ursprünglichen Lehre des Gründers am nächsten kommt, nennt man »Hinayana« (kleines Fahrzeug). Sie war in Indien weit verbreitet und dehnte sich infolge der Missionstätigkeit Asokas bis nach Ceylon aus, wo sie heute noch besteht. Sie ist auch in Hinterindien vertreten.

Die zweite Richtung, das »Mahayana« (großes Fahrzeug) ist eine liberalere, ziemlich weitgehend veränderte Form des Buddhismus. Sie entstand etwa um die Zeitenwende und breitete sich dank besserer Anpassung an fremde Bräuche und Gewohnheiten weit stärker als das Hinayana aus. Durch das Mahayana wurden Zentralasien, China, Japan, Korea, Hinterindien und weitere Länder Südostasiens buddhistisch.

Einige Jahrhunderte nach dem Mahayana entstand eine dritte Richtung, das »Vayrayana« (Diamantfahrzeug), mit stärkerer Betonung von magischen Praktiken. Das Vayrayana faßte vor allem in den Himalaya-Gebieten Nepal, Sikkim und Bhutan Fuß, ferner auch in einigen Gegenden der Mongolei. In Tibet wurde eine deutlich abweichende eigene Form ausgebildet. Außerdem gibt es Vayrayana-Gruppen in Ländern mit vorherrschendem Mahayana-Buddhismus. In den letzten 1000 Jahren ist der Buddhismus bis zu einem gewissen Grade erstarrt, neue Richtungen von Bedeutung haben sich nicht gebildet.

Alle buddhistischen Sekten erstreben – trotz recht großer Unterschiede in einzelnen Fragen – die Erlösung aus der Kette der Wiedergeburten und das Eingehen ins Nirvana. Im großen und ganzen entspricht dies Ziel auch den Lehren des Hinduismus. In beiden Systemen will der Mensch zu einem unpersönlichen Sein gelangen, aus dem es keine Wiederkehr gibt. Der Weg zur Erlösung besteht im Buddhismus wie im Hinduismus in Versenkung und im Aufgeben der eigenen Persönlichkeit; das Aufgeben des Ichs wird im Buddhismus aber stärker betont, ebenso die Forderung nach Barmherzigkeit und Mitleid allen Lebewesen gegenüber.

4. 3 Hinayana

4. 3. 1 Entwicklung der Lehre

Von den zahlreichen Sekten des Hinayana schildert jede das Fahrzeug auf ihre Weise. Doch gilt für alle, daß die Unterweisung des Buddha das Boot oder das Fahrzeug ist. Die verschiedenen Lebensweisen wie Dasein als Mönch, Stellung im praktischen Leben u.a. sind nur die weniger wichtige Ausrüstung der Fähre. Für alle Hinayana-Sekten sind die Lebenserfahrungen zwar flüchtiger Natur, sie sind aber doch etwas Reales (im Gegensatz dazu sind sie beim Mahayana irreal).

Der Buddha ist der Prediger des Mitleids; er ist mit der Erlösung des einzelnen Menschen befaßt. Wenn ein Mönch die Erlösung aus dem Kreislauf der Wiedergeburten schon zu Lebzeiten erreicht hat, ist er ein Heiliger, ein »Arhat«. Diese Definition des Arhats gilt nur für die älteren Hinayana-Schulen, jüngere verbinden mit dem Arhat-Begriff nicht mehr so strenge Anforderungen und schätzen ihn auch nicht so hoch ein. Anderseits vergöttlichen sie die Person des Buddha; man schreibt ihm ewiges Leben, unbegrenzte Macht und Allwissenheit zu. Auch kommt die Lehre auf, daß es vor dem historischen Buddha schon einige andere Buddhas gegeben habe und daß in der Zukunft noch ein weiterer Buddha zu erwarten sei, der die Welt erleuchten würde. Das ist der Beginn einer Entwicklung, die später im Mahayana zum Glauben an die Existenz zahlreicher Buddhas geführt hat.

Die Dharma-Lehre des Buddha, die die menschliche Persönlichkeit in fünf Gruppen von flüchtigen Daseinsfaktoren zergliedert, wird in der Folgezeit weiter ausgearbeitet. So entsteht im Laufe von mehreren Jahrhunderten ein umfangreiches Korpus von Schriften, das als »Abidharma-Literatur« zusammengefaßt wird (Abidharma: höchstes Dharma). Es werden mehr und mehr solcher Faktoren unterschieden, und schließlich kommen die Sarvastivadins auf 74, die Theravadins auf 175 Dharmas. Diese Erörterungen sollen i. w. die Annahme eines beständigen Selbst widerlegen und Wege aus dem Kreislauf der Wiedergeburten aufzeigen. Da dies das eigentliche Ziel des Buddhismus ist, wird auch die gesamte Lehre als »Dharma« bezeichnet.

Der Grundgedanke des Abidharma-Schrifttums besteht in der Absicht, die Erfahrungen des materiellen Daseins durch Analyse zu zerlegen und als Spiel von unpersönlichen Kräften erkennbar zu machen. Erst wenn diese Faktoren erkannt sind, kann man »mit den Augen der Weisheit« (d.h. in Betrachtung der Dharmas) zu den letzten Realitäten gelangen. Das Studium der Schriften soll in geistiger Disziplin und in Verbindung mit Meditationsübungen betrieben werden. Alle diese Werke sind nur für einen engen Kreis buddhistischer Eliten geschrieben worden.

Die Theorie der Dharmas ist weniger eine metaphysische Welterklärung als vielmehr eine praktische Methode, um den Menschen von allen Bindungen an die Welt zu befreien. Erst wenn man erkannt hat, daß es in Wirklichkeit nur Dharmas gibt, kann man die Realität der Welt erkennen. Bei den Dharma-Spekulationen taucht auch der Begriff der »Leere« auf, der später bei Nagarjuna (s.u. Abschn. 4.4.2) eine zentrale Stelle einnimmt.

4. 3. 2 Mönchsorden und Laiengemeinschaften

Die erste buddhistische Gemeinde bestand aus Mönchen. Da der Buddha die Kastenordnung ablehnte, war sein Mönchsorden für jeden geöffnet, und auch die Gründung eines Frauenklosters geht auf ihn zurück. Ein buddhistischer Mönchsorden ist eine Gemeinschaft, die durch die Geisteshaltung der Güte und des Mitleids und durch gemeinsames Streben nach Vollkommenheit gemäß der Lehre zusammengehalten wird. Der Mönch hat in Armut zu leben und geschlechtlich enthaltsam zu sein. Er muß außer den oben angeführten noch 5 weitere Gebote einhalten (später kamen noch zusätzliche Ge- und Verbote hinzu):

> Außerhalb der vorgeschriebenen Zeit soll er nichts essen;
> er soll nicht an Tanz, Gesang, Musik und Theater teilnehmen;
> er soll nicht in hohen und breiten Betten schlafen;
> er soll keine Parfüms und Salben gebrauchen und keine Schmuckstücke tragen;
> er soll kein Gold oder Silber annehmen.

Die Mönche sind keine Priester, sie halten keine Gottesdienste ab und kennen keinen Kult. Ihr Tagesablauf besteht aus dem Studium und der Rezitation der buddhistischen Schriften, ferner aus Unterweisung von Laien und Meditation. Die tägliche Nahrung muß erbettelt werden. Weiter wird gefordert, Mönchsgewänder zu tragen und den Kopf kahl zu scheren. Nur ein Mönch darf hoffen, am Ende seines Lebens ins Nirvana einzugehen (es sei denn, er ist als Arhat schon vorher erlöst).

Da die strengen Gesetze des mönchischen Lebens von Laien unmöglich eingehalten werden können, sind diese von der unmittelbaren Erlösung ausgeschlossen. Sie können aber durch die Art ihrer Lebensführung eine bessere Wiedergeburt erreichen und schließlich über ein Mönchsdasein auch zum Nirvana gelangen. Man erwartet von der Laiengemeinschaft ein Leben nach den Regeln der Lehre; dazu gehören u.a. Wohltätigkeit durch Gaben an Mönche, Selbstzucht und Selbstüberwindung. Der Laie besucht den Unterricht der Mönche und nimmt an buddhistischen Festen und Wallfahrten teil. Er erweist dem Buddha mit allgemein üblichen Formulierungen und durch Darbieten von Blumen, Kerzen u.a. Gaben seine Verehrung; er rezitiert die 5 Gebote und spricht dreimal täglich die »dreifache Zufluchtnahme« aus:

> »Ich nehme Zuflucht zu dem Buddha;
> ich nehme Zuflucht zu dem Dharma (der Lehre);
> ich nehme Zuflucht zu dem Sangha (dem Mönchswesen)«.

Besonders wichtig ist die Meditation, die mehrmals täglich ausgeübt werden soll. Gebete in unserem Sinne gibt es im orthodoxen Hinayana nicht, da sie in der Regel ein Bitten oder Wünschen ausdrücken, das nach der Lehre des Buddha vermieden werden soll.

4. 3. 3 Schrifttum des Hinayana

Der Buddha hat keine Schriften hinterlassen, sein Lehren bestand aus mündlicher Unterweisung. Er predigte im damaligen Dialekt des Magadha-Landes, gebot aber seinen Schülern, die Lehre in ihrer eigenen Sprache zu verbreiten. Etwa 400 Jahre lang gaben Mönche die Texte und die zugehörigen Kommentare mündlich weiter, bis man die Werke schriftlich fixierte. Die älteste vollständig erhaltene Niederschrift des buddhistischen Kanons wurde etwa ab 80 n.Chr. in Ceylon von der Hinayana-Sekte der Theravadins angefertigt; vermutlich sind aber einige Reden des Buddha schon früher aufgezeichnet worden, denn einige Teile der in Ceylon zusammengestellten Schriften gehen offensichtlich auf ältere Vorlagen zurück.

Das Gesamtschriftwerk ist von mehreren Autoren zu verschiedenen Zeiten abgefaßt worden. Vieles deutet auf die lange mündliche Überlieferung hin, so die häufigen Wiederholungen und die Vorliebe für Verse und Aufzählungen. Die Datierung des Werkes ist wie die der meisten alten indischen Schriften schwierig, da entsprechende Hinweise fast völlig fehlen. Der Kanon der Theravada-Schule wird als »Tripitaka« (Dreikorb) bezeichnet, da er aus drei Teilen besteht:

1. Korb: Vinyapitaka (Ordensregeln für Mönche);
2. Korb: Suttapitaka (Reden des Buddha);
3. Korb: Abhidhammapitaka (Ausführungen über die Lehre).

Der gesamte Text wird »Pali-Kanon« genannt, da er in der Literatursprache »Pali«, einem dem Sanskrit verwandten Dialekt, verfaßt wurde. Pali wurde zur Schriftsprache buddhistischer Texte und damit zum verbindenden Glied zwischen den verschiedenen Gemeinden. Man nimmt an, daß der Pali-Kanon wenigstens teilweise eine Übersetzung eines verlorenen Magadhi-Originals ist. Das Tripitaka ist die älteste buddhistische Quelle, es ist aber die Schrift nur einer der verschiedenen Sekten. Die Werke anderer Hinayana-Schulen sind in Sammlungen des Mahayana-Schrifttums enthalten, sofern sie nicht verloren gegangen sind.

Der zweite Korb des Tripitaka (das Suttapitaka) wurde zuerst niedergeschrieben, wie aus der archaischen Sprache zu schließen ist. Jeder der drei Körbe ist in sich untergliedert; so enthält das Suttapitaka fünf Sammlungen von Reden, Vorträgen und verschiedenen anderen Texten:

a) Das Dhiga-Nikaya (Sammlung der langen Lehrreden);
b) das Majjhima-Nikaya (Sammlung der mittleren Lehrreden);
c) das Samyutta-Nikaya (Sammlung der gruppierten Lehrreden);
d) das Anguttara-Nikaya (Sammlung der »Angliederungen« oder »angereihte« Sammlung) und
e) das Khuddaka-Nikaya (Sammlung der kleinen Texte).

Die »Anguttara-Nikaya« genannte Sammlung hat ihren Namen von der eigenartigen Anordnung der einzelnen Texte erhalten, bei der jeweils das folgende Kapitel länger als das vorausgehende ist. Das Khuddaka-Nikaya besteht aus zahlreichen, ganz unterschiedlichen Textgruppen, von denen nur das »Dhammapada« (eine Spruchsammlung) und die »Jatakas« genannt werden sollen. Diese enthalten Geschichten aus den früheren Leben des Buddha. Von den Kommentaren zum Tripitaka sind wohl die des Mönches Buddhaghosa, der im 5. nachchristlichen Jahrhundert lebte, die bedeutendsten. Sein Hauptwerk ist das »Visuddhi-Magga« (der Weg zur Reinheit), in dem die buddhistische Lehre zusammenfassend dargestellt wird.

4. 4 Mahayana

4. 4. 1 Weiterentwicklung der Lehre

Die ursprüngliche Lehre des Buddha war für die meisten Anhänger zu abstrakt. Schon der späte Hinayana-Buddhismus hatte einige Änderungen herbeigeführt; bei der weiteren Entwicklung zum Mahayana kamen verstärkt volkstümliche Anschauungen und hinduistische Einflüsse zur Geltung. Der Mahayana-Buddhismus paßte sich der Mentalität und den religiösen Bedürfnissen anderer Völker an, z.B. mit einer Hinwendung zum Theismus, der Einführung von Gebeten und magischen Praktiken sowie der Entwicklung eines Kultes. Die Aufnahme fremder Ideen wurde auch durch die Schwierigkeit des Nirvana-Begriffes begünstigt. Trotz aller Unterschiede zwischen Hinayana und Mahayana blieb aber das Grundprinzip der Lehre bestehen: Die Erlösung aus dem Kreislauf der Wiedergeburten und das Eingehen ins Nirvana.

Man nimmt an, daß das Mahayana aus der Sekte der Mahasanghikas entstanden ist, die schon früh vom orthodoxen Buddhismus abgefallen war. Seine Ausbreitung begann in den ersten Jahrhunderten n.Chr. im Nordosten Indiens, es gelangte von hier aus nach China und später auch in andere Länder. Die ursprüngliche, in Indien entstandene Mahayana-Lehre kann heute nur noch aus chinesischen und tibetischen Quellen erschlossen werden, da sie in Indien erloschen ist und da die Originalliteratur fast völlig verloren ging. In anderen Ländern entwickelte Sonderrichtungen haben aber Bestand gehabt, von denen die in China, Japan und Tibet besprochen werden sollen (s.u.). Besonders große Abweichungen von der Mahayana-Lehre zeigt die Vayrayana-Richtung, die man sogar als Sonderform des Buddhismus und als gleichberechtigt mit dem Hinayana und Mahayana hingestellt hat. Im folgenden soll das Vayrayana aber als Abwandlung des Mahayana angesehen werden.

Mitleidsgesinnung und der Wunsch nach Erlösung von den Wiedergeburten kennzeichnen den gläubigen Mahayana-Buddhisten. Das Entstehen des Mitleids wird mit der Leugnung des Ichs durch den Buddha erklärt: Wenn es keine »Ichs« gibt, die sich voneinander unterscheiden, so gibt es auch keine Abgrenzungen zwischen ihnen. Im Mitleidigsein wird dies gefühlsmäßig erkannt, denn Schmerz und Leid betreffen alle gemeinsam. Jeder muß daher sein Möglichstes tun, um das Leid durch Mitleid und Hilfe zu beseitigen. Vollkommenes Mitleid hat Selbstlosigkeit zur Voraussetzung. Wenn Selbstlosigkeit durch Aufgeben der eigenen Persönlichkeit erreicht ist, kann der Gläubige nicht nur das Verschwinden aller Unterschiede zwischen sich und den Mitmenschen erleben, sondern er entdeckt auch die in ihm selbst verborgene »Buddhaschaft«. Diese stellt das Göttliche im Menschen dar oder auch das allem Persönlichen übergeordnete Absolute, das zeit- und todlos ist.

Die wichtigste Änderung des Mahayana gegenüber dem Hinayana ist das Aufzeigen eines Weges, der zur Erlösung aller Gläubigen, nicht nur einiger Ausnahmemenschen in Mönchsgemeinschaften, führt. Das Erreichen dieses Ziels ist im Mahayana durch die Gnade und Hilfe von Bodhisattvas möglich, nicht durch eigenes Bemühen allein.

Bodhisattvas sind schon im Hinayana als Heilige kurz vor der Erlösung bekannt; im Mahayana erhalten sie eine überragende Bedeutung. Hier werden sie zu hilfsbereiten Wesen, die die erlösende Erkenntnis erreicht haben, den Eintritt ins Nirvana aber freiwillig aufschieben, um anderen Erlösungsuchenden zu helfen. Der Bodhisattva versagt sich aus vollkommenem Gleichmut und vollkommenem Mitleid die letzte Erfahrung der Erleuchtung, die zur Auslöschung des Selbst führt. Der Mahayana-Buddhist erhofft eine Wiedergeburt als Bodhisattva, um dann möglichst vielen Menschen zur Erlösung verhelfen zu können. Die Anzahl der Bodhisattvas ist von Sekte zu Sekte verschieden. Bedeutung und Verehrung der Arhats treten dagegen zurück, weil sie nur ihre eigene Erlösung, nicht die anderer Menschen, anstreben.

Die schon im Hinayana vorhandene Lehre von der Existenz mehrerer Buddhas vor dem Buddha Shakyamuni wurde im Mahayana weiter ausgestaltet. Der »Buddha« oder die »Buddha-schaft« ist weniger eine Person, als vielmehr eine Gattung oder ein geistiger Zustand, und die Anzahl der Buddhas vor dem historischen Buddha nahm im Laufe der Entwicklung des Mahayanas immer mehr zu. Auch ist die Reihe der Buddhas noch nicht beendet, sondern man glaubt an das Auftreten eines zukünftigen Buddha, der der letzte dieses Zeitalters sein wird. Er wird »Buddha Maitreya« genannt. Im Mahayana werden die Buddhas zu Göttern, die selbst noch im Nirvana für die Erlösung der Geschöpfe wirken und die deshalb auch kultische Verehrung genießen. Außerdem werden noch zahlreiche Götter niederen Ranges aus dem Hinduismus und aus anderen Religionen übernommen.

Die Vorstellung von mehreren göttlichen Buddhas führt zu zwei wichtigen neuen Lehren, die sich weit verbreiteten; dies sind

die ältere Lehre von den *drei Leibern des Buddha*
und die jüngere Lehre vom *Ur-Buddha*.

Die drei Leiber des Buddha sind:

1) *Dharmakaya*, der Leib der Lehre. Diese geistige Wesenheit ist der Urgrund des Seins; sie ist identisch mit dem Absoluten.

2) *Sambhokaya*, der Leib der Glückseligkeit, der Leib der himmlischen Welten; er ist allwissend, allgegenwärtig und innerhalb des Kausalgesetzes allmächtig.

3) *Nirmanakaya*, der Leib der Verwandlung, ist die Substanz, die sich auf Erden als Buddha offenbart; sie ist hervorgegangen aus dem Sambhokaya, dem Leib der Glückseligkeit.

Diese Lehre geht wahrscheinlich von der (unten zu besprechenden) Yogacara-Schule aus. Der Begriff des Absoluten, der in ihr enthalten ist, ist möglicherweise von dem hinduistischen Atman-Begriff beeinflußt worden.

Aus der Lehre von den drei Leibern des Buddha entwickelte sich die Lehre vom *Ur-Buddha* (Adi-Buddha), der eine Personifizierung des Dharmakaya darstellt und dem Absoluten gleichzusetzen ist. Er ist anfangslos und ewig. In der Lehre vom Ur-Buddha gibt es eine fünffache Dreiheit:

Aus dem Ur-Buddha gehen die fünf Buddhas der Meditation, die sogen. *Dhyani-Buddhas* (dhyana: Meditation), hervor. Diese sind in ewige Ruhe versunken, sie greifen nicht in das Weltgeschehen ein. Einer von ihnen, der *Buddha Amitabha*, genießt in China und Japan besondere Verehrung. Jedem der Dhyani-Buddhas wird eine Emanation, ein »geistiger Sohn«, zugeordnet, der als *Dhyani-Bodhisattva* bezeichnet wird. Die fünf Dhyani-Bodhisattvas beeinflussen das irdische Geschehen; sie werden in Kult und Gebet fast noch mehr verehrt als die übergeordneten Dhyani-Buddhas.

Von dem oben erwähnten Dhyani-Buddha Amitabha leitet sich der wichtige Dhyani-Bodhisattva *Avalokiteshvara* ab, der Bodhisattva des unendlichen Erbarmens, der zum Heil der Welt solange an der Schwelle zum Nirvana verharrt, bis alle Wesen ohne Ausnahme erlöst sind. Er bleibt für immer dort, denn die Welt wird nicht aufhören zu bestehen. Im Volksglauben schreibt man ihm unerschöpfliche, Erlösung bewirkende Kräfte zu, die sich denen mitteilen, die darum bitten. Er wird so zu einer Art von Heiland, aber nicht – wie der historische Buddha – zum Verkünder einer Heilslehre. Die vier anderen Dhyani-Bodhisattvas sind von geringerer Bedeutung.

Die Dhyani-Bodhisattvas wiederum können in menschlichen Inkarnationen, den sogen. *Manushi-Buddhas*, auftreten und als solche direkt auf die Welt einwirken. Nach dieser Auffassung war der historische Buddha eine Inkarnation des Dhyani-Bodhisattva Avalokiteshvara. Die ganze etwas unübersichtliche Lehre kann man in einem Schema verdeutlichen, das für eine größere Anzahl von Sekten gültig ist, verschiedentlich aber auch mehr oder weniger abgewandelt wurde. Das Eindringen in die Denkweise des Mahayana-Buddhismus wird für den Außenstehenden noch dadurch erschwert, daß die Namen der Dhyani-Buddhas und -Bodhisattvas eigentlich nur Attribute sind, die in die Sprache des jeweiligen buddhistischen Landes übersetzt werden. So heißt der Dhyani-Buddha Amitabha (»unendliches Licht«) in China »Amito-fo«, in Japan »Amida« und in Tibet »Öpames«. Avalokiteshvara wird in China und Japan in Form seiner weiblichen Entsprechung unter den Namen »Kuan-Yin« bzw. »Kwannon«, in Tibet als »Tschenresi« verehrt.

Da der Buddha Äußerungen über das Nirvana abgelehnt hatte und da kosmologische Fragen für ihn ohne Interesse waren, gibt es im frühen Hinayana kein eigentliches Weltbild und keine Vorstellungen über ein Jenseits. Auch die Philosophie des Mahayana läßt auf Grund der These: »Die Welt ist eine Illusion« zunächst keine konkreten Aussagen über derartige Themen zu. Nach der Angleichung des Mahayana an andere Religionen werden jedoch gewisse Vorstellungen über das Weltall entwickelt.

Die Vergöttlichung des Buddha und der Bodhisattvas sowie die Übernahme von weiteren Göttern und von Dämonen machen die Annahme von himmlischen Regionen, sogen. »Buddha-Ebenen«, und von mehreren Höllen als Sitze dieser Wesen erforderlich. Die Himmel und die Höllen denkt man sich über bzw. unter der Erde. Der höchste (7.) Himmel ist allein dem Adi-Buddha vorbehalten. Etwas darunter werden die Dhyani-Buddhas angeordnet. Zu den Bewohnern der untersten Himmel gehören neben den Göttern und dem zukünf-

LEHRE VOM UR-BUDDHA

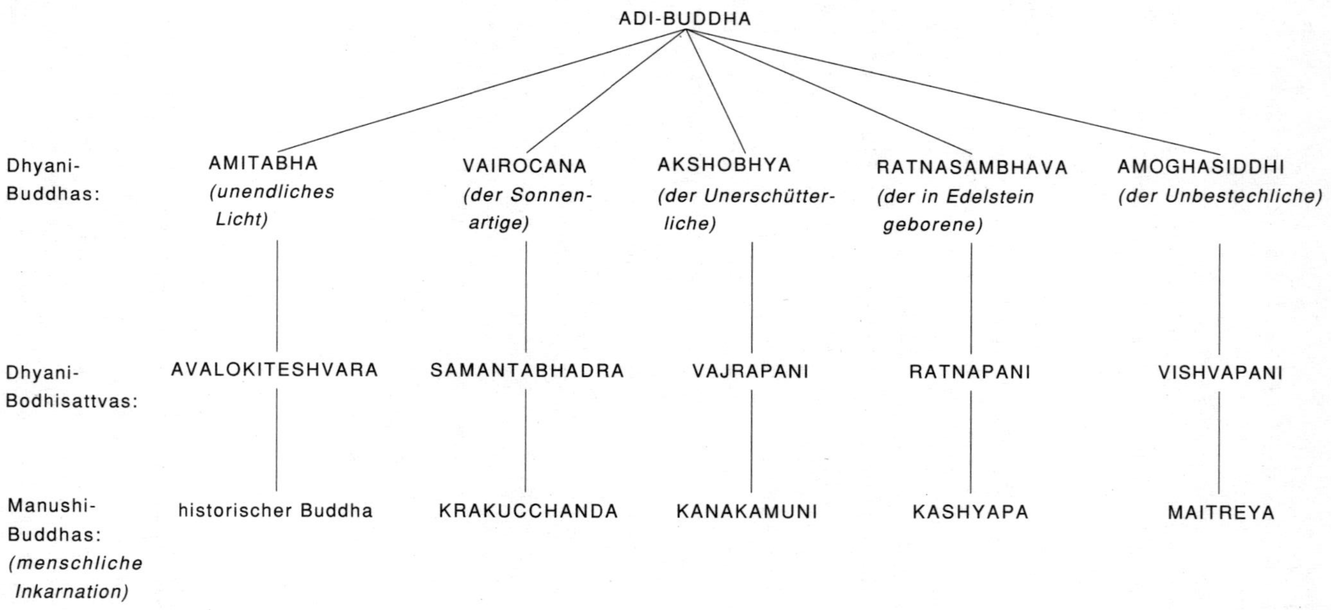

tigen Buddha auch einige verstorbene Menschen, die auf Grund ihrer vorbildlichen Lebensweise nicht sofort wiedergeboren wurden. In den oberen Himmeln sind die in der Welt gültigen Gesetze aufgehoben, für alle Bewohner der unteren Himmel gelten sie aber noch, und damit gilt für sie auch das Gesetz der Wiedergeburt. Sie bleiben daher nur begrenzte Zeit in diesen Regionen. Weiterhin glaubt man an eine Aufeinanderfolge von mehreren Weltperioden (eine Idee, die sich auch in anderen Religionen findet), und man nimmt an, daß das Universum aus einer ganzen Anzahl von Welten besteht. Eine von diesen ist die Erde, ihr Mittelpunkt ist der Berg Meru.

Von entscheidender Bedeutung für den Mahayana-Buddhismus wurden zwei Schulen, die die religionsphilosophische Ausformung wesentlich gestalteten: Die Madhyamika-Schule und die Yogacara-Schule.

4. 4. 2 Die Madhyamika-Schule; Nagarjuna

Von den verschiedenen Lehren, die das Mahayana aus dem älteren Hinayana übernommen und weiterentwickelt hat, beansprucht die des Madhyamika (des »mittleren Weges« oder der »mittleren Lehre«) wegen ihres philosophischen Gehaltes eine Sonderstellung. Sie geht auf die Forderung des Buddha zurück, Extreme zu vermeiden (s.o., Abschn. 4.2.1), entwickelt diesen Gedanken aber und dehnt ihn von der ursprünglichen, begrenzten Bedeutung auf das gesamte Denken aus. Die Quintessenz dieser Lehre läßt sich etwa in folgender paradoxer Aussage zusammenfassen:

Die letzte Wahrheit ist

> weder etwas Seiendes,
> noch etwas Nichtseiendes,
> weder etwas, das zugleich Seiend und Nichtseiend ist,
> noch etwas, das vom Sein und Nichtsein verschieden ist.

Die letzte Wahrheit ist etwas, das in der Mitte zwischen all' diesen Gegensätzen liegt; sie ist das nicht charakterisierbare »Leere« (Shunya). Die Leere ist das letzte Prinzip, das im Madhyamika an die Stelle der zahlreichen Dharmas des Hinaya-Buddhismus tritt. Diese »Lehre von der Leere« wurde von Nagarjuna, einem der scharfsinnigsten Denker Indiens, in ihre endgültige Form gebracht.

Über das Leben Nagarjunas ist nur wenig Sicheres bekannt. Er entstammte einer süd-indischen Brahmanenfamilie, trat zum Buddhismus über und wirkte dann etwa 100 n.Chr. im Norden Indiens als Mönch. Alle sonstigen Berichte über ihn sind legendär. So soll er z.B. Werke des Buddha, die dieser seinen Anhängern vorenthalten hätte, weil sie zu ihrer Aufnahme noch nicht reif waren, in einer unterirdischen Höhle empfangen und ans Tageslicht gebracht haben.

Nagarjuna werden zahlreiche Schriften zugeschrieben, darunter die umfangreiche sogen. »Prajnaparamita-Literatur« (Lehren der vollkommenen Erkenntnis). Aber nur etwa 14 Werke stammen zweifelsfrei von ihm, einige weitere sind möglicherweise echt. Sein Hauptwerk ist das aus etwa 400 Versen (Karika) bestehende »Madhyamika-karika« (Lehrbuch der mittleren Lehre oder: Grundverse des mittleren Weges, genannt Weisheit), in welchem er seine Philosophie auseinandersetzt.

Nagarjuna geht von der Ansicht aus, daß nichts einen realen inneren Kern, einen letzten Wirklichkeitsgehalt besitzt, wenn es von etwas anderem abhängt oder durch etwas anderes bedingt wird; dieses andere wäre dann ja das eigentlich Reale.

> »Nichts ist wirklich, was eine Ursache hat«.

Mit dieser Schlußweise wird zunächst das Gesetz von Ursache und Wirkung (das Kausalitätsgesetz) untersucht und gezeigt, daß es ein Widerspruch in sich ist:

> Die Ursache ist als etwas definiert, das etwas bewirkt hat. Es gibt keine Ursache ohne Wirkung.
> Anderseits ist die Wirkung definiert als etwas, das eine Ursache hat. Es gibt keine Wirkung ohne Ursache.
> Man kann auch nicht sagen, daß die Ursache etwas ist, das für sich besteht und erst später eine Wirkung ergeben wird; denn dann wäre die Ursache zunächst eine Ursache von Nichts, also laut Definition keine Ursache.
> Da nun Ursache und Wirkung einander bedingen bzw. voneinander abhängen, sind beide Begriffe ohne festen Kern, ohne Inhalt, sie sind »leer«.

Der nächste Schritt in Nagarjunas Philosophie ist die Anwendung dieser Schlußweise auf das gewöhnliche Leben. Alle wahrnehmbaren Erscheinungen und alle Erkenntnisse in dieser Welt beruhen darauf, daß jede von einer vorausgegangenen Erscheinung oder Erkenntnis bedingt ist. Die Sinnenwelt ist demnach das Ergebnis von Ursache und Wirkung. Da die Kausalität ein leerer Begriff ist, ist auch die äußere Welt der Sinne etwas Leeres; sie ist nichtexistent wie ein Traum, sie besteht nur in unserer Einbildung. Nagarjuna lehnt Erklärungsversuche über den Ursprung der Welt und über die Ursache unserer irrealen Vorstellungen ab. Diese Fragen sind unlösbar, Gedanken darüber erübrigen sich. (Im Hinayana ist die Welt zwar etwas Flüchtiges, aber letzten Endes doch Reales; vgl. Abschn. 4.2.1 u. 4.2.4).

Die gleiche Denkweise zeigt auch bei der Betrachtung der Dharmas des klassischen Buddhismus Widersprüche auf. Die Dharmas existieren nicht jedes für sich allein, sondern existieren in einem Geflecht von gegenseitigen Beziehungen. Sie hängen also voneinander ab und sind daher ebenfalls leere Begriffe. So wird gewissermaßen der Buddhismus teilweise in Frage gestellt, obwohl Nagarjuna sich selbst immer als überzeugten Buddhisten angesehen hat.

Das einzig Reale ist für Nagarjuna die Leere; sie ist ein Synonym für das, was keine Ursache hat. Sie ist weder seiend noch nichtseiend, noch ist sie von Sein und Nichtsein unterschieden. Weder ist sie leer noch nichtleer, weder ist sie beides noch keins von beiden. Man kann über die Leere nichts aussagen, weil menschliche Sprache und menschlicher Verstand der Sinnenwelt angepaßt sind und zur Beschreibung des Absoluten nicht taugen.

Nagarjuna bedient sich einer paradoxen Dialektik, deren Ergebnis die Vereinigung aller Gegensätze ist. Leere ist Identität von ja und nein, sie ist ein anderer Ausdruck für Nichtdualismus. Dualismen, d.h. Gegensätze, sind in ihr aufgehoben, desgleichen Subjekt - Objekt-Beziehungen. Die Leere liegt in der Mitte zwischen allen Extremen, zwischen Behauptung und deren Verneinung, zwischen Sein und Nichtsein, zwischen Gut und Böse. Sie ist die einzige Realität, die einzige Wahrheit.

Das Absolute ist Leere, alle Dinge und alle Ideen sind ebenfalls Leere. Da sie nur Aspekte der Leere sind, sind sie ununterscheidbar, es herrscht zwischen ihnen eine universelle Identität. Selbst zwischen der materiellen Welt und dem Nirvana besteht kein realer Unterschied, denn auch sie sind nur Aspekte der Leere. Nur diese entspricht der letzten Wirklichkeit, einer unfaßbaren Einheit. Die Leere ist das nach dem Ausschalten alles Abhängigen und Bedingten letztlich Verbleibende.

Man kann sich dieser trotz ihrer unbestreitbaren Logik nur schwer akzeptierbaren Philosophie aber von einem anderen Gesichtspunkt aus nähern und so einen leichteren Zugang zu ihr finden. Nagarjuna war als buddhistischer Mönch zweifellos auf dem mystischen Pfade weit fortgeschritten. Bei zahlreichen Mystikern der verschiedensten Religionen oder Weltanschauungen gibt es Beschreibungen eines Zustandes, bei welchem alle Unterschiede und alle Gegensätze aufgehoben sind und alles in einer Einheit mündet. Dieses sogen. Einheitserlebnis pflegt der letzten Stufe des mystischen Weges, der Vereinigung mit dem Göttlichen oder dem Absoluten, unmittelbar vorauszugehen und in sie überzuleiten. Gerade diese Erfahrung ist aber das Ergebnis der Philosophie Nagarjunas, und man kann das Wort »Shunya«, Leere, in dieser Weise deuten.

Allerdings kann im Buddhismus eine Vereinigung mit dem Göttlichen nicht folgen, da es dort – wenigstens im Hinayana – ein Göttliches nicht gibt; an die Stelle der unio mystica tritt das Eingehen ins Nirvana. Nagarjunas Gedanken stellen offenbar den Versuch dar, das Universum so zu beschreiben, wie es nach völliger Auslöschung des Selbst vom Standpunkt des Absoluten aus erscheinen muß. Er macht damit – fast als Einziger – den Versuch, das mystische Einheitserlebnis durch rationales Denken zu erklären. Die letzte Wahrheit ist für ihn eine Existenzweise, bei der nach dem Aufhören aller Wahrnehmungen und Gedanken das Nirvana erreicht wird. Der am Ziel Angelangte kann sich aber dessen nicht bewußt werden, da es die Leere ist, zugleich das Sein und das Nichtsein.

Wenn der Mensch die Irrealität der Welt erkannt hat, versucht er, sich von allen Vorstellungen des gewöhnlichen Daseins zu befreien. Das gelingt ihm mit Hilfe von philosophischen und religiösen Lehren, von denen er sich aber wieder lösen muß, wenn er die letzte Erkenntnis erreichen will. Die Philosophie Nagarjunas will den Menschen zur Kontemplation anleiten und zur Befreiung vom Ich bringen. Er hat die Neigung des indischen Denkens zum Aufheben aller Gegensätze bis an ihre äußerste Grenze geführt.

Die Lehre Nagarjunas ist gelegentlich als Nihilismus bezeichnet worden. Diese Ansicht beruht jedoch auf einer falschen Auslegung des Wortes »Leere«. Die Leere ist keineswegs das Nichts oder ein Vakuum, sondern der Ausdruck für ein in der Mitte aller Gegensätze liegendes Etwas, das für uns nicht erkennbar und von uns nicht beschreibbar ist. Nagarjunas Philosophie ist vielmehr ein äußerster Skeptizismus, der in allen üblichen Denkkategorien Widersprüche entdeckt. Nagarjuna behauptet auch nicht, daß alle moralischen Gesetze und alle ethischen Werte aufgehoben seien, wie es im Nihilismus der Fall ist. Es gibt für ihn zwei Stufen der Wahrheit: Einmal die für den gewöhnlichen Menschen erkennbare und gültige Wahrheit, die seinen Bedürfnissen angepaßt und für ihn notwendig ist, die aber nur scheinbar existiert. Die letzte, wirkliche Wahrheit wird nur auf einer höheren Stufe der Erkenntnis erfahren; sie besteht im Wissen, daß die Welt und die Vielheit irreal sind und daß nur die Leere real besteht. Trotzdem verliert die niedere Wahrheit nicht jegliche Bedeutung. Sie muß zuerst erfahren und angenommen werden, damit sie überwunden werden kann. Dann erst ist die höhere Wahrheit erreichbar.

Für manche Kommentatoren stellt sich Nagarjunas Lehre insofern etwas anders dar, als er nach ihnen die Realität der Welt nicht grundsätzlich ablehnen, sondern nur die Möglichkeit ihres Erkennens verneinen würde. Diese Auslegung läuft auf das bekannte Höhlengleichnis Platons hinaus (vgl. Abschn. 5.3.3). Den Dingen wird dann weder ein Sein noch ein Nichtsein zugeordnet, sie werden weder bejaht noch verneint. Jede gegensätzliche Einordnung wird vermieden.

Die von Nagarjuna begründete Sekte wird »die neue Weisheitsschule« genannt (im Gegensatz zur alten Weisheitsschule der Theravadins des Hinayana). Die Lehre vom wahren Wesen der Dinge wird in dem schon erwähnten Prajnaparamita erläutert. Sie wurde für den Mahayana-Buddhismus so bedeutend, daß man sie auch als Erweiterung der vier Wahrheiten des Buddha, als fünfte Wahrheit, bezeichnet.

Der Einfluß Nagarjunas auf das gesamte indische Denken ist außerordentlich groß. Nicht nur enthält die auf seiner Philosophie fußende Prajnaparamita-Literatur die wesentlichen Schriften des Mahayana, sondern auch das späte Hinayana und der Jainismus haben Ideen aus seinen Werken entlehnt. Auch Gautapada, der Lehrer Shankaras, und Shankara selbst haben wichtige Gedanken Nagarjunas aufgenommen und in das Vedanta-System (s.o., Abschn. 2.4.4) eingefügt. Damit kamen Nagarjunas Gedanken im Hinduismus ebenfalls zur Wirkung.

4. 4. 3 Die Yogacara-Schule

Die Yogacara-Schule wurde etwa 400 n.Chr. von den Brüdern Asanga und Vasubandhu gegründet. Sie beruht einerseits auf der Lehre Nagarjunas von der Irrealität der sichtbaren Welt und führt andererseits Ideen und Techniken des Yoga in den Buddhismus ein. Weiter werden noch psychologische Theorien über die Herkunft der irrealen (Traum-)Welt angegeben, über deren Ursprung die Madhyamika-Schule nichts ausgesagt hatte. Asanga und Vasubandhu stellen dazu die These auf, daß alle äußeren Dinge und Vorgänge nur in unserem inneren Bewußtsein existieren. Nur das, was sich bereits im Bewußtsein befindet, kann auch daraus hervortreten und Objekt dieses Bewußtseins werden. Sowenig wir etwas im Traum erleben können, das außerhalb unseres Bewußtseins liegt, sowenig ist das auch im Wachsein möglich. Das Unwirkliche der Welt des Traumes wird im Wachsein, das Unwirkliche der Welt des Wachseins wird in der Erleuchtung erkannt. Erst in diesem letzten Zustand wird das wahre Wesen der Dinge, das Absolute, offenbar.

Das Bewußtsein steht aber nicht am Anfang der Denkprozesse. Es wird aus einem sogen. »Vorratsraum« gespeist, aus dem jedes Bild und jeder Gedanke bezogen wird. Letzte Ursache aller Erscheinungen ist nach dieser Lehre das »Vorratsbewußtsein« oder das »reine Denken«, ein Denken ohne das Gedachte, das selbst leer, jedoch der Ausgangspunkt jeder Denkmöglichkeit und aller Wahrnehmungen ist.

Die fließenden geistigen und seelischen Vorgänge des Menschen gehen nicht direkt aus dem Bewußtsein hervor, sondern werden erst durch eine zwischengeschaltete »Vorstellungskraft« bewirkt. Man nennt diese Theorie auch die der »reinen Denkvorstellungen«. Das »reine Denken« oder das »Vorratsbewußtsein« ermöglicht schöpferisches Denken, aus dem die Substanz jedes Bildes und jedes Gedankens bezogen werden kann. Der etwas komplizierte Gedankengang läßt sich mit einem Schema verdeutlichen:

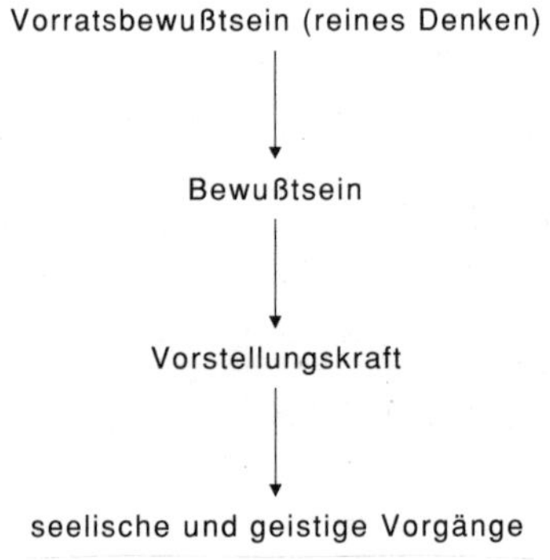

Die Frage, wie aus dem ungestörten Frieden eines untätigen Vorratsbewußtseins die bildlichen Erscheinungen und die flüchtigen Denkvorgänge entstehen können, wird mit der Annahme von »Keimen« im Vorratsraum beantwortet. Die Keime machen jede Entwicklung möglich, über ihre Natur wird aber nichts ausgesagt. Die ganze Lehre besitzt eine gewisse Ähnlichkeit mit den hinduistischen Vorstellungen über das Brahman, aus dem ebenfalls alle Geschöpfe und Ideen hervorgehen, gute wie böse, sichtbare wie unsichtbare. Das Vorratsbewußtsein kann auch mit der Leere Nagarjunas oder mit dem Nirvana des Buddha (oder auch mit Platons Präexistenz der Seele) verglichen werden.

Ein weiteres Durchdenken der Yogacara-Lehre führt zu Paradoxien; man will aber gar nicht eine den Verstand befriedigende Philosophie ausarbeiten, sondern es soll der Geist aus der physischen, rationalen Ebene herausgehoben und durch Kontemplation in metaphysische Bereiche geführt werden. Letztes Ziel ist ein Erkenntnisakt, bei dem nichts mehr aus dem Vorratsbewußtsein hervorgeht und vom Geist verarbeitet wird. Der Geist kann dann ohne Objekt des Denkens für sich existieren. Die Erlösung wird erlangt, wenn alle Erfahrungen von Objekt und Subjekt aufgehoben sind.

Im Zustand transzendenter Weisheit, der Erleuchtung, kann das Absolute, d.h. das Vorratsbewußtsein, dessen Wesen Ruhe ist, wahrgenommen werden. Zu dieser Erkenntnis führt ein rein geistiger, aus vier Stationen bestehender Yoga-Weg:

1) Erkenntnis, daß alles Äußere nur eine Manifestation unseres Geistes ist;

2) Befreiung von dem Irrtum, daß es in der materiellen Welt etwas wie Dauer, Wachstum oder Aufeinanderfolge gibt;

3) Einsicht, daß das einzige echte Merkmal der äußeren Objekte das Nichtsein ist;

4) Einsicht, daß die Erkenntnis in uns selbst verwirklicht werden muß.

Der Yogi erreicht sein Ziel Schritt für Schritt. Yoga beendet Illusionen und führt in der Versenkung zum ruhevollen, universellen Bewußtsein, dem »Weltbewußtsein«. Die Einführung des Yoga bedeutet eine wichtige Erweiterung der Meditationstechnik des Buddhismus. Von sonstigen im Yogacara behandelten Themen soll nur die Ausgestaltung der Lehre von den drei Leibern des Buddha beschrieben werden. Nachdem man lange über die Art der drei Aspekte des Buddha gestritten hatte, wurde nunmehr die endgültige Fassung der Drei-Leiber-Lehre erarbeitet:

> Der erste, der »Dharma-Leib«, ist das Absolute, das Ur-Eine, aus dem die beiden anderen Leiber hervorgehen.
>
> Der zweite Leib ist ein geistiger Buddha-Leib; er wird den Bodhisattvas geoffenbart.
>
> Der dritte Leib ist der »Erscheinungsleib«, ein nur in der menschlichen Vorstellung bestehendes Etwas, das seinen Merkmalen nach dem historischen Buddha gleichzusetzen ist.

Die drei Leiber entsprechen drei Ebenen des Erkenntnisweges. Der dritte Leib ist die (unterste) Ebene des gewöhnlichen Gläubigen, der noch nicht auf dem Yoga-Wege fortgeschritten ist. Der zweite Leib ist die Ebene des Yogis, der auf dem Wege zur Buddha-schaft ist, und der erste Leib ist die Ebene dessen, der das Ziel erreicht hat.

Die Philosophie der Yogacara-Schule bildet die theoretische Grundlage der tantrischen Schulen, deren Meditationstechniken auf Yoga-Methoden beruhen. Das Ziel des tantrischen Yogi besteht in dem Wunsch, in seinem Mikrokosmos die universelle Göttlichkeit zu erfahren. Aus diesen Lehren entwickelte sich das Vayrayana.

4. 4. 4 Vayrayana

Im 6. Jahrhundert n.Chr. wurden tantrische Ideen vom Mahayana-Buddhismus aufgenommen, wodurch eine yoga-tantrische Richtung entstand, die als »Vayrayana« (Diamantfahrzeug) bezeichnet wird; sie heißt auch »Mantrayana« (Fahrzeug der magischen Formeln oder Fahrzeug der Zaubersprüche). Eine besondere tibetische Form ist als »Lamaismus« (Lama: Oberer, Führer) bekannt.

Im Vayrayana erhielten die verschiedenen Buddhas und Bodhisattvas – wie die hinduistischen Götter – spirituelle Gattinnen, Shaktis. Die Shakti des höchsten Buddha, des Adi-Buddha, ist nach dieser Lehre die »Weisheit des fernen Ufers«; die Einheit beider entspricht dem Shiva-Shakti-Paar. Die schon erwähnte Kuan-Yin (oder Kwannon), die in China und Japan als Göttin der Barmherzigkeit verehrt wird, ist nach dieser Lehre als Shakti des Bodhisattva Avalokiteshvara aufzufassen. Die Shakti ist im Vayrayana wie im Hinduismus das Symbol der Kraft und Aktivität der göttlichen Wesenheiten.

Religionsphilosophisch stützt sich diese Form des Mahayana i.w. auf die Lehren Nagarjunas und die der Yogacara-Schule. Die Erfahrung der verschiedenen Bewußtseinsebenen des Yoga-Weges ist durch ein enges Verbundensein des Yogis mit dem Kosmos gekennzeichnet. Man glaubt an die Analogie von Mensch und Universum, von Mikro- und Makrokosmos. Der Yogi findet in sich selbst die Einheit mit dem göttlichen Urprinzip. Er nennt es »Gott«, obwohl es sich in seinem eigenen Mikrokosmos befindet. Der in ihm selbst verborgene Gott ist identisch mit der von ihm im Makrokosmos verehrten Gottheit. Damit ist eine grundsätzliche Identität von Mensch und Gott und auch von allen Lebewesen unter sich gegeben.

Das tantrische Mahayana (das Vayrayana) befaßt sich hauptsächlich mit praktischen Anweisungen und Ritualen, auch mit Magie, die den Gläubigen zur Erfahrung des Göttlichen, der Shakti in ihm selbst, führen sollen. Das Bewußtwerden der Shakti im eigenen Inneren kann nicht durch Askese und Flucht aus der Welt erfolgen. Es wird im Gegenteil im gewöhnlichen weltlichen Leben erreicht, wobei man sich aber immer der Allgegenwart des göttlichen Prinzips bewußt sein soll. Alles Entstehen, Wachsen und Vergehen sind als Kraftentfaltung bzw. Zurücknahme der Kraft der Shakti anzusehen. Der Mensch soll bei all' seinem Tun nie seinen göttlichen Wesensgrund vergessen. Wenn er seine Lebensweise nur auf äußerliche Dinge richtet, kann er niemals das Ziel des Buddhisten, die Erleuchtung, erreichen.

In einigen Vayrayana-Sekten gehört zu den Ritualen, die zur Erfahrung der Shakti oder zur Erleuchtung führen, auch die geschlechtliche Vereinigung. Diesem Akt wird eine tiefe symbolische Bedeutung zuerkannt, da er das Erleben des Mysteriums der Vereinigung mit dem Göttlichen vermitteln kann. Als Vorstufen der Erleuchtung werden das

Erlöschen des Ich-Gefühls und die Aufhebung aller Gegensätze empfunden. Die tantrischen Rituale werden in kultischer Gemeinschaft und unter der Aufsicht eines erfahrenen Führers vollzogen.

4. 4. 5 Entwicklung des Mahayana in China

Obwohl es in China die einflußreichen, zu Religionen umgestalteten Lehren des Taoismus und des Konfuzianismus gab, konnte der Buddhismus hier doch Fuß fassen. Erste Berührungen fanden bereits in vorchristlicher Zeit statt. Im 1. Jahrhundert n.Chr. gab es schon buddhistische Gemeinden, Mönchsorden entstanden von der Mitte des 4. Jahrhunderts an. Die Ausbreitung des Buddhismus verlief im großen und ganzen parallel zum Niedergang des Taoismus. Sie wurde durch mancherlei Ähnlichkeiten in beiden Lehren begünstigt, wodurch ein Übertreten vom Taoismus zum Buddhismus erleichtert wurde. Dies wurde noch durch die Meinung gefördert, Lao-Tse, der Gründer des Taoismus, hätte sich im Alter nach Indien begeben, und der Buddha wäre seine Wiederverkörperung.

Von den zahlreichen chinesischen Sekten sollen nur die des Buddha-Amitabha (vgl. das obige Schema) und einige Meditationssekten erwähnt werden. Die Sekte des Buddha-Amitabha wurde im 4. Jahrhundert n.Chr. gegründet, sie wird auch »Sekte des reinen Landes« genannt. Ihr gehören (oder gehörten) die meisten Mahayana-Buddhisten Chinas an. In dieser Sekte wird gelehrt, daß Erlösung durch die Gnade Amitabhas (chinesisch: Amito-fo), des »Buddha vom unendlichen Licht«, erlangt wird. Der Mensch braucht daher keine Verdienste mehr zu sammeln; fromme Hingabe und Verehrung des Buddha-Amitabha genügen, um nach dem Tode im »Sukhavati-Paradies« (glückliches-Land-Paradies) wiedergeboren zu werden. Die Bewohner dieses Paradieses sind unsterblich, sie gelangen von dort direkt ins Nirvana. Der Amitabha-Kult ist wohl vom Vishnu- und Krishna-Kult des Hinduismus, vielleicht auch vom Bhakti-Yoga mit seiner Lehre von der Liebe und Verehrung Gottes beeinflußt worden. In der Amitabha-Sekte und auch in anderen buddhistischen Richtungen Chinas genießt schon die erwähnte weibliche Entsprechung des Bodhisattva Avalokiteshvara, die Göttin der Barmherzigkeit Kuan-Yin, große Verehrung.

Die Meditation dieser Sekte, die sich theistischen Anschauungen nähert, besteht in Andachtsübungen, bei denen der Name des Buddha-Amitabha (Amida) in gläubiger Andacht und Hingabe immer wieder rhythmisch gemurmelt wird. Zuerst vernimmt der Meditierende diesen Namen nur äußerlich, dann wird er verinnerlicht, und schließlich erscheint dem Meditierenden das

Bild des Buddha, das er in voller Konzentration fixieren muß. Die Gnade des Buddha erfüllt ihn dann mit tiefer Seligkeit. Nach und nach verlagert sich das Bild in sein Inneres, und zuletzt vereinigt er sich in der Erleuchtung mit ihm. Der Amitabha-Buddha wird dann zum Nichts.

Im ersten Drittel des 6. Jahrhunderts n.Chr. wurde von dem Inder Bodhidarma in China eine Meditationssekte, die »Schule der Innerlichkeit«, gegründet. Er unterwies seine Schüler in Übungen des Sichversenkens; nur dadurch, nicht durch das Studium heiliger Schriften, sollten Erkenntnis und Erlösung gewonnen werden.

Im Gegensatz zu dieser Richtung bewertete die 580 n.Chr. gegründete Tien-tai-Sekte das Studium der Schriften sehr hoch. Sie erstrebte eine Vereinigung aller verschiedenen Schulen und Sekten des Buddhismus. Eine weitere Richtung, die »Schule der Disziplin«, die seit dem 7. Jahrhundert bestand, verlangte strenge Ordenszucht in ihren Reihen.

Sammlungen buddhistischer Texte gab es in China schon in den ersten nachchristlichen Jahrhunderten. Im Laufe der Zeit wurden sie zum »chinesischen Tripitaka« erweitert, welches u.a.Schriften des Hinayana, des Mahayana und des Vayrayana enthält. Die Lehre der Amitabha-Sekte ist in dem Werk »Sukhavativyuha« (Beschreibung des glücklichen Landes) erläutert.

4. 4. 6 Entwicklung des Mahayana in Japan; Zen

Der chinesische Mahayana-Buddhismus gelangte 525 n.Chr. über Korea nach Japan. Zu Beginn des 9. Jahrhunderts ging er eine Verbindung mit der japanischen Shinto-Religion ein, deren Götter als Erscheinungen von himmlischen Buddhas und Bodhisattvas erklärt wurden. In dieser Zeit bildeten sich auch die ersten Sekten, die sich eng an chinesische Vorbilder anlehnten. Wie in China, so werden auch in Japan bis heute der Buddha-Amitabha und Kwannon, die Göttin der Barmherzigkeit (entspr. Kuan-Yin), besonders verehrt.

Die wichtigsten buddhistischen Sekten sind die Tendai- und die Jodo-, Nichiren- und Zen-Sekten, die in der Kamakura-Periode (1185 - 1333) gegründet wurden. Außer diesen Mahayana-Sekten gibt es noch einige Vayrayana-Sekten, die jedoch von geringerer Bedeutung sind und von denen nur die Shingon-Sekte erwähnt werden soll.

Die *Tendai-Sekte* entspricht der chinesischen Tien-tai-Richtung. *Die Jodo-Sekten* entstammen einer von der Tendai-Sekte abgespaltenen Schule, die von Honen-Shonin (1133 - 1212) gegründet worden war. Dieser vertrat die chinesisch-buddhistische Lehre von der Erlösung durch die Gnade des Buddha-Amitabha. Wer diesen anruft, wird in das »Reich der Reinheit« (Jodo) gelangen.

Durch Wiedergeburt im Jodo kann man die erlösende Erleuchtung erfahren. Ein Schüler Honen-Shonins, Shinran-Shonen (1173 - 1220), rief die *Jodo-Shinran-Sekte* ins Leben. Er lehrte im Gegensatz zu Honen-Shonin, daß die Gnade Amitabhas eine freie Gabe, ein Geschenk sei, nicht der Lohn für Verehrung, die man ihm entgegenbringt. Shinran-Shonen forderte ein tätiges Leben und führte bestimmte Zeremonien bei Geburt, Eheschließung und Tod ein. Zur Jodo-Shinran-Sekte bekennt sich ein erheblicher Teil der japanischen Bevölkerung.

Die Lehren aller dieser Sekten werden von der *Nichiren-Sekte*, die der Mönch Nichiren (1222 - 1282) gründete, nicht anerkannt, da sie gegen den wahren Glauben verstoßen würden. Nichiren lehnt den Glauben an die göttliche Gnade ab; nur durch Entsagen von der Welt kann man zur Erlösung gelangen. Es gibt nur eine einzige Wirklichkeit, also keine Trennung zwischen irdischer und jenseitiger Welt. Diese Wirklichkeit hat Anteil am Wesen des Ur-Buddha, der Gläubige muß zur ihrer Erkenntnis kommen.

Im Abendland am bekanntesten sind die japanischen *Zen-Sekten* (Meditations-Sekten; zen ist der japanische, tschan oder ch'an der chinesische und dhyana der indische Ausdruck für Meditation). Alle 24 Zen-Sekten leiten sich von der chinesischen Sekte des Inders Bodhidarma ab, doch weisen sie dieser gegenüber einige Veränderungen auf. Die wichtigsten sind die *Rinzai-* und die *Soto-Sekten*, die von den Mönchen Eisai (1141 - 1215) bzw. Dogen (1200 - 1253) begründet wurden. Beide hatten ihre Ausbildung in China erhalten.

Die Zen-Sekten unterscheiden sich kaum in Glaubensfragen. Ihr Ziel ist die Erleuchtung, die durch regelmäßiges Meditieren erreicht werden kann. Auf das Lesen und Überdenken von religiösen Texten legt man weniger Wert, doch gibt es auch Litaneien und Rezitationsübungen von Sutras. Die Art der Meditation ist von Sekte zu Sekte etwas verschieden. Hauptsächlich sollen durch bestimmte Körperhaltungen und durch Atemtechnik im Verein mit geistigen Übungen Gefühle, Begierden und unerwünschte Gedanken ausgeschaltet werden. Die Meditation wird gemeinsam in Gruppen unter der Leitung eines Zen-Meisters ausgeführt. Der Meister hilft dem Schüler durch regelmäßige persönliche Unterweisung zur Erlösung zu gelangen. Sehr alt ist die Sitte, bei lang andauernden nächtlichen Meditationen Tee zu trinken, um Ermüdungserscheinungen vorzubeugen.

Von einigen Zen-Sekten wird eine »Zazen« (Sitzen) genannte Meditationstechnik bevorzugt, bei der der Schüler völlig entspannt im Lotus-Sitz auf einer flachen Unterlage meditiert und bestimmte Atemübungen durchführt. Damit soll als erstes der Geist ruhig gestellt werden. Alle Übungen sind nutzlos, wenn nicht eine innere Wandlung eintritt, die einmal in gesteigerter Konzentrationsfähigkeit und zum anderen in sittlicher Vervollkommnung besteht. Die Zazen-Meditation darf nicht mit Meditationsformen verwechselt werden, bei denen der Geist auf ein Objekt oder eine Idee ausgerichtet wird, und bei denen man z.B. über einen Bodhisattva oder ein Bild (Mandala) meditiert. Im Zazen soll man den Geist von allen solchen Vorstellungen befreien, er soll leer werden, damit er zu seinem eigenen Wesen gelangen kann. Vernunft und logisches Denken sollen dabei nicht beseitigt werden, sondern sollen im Gegenteil gestärkt aus den Übungen hervorgehen. Gesichte, Halluzinationen, sogen. göttliche Eingebungen und Offenbarungen werden völlig abgelehnt. Derartiges kann in gewissen Stadien der Meditation auftreten, soll aber nicht beachtet werden, da es nur ein Hindernis auf dem Wege zur Erleuchtung ist.

Durch fortgesetzte Meditation soll nach und nach alles Äußerliche ausgeschaltet und eine höhere geistige Ebene erreicht werden. Das erste Ziel ist absolute Demut; auch der letzte Rest von Stolz und Selbstbewußtsein muß beseitigt werden. Als Hilfsmittel auf dem Wege werden von einigen Zen-Sekten sogen. »Koans« verwendet, das sind paradoxe Aussagen oder Fragen, die sich durch rationales Denken nicht lösen lassen oder die scheinbar sinnlos sind. Das bekannteste Beispiel ist das »Koan des muji«:

Ein Mönch fragte den Meister Chao-chou, ob auch ein Hund die Buddha-Natur besäße. Die Antwort war: »mu«, d.h. »Nichts«; die Antwort war nicht ja und nicht nein. Einige weitere Beispiele mögen folgen [8]:

> »Die zehntausend Dinge gehen auf Eins zurück; worauf geht dieses Eine zurück?«
> »Wer ist der, der nicht von den zehntausend Dingen abhängig ist?«
> »Wenn sich kein Gedanke erhebt, gibt es dann einen Fehler oder nicht?«
> »Was ist der Ton *einer* klatschenden Hand?«
> »Wenn ihr das einen Stock nennt, so ist das Anhaften. Wenn ihr das ›nicht-ein-Stock‹ nennt, so ist das Sich-Widersetzen. Ihr Mönche, sagt einmal, wie nennt ihr es?«

Der Sinn des Nachdenkens über ein Koan besteht darin, die Grenzen logischen Denkens zu zeigen, Dogmen und Vorurteile zu beseitigen und den Geist von allen sinnenhaften Vorstellungen leer zu machen; er soll von den äußeren Eindrücken zur inneren Wahrheit geführt werden, er soll am Unterscheidungsvermögen der Vernunft zweifeln und zuletzt sich und die Welt als Eines ansehen.

Die Erleuchtung, zu der der Schüler nach mehr oder weniger langem Üben kommen kann, besteht in der Erkenntnis, daß alle Geschöpfe (und auch er selbst) ihrem innersten Wesen nach »Buddha-Wesen« von vollkommener Natur, aber unpersönlicher Identität sind. Die Erleuchtung ist die Schau des eigenen Wesens (oder aus religiöser Sicht: die Schau des göttlichen Anteils im Menschen). Gleichzeitig ist sie die Schau des letzten Grundes des Weltalls von einer höheren Ebene aus, auf der alle Unterschiede verschwinden und unendliche Harmonie waltet.

Die Erleuchtung wird – wenn überhaupt – meist erst nach jahrelangem, intensiven Ringen mit sich selbst, nach zahllosen Zazen-Übungen und nach vielen Belehrungen durch den Meister erreicht. Vorbedingung ist das Lösen von allen persönlichen Bindungen und Gefühlen, so daß Verwandte und Bekannte für den Meditierenden nicht mehr existieren. In diesem Sinne ist auch der berühmte Ausspruch des Gründers der Rinzai-Sekte zu verstehen:

> »Räume jedes Hindernis aus dem Wege ... Wenn dir der Buddha auf dem Wege begegnet, so töte den Buddha! Wenn du deine Ahnen triffst, so töte die Ahnen! Wenn du Buddhas Jünger triffst, töte Buddhas Jünger! Wenn du Vater und Mutter triffst, töte Vater und Mutter! Wenn du deine Verwandten triffst, töte die Verwandten! Nur so wirst du die Erlösung erlangen, nur so den Netzen entfliehen und frei werden«.

Die Erleuchtung pflegt von einer tiefen inneren Freude begleitet zu sein, die aber überwunden werden soll. Im Zen-Buddhismus wird ein weiteres Ziel über die Erleuchtung hinaus angestrebt: Die Anwendung der erlangten Einsichten auf das Verhalten im täglichen Leben, welches in aktiver Tätigkeit bestehen soll. Angestrebt wird die sogen. »geheime Tugend«, d.i. die Fähigkeit, Gutes zu tun, ohne auf Anerkennung durch sich selbst oder durch andere bedacht zu sein. Man vergleicht den Weg zur Erleuchtung und das Verhalten danach mit dem Suchen, Finden und Einfangen eines entlaufenen Ochsen. Wenn der glückliche Hirte ihn gefunden und eingefangen hat, nimmt er seine gewohnte Tätigkeit wieder auf, und sein Glücksgefühl überträgt sich auf seine Umgebung. Die Parabel bedeutet, daß nach der Erleuchtung die Rückkehr zum tätigen Leben erfolgen soll.

Im Prinzip ist die Erleuchtung für jeden erreichbar, der sich ernsthaft und unermüdlich darum bemüht. Praktisch ist es natürlich nicht allen Schülern gegeben, die außerordentlich großen Schwierigkeiten zu überwinden und bis zum Ende des Weges durchzuhalten. Sie bleiben dann auf einer der unteren Stufen stehen. Vor allem können Laien in der Regel gar nicht die erforderliche Zeit für jahrelange Übungen aufbringen. Viele betreiben Zazen daher nur, um zu gesteigerter Konzentrationsfähigkeit zu gelangen oder um mit ihren psychischen Problemen besser fertig zu werden. Die Kunst des Bogenschießens oder des Fechtens, die von einigen Zen-Sekten ausgeübt wird, ist nur als eine der unteren Stufen des Weges anzusehen, auch wenn es dabei auf äußerste Konzentration ankommt.

> »Nicht ich schieße, sondern es schießt aus mir«,

ist die Aussage eines solchen Bogenschützen. Aber selbst zu dieser Stufe führt nur ein Weg harter Zucht und äußerster Hingabe.

4. 4. 7 Entwicklung des Mahayana in Tibet; das Totenbuch

Der Buddhismus gelangte etwa 700 n.Chr. nach Tibet und wurde schon am Ende des 8. Jahrhunderts Staatsreligion. Der neue Glaube folgte hauptsächlich der Vayrayana-Richtung, nahm aber manche Lehren der alten tibetischen Bön-Religion auf. Der Grundzug dieser Religion besteht in der Verehrung von zahlreichen Göttern und Geistern in Verbindung mit einem schamanistischen Magiertum, das von Nordasien her nach Tibet eingedrungen war. Der Buddhismus übernahm davon eine Anzahl von Zeremonien sowie magische Riten und Tänze.

Im 8. Jahrhundert kam der indische Mönch Padmasambhava auf Bitten der ansässigen Buddhisten nach Tibet, da sie sich nicht gegenüber den einheimischen Zauberpriestern behaupten konnten. Es gelang ihm, die Widerstände zu beseitigen und den buddhistischen Glauben weiter auszubreiten. Er gilt daher als der eigentliche Bekehrer Tibets, das vor allem auf Grund seiner Missionierung ein Zentrum des (abgewandelten) Vayrayana wurde.

In den folgenden Jahrhunderten spielten die Klöster eine führende Rolle. In Zeiten des Rückganges wurden sie zu Hütern der Religion, in Zeiten der Ausbreitung gewannen sie immer mehr Einfluß, der sich auch auf das politische Leben erstreckte. Im 11. Jahrhundert ging die Macht des Königshauses an die buddhistischen Priester über, und der tibetische Buddhismus entwickelte sich zu einer straff organisierten religiösen *und* weltlichen Macht. Diese Verbindung von weltlicher und geistiger Macht wird als »Lamaismus« bezeichnet.

Um 1000 n.Chr. führte ein aus Bengalen stammender Mönch namens Atisa eine Reform des Glaubens durch; es gelang ihm, das Zauberwesen und die Magie, die überhand genommen hatten, einzudämmen und dafür die mystische Seite der Religion zu stärken. Er gründete die Sekte der »Rotmützen« oder der »roten Kirche«. Seine Schrift »Die Lampe des Bodhisattva-Weges« wurde eines der wichtigsten Werke des tibetischen Buddhismus. Er versah darin sämtliche buddhistischen Schulen vom Hinayana bis zum Vayrayana mit tantrischen Ideen und Praktiken und ordnete sie zu einem einheitlichen System. Nach Atisa wirkten im 11. Jahrhundert der Asket Marpa (1012 - 1097), der zahlreiche Sanskrit-Schriften übersetzte, und dessen Schüler Milarepa (1040 - 1123), welcher nachdrücklich auf die Bedeutung des Meditierens hinwies. Seine Anhänger lebten asketisch in Höhlen.

Der bedeutendste tibetische Reformer und Organisator war Tsong-kha-pa (1355 - 1418), der sich als Nachfolger Atisas ansah und ebenso wie dieser gegen Magie und Zauberei anging. Er gründete die neue Sekte der »Gelbmützen« oder der »gelben Kirche«, die eine streng hierarchische Verfassung mit dem Gebot der Ehelosigkeit für Mönche erhielt. Er stellte die Ordensdisziplin im Lamaismus wieder her und führte Änderungen des Kultes durch. Seine Schule wurde in kurzer Zeit in Zentral-Tibet führend. Er selbst lebte als Abt oder Großlama in dem von ihm gegründeten Kloster. Durch ihn erhielt das buddhistische Gelöbnis der dreifachen Zufluchtnahme (»Ich nehme Zuflucht zu dem Buddha; ich nehme Zuflucht zu der Lehre; ich nehme Zuflucht zu dem Mönchswesen«) den wichtigen Zusatz

> »ich setze mein Vertrauen auf den Lama«,

womit die Lama-Verehrung begründet wurde.

Der dritte Großlama des Klosters, dem Tsong-kha-pa zu Lebzeiten vorgestanden hatte, erhielt im Jahre 1578 gelegentlich einer Missionsreise in die Mongolei von dem Fürsten Altan Khan den Titel »Dalai Lama« (ozeangleicher Lama), ein Titel, der dem Inhaber dieses Amtes vom chinesischen Mandschu-Kaiser 1652 bestätigt wurde und der bis heute geblieben ist. Der dritte Dalai Lama (der 5. Nachfolger des Tsong-kha-pa) mit Namen Ngawáng-lozáng-gjátso (1617 - 1682) stellte verbindliche Regeln für die schon vorher vorhandene Lehre von den Inkarnationen auf. Sich selbst erklärte er als Inkarnation des Bodhisattva Avalokiteshvara (tibetisch: Tschenresi) und den Abt des Klosters Taschi-lunpo zur Inkarnation des Dhyani-Buddha Amitabha (Öpames). Dieser erhielt den Titel »Pantschen Lama«.

Ngawáng-lozáng-gjátso verlegte seinen Sitz in das Potala-Kloster, das er auf den Ruinen einer alten Festung am Rande der Hauptstadt Lhasa errichtet hatte. Seine Stellung als Oberhaupt der Gelbmützen-Sekte war unangefochten, und es gelang ihm, auch die politische Herrschaft über ganz Tibet zu erringen, während dem Pantschen Lama nur die rein religiöse Autorität verblieb. Diese Stellung des Dalai Lama blieb unter seinen Nachfolgern bis zum Einmarsch der Chinesen im Jahre 1950 erhalten. Der letzte (14.) Dalai Lama war bis zu seiner Flucht nach Indien (1959) offizielles tibetisches Staatsoberhaupt.

In Tibet gibt (oder gab) es die beiden schon erwähnten Mönchsorden der »Rotmützen« und der »Gelbmützen«. Ihre Ordensregeln unterscheiden sich kaum, doch gibt es bei den Rotmützen einige Schulen, die sich zu tantrischen Gebräuchen bekennen und das Zölibat nicht fordern. Jeder Klostergemeinde steht ein Lama vor, ihm unterstehen andere Lamas mit verschiedenen Aufgabenbereichen. Der Kult im Tempel wird von Lamas ausgeübt, die Kulthandlungen müssen täglich fünfmal ausgeführt werden. Zum Kult gehört auch ein Sterbe- und Totenritus, bei dem ein Lama aus dem Totenbuch, dem Bardo Thödol (s.u.), vorliest. Eine Besonderheit des Lamaismus besteht darin, daß keine Erkenntnis auf dem Erlösungsweg ohne die Hilfe eines Lamas erlangt werden kann. Bei der Meditation ruft der Schüler den Lama herbei; er identifiziert und vereinigt sich dabei im Geiste mit seinem Lehrer, um gemeinsam mit ihm den Stufenweg bis zum Einssein mit dem Bodhisattva emporzusteigen.

Die religiösen Pflichten der Laien bestehen aus guten Werken, z.B. Almosengeben, aus Wallfahrten und aus dem Murmeln von Gebetsformeln wie dem bekannten »Om mani padme hum« (Verehrung dem Kleinod in der Lotusblüte, d.h. dem Avalokiteshvara). Die Gebetsformel wird auch in Steine eingraviert, auf Papierstreifen in Gebetsmühlen gemalt und auf Gebetsfahnen aufgestickt. Die für den Lamaismus so wichtigen magischen Sprüche und Riten beruhen an sich auf sinnvollen religiösen Vorstellungen; doch ist oft ihr Sinn verloren gegangen, so daß sie dem Außenstehenden und manchmal selbst dem Buddhisten nichts mehr besagen. Die Laien erweisen außerdem den Bildern und Statuen von Buddhas, Bodhisattvas und Göttern in den Tempeln ihre Verehrung durch Anzünden von Räucherkerzen und Aufstellen von Opferschälchen. Anstelle von Bildern sind oft Wandbehänge, sogen. Thankas, angebracht, die gewöhnlich die Lebensgeschichten von Göttern darstellen.

Von größter Bedeutung sowohl für Mönche als auch für Laien ist das regelmäßige Meditieren. Als Hilfsmittel dienen dabei das Murmeln von Gebeten, das unermüdliche Wiederholen von heiligen Formeln (Mantras) und das Sichversenken in den Anblick eines Götterbildes oder eines religiösen Symbols. Weiterhin versenkt man sich in geometrische, mit Zeichen besetzte Diagramme (Yantras) und in von Figuren ausgefüllte ringförmige Zeichnungen (Mandalas). Es sind dies Symbole von geistig-seelischen Erfahrungen, die sich bei der Meditation einstellen. Der Meditierende soll das Geschaute in sich aufnehmen und damit verschmelzen. Er soll dann aus sich heraus zu der Erkenntnis gelangen, wie die Weltillusion entsteht und wie sie vergeht; sie soll als Werkzeug und Spiel des Göttlichen erkannt werden, des Göttlichen, das letzter Ursprung ist, das aber von allem Weltlichen unberührt bleibt.

Ein anderer Meditationsweg hat das Einswerden mit dem Buddha zum Ziel. Man bedient sich dabei der Lehre vom dreifachen Leib des Buddha (s.o., Abschn. 4.4.1), dem transzendenten »Leib der Lehre«, dem Leib, der ihm »im himmlischen Glücksland zu eigen ist« und dem, der ihm auf Erden in der »Sphäre der Begierden« angehört. Anstelle des Ausdruckes »Leiber des Buddha« kann man auch den der »Buddha-Ebenen« verwenden, der zwar der tibetischen Wendung weniger entspricht, aber treffender ist. Von den drei Leibern oder Ebenen kommt nur dem (der) transzendenten Realität zu, denn er (sie) ist allein mit dem Absoluten identisch. Die beiden anderen beruhen auf Illusion und haben nur als Vorstufen auf dem Meditationsweg Bedeutung.

Eine weitere Meditationshilfe ist das Sich-Versenken in das »Yab-Yum-Bild«, die tibetische Darstellung der männlichen und der weiblichen Gottheit in der Vereinigung. Man nennt es auch das »Bild des Engels mit den beiden Rücken«. Die Darstellung ist tantrisch; symbolisiert werden das Streben nach Einheit, das Verschmelzen von Subjekt und Objekt und deren gegenseitige Aufhebung. Wenn der Betrachtende das Bild völlig in sich aufnimmt, kann er nach dem Wegfallen aller Spannungen im Zustand der Ichlosigkeit die Vereinigung mit dem Absoluten erleben. Man soll das Yab-Yum-Bild auf zweierlei Weise betrachten: Der Meditierende soll einmal den weiblichen Teil als den dynamischen Aspekt des Ewigen ansehen und den männlichen als das in Ruhe befindliche transzendente Ewige. Zum anderen soll er den männlichen Teil als den Weg betrachten, der zum Ziel der Erlösung führt und den mit ihm verschmolzenen weiblichen Teil als das Ziel. Das bedeutet, daß sowohl das Männliche als auch das Weibliche die letzte Wahrheit vertreten und daß beide gleichrangig sind. In der Erleuchtung fallen jedoch alle Unterschiede weg, jeder Dualismus ist aufgehoben.

Eine besondere Meditationstechnik, die sogen. »Visualisation« (Visualisation ist im Gegensatz zu Vision und Halluzination das willentliche Hervorbringen eines Bildes) sei noch beschrieben. Sie zeigt im Ergebnis Anklänge an die unio mystica monotheistischer Religionen. Die Visualisation ist nur für Fortgeschrittene auf dem mystischen Wege geeignet [9].

Der Meditierende richtet zunächst seinen Blick ins Ungewisse, z.B. auf den Himmel oder auf eine Wolke. Vor seinem inneren Blick tauchen Bilder auf, die unbeständig sind und ruhelos hin und her wandern. Er muß die Bewegungen der Bilder durch Atemtechnik und durch Fixieren seines Blickes zur Ruhe bringen. Schließlich setzen sie sich, ihre Formen werden kleiner, und zuletzt bleibt nur ein winziger Lichtpunkt übrig. Auch dieser muß zur Bewegungslosigkeit gebracht werden. Er verschwindet, kommt wieder zurück und geht dann in den Meditierenden ein.

Dies ist die allgemeine Form der Visualisation. Der Geist soll lernen, bestimmte Formen vor sich projizieren zu können. Der leuchtende Punkt ist die Essenz seines Geistes; er kann aus ihm beliebige Formen entstehen lassen und diese auch wieder in sich selbst zurückziehen.

Bei der konkreten Art der Visualisation stellt man sich eine bestimmte Gottheit vor und konzentriert sich auf ihr Bild. Auch diese Form wird zu einem Lichtpunkt zusammengezogen. Sodann soll der Meditierende sich selbst als die Erscheinung des Gottes ansehen; sein Geist fließt aus ihm heraus und nimmt dabei die Form der betr. Gottheit an. Dabei wird sein Selbst in das Wesen der Gottheit verwandelt, und diese ist nun nicht mehr ein Bild oder ein Phantom, sondern sie ist ebenso wirklich wie der Meditierende. Beide zusammen bilden eine Realität. Nun soll er sein Selbst und die Gottheit trennen, deren Bild wieder zu einem Punkt zusammenziehen und den Punkt in sich zurückholen.

Die Visualisationen werden niemals als reelle Wesen angesehen. Sie sind wie Spiegelungen im Wasser, sie verschwinden wieder zu Nichts. Sie sind aber auch keine Halluzinationen oder Visionen, denn sie können nach Belieben bei vollem Bewußtsein hervorgebracht und wieder eingezogen werden. Der Meditierende lernt auf diese Weise, daß die sogen. reale Welt in Wirklichkeit nur Schein ist; sie ist eine Transformation seines eigenen Geistes, dessen Essenz das Leere ist.

Der Sinn dieser Technik ist die Umwandlung des Bewußtseins. Das Ego der Gottheit wird mit dem eigenen Ego ausgewechselt, das zuletzt aufgegeben wird. Man soll das stärkere Ego der Gottheit annehmen und so selbst zur Gottheit werden. Dabei verschwinden alle Unterschiede zwischen Objekt und Subjekt, und der Meditierende gelangt zu der Erkenntnis, daß alles Leere ist. Sein Mantra lautet:

> »Alle Dinge sind ihrer Natur nach Leere;
> auch ich bin von der Natur der Leere«.

Die Visualisationsmethode ist für viele gefährlich, da es zu einem völligen Zusammenbruch der Persönlichkeit kommen kann. Sie soll daher auf jeden Fall nur unter der Leitung eines erfahrenen Lehrers durchgeführt werden.

Das tibetische Totenbuch

Das Totenbuch »Bardo Thödol« (Die große Befreiung durch Hören im Nachtod-Zustand oder: Buch der spontanen Befreiung vom Zwischenreich) ist eine nichtkanonische Schrift der Rotmützen-Sekte, die auch von den Gelbmützen übernommen wurde. Sie regelt die Zeremonien bei und nach dem Tode eines Gläubigen. Das Totenbuch ist angeblich von dem Mönch Padmasambhava, dem Apostel Tibets, verfaßt worden; in einer Zeit der Buddhistenverfolgung soll es verborgen und später wieder aufgefunden worden sein.

Nach tibetischer Auffassung verbleibt die Seele oder das Bewußtsein noch 3 - 4 Tage im Körper des Verstorbenen und verläßt ihn dann durch die Fontanelle der Hirnschale (bei Gläubigen, die schon zu Lebzeiten erlöst waren) oder durch den Mund (bei nicht erlösten Gläubigen). Der Leichnam wird etwa eine Woche nach dem Tode in der Natur ausgesetzt und den wilden Tieren zum Fraß überlassen; reichere Familien lassen ihn verbrennen, der Leichnam eines hohen Geistlichen wird einbalsamiert und in einem Totenhaus aufbewahrt.

Die ersten 7 x 7 Tage nach dem Tode sind ein Zwischenzustand. Der Verstorbene wird verschiedenen Prüfungen unterworfen; er kann in dieser Zeit noch die Wiedergeburt verhindern und das Nirvana erreichen. Die Dauer seines Aufenthaltes in diesem Zwischenreich kann verkürzt werden; sie hängt von seinem Karma und von der Hilfe des beistehenden Lamas ab. Der Zwischenzustand enthält mehrere Stufen oder Ebenen, die nacheinander durchschritten werden. Die Aussichten des Verstorbenen auf Erlösung verschlechtern sich von Stufe zu Stufe. Wenn es ihm nicht gelingt, von einer dieser Ebenen zum Nirvana zu gelangen, wird er nach 49 Tagen wiedergeboren; besonders verworfene Verbrecher können aber auch zur Hölle verdammt werden. Die Aufgabe des Lamas besteht darin, den Verstorbenen durch Belehrung und durch Vorlesen des Bardo Thödol ins Nirvana zu führen. Der Zwischenzustand weist folgende Ebenen auf:

1) Die Ebene des *Tschikhai-Bardo* (der Augenblicke des Todes)
   a) der Augenblick des Sterbens;
   b) der Augenblick unmittelbar nach dem Tode.
2) Die Ebene des *Tschönyi-Bardo* (Bardo des Erlebens der Wirklichkeit)
   a) das Dämmern der friedvollen Gottheiten (in der ersten Woche);
   b) das Dämmern der rasenden Gottheiten (in der zweiten Woche).
3) Die Ebene des *Sipa-Bardo* (»das klare von-Angesicht-zu-Angesicht-Setzen im Zwischenzustand, wenn man Wiedergeburt sucht«).

Im Sterben, während der letzten Atemzüge, gelangt man auf die Ebene des *Tschikhai-Bardo*. Der Gläubige erblickt eine Lichterscheinung, das »klare Urbild«. Wenn er im Leben genügend weit auf dem Pfad der Erleuchtung fortgeschritten und von einem Guru oder Lama recht geleitet worden war, gelangt er aus diesem Zustand sofort zur Erlösung. Der Lama, der ihm im Tode beisteht, belehrt ihn in dieser kurzen Zeitspanne über seinen Zustand:

> »O Edelgeborener, höre zu. Jetzt erfährst du die Strahlung des Klaren Lichtes Reiner Wirklichkeit. Erkenne sie. O Edelgeborener, dein jetziger Geist, seiner wirklichen Natur nach leer, nicht zu irgend etwas wie Merkmalen oder Farbe geformt, natürlicherweise leer, ist die wahre Wirklichkeit, die allgute (Mutter).
> Dein eigener Geist, der jetzt Leere ist, jedoch nicht als die Leere des Nichts zu betrachten ist, sondern als reiner Geist, unbehindert, leuchtend, erregend, glückselig, ist das wahre Bewußtsein, der allgute Buddha.
> Dein eigenes Bewußtsein, das zu Nichts geformt und in Wirklichkeit leer ist, und der (erkennende) Geist, leuchtend, glückselig – diese beiden sind unzertrennlich. Die Vereinigung von beiden ist der Dharmakaya-Zustand vollkommener Erleuchtung.
> Dein eigenes Bewußtsein, leuchtend, leer und untrennbar von dem großen Strahlungskörper, hat weder Geburt noch Tod und ist das unveränderliche Licht – Buddha-Amitabha.
> Dies zu wissen genügt ... « [10].

Wenn der Sterbende diese Erkenntnis nicht zu erlangen vermag und wenn das Atmen endgültig aufgehört hat, beobachtet er eine zweite Lichterscheinung. Er ist unsicher: »Bin ich tot oder bin ich nicht tot?« Er sieht seine Verwandten und hört ihre Klagen, hat aber keine weiteren Bilder oder Trugbilder vor Augen. Auf dieser Stufe muß der Lama ihm sagen, daß er seine Schutzgottheit anrufen soll:

> »O du Edler von Geburt, meditiere über deine eigene Schutzgottheit. Schweife nicht ab. Konzentriere deine Gedanken ernstlich auf deine Schutzgottheit. Meditiere über sie, als ob sie die Spiegelung des Mondes im Wasser wäre, sichtbar, aber an sich nicht existierend. Meditiere über sie, als ob sie ein Wesen mit einem leibhaftigen Körper sei ... « [11].

Durch Meditation kann der Verstorbene erreichen, daß keine Trugbilder erscheinen, durch die er vom Ideal der Erleuchtung abgelenkt würde. Er wird dann erlöst.

Konnte der Verstorbene im Tschikhai-Bardo nicht zum Nirvana gelangen, so folgen für ihn auf der nächsten Ebene, der des *Tschönyi-Bardo*, erneute Prüfungen. Er wird sich bewußt, daß er gestorben ist und keinen Körper mehr besitzt. In den ersten fünf Tagen treten Lichterscheinungen auf: Ein helles blaues, weißes, gelbes, rotes und grünes Licht, dessen Glanz ihm Furcht und Schrecken einflößt. Daneben sieht er jeweils ein trübes Licht gleicher Farbe, ferner einen der Dhyani-Buddhas sowie mehrere Bodhisattvas mit ihren weiblichen Entsprechungen. An jedem Tage hat er die Wahl, die Furcht vor dem hellen Licht zu überwinden oder sich dem trüben Licht zuzuwenden, das eine seiner Leidenschaften im irdischen Leben symbolisiert (Zorn, Stolz, Neid u.a.m.). Vermag er der Versuchung, die ihn zu dem trüben Licht hinzieht, zu widerstehen, so kann er an jedem dieser Tage erlöst werden; andernfalls verbleibt er auf der Ebene des Tschönyi-Bardo.

Am 6. Tag leuchten alle Lichter gleichzeitig auf, und er erlebt die Vision von zahlreichen Gottheiten. Diese sind seine Schutzgeister; er soll die Furcht vor ihnen überwinden:

> » ...O Edelgeborener, diese Reiche rühren nicht von irgendwo außerhalb (deiner selbst) her. Sie kommen von innerhalb der vier Abteilungen deines Herzens, die, den Mittelpunkt hinzugerechnet, die fünf Richtungen ausmachen. Sie kommen von da innen heraus und scheinen auf dich. Auch die Gottheiten sind nicht von sonst irgendwoher gekommen: Sie existieren von Ewigkeit her innerhalb der Fähigkeiten deines eigenen Geistes. Wisse, daß sie von solcher Natur sind« [12].
> » ... O Edelgeborener, all' dies sind Ausstrahlungen deiner eigenen Geistesfähigkeiten, die da scheinen. Von keiner anderen Stelle sind sie gekommen. Laß dich nicht von ihnen anziehen, – sei nicht schwach, habe keine Furcht, sondern verharre in der Stimmung der Nicht-Gedankenbildung. In diesem Zustand gehen alle Formen und Strahlungen in dich ein, und du erlangst Buddhaschaft ... « [13].
> »Indem man ... betet, erkennt man sein eigenes inneres Licht, und indem man sein Selbst darin aufgehen läßt, wird in Ver-ein-ung Buddhaschaft erreicht. Durch demütigen Glauben gelangt der gewöhnliche Gläubige dazu, sich selbst zu erkennen und Befreiung zu erreichen; selbst der Geringste kann durch die Kraft des reinen Gebetes ... , so er den eigentlichen Sinn der vier Weisheiten versteht, Buddhaschaft ... erreichen« [14].

Wenn der Verstorbene aber vor den reinen Strahlen der Weisheit erschrickt und den Zustand der »Nicht-Gedankenbildung« verläßt, so wird er nicht erlöst (die »Nicht-Gedankenbildung« ist eine Stufe, die bei der Yoga-Art des Samadhi-Yoga erreicht wird). Nicht erlöst werden auch die »Schlimmsten der Schlimmen«, Menschen, die ein besonders schlechtes Karma besitzen, gottlos sind oder Gelübde gebrochen haben.

Am 7.Tag erscheinen dem Verstorbenen die »Wissenshaltenden Gottheiten«, weiter die »Verschiedenfarbige Strahlung der gereinigten Neigungen«, dazu aber auch Sinnbilder der tierhaften Leidenschaften, denen er im Leben verhaftet war. Wieder fürchtet er sich vor dem hellen Leuchten und wird zu dem dunklen Licht seiner Triebe hingezogen. Er kann durch demütiges Gebet und durch den Glauben an die Wahrheit der Lehre zur Erlösung gelangen, selbst wenn ihn zu Lebzeiten böse Triebe beherrscht haben.

Für den immer noch nicht Erlösten brechen nunmehr die sieben Tage der »achtundfünfzig flammenumschienenen, zornigen, bluttrinkenden Gottheiten« an. Sie sind jedoch nur der umgekehrte Aspekt der friedvollen Gottheiten. Alle diese furchtbaren Erscheinungen sind nur Ausgeburten seines eigenen Geistes. Er soll sich nicht vor ihnen fürchten, sondern sie annehmen und als seines Geistes Kind erkennen. Als Beispiel sei die Beschreibung des negativen Aspektes des Dhyani-Buddha Amitabha angeführt:

> »O Edelgeborener, am elften Tag kommt die bluttrinkende (Gottheit) der Lotus-Ordnung, genannt der Bhagavan Padma-Heruka, von rötlich schwarzer Farbe, (mit) drei Gesichtern, sechs Händen und vier festaufgesetzten Füßen, das rechte (Gesicht) weiß, das linke blau, das mittlere dunkelrot, in der ersten Rechten seiner sechs Hände einen Lotus haltend, in der mittleren einen Dreizack-Stab, in der letzten eine Keule; in der ersten Linken eine Glocke, in der mittleren eine (menschliche) Schädelschale, mit Blut gefüllt, in der letzten eine kleine Trommel; sein Körper von der Mutter Padma-Krodhesvari umarmt, deren rechte Hand seinen Hals umschlingt, deren linke seinem Mund eine (mit Blut gefüllte) rote Schale darreicht ...
> Habe keine Furcht. Erschrick nicht. Laß dich nicht einschüchtern. Freue dich. Erkenne (sie) als das Erzeugnis deines eigenen Geistes; da (sie) deine eigene Schutzgottheit (sind), fürchte dich nicht. In Wirklichkeit sind sie der Bhagavan Amitabha im Vater-Mutter-Aspekt. Glaube an sie. Zugleich mit der Erkenntnis wird Befreiung erreicht. Durch die Erkenntnis, daß sie Schutzgottheiten sind, wirst du in Vereinung (in sie) eingehen und Buddhaschaft erreichen« [15].

Ähnliche Erscheinungen und ihre Deutung wiederholen sich immer wieder; am 14. Tage heißt es:

> »O Edelgeborener, ... wenn man nicht seine eigenen Gedankenformen erkennt, erreicht man nicht Buddhaschaft ...
> O Edelgeborener, wenn solche Gedankenformen hervorstrahlen, habe keine Angst, laß dich auch nicht erschrecken: da der Körper, den du jetzt besitzest, ein geistiger Körper aus (karmischen) Neigungen ist, kann er, auch wenn er geschla-

gen und (in Stücke) zerhackt wird, doch nicht sterben. Da dein Körper in Wirklichkeit aus Leere besteht, brauchst du keine Furcht zu haben. Auch die (Körper) des Todesgottes sind Emanationen der Strahlungen deines eigenen Geistes; sie bestehen nicht aus Stoff: Leere kann Leere nichts anhaben. Jenseits der Emanationen deiner eigenen Geistesfähigkeiten, außerhalb (davon) existieren die Friedlichen und Zornigen ..., die erschreckenden Formen des Todesgottes in Wirklichkeit nicht ... Wenn man dies weiß, verschwinden von selber alle Furcht und Schrecken, man verschmilzt in den Zustand der Vereinung, und Buddhaschaft wird erreicht« [16].

Am Schluß des Tschönyi-Bardo heißt es, daß schon zu Lebzeiten die Lehren des Totenbuches aufgenommen werden sollen. Wer schon darüber meditiert hat, vermag nach dem Tode leichter die Art der ihm erscheinenden Gottheiten zu erkennen und dadurch erlöst zu werden. Jeder kann die Erlösung erreichen, selbst wenn er die fünf grenzenlosen Sünden begangen hat (Vatermord, Muttermord, zwei religiöse Parteien zum Krieg veranlassen, einen Heiligen töten und versuchen, ob Blut aus dem Körper eines Buddha fließt):

»Er (der Tschönyi-Bardo) heißt die große Befreiung durch Hören, weil selbst Menschen, die die fünf grenzenlosen Sünden begangen haben, sicher sein können, befreit zu werden, wenn sie ihn durch den Pfad des Ohres hören« [17].

Der im Tschönyi-Bardo nicht Erlöste gelangt in die graue Dämmerung des *Sipa-Bardo*. Wenn er ein sehr schlechtes Karma besitzt, ist er wieder fürchterlichen Visionen und schrecklichen Klängen ausgesetzt:

»Wenn diese Klänge kommen, flieht man erschreckt vor ihnen, nach jeder Richtung, ganz gleich wohin. Aber der Weg ist von drei schrecklichen Abgründen versperrt ... Sie sind schreckerregend und tief, und es ist einem, als ob man sogleich in sie hinunterfiele. O Edelgeborener, sie sind in Wirklichkeit keine Abgründe, sie sind Zorn, Wollust und Dummheit« [18].

Bei gutem Karma erlebt der Verstorbene im Sipa-Bardo Glück und Freude; hat er im Leben keine Verdienste erworben, besitzt aber auch kein schlechtes Karma, so empfindet er eine »farblose Gleichgültigkeit«. Er soll nun weder vor den schrecklichen Eindrücken Furcht empfinden noch sich zu den freudigen Empfindungen hingezogen fühlen. Er soll vielmehr im Zustand des »Nicht-Gedankenformens« verharren.

Nunmehr folgt ein peinvolles Gericht, bei dem er seine Taten bekennen muß. Sie werden mit weißen und schwarzen Kieselsteinen gegeneinander aufgewogen. Lügen ist zwecklos, da der Todesgott alles im Karma des Verstorbenen gespiegelt sieht und jede Tat nachprüfen kann. Auch bei diesem Gericht soll die Furcht überwunden werden. Je länger der Tote im Sipa-Bardo unerlöst wandert, desto mehr nähert er sich der Wiedergeburt; unmittelbar vorher kann er aber durch Meditation und Gebet immer noch erlöst werden.

Wenn sein Karma so schlecht ist, daß er wiedergeboren werden muß, so erhält er noch letzte Ratschläge, nach denen er eine allzu ungünstige neue Existenz vermeiden kann. Böse Geister versuchen zwar, ihn in ein unglückliches neues Leben zu treiben. Er soll sich aber nicht fürchten und darf ihnen nicht nachgeben, sondern soll über seine Schutzgottheit meditieren. Da er eine gewisse Fähigkeit zur Vorausschau besitzt, sieht er verschiedene Orte, an denen er später wohnen könnte. Er soll sich ein Land auswählen, in dem seine Religion gelehrt wird; er soll eine zukünftige tierische Existenz vermeiden, und er soll erreichen, daß er nicht in der Hölle wiedergeboren wird.

* * *

Daß sich sämtliche Götter und Dämonen in uns selbst befinden, aus uns heraustreten und uns gegenüberstehen können, das ist das Geheimnis, welches das Totenbuch uns lehrt. Alle entsetzlichen Visionen beruhen auf der Unfähigkeit des Menschen, sich selbst erkennen und sich selbst aufgeben zu können. Wenn die Seele des Verstorbenen nicht auf die Stimme des geistigen Führers, des Lamas, hört, so flieht sie weiter vor den Schrecknissen in das Dunkel ihrer Ich-Befangenheit und wird wiedergeboren.

Der Lama lehrt den Verstorbenen, daß alle seine Vorstellungen und Erlebnisse nur Reflexe seiner eigenen Natur sind. Die Scharen zorniger Gottheiten sind nur Visionen seiner selbst, die er nicht zu fürchten braucht. Der Tote soll sich von ihnen durchdringen lassen, er soll nicht vor ihnen fliehen, denn sie sind sein eigenes Wesen. Die Verschmelzung mit den Ausgeburten seiner eigenen Tiefe ist der Weg, der aus der Welt alles Gestalteten herausführt und den Toten dem Kreislauf der Geburten entrinnen läßt. Das letzte Ziel ist die Entpersönlichung, die Selbstaufgabe, das todlose Dasein, das Erreichen des reinen, klaren Lichtes. Das Totenbuch ist nicht nur ein Führer für den Verstorbenen und ein Leitfaden des Lamas am Totenbett, sondern es bringt auch den Lebenden trostvolle Botschaft: Jeder, auch der Geringste und der Sünder, kann erlöst werden.

4. 4. 8 Schrifttum des Mahayana und des Vayrayana

Der schon erwähnte Sanskrit-Kanon, der zu Beginn des 2. Jahrhunderts n.Chr. (später als der Pali-Kanon) verfaßt wurde, ist noch teilweise in Abschriften und Übersetzungen in China und Tibet erhalten und in das Mahayana-Schrifttum aufgenommen worden. Dazu kommen noch zahlreiche, ebenfalls in Sanskrit abgefaßte Kommentare, die vollständig erhalten sind und zu den Standardwerken der Mahayana-Literatur gehören. Alle diese Texte sind – ergänzt durch tantrische Schriften – in zwei Sammelwerken zusammengefaßt worden, dem chinesischen Tripitaka und dem tibetischen Tanjur und Kanjur.

Der chinesische Tripitaka ist weit umfangreicher als der Pali-Tripitaka. Der älteste Schriftenkatalog von 518 n.Chr. erwähnt 2113 Werke, von denen heute noch 276 erhalten sind. Der erste Druck erfolgte 972 n.Chr., eine neue japanische Ausgabe von 1924 - 1929, der »Taishe Issaiko«, umfaßt 2182 Texte in 55 Bänden zu je 1000 Seiten. Auch dieser Tripitaka ist in Lehrreden, Ordensregeln und Abhandlungen über die Lehre eingeteilt, allerdings ist die Dreiteilung nicht sehr streng eingehalten.

Der tibetische Tanjur und Kanjur besteht – wie schon der Name anzeigt – aus zwei getrennten Sammlungen. Der Kanjur enthält teils Übersetzungen indischer Texte, teils Kommentare von tibetischen Gelehrten und schließlich noch Ordensregeln, den sogen. »Korb der Disziplin«. Das 108 Bände starke Werk ist erheblich durch tantrische Schriften beeinflußt worden. Der Tanjur enthält in 255 Bänden Kommentare und theologisch-philosophische Literatur, außerdem die »Shastras«, Aufsätze von namentlich bekannten buddhistischen Gelehrten. Auch der Tanjur setzt sich aus drei Teilen zusammen: Hymnen, Interpretationen von tantrischen Texten und einem nicht sehr einheitlichen dritten Teil, in dem sich Kommentare verschiedener Art und eine Auswahl von Hinayana-Schriften befinden. Dazu kommen noch aus dem Sanskrit übersetzte und auch tibetische nichtreligiöse Werke.

Von den Lehrtexten des Mahayana seien nur einige der wichtigsten angeführt: Im Buch vom »Lotus des guten Gesetzes« oder »Lotus der guten Lehre« (Sadharmapundarika) wird der Buddha als göttliche Wesenheit verherrlicht; dies Buch ist das Hauptwerk der japanischen Nichiren-Sekte. Die Anfangskapitel wurden etwa 200 n.Chr. geschrieben, die letzten Teile sind erst Jahrhunderte später entstanden.

Eine Buddha-Biographie ist »Die ausführliche Erzählung vom Spiel« (Lalitavistara). Der zwischen 200 und 600 n.Chr. entstandene Text schildert die Menschwerdung des göttlichen Buddha und sein Wirken in der Welt. Der Inhalt hat vieles mit den Lehren der Yogacara-Schule gemein.

Das Buch »Beschreibung des glücklichen Landes« (Sukhavativyuha) handelt vom Buddha Amitabha und dem Sukhavati-Paradies, seiner Buddha-Ebene. Das etwa 140 - 190 n.Chr. entstandene Werk ist die Hauptschrift der Amitaba-Sekten in China und Japan.

Die wichtigen »Lehrreden von der Weisheit des fernen Ufers« (die Prajnaparamita-Literatur), die schon erwähnt wurden, werden Nagarjuna zugeschrieben. Das Werk entstand i.w. im 2. oder 3. nachchristlichen Jahrhundert, es enthält aber auch ältere und jüngere Anteile.

Das »Lehrbuch der Übung« (Sikshasamuccaya) besteht aus einer großen Sammlung von ausgewählten, teils sehr alten, teils jüngeren Texten mit Kommentaren Santidevas, eines hochgeschätzten Gelehrten des Mahayana. Es entstand im 7. oder 8. Jahrhundert n.Chr.

Die buddhistisch-tantrische Literatur umfaßt kurze magische Formeln und auch umfangreiche Werke, die die Lehre und die Rituale behandeln. Hinzu kommen noch systematische Handbücher und Kommentare.

Anmerkungen

1 Nach: Neumann (s.Lit.), Pali-Kanon, Längere Sammlung XXII.
2 Nach: Nyanaponika, Geistestraining durch Achtsamkeit (s.Lit.).
3 Aus: Nyanaponika, Geistestraining durch Achtsamkeit (s.Lit.), S. 171/172.
4 Aus: Nyanatiloka, Die Lehrreden des Buddha (s.Lit.), X,6.
5 Aus: Nyanatiloka, Die Lehrreden des Buddha (s.Lit.), IV, 38.
6 Nach: Glasenapp (s.Lit.), S. 54.
7 Aus: Evans-Wentz (s.Lit.), S. 142.
8 Aus: Suzuki, Koan (s.Lit).), S. 84.
9 Nach: Ramachandra Rao (s.Lit.).
10 Aus: Evans-Wentz u. Lama Dawa-Sandup, Totenbuch (s.Lit.), S. 170 - 172.
11 Evans-Wentz, S. 174.
12 Evans-Wentz, S. 197.
13 Evans-Wentz, S. 199.
14 Evans-Wentz, S. 202.
15 Evans-Wentz, S. 216.
16 Evans-Wentz, S. 223, 224/225.
17 Evans-Wentz, S. 228.
18 Evans-Wentz, S. 241.

Literatur

Anderson, W.: Der tibetische Buddhismus als Religion und Psychologie; 3.Aufl., Barth, Weilheim 1986.

Conze, E.: Eine kurze Geschichte des Buddhismus; 1.Aufl., Insel Verlag, Frankfurt/M 1984.

Lama Dawa-Samdup, K.: Das Tibetanische Totenbuch, herausgeg. von W.Y.Evans-Wentz; 7.Aufl. der Sonderausgabe 1983; Walter-Verlag, Olten.

Enomiya-Lassalle: Zen und die christliche Mystik; 3.Aufl., Aurum Verlag, Freiburg/Br. 1986.

Fatone, V.: The Philosophy of Nagarjuna, 1.Aufl., Motilal Banarsidass, New Delhi 1981.

Glasenapp, H.v.: Die Weisheit des Buddha; Vollmer Verlag, Wiesbaden o.J.

Lama Govinda, A.: Grundlagen tibetischer Mystik; 6.Aufl., Barth, Weilheim 1985.

Kalupahana, D.J.: Nagarjuna, The Philosophy of the Middle Way; 1.Aufl., State Univ. of New York Press, Albany 1986.

Neumann, K.E.: Also sprach der Erhabene, eine Auswahl aus den Reden Gotamo Buddhas; 1.Aufl., Artemis Verlag, Zürich 1962.

Neumann, K.E.: Die Reden Gotamo Buddhos; 1.Aufl., Artemis, Zürich 1956/57 (3 Bde.).

Nyanaponika: Geistestraining durch Achtsamkeit; 3.Aufl., Christiani, Konstanz 1984.

Nyanatiloka: Die Lehrreden des Buddha aus der Angereihten Sammlung; 4.Aufl., Aurum Verlag, Freiburg/Br. 1984.
Nyanatiloka: Der Weg zur Erlösung; 2.Aufl., Christiani, Konstanz 1981.
Nyanatiloka: Der Weg zur Reinheit, Visuddhi-Magga; 4.Aufl., Christiani, Konstanz 1985.
Ramanan, K.Venkata: Nagarjuna's Philosophy; E.Tuttle Comp., Tokyo 1966 (Reprint Motilal Banarsidass, New Delhi 1987).
Rao, S.K.Ramachandra: Tibetan Meditation; 1.Aufl., Arnold-Heinemann, New Delhi 1979.
Schmidt, K.: Buddhas Reden. Majjhimanikaya, Die Sammlung der mittleren Texte des buddhistischen Pali-Kanons; 2.Aufl., Kristkeitz Verlag, Leimen 1989.
Suzuki, D.T.: Zazen; 1.Aufl., Barth, Weilheim 1988.
Suzuki, D.T.: Koan, Der Sprung ins Grenzenlose; 1.Aufl., Barth, Weilheim 1988.
Zimmer, H.: Philosophie und Religion Indiens; suhrkamp taschenbuch wissenschaft, 2.Aufl., Frankfurt/M 1976.

5. Die griechische Philosophie in ihrem Einfluß auf Judaismus, Islam und Christentum

5. 1 Allgemeines

Die Philosophie (gr. »Liebe zur Weisheit«) beschäftigt sich mit den Grundlagen des menschlichen Daseins, der Stellung des Menschen im Kosmos, dem Verhältnis von Materie und Geist u.a.m. Sie will durch vernunftgemäße Überlegungen zu zeitlos gültigen Aussagen gelangen. Schon im Altertum wurden dabei zahlreiche Begriffe erarbeitet und durchdacht, die dem gewöhnlichen, von sinnlichen Eindrücken ausgehenden Denken nicht ohne weiteres geläufig sind. Teils handelt es sich um konkrete Dinge wie Weltall, Materie, Natur, teils um abstrakte Ideen wie Geist, Seele, Schicksal, Zufall, das Sein, das Eine und vieles andere mehr.

Die Durcharbeitung derartiger Begriffe führte zur Ausbildung von umfangreichen Systemen, die sich mehr oder weniger von der ursprünglich philosophischen Grundlage lösten und ein Eigenleben als neue Wissenschaften begannen. Zu erwähnen sind hier die Ethik, die Ästhetik, Pädagogik, Logik, Staatslehre, Ökonomie, die Naturwissenschaften und die Metaphysik. Auch die Astronomie und die Mathematik, die zuerst ebenfalls der Philosophie zugerechnet worden waren, machten diesen Ablösungsprozeß durch. Alle diese Wissenschaften blieben aber immer in irgendeiner Weise mit der Philosophie verbunden; die Verbindung tritt vor allem dann in Erscheinung, wenn übergeordnete Theorien allgemeiner Art aufgestellt werden, die dann als Philosophie anzusehen sind oder mit den Denkmethoden der Philosophie erarbeitet werden. Besonders auffällig ist diese Wechselwirkung immer wieder in der Mathematik aufgetreten. Die Philosophie hat demnach zahlreiche Wissensgebiete erstmals als solche definiert und ihre Weiterentwicklung in Gang gesetzt.

Obwohl Philosophen schon frühzeitig auf die Begrenztheit des menschlichen Denkvermögens hingewiesen und manchmal sogar jede Möglichkeit absolut richtiger Erkenntnisse verneint hatten, ist doch oft die Kraft des reinen Denkens überschätzt worden. Das ist besonders im Bereich der Naturwissenschaften deutlich geworden; hier konnte sich erst nach langem Ringen die Auffassung durchsetzen, daß Beobachtung und Versuch dem Theorien-bildenden Denkprozeß zur Seite stehen müssen. Ferner hat sich die Philosophie auch Fragen zugewandt, auf die prinzipiell keine endgültige Antwort gegeben werden kann. In solchen Fällen pflegt es zur Ausbildung von einander widersprechenden Theorien zu kommen, zwischen denen eine Entscheidung nicht möglich ist. Damit wird ein Element des Glaubens in die Philosophie hineingetragen, das ihr an sich fremd sein sollte.

Die Religion andererseits beruht im wesentlichen auf Glauben; vernunftgemäßes Denken spielt nur eine geringere Rolle, und im Extremfalle wird es sogar weitgehend abgelehnt. Auch wenn man das »credo quia absurdum« (ich glaube es, weil es absurd ist) des Tertullian nicht ganz wörtlich nimmt, so drückt es doch eine Tendenz aus, nach der die Vorherrschaft des Glaubens über die Vernunft beansprucht wird.

Das Verhältnis von Religion und Philosophie ist manchmal dadurch gespannt, daß beide eine Anzahl von geistigen Bereichen gleichermaßen für sich in Anspruch nehmen. Das sind auf religiöser Seite vor allem Ethik und Moral, das Problem des Verhältnisses von Körper und Seele und in einigem Umfange auch naturwissenschaftliche Fragen. Von der Philosophie wiederum werden Aussagen über das Göttliche gemacht, für die an sich die Religion zuständig ist. Verschiedentlich hat es Bestrebungen gegeben, Religion und Wissenschaft (bzw. Philosophie) voneinander zu trennen. Daraus resultierte die Lehre von der »doppelten (oder zweifachen) Wahrheit«, nach der die Religion und die Philosophie in gleicher Sache zu unterschiedlichen Erkenntnissen kommen können.

> »... die Averroisten sagen, daß vieles wahr sei nach dem Glauben, was dennoch falsch sei nach der Philosophie« (Raimundus Lullus);
> »Ich glaube als Christ, als Mensch, was ich nicht glauben kann als Philosoph, als Weiser« (Pietro Pomponazzi) [1].

Als erster hat ibn Ruschd (Averroes; s. Abschn. 7.4) die Lehre von der doppelten Wahrheit angedeutet, sie wurde dann von Duns Scotus, Francis Bacon u.a. vertreten. Die katholische Kirche hat diese Theorie immer abgelehnt, da sie ihre Autorität in Frage gestellt sah, und noch auf dem Laterankonzil von 1512 wurde sie verdammt. Erst Kant hat in seiner »Kritik der reinen Vernunft« die Grenzen der Philosophie aufgezeigt.

* * *

Die griechische Philosophie entstand nicht im Mutterland, sondern in Randgebieten der griechisch kolonisierten Mittelmeerwelt, die für einen Gedankenaustausch mit anderen Kulturen besonders günstig gelegen waren. Die Griechen haben selbst anerkannt, daß sie babylonische und ägyptische Ideen – die im einzelnen heute nicht mehr faßbar sind – übernommen haben. Sie haben diese aber selbständig weiterentwickelt und wesentliche neue Gedanken hinzugefügt. In der von ihnen ausgebildeten Form ist die Philosophie auch von anderen Völkern angenommen worden.

Die ersten Philosophenschulen bildeten sich in Milet an der Küste Kleinasiens. Die überragende Persönlichkeit war Thales (ca. 625 - 547 v.Chr.), der zusammen mit Anaximander und Anaximenes die sogen. ionische Naturphilosophie begründete. Auch hat er als erster die Griechen mit der Geometrie bekannt gemacht, die er vermutlich in Ägypten kennengelernt hatte. In verschiedenen Städten Unteritaliens lehrte Pythagoras mit seinen Anhängern und Schülern. In der Stadt Elea südlich von Pästum entstand die Philosophenschule der »Eleaten« mit Zenon d.Ä., Xenophanes und Parmenides als Hauptvertretern. Später wurde Athen der geistige Mittelpunkt nicht nur Griechenlands, sondern der ganzen an das Mittelmeer grenzenden zivilisierten Welt.

Die ersten griechischen Philosophen (bis etwa 450 v.Chr.) bezeichnet man als »Vorsokratiker«. Von ihren Schriften sind nur Fragmente erhalten; man kann jedoch ihre Lehren bis zu einem gewissen Grade aus Zitaten und Kommentaren späterer Autoren rekonstruieren. Der Höhepunkt der griechischen Philosophie wurde etwa zwischen 450 und 300 v.Chr. mit Sokrates, Platon und Aristoteles erreicht. In der Zeit des Hellenismus nach dem Tode Alexanders des Großen übernahm Alexandria die geistige Führungsrolle. Die alexandrinische Philosophenschule wandte sich unter anderem der Religionsphilosophie zu, die hauptsächlich von Ammonios Saccas und Plotin, den Begründern des »Neuplatonismus«, gelehrt wurde.

Die griechischen Philosophen hatten sich schon lange vor dem Auftreten des Christentums und des Islams mit Fragen der Religion, der Ethik und der Stellung des Menschen im Kosmos befaßt. Zu diesen Fragen mußten auch die christlichen Kirchenväter Stellung nehmen. So ergab sich von Anfang an das Bedürfnis nach einer Beschäftigung mit den Teilen der griechischen Philosophie, die entweder im Gegensatz zur christlichen Lehre standen oder die in diese eingefügt werden konnten. Ähnliche Prozesse der Auseinandersetzung und des Aneignens fanden auch im Judaismus und im Islam statt.

Zum Verständnis der Entwicklung der genannten Religionen ist daher eine wenigstens teilweise Kenntnis des griechischen Gedankengutes erforderlich. Im Rahmen dieses Buches interessieren vor allem auf Religion und Mystik bezogene Ideen wie z.B. Ansichten über das Göttliche, die Seele, die Seelenwanderung, das Verhältnis von Körper und Seele, die Präexistenz der Seele, ferner Erlösungslehren, der Logos-Begriff u.a.m. Die bahnbrechenden Erkenntnisse griechischer Denker auf den Gebieten der Mathematik, Medizin, Geographie, Astronomie, der Lehre vom Staat und viele andere können hier außer Betracht bleiben. Als einzige Disziplin der Naturphilosophie ist die Kosmologie von Interesse, da der biblischen Schöpfungsgeschichte zuwiderlaufende Theorien heftige Auseinandersetzungen zwischen den monotheistischen Religionen und der Philosophie verursacht haben.

5.2 Die Vorsokratiker und philosophische Schulen im 5./6. Jahrhundert v.Chr.

In der altgriechischen Religion gab es eine buntgemischte Schar von Göttern, Göttinnen, Halbgöttern, Nymphen und Heroen, die in den Dichtungen Homers und Hesiods mit menschlichen, allzumenschlichen Zügen geschildert wurden. Im Laufe des 7. Jahrhunderts v.Chr. begann jedoch eine Entwicklung rationalen Denkens in Philosophie und Wissenschaft, durch die ein Prozeß der Loslösung vom überlieferten, primitiven Götterglauben verursacht wurde. Zwar erkannte man bald, daß nicht sämtliche Bereiche des Lebens mit vernunftgemäßer Betrachtungsweise erschlossen werden können, doch führte das Streben nach logischem Denken immer wieder dazu, auch die Religion mit den Mitteln der Philosophie zu untersuchen. Die Überwindung der alten mythischen Vorstellungen war bereits von Thales und Anaximander eingeleitet worden. Diese lehrten, daß es in der Welt einen unveränderlichen Urstoff, einen Urgrund alles Seienden gibt, aus dem die Dinge in fortwährender Wandlung entstehen und in den sie wieder zurückkehren. Nichts kann aus Nichts entstehen, und Nichts kann zu Nichts werden. Mit einer derartigen Philosophie waren natürlich sämtliche religiösen Schöpfungslehren unvereinbar. Die Ablösung der alten Volksreligion wurde weiterhin durch zwei Schulen oder Lehren fortgesetzt, die der Orphik und die der Pythagoreer.

Orphik

Die Orphik (oder der Orphizismus) ist nach dem sagenhaften thrakischen Sänger Orpheus benannt. Sie entstand als Mysterienreligion aus dem Kult des Dionysos, der hier aber nicht der fröhliche Gott des Weines, sondern der mächtige Herr über Leben und Tod ist. Die Orphik ist keineswegs frei von mythischen Vorstellungen: So sollen die Götter aus dem von Chronos geschaffenen Weltei hervorgegangen und die Menschen aus der Asche der Titanen entstanden sein. Mit derartigen Lehren befand sich die Orphik durchaus im Rahmen der phantasievollen Denkweise der griechischen Welt.

Etwas Neues waren dagegen die Vorstellungen vom Wesen der Götter und der Menschen. Die orphischen Götter sind eng mit der Welt verbunden; ihrer großen Anzahl entspricht die Vielgestaltigkeit der sichtbaren Erscheinungen. Zwischen bestimmten weltlichen Bereichen und und einzelnen Göttern besteht eine Verbindung, so daß die Götter eher zu Personifikationen von Naturkräften werden und kaum noch charakteristische Eigenschaften besitzen. So entsteht eine dem Pantheismus ähnelnde Lehre, wie z.B. ein Hymnus an Zeus zeigt:

»Zeus ward zuerst und Zeus ist zuletzt der Herrscher der Blitze.
Zeus ist das Haupt und die Mitte; von Zeus ist alles geschaffen.
Zeus ist der Grund von Erde und Himmel, dem sternenbesäten.
Zeus ward Mensch an Gestalt, Zeus ward zur unsterblichen Nymphe.
Zeus ist der Odem von allem; Zeus waltet in loderndem Feuer,
Zeus in der Tiefe des Meeres, im sonnigen Strahl und im Mondlicht,
Zeus ist König und Herrscher von allem, der Herrscher der Blitze ... « [2].

Auch in der Auffassung von der Natur des Menschen geht die Orphik neue Wege. Der Mensch besteht aus zwei Komponenten, der Körper stammt von den Titanen ab, die Seele aber von Dionysos. Sie ist daher göttlich und unsterblich. Die Seelen besaßen vor dem Eingehen in einen menschlichen Körper ein überirdisches Dasein, sie wurden aber wegen irgendeiner Schuld in die irdische Welt verbannt und müssen nun zahlreiche Existenzen in Menschen- oder Tierleibern durchlaufen, bis sie aus dem Kreislauf der Wiedergeburten erlöst werden und in die Göttlichkeit zurückkehren können. Erreicht wird dies durch Weihe- und Reinigungsrituale, ekstatische Verzückung, Askese und Läuterung in zeitlich begrenztem Aufenthalt im Hades.

Während bisher die Seele nach dem Tode im Hades ein schemenhaftes Schattendasein führte und der Mensch hauptsächlich als körperhaftes, sinnliches Wesen empfunden wurde, sind die Seelen nunmehr von göttlicher Natur. Der menschliche Körper wird pessimistisch als Gefängnis oder als Grab der Seele angesehen.

Die orphischen Lehren waren in Griechenland weit verbreitet. Ihr Einfluß zeigt sich bei zahlreichen Philosophen, von denen nur Pythagoras, Empedokles und Platon erwähnt werden sollen. Die Lehre von der Göttlichkeit der Seele wirkt bis heute nach. Die Seelenwanderungslehre weist offensichtliche Parallelen zu indischen Vorstellungen auf. Der Gedanke an Entlehnung liegt nahe, bleibt aber bei unserer mangelhaften Kenntnis des antiken Ideenaustausches nur eine Vermutung.

Pythagoras und die Pythagoreer

Pythagoras wurde zwischen 600 und 570 v.Chr. geboren. Er soll in seiner Jugend Reisen nach Ägypten und Babylonien unternommen und dort mathematische Kenntnisse erworben haben. Um 532 verließ er seine Heimat Samos und ging nach Kroton in Unteritalien. Dort wurde er anerkannt, und es kam in mehreren Städten zur Gründung von pythagoreischen Gemeinschaften. Da sich die Pythagoreer politisch betätigten, ergaben sich Spannungen mit den Einwohnern, und sie wurden – zuerst vorübergehend, später endgültig – vertrieben. Pythagoras starb wahrscheinlich zwischen 500 und 480 v.Chr. in Metapont. Pythagoreische Gemeinschaften gab es noch bis in frühchristliche Zeit (sogen. »Neupythagoreer«); sie waren aristokratische Gesellschaften, in die man nur nach strengen Auswahlkriterien aufgenommen wurde. Die Lehren wurden geheimgehalten. Da spätere Berichte widersprüchlich sind, läßt sich heute meist nicht mehr feststellen, welche Entwicklungen von Pythagoras selbst und welche von seinen Schülern ausgegangen sind.

Die Pythagoreer beschäftigten sich mit Mathematik und Astronomie und arbeiteten eine Harmonielehre aus, mit der mathematisches Denken in die Musikwissenschaft eingeführt wurde. Außerdem wandten sie sich der Erkenntnistheorie, der Ethik und der Religion zu; ihr philosophisches System ist sogar als halbreligiös bezeichnet worden. Aus den ersten nachchristlichen Jahrhunderten hat sich ein pythagoreischer Text, die »goldenen Verse«, erhalten, die in kurzer Form ihren Glauben und ihre Ethik wiedergeben. Man nimmt an, daß die goldenen Verse alte Bestandteile enthalten, z.T. aber auch erst von Neupythagoreern verfaßt wurden. Einige der wichtigsten seien angeführt:

1. Ehre vor allem die unsterblichen Götter, wie das Gesetz es bestimmt,
2. und achte den Eid ...
11. Tue niemals etwas Schändliches, weder mit anderen
12. noch allein; am meisten schäme dich vor dir selbst.
27. Überlege vor der Tat, damit sie sich nicht als töricht erweist:
28. Unüberlegtes Handeln und Reden sind Sache eines unwürdigen Mannes.
32. Auch die Gesundheit des Körpers darfst du nicht vernachlässigen:

33. Halte Maß im Trinken, Essen und Sport.
40. Laß den Schlaf nicht zu deinen sanften Augen kommen,
41. ehe du jedes der Werke des Tages dreimal durchdacht hast:
42. »Worin habe ich gefehlt? Was habe ich getan? Was habe ich versäumt?«
63. Du aber sei guten Mutes, denn göttlich ist das Geschlecht der Sterblichen,
64. und die Natur, die das Heilige offenbart, zeigt ihnen alles.
65. Wenn dir davon etwas zuteil wird, wirst du das beherrschen, was ich dir verordne.
66. Du wirst deine Seele heilen und aus diesen Übeln retten.
70. Wenn du den Körper verläßt und in den freien Äther gelangst,
71. wirst du unsterblich sein, ein unsterblicher Gott, nicht mehr sterblich« [3].

Die Pythagoreer strebten eine vorbildliche Lebensweise an. Ihr Ruf der Integrität brachte ihnen manchen einflußreichen Posten, der Erfolg aber auch Neider und Feinde ein.

Als Beispiel für erfolgreiche Tätigkeit auf den verschiedensten Gebieten sei der Pythagoreer Archytas angeführt. Archytas wirkte in der ersten Hälfte des 4. Jahrhunderts v.Chr. in Tarent hochgeachtet als Politiker, Feldherr und Philosoph. Man bewunderte ihn wegen seiner völligen Selbstbeherrschung und der Freiheit von allen Leidenschaften. Als Philosoph leistete er wichtige Beiträge zur Mathematik, als Politiker befaßte er sich mit sozialen Fragen. So setzte er durch, daß die Armen von den Reichen unterstützt werden mußten, damit sie keine Not zu leiden brauchten; ferner trat er für eine menschliche Behandlung der Sklaven ein. Die politischen Rechte des Einzelnen wurden nach seiner Leistung für die Bürgerschaft bemessen. Sein Ruf als Staatsmann war so groß, daß sogar Platon nach Tarent reiste, um ihn kennenzulernen.

Pythagoras übernimmt von der Orphik die Seelenwanderungslehre. Die Seele ist unsterblich und von göttlichem Wesen; der Körper ist minderwertig, unrein. In Ekstase und im Moment des Sterbens trennt sich die Seele vom Körper. Je nach der früheren Lebensweise des Sterbenden gelangt sie zu einer günstigeren oder ungünstigeren neuen Existenz, möglicherweise sogar in den Körper eines Tieres. Sie kann direkt in den Himmel (nach pythagoreischer Denkweise auf den Mond oder auf die Sonne) kommen, wenn der Mensch ein gerechtes und friedfertiges Leben geführt hatte. Aus der Seelenwanderungslehre ergibt sich die Anschauung, daß alle Lebewesen miteinander verwandt sind, und daraus wird wieder die Vorstellung von einer Allseele des Weltalls abgeleitet, zu der die Einzelseelen gehören.

Am Beginn der mathematischen Forschungen der Pythagoreer steht die Beobachtung, daß die musikalischen Intervalle durch bestimmte Verhältnisse der Saitenlängen des Musikinstrumentes bedingt sind (1 : 2 für die Oktave, 2 : 3 für die Quinte und 3 : 4 für die Quarte). In der Musik besteht demnach eine feste Ordnung, und diese Erkenntnis wird verallgemeinernd auf den gesamten Kosmos übertragen. So sollen die Planeten auf Bahnen in verschiedenen, durch bestimmte Zahlenverhältnisse gegebenen Abständen um einen gemeinsamen Mittelpunkt laufen. Die Bahnen sollen kreisförmig, die Planeten kugelförmig sein, weil die Kreisfläche die vollkommenste Fläche, die Kugel der vollkommenste Körper wäre. Jeder Planet würde durch seine schnelle Bewegung einen Ton von bestimmter Höhe hervorrufen, und die Töne würden wegen der gesetzmäßigen Abstände der Planeten harmonisch zueinander klingen. So ergäbe sich eine »Sphärenmusik«, die aber nur Pythagoras vernehmen könne, der übernatürliche Fähigkeiten besäße. Da die Gestirne als göttlich angesehen werden, ergibt sich weiterhin eine Verbindung zwischen Astronomie, Mathematik und Religion. Die Ideen der Ordnung und Harmonie werden auch auf die Ethik übertragen: Das Verhalten des Menschen hat sich nach diesen Ideen zu richten.

Die in der Musik gefundenen einfachen Zahlenverhältnisse veranlassen die Pythagoreer zur Betrachtung der Zahlen an sich (d.h. der natürlichen Zahlen 1, 2, 3, 4, ...). Sie halten die ersten vier Zahlen, die »Tetraktys«, für etwas Besonderes, da sich die Zahlenverhältnisse der Tonintervalle aus ihnen zusammensetzen. Außerdem ergibt ihre Summe den Wert 10, was ebenfalls als bedeutungsvoll angesehen wird. Durch Verallgemeinern dieser Vorstellungen erhält man die Hypothese, daß alle Dinge durch Zahlen und Zahlenverhältnisse charakterisiert werden können und daß die Zahlen irgendwie das Wesen aller Dinge sind. (Diese Theorie wird allerdings durch die Entdeckung der Irrationalzahlen, die sich nicht durch Verhältnisse natürlicher Zahlen darstellen lassen, in Frage gestellt). Aus der Beschäftigung mit den Zahlen resultiert einmal der Beginn der Zahlentheorie. Zum anderen tritt erstmals der Gedanke auf, daß qualitative Erscheinungen und Naturvorgänge gemessen und die Meßwerte durch Zahlen ausgedrückt werden können. Und drittens entwickelt sich die Zahlenmystik, indem man Spekulationen über den Zusammenhang zwischen Zahlen und magischen oder religiösen Vorstellungen anstellt.

Die Pythagoreer besaßen demnach ein umfassendes Weltbild, in welchem Philosophie, Religion und alle anderen damals bekannten Wissenschaften vereinigt waren. Aus ihrer Zahlenlehre entwickelte sich in der Neuzeit das mathematische Spezialgebiet der Zahlentheorie; die Lehre von der Harmonie der Sphären führte Kepler zu seinem dritten Gesetz, und erst Kepler widerlegte das Dogma von den Kreisbahnen der Planeten. Die Lehre von Maß und Zahl in der Natur ist bis heute die Grundlage der gesamten exakten Naturwissenschaften.

Die Zahlenmystik ist nach heutiger rationeller Denkweise wohl die am wenigsten fruchtbare pythagoreische Idee. Trotzdem verbreitete sie sich, und sie ist auch im frühen Christentum nachweisbar. Im Judaismus ist sie besonders in der Kabbala ausgeprägt (vgl. Abschn. 6.5.4); sie wurde teilweise auch in die mittelalterliche Naturphilosophie übernommen.

Xenophanes

Xenophanes aus Kolophon an der Küste Kleinasiens lebte von etwa 570 oder 560 bis ca. 500 v.Chr. Er war etwas jünger als Pythagoras, auf dessen Lehren er anspielt, aber älter als Heraklit, der ihn erwähnt. Er führte ein unstetes Wanderleben und hielt sich in zahlreichen Städten Großgriechenlands auf, vor allem in Elea in Unteritalien. Er gilt als Begründer der eleatischen Philosophenschule. Seine Werke sind nur bruchstückweise überliefert.

Xenophanes' Hauptbedeutung liegt auf den Gebieten der Theologie und der Religionsphilosophie. Wie schon andere vor ihm stieß auch er sich an den menschlichen Zügen der homerischen Götter:

> »Alles haben Homer und Hesiod den Göttern zugeschoben,
> was bei den Menschen Schande und Schimpf ist:
> stehlen und ehebrechen und einander betrügen« [4].

Xenophanes ist überzeugt, daß die Götter der verschiedenen Völker immer nur deren eigene Wesensart wiederspiegeln. Nach seiner Auffassung ist aber jede Ähnlichkeit eines Gottes mit menschlichem Wesen ausgeschlossen.:

> »Ein Gott ist unter Göttern und Menschen der Größte,
> nicht an Gestalt den Sterblichen gleich, nicht an Einsicht.
> Ganz sieht er, ganz erkennt er, ganz hört er« [5].

Gott ist unvergänglich, unveränderlich und unbeweglich, bewirkt aber alles durch seine Geisteskraft:

> »Immer aber bleibt er am selben Ort, ohne jede Bewegung, und nicht geziehmt ihm, bald hierhin bald dorthin zu gehen« [6];
> »Sondern ohne Mühe durch eine Regung der Einsicht erschüttert er alles« (oder: » ... bringt er alles zur Wirkung«) [7].

Xenophanes scheint damit – erstmals im griechischen Glauben – zum Monotheismus mit der Vorstellung eines abstrakten, allmächtigen Gottes gelangt zu sein. Dieser Gott wird mit dem kugelförmig gedachten Weltall identifiziert, wohl in dem Sinne, daß er es verkörpert oder mit seiner göttlichen Kraft durchdringt. Mit der kosmologischen Komponente des Göttlichen nähert er sich dem Pantheismus.

Ein weiterer wichtiger Gedanke des Xenophanes ist die Unterscheidung zwischen »Wissen«, d.h. auf Beobachtung von Tatsachen beruhender, gesicherter Erkenntnis, und Hypothesen oder Vermutungen. Gedanken über Gott sind niemals sicheres Wissen, sondern immer nur Vermutungen:

> »Und das Genaue hat nun freilich kein Mensch gesehen, und es wird auch niemanden geben,
> der es weiß über die Götter und alles, was ich sage.
> Denn wenn es ihm auch im höchsten Grade gelingen sollte, Wirkliches auszusprechen,
> selbst weiß er es gleichwohl nicht. Für alles gibt es aber Vermutung« [8].

Damit wird der Unterschied zwischen Wissen und Glauben zum Ausdruck gebracht.

Heraklit

Heraklit (Herakleites) lebte um 500 v.Chr. in Ephesus. Er entstammte einer der vornehmsten Familien der Stadt und hatte Anspruch auf das wichtige Amt des Oberpriesters der Demeter, das er jedoch ebenso wie die Möglichkeit einer politischen Laufbahn ausschlug. Von seinen Werken sind nur Bruchstücke erhalten; man kennt seine Philosophie hauptsächlich aus Zitaten und Besprechungen bei Platon und Aristoteles. Oft kann man aber nicht unterscheiden, ob eine bestimmte Lehre von ihm selbst oder von einem seiner Schüler herrührt.

Am bekanntesten ist wohl Heraklits Lehre vom Fließen der Dinge, die vermutlich durch das Beobachten der Veränderlichkeit in der Natur entstand: So kann man z.B. nicht zweimal in denselben Fluß steigen, denn beim zweiten Mal sind es andere Wassermassen, und auch der Mensch hat sich inzwischen verändert:

> »In die gleichen Ströme steigen wir und steigen wir nicht; wir sind es und wir sind es nicht« [9].

Die zugespitzte Form dieser Aussage: »Alles fließt«, ist wahrscheinlich erst von seinen Nachfolgern formuliert worden. Heraklit erweitert diese Lehre noch, indem auch das Gegensätzliche einbezogen wird. Gegensätze ergänzen sich, selbst Streit und Krieg sind notwendig:

> »Ein und dasselbe ist Lebendiges und Totes und Wachendes und Schlafendes und Junges und Altes; denn dies schlägt um und ist jenes, und jenes wiederum schlägt um und ist dies« [10];
> »Zu wissen aber tut not: Der Krieg führt zusammen, und Recht ist Streit, und alles Leben entsteht durch Streit und Notwendigkeit« [11].

Noch ein weiterer Schritt führt Heraklit zu der Erkenntnis, daß die Dinge Gegensätzliches gleichzeitig in sich enthalten. Der Mensch besteht sowohl aus lebendigem Stoff als auch aus nichtlebendigen Anteilen; die gleiche Straße ist sowohl auf- als auch absteigend, Tag und Nacht gehören zusammen, sie sind eins. So wird aus Gegensätzlichem immer wieder eine harmonische Einheit erhalten, die allen Dingen eigen ist:

> » ... Denn es gäbe keine Harmonie, wenn es nicht hoch und tief gäbe, und kein Lebewesen, wenn nicht die Gegensätze weiblich – männlich wären« [12];
> »Vor Gott ist alles schön, gut und gerecht; aber die Menschen wähnen, das eine sei unrecht, das andere recht« [13].

Diese als »coincidentia oppositorum« (Zusammenfallen der Gegensätze) bezeichnete Lehre wirkte bis auf Nikolaus von Kues, Giordano Bruno und Hegel nach.

Auch der Begriff des »Einen« (gr. Hen), der bei Platon wieder auftritt und der in Plotins Philosophie die oberste Stelle einnimmt, wird schon von Heraklit angeführt:

> »Eins, das einzige Weise, läßt sich nicht und läßt sich doch mit dem Namen des Zeus (des »Lebens«) benennen« [14];
> »... Nähren sich doch alle menschlichen Gesetze von dem Einen, dem Göttlichen: denn das herrscht soweit es will und reicht hin im All und setzt sich durch« [15].

Von größter, bis in die Neuzeit reichender Bedeutung ist die Logos-Lehre Heraklits. Logos bedeutet im üblichen Sprachgebrauch »das Wort« oder »die (vernünftige) Rede«, dann auch die Vernunft selbst. Heraklit sieht überall in der Welt eine lenkende Vernunft walten und kommt so zum Begriff des Logos als einer Weltvernunft, die das übergeordnete Einheitliche in der Vielfalt und Gegensätzlichkeit der Dinge darstellt. Der Logos lenkt als Summe aller Naturgesetze die Welt und nimmt damit auch Züge des Schicksals an. Infolge der Allgegenwart des Logos hat jeder Mensch Anteil an dieser Weltvernunft, doch fehlt dem gewöhnlichen Menschen die Einsicht in ihr Wirken. Er kann zwar denken, doch ist dies Denken nicht die Erkenntnis des Logos, sondern eine Art von Verirrung, die ihn zum Anhängen an weltliche Dinge verleitet. Nur wenige gelangen zur wirklichen Erkenntnis des Logos. Sie können dann zu einer begrenzten Erkenntnis des Wesens der Dinge kommen, indem sie die trügerischen Sinnesbeobachtungen mit ihrer dem Logos entstammenden überlegenen Vernunft deuten. (Ob die Logoslehre Heraklits von der jüdischen Schöpfungserzählung [»Gott sprach«] oder vom indischen Rig-Veda mit dem »Wort« als einer Macht beeinflußt wurde, ist nicht bekannt. Die weitere Entwicklung der Logos-Idee im Mittelmeerraum ging jedenfalls von Heraklit aus).

Bei der unvollständigen Überlieferung der Texte Heraklits ist das Verhältnis des Logos zur Idee des Göttlichen und die Beziehung des Logos zur materiellen Welt nur schwer zu verstehen. Von manchen Interpreten wird der Logos Heraklits sowohl mit Gott als auch mit dem Feuer gleichgesetzt. Das Feuer ist bei ihm das wesentliche Prinzip der materiellen Welt, es wirkt aber auch auf die menschliche Seele ein, so daß eine Verbindung mit dem Logos nicht abwegig erscheint. Jedenfalls ist der Logos-Begriff später immer wieder aufgegriffen, vertieft und verändert worden.

Die wohl unter dem Einfluß der ionischen Naturphilosophie entstandene Lehre Heraklits von der Bedeutung des Feuers steht mit der Anschauung in Verbindung, daß die Welt nach schicksalhaften Gesetzen periodisch aus dem Feuer entsteht und jeweils nach einem bestimmten Zeitraum wieder in das Feuer zurückkehrt. Das ist die Lehre vom »Großen Jahr« mit der zyklischen Deutung der Zeit, aus der sich auch die stoische Lehre vom »Weltenbrand« entwickelte.

Parmenides wurde etwa 515 v.Chr. geboren. Er wirkte in seiner Vaterstadt Elea als Politiker und Philosoph. Neben Xenophanes und seinem Schüler Zenon war er einer der bedeutendsten Vertreter der Schule der »Eleaten«. Von seinem Leben ist kaum etwas bekannt; seine Philosophie ist in einem umfangreichen, teilweise erhaltenen Lehrgedicht wiedergegeben. Er stellt darin seine Lehre als göttliche Offenbarung dar, die ihm während einer Himmelsreise zuteil geworden wäre.

Parmenides unterscheidet – erstmals in der Geschichte der Philosophie – zwischen zwei Arten von Erkenntnis: Einmal gibt es eine empirische, auf Sinneswahrnehmungen beruhende, zum anderen eine nur auf vernunftgemäßem Denken beruhende Erkenntnis. Durch Beobachtungen vermag man das wahre Wesen der Dinge nicht zu erfassen, da die Sinne unvollkommen und trügerisch sind. Die von ihnen vermittelten Eindrücke werden daher als »Weg des Irrtums« angesehen, und jede Sinneserfahrung wird verworfen. Als Konsequenz folgt, daß die sichtbare Welt nur eine Welt des Scheins ist.

Die Unterscheidung von empirischer und auf bloßem Denken beruhender Erkenntnis wurde von zahlreichen Philosophen (u.a. von Platon und Aristoteles) übernommen. Die Abwertung des Beobachtens und die Herabsetzung der Sinnenwelt wirkten sich für mehr als zwei Jahrtausende hemmend auf die Entwicklung der Naturwissenschaften aus.

Wahre Erkenntnis kann nach Parmenides nur durch vernunftgemäßes Denken erhalten werden. Er verwendet für das Denken den Ausdruck »Logos«, der demnach bei ihm eine andere, engere Bedeutung als bei Heraklit besitzt. Das erkennende Denken kann sich nur mit etwas Seiendem befassen (»dasselbe ist Denken und der Gedanke, daß ist«), und es muß auf unbestreitbar wahren Sätzen begründet sein. Als solche werden Tautologien, d.h. Bezeichnungen eines Gedankens durch zwei gleichwertige Ausdrücke, angesehen, z.B. »Das Seiende ist«. Zum Beweis der Wahrheit derartiger Sätze wendet Parmenides (als Erster) ein logisches Beweisverfahren an; im obigen Beispiel wird die Alternative »Das Nichtseiende ist« untersucht und als in sich widersprüchlich erkannt. Damit ist die Behauptung »Das Seiende ist« indirekt, durch Ausschließen des Gegenteils, bewiesen, falls keine dritte Möglichkeit besteht: Etwas ist A oder es ist nicht A, ein Drittes gibt es nicht (Satz vom ausgeschlossenen Dritten). Dies ist ein erster Schritt zur Ausbildung der formalen Logik, die dann von Aristoteles zu einem vorläufigen Abschluß gebracht wurde. Die Bedeutung dieser Schlußweise besteht darin, daß man damit in der Philosophie und in der Mathematik Wahrheiten beweisen kann. (Der Satz vom ausgeschlossenen Dritten ist grundlegend für die moderne Datenverarbeitung geworden, bei der Ja/Nein-Entscheidungen maschinell getroffen werden).

Aus der Ablehnung der Behauptung »Das Nichtseiende ist« wird von Parmenides weiter der Satz »Das Nichtseiende ist nicht« abgeleitet, und daraus wird die Unmöglichkeit eines Vakuums gefolgert. Diese Hypothese ist unter der Bezeichnung »horror vacui« bis in die Neuzeit diskutiert worden.

Über die Eigenschaften des Seins macht Parmenides einige Angaben: Es ist »Eines«, d.h. unteilbar, unbeweglich, ohne Anfang und Ende, kontinuierlich u.a. Wesentlich sind für ihn vor allem die Einheit des Seins angesichts der Vielfalt der Sinnenwelt und die Unbeweglichkeit, die im Gegensatz zu Heraklits Fließen aller Dinge steht. Obwohl das Sein einige Eigenschaften aufweist, die man als göttlich ansprechen kann, ist es keineswegs Gott; ihm fehlen jedes Bewußtsein und jede Kraft. Es wird im Gegenteil eher materialistisch als etwas Raumerfüllendes aufgefaßt.

Anderseits kann Parmenides nicht einfach an der sichtbaren Vielfalt der Erscheinungen vorübergehen. Es ist ihm bewußt, daß seine Metaphysik keine Erklärung der beobachtbaren Tatsachen bieten kann. Wie andere vor ihm bemüht auch er sich, ein geordnetes System des Kosmos zu finden und eine den praktischen Erfordernissen gerecht werdende Naturphilosophie zu entwickeln. Dabei will er aber immer beachtet wissen, daß derartigen Hypothesen infolge der Unvollkommenheit der menschlichen Sinne kein echter Wahrheitsgehalt zukommt.

Parmenides sieht die Welt der Sinneserfahrungen aus zwei Gegensatz-Paaren gebildet, aus hell – dunkel und aus kalt – warm. Aus den Paaren soll durch unterschiedliche Mischungsverhältnisse die Vielfalt der sichtbaren Dinge entstehen. Die Mischungstheorie hat sich als fruchtbarer Ansatz erwiesen, vor allem, nachdem sie von Empedokles erweitert worden war (s.u.).

Wenn auch religiöse Betrachtungen bei Parmenides weitgehend fehlen, so hat doch seine Lehre vom Schein der Sinnenwelt und vom Vorrang des Denkens auch auf religiöse Entwicklungen einen bedeutenden Einfluß ausgeübt. Er gilt ferner als einer der Begründer der Naturwissenschaften, und die Lehre vom »Sein« hat als »Ontologie« die abendländische Philosophie bis heute beschäftigt.

Empedokles

Empedokles lebte von etwa 490 bis 430 v.Chr. vorwiegend in Akragas (Agrigent) auf Sizilien als Dichter, Arzt, Politiker, Naturforscher, Philosoph und Prophet. Schon zu Lebzeiten gelangte er zu hohem Ansehen, nach seinem Tode rankten sich um ihn zahlreiche Legenden. Gegen Ende seines Lebens wurde er (vermutlich aus politischen Gründen) verbannt; er starb wahrscheinlich auf dem Peloponnes. Die meisten seiner Werke sind verloren; erhalten sind zwei Lehrgedichte völlig verschiedener Art und verschiedenen Inhaltes: »Über die Natur« und das »Reinigungslied«. Das erste gibt seine Naturphilosophie wieder, das zweite enthält eine religiöse Erlösungslehre.

Die Naturphilosophie des Empedokles ist sowohl von der ionischen als auch von der eleatischen Schule beeinflußt. Wie Thales schließt er, daß es kein Werden aus dem Nichts und kein Vergehen zum Nichts geben kann, lehnt aber das einzige Seiende des Parmenides ab. Um die Vielfalt der Dinge zu erklären, nimmt er mehrere »Seiende« an, und zwar die »vier Wurzeln aller Dinge«: Erde - Luft - Feuer - Wasser, die später als die vier »Elemente« bezeichnet werden. Sie werden aber von Empedokles nicht rein materialistisch aufgefaßt, sondern enthalten noch seelische und religiöse Züge. So wird z.B. die Luft mit der Hera und die Erde mit dem Hades verbunden.

Die vier Elemente des Empedokles sind unwandelbar und unzerstörbar. In der Natur gibt es außerdem noch zwei Kräfte, eine anziehende Kraft (»Liebe«) und eine abstoßende (»Streit«). Auf Grund dieser Kräfte können sich die vier Elemente miteinander verbinden. Die Vielzahl der in der Natur vorkommenden Dinge erklärt sich aus jeweils verschiedenen Mischungsverhältnissen der Elemente, aus denen sie zusammengesetzt sind. So soll z.B. das Blut alle vier Elemente im Verhältnis 1 : 1 : 1 : 1 enthalten. Mit dieser Hypothese wird das »Eine Seiende« des Parmenides aufgegeben, die Lehre von den Mischungen (hell - dunkel, kalt - warm) aber in abgeänderter Form übernommen, erweitert und durch Einführen von quantitativen Zahlenverhältnissen auf eine neue Grundlage gestellt.

Die Lehre von den vier Elementen hat für mehr als zwei Jahrtausende Bestand gehabt. Sowohl der Elementbegriff als auch die Hypothese von den Mischungsverhältnissen wurden – stark verändert – in die moderne Chemie übernommen. Die Lehre von der Unzerstörbarkeit der Elemente bildet (modifiziert durch Einsteins Äquivalenz von Masse und Energie) ebenfalls eine der Grundlagen der Chemie, wo sie als Erhaltungssatz gilt. Und der Dualismus von Element (Materie) und Kraft (Energie) gehört zu den elementaren Begriffen der Physik.

Schwierigkeiten hat Empedokles mit dem Begriff der Bewegung. Von Parmenides übernimmt er die Idee, daß ein Vakuum nicht möglich ist, so daß ein Platzwechsel von materiellen Teilchen bei der Bildung von Gemischen unmöglich sein sollte. Anderseits erfordert aber seine Mischungstheorie die Beweglichkeit der Elemente. Er behilft sich mit einer etwas gezwungenen Konstruktion, nach der die Elemente sich in geschlossenen Kreisbahnen innerhalb der kompakten Materie bewegen. Von den astronomischen Vorstellungen des Empedokles sei nur die Theorie der Sonnenfinsternis als Bedeckung der Sonne durch den Mond erwähnt. Seine biologischen Ansichten, die Hypothese einer endlichen Lichtgeschwindigkeit und andere Naturerklärungen mögen außer Betracht bleiben.

Während das Gedicht »Über die Natur« viele richtige Beobachtungen enthält und eine rationelle Erklärung der Naturerscheinungen anstrebt, ist das »Reinigungslied« oder »Sühnelied« eine religiöse Schrift, die eine Erlösungslehre und prophetische Passagen enthält; sie zeigt, daß Empedokles sich als göttlich inspirierten Seher betrachtet.

Empedokles glaubt an die Seelenwanderung. Die Seelen befinden sich ursprünglich körperlos in einem paradiesischen Zustand, aus dem sie durch »Streit« herausgerissen und in die Welt verbannt werden. Sie müssen eine Anzahl von Lebewesen durchlaufen, um gereinigt zu werden, damit sie wieder in den ursprünglichen Zustand zurückkehren können. Die Reinigung geschieht durch Weihegaben (nie durch blutige Opfer), Vermeiden jeglichen Tötens, sexuelle Enthaltsamkeit und Mäßigung beim Essen, allgemein durch Abkehr vom »Streit« und Hinwendung zur »Liebe«. Die beiden Kräfte, die in seiner Naturphilosophie mehr physikalisch aufzufassen sind, werden demnach in der Erlösungslehre mit ethischem Inhalt versehen. Es gibt ferner einen durchdringenden »Lebenshauch«, welcher Götter, Menschen und Tiere miteinander verbindet. Der Mensch, der durch verschiedene Geburten zu immer größerer Reinheit gelangt, kommt schließlich in die Nähe Gottes. Seher, Sänger, Ärzte und Fürsten haben diese Stufe schon zu Lebzeiten erreicht und können auf endgültige Erlösung hoffen.

Empedokles sieht seine Aufgabe darin, die Mitmenschen über den richtigen Erlösungsweg zu belehren:

> »Meine Freunde! Ich weiß ja, daß Wahrheit den Worten innewohnt, die ich verkünde. Doch gar schwer ist sie für den Menschen zu erfassen, und nur unter Schmerzen erobert des Glaubens Ansturm die Seele« [16].

Empedokles ist sich auch darüber im klaren, daß es neben dem vernunftgemäßen Denken noch übersinnliche, geistige Bereiche gibt, die der menschlichen Erkenntnis verborgen sind. Er kommt so zu einer abstrakten Gottesvorstellung:

> »Unmöglich ist es, uns die Gottheit nahezubringen, so daß wir sie mit Augen sehen oder mit Händen greifen könnten - was ja doch der Hauptweg ist, auf dem der Glaube in das Menschenherz dringt« [17];
> »Ist doch Gott nicht mit menschlichem Haupt an seinen Gliedern versehen ... Nein! Da ist nur ein heiliger, unaussprechlicher Geist, der mit seinen schnellen Gedanken die ganze Welt durchstürmt« [18].

Und wenn man den folgenden Ausspruch richtig deutet, so muß man annehmen, daß Empedokles zum höchsten mystischen Erlebnis, der Vereinigung mit dem Göttlichen gelangt ist:

> »Ihr Freunde, ... Ich wandle unter euch als unsterblicher Gott, nicht mehr als Mensch ... « [19].

Um die Mitte des 5. Jahrhunderts v.Chr. kam durch eine in sich uneinheitliche und nicht klar abgrenzbare Gruppe von Philosophen eine als »Sophistik« bezeichnete Denkweise auf. Im Vordergrund der Betrachtungen der Sophistiker steht die kritische Beurteilung fast aller der allgemein anerkannten Grundsätze des menschlichen Zusammenlebens. Diese Denkweise hat dazu geführt, daß ihre ganze, von etwa 450 bis 400 reichende Epoche mit der europäischen Aufklärung des 18. Jahrhunderts verglichen wurde. Die Sophistiker haben ferner eine oft weit übertriebene Dialektik ausgebildet, die zu Haarspaltereien und Verdrehungen neigt und meist nur die Überlistung des Gegners zum Ziel hat. Beides, die maßlose Skepsis, die zum Aufheben aller moralischen Werte und zu Zersetzung führen kann, und der Ruf als Wortverdreher haben die ganze Richtung in Mißkredit gebracht. Schließlich führten die Sophisten noch die Bezahlung ihres Unterrichtes ein, was ebenfalls Anstoß erregte. Man sollte aber anerkennen, daß sie auch mehrere positiv zu wertende Entwicklungen eingeleitet haben. Selbst ihre auf logischen Trugschlüssen beruhende Dialektik, mit der sie oft aus schwarz weiß machten, hat insofern ihr Gutes gehabt, als sie Aristoteles zum Entwickeln der Logik veranlaßte.

Die Sophisten stehen der griechischen Überheblichkeit kritisch gegenüber, welche alle anderen Völker als Barbaren einstuft. Sie betonen im Gegensatz dazu die Gleichheit aller Menschen und lehnen folgerichtig die Sklaverei ab. Eine wichtige Aufgabe sehen sie in der Erziehung der Jugend, wobei weniger eine Menge angelernten Wissens als vielmehr die Formung und Bildung des Geistes und die Ausbildung vernunftgemäßen Denkens und der im politischen Leben wichtigen Redekunst anzustreben sei. Ein weiteres Ziel ihrer Erziehung ist die Heranbildung von verantwortungsbewußten Bürgern des Staates. Sie sind daher als die Begründer der Pädagogik und bis zu einem gewissen Grade auch der Rhetorik anzusehen.

Auf juristischem Gebiet vertreten die Sophisten die Ansicht, daß Gesetze nicht gottgegeben, sondern menschliche Vereinbarungen sind, und daß es neben dem menschlichen Recht noch ein »Naturrecht« gibt. Als solches sehen einige von ihnen das Recht des Stärkeren an. Die Bestrafung von Verbrechern soll nicht die Vergeltung ihrer Untaten, sondern ein Mittel zu ihrer Besserung sein.

Für die Thematik dieses Buches ist hauptsächlich die Religionskritik der Sophisten wichtig. Es handelt sich nicht um die Kritik an der griechischen Götterwelt, die schon von Xenophanes u.a. ausgeübt worden war, sondern um Kritik an der Religion an sich und um den Versuch, ihr Entstehen zu erklären.

Einer der ersten Vorstöße in diese Richtung stammt von *Protagoras aus Abdera* in Thrakien (ca. 481 - 411 v.Chr.):

»Über die Götter vermag ich nichts zu wissen, weder daß sie sind, noch daß sie nicht sind, noch wie sie an Gestalt sind. Denn vieles gibt es, was mich daran hindert, die Dunkelheit ihres Wesens und die Kürze des Lebens« [20].

Auch wenn Protagoras damit noch nicht als Atheist bezeichnet werden kann, da er die Frage, ob es Götter gibt oder nicht, offenläßt, muß er doch aus Athen fliehen. Er soll dann bei einem Schiffbruch umgekommen sein. Als ausgesprochene Kritiker der Religion sind aber Diagoras, Prodikos und Kritias anzusehen.

Diagoras aus Melos, der in der zweiten Hälfte des 5. Jahrhunderts v.Chr. lebte, soll zum Atheismus gekommen sein, als er erfuhr, daß einer seiner Gegner vor Gericht einen Meineid geschworen hatte und ohne Strafe der Götter davongekommen war. Da die Gerechtigkeit ein wesentliches Attribut der Götter ist, sie aber offensichtlich die Gerechtigkeit nicht durchsetzen, kann es nach seiner Meinung keine Götter geben.

Prodikos von Keos, der wahrscheinlich zwischen 470 und 460 geboren war, stellt eine Theorie über Ursache und Beginn des Götterglaubens auf. Die Menschen haben oft für sie segensreiche Naturerscheinungen (die Sonne, Quellen, Flüsse) oder die zum Leben notwendigen Gaben der Natur vergöttlicht. So wurden z.B. Demeter mit der Ernte und Bacchus mit dem Wein = Trank verbunden. Der Götterglaube ist daher seiner Ansicht nach nur auf Grund von menschlichen Gefühlen entstanden. Da diese aber als Beweis für die Existenz von Göttern nicht ausreichen, sei eine hierauf begründete Religion unglaubhaft.

Die radikalsten Anschauungen entwickelte *Kritias*, der einer alten athenischen Familie entstammte. In dem Satyrspiel »Sisiphos« gibt er als Grund für die Einführung von Religionen an, daß es in der menschlichen Gesellschaft immer Gesetzesbrecher gibt, die nicht gefaßt und bestraft werden. Ein kluger Kopf aus den führenden Schichten habe nun die Götter als allessehende und alleswissende Wesen erdacht, die auch die von der menschlichen Gerechtigkeit nicht ereilten Verbrecher zur Verantwortung ziehen würden. Auf diese Weise könnte das Volk im Zaum gehalten werden. Dieser Gedanke von der Entstehung und dem Zweck der Religion hat sich bis in die Neuzeit in der marxistischen Lehre von der Volksverdummung durch Religion erhalten.

Kritias kam mit Gesinnungsgenossen in Athen für kurze Zeit an die Macht; dies war eine Zeit der Schreckensherrschaft mit zahlreichen Morden an politischen Gegnern. Als 403 v.Chr. die Demokratie mit Gewalt wieder hergestellt wurde, fiel er bei den Kämpfen im Alter von 50 Jahren.

5. 3 Die klassische Zeit der griechischen Philosophie

5. 3. 1 Einführung

Als klassische Zeit der griechischen Philosophie werden die etwa 200 Jahre vom Auftreten des Sokrates ca. 450 v.Chr. bis etwa 250 v.Chr. angesehen. Athen war damals der geistige Mittelpunkt der Welt um das Mittelmeer, und nach Athen strömten die fähigsten Geister aus dem Mutterland und den Kolonien. Hier entstanden (neben mehreren weniger bedeutenden) die vier wichtigsten Philosophenschulen:

> Die Akademie Platons,
> das Lykeion des Aristoteles,
> die Stoa des Zenon von Kition und
> der Garten Epikurs.

Sie alle hielten sich nach dem Tode des Gründers noch jahrhundertelang, doch wurden die wesentlichen philosophischen Gedanken mit wenigen Ausnahmen zu Beginn ihres Bestehens entwickelt. Die nachfolgenden Generationen beschränkten sich mehr und mehr auf Überlieferung und Kommentierung der bereits vorhandenen Lehren. Nur die drei zuerst genannten Schulen (bzw. ihre Gründer) sollen im folgenden behandelt werden. Die Epikureer, von denen vor allem ihre hedonistische, den Annehmlichkeiten des Lebens zugewandte Lehre bekannt ist, haben sich nur oberflächlich mit Religion und Religionsphilosophie befaßt. Sie kamen zu einer Art von Atheismus: Die Götter besitzen nicht die Eigenschaften, die die Menge ihnen zuschreibt. Ihre wirklichen Eigenschaften sind Unvergänglichkeit und Seligkeit. Sie sind frei von Affekten und wirken nicht auf den Menschen und die Welt ein, sondern ruhen in den Zwischenräumen zwischen den Weltkörpern. Der Mensch braucht den Tod nicht zu fürchten, denn es gibt kein Leben danach und keine Belohnung oder Strafe. Das Hauptverdienst der Epikureer besteht außer in der Entwicklung einer hochstehenden Ethik in der Bewahrung und Ausarbeitung der Atomtheorie des Demokrit und Leukipp.

5. 3. 2 Sokrates

Sokrates wurde 470 v.Chr. in Athen als Sohn eines Bildhauers und einer Hebamme geboren. Er erblickte seine Lebensaufgabe in der Erziehung des Menschen zu Selbstbesinnung und Selbstprüfung. Er lebte in ärmlichen Verhältnissen, nahm aber trotzdem (im Gegensatz zu den Sophisten) für seinen Unterricht kein Geld. Im Hinblick auf den Beruf seiner Mutter bezeichnete er sich als »geistigen Geburtshelfer«. Seine freimütige Kritik an den staatlichen Institutionen Athens und an den landläufigen religiösen Anschauungen führte 399 v.Chr. zu einem Prozeß, in welchem er zum Tode verurteilt wurde. Ohne sich dagegen aufzulehnen und ohne seine Lehren zu widerrufen, trank er den für ihn bestimmten Giftbecher aus.

Da er keine schriftlichen Aufzeichnungen hinterlassen hat, kennt man seine Gedanken nur durch Mitteilungen seiner Schüler und Zuhörer, vor allem Platons. Oft läßt sich nicht entscheiden, ob eine in dessen Schriften angeführte Lehre von Sokrates oder von seinem Schüler stammt.

In seiner Philosophie behandelt Sokrates ethische und sittliche Fragen, er ist ganz dem Menschen und seiner Stellung in der Gemeinschaft zugewandt. Der Unterricht spielt sich in Form von Dialogen ab, bei denen er dem Schüler Fragen allgemeiner Art stellt, die dieser in der Regel zwar nicht ganz falsch, aber doch nicht im Sinne des Lehrers beantwortet. Durch immer weiteres Fragen stößt man dann schrittweise zum Kern des Problems vor, vom Besonderen zum Allgemeinen. Z.B. wird Hippias, einer der Schüler, gefragt, was das Schöne sei. Antwort: »Ein schönes Mädchen«. Das will Sokrates aber nicht hören; er will kein Einzelbeispiel, sondern eine allgemeine Definition des Schönen, die dann nach einigem hin und her gewonnen wird. Dies Vorgehen (die sogen. induktive Methode) und das Herausarbeiten allgemeiner Begriffe sind die originellen Beiträge des Sokrates zur Methodik der Philosophie.

Eine in sich geschlossene Lehre hat Sokrates nicht aufgestellt, sondern sich immer nur mit verschiedenen, voneinander getrennten sittlichen Fragestellungen befaßt. Das Glück des Einzelnen soll mit dem Wohl der Gesamtheit in Einklang stehen, und das vernunftgemäß Sittliche muß zum wahren Antrieb aller menschlichen Handlungen werden. Seiner Ansicht nach trägt jeder das Wissen um Gut und Böse im Keim in sich. Die Tugend ist eine Folge dieses Wissens; daher soll sich der Mensch zuerst um Selbsterkenntnis bemühen, denn die Einsicht in das eigene Wesen ist die Vorbedingung für eine tugendhafte Lebensweise. Die auf vernunftgemäßer Erkenntnis beruhenden ethischen Vorstellungen müssen aber durch intuitiv gewonnene Einsichten ergänzt werden. Deren Ursache nennt Sokrates seinen »Dämon«, eine geheimnisvolle innere Stimme, die man vielleicht als sein Gewissen bezeichnen kann. Er hält diesen Dämon für göttlich. Das Glück des Menschen hängt von der Übereinstimmung seines Denkens und Handelns mit der inneren Stimme ab. Das vernünftige

Denken wird also von einer göttlichen Eingebung begleitet, und die Harmonie beider führt zu vollkommener Glückseligkeit.

Bei der Beobachtung des menschlichen Verhaltens sieht Sokrates, daß das Tun des Menschen oft auf Unwesentliches und Vergängliches gerichtet ist. Höher einzuschätzen sind aber die Pflege und Erhaltung von unvergänglichen Werten wie dem Guten und Schönen oder dem Sinn für Gerechtigkeit.

Die zum Todesurteil führende Anklage warf Sokrates u.a. vor, den Göttern die schuldige Verehrung versagt und so die Jugend verdorben zu haben. Nun ist aber erwiesen, daß er kein Atheist war und auch nicht im Gegensatz zur eingeführten Religion stand. Er lehnt allerdings Opfer und Weihegaben ab, da sie in der Regel nur einen unwürdigen Handel mit der Gottheit bedeuten. Allenfalls soll man die Gesinnung des Opfernden anerkennen, falls sie frei von derartigen Erwägungen ist. Es kommt ihm darauf an, die Religion zu verinnerlichen, sie soll nicht auf der Stufe der an Äußerlichkeiten hängenden Volksreligion stehen bleiben. Insofern lag der Anklage das nicht ganz abwegige Gefühl zugrunde, daß die staatliche Massenreligion nicht mit den Anschauungen des Sokrates in Einklang zu bringen war. So beansprucht dieser auch in seiner Verteidigungsrede eine höhere Einsicht in das Wesen des Göttlichen als sie die religiöse Gemeinschaft der Athener besaß:

> »Ich werde dem Gott mehr gehorchen als euch« [21].

Die außerordentlich große Wirkung, die vom Leben und Sterben des Sokrates bis heute ausgeht, beruht einmal auf seiner einfachen, allgemeinverständlichen Lehrweise, die aber doch immer in die Tiefe geht und die zur Überwindung der oberflächlichen Sophistik beitrug. Ebenso beeindruckt er durch seine bescheidene Lebensweise, die Übereinstimmung seiner Haltung mit seinen Anschauungen von Sitte und Tugend und durch die Furchtlosigkeit, mit der er in den Tod ging.

5. 3. 3 Platon und die Akademie

Platon (lat. Plato) wurde 427 v.Chr. geboren. Seine Mutter entstammte einem alten athenischen Geschlecht, das sich bis auf Solon zurückführte; über seinen Vater ist kaum etwas bekannt. Die familiären Verhältnisse legten eine politische Laufbahn nahe, doch wandte sich Platon – wohl unter dem Einfluß des Sokrates, den er im Alter von 20 Jahren kennengelernt hatte – von praktischer politischer Tätigkeit ab und folgte seinen philosophischen Neigungen. Allerdings gab er die theoretische Beschäftigung mit der Politik nicht auf. Für seine geistige Entwicklung waren mehrere Reisen von Bedeutung. In Tarent lernte er den Pythagoreer Archytas kennen (vgl. Abschn. 5.2) und schloß hier Freundschaft mit Dion, dem Schwager des Tyrannen Dionysios I. von Syrakus. Durch dessen Vermittlung gelangte er an den Hof des Dionysios, wo er jedoch in politische

Verwicklungen geriet und fliehen mußte. In Athen gründete er etwa 385 v.Chr. die »Akademie«, eine Art von Universität oder wissenschaftlicher Gesellschaft, die nach einem in der Nähe gelegenen Heiligtum des griechischen Heros Akademos benannt war. Er starb 347 v.Chr. im Alter von 81 Jahren.

Platon hat ein umfangreiches Werk hinterlassen, das vollständig erhalten ist. Die meisten seiner Schriften sind in der Form von Dialogen des Sokrates mit Schülern oder Freunden gehalten. Dadurch wurde einmal die Technik des schrittweisen Erarbeitens von allgemeinen Erkenntnissen übernommen, und zum anderen konnte er seinem Lehrer damit ein unvergängliches Denkmal setzen. Außerdem liegen mehrere Platon zugeschriebene Briefe vor, deren Echtheit aber umstritten ist.

In den Dialogen werden zahlreiche Aspekte des menschlichen Daseins durchdacht, und es wird eine zwar nicht systematische, aber überaus umfang- und inhaltsreiche Philosophie entwickelt, deren Ansatzpunkte später immer wieder von neuem aufgegriffen wurden. Am bekanntesten ist wohl Platons Ideenlehre; diese und seine Ansichten über religiöse Fragen, über die menschliche Seele und einige seiner kosmologischen Theorien sollen im folgenden behandelt werden; die Ethik, die Lehre vom Staat und vieles andere wird außer acht gelassen.

Der Begriff der *platonischen Idee* läßt sich anschaulich aus der Denkweise der Geometrie ableiten, die zu Platons Zeit schon in Grundzügen ausgearbeitet worden war und die ihm möglicherweise den Anstoß zur Ideenlehre gegeben hat. Die Geometrie arbeitet mit Begriffen von Dingen, die in der Natur nicht vorkommen können. So gibt es in Wirklichkeit keine Linie, die nur Länge, aber keine Breite hat, wie es die Definition erfordert; sie existiert nur im Geist des Mathematikers. Diese Begriffsbildung wurde von den Sophisten angegriffen; so weist z.B. Protagoras darauf hin, daß man praktisch niemals eine Tangente an einen Kreis anlegen könne, die diesen nur in einem einzigen Punkt berührt. Da aber alle Erkenntnis aus der praktischen Erfahrung stammen würde, könnten die mathematischen Sätze keine allgemeine Gültigkeit beanspruchen. Platon behauptete dagegen, daß sie allgemeingültig sind. Da ihre Grundbegriffe in der Natur nicht vorkommen, müsse es außerhalb unserer Erfahrungswelt noch eine zweite Welt geben, in der diese idealisierten Begriffe ein echtes Dasein führten. Das sei die Welt der Ideen.

Nach dieser Auffassung sind die Ideen das Unwandelbare, Feste. Die Erfahrungswelt ist dagegen veränderlich und – wie in dem berühmten Höhlengleichnis ausgeführt wird – der menschlichen Erkenntnis nur unvollkommen zugänglich. Wir nehmen die Dinge wahr wie ein Höhlenbewohner, der nur die an die Rückwand der Höhle geworfenen Schatten der realen Dinge sieht, die sich vor ihr befinden. Die so gesehenen Bilder sind demnach nur die Abbilder der ihnen zugrundeliegenden Realitäten, der Ideen. Durch die Ideenlehre werden die gegensätzlichen Auffassungen von Heraklit und Parmenides vereinigt: Das Fließende des Heraklit ist die Sinnenwelt, dem unwandelbaren Sein des Parmenides entspricht die Ideenwelt. Außerdem sind die Ideen den allgemeinen Begriffen verwandt, deren Art von Sokrates herausgearbeitet worden war. Der Hauptunterschied zwischen allgemeinen Begriffen und Ideen besteht darin, daß den Ideen eine reale Existenz zugeschrieben wird; die Ideenwelt besitzt sogar Realität in höherem Sinne als die Erfahrungswelt. Die allgemeinen Begriffe dagegen gibt es nur in unserer Vorstellung.

Die Welt der Ideen kann nur mit dem Denkvermögen erfaßt werden. Zu ihrer Erkenntnis gelangt man durch »inneres Schauen«. Das Wissen um sie ist jedem Menschen als »Vorwissen« angeboren, und wenn dieses Vorwissen zum Bewußtsein kommt, ereignet sich die sogen. »Wiedererinnerung«. Das Vermögen der Wiedererinnerung veranlaßt auch das Denken in metaphysischen Kategorien.

Gewisse Schwierigkeiten ergeben sich, wenn man das Verhältnis der Ideen zu den ihnen entsprechenden Dingen der Erfahrungswelt festlegen will. Platon behilft sich mit der zwar einleuchtenden, letzten Endes aber doch unklaren und angreifbaren Formulierung, daß die Sinnenwelt an den Ideen »teilhabe«. So habe der gute Mensch teil an der Idee des Guten, ein schönes Bild habe teil an der Idee des Schönen u.s.w. Die Ideen sind nicht die schöpferischen Ursachen der realen Dinge, sondern sie sind nur die »Musterbilder«, nach denen der Schöpfer bei der Erschaffung der Dinge gewirkt hat.

Wie die angeführten Beispiele zeigen, hat Platon die Ideenlehre nicht auf die Mathematik beschränkt, sondern sie durch Einbeziehen von Begriffen aus anderen Bereichen des Denkens verallgemeinert. An die Spitze seiner Ideenwelt stellt er die Idee des Guten, in der alle sittlichen Werte wie Besonnenheit, Tapferkeit, Streben nach Gerechtigkeit, Wahrheit und Weisheit enthalten sind. Die Idee des Guten schließt alle anderen Ideen in sich ein, sie ist das letzte Prinzip allen Seins, Geschehens und Denkens. Sie ist etwas Gottähnliches, aber nicht Gott selbst.

Die religiösen Ansichten Platons gehen aus seinen Schriften nur undeutlich hervor. Die primitive Volksreligion lehnt er ab, und er hält auch nichts von den alten Mythen mit ihren Kämpfen zwischen Göttern und Heroen. Opfer und Bittgebete sind ihm als Ausdruck händlerischer Gesinnung zuwider. An einer Stelle (im Kratylos) heißt es, daß man über die Götter nichts wisse, »weder über sie selbst noch über ihre Namen«.

Bis zu einem gewissen Grade nähert sich Platon dem Monotheismus. Es gibt nach seiner Anschauung einen vernünftigen und guten Gott, der von Ewigkeit her ist, übersinnlich, einfach, sich immer gleichbleibend. Aber Platon unterscheidet nicht immer zwischen Gott und den Göttern. Der eine Gott hat die Welt erschaffen, doch vollzieht sich die Schöpfung auf verschiedenen Ebenen: Außer dem Weltall läßt Gott eine niedere Götterwelt entstehen, der er die Erschaffung des Menschen überträgt. Er stellt dazu den Göttern etwas von der im Weltall vorhandenen Seelensubstanz zur Verfügung, die von ihnen mit der Materie zum Menschen vereinigt wird. Nachdem Gott die Götter zum Erschaffen des Menschen angeregt hat, verharrt er in Ruhe. In der Welt muß es auch das Übel geben, denn zu allem, auch zum Guten, muß immer das Entgegengesetzte vorhanden sein. Der Mensch soll aber dem Übel entfliehen und nach Möglichkeit durch Tugend gottähnlich werden.

Die Lehre von der menschlichen Seele ist bei Platon eng mit der Wiedergeburtslehre verknüpft, die er ebenso wie den Dualismus Körper – Seele von der Orphik und von den Pythagoreern übernommen hat. Der Körper ist in dauerndem Wandel begriffen, er ist unbeständig und vergänglich. Die Seele dagegen bleibt sich immer gleich, sie ist beständig, unsichtbar und unsterblich; sie wurde dem Menschen bei seiner Erschaffung als göttliche Seelensubstanz verliehen. Im Timaios heißt es, daß der Mensch neben der göttlichen noch eine zweite, niedere Seele besitzt, die Sitz von Lust, Schmerz und Emotionen ist. Diese zweite Seele (oder dieser zweite Seelenteil) ist sterblich. Die Zweiteilung der Seele wird später u.a. von Plotin (vgl. Abschn. 5.4.3) und Meister Eckhart (Abschn. 8.5.3) übernommen, die einen obersten, göttlichen Seelenteil annehmen.

Platon verwendet viel Mühe auf Beweise für die Fortdauer der Seele nach dem Tode (d.h. auf etwas, das sich durch logisches Schließen nicht beweisen läßt). So gäbe es zwei Arten von bewegten Wesenheiten: Die eine Art müßte von einer äußeren Ursache in Bewegung gesetzt werden; sie würde sterben, wenn die Bewegung zum Stillstand kommt. Die andere Art könnte sich ohne Ursache von selbst bewegen; sie sei ungeworden und unvergänglich. Nun sei Bewegung das Wesen der Seele, sie bewege sich von selbst und müsse daher unsterblich sein. Weiterhin sei die Seele etwas Einheitliches (gemeint ist wohl nur der unsterbliche Seelenteil), etwas nicht Teilbares, das nicht wie der Körper beim Tode zerfallen würde. Auch deshalb müsse die Seele nach dem Tode weiterbestehen. Schließlich wird auch die Erfahrung der Wiedererinnerung als Beweis für die Möglichkeit der Existenz der Seele außerhalb des Körpers angeführt. Wenn sie schon vor der Geburt bestanden hat, so muß sie auch nach dem Tode weiterbestehen, da sie sonst nicht wiedergeboren werden könnte.

Beim Tode trennt sich die Seele vom Körper, der sie doch nur behindert hat, die Wahrheit zu erkennen. Sie ist dann von Täuschungen und Irrtümern frei. Sie entweicht zu dem guten, vernünftigen Gott, wenn der Mensch, mit dem sie verbunden war, ein rechtschaffenes Leben geführt hatte. Andernfalls muß sie für ihre bösen Taten büßen und im Wechsel von Leben und Sterben eine Anzahl von menschlichen oder tierischen Daseinsformen durchlaufen. Die Seele hat die Freiheit der Wahl ihres »Dämons«, der die Aktivitäten ihres Körpers und damit ihr weiteres Schicksal bestimmt. Sie ist demnach für sich selbst verantwortlich. Tugendhaftes Leben, das Suchen des Schönen und das Streben nach höheren geistigen Werten können eine günstigere Wiedergeburt bewirken. Selbsterkenntnis, Gerechtigkeit und Suche nach Wahrheit durch Philosophie lockern die Bindung der Seele an den Körper und führen sie in die Nähe Gottes. Es gibt einige Menschen, die sich an die übersinnlichen Wesenheiten erinnern können, die sie vor ihrem jetzigen Leben geschaut haben; sie scheinen während dieser Wiedererinnerung verzückt und von Sinnen zu sein. Aber es sind nur wenige, denen dies Erlebnis zuteil wird.

Mit diesen Lehren wird offensichtlich ein mystischer Zug in Platons Philosophie berührt. Andeutungsweise spricht er auch von Erfahrungen, die nicht mit Worten ausgedrückt, sondern nur intuitiv erlebt werden können. In Ekstase würden die Gedanken Gottes erfaßt, der im Zustand der Ekstase Redende sei ein Vermittler zwischen Gott und den Menschen. Auch eine Art von Stufenweg der Seele wird in Platons Schriften angedeutet: Das Streben der Seele nach Höherem, der »Eros« des Menschen, ist auf der untersten Stufe dem Schönen in der Sinnenwelt zugewandt. Dann werden die Empfindungen der Sinne erweitert, indem die Schönheit in allen Dingen, Tätigkeiten, Gesetzen, in der Wissenschaft, kurz überall, erkannt wird. Zuletzt wird das Schöne durch eine plötzliche Eingebung innerlich erfahren, so daß der Mensch in die Nähe der Idee des Schönen und damit auch in die Nähe Gottes gelangt.

Der Mystik Platons fehlen allerdings wesentliche Züge, die für echte Mystik charakteristisch sind. Weder wird das Aufgeben aller menschlichen Bindungen, noch das Aufgeben des eigenen Ichs verlangt. Außerdem fehlen die Erfahrung des Einswerdens von Subjekt und Objekt und die Erwähnung der unio mystica, des Verschmelzens der Seele mit Gott. Bei Platon steht die Seele zwischen dem Menschlichen und dem Göttlichen; sie kann in die Nähe des Göttlichen gelangen und soll »nach Möglichkeit« Gott ähnlich werden, aber sie vereinigt sich nicht mit ihm.

Als Letztes sollen noch einige Aspekte der *Kosmologie* Platons gestreift werden. Wie schon erwähnt, glaubt er, daß die Welt von einem guten, »neidlosen« Gott erschaffen wurde, wobei die ewigen, unveränderlichen Ideen als Muster der Schöpfung verwendet wurden. (Diese Hypothese wird im Neuplatonismus zum göttlichen Intellekt umgedeutet). Da das ursächliche Wirken, d.h. das Erschaffenwerden der Welt, nicht von einer blind wirkenden Ursache, sondern von einem vernünftigen und weisen Gott ausging, ist auch die Welt vernünftig; sie ist ein beseeltes, göttliches Wesen voller Harmonie. Platon sieht auch die Himmelskörper als göttlich an. Ihre göttliche Art folgt aus der Symmetrie ihrer Kreisbahnen. Aus dieser Denkweise ergibt sich dann die Vorstellung von einer Weltseele.

Die Akademie

Die platonische Akademie ist die Verbindung einer Philosophenschule mit einer Forschungsstätte; man kann sie als Ur- und Vorbild der modernen Universitäten ansehen. Sie wurde wohl in Nachahmung der pythagoreischen Bünde gegründet, unterschied sich von diesen aber in wesentlichen Einzelheiten. So verzichtete man auf aktive politische Betätigung und hielt auch die Lehren nicht geheim. Die Einrichtungen der Akademie (Gebäude, Bibliothek, Park) wurden anfangs aus Platons Vermögen, später durch Spenden unterhalten. Im Einklang mit Platons Geringschätzung der Naturwissenschaften lag der Schwerpunkt des Unterrichtes zunächst bei der Philosophie, wobei in großer Breite zahlreiche Gebiete des menschlichen Denkens behandelt wurden. Besonders gepflegt wurde die Mathematik. Erst nach Platons Tod gewannen die Naturwissenschaften an Bedeutung. Der Unterricht bestand aus Vorträgen und Diskussionen. Neben der geistigen Schulung wurde auch der Körper durch Gymnastik ertüchtigt und Entspannung in geselliger Runde gesucht. Der bedeutendste Schüler Platons war Aristoteles; nach dessen Ausscheiden aus der Akademie konnten die Nachfolger des Gründers das hohe Niveau des Unterrichtes nicht immer halten, doch gingen im Laufe der über 900jährigen Geschichte dieser Lehrstätte noch zahlreiche wichtige Beiträge aus ihr hervor. Sie wurde 529 n.Chr. vom Kaiser Justinian I. aufgelöst.

5. 3. 4 Aristoteles und das Lykeion

Aristoteles (384 - 322 v.Chr.), der »Stagirite« nach dem Geburtsort Stagira auf der Halbinsel Chalkidike, ging in jungen Jahren nach Athen, um seine Ausbildung in der platonischen Akademie zu erhalten. Er blieb 20 Jahre lang bis zu Platons Tod deren Mitglied, verließ dann Athen und wurde nach weiteren Lebensstationen Lehrer des 13jährigen Alexander, des Sohnes Philipps II. von Mazedonien. 335 oder 334 v.Chr. kehrte er nach Athen zurück und gründete dort eine eigene Schule, das »Lykeion«, benannt nach dem Hain des Apollon Lykeios. Er lehrte in einer Wandelhalle (»Peripatos«), seine Schüler und Anhänger werden daher »Peripatetiker« genannt. Nach Alexanders Tod (322 v.Chr.) nahm in Athen die mazedonienfeindliche Stimmung überhand, und Aristoteles wurden seine Beziehungen zum mazedonischen Königshaus vorgeworfen. Um dem Schicksal des Sokrates zu entgehen, floh er nach Chalkis auf Euböa, wo er kurz darauf starb.

Nach dem Tode des Aristoteles ging eine umfangreiche Sammlung von Aufzeichnungen seiner Lehren durch mehrere Hände und gelangte schließlich im 1. Jahrh. v.Chr. zu dem Peripatetiker Andronikos aus Rhodos. Dieser ordnete die Schriften, versah die einzelnen Kapitel mit Überschriften, bearbeitete sie wohl auch zum Teil und gab sie heraus. Es liegt damit ein überaus vielseitiges Werk vor, das alle damals bekannten Wissenschaften in – wie Aristoteles glaubt – abschließender Weise behandelt. Ein Teil, die sogen. »erste Philosophie«, wurde von Andronikos unter dem Titel »ta meta ta physika« (das nach der Physik) zusammengefaßt. Hiervon leitet sich die Bezeichnung »Metaphysik« ab.

Der Ausdruck »Metaphysik« bedeutete demnach ursprünglich nur eine rein äußerliche Reihenfolge. In den an dieser Stelle eingeordneten Schriften des Aristoteles werden Grundbegriffe und Grundprobleme der Philosophie diskutiert, z.B. die Prinzipien des Seienden, das Ewige, Unbewegte und die Lehre vom Göttlichen. Später verstand man unter der Bezeichnung »Metaphysik« alle Wissenschaften, die sich mit dem hinter oder über den Dingen der sinnlichen Wahrnehmung Befindlichen auseinandersetzen (z.B. der Logos, die Ideen Platons, der Zahlbegriff des Pythagoras, aber auch das Brahman der Inder, das Tao der Chinesen, die christliche Trinität und vieles andere mehr). Im Mittelalter wurde die Bedeutung des Wortes »Metaphysik« immer mehr auf religiöse Gedanken eingeengt, heute wird es meist wieder weiter gefaßt und als Wissenschaft von den obersten Prinzipien und den Grundlagen des Seins definiert. Unabhängig von der Auslegung des Wortes ist Aristoteles als Begründer der Wissenschaft »Metaphysik« anzusehen, auch wenn er selbst diesen Ausdruck nicht verwendet hat.

Während Aristoteles zu Beginn seiner Laufbahn als Philosoph noch stark unter dem Einfluß Platons steht, geht er später zunehmend eigene Wege und gelangt auf einigen Gebieten sogar zu völlig anderen Auffassungen als sein Lehrer. Seine Philosophie ist i.w. vernunftbetont. Anders als Platon legt er großen Wert auf die Beschäftigung mit der belebten und unbelebten Natur, und ein erheblicher Teil seines Werkes ist der Naturphilosophie gewidmet.

Die im sogen. *Organon* zusammengefaßten Arbeiten enthalten die Kategorienlehre, Sprachphilosophie, die »Analytik« (Logik), die Dialektik und einen Abschnitt über sophistische Trugschlüsse. In der Kategorienlehre definiert Aristoteles 10 Größen, die allen Dingen gemeinsam zukommen sollen (Substanz, Qualität, Quantität, Relation, Raum u.a.). In der Analytik erweitert er die Ansätze von Demokrit, Parmenides und Platon zu einem geschlossenen logischen System. Seine Gedanken über das Bilden von korrekten Begriffen und Schlüssen haben fast 2000 Jahre lang praktisch unverändert gegolten.

Die *Naturphilosophie* des Aristoteles soll ebenfalls nur kurz behandelt werden. Sein Hauptinteresse gilt der belebten Natur. Auf Grund eines umfangreichen Beobachtungsmaterials gibt er eine systematische Darstellung der Pflanzen- und Tierwelt von hierarchischem Aufbau mit dem Menschen als einzigem vernunftbegabten Wesen an der Spitze. Die damit begründete wissenschaftliche Biologie stellt ein Gegengewicht zu der doch recht einseitigen Denkweise des Sokrates und der platonischen Schule mit ihrer Überbetonung der zwischenmenschlichen Beziehungen und der geistigen Welt dar. Sie hatte ebenfalls etwa 2000 Jahre Bestand.

Zur Naturphilosophie kann man auch die *Kosmologie* rechnen. Nach Aristoteles besteht das Weltall seit ewigen Zeiten, es ist unzerstörbar, und es wurde auch nicht durch einen Schöpfungsakt erzeugt, da Nichts aus Nichts entstehen kann. Ferner gibt es keine (platonische) Weltseele. Der Himmel ist in mehrere Bereiche unterteilt, von denen der oberste, göttliche, aus Äther besteht. Die Gestirne sind göttlich, sie besitzen Empfindung und Vernunft. Mit dem Äther als fünftem Element erweitert Aristoteles die Vier-Elementenlehre des Empedokles. Damit wird ein Begriff geschaffen, der in der neuzeitlichen Physik lange Zeit als Träger der elektromagnetischen Schwingungen angesehen wurde. Erst um die letzte Jahrhundertwende wurde diese Anschauung aufgegeben.

Gottheit und Religion sind bei Aristoteles eng mit der Natur verbunden. Das menschliche Bedürfnis nach Religion stammt aus zwei Quellen: Dem inneren Erleben der Seele und dem Staunen über die Größe und Schönheit der Welt. Durch Beobachten der Natur läßt sich schließen, daß es außer dem Sein der Sinnenwelt noch ein anderes, höheres Sein geben muß. Der Gottesbegriff wird sowohl mit der Kosmologie als auch mit der Bewegung verknüpft, die bei Aristoteles eine zentrale Stellung einnimmt [22]. Er unterscheidet zwei Ebenen (oder Sphären oder Bereiche): Eine physikalisch-astronomische Ebene des »Bewegten« und eine metaphysische, transzendente Ebene des »Unbewegten«. In der transzendenten Ebene des Unbewegten gibt es nur ein einziges, erstes Bewegungsprinzip, in der Ebene des Bewegten befinden sich mehrere solcher Prinzipien. Die hier ausschließlich interessierende übersinnliche Ebene enthält ein oberstes, erstes Prinzip, dessen Eigenschaften von Aristoteles in philosophischen Schlußfolgerungen ergründet werden. Zunächst wird – unter Rückgriff auf die sinnliche Ebene des Bewegten – gezeigt, daß es etwas Ewiges, Unvergängliches geben muß; das ist die Bewegung (der Himmelskörper) und in ihrer Folge die Zeit:

> »Denn die Wesen sind von dem Seienden das Erste, und wenn alle vergänglich sind, so ist alles vergänglich. Unmöglich aber kann die Bewegung entstehen oder vergehen; denn sie war immer. Ebensowenig die Zeit; denn das früher oder später ist selbst nicht möglich, wenn es keine Zeit gibt. Die Bewegung ist also ebenso stetig wie die Zeit, da diese entweder dasselbe ist wie die Bewegung oder eine Affektation derselben. Stetige Bewegung ist aber einzig die Ortsveränderung, und zwar unter dieser die Kreisbewegung« [23].

Bei diesen Ausführungen kommt die kosmologische Komponente im Denken des Aristoteles zur Geltung. Die Kreisbewegung der Gestirne ist für ihn eine ewige Bewegung ohne zeitlichen Anfang und ohne Ende. Daraus ergibt sich, daß es keine Schöpfung aus dem Chaos oder aus dem Dunkel geben kann, und daß der Himmel schon seit Ewigkeit bestanden hat:

> »Also war nicht eine unendliche Zeit Chaos oder Nacht, sondern immer dasselbige, entweder im Kreislauf oder auf eine andere Weise ... « [24];
> » ... es gibt etwas, das sich immer in unaufhörlicher Bewegung bewegt, diese Bewegung aber ist die Kreisbewegung. Also ist der erste Himmel (der Fixsternhimmel) ewig« [25].

Da eine Bewegung nicht von selbst entstehen kann, muß es ein bewegendes Prinzip geben, welches sie verursacht hat:

> »Denn wie soll etwas bewegt werden, wenn nicht eine Ursache in wirklicher Tätigkeit vorhanden wäre. Denn es kann ja der Stoff nicht sich selbst in Bewegung setzen ... « [26].

Das zwangsläufig auf der übersinnlichen Ebene vorhandene bewegende Prinzip muß ewig sein, denn die Zeit und die Bewegung (der Gestirne) sind ewig, infolgedesssen ist es auch ihre Ursache. Ferner muß das bewegende Prinzip seiner Natur nach Wirklichkeit sein, nicht Möglichkeit, denn es könnte sonst keine Bewegung geben.

Hier bringt Aristoteles die Begriffe der Aktualität (Wirklichkeit) und Potentialität (Möglichkeit) ins Spiel. Aktual ist etwas tatsächlich Vorhandenes, potentiell etwas, das der Möglichkeit oder Anlage nach sein kann wie z.B. eine Statue in einem rohen, unbehauenen Marmorblock. Alle Dinge besitzen beides, Aktualität und Potentialität. Das bewegende Prinzip auf der übersinnlichen Ebene aber hat nur Aktualität, keine Potentialität:

> »Gäbe es nun ein Prinzip des Bewegens und Hervorbringens, aber ein solches, das nicht Wirklichkeit wäre, so würde keine Bewegung stattfinden; denn was bloß (ausschließlich) das Vermögen (die Möglichkeit) hat, kann auch nicht in Wirklichkeit sein ... denn was dem Vermögen nach ist, kann möglicherweise auch nicht sein. Also muß ein solches Prinzip vorausgesetzt werden, dessen Wesen Wirklichkeit ist« [27];
> » ... in ihr (der Reihe der Gegensätze) nimmt das (oberste) Wesen die erste Stelle ein, und unter dieser (Stelle) die einfache, der wirklichen Tätigkeit nach existierende ... « [28].

Da das oberste bewegende Prinzip ewig ist, ist es unmöglich, daß es »nicht sein kann«, es kann also keine Potentialität besitzen. Es ist daher im Gegensatz zu anderen Prinzipien »einfach«, nicht aus Potentialität und Aktualität zusammengesetzt. Es ist ferner stofflos, d.h. immateriell, denn was ohne Potentialität ist, ist auch ohne Stoff.

Das erste bewegende Prinzip muß selbst unbeweglich sein. Zum Verständnis des Beweises dieser Hypothese muß man die Theorie des Aristoteles über die Vermittlung der Bewegung vom ersten Prinzip auf das Bewegte (die Himmelskörper) heranziehen. Er nimmt an, daß das erste bewegende Prinzip zuerst mehrere weitere bewegende Prinzipien (im ganzen 55 wegen der unterschiedlichen Bewegungsarten der Planeten) hervorbringt; das sind die »bewegten bewegenden Prinzipien« im Gegensatz zum »unbewegten bewegenden Prinzip« (dem obersten Prinzip). Erst die »bewegten bewegenden Prinzipien« verursachen die Bewegungen der Himmelskörper. Durch diese Konstruktion wurde zum einen das erste bewegende Prinzip (das »unbewegte bewegende«) von der Verknüpfung mit der Astronomie gelöst und damit unabhängig von gerade gängigen astronomischen Theorien; zum anderen konnte Aristoteles nunmehr beweisen, daß das erste bewegende Prinzip selbst unbeweglich sein muß:

> »Da aber dasjenige, was bewegt wird und bewegt (d.h. das bewegte bewegende Prinzip) ein Mittleres ist, muß es auch etwas geben, das ohne bewegt zu werden, selbst bewegt, das ewig und Wesen und Wirklichkeit ist« [29].

Die Schlußweise ist folgendermaßen: Das »bewegte Bewegende« muß sich zwischen einem Prinzip befinden, von dem es bewegt (angestoßen) wird, und einem anderen Prinzip, welches es selbst in Bewegung setzt (d.h. die Sterne); es ist alo ein »Mittleres« (Prinzip). Wenn nun das übergeordnete anstoßende Prinzip ebenfalls bewegt wäre, so müßte es wiederum von einem höheren anstoßenden Prinzip bewegt werden, dieses von einem noch höheren und so fort bis ins Unendliche. (Man bezeichnet diese Gedankenfolge als »Regreß ins Unendliche«). Das aber würde zu nichts führen, denn die Kette von Ursache und Wirkung würde niemals abbrechen, und es würde niemals eine anfängliche Bewegung entstehen können, weil es keinen Anfang des ganzen Prozesses gäbe. Also muß das oberste Prinzip, welches das mittlere (bewegte bewegende) anstößt, selbst unbewegt sein. Allgemein bedeutet die Unmöglichkeit des Regresses ins Unendliche, daß es keine unendliche Kette von Ursache und Wirkung geben kann, sondern daß eine »erste Ursache« existieren muß. (Eine gänzlich andere Behandlung von unendlichen Kausalketten wurde von Nagarjuna angegeben, vgl. Abschn. 4.4.2).

Das erste, unbewegte bewegende Prinzip ist zugleich Zweckprinzip alles Seienden:

> »Daß aber der Zweck zu dem Unbewegten gehört, macht die Unterscheidung deutlich; denn es gibt einen Zweck für etwas und von etwas; jener ist unbeweglich, dieser nicht« [30].

Weiter ist das erste, unbewegte Prinzip ohne Größe (Ausdehnung), es hat aber eine unbegrenzte Fähigkeit (zum Bewegen):

> »Daß es also ein ewiges, unbewegtes, von dem Sinnlichen getrenntes (d.h. immaterielles) selbständig existierendes Wesen gibt, ist aus dem Gesagten klar. Es ist aber auch erwiesen, daß dieses Wesen keine Größe haben kann, sondern unteilbar und unzertrennlich ist. Denn die unendliche Zeit hindurch bewegt es, nichts Begrenztes aber hat ein unbegrenztes (unendliches) Vermögen. Da nun jede Größe begrenzt oder unbegrenzt sein muß, so kann es eine begrenzte Größe aus dem angegebenen Grund nicht haben, eine unbegrenzte Größe aber darum nicht, weil es überhaupt keine unbegrenzte Größe gibt« [31].

Der bisherige Gedankengang zeigt, daß es ein erstes, oberstes Bewegungsprinzip geben muß. Dieses ist selbst unbewegt, abgetrennt von allem Seienden (d.h. immateriell), ohne Ausdehnung, von nicht endender Macht; es ist das Zweckprinzip alles Seienden, reine Wirklichkeit (Aktualität) ohne Möglichkeit (Potentialität). Es kann nur ein einziges solches unbewegtes Bewegungsprinzip geben, was aus der Stofflosigkeit des obersten Prinzips folgt:

»Was aber der Zahl nach eine Mehrheit ist, hat einen Stoff; denn der Begriff der Mehreren, z.B. der Menschen, ist einer und derselbe, Sokrates aber ist ein Einzelner (von vielen Menschen, besteht also aus Stoff). Das erste Sosein aber hat keinen Stoff, denn es ist Vollendung (Wirklichkeit). Eines also dem Begriff und der Zahl nach ist das erste unbewegte Bewegende ... « [32].

Aristoteles versieht das erste Prinzip auch mit ethischen Werten:

» ... und diese Bewegung (die Kreisbewegung der Fixsterne) wird von jenem ersten Bewegenden hervorgebracht. Also ist es notwendig seiend, und inwiefern es notwendig ist, ist es auch so gut und in diesem Sinne Prinzip ... « [33];
»Sein (des obersten Prinzips) Leben aber ist das beste, und wie es bei uns (Menschen) nur kurze Zeit stattfindet, da beständige Dauer uns unmöglich ist, so ist es bei ihm immerwährend. Denn seine Wirklichkeit (wirkliche Tätigkeit) ist zugleich Lust ... « [34].

Nunmehr werden auch die Vernunft und das Göttliche eingeführt. Das erste, unbewegte Bewegungsprinzip ist beste Tätigkeit, beste Tätigkeit ist aber zugleich Vernunfttätigkeit. Die *menschliche Vernunft* ist an sich nur Erkenntnisvermögen, sie kommt erst am Intelligiblen (Seienden) in Tätigkeit, dann sind aber Vernunft und Intelligibles identisch. (Die *göttliche Vernunft* dagegen vermag sich unmittelbar selbst zu erkennen, s.u.).

»Die Vernunfttätigkeit an sich aber geht auf das an sich Beste, die höchste auf das Höchste. Sich selbst erkennt die Vernunft im Ergreifen des Intelligiblen; denn intelligibel wird sie selbst, den Gegenstand berührend und erfassend, so daß Vernunft und Intelligibles dasselbe sind ...
Also ist jenes (das Intelligible) noch in vollerem Sinne göttlich als das, was die Vernunft Göttliches zu haben scheint, und die Betrachtung (das Denken) ist das Angenehmste und Beste. Wenn sich nun so gut, wie wir bisweilen, der Gott immer verhält, so ist er bewundernswert, wenn aber noch besser, dann noch bewundernswerter. So verhält er sich aber. Und Leben wohnt in ihm; denn der Vernunft Wirklichkeit (wirkliche Tätigkeit) ist Leben, jener aber ist die Wirklichkeit (Tätigkeit), seine Wirklichkeit an sich ist bestes und ewiges Leben. Der Gott, sagen wir, ist das ewige, beste Lebewesen, so daß dem Gotte Leben und beständige Ewigkeit zukommen; denn dies ist der Gott« [35].

Aristoteles identifiziert demnach das philosophisch erschlossene oberste (unbewegte) Bewegungsprinzip mit Gott und kommt so zu einem auf vernunftgemäßem Denken beruhenden monotheistischen Gottesbegriff (vgl. Zitat [32]: »Eines ... der Zahl nach ist das erste unbewegte Bewegende«), der sich aus der folgenden Gedankenkette ergibt:

a) das oberste Bewegungs- und Zweckprinzip ist beste (ewige) Tätigkeit der Vernunft;

b) die höchste, ewige Vernunfttätigkeit ist bestes (ewiges) Leben;

c) das oberste Bewegungsprinzip ist ewiges Leben, also Gott.

Aristoteles unterscheidet zwischen menschlicher und göttlicher Vernunft. Die menschliche Vernunft hat ihrem Wesen nach zwei Seiten: Einmal besitzt sie das Vermögen, etwas zu denken (das z.B. auch im Schlafenden oder Bewußtlosen vorhanden ist), und zum anderen kann sie aktiv in Tätigkeit treten, d.h. bewußt denken. Sie besitzt also sowohl Potentialität als auch Aktualität. Im letzteren Falle hängt sie vom Objekt ihres Denkens ab, sie kann Gutes oder Böses denken. Mit anderen Worten: Auf der menschlichen Ebene sind Subjekt und Objekt verschieden.

Anders die göttliche Vernunft: Sie ist nicht Vermögen, sondern reine Tätigkeit, sie ist auschließlich Aktualität. Das ergibt sich aus der Gleichsetzung von oberstem bewegenden Prinzip und Gott. Denn wie oben gezeigt wurde, ist das erste Prinzip »einfach«, nur Aktualität, also ist auch Gott nur Aktualität. Weiterhin kann die göttliche Vernunft ihr Denken nicht auf irgendwelche Objekte richten; sie könnte dann sowohl Gutes als auch Schlechtes denken, das zweite ist aber unmöglich:

> »Ferner ist offenbar, daß etwas anderes (andere Denkobjekte) würdiger wäre als die Vernunft, nämlich das Erkannte. Denn das Erkennen und seine Tätigkeit wird auch dem zukommen, der das Schlechteste erkennt. Wenn nun dies (das Denken an etwas Schlechtes) zu fliehen ist, wie es ja auch besser ist, manches nicht zu sehen, als es zu sehen, so würde demnach die (göttliche) Vernunfttätigkeit nicht das Beste sein« [36].

Wenn die göttliche Vernunft aber das Beste ist und wenn sie nur das Beste denken kann, so kann sie nur sich selbst denken (nicht: an sich selbst denken!):

> »Sich selbst erkennt also die (göttliche) Vernunft, wenn anders sie das Beste ist, und die Vernunfterkenntnis (bzw. -tätigkeit) ist Erkenntnis ihrer Erkenntnis (-tätigkeit)« [37].

Die göttliche Vernunft ist demnach ihr eigenes Objekt, bei ihr fallen Objekt und Subjekt zusammen. Damit gelangt Aristoteles auf philosophisch-deduktivem Wege zu einer Anschauung, die zahlreiche Mystiker auf einer der letzten Stufen des mystischen Weges intuitiv erfahren haben, dem »Verschwinden aller Unterschiede« oder dem »Einswerden von Objekt und Subjekt«. Noch eine weitere Berührung mit mystischem Gedankengut möge erwähnt werden: Aus dem oben zitierten Abschnitt über das vernünftige Denken »Wenn sich nun so gut wie wir bisweilen, der Gott immer verhält ... « läßt sich entnehmen, daß sich menschliche und göttliche Vernunft gelegentlich berühren können. Gewöhnlich ist die menschliche Vernunft allerdings mit fremden Objekten befaßt, und nur »nebenbei« gelangt sie zur Selbsterkenntnis:

> »Nun haben jedoch offenbar die Wissenschaft und die Sinneswahrnehmung, die Meinung und die Vorstellung immer etwas anderes zum Objekt, sich selber aber nur nebenbei« [38].

Der Gottesbegriff des Aristoteles hat nichts mehr mit der griechischen Götterwelt zu tun. Er wird auf der Grundlage von natürlichen Erscheinungen (der Bewegung der Gestirne) vernunftgemäß als ein letztes, »unbewegtes«, unkörperliches Prinzip erschlossen, das mit *dem* Gott identifiziert wird. Wie Platon macht aber auch Aristoteles die Konzession, daß ein Staat ohne eine anschauliche Volksreligion nicht auskommen kann. Allen solchen Religionen liege aber ein oberstes, abstraktes Prinzip zugrunde, welches nur sekundär mit menschlichen Zügen ausgestattet würde. Im Volksglauben sieht Aristoteles nur eine durch Mythen und Märchen erweiterte Fassung seiner eigenen Anschauungen.

In der *aristotelischen Psychologie* wird der Platz des Menschen in der belebten Natur ermittelt. Vom Tier unterscheidet er sich durch sein Denkvermögen, durch seinen Geist, der jede Erkenntnis ermöglicht. Der Geist ist nicht an den Körper gebunden, er ist reine, unstoffliche Energie; ihm werden Unvergänglichkeit und göttliches Wesen zugeschrieben. Unsterblichkeit gibt es für den Menschen nur als Fortleben im Geist, der nach dem Tode aber keine individuellen Züge mehr besitzen kann, sondern in eine übergeordnete Weltvernunft eingeht.

Die Seele ist im Gegensatz zum Geist untrennbar mit dem menschlichen Körper verbunden und nicht grundsätzlich von ihm verschieden. Sie ist zugleich die Grundlage des Bewußtseins und der Lebensfunktionen wie der Ernährung und Zeugung. Sie ist das formende und bewegende Prinzip, die Kraft, die die vorhandenen Anlagen zur Entwicklung bringt. Obwohl diese Gestaltungskraft als Prinzip unsterblich ist, ist die individuelle Gestaltungskraft eines bestimmten Menschen sterblich, da sie mit dem Körper verwachsen ist. Eine Seelenwanderung und Wiedergeburt gibt es daher nicht.

Von den drei Schriften des Aristoteles über die *Ethik* ist die sogen. Nikomachische Ethik (nach seinem Sohn Nikomachos genannt) die ausführlichste. Als höchstes Ziel wird die Glückseligkeit angesehen. Menschliches Glück besteht nicht im Genuß von Sinnenfreude oder im Anhäufen von irdischen Gütern. Wer solchen Zielen nachjagt, wird deren Sklave. Vielmehr soll der Geist die Sinne beherrschen, es soll ein Zustand innerer Zufriedenheit mit Selbstgenügsamkeit und Selbstverwirklichung erreicht werden. Das Leben in geistiger Tätigkeit, in der Anschauung des Höchsten, ist die beste Form des Daseins. Materieller Besitz wird von Aristoteles nicht grundsätzlich abgelehnt. Man soll ihn zum eigenen Wohlbefinden und zu guten Werken verwenden, ohne ihm verfallen zu sein.

Glückseligkeit erlangt man durch sittliches Handeln, durch Rechtschaffenheit und ein tugendhaftes Leben. Tugend wird durch Erziehung und Gewöhnung erworben, sie muß zu einer inneren Haltung werden. Der Mensch kann tugendhaft leben, weil er die Freiheit des Willens und Handelns besitzt. Auch der Staat kann nur auf sittlicher Grundlage bestehen.

Anzustreben ist ein Leben, das dem wissenschaftlichen Denken, der Philosophie, gewidmet ist. Sie bringt Erkenntnis, das Wichtigste, was der Geist erreichen kann. Da der Mensch ein soziales Wesen ist, muß er mit anderen Menschen zusammenleben. Er muß daher gewisse Regeln beachten, die eine menschliche Gemeinschaft erst ermöglichen. Die Lebensführung soll keinem Extrem zuneigen, sondern auf Grund vernünftiger Einsicht einem Mittelweg folgen. Diese Ansicht entspricht dem griechischen Sinn für das Maßvolle. Als höchste sittliche Vollkommenheit wird die innere Glückseligkeit angesehen. Auf dieser Stufe ist ein Erkennen des Göttlichen möglich, doch ist die aristotelische Ethik eine Tugendlehre, die auch ohne religiöse Begründung auskommt.

Mit der *Ideenlehre Platons* beschäftigt sich Aristoteles in mehreren Schriften. Er kritisiert sie und bemängelt, daß die Ideen weder zum Sein noch zum Werden oder zur Erkenntnis der Dinge etwas beitragen. Hauptsächlich lehnt er die Verdoppelung der Welt durch ein Ideenreich ab, das neben dem materiellen Dasein bestehen soll. Man könne nicht das eigentliche Wesen eines Dinges (seine Idee) als etwas außerhalb dieses Dinges Stehendes ansehen. Aristoteles sucht im Gegenteil nach einem einheitlichen Weltprinzip. Für ihn bilden äußere Erscheinung, Art, Form und Idee eine Einheit.

Als weitere Schwächen der Ideenlehre sieht er einmal den unklaren Begriff der »Teilhabe« konkreter Dinge oder abstrakter Vorstellungen an den zugehörigen Ideen an. Und zum anderen weist er daraufhin, daß es auch verneinende Aussagen gibt, denen negative Ideen zugeordnet werden müßten. Ebenso unmöglich seien Ideen von Vergangenem, obwohl es doch Ansichten und Urteile über Vergangenes gäbe.

Das Lykeion

Aristoteles bestimmte seinen Schüler Theophrastos aus Eresos (auf Lesbos) zum Nachfolger und Leiter der Schule; dieser stand ihr von 322 bis zu seinem Tode 287 v.Chr. vor. Er war ein überaus vielseitiger Philosoph, sein Hauptwerk ist ein Buch über Botanik, das bis in die Neuzeit als vorbildlich galt. Außerdem verfaßte er zahlreiche Werke über andere Themen aus Naturwissenschaft und Philosophie, ferner eine kleine Studie »Charaktere«, die noch in der Zeit der

Aufklärung viel gelesen wurde. Nach ihm übernahm Straton die Leitung der Schule (287 bis ca. 270), der sich als Physiker vor allem mit den Naturgesetzen befaßte.

Die späteren Generationen der Peripatetiker waren nicht so sehr originelle Denker als vielmehr Kompilatoren und Kommentatoren. Sie bewahrten das aristotelische Werk und lehrten es noch mehrere Jahrhunderte lang in Athen. Der Staatsmann Demetrios von Phaleron, ein Schüler Theophrasts, der Athen von 317 - 307 v.Chr. unter mazedonischer Oberherrschaft verwaltete, half den Ptolemäern in Alexandria bei der Gründung einer eigenen Akademie (Museion und Bibliothek), die bald die geistige Führung in der hellenistischen Welt übernahm. Das Lykeion ging schließlich in der platonischen Akademie auf, die in der Zeit des Neuplatonismus die Lehren des Aristoteles mitvertrat.

5. 3. 5 Die Stoa

Die Stoa wurde von Zenon aus Kition auf Zypern (332 - 262 v.Chr.) um 300 in Athen gegründet. Der Name rührt von der buntbemalten Halle, der Stoa, her, in der Zenon und seine Freunde Vorträge hielten und Unterricht erteilten. Die stoische Philosophie hat im Laufe ihrer mehrhundertjährigen Geschichte manche Umbildungen der ursprünglichen Lehren erfahren; man teilt sie daher in drei Epochen ein:

Ältere Stoa (4. - 3. Jahrhundert v.Chr.) mit Zenon, Kleanthes aus Assos (330 - 233) und Chrysippos aus Stoloi (ca. 280 - 205) als Hauptvertretern;

mittlere Stoa (2. - 1. Jahrhundert v.Chr.) mit Panaitios aus Rhodos (ca. 185 - 109) und Poseidonios aus Apamea (ca. 155 - 51);

neuere oder spätere Stoa (bis etwa 200 n.Chr.) mit Lucius Aeneus Seneca aus Cordoba (4 v.Chr. - 65 n.Chr.), Epiktetos aus Hierapolis in Phrygien (ca. 50 - 138 n.Chr.) und Marcus Aurelius Antoninus (121 - 180 n.Chr., römischer Kaiser von 161 - 180).

Schriften der älteren Stoa sind nicht erhalten, man kennt ihre Lehren nur aus Zitaten und Beschreibungen von späteren Autoren. Auch die Werke der Vertreter der mittleren Stoa sind weitgehend verloren; erst von der neueren Stoa besitzt man vollständige Originalabhandlungen.

Die Ausbreitung des Stoizismus wurde durch die politische Einheit und die große Ausdehnung des Römerreiches begünstigt. Athen hatte 156/155 v.Chr. eine aus drei Philosophen bestehende Gesandtschaft nach Rom geschickt, der der Stoiker Diogenes aus Seleucia, der Platoniker Karneades und der Peripatetiker Kritolaos angehörten. Nach Beendigung ihrer politischen Mission hielten sie philosophische Vorträge, die viel Beachtung fanden. Kurz darauf (150 v.Chr.) besuchte auch Panaitios Rom; es gelang ihm, Zutritt zu den führenden

Kreisen zu erlangen und hier Anhänger der stoischen Lehre zu gewinnen. Später gründete Poseidonos auf Rhodos eine Schule, welche viele Römer, darunter auch Cicero, anzog; sie wurde sogar von Pompeius, damals dem mächtigsten Mann des Reiches, besucht. Nachdem auch andere Philosophenschulen ihre Lehren verbreiten konnten, bildete sich im ausgehenden Altertum eine breite Schicht von geistig Interessierten, die in der Philosophie einen Ersatz für die immer fragwürdiger werdende alte Religion fanden. Besonders wirkten die unpersönliche Gottesauffassung und die hochstehende Ethik der Stoa anziehend auf religiös Denkende.

In der Philosophie der Stoiker sind zahlreiche Lehren ihrer Vorgänger verarbeitet, hauptsächlich werden Ideen von Heraklit, Platon und Aristoteles übernommen. Aus all' diesem und Eigenem wird eine einheitliche Lehre zu schaffen versucht, in der als Grundprinzipien die Natur und der Logos (Materie und Geist) ein System bilden. Die stoische Philosophie war schon von Zenon und Chrysippos in die drei Glieder

Logik – Physik – Ethik

eingeteilt worden. Dabei werden aber die drei Gebiete als eine einheitliche Weisheitslehre angesehen. Man kann Ethik nicht praktisch ausüben, ohne weise zu sein; und um weise zu sein, muß man Logik und Physik (d.h. Naturphilosophie) beherrschen. Der Schwerpunkt der stoischen Philosophie liegt bei der Ethik. Durch das gesamte Lehrgebäude der Stoa zieht sich als eine Art von Verbindungsglied die Idee des Logos hindurch, welche neben der Ethik ihr wohl wichtigster Beitrag zur Philosophie ist.

Die *Physik der Stoiker* besteht vorwiegend aus Metaphysik, enthält aber auch einige wertvolle Beobachtungsergebnisse. Poseidonios berechnet (wie auch Eratosthenes) den Umfang der Erde, erkennt, daß Ebbe und Flut von der Bewegung des Mondes verursacht werden und weist als erster darauf hin, daß man Indien erreichen müsse, wenn man immer nach Westen segeln würde. Dieser Gedanke wurde von dem italienischen Astronomen Toscanelli an Columbus vermittelt und bewog diesen zu seiner historischen Fahrt. Von Poseidonios stammt auch die Idee einer »Lebenskraft« (vis vitalis), die bis ins 19. Jahrhundert diskutiert wurde.

In der *Logik* bilden die Stoiker ein System aus, das sich von der Logik des Aristoteles unterscheidet. Man stellt Fragen nach der Wahrheit oder Falschheit von Aussagen und sucht Wahrheitskriterien. Dies System läßt sich als Vorläufer der modernen Aussagenlogik auffassen. Die Aussagenlogik behandelt die Wahrheit oder Falschheit von Aussagen beliebiger Art (z.B. 2 + 2 = 4 ist wahr) und untersucht die Gesetzmäßigkeiten beim Verknüpfen von mehreren Aussagen. Verknüpfungen sind u.a. die Konjunktion (»und«), die Disjunktion

(»oder«) und die Negation (»nicht«). Diese Logik spielt bei der elektronischen Datenverarbeitung eine entscheidende Rolle.

In der *Grammatik* kommen die Stoiker zu wichtigen Erkenntnissen über den Satzbau der Sprache, ferner machen sie sich Gedanken über die Bedeutung von Worten (Semantik). Auf stoischen Lehren beruht das älteste erhaltene Lehrbuch der Grammatik des Isidor von Thrax (ca. 100 v.Chr.).

Der *Logosbegriff* wird von Heraklit übernommen und zu einer umfassenden Lehre ausgebildet. Im Gegensatz zur platonischen Schule erkennt die Stoa den materiellen Dingen und den physikalischen Kräften ein reales Dasein zu. Zusätzlich muß es aber noch andere, irreale Wesenheiten geben, und man nimmt zwei solcher Prinzipien an, das Göttliche und ein darunter stehendes Urprinzip, den Logos. Der Logos ist einmal eine geistige Kraft, welche die Welt durchdringt und aktiv in ihr wirkt; zum anderen ist er auch Geist, Vernunft und Weltvernunft.

Der Logos ist zunächst ein Etwas auf der metaphysischen Ebene. Er strömt als Feuer, das das erste Bildungsprinzip des Kosmos ist, in die materielle Welt und gelangt hier zu wirkender Kraft. Das Feuer verwaltet die Welt und gibt ihr Leben, doch wird sie periodisch in einem Weltenbrand vernichtet und kehrt dann in den Urzustand zurück, worauf sich der Ablauf in gleicher Weise wiederholt. Das Wesen des Urprinzips (Logos oder Feuer) wird von Kleanthes abgewandelt; er bezeichnet es als »Pneuma« (Atem) und definiert es als ein Gemisch aus Feuer und Luft.

Beim Übergang in die Welt spaltet sich der Logos in mehrere Teile, die unterschiedliche Wirkungen hervorbringen können. Durch den Logos wird die Welt zu einem harmonischen, vernünftigen und zweckmäßig eingerichteten Ganzen. Die Materie erhält durch sein Hinzutreten Gestalt und Form. Der Logos ist in allen Dingen, auch den häßlichsten, enthalten, allerdings ist er ungleichmäßig verteilt. Tote Substanzen, Tiere und Pflanzen besitzen nur wenig davon, mehr enthält der gewöhnliche Mensch, am meisten der tugendhafte Weise, der sich so dem Göttlichen nähert. Der Logos ist im Menschen sowohl innerlich als Denken und Denkvermögen vorhanden, als auch äußerlich durch Wort und vernünftige Rede bemerkbar. Er regelt das geistige Leben und bewirkt Harmonie zwischen Mensch und göttlichem Universalgesetz. Obwohl das Göttliche über dem Logos steht, hat dieser doch am Göttlichen Anteil und wird so zu einem Bindeglied zwischen Gott und dem Menschen. Letzten Endes bildet das Göttliche mit dem Logos und dem Körperlichen eine Einheit. Die menschliche Seele ist demnach ein Teil der göttlichen Vernunft. Mit dem Tode geht sie in ihren Ursprung, das göttliche Feuer, zurück und verliert dabei ihre individuellen Züge. Ihr wichtigster Teil ist die Denkkraft, der Geist, der demnach nicht von der Seele getrennt wird.

Schwierig zu bestimmen ist das *Verhältnis des Logos zu Gott.* Ebenso wie der Logos durchdringt Gott (oder das Göttliche) die gesamte Natur und ist in allen Dingen enthalten, und ebenso wie der Logos besitzt auch Gott Macht und lenkende Kraft. Aber Gott ist nicht dasselbe wie der Logos, obwohl der Logos auch göttliche Züge aufweist. Gott ist etwas Höheres, Gott ist das Beste überhaupt; er enthält ethische Momente in weit höherem Maße als der Logos, der aber ebenfalls mit der Ethik verbunden ist.

Die Gottesauffassung der Stoiker ist demnach pantheistisch. Sie steht in scharfem Gegensatz zum Vielgötterglauben der Volksreligion. Man vermeidet jedoch den Bruch, indem man scheinbar die Götterwelt übernimmt, sie aber allegorisch umdeutet: So wird das Urprinzip »Gott« mit Zeus gleichgesetzt, Hera mit der Luft, Aphrodite mit einer anziehenden Kraft u.s.w. In Übereinstimmung mit der Volksreligion glauben manche Stoiker an eine göttliche Vorsehung, an ein unabänderliches Schicksal, welches alle zukünftigen Ereignisse schon im voraus bestimmt sein läßt. So heißt es bei Kleanthes:

»Oh, führ' mich, Zeus, und führ' mich, Schicksalsgöttin du,
Dorthin, wo ich nach eurem Willen bin am Ort.
Ich folge ohne Säumnis; will ich aber nicht,
So werd' ich schlecht und – folge doch nicht minder nach« [39].

Die vermutlich von der platonischen Schule übernommene Schicksalslehre hängt mit der engen Verbindung des Menschen zur göttlichen Natur zusammen. Sie gestattet, das weitverbreitete Orakel- und Weissagungswesen theoretisch zu begründen. Auch die aus dem Osten stammende Astrologie wird durch Stoiker wie Chrysippos und Poseidonios verbreitet. Anderseits hatte die Stoa aber auch die Willens- und Handlungsfreiheit des Menschen gelehrt, was sich natürlich nicht mit einem starren Schicksalsglauben vereinbaren läßt. Schon Kleanthes und Chrysippos, dann auch Poseidonios, versuchen, diese gegensätzlichen Auffassungen zu vereinigen. Nach Poseidonios wirkt die Weltvernunft, der Logos, zwar im Großen und erhält den Kosmos und die Weltordnung. Er kümmert sich aber nicht um Geringfügiges, so daß dem einzelnen Menschen die Freiheit des Willens überlassen bleibt. Mit dieser Lehre kann der göttliche Wille vom Bösen gelöst werden, mit dem er nach der Schicksalstheorie verbunden sein müßte. Das Böse wird dann nicht unausweichlich vom Logos verursacht, sondern ist eher eine Verirrung der Natur. Eine etwas andere Lösung des gleichen Problems wird unten bei der Behandlung der stoischen Ethik erwähnt werden.

Die allegorische Deutung der Volksgötter, die Lehre von der Vorsehung und damit auch die Astrologie und die Mantik werden von Panaitios als einzigem Stoiker von Rang abgelehnt. Er sieht vielmehr drei Arten von Religion: Erstens die der Dichter mit mythischen Zügen, die er für einfältig hält; dann die der Philosophen, die die einzig richtige wäre, und drittens eine Staatsreligion, die nötig sei, um die primitiven religiösen Bedürfnisse des Volkes mit Kult und Riten zu befriedigen.

Poseidonios wiederum führt (ähnlich wie Aristoteles) alle Religionen auf eine gemeiname Wurzel zurück. Religion sei eine allen Menschen angeborene Vorstellung von der Existenz des Göttlichen. Die Unterschiede zwischen den verschiedenen Formen der Religion beruhten auf sekundären Einflüssen durch Religionsstifter, Propheten oder Lehrer.

Der stoische Gottesbegriff geht in vielem auf Lehren des Xenophanes, Platons, des Aristoteles und anderer zurück. Gott ist eine rein geistige, abstrakte Wesenheit. Das Göttliche ist unsichtbar, ewig, frei von Leidenschaften und unveränderlich. Gott kann nur aus seinen Werken erkannt werden. Er ist den Menschen wohlwollend gesonnen, hilft ihnen und erhält sie. Der Mensch kann ihn nur geistig, nicht durch äußere Werke, verehren; er soll sich Gott in sittlicher Lebensweise reinen Herzens nähern. Die intensive philosophische Auseinandersetzung mit dem Göttlichen veranlaßt die Stoiker auch, nach Gottesbeweisen zu suchen, von denen einige angeführt seien (weitere Gottesbeweise s. Abschn. 6.4.4, Maimonides, u. Abschn. 8.4.5, Anselm von Canterbury):

Der *logische Gottesbeweis* stammt von Zenon: Die Gotteserfahrung ist etwas Vernünftiges, denn es wäre unvernünftig, ein nichtexistierendes Wesen zu verehren. Also existiert Gott.

Der *teleologische Gottesbeweis* (telos: Zweck) des Kleanthes schließt auf die Existenz Gottes aus dem Prinzip der Zweckmäßigkeit in der Natur.

Der *kosmologische Gottesbeweis* (ebenfalls von Kleanthes) leitet die Existenz Gottes von den gesetzmäßigen Bewegungen der Gestirne ab.

Die *Ethik der Stoiker* enthält manche Gedanken, die von anderen Schulen übernommen worden waren, sie hat aber auch eigene Entwicklungen aufzuweisen und ein geschlossenes System geschaffen, welches die Stellung des Menschen in der Natur und in der Gemeinschaft definiert. Die wichtigsten Begriffe dieses Systems sind die des »tugendhaften Weisen«, der »Affektlosigkeit« und der »Pflicht«.

Der Mensch soll im Einklang mit der Allnatur und im Einklang mit seiner natürlichen Veranlagung leben. In der körperlichen Entwicklung durchläuft er mehrere Stufen. In der Kindheit hat er nur das animalische Streben nach Selbsterhaltung. Beim Heranwachsen kommen vernünftiges Denken und Urteilskraft hinzu. Er kann dann unter den Dingen die auswählen, die seiner Natur entsprechen und die für ihn günstig sind. Dazu gehört auch die Achtung familiärer und sozialer Bindungen. Das allein ergibt aber noch kein tugendhaftes Leben, sondern es müssen noch moralische Werte hinzukommen. Er muß beurteilen, was gut und böse ist, und muß danach seine Wahl treffen.

Tugend liegt aber erst dann vor, wenn tugendhaftes Handeln nicht nur gelegentlich, sondern dauernd ausgeübt wird, und wenn es ohne Berechnung, nur aus innerer Haltung heraus geschieht. Der Tugendhafte steht über den Dingen. Sein wichtigstes Kennzeichen ist Affektlosigkeit, Freiheit von Leidenschaften und Empfindungen. Als einzige Gemütsregung wird ihm eine wohlwollende Einstellung zu seinen Mitmenschen zugestanden. Die Affektlosigkeit ergibt von selbst Gleichgültigkeit gegenüber materiellen Gütern, aber auch gegen Erfolg und Mißerfolg und gegen Schicksalsschläge. Der tugendhafte Weise sieht darin das Walten der Allnatur, deren für ihn unverständliche Absichten er hinnehmen muß.

Die stoische Logoslehre bringt auch in der Ethik Probleme. Da der Logos die gesamte Natur durchdringt und lenkt, und da alles vom Logos Bewirkte gut sein muß, dürfte es eigentlich nichts Böses in der Welt geben. Das steht aber im Widerspruch zu aller Erfahrung. Um den Widerspruch zu beseitigen, nehmen die Stoiker an, daß sich das Schlechte am Ende in eine höhere, für den Menschen nicht begreifbare Harmonie auflöst. Eine befriedigende Lösung des Problems wird damit allerdings nicht erreicht.

Völlige Affektlosigkeit, die Freiheit von Schmerz einschließt, wird von Zenon als ideales Lebensziel hingestellt. Möglicherweise hatte er Berichte von indischen Yogis vor Augen, die in fortgeschrittenen Stadien des Weges Schmerzlosigkeit erreichen können (s.o., Abschn. 3.5). Doch hat er selbst Zweifel, ob ein solcher Zustand allgemein erreichbar ist. Die späteren Stoiker sehen sich genötigt, die allzu rigorose Forderung Zenons abzuschwächen. Von Panaitios wird die völlige Affektlosigkeit, die »Apathie«, durch die leichter zu verwirklichende »Gemütsruhe« ersetzt, die als Begriff schon von Demokrit eingeführt worden war. Sie hat sich in dem Ausdruck »stoische Ruhe« bis heute gehalten.

Zu Affektlosigkeit bzw. Gemütsruhe gelangt man, wenn die Sinne von der Vernunft beherrscht werden. Wenn die Vernunft die Kontrolle über die Sinne verliert, kommt es zu falschen Urteilen und zu falschem Verhalten. Im gewöhnlichen Leben wird die Vernunft oft durch äußere Einflüsse und schlechte Beispiele zurückgedrängt, so daß es zu zahlreichen Fehlhandlungen kommt. Der Weise erkennt die Ursachen hierfür und erreicht durch Affektlosigkeit vollkommenen Gleichmut. Er wird zwar noch Glück und Unglück erleben, wird beides aber ohne innere Bewegung hinnehmen.

Während bei Sokrates und Platon Tugend vor allem in der Beherrschung der Triebe besteht, bedeutet sie bei den Stoikern die Abwesenheit von Trieben infolge des Einflusses der übergeordneten und alles lenkenden Vernunft. Diese darf aber keine Skala der erstrebenswerten Dinge aufstellen, welche für den Betreffenden entweder erreichbar oder unerreichbar sind. Denn dann wird sich ein Gefühl der Lust oder Unlust einstellen, und damit wird die Affektlosigkeit verhindert. Die gewöhnlich erstrebten Dinge wie Reichtum oder Macht sind ihrer Natur nach nicht schlecht; es kommt nur darauf an, wie man sie gebraucht. Sie sind aber auch keine wirklichen Werte. Die echten Werte liegen in der Seele; diese ist ein Teil des Logos, sie ist mit dem Göttlichen verbunden, so daß der Mensch sich als Glied des Kosmos fühlen kann. Die Erkenntnis, daß alle weltlichen Dinge entbehrlich sind, bedeutet die wirkliche Tugend. Tugend ist lehr- und lernbar. Die einzelnen verschiedenen Tugenden wie Tapferkeit, Unerschütterlichkeit, uneigennütziges Handeln u.s.w. sind nur unterschiedliche Ausprägungen des allgemeinen Tugendbegriffes. Wer nach diesem Begriff lebt, ist weise und erlangt inneren Frieden und Glück. Der Mensch ist für sich selbst verantwortlich und bestimmt durch die Art seines Lebens sein Schicksal selbst.

Ein weiteres Verdienst der Stoa ist die Ausarbeitung des *Pflichtbegriffes.* Zenon versteht darunter ein Handeln, das seine Berechtigung in sich trägt, ein folgerichtiges Handeln nach der Natur des Handelnden, der dabei frei von Affekten sein soll. Auch als Handeln aus rechtschaffener Gesinnung wird der Pflichtbegriff definiert. Panaitios und später Cicero verfaßten ausführliche Abhandlungen über die Pflicht.

Die Stoa arbeitet auch eine *Lehre vom Staat* aus, da der Mensch als Mitglied einer Gemeinschaft auf Beziehungen zu seinen Mitmenschen angewiesen ist. In einem »Weltstaat« sollen alle »Rechtschaffenen« ohne Rücksicht auf Rasse oder Herkommen in idealer Gemeinschaft leben. Rechtschaffenheit bedeutet freiheitliche Gesinnung und diszipliniertes, tugendhaftes Wesen. Da alle Menschen am Logos teilhaben, stehen sie in einem inneren Verwandtschaftsverhältnis zueinander, und Gegensätze wie zwischen Griechen und Barbaren oder Freien und Sklaven sollten aufgehoben sein. Trotz aller utopischen Züge enthält die stoische Staatsidee doch einige zukunftsträchtige Gedanken, so den der Verbrüderung aller Menschen und den eines kosmopolitischen Weltbürgertums. Von diesen Ideen ausgehend erhält man des weiteren auch den Begriff des Humanismus, den Panaitios erstmals formuliert.

Die spätere Stoa sieht die Ethik als ihr Hauptgebiet an, bringt aber kaum wesentliche neue Gedanken hervor. *Seneca* vertritt einen ausgeprägten Humanismus und erstrebt den Ausgleich aller sozialen Unterschiede. Dabei beteiligt er sich aktiv in führenden Stellungen am politischen Leben in Rom, muß aber nach wechselvollem Schicksal auf Befehl Neros Selbstmord begehen.

Epiktet wendet sich verstärkt der Religion zu. Gott (oder die Götter; er macht keinen Unterschied) regiert die Welt. Ihm bleibt nichts verborgen, man muß ihm gehorchen und den eigenen Willen aufgeben. Man soll ihm für das Leben dankbar sein und ohne Furcht dem Tode entgegengehen, denn der Tod ist nicht Strafe, sondern ein natürlicher Prozeß. Die Philosophie des Epiktet nähert sich in manchem der christlichen Ethik. Seine Lehren wurden von Arrian auszugsweise zusammengefaßt und unter dem Titel »Encheiridion« veröffentlicht. Das kleine Büchlein wurde viel gelesen und mehrfach von christlicher Hand bearbeitet.

Marc Aurel ist als Philosoph und Schriftsteller durch seine »Selbstbetrachtungen« bekannt, in denen er über sein Leben Rechtfertigung ablegt. Seine Haltung ist von stoischem Gleichmut geprägt; sie ist stark pessimistisch gefärbt, da er sich über seine Mitmenschen keinerlei Illusionen hingibt.

5. 4 Mittel- und Neuplatonismus

5. 4. 1 Einführung

Die Zeit der athenischen Akademie von etwa 100 v.Chr. bis 200 n.Chr. wird als *Mittelplatonismus* bezeichnet. Man erörtert und kommentiert hauptsächlich die Schriften Platons und versucht, andere philosophische Richtungen einzubeziehen (i.w. Aristoteles und die Stoa), um zu einem einheitlichen und umfassenden Gedankengebäude zu gelangen. Im Mittelpunkt des Interesses stehen das Göttliche und Theorien über Ursache und Ursprung des Weltalls, d.h. Theologie und Kosmologie. Viele Auseinandersetzungen gibt es über die Frage, ob und wieweit man die Lehren Platons abändern dürfe.

Die Schriften der Mittelplatoniker, von denen man eine ganze Anzahl dem Namen nach kennt, sind weitgehend verloren, nur von Plutarchos (Plutarch; 46 - ca. 125 n.Chr.) liegen noch umfangreiche Werke vor, die aber größtenteils nichtphilosophischen Inhaltes sind oder die die Philosophie aus mehr volkstümlicher Sicht behandeln. Von den Mittelplatonikern soll nur Numenios kurz besprochen werden; auf Grund seiner Religionsphilosophie kann man ihn als Vorläufer Plotins ansehen, den er vermutlich bis zu einem gewissen Grade beeinflußt hat. Oft wird noch Philo von Alexandria (Philo Judaeus), der um die Zeitenwende lebte, den Platonikern zugerechnet. Als vorwiegend dem jüdischen Glauben verpflichteter Philosoph soll er aber erst im nächsten Abschnitt (Judaismus) besprochen werden.

Der *Neuplatonismus* unterscheidet sich von den früheren Philosophenschulen durch eine verstärkte Beachtung religiöser Themen, eine Tendenz, die schon vom Mittelplatonismus eingeleitet worden war. Diese Hinwendung zur Religion wurde noch durch die Auseinandersetzung der heidnischen Philosophie mit dem aufstrebenden Christentum, dem Manichäismus und verschiedenen gnostischen Strömungen gefördert. Man gelangte zu einem vertieften Eindringen in die Grundlagen religiöser Vorstellungen, und erstmals wurden mystische Erfahrungen ausführlich beschrieben. Einige Philosophen betrieben aber auch Wahrsagerei, Magie, Orakelbefragungen und Zauberei, wodurch der Neuplatonismus teilweise in Verruf kam.

Man pflegt im Neuplatonismus nach Herkunft und Wohnsitz der wichtigsten Vertreter drei Schulen zu unterscheiden. Von den im untenstehenden Schema genannten Philosophen sollen im folgenden Ammonios Saccas, Porphyrios und Jamblichos nur andeutungsweise, Proklos und vor allem Plotin aber ausführlicher besprochen werden.

Hauptvertreter des Neuplatonismus

I. Alexandrinisch-römische Schule

Ammonios Saccas (ca. 175 - 242)
Plotinos (204 - 270)
Porphyrios (ca. 232 - 304)

II. Syrische Schule

Jamblichos (250 - 325)

III. Athenische Schule

Proklos (410 - 485)

Ammonios Saccas hat selbst nichts geschrieben, und es gibt auch keine zuverlässigen Beschreibungen seiner Lehre. Seine Bedeutung besteht darin, daß er Plotin beeinflußt und ihm vermutlich auch mystische Erfahrungen vermittelt hat. Außerdem ist er nach antiken Berichten der Lehrer des Christen Origines (s.u., Abschn. 8.4.5) gewesen.

Porphyrios stammt aus Tyros im damaligen Syrien; er erhält seine philosophische Ausbildung in Athen. Obwohl er selbst schon wissenschaftliche Arbeiten verfaßt hat, geht er im Alter von 30 Jahren nach Rom, um sich bei Plotin weiterzubilden. Dort wird er schnell dessen bedeutendster Schüler.

Porphyrios ist ein überaus vielseitiger Autor; so schreibt er über Rhetorik, Astronomie, Astrologie, Chronologie, Geschichte der Philosophie, Philologie, Mythologie u.a. und gibt Streitschriften gegen die Christen heraus, die 448 auf Anordnung des Kaisers Theodosius II. öffentlich verbrannt werden. Kommentare des Porphyrios zu Werken von Platon und Aristoteles sind noch lange nach seinem Tod verbreitet. Berühmt ist seine »Eisagoge«, eine Einleitung zur Kategorienlehre des Aristoteles. In der Philosophie ist sein Anliegen die Rettung der Seele und die Erhaltung des Seelenheils durch »richtige« philosophische Haltung. Er hält auch eine Art von Weltreligion für wünschenswert.

Unschätzbare Verdienste erwarb sich Porphyrios dadurch, daß er die unveröffentlichten Aufzeichnungen Plotins sammelte und sie 30 Jahre nach dessen Tode zusammen mit einer Lebensbeschreibung seines Lehrers herausgab. Unsere heutige Kenntnis der Persönlichkeit und der Werke Plotins beruht fast ausschließlich auf dieser Ausgabe.

Jamblichos, der bekannteste Vertreter der syrischen Schule des Neuplatonismus, war ein Schüler des Porphyrios. Er lehrte wahrscheinlich in Apamea, wo Amelios, ein Schüler Plotins, eine Philosophenschule gegründet hatte. Während Jamblichos zuerst hellenistischem Gedankengut verbunden ist, wendet er sich später orientalischen Traditionen zu, nachdem ihm die »Chaldäischen Orakel« bekannt geworden waren. In der Folge artet seine Lehre zu Dämonenglauben, Geisterbeschwörung und Wahrsagerei aus, wodurch er mit zum Niedergang des Neuplatonismus beiträgt. Sein berühmtester Schüler ist Kaiser Julian (361 - 363), der vergeblich versucht, die griechische Volksreligion neu zu beleben und das Christentum zurückzudrängen.

Die »Chaldäischen Orakel« sind eine gegen Ende des 2. Jahrhunderts n.Chr. von einem (sonst nicht weiter bekannten) Julianus verfaßte Schrift. Das Werk ist nicht erhalten, man kann jedoch den Inhalt i.w. rekonstruieren.

Es handelt sich um eine Erlösungs- und Heilslehre, in der orientalisches Zauber- und Wahrsagewesen mit platonischer und neupythagoreischer Philosophie vermischt ist. Es gibt eine Hierarchie der Götter mit einem obersten Gott, der als »Vater« oder »oberstes Feuer« bezeichnet wird. Er ist auch der »erste Intellekt«. Er wirkt durch seinen Willen, den »zweiten Intellekt«. Die Verbindung mit der Menschheit wird durch zahlreiche Zwischenwesen (Engel und »Iynges«) hergestellt. Die menschliche Seele entstammt dem Vater; sie kann sich dieser Herkunft erinnern, dem göttlichen Licht zustreben, zu Gott aufsteigen und erlöst werden.

Die Chaldäischen Orakel galten zu ihrer Zeit als eine heilige Offenbarung. Das Werk spielte in der Auseinandersetzung des Heidentums mit dem Christentum eine bedeutende Rolle.

5. 4. 2 Numenios

Numenios lebte und lehrte in der zweiten Hälfte des 2. Jahrhunderts v.Chr. in Apamea am Orontes. Er gilt sowohl als Platoniker als auch als Neupythagoreer, doch sind seine Bildung und sein Denken so vielseitig, daß er sich einer schematischen Einordnung weitgehend entzieht. Außer von der griechischen Philosophie hat er Kenntnis vom Wissen der Ägypter, der Magier und der Brahmanen und vom jüdischen und vielleicht auch vom christlichen Schrifttum.

Numenios ist hauptsächlich durch seine Lehre von den drei (oder auch zwei) Göttern bekannt. In Platons »Staat« findet sich der Gedanke von der Idee des Guten, die neben Gott besteht, also von einer Zweiheit, während im »Timaios« die Dreiheit Gott – Ideen – Weltseele postuliert wird, ohne daß aber diese Gedanken genauer ausgearbeitet werden. Im Mittelplatonismus tauchen sie in ähnlicher Form wieder auf. Manche Philosophen meinen, die Ideen seien Gedanken des Geistes Gottes, demnach keine Wesenheiten außerhalb von Gott, so daß sich nur die zwei Prinzipien Gott und Welt ergeben. Nach anderen bestehen die Ideen aber außerhalb von Gott; sie erhalten daher die Dreiheit Gott – Ideen – Welt.

Numenios bringt den Gedanken ein, daß es drei Götter geben muß; er behauptet, mit dieser Lehre auf die alte Weisheit des Sokrates zurückzukommen. Der erste, oberste Gott ist Geist, er ist der Vater, er ist einfach, unveränderlich, gut und weise, unerkennbar für den Menschen. Da er unveränderlich ist, kann er nicht schöpferisch tätig werden; Schöpfer ist ein zweiter Gott, der Sohn, der nicht einfach, sondern gespalten ist. Er ist in sämtlichen von ihm geschaffenen Dingen enthalten, gleichzeitig schwebt er aber über allem lenkend in Harmonie mit dem ersten Gott.

Das Göttliche des Numenios kann nach Belieben als Dreiheit oder als Zweiheit aufgefaßt werden. Eine Triade liegt vor in den drei Prinzipien

Gott (Vater) – Schöpfergott (Sohn) – Schöpfung.

Man kann den zweiten und dritten Gott aber auch als eine Einheit ansehen und erhält dann die Dyade

Gott (Vater) – Schöpfergott + Schöpfung.

Der Dualismus der übersinnlichen Ebene spiegelt sich im Menschen wieder, der zwei Seelen in sich trägt, eine gute und eine böse. Im Gegensatz zu anderen Philosophen sieht Numenios die Materie nicht als böse oder als Ursache des Bösen an. Das Böse ist kein Konflikt zwischen Materie und Geist, sondern ein Konflikt zwischen den beiden Seelen im Inneren des Menschen. Doch kann der Dualismus der Seele in der Ekstase überwunden werden, sie kann dann zur Einheit, zu Gott, zurückkehren.

Das Verdienst des Numenios besteht darin, daß er den Begriff der Trinität schärfer als seine Vorgänger herausgearbeitet hat, wodurch der Weg für die wieder andere Trinität Plotins vorbereitet wird.

5. 4. 3 Plotin

Plotin (Plotinos, Plotinus) wurde 203/204 n.Chr. geboren; Geburtsort und Herkunft sind unbekannt, auch weiß man nichts über seine Jugendjahre. Im Alter von 28 Jahren wandte er sich der Philosophie zu und suchte in Alexandria einen Lehrer. Nach einigen unbefriedigenden Begegnungen wurde er Schüler des Ammonios Saccas, bei dem er 11 Jahre, vermutlich bis zu dessen Tode, blieb. Im Jahre 242 schloß er sich dem römischen Kaiser Gordian III. (225 - 244) auf dem Feldzug gegen die Perser an, um auf diesem Wege Zugang zur persischen und indischen Philosophie zu erhalten. Der Feldzug schlug aber nach der Ermordung Gordians fehl, und Plotin, der offenbar gute Beziehungen zu hohen römischen Kreisen besaß, wandte sich nach Rom. Hier gründete er 244 eine philosophische Schule, die sehr erfolgreich wurde. Ihr Gründer genoß wegen seines lauteren Charakters, seiner Lehrbefähigung, seiner mystischen Veranlagung und seiner über den Dingen stehenden unpolitischen Haltung größtes Ansehen. Gegen Ende seines Lebens verließ Plotin Rom, da eine schwere Erkrankung ein weiteres Unterrichten unmöglich gemacht hatte. Er starb 270 n.Chr. in Kampanien auf dem Landgut eines Freundes.

Die Lehrtätigkeit Plotins bestand aus Vorträgen, die öffentlich waren, und aus Diskussionen mit ausgesuchten Schülern im engeren Kreis, bei denen philosophische Werke, auch seine eigenen, durchgesprochen wurden. Erst nach etwa 10jähriger Lehrtätigkeit begann er seine Gedanken schriftlich niederzulegen, veröffentlichte aber nichts. Wie bereits erwähnt, hat sein Schüler Porphyrios die Schriften gesammelt, geordnet und herausgegeben. In der von diesem gewählten Form von 6 Büchern zu je 9 Kapiteln (»Enneaden« von ennea: neun) werden sie heute noch aufgelegt. Die Enneaden sind kein geschlossenes philosophisches System, sondern Niederschriften oder Ausarbeitungen einzelner Vorträge; in ihnen sind Philosophie, Religionsphilosophie und Mystik vermischt enthalten.

Philosophie und Gottesbegriff Plotins

Plotins Philosophie gründet auf platonischem Gedankengut, doch entnimmt er manches auch anderen Richtungen und anderen Philosophen wie Parmenides, Aristoteles und den Stoikern, die er manchmal aber auch kritisiert. Plotin ist Mystiker, und naturgemäß beeinflussen die mystischen Erlebnisse seine Lehren ebenfalls. So entsteht aus der Synthese verschiedener Ideen und eigener Beiträge ein originelles Ganzes.

Plotin teilt die Gesamtheit alles Seienden in zwei große Bereiche ein, die »intelligible« und die sinnlich wahrnehmbare Welt. Beide sind mehrfach untergliedert, und in dem stufenförmigen Aufbau ist die nachfolgende Stufe jeweils vielfältiger und damit unvollkommener als die vorangehende.

Intelligible Welt

Das Eine (Hen)

das Geistige (Nous)

das Seelische (Psyche)

Sinnenwelt

Sternenwelt

Menschen

Tiere

Pflanzen

unbelebte Materie

Plotin entnimmt diese Einteilung zum Teil mittelplatonischen Schriften, letzten Endes geht sie aber auf Platons »Parmenides« und den »Timaios« zurück.

Im intelligiblen Bereich kann es nur drei Stufen oder Ebenen geben, die des »Einen«, die des »Geistigen« und die des »Seelischen«. Wären es weniger, so müßte man entweder Seele und Geist oder Geist und das Eine als identisch ansehen. Das ist aber unmöglich, weil man die Verschiedenheit aller drei Begriffe nachweisen kann. Auch können es nicht mehr als drei Stufen sein: Etwas Höheres als das Eine kann es nicht geben; ähnlich ist es beim Geist, man kann nicht eine Vielzahl von »Geisten« annehmen, da der geistige Bereich eine in sich ruhende Einheit ist. Wenn der Geist denkt, so erfaßt er gleichzeitig auch sich selbst: Das Denken und das Denken des Denkens sind ein einheitlicher Akt. Würde man dies als zwei getrennte Akte ansehen, so könnte man weiter schließen, daß der Geist auch das Denken des Denkens denkt u.s.f. bis ins Unendliche, was natürlich unsinnig ist. Wenn man anderseits zwischen Geist und Seele noch eine Vernunft als gesondertes Wesen einfügen will, so müßte die Seele ihren Vernunftanteil von diesem Zwischenwesen erhalten und nicht mehr vom Geist selbst. Sie wäre dann vom Geist getrennt und erhielte keine echte Vernunft, sondern nur ein Abbild der Vernunft. Sodann ist auch die Seele eine Einheit, obwohl sie in sich eine Mehrheit von Kräften enthält (s.u.).

Der oberste Begriff in Plotins System ist der des »Einen« oder »Ersten«. Es ist der Urgrund, der sich von allem anderen, welches »Vieles« ist, unterscheidet. Es kann nichts geben, das über dem Einen steht. Auch bei der Beweisführung zur Existenz des Einen verwendet Plotin implizit die Unmöglichkeit des Regresses ins Unendliche (vgl. Abschn. 5.3.4):

»Jetzt aber haben wir ... hinzuzufügen, daß also der Ursprung jeglicher Wesen einfacher ist als diese Wesen selber ... , so ist also auch das, was vor dem Geiste liegt und ihn erzeugt hat, selber nicht Geist noch geistige Welt, sondern einfacher als der Geist und einfacher als die geistige Welt. Nicht also aus dem Vielen wird das Viele, sondern unser Vieles hier wird aus Nichtvielem; denn wäre auch Jenes (das Eine) selber Vieles, so wäre es nicht der Urgrund, sondern es müßte ein anderes Prinzip vor ihm geben« [40];

»Es durfte aber in keinem Falle das Erste ein Vieles sein, denn dann müßte seine Vielheit abhängen von einem anderen, das seinerseits über ihm liegen müßte« [41].

In der Auseinandersetzung mit dem ersten Prinzip des Aristoteles, dem »unbewegten Beweger«, der sich selbst denkt, weist Plotin nach, daß das Eine weder Geist ist noch denkt, da es über dem Denken steht. Das Denken findet erst in der zweiten Ebene statt:

»Ferner ist der Geist Denkendes und Gedachtes zugleich, mithin zweierlei zusammen; ist er zweierlei, so gilt es, das vor der Zweiheit Liegende zu erfassen ... Indessen ist mit jeglichem Geist der geistige Gegenstand verkoppelt; soll also kein geistiger Gegenstand mit ihm (dem Einen) verkoppelt sein, so kann es auch nicht Geist sein. Ist es also nicht Geist und soll doch die Zweiheit hinter sich lassen, so muß es, als das dieser Zweiheit Vorausgehende, jenseits des Geistes liegen« [42];

»Und weiter, wenn das Erste denken soll, müßte ihm etwas zukommen; dann wäre es aber nicht mehr das Erste, sondern zugleich das Zweite, und nicht mehr Eines, sondern bereits Vieles, nämlich alles, was dächte. Denn auch wenn es nur sich selber denkt, wäre es doch Vielheit« [43].

Das Eine, das Erste, ist weiterhin mit dem »Guten« identisch; auch hier nimmt Plotin einen Gedanken Platons auf, wandelt ihn aber ab: Während das platonische Gute dem Ideenreich, wenn auch an erster Stelle, angehört, steht es bei ihm darüber (das Ideenreich befindet sich erst in der zweiten Ebene). Die Identität des Einen und des Guten wird durch die völlige Übereinstimmung beider bewiesen; wie das Eine, so steht auch das Gute jenseits von Geist und Seele, jenseits aller Tätigkeit und jenseits des Denkens:

» ... weil es (das Gute) jenseits des Seins ist, ist es auch jenseits der Betätigung und jenseits des Geistes und Denkens« [44];

»Ist dagegen das Denken des Guten von dem Guten verschieden, dann ist also damit das Gute vor dem Denken des Guten. Ist aber das Gute vor dem Denken, dann reicht es sich selber hin an Gutsein und bedarf gar nicht mehr eines Denkens über sich selber. Folglich denkt es als Gutes nicht sich selber« [45].

Plotins Gedanken kreisen immer wieder um den Begriff des Einen, des Ersten und Urgrundes:

» ... Jenes (das Eine) ist aber nicht ein Etwas, sondern vor jeglichem; und auch kein SEIENDES ... Da nämlich die Wesenheit des Einen die Erzeugerin aller Dinge ist, ist sie keines von ihnen. Sie ist also weder ein Etwas noch ein WIEBESCHAFFEN noch ein WIEVIEL, weder Geist noch Seele; es ist kein BE-

> WEGTES und wiederum auch kein RUHENDES, nicht im RAUM und nicht in der ZEIT, ›sondern das Eingestaltige als solches‹; oder vielmehr ohne Gestalt, da es vor jeder Gestalt ist, vor Bewegung und vor Ständigkeit, denn die haften am Seienden ... « [46];
> »Jener (der alle Schönheit erschaffen hat) darf keines von diesen schönen Dingen sein; denn dann müßte Er ein Etwas von ihnen sein und damit ein Teil. So darf Er auch nicht eine so und so beschaffene Gestalt sein oder eine einzelne Kraft, noch auch alle Kräfte zusammen ... sondern Er muß jenseits aller Kräfte sein und jenseits aller Gestalten. Ferner ist der Urgrund das Gestaltlose, ... von dem alle geistige Gestalt herkommt ... Somit ist Es nichts von den seienden Dingen, und ist doch sie alle ... Da Es nun alle Dinge hervorzubringen vermag, was für Größe soll man ihm zuschreiben? Nun, Er muß wohl unendlich sein. Ist Er aber unendlich, so hat Er keinerlei Größe ...
> Seine Erstreckung ferner auf immerwährende Dauer und über alle Dinge hin setzt ihm kein Maß ... « [47].

Das Eine, Erste, das Urprinzip Plotins ist demnach eine transzendente, namenlose Wesenheit, die mit menschlichem Denken nicht zu erfassen ist. Man kann sie nur negativ umschreiben, und auch damit wird nur unvollkommen versucht, sie dem Verstand näher zu bringen:

> »Es beruht diese Schwierigkeit (das Eine zu definieren) hauptsächlich darauf, daß man des Einen gar nicht auf dem Wege des wissenschaftlichen Erkennens, des reinen Denkens, wie der übrigen Denkgegenstände inne werden kann, sondern nur vermöge seiner Gegenwärtigkeit, welche von höherer Art ist als Wissenschaft« [48];
> »Daher es auch in Wahrheit unaussagbar ist; denn was du von ihm aussagen magst, immer mußt du ein Etwas aussagen. Vielmehr ist allein unter allen anderen die Bezeichnung ›jenseits von allen Dingen und jenseits des erhabenen Geistes‹ zutreffend, denn sie ist kein Name, sondern besagt, daß Es keines von allen Dingen ist, daß es auch keinen Namen für Es gibt, weil wir nichts von ihm aussagen können: sondern wir versuchen nur nach Möglichkeit, uns untereinander einen Hinweis auf Es zu geben« [49].

Plotin kann nunmehr zwanglos das über allem stehende Eine mit dem Göttlichen gleichsetzen, und er hat diesen Gedanken auch ausgesprochen, allerdings nicht sehr ausführlich und ohne besondere Betonung. Er ist Philosoph, nicht Theologe. Erst in den Passagen seines Werkes, in denen mystische Erfahrungen angedeutet werden, tritt die Idee oder die Gestalt Gottes deutlicher hervor. Seine Gottesvorstellung ist recht unbestimmt; den naheliegenden Schluß zum Monotheismus hat er nicht gezogen, sondern er läßt neben dem obersten Gott, dem Einen, noch andere, niedere Götter bestehen, die aber dem Nous, der zweiten Ebene zugehörig sind.

> » ... denn nicht das Göttliche auf einen Punkt verengen, sondern seine Fülle aufzeigen, wie er sie selbst aufzeigt, heißt wahrhaft um Gottes Kraft wissen, welcher, verharrend in seinem Sein, eine ganze Anzahl von Göttern hervorbringt, alle mit ihm verknüpft, alle durch ihn und von ihm seiend« [50];
> »So ist denn diese Wesenheit (das Seiende) Gott, und zwar der zweite Gott,

> welcher auftaucht, bevor wir den ersten sehen. Der aber sitzt darüber und thront so gleichsam auf einem schönen Grundstein, der von ihm abhängt« [51];
> »Stell dir eine Quelle vor, die keinen anderen Ursprung hat, sich selber aber ganz den Strömen dargibt und dabei nicht verbraucht wird durch diese Ströme« [52].

Man kann hierzu eine Parallele aus den Upanishaden anführen:

> »Jenes ist voll, und voll dieses,
> Aus Vollem Volles wird geschöpft;
> Zieht man von Vollem ab Volles,
> Bleibt doch das Volle übrig noch« [53].

Das aus Plotins Einem Hervorströmende, der *Nous*, besitzt zunächst noch kein eigenes Wesen; dies entsteht erst dadurch, daß der Nous sich zum Einen zurückwendet und es »erschaut«. Sein Wesen besteht also aus der »Schau«, aus dem Schauen zum Einen hin und aus dem »Sichselberschauen«. Im Schauen ist auch die Bewegung enthalten. Während das Eine weder Bewegung noch Ruhe ist, ist der Nous sowohl Bewegung als auch Ruhe. Der Nous ist ferner der göttliche Geist, der alles erkennt, und indem er die Ideen erkennt, erkennt er auch sich selbst. Weiterhin ist der Nous auch das vernünftige Denken. Alles, was er denkt, entstammt ihm selbst, und wenn er sich selbst denkt, so ist er auch das Gedachte (vgl. den unbewegten Beweger des Aristoteles, Abschn. 5.3.4). Der Nous denkt auch das Seiende und bringt es dadurch hervor, denn nach Parmenides gilt: »Ein und dasselbe ist Denken und Sein«. Das Sein ist dem Wesen nach auch Leben, weil es eben Denken ist. Geist, Ideen, Denken, Leben und Sein bilden so eine Wesenseinheit; die Ideen sind dabei Form und Zahl, und der Geist ist Leben und Bewegung. Schließlich ist der Nous auch mit dem Schönen identisch.

> »Erfüllt aber ist das Sein, wenn es die Gestalt des Denkens und Lebens erhält. Mithin ist im Seienden zugleich das Denken, das Leben und das Sein. Wenn es also seiend ist, so ist es auch Geist, und wenn Geist, damit auch seiend; das Denken ist bei ihm zugleich mit dem Sein« [54].

Die *Psyche*, das Seelische, die dritte Ebene der intelligiblen Welt, geht aus dem Nous hervor, wie dieser aus dem Einen. Das Seelische ist Leben, Form und Bewegung wie der Nous, es besitzt diese Eigenschaften aber in geringerem Ausmaß und weniger vollkommen. Es ist stärker Vielheit als der Nous, bei dem den verschiedenen Ideen und Eigenschaften eine einheitliche Harmonie übergeordnet ist. Die Psyche weilt von Ewigkeit her in der intelligiblen Welt außerhalb von Veränderung und Zeit, doch entsteht durch sie die Zeit. Sie verbindet die intelligible mit der Sinnenwelt. Anderseits ist sie auch wieder mit der höheren Ebene des Nous verbunden, dem sie sich in der »Rückschau« zuwendet. Die Unruhe der Seele rührt von ihrer zwiespältigen Stellung her; einerseits ist sie an die intelligible Welt, andererseits an die Sinnenwelt gebunden.

Die Psyche ist zunächst die allumfassende Weltseele, die den Kosmos lenkt. Von ihr gehen die zahllosen Einzelseelen aus, welche in die verschiedenen Körper der Sinnenwelt eintreten. Sie ist daher gleichzeitig Einheit (im Intelligiblen) und Vielheit (in der Sinnenwelt). Der Nous dagegen ist im Prinzip nur Einheit. Das Herabsteigen der Einzelseelen aus dem intelligiblen Bereich in den der Sinne ist durch ihre Aufgabe bedingt: Sie müssen das im Intelligiblen vorhandene Ideengut zur Wirkung bringen. So ist z.B. ein Mensch die Wirkungsform einer Einzelseele. Durch Verbindung mit einem Körper wird ein Teil der Einzelseele gewissermaßen verunreinigt. Sie behält aber immer noch einen höheren Teil, der sie mit dem intelligiblen Bereich verbindet, und über die Psyche, die Weltseele, ist sie auch dem Nous, dem Göttlichen, zugewendet.

Das Wirken der Einzelseelen vollzieht sich in verschiedenen Abstufungen, da die von ihnen eingenommenen Körper verschieden sind. Die Unterschiede zwischen diesen Stufen sind aber wesentlich schwächer ausgeprägt als die der drei Ebenen im intelligiblen Bereich. Wenn die Einzelseele in den materiellen Bereich abgestiegen ist, hat sie für ihre weitere Entwicklung eine gewisse Freiheit, sie kann sich im Laufe des Lebens ihres Trägers entfalten. (Der Abstieg der Seele ist selbstverständlich nicht räumlich oder zeitlich zu verstehen; es handelt sich vielmehr um eine Änderung der Wirkungsweise).

Die Existenz der vielen Einzelseelen bedeutet keine Vielheit der Weltseele, denn jene besitzen ebenfalls alle Möglichkeiten der Weltseele. Sie verwirklichen davon aber immer nur den Teil, der ihrer jeweiligen Stufe angemessen ist. Die Seele eines Verstorbenen kann infolge der Einheit von Einzel- und Weltseele nicht vergehen, sie muß unsterblich sein.

Im weiteren Verfolgen dieses Gedankens übernimmt Plotin die Lehre von der Seelenwanderung, die schon bei den Orphikern ausgebildet war (vgl. Abschn. 5.2), die er aber möglicherweise auch indischen Quellen entlehnte. Nach dem Tode des Trägers geht die Einzelseele in einen anderen Körper ein. Wenn sie sich im Leben nur an Materielles gebunden hatte, geht sie in einen neuen menschlichen Körper ein; hatte sie sich dem Vergnügen und der Sinnlichkeit zugewendet, so gelangt sie in den Körper eines Tieres oder einer Pflanze. Hatte sie sich aber im Leben vom Materiellen abgewendet und sich mit Geistigem beschäftigt, so kann sie von weiteren Wiedergeburten erlöst werden und zu ihrem Ursprung zurückkehren. Beim Übergang in einen anderen Körper ändert sich die Seele nicht, sie verändert nur ihre Tätigkeit, da sie auf einer anderen Stufe wirkt.

Die *wahrnehmbare Welt* ist der Inbegriff der Vielheit, der Disharmonie und der Gegensätze, wenn auch ein Abglanz von Harmonie und Schönheit aus der intelligiblen Welt auf sie herabfällt. Das unterste Gebilde der Sinnenwelt ist die tote Materie. Man muß aber diesen Begriff von dem der »reinen« Materie unterscheiden. Diese ist form- und gestaltlos, sie ist nicht Seele, Geist, Vernunft,

Leben oder Kraft; sie ist nichtseiend. Die wahrnehmbaren Körper sind Materie, der noch Form und Größe zugefügt wurden. Sie sind nur Schattenbilder, Trug und Traum. Für Plotin ist demnach – wie schon für Parmenides – die vergängliche Sinnenwelt nichtseiend; wirklich existierend ist nur die intelligible Welt.

* * *

Das Wesentliche an Plotins Philosophie ist außer dem dreistufigen Aufbau der intelligiblen Welt die Durchlässigkeit der Grenzen zwischen den einzelnen Ebenen; es sind Übergänge in beiden Richtungen möglich, sie entsprechen Wandlungen vom Vollkommeneren zum weniger Vollkommenen (und umgekehrt). Mit diesem Schema kann Plotin die Vorgänge in der menschlichen Seele bis zur Vereinigung mit dem Göttlichen erklären.

> »Indem aber die Seele von dem Geist abhängt und der Geist vom Guten, ist also alles durch Mittelglieder von Jenem (dem Einen) abhängig, die einen nahe, die anderen Nachbarn der Nahestehenden, und den weitesten Abstand haben die Sinnendinge, welche von der Seele abhängen« [55].

Nach der *Ethik Plotins* ist der Mensch nicht von Grund aus böse, doch ist seine Seele durch Fehlverhalten beschmutzt. Die Ursache der Verschmutzung ist die »Materie«, die ihn dem Diesseits verhaftet sein läßt und sein Denken auf die irdische Welt richtet. Durch tugendhaftes Leben können die Schmutzschichten beseitigt werden. Tugenden sind die vier platonischen Kardinaltugenden

Weisheit (Denken und Handeln im Hinblick auf die geistige Sphäre);
Besonnenheit (Selbstbeherrschung und Sinn für Maß);
Tapferkeit (Freiheit von Todesfurcht);
Gerechtigkeit

und zusätzlich noch die von Aristoteles geforderte Seelengröße. Plotin sieht als einziges erstrebenswertes Ziel den Aufstieg der Seele in die transzendente Welt an. Das Wohlergehen des Einzelnen in dieser Welt und die Ordnung der Allgemeinheit interessieren ihn nicht. Politische und soziale Fragen liegen außerhalb seines Denkens.

Plotins Mystik

Plotin war Mystiker; das geht aus zahlreichen Hinweisen auf mystische Erfahrungen in seinem Werk sowie aus dem Zeugnis des Porphyrios hervor, der mehrfach erlebte, wie er in Versunkenheit fiel. Vermutlich gehörte Plotin zu dem Typ von Mystikern, der ohne vorhergehende Meditation spontan zu den höchsten Stufen der Mystik gelangen kann. Daher gibt es bei ihm keinen systematischen Stufenweg wie im Yoga, obwohl er gelegentlich von den »Stufen des Aufstieges« spricht (z.B. Enneade VI, 7, 36). Auch gibt er keinerlei Anleitungen zum Erreichen von mystischen Erfahrungen und erwähnt keine Techniken wie Litaneien, Atemtechnik, Körperhaltungen u.s.w., die im Yoga so ausführlich beschrieben werden. In seinem Werk sind aber eindeutig alle wesentlichen Elemente des mystischen Weges enthalten. Die Beschreibungen mystischen Erlebens und des Weges zu Gott sind fast immer mit philosophischen Erörterungen verbunden. Man kann annehmen, daß Plotin Philosophie und Mystik miteinander vereinigen oder die Mystik philosophisch erklären will.

Das letzte Ziel ist für ihn die »Schau« des Göttlichen, die Vereinigung der Seele mit Gott. Wie bereits beschrieben, steigt seiner Lehre nach die Seele aus dem intelligiblen Bereich unter Aufspaltung in Einzelseelen in die Körperwelt hinab. Die Einzelseelen sind aber nicht völlig der Sinnenwelt verhaftet, sondern bleiben immer noch mit einem Teil ihres Wesens in der intelligiblen Welt. Sie können sich von der Bindung an das Körperliche befreien, müssen dazu aber erst eine Wendung in ihr Inneres vollziehen und so ihren gottverwandten Teil erkennen. Erst wenn sie sich ganz vom Irdischen gelöst haben, können sie den göttlichen Bereich in sich freilegen, zu höheren Ebenen aufsteigen und sogar das Göttliche erreichen.

> » ... wendet sie (die Seele) sich aber zurück zu geistigem Leben, dann wird sie ›aus den Banden gelöst‹ und ›steigt hinauf‹ « [56];
> » ... sie (die Seele) schwingt sich ... zu einem anderen, Größeren hinauf. Und solange es noch etwas gibt, das höher ist als das eben Zugegene, hebt sie sich hinauf ... So hebt sie sich empor auch über den Geist; über das Gute jedoch vermag sie nicht hinauszudringen, weil über ihm nichts mehr ist« [57].

Die Möglichkeit einer Vereinigung der Seele mit dem Göttlichen erklärt Plotin mit dem Begriff der »Teilhabe«. Das Göttliche läßt die Seele an sich teilhaben, es geht dabei aber kein Verhältnis mit dem Teilhabenden ein. Denn ein solches

Verhältnis wäre ein Zusatz zum Göttlichen, eine Vervielfältigung seines Wesens und eine Einschränkung seiner Natur. Das Prinzip der Beziehungslosigkeit und Unteilbarkeit des Göttlichen ist einer der wichtigsten Sätze in Plotins System.

Eine zweite, ebenfalls wichtige Lehre ist die sogen. »Wahrnehmungstheorie«. Sie besagt, daß der Wahrnehmende sich bemüht, das Wahrgenommene als sinnliche oder geistige Aneignung festzuhalten. Zwischen den wahrgenommenen Vorgängen und dem sie erkennenden Subjekt besteht eine enge Beziehung. Es muß eine »Angleichung«, ein »Sichhineinversetzenkönnen« in das zu Erkennende stattfinden, damit es zu einer wahren Erkenntnis kommen kann. Auf Grund dieser Theorie und im Einklang mit dem alten Satz, daß Gleiches nur von Gleichem erkannt wird, kommt Plotin zu der Lehre vom göttlichen Teil der Seele. Wenn sie diesen zu erkennen vermag, ist sie befähigt, zum Göttlichen emporzusteigen.

Nicht jeder kann zur »Schau« (Gottes) gelangen. Ungeeignet für den mystischen Weg sind diejenigen, die nicht an die Existenz von höheren Wesenheiten glauben. Menschen mit bestimmten, günstigen Veranlagungen kann und soll man aber auf den Weg zu den übersinnlichen Sphären bringen. Solche sind die »Philosophen« (d.h. dem Geistigen zugewandte Menschen), »Musiker« (für äußere Eindrücke und Anregungen Empfängliche) und »Erotiker« (Menschen, die von der Schönheit der Dinge beeindruckt werden). Für jede dieser drei Gruppen sind besondere Formen der Unterweisung anzuwenden. Immer sind aber Voraussetzungen für mystisches Erleben die Hinwendung zur intelligiblen Welt und die Abkehr von der Sinnenwelt:

> »Die Seele also ... und der Seele Göttlichstes muß ins Auge fassen, wer den Geist erkennen will ... Das nun kann vielleicht auch auf die Weise geschehen, daß du vom Menschen, und zwar natürlich von dir selbst, zuerst den Leib abstreichst; dann auch die (im Körperlichen befindliche) Seele, die ihn formt, aber auch fein säuberlich die Wahrnehmung, dazu Begierde, Zorn und alle diese Narrenpossen ... und das, was dann von der Seele übrig bleibt, das ist jenes Stück, welches wir Abbild des Geistes nannten« [58].

Läuterung der Seele, Tugend und das Abstreifen aller Leidenschaften stehen am Anfang des Weges:

> » ... und Weggeleiter dahin (zu den Stufen des Aufstieges) sind Reinigung, Tugend und Läuterung, Wandeln im geistigen Reich ... « [59];
> » ... jedenfalls aber muß sie (die Seele) sich freihalten von Affektionen (Gemütsbewegungen); die unvermeidliche Lust muß sie wie bloße Wahrnehmungen auf sich wirken lassen ... ; die Schmerzen muß sie ausstreichen oder, ist das nicht möglich, gelassen tragen ...; die Heftigkeit muß sie möglichst ausmerzen ...; die Furcht aber muß sie ganz austilgen ...; und die Begierde? Daß man nach nichts Niedrigem Begierde haben darf, versteht sich; zügellose Begierde nach Speis und Trank wird sie in ihrem eigentlichen Selbst nicht haben, auch nicht nach Liebesgenuß, oder doch höchstens ... nach dem, den die Natur gebietet ...; kurz, in ihrem eigentlichen Selbst wird die Seele rein sein von allen Leidenschaften« [60].

Dies alles wird durch Selbsterkenntnis und durch Arbeiten an sich selbst erreicht. Der Mensch muß sich von Grund auf ändern und zu einem höheren Bewußtsein gelangen; erst wenn seine Seele schön und gottähnlich geworden ist, vermag sie Gott und das Schöne zu schauen:

»Wie du der herrlichen Schönheit ansichtig werden magst, welche eine gute Seele hat? Kehre ein zu dir selbst und sieh dich an; und wenn du siehst, daß du noch nicht schön bist, so tue wie der Bildhauer, der von einer Büste, welche schön werden soll, hier etwas fortmeißelt, hier etwas ebnet, dies glättet und das klärt, bis er das schöne Antlitz der Büste vollbracht hat; so meißle auch du fort, was unnütz, und richte, was krumm ist, das Dunkle säubere und mach es hell und laß nicht ab, ›an deinem Bild zu handwerken‹, bis dir hervorstrahlt der göttliche Glanz der Tugend ...
Wer aber die Schau unternimmt mit einem durch Schlechtigkeit getrübten Auge, ... der ist nicht Manns genug, das ganz Helle zu sehen ...
Man muß nämlich das Sehende dem Gesehenen verwandt und ähnlich machen, wenn man sich auf die Schau richtet; kein Auge könnte je die Sonne sehen, wäre es nicht sonnenhaft; so sieht auch keine Seele das Schöne, welche nicht schön geworden ist« [61].

Bei weiterer Annäherung an das Eine wird die Seele vom göttlichen Licht erfüllt, sie kommt zur Ruhe; schließlich hört das Denken auf, und das Bewußtsein schwindet:

»Man muß aber annehmen, daß man Jenen in dem Augenblick gesehen hat, wo die Seele mit eins von einem Licht erfüllt wird, denn das kommt von Ihm, das ist Er selbst ... Und wie kann das Wirklichkeit werden? – Tu alle Dinge fort!« [62];
»Was sollten wir ihm (dem Geist) auch sonst für ein Verhalten zuschreiben? – Nun, bei Gott: Ruhe!
Indessen, für den Geist bedeutet Ruhe nicht ein aus dem Geiste Heraustreten, sondern Ruhe des Geistes bedeutet seine Verwirklichung ... « [63];
»In diesem Augenblick ist ihre (der Seele) Verfassung derart, daß sie auch das Denken, das sie doch sonst hochhielt, gering achtet ... Denn, so sagt sie, auch Jener denkt nicht ...
Die Seele aber schaut Ihn, indem sie den Geist, der in ihr verbleibt, gleichsam verwirrt und so zum Verschwinden bringt ... « [64].

Die letzte Stufe ist die »Schau« oder die Vereinigung mit dem Göttlichen, nachdem alle Unterschiede zwischen Objekt und Subjekt geschwunden sind. Plotin verwendet die Ausdrücke »Schau« und »Vereinigung« meist in gleichem Sinne, doch könnte gelegentlich auch der Zustand unmittelbar vor der Vereinigung als »Schau« bezeichnet sein, ein Zustand, in dem noch ein letzter Rest von Bewußtsein vorhanden ist. Der Meister oder Lehrer kann einem Schüler nicht die letzten Erfahrungen vermitteln; am Ende des Weges ist dieser auf sich allein gestellt:

»Darum läßt sich von ihm (dem Einen) ›weder reden noch schreiben‹, ... sondern wir reden und schreiben nur davon, um zu ihm hinzuleiten, aufzuwecken aus

den Begriffen zum Schauen und gleichsam den Weg zu weisen dem, der etwas erschauen will; denn nur bis zum Wege, bis zum Aufbruch reicht die Belehrung, die Schau muß dann selbst vollbringen, wer etwas zu sehen gewillt ist« [65]; »Die anderen aber (die das Ganze sehen) ... sind nicht mehr bloß Schauende: denn da gibt es nicht mehr hier das Objekt draußen und dort das es von außen sehende Subjekt, sondern der scharf Blickende hat das, was er sieht, in sich selber, nur, indem er es hat, weiß er meist nicht, daß er es hat ... alles aber, was man als Schaubares sieht, sieht man draußen. Man muß es aber in sich selbst hineinversetzen, es erblicken als Einheit und es erblicken als das eigene Selbst ... « [66]; »Wenn aber einer von uns ... von jenem Gott ergriffen (wird), ... so ... erblickt (er) ein verschönertes Abbild des Gottes; läßt er aber dies Bild, ob es auch schön ist, fahren und kommt zum Einssein mit ihm, ohne sich noch zu zerspalten, so ist er Eines und Alles zumal, vereint mit jenem Gotte, welcher lautlos zugegen ist ... « [67];
» ... das Schauen aber und das Schauende ist nicht mehr Vernunft, sondern größer als Vernunft, vor der Vernunft und über der Vernunft, ebenso wie das Geschaute. Wenn der Schauende nun dann, wenn er schaut, auf sich selbst schaut, wird er sich als einen so Erhabenen erblicken, vielmehr wird er mit sich selbst als einem so Erhabenen vereinigt sein und als solchen empfinden, denn er ist dann ganz einfach geworden. Das Geschaute aber sieht der Schauende in jenem Augenblick nicht ... , unterscheidet es nicht, stellt es nicht als zweierlei vor, sondern er ist gleichsam ein anderer geworden, ist nicht mehr er selbst und nicht mehr sein eigen, ist einbezogen in die obere Welt und Jenem zugehörig ... Da es nun nicht zwei waren, sondern er selbst, der Schauende mit dem Geschauten eins war, ... so trägt er, wenn er sich an seinen Zustand im Augenblick der Vereinigung erinnert, ein Abbild von Jenem in sich. In diesem Zustand war er aber auch in sich selbst Eines; er hatte in sich keine Geschiedenheit zu sich selbst, weder in seinen anderen Funktionen (es bewegte sich in ihm nichts, kein Zorn, keine Begierde war in ihm, als er in der Höhe war) – aber auch kein Begriff noch irgendein Denken; ja, überhaupt sein Selbst war nicht da, ... vielmehr in ruhiger Gotterfülltheit ist er in die Abgeschiedenheit eingetreten, in einen Zustand der Bewegungslosigkeit, ... völlig stillestehend und gleichsam selbst Stillestehen; selbst die schönen Dinge denkt er nicht mehr, sondern über das Schöne ist er hinweggeeilt, hinausgeschritten nun auch über den Reigen der Tugenden, wie einer, der in das Innere der unbetretbaren heiligen Kammer eingetreten ist und die Götterbilder im Tempel hinter sich gelassen hat ... « [68].

Der Zustand der Vereinigung mit dem Göttlichen dauert nur kurze Zeit, dann holt das Körperliche die Seele wieder ins irdische Dasein zurück. Der während der Vereinigung unberührt gebliebene Seelenteil erlangt seine Aktivität wieder und beendet den mystischen Zustand. Für den Mystiker bleibt nur das Staunen über das, was sich in ihm ereignet hat. Er ist ein anderer geworden, nichts Weltliches zieht ihn mehr an, er steht über allem, auch über Tugend und Moral:

» ... er lebt nicht das Leben des guten Menschen, wie es die bürgerliche Tugend erfordert, sondern dies läßt er hinter sich, er entscheidet sich für ein anderes, für das Leben der Götter ... « [69].

Wenn es ihm möglich ist, soll er anderen von seinen Erfahrungen berichten, auch wenn das nur unvollkommen gelingen kann:

> »... und ist man so mit Jenem vereint und hat genug gleichsam Umgang mit ihm gepflogen, so möge man wiederkehren und, wenn man's vermag, auch anderen von der Vereinigung Kunde geben ... « [70].

* * *

Plotins Philosophie bewegt sich trotz aller selbständigen Gedanken doch im Rahmen der griechischen Denkweise seiner Zeit. Dagegen ist seine Mystik etwas völlig Neues. Die Lehre vom Aufgeben des Denkens und des eigenen Ichs dürfte für seine Zeitgenossen ebenso fremdartig gewesen sein wie die des Zusammenfallens von Subjekt und Objekt und die der Vereinigung der menschlichen Seele mit dem Göttlichen. Vielleicht hatte man im hellenistischen Bereich, der sich ja bis nach Nordindien erstreckte, etwas von indischen Yogis erfahren, aber eine klare Beschreibung mystischer Phänomene war bisher nicht gegeben worden. Und wenn es vielleicht früher schon einmal Mystiker gegeben hatte, so hatten die Betreffenden jedenfalls ihre Erlebnisse geheimgehalten und nichts darüber geschrieben (wie vermutlich auch Ammonios Saccas).

5. 4. 4 Proklos

Proklos (Proklos Diadochos, Proklus) wurde etwa 412 n.Chr. in Konstantinopel geboren. Er studierte in Alexandria Rhetorik, Philosophie und Mathematik und ging dann nach Athen, um seine Ausbildung an der platonischen Akademie fortzusetzen. Später wurde er deren Leiter und blieb bis zu seinem Tode 485 n.Chr. in dieser Stellung. Proklos war der letzte griechische Philosoph von Bedeutung.

Proklos verfaßte Kommentare zu Schriften Platons, einen Kommentar zu den Elementen Euklids, der seine (des Proklos) Philosophie der Mathematik enthält, ferner Schriften gegen die Christen, über Mythologie und Dämonenglauben, darunter auch einen (verlorenen) Kommentar zu den Chaldäischen Orakeln. Sein religionsphilosophisches Hauptwerk sind die »Elemente der Theologie«, die schon 1268 von Wilhelm von Moerbeke ins Lateinische übersetzt wurden. Eine etwas abgeänderte, aus dem Arabischen übernommene und Aristoteles zugeschriebene Fassung lag Thomas von Aquin als sogen. »liber de causis« vor; dieser erkannte, daß es sich nicht um ein Werk des Aristoteles handelte, sondern um die »Elemente« des Proklos.

In den »Elementen« versucht Proklos ein umfassendes System auszuarbeiten, welches alle wesentlichen Gedanken der platonischen und neuplatonischen Schulen enthält. Er lehnt sich weitgehend an Platon und Plotin an, übernimmt aber auch manches von Aristoteles, Jamblichos, seinem Lehrer Syrianos und anderen und bietet eine Mischung von Metaphysik und Religionsphilosophie in höchster Abstraktion und Kürze.

In der ersten Hälfte des Werkes werden allgemeine Begriffe, meist in gegensätzlichen Paaren, behandelt, z.B.

Einheit – Vielheit,
Ursache – Verursachtes,
Ewigkeit – Zeit,
das Ganze – Teile,
Begrenztheit – Unendlichkeit u.a.m.

In der Art und Weise des Argumentierens lehnt Proklos sich an die Methodik des Aristoteles an; als Beispiel sei ein Satz (Satz 11) der »Elemente« angeführt:

»Alles, was existiert, geht aus einer einzigen ersten Ursache hervor.

Wenn nicht, so wären a) alle Dinge ohne Ursache, oder b) wäre die Summe aller Dinge begrenzt und es gäbe eine zyklische Anordnung ihrer Ursachen, oder c) gäbe es eine unendliche Folge von Ursachen.

a) Wenn alle Dinge ohne Ursache wären, gäbe es keine Aufeinanderfolge von primär und sekundär, oder regelnd und geregelt, oder erzeugend und erzeugt, oder aktiv und passiv. Und man könnte nichts über die Dinge wissen; denn die Aufgabe der Wissenschaft besteht darin, Ursachen zu erkennen. Nur wenn wir die Ursachen der Dinge erkennen, können wir sagen, daß wir sie kennen.

b) Wenn ein Zyklus von Ursachen (und Wirkungen) bestände, wären dieselben Dinge sowohl vorher als auch nachher; da nun jede erzeugende Ursache vor ihrem Produkt sein muß (was vorher bewiesen wurde), müßte sie gleichzeitig wirksamer und weniger wirksam sein als die anderen Ursachen.

c) Wenn die Folge der Ursachen sich bis ins Unendliche erstreckte, wären alle Dinge unerkennbar, denn Unendliches kann nicht erkannt werden. Und wenn die Ursachen unbekannt sind, gibt es auch keine Kenntnis ihrer Wirkungen ...

Wenn daher die Dinge nicht ohne Ursache sein können, Ursache und Wirkung nicht vertauscht werden können, und wenn der Regreß ins Unendliche (auch) ausgeschlossen ist, so bleibt nur (der Schluß), daß es eine erste Ursache aller Dinge gibt, aus der sie hervorgehen wie Zweige aus einer Wurzel, einige näher (ihrem Ursprung), andere ferner ... « [71].

* * *

Im zweiten, religionsphilosophischen Teil des Werkes übernimmt Proklos im Prinzip die drei Stufen der intelligiblen Welt Plotins:

Das Eine – der Nous – die Psyche (Weltseele).

Unter der intelligiblen Welt steht wie bei Plotin die körperliche Welt.

Das *Eine*, das eigentliche Eine und oberste Prinzip, thront über allem. Wie im ersten Teil der »Elemente« bewiesen wurde, ist es zugleich das Gute und die erste Ursache. Über dieser kann es keine weiteren Ursachen geben, und aus ihr ist alles Bestehende hervorgegangen, ohne daß das Eine bei diesem »Emanationsprozeß« irgendwie verändert worden wäre. Es ist Gott.

Wie ebenfalls schon bewiesen wurde, muß jede wirkende Ursache eine ihr zugehörige Vielheit erzeugen, die ihr ähnlich ist. So gibt es auf der Stufe der Seele außer der Seele an sich noch untergeordnete Seelen, auf der der Intelligenz noch Intelligenzen und entsprechend auf der Stufe des Einen noch Vielheit: die *Henaden.*

Die Henaden sind aus dem Einen hervorgegangen, sie sind ihm verwandt und von gleicher Art. Daher sind auch sie göttlichen Wesens; sie sind es aber in geringerem Maße als das Eine. Die Henaden werden nun von Proklos mit den Göttern des griechischen Pantheons identifiziert. Im Gegensatz zum Einen, das ohne jede Eigenschaft ist, besitzt jede Henade für sich charakteristische Eigenschaften. Dadurch können die Henaden die Verbindung zwischen dem Einen und dem Vielen übernehmen. Ihre Eigenschaften spiegeln sich auf den tieferen Ebenen wieder, so daß sie auf der höchsten Ebene als Götter, auf tieferen Ebenen als Dämonen oder auch als magische Attribute von Pflanzen, Steinen u. dgl. erscheinen können. Alles Göttliche ist transzendent, unerfaßbar für den menschlichen Geist; man kann nur seine Wirkungen beobachten und aus ihnen auf die verursachenden Wesenheiten schließen.

Mit der Lehre von den göttlichen Henaden unterscheidet sich Proklos von Plotin, der die Götter erst in der zweiten Sphäre, der des Nous, angesiedelt und ihnen überhaupt nur eine geringere Bedeutung zugemessen hatte. Die Konzeption des Proklos stellt den Versuch dar, die altgriechische Götterwelt in sein System einzubeziehen, ihr eine philosophische Rechtfertigung zu geben und so ihre vom Christentum bedrohte Existenz zu retten. Allerdings werden seine Götter zu recht farblosen, etwas konstruierten Wesenheiten.

Alles, auch die Materie hängt mit dem Einen, dem Göttlichen, zusammen, denn es strahlt aus seiner Überfülle in die tieferen Ebenen hinein. Wenn sich etwas völlig vom Göttlichen abwendet, wird es vernichtet, wird Nichtsein. Da die göttlichen Prinzipien in allem wirksam sind, was sie verursacht haben, kann es kein Übel geben; das Übel ist nur die menschliche Unfähigkeit, das göttliche Licht wahrzunehmen. Das Übel besitzt also kein eigenes Dasein, sondern scheint nur zu existieren, weil der Mensch unvollkommen und schwach ist.

Die nächste Ebene unter dem Einen ist die des Geistigen, des Nous, welcher die schöpferische Kraft darstellt und das Werden der körperlichen Welt bewirkt. Es muß etwas geben, das selbst unbewegt ist, aber Bewegung verursacht, das ist der Nous (dann gibt es etwas, das sich von selbst bewegt, die Seele, und schließlich etwas, das bewegt wird, die Körper). Im Gegensatz zum einmaligen Schöpfungsakt des jüdischen und christlichen Gottes findet auf der Nous-Ebene ein kontinuierliches Hervorbringen durch fortwährende Emanation statt. Die Nous-Ebene ist Vielheit, aber diese Vielheit hat am Einen teil und ist daher zugleich Vielheit und Einheit. Sie ist differenziert; unter dem eigentlichen Nous, dem Nous an sich, gibt es eine Triade von Sein – Leben – Geist. Da in jeder Kausalkette das höchste Glied mit der darüberliegenden Kausalkette verbunden ist, ist der Nous an sich mit dem Einen verknüpft (auf der Ebene der Psyche sind die klügsten Seelen mit dem Nous, auf der Körperebene die perfektesten Körper mit der Psyche verbunden).

Ähnlich ist es auf den nächsten Ebenen, der des *Seelischen* und der des *Körperlichen.* Die Seelen sind unkörperlich und unvergänglich, sie nehmen eine Mittelstellung zwischen intelligibler und körperlicher Welt ein. Tiere und Pflanzen haben keine Seelen, nur »Abbilder« von Seelen; eine menschliche Seele kann daher im Kreislauf der Weltalter auch nicht zu der eines Tieres werden.

Es gibt drei Arten von Seelen, die sich im Grad der Annäherung an das Göttliche unterscheiden. Nur die Seelen, die göttliche Wesensart besitzen, können am Göttlichen teilhaben. Der Weltablauf verläuft in immer wiederkehrenden Perioden, und auch die Seelen nehmen an diesem Kreislauf teil. Beim Niedersteigen in eine tiefere Existenz bleibt die Seele immer eine Einheit, sie besitzt nicht einen »oberen« Teil, mit dem sie in eine höhere Sphäre hineinragt.

Das System des Proklos ähnelt in vielem dem Plotins, unterscheidet sich von ihm aber durch eine stärkere Differenzierung der einzelnen Stufen und einen größeren Abstand zwischen dem Einen und der menschlichen Seele. Die Kluft ist so groß, daß die Seele nicht aus eigener Kraft zum Göttlichen gelangen kann. Trotzdem besteht eine Verbindung zwischen Gott und Mensch. Der Mensch erkennt seine Abhängigkeit von dem, der ihn geschaffen hat. Da eine Ähnlichkeit zwischen Schöpfer und Geschöpf bestehen muß, und da sich Gottes Überfülle auf alle Stufen bis zum niedersten Glied erstreckt, gibt es ein Einwirken Gottes auf den Menschen. Diese Einwirkung kann von den Geschöpfen nach Maß ihrer Empfänglichkeit wahrgenommen werden.

Ein weiterer wichtiger Unterschied zwischen Proklos und Plotin besteht in der völligen Abwesenheit von Mystik in den »Elementen der Theologie«. Proklos ist systematisch denkender Philosoph, dem die Erfahrung der Vereinigung der Seele mit dem Göttlichen fremd ist. Die Theurgie wird in den »Elementen« ebenfalls nicht erwähnt. Proklos' Neigung zu Ritualen, magischen Praktiken, Beschwörungen und Ähnlichem kommt aber in anderen Schriften zum Ausdruck. Er sieht – wohl unter dem Einfluß des Jamblichos und der Chaldäischen Orakel – in der Theurgie die Möglichkeit, die menschliche Seele aus dem Irdischen zu erlösen; das war aber nicht in seinem philosophischen System vorgesehen.

Mit Proklos endet die griechische Philosophie in einer metaphysischen Religionsphilosophie, die ihre Aufgabe darin sieht, die religiösen Fragen systematisch zu klären und sie durch präzise Begriffsbildung dem Verstand nach Möglichkeit zugänglich zu machen. Die bleibende Bedeutung des Proklos besteht in der Vermittlung neuplatonischen Gedankengutes an das Abendland. Einmal geschah dies durch Pseudo-Dionysios, der, ohne seine Quellen zu nennen, Lehren aus den »Elementen« des Proklos (und aus Schriften Plotins) christlich umdeutete und verbreitete (vgl. Abschn. 8.5.2); zum anderen gelangten neuplatonische Ideen durch die vermeintlich aristotelische Schrift »liber de causis« in den Westen, beide Male also unter fehlender bzw. falscher Angabe des Autors.

Anmerkungen

1 Aus: M.Maywald, Die Lehre von der zweifachen Wahrheit. Ein Versuch der Trennung von Theologie und Philosophie im Mittelalter; 1.Aufl., Henschel, Berlin 1871.
2 Aus der pseudo-aristotelischen Schrift »Von der Welt«; nach Capelle (s.Lit.), S. 29.
3 Aus: Van der Waerden (s.Lit.), S. 149, (Übersetzung von H.Schmitz, Zürich).
4 Aus: Xenophanes (s.Lit.), S. 37.
5 Xenophanes, S. 53, 55.
6 Xenophanes, S. 59.
7 Xenophanes, S. 57.
8 Xenophanes, S. 77.
9 Aus: Heraklit (s.Lit.), S. 19.
10 Heraklit, S. 29.
11 Heraklit, S. 27.
12 Heraklit, S. 45.
13 Heraklit, S. 33.
14 Heraklit, S. 15.
15 Heraklit, S. 35.
16 Aus: Capelle (s.Lit.), S. 248.
17 Capelle, S. 249.
18 Capelle, S. 249.
19 Capelle, S. 247.
20 Capelle, S. 333.
21 Aus: Platon, Sämtliche Dialoge (s.Lit.), Bd. I, S. 44.
22 Die folgenden Ausführungen nach: Aristoteles' Metaphysik (s.Lit.), Kommentar zu Buch XII, Kap. 6 - 9 (es gibt auch andere Deutungen des schwierig zu verstehenden Textes).
23 Aristoteles' Metaphysik, Buch XII, Kap. 6a.
24 Metaphysik, Kap. 6e.
25 Metaphysik, Kap. 7a.
26 Metaphysik, Kap. 6d.
27 Metaphysik, Kap. 6b.

28 Metaphysik, Kap. 7c.
29 Metaphysik, Kap. 7b.
30 Metaphysik, Kap. 7c.
31 Metaphysik, Kap. 7g.
32 Metaphysik, Kap. 8e.
33 Metaphysik, Kap. 7d.
34 Metaphysik, Kap. 7e.
35 Metaphysik, Kap. 7e.
36 Metaphysik, Kap. 9b.
37 Metaphysik, Kap. 9b.
38 Metaphysik, Kap. 9c.
39 Nach: Kranz (s.Lit.), S. 298.
40 Enneade V, 3, 16. Sämtliche Plotin-Zitate nach: Harder – Beutler – Theiler, Plotins Schriften (s.Lit.).
41 Enneade VI, 7, 17.
42 Enneade III, 8, 9.
43 Enneade V, 6, 2.
44 Enneade I, 7, 1.
45 Enneade VI, 7, 38.
46 Enneade VI, 9, 3.
47 Enneade VI, 7, 32.
48 Enneade VI, 9, 4.
49 Enneade V, 3, 13.
50 Enneade II, 9, 9.
51 Enneade V, 5, 3.
52 Enneade III, 8, 10.
53 Brihadaranyaka-Upanishad 5, 1, 1; nach: P.Deussen, Sechzig Upanishads des Veda; Kleine, Bielefeld 1980 (Nachdr. d. 1. Aufl., Brockhaus, Leipzig 1897).
54 Enneade V, 6, 6.
55 Enneade VI, 7, 42.
56 Enneade IV, 8, 4.
57 Enneade VI, 7, 22.
58 Enneade V, 3, 9.
59 Enneade VI, 7, 36.
60 Enneade I, 2, 5.
61 Enneade I, 41 - 43.
62 Enneade V, 3, 17.
63 Enneade V, 3, 7.
64 Enneade VI, 7, 35.
65 Enneade VI, 9, 4.
66 Enneade V, 8, 10.
67 Enneade V, 8, 11.
68 Enneade VI, 9, 10 - 11.
69 Enneade I, 2, 7.
70 Enneade VI, 9, 7.
71 Frei nach Dodds (s.Lit.), S. 13.

Literatur

Aristoteles' Metaphysik in der Übersetzung von H.Bonitz, neu bearbeitet, mit Einleitung und Kommentar herausgeg. von H.Seidl; 2.Aufl., Meiner, Hamburg 1982/1984.

Aurel, Marc: Selbstbetrachtungen; übertragen und mit Einleitung von W.Capelle; 10.Aufl., Kröner, Stuttgart 1959.

Capelle, W.: Die Vorsokratiker; Kröners Taschenausgabe Bd. 119, Kröner, Stuttgart 1968.

Heraklit: Fragmente, griechisch und deutsch herausgeg. von B.Snell; 9.Aufl., Artemis, Zürich 1986.

Höffe, O. (Herausg.): Klassiker der Philosophie, Bd. 1; 2.Aufl., Beck, München 1985.

Kranz,W.: Die griechische Philosophie; 1.Aufl., Schünemann Verlag, Bremen o.J.

Der Mittelplatonismus. Herausgeg. von C.Zintzen; Wege der Forschung, Bd. 70; 1.Aufl., Wiss. Buchges., Darmstadt 1981.

Nestle, W.: Griechische Geistesgeschichte; 2.Aufl., Kröner, Stuttgart 1974.

Nestle, W.: Aristoteles Hauptwerke; 8.Aufl., Kröner, Stuttgart 1973.

Parmenides: Die Anfänge der Ontologie, Logik und Naturwissenschaft; herausgeg., übersetzt u. erläutert von E.Heitsch; 1.Aufl., Heimeran, München 1974.

Platon: Sämtliche Dialoge; in Verbindung mit K.Hildebrand, C.Ritter und G.Schneider herausgeg. u. mit Einleitungen, Literaturübersichten, Anmerkungen und Register versehen von O.Apelt; Meiner, Hamburg 1988 (Nachdr.).

Plotins Schriften; übersetzt von R.Harder, Neubearbeitung mit griechischem Lesetext und Anmerkungen fortgeführt von R.Beutler u. W.Theiler, 5 Bde.; 1.Aufl., Meiner, Hamburg 1988.

Proclus: The Elements of Theology; A Revised Text with Translation, Introduction and Commentary by E.R.Dodds; 2.Aufl., Clarendon Press, Oxford 1963.

Röd, W.: Geschichte der Philosophie; 1.Aufl., Bd. 1 - 3, Beck'sche Elementarbücher, Beck, München 1976 - 1985.

Sandvoss, E.R.: Aristoteles; 1.Aufl., Kohlhammer, Stuttgart 1981.

Seneca: Vom wahren Leben. Ausgewählte Schriften, herausgeg. von G.Stenzel, Mohn Verlag, Hildrizhausen o.J.

Sophistik. Herausgeg. von C.J.Classen; Wege der Forschung Bd. 187; 1.Aufl., Wiss. Buchges., Darmstadt 1976.

Waerden, B.L. van der: Die Pythagoreer; 1.Aufl., Artemis Verlag, Zürich 1979.

Wittacker, Th.: The Neo-Platonists. A Study in the History of Hellenism; 4.Aufl., Cambridge, University Press, 1928 (Nachdr. Olms, Hildesheim 1987).

Xenophanes: Die Fragmente; herausgeg., übersetzt u. erläutert von E.Heitsch; 1.Aufl., Artemis Verlag, Zürich 1983.

6. Judaismus

6. 1 Geschichtliches

Nach dem Auszug aus Ägypten unter der Führung Moses drangen die Stämme Israels ab etwa 1230 v.d. Zeitenwende in das Westjordanland ein. Sie mußten wiederholt mit ansässigen Völkern um den Besitz dieser Landstriche kämpfen. Die große Zeit des nach und nach entstehenden jüdischen Staates war die der Könige David und Salomo (ca. 995 - 925), in der ein einheitliches Reich bestand. Nach dem Tode Salomos kam es unter seinem Sohn und Nachfolger Rehabeam zu einem Aufstand der nördlichen Stämme, der zu einer Spaltung des Reiches führte. Im Südreich »Juda« blieben die Nachkommen Davids an der Macht, das größere Nordreich »Israel« wurde von Königen aus den dortigen Stämmen beherrscht.

In den folgenden Jahrhunderten wurde die politische Lage der Juden von den damaligen Großmächten Ägypten, Assyrien, Babylonien und Persien bestimmt. Das Nordreich fiel 722 v.d. Zeitenwende den Assyrern zum Opfer, während sich Juda noch eine Zeitlang unabhängig erhalten konnte. Hier blieben Kult und Bräuche zunächst noch intakt; der Tempel in Jerusalem bildete das religiöse Zentrum des Judentums.

Das assyrische Reich endete 612 mit der Einnahme und Zerstörung Ninivehs durch die verbündeten Meder und Babylonier. Nunmehr war Babylon die beherrschende Macht im Vorderen Orient. Die Babylonier griffen etwa 600 v.d. Zeitenwende das Südreich an und eroberten 597 Jerusalem. Nebukadnezar setzte Zedekia als jüdischen Vasallenkönig ein und verbannte die führenden Geschlechter. Zedekia fiel aber 588 von der babylonischen Herrschaft ab; daraufhin eroberte Nebukadnezar 586 Jerusalem erneut, ließ es völlig zerstören und führte einen großen Teil des jüdischen Volkes nach Babylon in Gefangenschaft.

Das babylonische Reich wurde 539 von den Persern erobert. Deren König Cyrus gestattete 538 den Juden die Rückkehr nach Jerusalem und den Wiederaufbau des Tempels. In den nächsten Jahrhunderten konnte zwar niemals eine völlige politische Unabhängigkeit erlangt werden, aber zuerst unter persischer Herrschaft, später unter den Ptolemäern und den Seleuciden war das Land doch meist in eigener Verwaltung und bis zu einem gewissen Grade autonom.

175 v.d. Zeitenwende bestieg der Seleucide Antiochus IV. Epiphanes den Thron. Innere Machtkämpfe unter jüdischen Geschlechtern veranlaßten ihn zum Eingreifen; er eroberte Jerusalem, plünderte den Tempel und ließ an dessen Stelle ein Zeus-Heiligtum errichten. Die Thora als Gesetz wurde abgeschafft; Jerusalem sollte ein hellenistischer Stadtstaat werden. Gegen diese Pläne ging eine Gruppe von »Chassiden« (Frommen) unter Führung des Priesters Mattathias und seiner Söhne bewaffnet vor. Es gelang ihnen, von den Seleuciden weitgehend unabhängig zu werden. Judas, der älteste Sohn des Mattathias, erhielt den Beinamen »Makkabi« (der Hammer), und nach ihm nannte man die ganze Familie die »Makkabäer«. 164 wurde der Tempel wieder eingeweiht, und ab 140 war der jüdische Staat praktisch selbständig.

Die Römer, die anfingen, sich in die Angelegenheiten des Nahen Ostens einzumischen, erkannten diesen Staat zunächst als Bundesgenossen an. Später nutzten sie interne Streitigkeiten aus und brachten schließlich 63 v.d. Zeitenwende das Land völlig unter ihre Kontrolle. Mit römischer Hilfe kam im Jahre 37 Herodes an die Macht; er war zwar von Rom abhängig, doch ließ man ihm eine gewisse politische Freiheit. Er starb 4 v.d. Zeitenwende.

Nach seinem Tode wurde das Land von römischen Prokuratoren verwaltet, die es rücksichtslos ausbeuteten und oft auch die religiösen Empfindungen des Volkes verletzten. Als Folge brach 66 nach der Zeitenwende ein großer Aufstand aus, der aber trotz anfänglicher Erfolge der Aufständischen im Jahre 70 von Titus niedergeschlagen wurde. Der Tempel in Jerusalem wurde zerstört, und damit hörte das religiöse Zentrum zu bestehen auf. Eine Gruppe von Pharisäern bildete dann in Jamnia (Javne, Jabne), einem kleinen Ort an der Küste, einen neuen geistigen Mittelpunkt.

Unter römischer Besetzung kam es immer wieder zu Reibereien, die 132 n.d. Zeitenwende zu einem letzten Aufstand unter Bar Kosiba (oder Bar Kochba) führten. Die Erhebung wurde 135 niedergeschlagen, und die politische Unabhängigkeit des Landes war nun für lange Zeit erloschen. Erst 1948 wurde Israel wieder ein selbständiger Staat.

6. 2 Das religiöse Schrifttum der Juden

Die wichtigsten religiösen Schriften der Juden sind die Bibel (das Alte Testament), verschiedene nichtkanonische Werke und der Talmud:

I. Die Bibel

1) Die Thora oder die 5 Bücher Mose oder der Pentateuch (Genesis, Exodus, Leviticus, Numeri, Deuteronomium);

2) Die prophetischen Bücher:

    a) 4 geschichtliche Prophetenbücher (Jona, Richter, Samuel, Könige)

    b) die drei »großen« Propheten (Jesaja, Jeremia, Ezechiel)

    c) die 12 »kleinen« Propheten;

3) die übrigen Schriften:

    a) 3 poetische Schriften (Psalmen, Sprüche, Hiob)

    b) die 5 Rollen (Hohes Lied, Ruth, Klagelieder, Kohelet [Prediger], Esther)

    c) 3 erzählende Bücher (Daniel, Esra + Nehemia, Chronik).

II. Nichtkanonische Bücher

1) Apokryphen:

a) Erweiterungen kanonischer Schriften (Zusätze zu Esra, Esther, Daniel; Manasses Gebet; Susanna)

b) geschichtliche Apokryphen (3 Makkabäerbücher, Tobit, Judith)

c) prophetische Apokryphen (Baruch, Brief Jeremias)

d) poetisch-didaktische Apokryphen (Weisheit Salomos, Sirach);

2) Apokalypsen, Pseudepigraphen.

III. Der Talmud

1) Die Mischna;

2) die Gemara.

Die Bibel

Die angeführte Dreiteilung der Bibel (Thora – prophetische Bücher – übrige Schriften) stammt schon aus vorchristlicher Zeit. Der älteste Teil ist die Thora, die wohl schon im 9. - 7. Jahrhundert vor unserer Zeitrechnung aufgeschrieben und im 5. Jahrhundert von einer Gelehrtenschule in Babylon endgültig zusammengestellt wurde. Sie wurde dann im Jahre 444 von Esra und Jeremia in der »großen Bundesversammlung« kanonisiert, d.h. als Gottes eigene Worte heiliggesprochen. Nach der Thora entstanden innerhalb eines recht großen Zeitraumes die prophetischen und noch später zahlreiche weitere Schriften. Etwa 200 v.d. Zeitenwende war das Korpus der Bücher, die in der jüdischen Bibel vereinigt sind, fast vollständig vorhanden.

Um 250 v.d. Zeitenwende verfertigten angeblich 70 Gelehrte in Alexandria eine Übersetzung der Bibel in die griechische Sprache, die sogen. »Septuaginta« (= 70). In dieser, bzw. in der hebräischen Vorlage, waren mehrere Schriften enthalten, über deren Heiligkeit später Zweifel aufkamen. Man einigte sich daher etwa 100 n.d. Zeitenwende auf einer Synode (synodos: Zusammenkunft) zu Jamnia darauf, alle die Werke auszuscheiden, die nach der Versammlung von 444 verfaßt sein sollten. Dadurch wurde der Umfang der Bibel auf die in der obigen Aufstellung genannten 24 Bücher reduziert (die 12 »kleinen« Propheten werden dabei als ein Buch gezählt). Die spätere Forschung hat jedoch festgestellt, daß die Bibel immer noch Schriften enthält, die erst aus hellenistischer Zeit stammen können (z.B. das Buch Daniel).

Das Alte Testament ist ein recht uneinheitliches Werk, das u.a. Gesetzbücher, Historisches, Weissagungen, Mahnungen und poetische Schriften enthält. Nachdem im 19. Jahrhundert die Entzifferung der ägyptischen Hieroglyphen und der verschiedenen vorderasiatischen Keilschriftarten gelungen war, zeigte sich immer mehr, daß sich die jüdische Gedankenwelt dem Einfluß der umliegenden Hochkulturen nicht hatte entziehen können. Man stellte vor allem Entlehnungen und Einflüsse aus den phönizischen, assyrischen und babylonischen Kulturkreisen fest; aber auch aus Ägypten, Persien und den griechisch sprechenden und denkenden Gebieten sind Ideen übernommen worden.

Die Betonung dieser Entlehnungen durch einige Assyriologen führte am Anfang dieses Jahrhunderts zu mehr oder weniger heftigen Angriffen gegen die Bibel, die im Extremfalle sogar als eine Art von Plagiat fremder Lehren bezeichnet wurde. Doch haben letzten Endes diese Anwürfe am Charakter und der Wertschätzung der Schrift als dem heiligen Buch der Juden (und der Christen) nichts ändern können.

Nichtkanonische Schriften

Die nichtkanonischen Schriften entstanden i.w. von etwa 400 vor bis 100 nach der Zeitenwende. Sie stellen ein uneinheitliches und umfangreiches Schrifttum dar, das sich einer logischen Gliederung weitgehend verschließt. Einige Gruppen dieser Werke sollen im folgenden beschrieben werden.

Die auf der Synode zu Jamnia ausgeschiedenen Bücher werden als *Apokryphen* (apokryphos: verborgen) bezeichnet. Von ihnen haben nur die geschichtlichen Makkabäerbücher für das Judentum Bedeutung erlangt, die anderen Apokryphen werden als weniger wichtig angesehen. Dagegen wurden sie von den christlichen Kirchenvätern geschätzt und z.T. auch in christliche Bibelausgaben übernommen.

Die Bibel der griechisch-orthodoxen Kirche enthält zusätzlich zu den Büchern der jüdischen Schrift noch 4 Apokryphen (Weisheit, Sirach, Tobias, Judith). Die römisch-katholische Kirche hat weit mehr Apokryphen übernommen (Weisheit, Sirach, 2 Makkabäerbücher, Tobias, Judith, Baruch sowie Zusätze zu Esther und Daniel und den Jeremiasbrief), und die äthiopische Bibel ist noch umfangreicher. Nur die Bibel der Protestanten entspricht der jüdischen, besitzt aber teilweise eine andere Anordnung der einzelnen Bücher.

Als *Apokalypsen* und *Pseudepigraphen* wird eine Anzahl von Werken zusammengefaßt, die als Weiterführung der älteren prophetischen Literatur – allerdings mit deutlicher Verschiebung der Grundtendenz – angesehen werden kann. Pseudepigraphen werden Schriften genannt, deren unbekannte Verfasser sich des Namens einer bekannten früheren Persönlichkeit bedienen, um größere Beachtung zu finden. Zu dieser Gruppe gehören zahlreiche nichtkanonische und auch einige kanonische Werke.

Die Apokalypsen hatten Vorläufer in Teilen der Bücher Ezechiel und Deuterojesaja und vor allem im Buch Joel. Es handelt sich bei diesen Schriften um phantasievolle Beschreibungen des Weltunterganges und der Zukunftserwartungen des Spätjudentums in der Zeit um Jesu Geburt. Während sich die klassische Prophetie hauptsächlich mit der Gegenwart befaßte, lenkt die Apokalyptik die Gedanken der Menschen auf das Ende der Welt und das Weiterleben im Jenseits. Engeln, Dämonen und dem Satan wird eine große Bedeutung zugemessen, man hat sogar Listen von Engeln aufgestellt, denen jeweils bestimmte Aufgabenbereiche zukamen. Erstmals taucht auch der Begriff der Hölle als Ort der Verdammten auf. Charakteristisch für das apokalyptische Schrifttum ist ferner, daß der Glaube an ein Gottesreich auf Erden zugunsten eines überirdischen Reiches aufgegeben wird.

Die erste eigentliche Apokalypse und auch die einzige, die in die jüdische Bibel aufgenommen wurde, ist das Buch *Daniel* (das christliche Neue Testament enthält eine weitere Apokalypse, die Offenbarung des Johannes). Der Verfasser dieses Buches lebte im 2. Jahrhundert v.d. Zeitenwende, er verlegte sein Werk aber in die Zeit um 570 - 520 und trat als Weiser und Seher am babylonischen Königshof auf. Das Buch gehört somit auch zu den Pseudepigraphen. Daniel spricht vom »Menschensohn«, den Gott zum Herrschen auf die Erde sendet (möglicherweise ist diese Gestalt dem persischen Mythos vom Urmenschen Gayomard entnommen). Weiter wird das Gericht erwähnt und von der Auferstehung der Toten gesprochen, und mehrfach bezieht sich Daniel auf das Reich Gottes.

Von weiteren Apokalypsen seien nur diejenigen angeführt, die Henoch, Baruch und Esra zugeschrieben werden. Das Buch *Henoch* ist aus einer Sammlung verschiedener Schriften entstanden. Der wichtigste Teil sind Visionen über die Endzeit, die sogen. »Bilderreden« mit Schilderungen von verschiedenen Drangsalen; wenn diese beendet sind, stehen die Toten auf, der Menschensohn erscheint, und das Gericht findet statt. Die Gerechten werden zu Engeln im Himmel, die Verdammten werden bestraft. Doch besteht noch am Tage des Gerichtes die Möglichkeit, Buße zu tun und gerettet zu werden. Das Ende ist die Schaffung eines neuen Himmels und einer neuen Erde; auf dieser hat das himmlische Jerusalem seinen Platz.

Etwa 80 n.d. Zeitenwende entstand die *Esra-Apokalypse* (Esra IV), in der Visionen beschrieben werden, die dem Verfasser angeblich über 600 Jahre vorher in Babylon zuteil geworden waren. Er beklagt das Schicksal Israels, schildert das Weltende, das letzte Gericht und das Kommen des Menschensohnes, der alle Feinde Israels töten wird. Das Reich des Messias, in dem die Menschen in Glück und Freude leben werden, soll 400 Jahre dauern; dann stirbt der Messias, und es sterben alle Menschen. Am 7. Tage erfolgt die Auferstehung der Toten, und das überirdische Reich Gottes beginnt.

Bis zu einem gewissen Grade neu ist bei Esra IV der Gedanke, daß die Sündhaftigkeit des Menschen ihre Ursache in der Sünde Adams und Evas im Paradies hat. Das ist offenbar die Lehre von der Erbsünde im Menschen, die allerdings bereits in der Thora angedeutet ist [1]:

> »... obwohl das Schaffen des Menschenherzens böse ist von seiner Jugend an ...« (1 Mose 8, 21; ähnlich auch Ps 51, 7).

Weder diese Stelle noch die ausführlichere Beschreibung bei Esra IV hat jedoch im Judentum größere Beachtung gefunden. Man sieht wohl die Sündhaftigkeit des Menschen, aber man glaubt, daß er auch gute Triebe besitzt und daher fähig ist, aus eigenem Willen die Sünde zu vermeiden. (Dagegen hat das Christentum – vor allem durch den Apostel Paulus – die Idee der Erbsünde, die dem Menschen von Geburt aus anhaftet und die er aus eigener Kraft nicht überwinden kann, stark betont und zu einem zentralen Gedanken der Lehre gemacht).

Man kennt mehrere *Apokalypsen des Baruch*. Die wichtigste ist die syrische Baruch-Apokalypse, die im 1. Jahrhundert n.d. Zeitenwende geschrieben wurde. Sie enthält ähnliche Gedanken wie Esra IV; auch hier folgt das Reich Gottes einem vorhergehenden Reich des Messias, doch wird keine Zeitdauer des Messias-Reiches angegeben. Die Menschen, die an diesem teilhaben, werden in das Gottesreich eingehen. Hinzu kommen noch die von den Toten Auferstandenen, welche am Tage des Gerichtes zu den Gerechten gezählt werden.

Der Talmud

Die Thora als Gesetzeswerk konnte nicht alle im praktischen Leben vorkommenden Rechtsfragen entscheiden lassen. Daher wurden in Babylonien, wo seit altersher eine große jüdische Gemeinde bestand, und in Tiberias in Palästina Sammlungen von Gesetzesauslegungen anerkannter Gelehrter angelegt, die als (babylonischer bzw. palästinensischer) Talmud bezeichnet werden. Die Sammlungen enthalten mündlich überlieferte Auslegungen (die Mischna) und Kommentare zu diesen (die Gemara). Der babylonische Talmud ist der umfangreichere, er ist maßgebend geworden.

Die *Mischna* ist eine Sammlung von Lehrsätzen zum weltlichen und religiösen jüdischen Recht. Sie wurde um 200 n.d. Zeitenwende von Juda ha-Nasi, einem Rabbiner und Patriarchen von außergewöhnlicher Gelehrsamkeit, aus umfangreichem älteren Material zusammengestellt und in 6 Abschnitte gegliedert:

1) Religiöse Gesetze für die Landwirtschaft;
2) Gesetze der religiösen Feiertage und des Sabbaths;
3) Gesetze des Ehe- und Familienrechtes;
4) Zivil- und Strafrecht;
5) Gesetze über das Opferwesen;
6) Reinheitsbestimmungen.

Jeder dieser Abschnitte ist wieder in zahlreiche Unterabschnitte aufgeteilt.

In den folgenden Jahrhunderten haben Gelehrte aus verschiedenen Rechtsschulen Kommentare zu den meisten Abschnitten der Mischna, die sogen. »Gemara«, verfaßt. Die Kommentare wurden den betr. Abschnitten angefügt. Die Gemara war am Ende des 5. Jahrhunderts n.d. Zeitenwende weitgehend abgeschlossen, doch sind auch noch einige jüngere Ergänzungen aufgenommen worden.

Der Talmud war für viele Jahrhunderte die Grundlage des jüdischen Rechts, er hat das Judentum stark beeinflußt und geformt. Es war Pflicht jedes frommen Juden, den Talmud zu studieren, und dieser hat bis heute seine Bedeutung behalten, wenn er auch durch modernere Gesetzeswerke ergänzt wurde.

6. 3 Entwicklung der jüdischen Religion; die Propheten

Der Judaismus ist neben dem Zoroastrismus die älteste monotheistische Religion (dem Versuch des ägyptischen Pharaos Echnaton [1378 - 1362 v.d. Zeitenwende], eine monotheistische Sonnenreligion zu begründen, war kein Erfolg beschieden). Beide lehnen bildliche Darstellungen der höchsten Wesenheit ab. Möglicherweise haben sich beide beeinflußt, doch weiß man nicht, in welcher Richtung ein Einfluß stattgefunden haben könnte, da die Lebensdaten Zoroasters (Zarathustras) nicht bekannt sind. Aus der jüdischen Religion ist zum einen das Christentum entstanden, und zum anderen hat der Islam Vorstellungen des Judaismus übernommen.

Im folgenden soll die Entwicklung der jüdischen Religion im Altertum kurz dargestellt werden. Dabei wird besonders auf die Prophetie eingegangen, die je nach Definition der Mystik entweder als echtes mystisches Erleben oder aber nur als Vorstufe zur eigentlichen Mystik angesehen wird. Weiterhin sollen vor allem die Ideen erwähnt werden, die später in der Gedankenwelt Jesu erscheinen und für die Ausbildung des Christentums von Bedeutung wurden.

Der Glaube an einen einzigen, unkörperlichen, rein geistigen Gott reicht bis in die früheste Geschichte des jüdischen Volkes zurück. Der Gott Jahwe wurde schon vor Mose von einigen semitischen Stämmen verehrt. So schlossen die Patriarchen Abraham, Isaak und Jacob mit Gott einen Bund, der zur Zeit des Mose auf weitere Stämme ausgedehnt wurde. Damit wurde Jahwe der alleinige Gott des jüdischen Volkes. Nach der Hl. Schrift wurde Mose beim Auszug aus Ägypten von Gott zum Vermittler und Vollzieher seines göttlichen Willens eingesetzt. Ihm wurde am Berg Sinai Gottes Wille als Gesetz offenbart.

Grundlage der jüdischen Religion ist der Gehorsam gegen das göttliche Gesetz, wie es in den 5 Büchern Mose, der Thora, vorliegt. Es besteht zunächst aus den 10 Geboten, enthält außerdem aber noch zahlreiche weitere Vorschriften, in denen die Formen des Zusammenlebens, die Art des Gottesdienstes, die Sabbathruhe und vieles andere geregelt werden (die Idee eines Ruhetages nach 6 Arbeitstagen taucht hier erstmals auf). Dies Gesetzeswerk bestimmte entscheidend den Geist der jüdischen Religion durch alle Phasen ihrer Entwicklung. Während der Bund mit Gott und die Belohnung oder Bestrafung durch Gott immer das ganze Volk betreffen, gilt das Gesetz des Mose auch für jeden Einzelnen. Als Beispiel möge das Gebot der Nächstenliebe dienen:

> »Du sollst ... deinen Nächsten lieben wie dich selbst ...« (3 Mose 19, 18).

Das Gesetzeswerk des Mose wurde zur Quelle alles öffentlichen und privaten jüdischen Rechts, und dies umsomehr, als es nach der Zerstörung des Tempels in Jerusalem kein religiöses Zentrum mehr gab. Nunmehr wurde das Studium der Bibel, hauptsächlich der Thora, dem Dienst im Tempel als gleichwertig erachtet. Für die Bedeutung des Mose galt und gilt noch heute das Wort:

> »Und es stand fortan nicht auf ein Prophet in Jisrael wie Moscheh, den der Ewige erkannt, von Angesicht zu Angesicht« (5 Mose 34, 10).

Von jeher waren Glaubensgrundsätze, daß Gott der Schöpfer der Welt und der Menschen ist und daß Israel wegen des mit Gott geschlossenen Bundes unter allen Völkern eine bevorzugte Rolle in dem zu erwartenden Endreich spielen würde. Es könne jedoch nur dann diese Rolle einnehmen, wenn es die Bedingungen des Bundes einhielte.

Die Propheten

Nach der Zeit Salomos führten ungünstige innen- und außenpolitische Verhältnisse sowie das Eindringen fremden Kulturgutes zum Auftreten von Predigern und Propheten, die als Verkünder des göttlichen Willens galten. Sie warnten das Volk vor drohendem Unheil, als dessen Ursachen Sittenverderbnis, Nichtbeachten des Gesetzes und das Verehren anderer Götter neben Jahwe angesehen wurden. Außerdem brachten die Propheten wichtige neue Ideen in den jüdischen Glauben ein und stellten Regeln des Zusammenlebens und Zusammenhaltens auf, die den Juden im Laufe der Geschichte das Überleben als Volk ermöglichten.

In der jüdischen Bibel sind nur 15 Propheten mit eigenen Abschnitten vertreten: die drei »großen« Propheten Jesaja, Jeremia und Ezechiel und die 12 »kleinen« (Hosea, Joel, Amos, Obadja, Jona, Micha, Nahum, Habakuk, Zephanja, Haggai, Sacharja und Maleachi), deren Prophezeiungen nur kurze Abschnitte einnehmen. Die Zeit des Auftretens eines bestimmten Propheten läßt sich nicht immer mit Sicherheit angeben.

In der ersten Hälfte des 9. Jahrhunderts v.d. Zeitenwende bekämpften *Elia* und sein Schüler *Elisa* den Baalkult, der über angrenzende Völker in das Judentum eingedrungen war. An sich wurde die Existenz anderer Götter fremder Religionen außer Jahwe in dieser frühen Zeit noch nicht in Frage gestellt (erst später setzte sich die Anschauung durch, daß Jahwe der einzige Gott überhaupt ist), doch sollte Jahwe der einzige Gott der Juden sein:

> »Und Achab, Sohn Omri's, ward König über Jisrael im acht und dreißigsten Jahr Asa's, Königs von Jehuda ... Und Achab, Sohn Omri's tat, was böse ist in den Augen des Ewigen, mehr als alle, die vor ihm waren. Und es geschah ... , daß er zum Weibe nahm Isebel, Tochter Etbaals, Königs der Zidonim, und er ging, und diente dem Baal, und bückte sich vor ihm« (1 Kön 16, 29-31);
> »Da trat Elijahu vor das ganze Volk und sprach: Wie lange wollt ihr noch hüpfen auf die beiden Zweige? Wenn der Ewige Gott ist, geht ihm nach, und wenn der Baal – geht ihm nach ... « (1 Kön 18, 21);
> »Und Elijahu sprach zu ihnen (dem Volk): Greifet die Propheten des Baal, keiner von ihnen entrinne. Und sie griffen sie; da ließ Elijahu sie hinabführen an den Bach Kischon, und schlachtete sie daselbst« (1 Kön 18, 40).

Die Gestalt des Elia wurde im jüdischen Denken als Mahner gegen Unrecht, als Tröster in der Not und als Beschützer der Kinder verklärt. Von besonderer Bedeutung für das Christentum wird die Verkündigung seiner Wiederkehr, die von Maleachi kurz nach der babylonischen Gefangenschaft ausgesprochen wurde:

> »Siehe, ich sende euch Elijah, den Propheten, bevor eintrifft der Tag des Ewigen, der große und furchtbare« (Mal 3, 23).

Diese Weissagung wurde später von christlicher Seite auf Johannes den Täufer gedeutet, der als wiedererstandener Elia zum Wegbereiter des Messias wird.

In das 8. Jahrhundert v.d. Zeitenwende werden die Propheten Amos, Hosea, Micha und Jesaja datiert. *Amos* verkündet – wohl angesichts der steigenden Macht und der Eroberungszüge der Assyrer – dem Volk Israel eine Zeit der Leiden als Strafe für seine Sünden. Als erster spricht er von dem »Tag des Ewigen« (oder »Tag des HERRN«), d.h. dem Tag des Gerichtes, der schrecklich sein wird, dem aber eine Zeit des Heils folgen soll:

»Wehe denen, die sich sehnen nach dem Tag des Ewigen. Wozu soll euch der Tag des Ewigen? Er ist Finsternis und nicht Licht« (Amos 5, 18);
»Am selbigen Tage werde ich aufrichten die Hütte Dawid's, die verfallene, und ich verzäune ihre Risse, und ihre Trümmer richt' ich auf und erbaue sie wie in alten Tagen« (Amos 9, 11).

Hosea klagt bitter über die Sünden Judas und Israels und verkündet die Strafe Gottes. Aber er betont auch Gottes Liebe und Gerechtigkeit und predigt die Hingabe an Gott. Das ist wahre Religiosität, nicht die äußerliche Erfüllung ritueller Pflichten:

»Daß ich Liebe verlange und kein Opfer, und Erkenntnis Gottes mehr denn Ganzopfer ... « (Hos 6, 6).

Ähnlich verkündet *Micha* dem jüdischen Volk Leiden als Strafe für seine Sünden, verheißt aber auch eine kommende glückliche Zeit. Der Herr und Retter wird aus Bethlehem kommen:

»Du aber, Bet Lechem Efrata – solltest das Geringste seyn unter den Tausenden Jehuda's – aus dir wird hervorgehen, der Herrscher seyn soll in Jisrael, dessen Ursprung ist aus der Urzeit, seit alten Tagen ...
Und es wird dann Friede seyn ...« (Micha 5, 1. 4).

Übermäßige Opfer an Tieren und an Öl oder sogar die Opferung von Kindern, die im Baalskult üblich ist, verwirft Micha; wichtig sind allein Gerechtigkeit, Liebe zu Gott und Demut:

»Womit soll ich vor den Ewigen treten, soll ich mich beugen dem Gott in der Höhe? Soll ich vor ihn treten mit Ganzopfern, mit jährigen Kälbern? Hat der Ewige Gefallen an Tausenden von Widdern, an Myriaden Strömen Oels? Soll ich hingeben meinen Erstgeborenen für meine Missethat, die Frucht meines Leibes für die Sünde meiner Seele? Er hat dir kund getan, o Mensch, was gut ist; und was fordert der Ewige von dir, als: auf Recht halten, Liebe üben, und demütig wandeln vor deinem Gott« (Micha 6, 6 - 8).

Auch *Jesaja*, der etwa 720 v.d. Zeitenwende lebte, verkündet Unheil für Israel, da er wohl die von Assyrern drohende Gefahr erkannte. Auch er macht die Sünden seines Volkes für die kommenden Leiden verantwortlich:

»Denn ein Tag dem Ewigen der Heerscharen ergeht über alles Stolze und Hohe und über alles Ragende, und es stinkt« (Jes 2, 12);
»Hingestellt hat sich zu rechten der Ewige und er steht Völker zu richten« (Jes 3, 13).

Jesaja fügt dem Glauben an Gott den an den Messias (den »Gesalbten«) aus dem Hause David hinzu, der von Gottes Geist erfüllt ist und an Gottes Stelle über das Friedensreich herrschen wird:

»Und es keimt ein Reis aus dem Stamme Jischai, und ein Sprößling aus seinen Wurzeln bricht hervor. Und es ruht auf ihm der Geist des Ewigen, der Geist der Weisheit und Einsicht, der Geist des Rathes und der Stärke, der Geist der Er-

kenntniß und Furcht des Ewigen. Und sein Gefallen hat er an der Furcht des Ewigen ... « (Jes 11, 1 - 3; ähnlich 9, 5 - 6);
»Und geschehen wird es an selbigem Tage: die Wurzel Jischai's, die da sieht als Panier der Völker – zu ihr werden Völker sich wenden, und seine Ruhestätte ist Herrlichkeit« (Jes 11, 10).

Schließlich wird die Zeit des Heils kommen, in der das jüdische Volk erhöht werden und über die übrigen Völker herrschen wird:

»Denn erbarmen wird sich der Ewige Jacob's und wiederum erwählen Jisrael, und setzt sie ein in ihr Land; und es schließt sich der Fremdling ihnen an, und sie hängen sich an das Haus Jacob's. Und Völker nehmen sie und geleiten sie an ihre Stätte, und das Haus Jisrael macht sie sich zu eigen auf dem Boden des Ewigen, zu Knechten und Mägden, und sie halten gefangen ihre Zwingherren und herrschen über ihre Treiber« (Jes 14, 1 - 2).

Der zweite Teil des Buches Jesaja wurde später geschrieben als der erste, da in ihm die Zeit der babylonischen Gefangenschaft vorausgesetzt wird. Man schreibt daher diesen Abschnitt einem anderen, unbekannten Autor zu, der als Deuterojesaja (der zweite Jesaja) bezeichnet wird. Die Kapitel 56 - 66 stammen möglicherweise sogar von einem dritten Verfasser (über die Kapitel 24 - 27 s.u.).

Um die Zeit der babylonischen Gefangenschaft treten die Propheten Nahum, Zephanja, Jeremias, Ezechiel (Hesekiel) und Deuterojesaja auf. *Jeremias* beginnt um 626 v.d. Zeitenwende seine Warnungen und Mahnungen an sein Volk zu richten. Er weissagt die Zerstörung des Tempels in Jerusalem durch die Babylonier und tritt während der Belagerung der Stadt durch Nebukadnezar für Übergabe und Unterwerfung ein. Nach dem Fall von Jerusalem flieht er nach Ägypten, wo er bis zu seinem Tode bleibt.

Wie die früheren Propheten beklagt auch Jeremias die Sünden seines Volkes und ermahnt es zur Umkehr. Nur nach innerer Wandlung können die Menschen am Reich Gottes teilhaben, allein ethische Gesinnung und ethisches Handeln sind entscheidend. Während früher aber immer das ganze jüdische Volk von Strafe oder Gnade Gottes betroffen wurde, tritt bei Jeremias erstmals eine persönliche Beziehung des Einzelnen zu Gott in den Vordergrund:

»Du weißt es, Ewiger, gedenke mein und sieh auf mich, und schaffe mir Rache an meinen Verfolgern, nicht nach deiner Langmut nimm es mit mir, wisse, wie ich Schmach um deinetwillen duldete« (Jer 15, 15).

Auch Jeremias verkündet einen zukünftigen König der Gerechtigkeit, der aus dem Hause David kommen wird:

»Siehe, Tage kommen, ist der Spruch des Ewigen, und ich lasse aufkommen von Dawid einen gerechten Sproß, und er regiert als König und ist glücklich, und übt Recht und Gerechtigkeit im Lande« (Jer 23, 5; ähnlich 33, 15).

Ezechiel wird 597 v.d. Zeitenwende mit anderen Vornehmen Judas nach Babylon entführt. Er verkündet dort die Botschaft Gottes, die ihm in Visionen mitgeteilt worden war, warnt vor Sünde und prophezeit die Strafe Gottes. Er sieht seine Aufgabe darin, die in der Fremde zerstreuten Juden zum Bewahren ihrer Sitten, der Reinheitsgebote und des Kultes anzuhalten. Nur so ist die völlige Zerstreuung der Gemeinden unter Aufgabe ihres Volkstums zu verhindern. Auch gibt er seinem Volk die Regeln, mit denen es sich als Gemeinschaft erhalten kann. Das Wirken des zukünftigen Königs wird in das Bild des Hirten gekleidet:

> »Und werde aufstellen über sie einen Hirten, daß er sie weide, meinen Knecht Dawid, der soll sie weiden, und der sei ihnen ein Hirt. Und ich der Ewige werde ihnen ein Gott seyn, und mein Knecht Dawid der Fürst in ihrer Mitte; ich der Ewige habe es geredet« (Ez 34, 23 - 24; ähnlich 37, 24).

Bei *Deuterojesaja* kommt der Monotheismus am schärfsten zur Ausbildung:

> »Also spricht der Ewige, der König Jisraels, und sein Erlöser, der Ewige der Heerscharen: Ich bin der Erste und ich bin der Letzte, und außer mir gibt es keinen Gott« (Jes 44, 6).

Der Prophet sieht eine Zeit kommen, in der alle Völker an Jahwe glauben werden. Für das Endreich wird die Erschaffung einer neuen Erde und eines neuen Himmels vorausgesagt; das Reich Gottes beginnt damit etwas Übernatürliches zu werden:

> »Denn siehe, ich erschaffe neue Himmel und eine neue Erde, und nicht soll gedacht werden des Früheren, und nicht soll es in den Sinn kommen« (Jes 65, 17).

Die eindringlichste und merkwürdigste Verkündung Deuterojesajas ist die vom Gottesknecht, den Jahwe erwählen wird, um die Botschaft von der Wahrheit und Gerechtigkeit in aller Welt zu verkünden. Mit Gottes Hilfe wird er der Heiland der ganzen Welt werden. Als Märtyrer gibt er sein Leben für andere hin, doch Gott wird ihn vom Tode erretten. Die Deutung dieser Verse ist schwierig; manchmal scheinen sie sich auf eine Person, manchmal auf das ganze Volk Israel zu beziehen. Wegen ihrer Bedeutung für das Christentum seien sie teilweise angeführt:

> »Siehe da, mein Knecht, den ich halte, mein Erkorener, (an dem) meine Seele Gefallen hat; meinen Geist lege ich auf ihn, das Recht verkündet er den Völkern« (Jes 42, 1);
> » ... Mein Knecht bist du, Jisrael, an dem ich mich verherrliche« (Jes 49, 3);
> » ... Zu gering ist es, daß du mir seiest ein Knecht, aufzurichten die Stämme Jaacob's und die Geretteten Jisrael's zurückzuführen; so stell' ich dich hin zum Lichte der Völker, daß mein Heil gelange an das Ende der Erde« (Jes 49, 6);
> »Meinen Rücken bot ich den Schlägern und meine Wange den Raufenden, mein Angesicht barg ich nicht vor Schmähung und Speien« (Jes 50, 6);
> »Verachtet und gemieden von Menschen, ein Mann der Schmerzen und vertraut

> mit Leiden, und jenem gleich, vor dem man das Antlitz verhüllt, verachteten wir und hielten ihn für nichts. Aber unser Leiden trug er, und unsere Schmerzen lud er sich auf; wir aber hielten ihn für einen Geplagten, von Gott geschlagen und niedergebeugt« (Jes 53, 3 - 4);
> »Fürwahr, ich will ihm zum Teil geben die vielen, und Mächtige soll er als Beute theilen dafür, daß er dem Tode bloßgestellt sein Leben und zu den Missethätern gezählt wurde, da er doch die Sünde der Vielen trug, und es für die Missethäter (ihn) getroffen« (Jes 53, 12).

Spät sind die Kapitel Jesaja 24 - 27 entstanden. Es handelt sich hierbei um eine Sammlung endzeitlicher Weissagungen, deren Verfasser ebenfalls nicht bekannt ist. Hier wird erstmalig von einem Mahl gesprochen, das Gott allen darbietet, die an seinem Reich teilnehmen, einem Reich, in dem es keinen Tod geben wird:

> »Und es bereitet der Ewige der Heerschaaren allen Völkern auf diesem Berge ein Gelag von fetten Speisen, ein Gelag von Hefenweinen, von markigen Fettspeisen, von geläuterten Hefenweinen ... Und er macht verschwinden den Tod für immer« (Jes 25, 6, 8).

Neu ist in dieser Schrift auch der Gedanke von der Auferstehung der Toten, der vielleicht aus Zarathustras Lehre übernommen worden war:

> »Laß aufleben meine Todten, meine Leichen erstehen! Erwachet und jubelt, die ihr ruhet im Staube; denn ein Thau auf Pflanzen ist dein Thau, aber zur Erde wirfst du Riesen nieder« (Jes 26, 19).

Von weiteren nachexilischen Propheten seien nur Joel und Maleachi erwähnt. Bei *Joel* findet sich erstmals die Weissagung, daß große Plagen und Unglückszeichen das Weltende und den Tag des Gerichtes anzeigen werden. Dies wurde in der späteren apokalyptischen Literatur breit ausgesponnen. Das Buch Joel ist daher als ein Vorläufer der Apokalypsen anzusehen.

Maleachi ist einer der letzten Propheten, die ihre Visionen öffentlich verkünden. Seine Weissagung der Wiederkehr des Elia wurde bereits angeführt. Er tritt dafür ein, daß die Juden keine heidnischen Frauen nehmen sollten und trägt damit zur Absonderung und Festigung der jüdischen Gemeinden bei.

Diese Haltung wurde besonders von Esra in scharfer Form vertreten. Esra war der Anführer einer Gruppe von Juden, die auf Anordnung des persischen Königs Artaxerxes I. (465 - 425 v.d. Zeitenwende) aus Babylon nach Jerusalem zurückgeführt wurde. Vor allem durch sein Wirken wurde ferner die Thora als allgemein gültiges Gesetz durchgesetzt. Ihm ist es hauptsächlich zu verdanken, daß die Juden sich trotz Zerstreuung über die ganze Erde als Volk erhalten konnten und daß eine Assimilierung an andere Völker weitgehend vermieden wurde.

6.4 Jüdische Religionsphilosophie im Altertum und im Mittelalter

6. 4. 1 Allgemeines; Weisheitsliteratur

Die jüdische Gemeinde in Alexandria kam mehr als die Juden in Palästina in engen Kontakt zum hellenistischen Gedankengut, und dort vor allem entstanden auch von griechischer Philosophie beeinflußte Schriften. Im 2. Jahrhundert v.d. Zeitenwende versuchte *Aristobulos*, ein in Alexandria lebender Jude, die Bibel als die Quelle griechischer Weisheit und Philosophie auszugeben. Er führte die »Macht« als Bindeglied zwischen Gott und der Menschheit ein, ein Gedanke, der in abgewandelter Form im »Logos« Philos (s.u.) wiederzuerkennen ist.

In diesem Zusammenhang ist auch der sogen. »Aristeas-Brief« zu erwähnen, in dem eine Schilderung der Umstände gegeben wird, die vorgeblich zur Septuaginta, der griechischen Übersetzung des Alten Testamentes, geführt hätten. In diesem Brief werden jüdische Bildung und jüdisches Gesetz in günstigem Licht dargestellt, ferner bemüht sich der Verfasser, die jüdische und die griechische Ethik als gleichwertig zu erweisen.

Die schon in früherer Zeit aufgekommene Weisheitsliteratur (Hiob, Sprüche Salomos, Prediger Salomo) wurde in den ersten Jahrhunderten vor der Zeitenwende mit den apokryphen Schriften »Jesus Sirach« und »Weisheit Salomos« fortgesetzt. Die Tendenz im »Jesus Sirach« ist die Abwehr hellenistischer Ideen unter Betonung jüdischer Eigenart. Weisheit und Gesetz stehen in enger Verbindung; ein Leben nach dem Gesetz ist letzten Endes Weisheit.

Für die weitere Entwicklung war die Schrift »Weisheit Salomos« von Bedeutung. Sie wurde im 1. Jahrhundert v.d. Zeitenwende von einem in Alexandria lebenden Juden verfaßt, der den Einfluß fremder Lehren und Kulte auf den Judaismus zurückdrängen wollte. Interessant ist an diesem Werk das deutliche Eindringen von Ideen der griechischen Philosophie. So finden sich Anklänge an die Lehren der Stoa (vgl. Abschn. 5.3.5), indem die »Weisheit« Eigenschaften des stoischen Logos annimmt. Einer ihrer Aspekte ist die »wirkende Kraft«, die auch dem Logos zugeschrieben wurde und die mehr bedeutet als die »lenkende Kraft«, mit der bereits Heraklit den Logos ausgestattet hatte [2]:

> »Sie (die Weisheit) ist ein Hauch der Kraft Gottes und ein lichter Ausfluß der Herrlichkeit des Allherrschers ... « (Weish 7, 25);
> »Denn sie ist ein Abglanz des ewigen Lichtes, ein ungetrübter Spiegel göttlichen Wirkens und ein Abbild seiner Vollkommenheit« (Weish 7, 26).

Die Weisheit ist demnach eine von Gott getrennte Kraft, die zwischen ihm und den Menschen vermittelt und damit göttliche Aufgaben übernimmt. Sie (anstelle von Gott) hat die Juden aus Ägypten geführt, sie leitet und lenkt die Welt:

> »Sie erstreckt sich kraftvoll von einem Ende zum anderen und leitet das All vortrefflich« (Weish 8, 1).

Man erkennt in diesen Gedanken eine Aufspaltung des Gottesbegriffes, wie sie für die Anschauung von einer transzendenten Gottheit charakteristisch und notwendig ist. Der Verfasser führt dies aber nicht konsequent durch, denn entsprechend den Lehren des Alten Testamentes bleibt Gott bei ihm noch mit persönlichen Zügen behaftet. Philo von Alexandria hat diese Ideen weiterentwickelt.

6.4.2 Philo von Alexandria

Der Philosoph Philo (Philon; Philo Judaeus) lebte von etwa 25 vor bis 40 nach der Zeitenwende in Alexandria. Er stammte aus einflußreichem Hause und bekleidete eine wichtige Stellung innerhalb der jüdischen Gemeinde. Seine Weltanschauung war durch die hellenistische Umwelt seiner Heimatstadt geprägt; die Lehren der griechischen Philosophen waren ihm geläufig, hauptsächlich finden sich bei ihm Einflüsse der Stoa und der Schriften Platons. Von diesem übernahm er die hohe Bewertung geistiger Ideen und die Geringschätzung materieller Besitztümer. Er bevorzugte ein Leben in stiller Zurückgezogenheit, ohne sich jedoch weltlichen Verpflichtungen zu entziehen. So reiste er 40 n.d. Zeitenwende als Führer einer jüdischen Gesandtschaft nach Rom, um beim Kaiser Caligula (37 - 41) Anschuldigungen zu entkräften, die gegen die Juden Alexandrias erhoben worden waren.

Die wichtigsten Schriften Philos sind religionsphilosophischer Natur. Bedeutend sind seine Kommentare zum Pentateuch, in denen er z.T. vom Wortlaut des Textes ausgeht, sich z.T. aber auch der allegorischen Auslegung bedient, einer Methode, die griechischen Schriftstellern zur Umdeutung homerischer Erzählungen über die Götterwelt geläufig war. Philo weicht dabei häufig von den Lehren des rabbinischen Judentums ab, bleibt aber doch immer im Rahmen seines jüdischen Glaubens. Die Bibel besitzt für ihn den höchsten Wahrheitsgehalt, und er verurteilt mit aller Schärfe das Verhalten von jüdischen Mitbürgern, die sich in eine der heidnischen Mysterienreligionen hatten einweihen lassen.

Der *Gottesbegriff Philos* unterscheidet sich von dem mit menschlichen Zügen versehenen Gott des Alten Testamentes. Gott ist für ihn völlig übersinnlich, reines Sein ohne Namen und Attribute und ohne jede Eigenschaft. Er steht über Raum und Zeit und über den platonischen Ideen. Gott ist etwas, das

»besser ist als das Gute, schöner als das Schöne, glücklicher als das Glück, seliger als die Seligkeit«. Gott ist unveränderlich, er ist Einer im Gegensatz zur Vielfalt der Welt. Er ist deren Urheber, aber nicht ihr Schöpfer, denn er selbst wird niemals tätig. Für den menschlichen Verstand ist er nicht faßbar, erfaßbar ist nur die göttliche Kraft, die in allen Dingen und Wesen vorhanden ist, die in der Welt und auch im Menschen wirkt.

Im Gegensatz zu jüdischen Ansichten, aber in Übereinstimmung mit griechischem Denken sieht Philo die Materie als schlecht an. Er glaubt dies auf Grund einer eigenwilligen Bibelauslegung: Nach 1 Mose 1, 31 sah Gott, daß alles gut war, was er erschaffen hatte, aber nirgends wird erwähnt, daß er auch die Materie erschuf. Diese müsse daher nach Philos Meinung schon vorher dagewesen sein und das Rohmaterial für die Schöpfung gebildet haben. Da sie nicht von Gott erschaffen worden sei, müsse sie schlecht sein.

Es ist Philo klar, daß sich sein transzendenter Gottesbegriff und seine philosophischen Auffassungen nicht mit den Ansichten des gewöhnlichen Gläubigen seiner Zeit vereinbaren lassen. Er führt daher drei Aspekte Gottes ein (obwohl sein Gott Einer und unteilbar ist): Einmal steht Gott über allem menschlichen Denken, zweitens ist er der Wirkende, dessen Barmherzigkeit und Liebe niemals aufhören, und drittens ist er der Herrscher, den man fürchten und dem man gehorchen muß. Diese Dreiheit Gottes läßt an die christliche Trinität denken, doch haben beide Begriffe wesentlich verschiedene Inhalte.

Die Vorstellung eines in sich ruhenden Gottes, der frei von jeder Tätigkeit, aber trotzdem der Urheber des Kosmos ist, erfordert einen Vermittler zwischen ihm und der Welt, der die zur Schöpfung notwendige Tätigkeit ausübt. Die Rolle dieses Vermittlers wird von Philo einmal den göttlichen Kräften zugeschrieben, zum anderen aber auch dem *Logos*; er übernimmt diesen Begriff aus der Stoa, fügt ihm aber noch jüdisches Gedankengut hinzu. Der transzendente Gott erschafft durch den Logos die Welt und wirkt durch ihn auf sie ein. Der Logos geht von Gott aus und hat teil an seinem Wesen, ist aber nicht mit ihm identisch. Auf dem Logos beruhen Schönheit, Harmonie und Gesetzmäßigkeit der Welt. Weiter ist der Logos der übergeordnete Begriff für die ewig gültigen Ideen, die der transzendenten Sphäre zugeschrieben werden, er ist die Allvernunft und die schöpferische Urkraft. Da in der materiellen Welt zahlreiche Kräfte vorhanden sind, verzweigt sich in ihr der Logos zu mehreren Einzel- oder Teilkräften, den sogen. »Logoi«.

Philos Logosbegriff läßt sich gut mit biblischen Vorstellungen und Sprüchen vereinbaren. So werden im Alten Testament häufig das Wort Gottes, Gottes Stimme oder Gottes Sprache erwähnt:

> »Und Gott sprach: Es werde Licht!« (1 Mose 1, 3);
> »Nach diesen Geschichten begab sich's, daß zu Abraham das Wort des Herrn kam in einer Offenbarung ... « (1 Mose 15, 1);

»Denn das Wort des Herrn ist wahrhaftig ... « (Ps 33, 4);
»Der Himmel ist durch das Wort des Herrn gemacht ... « (Ps 33, 6).

Diese Gott zugeschriebenen Redewendungen werden immer ohne weitere Erklärungen gegeben, so daß Philos Logos als Ausdeutung der betr. Bibelstellen aufgefaßt werden kann. Außerdem lassen sich auch der »Wille«, der »Geist« und die »Weisheit« Gottes zwanglos mit dem Logos verknüpfen und als seine Aspekte ansehen. An manchen Stellen setzt Philo sogar die Ausdrücke »Weisheit« und »Logos« gleich. Und schließlich kann der Philosoph den Logos dem Erzengel der Bibel mit den zahlreichen anderen Engeln als »Teil-Logoi« gleichsetzen. Wenn Philo manchmal den Logos als den »ersten Sohn Gottes« bezeichnet, so versteht er darunter nicht ein persönliches Wesen, sondern sein Logos bleibt immer ein rein abstrakter Begriff. (Dies ist im Hinblick auf die spätere Entwicklung im Christentum festzuhalten). Der Mensch ist durch seine Vernunft ein Abbild des Logos, wie der Logos ein Abbild Gottes ist. Durch Vermittlung des Logos kann der Mensch zur Nähe Gottes gelangen. Bei Philo hat der Logos-Begriff seine tiefste und umfassendste Ausbildung erfahren.

Philo war wahrscheinlich *Mystiker*; er deutet mehrfach mystische Erlebnisse an, doch zeigen diese einige Besonderheiten, die ihn vom Strom der sonstigen Mystik unterschieden sein lassen. Dies sind die »Annäherung« an das Göttliche (nicht die unio) als letztes Ziel und außerdem die Einbeziehung von Prophetie und von Visionen. Hierin dürfte der Einfluß seiner jüdischen Herkunft und Erziehung zur Geltung gekommen sein.

» ... Das Suchen nach Gott, dem Besten in der Welt des Seienden, dem Unvergleichlichen, dem Urheber aller Dinge, erfreut ..., bleibt aber doch nicht erfolglos, da Gott infolge seiner gnädigen Natur einem ... entgegenkommt und sich denen, die ihn zu sehen verlangen, offenbart ..., soweit als es möglich ist, daß die gewordene Natur der unbegreiflichen Kraft sich nähert« [3];
»Denn das Geschlecht, das das Göttliche verdolmetscht, ist das der Propheten, das göttliche Besessenheit und göttlichen Rausch genießt« [4].

Nach Philo ist der Mensch in seinem materiellen Dasein von irdischer Art, sein Geist ist jedoch dem Göttlichen verwandt. Auf tieferer Ebene gibt es Gläubige, die die Allmacht Gottes erkennen und ein Leben in Glauben und Hoffnung führen; außerdem gibt es aber noch Menschen, die zu einer höheren Erkenntnis Gottes gelangen und dann in Weisheit und Frieden leben. Gott hat seinen Freunden, den Gottgeliebten, Anteil an seinem Wesen gegeben, und diese können unter Umständen zur Annäherung an Gott kommen. Hierzu sind Freiheit von Gemütsbewegungen (wie in der Stoa) und Freiheit von Begierden erforderlich. Der Mensch soll durch Selbstbeherrschung und durch Selbsterkenntnis (ebenfalls ein griechischer Gedanke) dem Gefängnis des Körpers (ein Ausdruck Platons) entfliehen.

»Deren (der göttlichen Dinge) wird nur gewürdigt der von oben eingehauchte, eines himmlischen und göttlichen Anteils teilhaftige ganz lautere Geist, der nicht nur des Körpers nicht achtet, sondern auch des anderen Seelenteils, der ja vernunftlos ... ist und siedende Leidenschaften, feurige Begierden entflammt« [5];
» ... und mache dich in deiner Gesinnung fremd, lasse dich von keinem dieser (irdischen) Dinge zurückhalten, stehe über ihnen, sie seien dir untertan ... Da du ein König bist, lerne herrschen, nicht, dich beherrschen zu lassen; alle Zeit erkenne dich selbst ... Verlasse also, mein Freund, das Irdische, das dich umgibt, entfliehe dem ganz befleckten Kerker, dem Körper, – (reiße dich los) auch mit aller Kraft und aller Gewalt von seinen Gelüsten und Begierden ... « [6].

Die Gottesschau wird nicht durch rationelles Erkennen, sondern in der »Ekstase«, in »gottgewollter Ergriffenheit« erlebt. In diesem Zustand können übernatürliche Eindrücke wahrgenommen werden, so daß der Versunkene als Prophet zum Vermittler göttlicher Botschaften werden kann:

»Ekstase ist erstens eine unsinnige Wut, die zur Narrheit führt ... ; zweitens heftige Bestürzung über plötzliche und unerwartete Ereignisse; drittens Stille des Geistes, wenn er sich eben der Ruhe hingibt; die vierte und allerbeste aber ist die gottgewollte Ergriffenheit und Begeisterung, die den Propheten eignet« [7];
»Jedem Weisen aber bezeugt die heilige Schrift prophetische Kraft; ein Prophet verkündet ja nichts Eigenes, sondern nur Fremdes, da ein anderer in ihm spricht. Ein Schlechter kann nicht Gottes Dolmetsch werden, weshalb kein Unsittlicher in Gottesbegeisterung gerät ...
Solange noch unser Geist nach allen Seiten hin leuchtet und eindringt, gleichsam Mittagshelle in unsere ganze Seele ergießt, sind wir in uns und nicht (von einem anderen) eingenommen; sobald er aber ›untergeht‹, überfällt uns natürlich eine Ekstase (Außersichsein), ein gottbegeistertes Eingenommensein und eine Verzükkung. Sobald nämlich das göttliche Licht aufstrahlt, geht das menschliche unter; sobald jenes untergeht, erhebt sich dieses und geht auf. Das aber ist bei den Propheten gewöhnlich der Fall. Es entfernt sich der Geist in uns bei der Ankunft des göttlichen Geistes und kommt wieder bei dessen Entfernung, denn Sterbliches kann füglich nicht mit Unsterblichem zusammenwohnen. Deshalb führte der ›Untergang‹ der Vernunft und die sie umgebende Dunkelheit eine Ekstase und gottgewollte Verzückung herbei« [8].

Mystische Erfahrungen beschreibt Philo nur undeutlich; wie auch bei anderen Mystikern werden Selbstaufgabe und Ausschalten des rationalen Denkens gefordert:

»Wenn also, o Seele, das Verlangen über dich kommt, der göttlichen Güter Erbe zu werden, so verlasse nicht nur ... den Körper, ... die Sinnlichkeit, die Vernunft, sondern entfliehe auch dir selbst, gehe aus dir hinaus gleich dem Besessenen ... verzückt und gotterfüllt mit prophetischer Begeisterung ... entferne dich und ziehe hinweg von dir selbst ... Verwalte nicht für dich das Denken, Verstehen, Begreifen, sondern bringe und weihe es dem, der der Urheber des gründlichen Denkens und des untrüglichen Begreifens (ist).
Der ›Hinausgegangene‹ aber wird nicht nur sehend, sondern Gott sehend genannt ... « [9].

Ethik bedeutet für Philo die Teilhabe des Menschen am Logos. Dieser übermittelt ihm Weisheit, die von Gott stammt und die damit auch eine moralische Seite enthält. Der Mensch soll der Tugend nachstreben, er soll keine Sünden begehen. Das Streben nach Tugend wird durch Philosophie gefördert, wobei der Logos dem Menschen hilfreich zur Seite steht.

Philos Schriften wurden zu seiner Zeit in jüdischen Kreisen verhältnismäßig wenig beachtet, sind aber gut überliefert worden. Erst spät wurden sie gedruckt und als wesentlicher Beitrag zur Philosophie und Mystik des Judentums anerkannt. Dagegen haben sie die christlichen Kirchenväter bei der Auseinandersetzung mit der griechischen Philosophie stark beeinflußt. Aus dem Logos-Begriff Philos entwickelte sich die christliche Logos-Lehre.

6. 4. 3 Jüdische Religionsphilosophie nach Philo

Philo hatte sich zur Aufgabe gemacht, das Wesen Gottes zu ergründen, griechisches Gedankengut zu übernehmen und die oft schwer zu verstehenden, aber unabänderlich feststehenden Worte der Schrift mit dem logisch denkenden Verstand in Einklang zu bringen. Die Zeit unmittelbar nach Philo war für eine Fortsetzung der von von ihm eingeschlagenen Richtung nicht günstig; einmal behinderten die politischen, in der Zerstörung Jerusalems kulminierenden Ereignisse die Beschäftigung mit philosophischen Fragen, und zum anderen war man in den verbliebenen geistigen Zentren in Palästina und Babylon stark mit der Kompilation des Talmud beschäftigt. Erst nach einer Spanne von mehreren hundert Jahren begann man sich wieder mit der griechischen Philosophie auseinanderzusetzen. Als Erster ist der Arzt *Isaak ben Salomon Israeli* (ca. 845 - 940) zu nennen, der aus Ägypten stammte und in Tunesien lebte und praktizierte. Seine philosophischen Schriften sind jedoch ohne Originalität; sie sind Zusammenfassungen griechischer Werke, wobei er Ideen des Platonismus, der Stoa, des Neuplatonismus und bemerkenswerterweise auch des Aristoteles aufnahm. Seine Wirkung auf das jüdische Geistesleben war gering, er wurde aber des öfteren von christlichen Scholastikern wie Albertus Magnus und Thomas von Aquin zitiert.

Zu einer eingehenderen Beschäftigung mit der griechischen Philosophie wurde das orthodoxe Judentum teils durch äußere, teils durch interne Umstände genötigt. Die wichtigen Theologenschulen in Sura und Pumbedita lagen beide in Babylonien, einem islamisch beherrschten Land. Im Islam hatte aber, beginnend im 8. Jahrhundert, eine intensive Diskussion über das Thema »Wissen und Glauben« bzw. »Philosophie und Theologie« eingesetzt (vgl. »Mutazilismus« und »Kalam«, Abschn. 7.4), die durch die Übersetzung griechischer philosophischer Schriften in die arabische Sprache gefördert wurde. Die jüdische gelehrte Welt konnte sich dieser Auseinandersetzung auf die Dauer nicht entziehen.

Weiterhin hatte sich die von der Orthodoxie bekämpfte jüdische Sekte der »Karäer« gebildet, die den Talmud ablehnte und ausschließlich den Wortlaut der Bibel als verbindlich ansah. Zu deren Widerlegung benötigte man philosophisch und dialektisch ausgebildete Gelehrte, die auch auf dem Gebiet der Bibelforschung mit den Karäern mithalten konnten. Und schließlich hatte ein jüdischer Autor, Chiwi al-Balkhi, die Bibel einer zersetzenden Kritik unterworfen und einem mehr oder weniger verbreiteten Skeptizismus Vorschub geleistet.

All' diesen schädlichen Tendenzen trat ein jüngerer Zeitgenosse Israelis, *Saadia ben Joseph al-Fajjumi* (Saadia Gaon; 892 - 942) entgegen. Saadia war längere Zeit Leiter (Gaon) der Schule in Sura und verfaßte ein umfangreiches und vielseitiges Corpus von Schriften. Sein philosophisches Hauptwerk ist das »Buch der Religionslehren und Vernunftansichten« (oder: »Buch vom Glauben und Wissen«), in welchem er die Gegensätze zwischen Religion und Philosophie überwinden will. Dies Werk war – mit durch seine Stellung als Gaon bedingt – von allergrößter Bedeutung; es ließ ihn zum Begründer der jüdischen Religionsphilosophie werden.

Saadia vertritt die Ansicht, daß die Mose und den Propheten geoffenbarte Religion und die menschliche Vernunft gleichermaßen göttlichen Ursprunges sind; bei richtiger Betrachtung und Anwendung könne überhaupt kein Gegensatz zwischen beiden bestehen. Alles Wissen entspringt nach Saadia vier Quellen:

1) Sinneseindrücken;
2) direkter (intuitiver) Erkenntnis;
3) logischem Schließen und
4) der Bibel.

Die Bibel hat für ihn den höchsten Wahrheitsgehalt. Wenn eine Theorie oder Lehre der Philosophie nicht mit der Bibel in Einklang zu bringen ist, so muß man zuerst prüfen, ob nicht eine Sinnestäuschung vorgelegen hatte oder eine falsche Schlußweise angewendet worden war. Bleibt auch nach gewissenhafter Prüfung ein Gegensatz zur Bibel bestehen, so muß die betr. Bibelstelle allegorisch ausgelegt werden (zum gleichen Ergebnis kommt später auch Maimonides, s.u.). Saadia stellt in seinem »Buch vom Glauben und Wissen« mehr als tausend Bibelworten die Ansichten von jeweils mehreren Philosophen zum gleichen Thema gegenüber, ohne dabei eine bestimmte philosophische Richtung zu bevorzugen. Es war ihm nicht um den Aufbau eines neuen philosophischen Systems zu tun, sondern um eine Bibelexegese, die die Philosophie in Einklang mit deren Worten bringt.

Mit den Schriften Saadias wurde jedoch die Diskussion über das Verhältnis von Glauben und Wissen nicht beendet, die Auseinandersetzungen verlagerten sich aber in den Westen des islamischen Kulturkreises, nach Spanien und Marokko.

Eine der eigenwilligsten Persönlichkeiten des Judentums im Mittelalter ist *Salomon ben Jehuda ibn Gabirol*, der 1021 in Malaga geboren wurde und wahrscheinlich 1070 in Valencia starb. Einerseits ist er bekannt als Dichter von tiefempfundenen religiösen Hymnen, die heute noch in der Liturgie rezitiert werden. Anderseits hat er – als einziger jüdischer Autor seiner Zeit – ein philosophisches Werk, die »Lebensquelle«, verfaßt, das jeden Bezug auf die jüdische Religion vermeidet und das sogar im Gegensatz zu ihr steht. Es wurde als erstes jüdisches Buch in die lateinische Sprache übersetzt, wobei der Name des Verfassers zu Avicebron oder Avencebrol umgeändert wurde; man hielt es lange Zeit für das Werk eines Arabers, und erst im vorigen Jahrhundert konnte die Identität des Autors geklärt werden.

In der »Lebensquelle« übernimmt ibn Gabirol die neuplatonische Emanationslehre, die wegen ihrer pantheistischen Tendenz und der Beschränkung der schöpferischen Macht Gottes von der jüdischen Orthodoxie abgelehnt werden mußte. Ibn Gabirol vertritt weiterhin die Lehre, daß nicht nur die realen Dinge unserer Umwelt aus Stoff und Form zusammengesetzt sind, sondern auch die Intelligenzen, die Seelen und unkörperliche Wesenheiten wie die Engel. Diese Theorie stammt von Platon, sie wurde von Aristoteles, Plotin und Augustinus übernommen und von ibn Gabirol gewissermaßen wieder ins Blickfeld gerückt. Eine ibn Gabirol eigene Ansicht ist die vom *Willen* des obersten Wesens, durch den alles bewirkt wird, auch das Dasein des Menschen. Dessen höchstes Ziel besteht darin, die Seele wieder in die obere Welt, aus der sie stammt, zurückzuführen.

Das philosophische Werk ibn Gabirols blieb im Judentum ohne Wirkung; die lateinische Übersetzuung der »Lebensquelle« wurde aber in Kreisen der christlichen Scholastik stark beachtet und häufig zitiert, so von Wilhelm von Auvergne, Albertus Magnus und von Thomas von Aquin. Die Lehre vom göttlichen Willen ließ sich ohne weiteres mit der Logos-Idee vereinigen.

Von weiteren jüdischen Philosophen seien nur einige erwähnt. *Abraham ibn Daud* aus Toledo (1110 - 1180) und *ibn Badja* aus Saragossa (Avempace; gest. 1138) standen dem Aristotelismus nahe, *Bachia ibn Paquda* (2. Hälfte des 11. Jahrhunderts) erstrebte eine Verinnerlichung der Religion, und *Joseph ibn Zad-*

diq aus Cordoba (gest. 1148) war vom Neuplatonismus beeinflußt. Sie alle blieben im Rahmen ihres jüdischen Glaubens.

Ein Gegner der Philosophie war *Jehuda Halevi* aus Toledo (1083 bis nach 1140); er spricht dieser jede Berechtigung ab, Glaubensfragen beurteilen geschweige denn entscheiden zu können. Die göttliche Offenbarung kann nicht durch philosophische Spekulationen erschüttert werden. Vermutlich ist er von dem Muslim al-Ghazzali (s. Abschn. 7.5.4) abhängig.

6. 4. 4 Maimonides

Die Auseinandersetzungen über Glauben und Wissen wurden von Maimonides zu einem gewissen Abschluß gebracht.

Rabbi Mose ben Maimon (gebräuchlicher: »Maimonides«) wurde 1135 in Cordoba geboren. Als er 13 Jahre alt war, zwang das führende Geschlecht der Almohaden alle Nichtmuslime zur Konversion oder zur Auswanderung. Die Familie des Maimonides ging nach Fes in Marokko, wo etwas mehr Toleranz herrschte, die Juden später aber ebenfalls religiöser Unduldsamkeit ausgesetzt wurden. Maimonides wandte sich daher 1165 zuerst nach Palästina und ließ sich schließlich in Kairo nieder. Nach dem Tod seines Bruders und dem Verlust des Familienvermögens war er gezwungen, den Lebensunterhalt für sich und seine Familie zu verdienen. Er übte dazu den Arztberuf mit großem Erfolg aus. Maimonides starb 1204 in Kairo, der Leichnam wurde auf seinen Wunsch in Tiberias in Palästina beigesetzt.

Maimonides verfaßte zahlreiche Schriften aus den Gebieten der Medizin, Naturwissenschaften, Ethik, Philosophie und Religion, ferner Send- und Mahnschreiben an jüdische Gemeinden, die sich mit der Bitte um Rat an ihn gewandt hatten. Er wurde schon zu Lebzeiten als Autorität in religiösen Fragen anerkannt und war eine Zeitlang Führer der jüdischen Gemeinde in Kairo, später Oberhaupt aller Gemeinden in Ägypten.

Von seinen religiösen Schriften sind vor allem der Kommentar zur Mischna (»Sirag«, die Beleuchtung) und der Kodex »Mischne torah« zu erwähnen. In letzterem außerordentlich umfangreichen Werk faßt Maimonides die philosophischen und ethischen Betrachtungen des Talmud sowie die Gesetzesentscheidungen zu einem systematisch geordneten Ganzen zusammen. Sein religionsphilosophisches Hauptwerk ist der »More newuchim« (Der Führer der Unschlüssigen oder der Verirrten). Die »Unschlüssigen« oder »Verirrten« sind diejenigen, die durch (scheinbare) Widersprüche zwischen den Lehren der Philosophie und Worten der Bibel in ihrem Glauben schwankend geworden sind. Im folgenden sollen nur der Mischna-Kommentar (teilweise) und der »Führer der Unschlüssigen« besprochen werden.

Im Kommentar zur Mischna finden sich an zwei Stellen verhältnismäßig kurze, eingeschobene Abschnitte, die sich vom sonstigen Inhalt des Werkes abheben: die 13 »Ikarim« (Grundlehrsätze) und die »8 Kapitel«.

Die 13 Grundlehrsätze stellen ein Glaubensbekenntnis der jüdischen Religion dar; ihr wesentlicher Inhalt ist (in stark gekürzter Form):

1) Es existiert ein Schöpfer, Gott; dieser ist die Ursache von allem, was es gibt.
2) Gott ist Einer.
3) Gott ist kein Körper und keine Kraft, er hat keine Eigenschaften.
4) Gott ist ewig, alles andere ist im Verhältnis zu ihm nicht ewig.
5) Man muß Gott verehren und ihm dienen.
6) Man soll anerkennen, daß es eine besondere Art von Menschen gibt, denen die Gabe der Prophetie verliehen ist.
7) Man soll glauben, daß Mose der »Vater aller Propheten« ist und daß er über allen Propheten steht.
8) Man soll glauben, daß die Thora von Gott stammt und durch Mose dem jüdischen Volk übermittelt wurde.
9) Die Thora darf nicht aufgehoben und nicht abgeändert werden.
10) Gott kennt die Taten der Menschen.
11) Gott belohnt den, der der Thora folgt. Er bestraft den, der ihre Gesetze übertritt.
12) Es wird der Messias kommen.
13) Die Toten werden auferstehen.

Mit diesen 13 Grundlehrsätzen ist erstmals ein Dogmengerüst im Judentum aufgestellt worden; es stellt ein Minimum an Glaubenssätzen dar, das von jedem angenommen werden muß, der dem Judentum angehören will. Außerdem wird damit der Begriff des »Juden« in religiösem Sinne definiert, denn jeder, der diese Sätze nicht in ihrer Gesamtheit annehmen will, soll vom Judentum ausgeschlossen werden:

»Wenn nun ein Mensch alle diese Grundlehren vollständig annimmt und sein Glaube an sie lauter ist, so gehört er zur Gesamtheit Israels ...
Wenn aber bei einem Menschen eine von diesen Grundlehren erschüttert worden ist, dann ist er aus der Gesamtheit Israels ausgeschieden« [10].

Es ist schwer verständlich, warum ein derartiges Schema nicht schon früher ausgearbeitet wurde. Aber in der Bibel und im Talmud lagen Werke vor, die die jüdische Religion ausreichend festlegten, so daß wohl kein Bedarf nach einem zusätzlichen System von Dogmen bestand. Der Anlaß zum Aufstellen der 13 Grundlehrsätze ergab sich vermutlich durch die Auseinandersetzung mit der islamischen Philosophie und mit den oben erwähnten Karäern. Die 13 Grundlehrsätze wurden schon im Mittelalter intensiv – teils zustimmend, teils ablehnend – diskutiert; die Diskussion dauert bis heute an (vgl. Ben-Chorin, Jüdischer Glaube, s.Lit.).

Die »acht Kapitel« stellen die Ethik des Maimonides und bis zu einem gewissen Grade auch des gesamten Judentums dar. Sie wurden häufig für sich abgeschrieben oder gedruckt und herausgegeben.

1. Kapitel: Die menschliche Seele ist eine Einheit, sie besitzt aber 5 Kräfte, Fähigkeiten oder Teile, und zwar den ernährenden, dem empfindenden, den rationellen, den vorstellenden und den begehrenden Teil. Die einheitliche Seele ist gewissermaßen die Materie, die Vernunft ist die Form. Letztere ist notwendig, damit die Seele vom Vermögen zur Wirklichkeit gelangt.

Maimonides verwendet hier den aristotelischen Gedanken, daß die Form die bildende Kraft ist, durch welche ein nur der Möglichkeit (Potentialität) nach Seiendes zur wirklichen Existenz (Aktualität) gelangt. Wenn die einheitliche Seele (die »Materie«) zur Wirklichkeit kommt, hat sie den Zustand des denkenden Verstandes erreicht.

2. Kapitel: Sowohl dem empfindenden als auch dem begehrenden Teil der Seele gehören gesetzmäßige und gesetzwidrige Tätigkeiten an. Dem begehrenden Teil sind außerdem die moralischen Tugenden (Freigebigkeit, Demut, Genügsamkeit u.a.) zugeordnet.
Beim ernährenden und beim vorstellenden Teil finden keine gesetzmäßigen oder gesetzwidrigen Tätigkeiten statt.
Dem rationellen Teil gehören die intellektuellen Tugenden (Vernunft, Scharfsinn, Weisheit) an.

3. Kapitel: Wie der Körper, so kann auch die Seele krank werden. Anstelle des Guten und Schönen tut sie dann Böses und Schlechtes. Wie der körperlich Kranke einen Arzt benötigt, so muß der seelisch Kranke einen Gelehrten, einen Seelenarzt, zu Rate ziehen.

4. Kapitel: Tugenden sind gute seelische Dispositionen, welche zwischen zwei schlechten Dispositionen stehen, z.B.:

Freigebigkeit zwischen Geiz und Verschwendung,
Demut zwischen Hochmut und Selbsterniedrigung,
Tapferkeit zwischen Verwegenheit und Feigheit.

Aus den seelischen Dispositionen gehen schlechte oder gute Handlungen hervor. Aber bei den guten Handlungen soll immer die rechte Mitte eingehalten werden. Ein Leben nach diesen Grundsätzen ist gottgewollt, es führt zur ewigen Seligkeit.

5. Kapitel: Der Mensch soll seine Seelenkräfte auf das Ziel der Gottesliebe ausrichten; alle seine Handlungen sollen nach diesem Ziel streben.

6. Kapitel: Es gibt menschliche Gesetze oder Gebote und (göttliche) Offenbarungsgesetze.

Das Böse, gegen das sich die menschlichen Gesetze richten, ist nach Maimonides Betrug, Diebstahl, Mord u.dgl. Unter den göttlichen Gesetzen versteht er rituelle Gebote wie das Verbot des gleichzeitigen Genusses von Milch und Fleisch, verbotener geschlechtlicher Umgang u.a.m.

7. Kapitel: Der Mensch kann Gott nicht erkennen, weil er durch Scheidewände von ihm getrennt ist. Die Scheidewände bestehen aus seinen schlechten Eigenschaften, welche sogar den Propheten – allerdings in geringem Ausmaß – zu eigen sind. Nur Mose besaß keine solchen Fehler; aber auch er konnte Gott nicht erkennen, weil sein Geist noch mit der Materie verbunden war.

8. Kapitel: Der Mensch trägt von Geburt an in sich die Anlagen zu Gut oder Böse. Durch Erziehung im Sinne seiner jeweiligen Disposition werden diese Anlagen leicht in der einen oder anderen Richtung zur Ausbildung kommen. Man kann eine Anlage aber auch durch Erziehung in die entgegengesetzte Richtung drängen und z.B. einen Menschen mit schlechten Anlagen zum Guten umkehren. Derartiges geschieht aber nur mit Mühe und gegen Widerstände, denn der Mensch besitzt die Freiheit des Willens.

Die Lehre von der absoluten Vorherbestimmung führt dazu, daß jedes Sittengesetz entfällt, daß Belehrung, Erziehung, Belohnung, Strafe, Gerechtigkeit, Vorsorge für die Zukunft u.s.w. sinnlos werden. Auch würde es keine Religion mehr geben, da Gott dann der Urheber allen Übels und aller Ungerechtigkeit wäre.

Aus Gott geht weder das Gute noch das Schlechte hervor; beides liegt ausschließlich im menschlichen Willen. Die Naturgesetze dagegen sind unveränderlich; Gott bestimmte sie in den sechs Schöpfungstagen:

»Was gewesen ist, dasselbe wird sein, was geschehen ist, dasselbe wird geschehen, und nichts Neues gibt es unter der Sonne« (Pred 1, 9).

Da der Mensch nach freier Wahl Gutes oder Böses tun kann, muß ihm das Gute gelehrt und Belohnung oder Strafe zuteil werden. Allerdings kann Gott die Willensfreiheit zeitweise beschränken oder aufheben. So kann er Frevel bestrafen, die vorher aus freiem Willen begangen worden waren. Das kann fälschlich den Eindruck hervorrufen, daß der Mensch keine Willensfreiheit besäße.

Manchmal wird behauptet, daß Gott alles voraus weiß. Daraus würde aber folgen, daß alles schon vorherbestimmt ist. Aber bei Gott gibt es kein Wissen im menschlichen Sinne. Der Mensch und das Wissen sind zwei Dinge. Wenn Gott wissend wäre durch irgendein Wissen, so wären das ebenfalls zwei Dinge, und Gott wäre nicht einheitlich. Unser Verstand kann das Wesen Gottes nicht erfassen, also können wir auch keine Erkenntnis über sein Wissen erlangen.

Der Führer der Unschlüssigen

Der »Führer der Unschlüssigen« ist in der Form von Sendschreiben gehalten, die der Verfasser an seinen Schüler Jehuda ben Joseph ben Simon Aqnin richtet; dieser soll von Zweifeln an der Wahrheit der Bibel geheilt werden, die ihm durch das Studium der Philosophie gekommen sind. Sicherlich ist das Werk aber für einen etwas größeren, allerdings immer noch begrenzten Leserkreis gedacht.

Im Gegensatz zu anderen Theologen, die entweder die Philosophie völlig ablehnen (wie z.B. Jehuda Halevi) oder die der Lehre von den zwei Wahrheiten anhängen (vgl. Abschn. 5.1), will Maimonides die (griechische) Philosophie und die (jüdische) Theologie miteinander in Einklang bringen, um den Gegensatz von Glauben und Wissen zu beseitigen. Dabei vertritt er die Ansicht, daß auch die sinnlichen Wahrnehmungen von Naturerscheinungen nicht außer acht gelassen werden dürfen, wie es in der Theologie und in manchen philosophischen Richtungen üblich ist. Zu einem abgeschlossenen Weltbild gehören seiner Ansicht nach auch die Naturwissenschaften. So erklärt sich die starke Betonung der aristotelischen Philosophie im »Führer«, in dem u.a. die Logik, die Physik, die Metaphysik und die Ethik des Aristoteles vorausgesetzt werden. Außerdem sind auch Bezüge zu anderen Philosophen und auch zum Almagest des Ptolemäus zu erkennen, in welchem das astronomische Wissen der Zeit um 150 n.d. Zeitenwende zusammengefaßt ist. Ferner setzt sich Maimonides ausführlich mit der islamischen Philosophie des »Kalam« auseinander.

An den Anfang seiner Philosophie stellt Maimonides die Frage nach der Existenz Gottes und versucht, die folgenden Aussagen durch logisches Schließen zu beweisen:

Gott existiert;
Gott ist unkörperlich (stofflos);
Gott ist Einer (unteilbar) und
die Welt ist erschaffen (nicht seit ewiger Zeit bestehend).

Den Beweis der Existenz (des »Daseins«) Gottes führt Maimonides auf mehrfache Weise:

1. Gottesbeweis: In der Metaphysik des Aristoteles wird gezeigt, daß es einen »ersten Beweger« (eine »erste Ursache«) geben muß (vgl. Abschn. 5.3.4). Das aber ist Gott.

2. Gottesbeweis: Wenn ein Ding aus zwei anderen Dingen zusammengesetzt ist, von denen das eine für sich bestehen kann, so muß auch das andere für sich allein vorhanden sein können. Nun gibt es (bei Aristoteles) den »mittleren Beweger«, der aus zwei Teilen zusammengesetzt ist: Einmal enthält er einen bewegenden Teil, und zum anderen einen Teil, der bewegt wird, aber nicht selbst bewegend wirkt (das ist z.B. ein angestoßener Stein). Den letzteren gibt es aber offensichtlich, also muß es auch den anderen, unbewegten Teil geben. Das ist der »unbewegte Beweger«, die erste Ursache; es ist Gott.

3. Gottesbeweis: Es gibt ohne Zweifel seiende Dinge, das sind die von den Sinnen wahrgenommenen Gegenstände (unter Dingen versteht Maimonides nicht einzelne Gegenstände, sondern eine größere Anzahl von Gegenständen gleicher Art). Man kann bei den seienden Dingen drei verschiedene Arten unterscheiden, wobei jedes Ding einer der drei Arten angehören muß:

a) Dinge, die sämtlich nicht werden und nicht vergehen;

b) Dinge, die sämtlich werden und vergehen;

c) Dinge, von denen ein Teil nicht wird und nicht vergeht, während ein anderer Teil aus ihrer Gesamtheit wird und vergeht.

Fall a) ist offensichtlich nicht möglich, da man viele Dinge beobachten kann, die werden und vergehen [die Betonung im Fall a) liegt auf dem Wort »sämtlich«]. Fall b) kann auch nicht möglich sein, denn wenn alle Dinge werden und vergehen, so müßte einmal ein Zustand eingetreten sein, bei dem alle Dinge vergangen waren und nichts mehr bestand. Das kann aber nicht sein, denn wir sehen, »daß Dinge da sind, wir selber sind ja da«. Es bleibt also nur der Fall c): Es muß Dinge geben, die teilweise nicht werden und teilweise nicht vergehen.

Nicht werden und nicht vergehen kann aber nur das »Eine Seiende«. Dieses hat überhaupt keine Möglichkeit des Vergehens, denn sonst könnte es auch nicht sein. Es hat ein notwendiges Sein, kein mögliches Sein und keine Ursache für sein Sein. Das ist Gott. (Diesen Gedankengang hat Maimonides von ibn Sina [vgl. Abschn. 7.4] übernommen).

4. Gottesbeweis: Man sieht fortwährend Dinge, die dem Vermögen nach vorhanden waren und irgendwann einmal Wirklichkeit geworden sind. Die Umwandlung vom Potentiellen zum Aktuellen muß durch einen äußeren Anlaß bewirkt worden sein, sie muß eine Ursache besitzen. Die Ursache muß ebenfalls zuerst nur dem Vermögen nach bestanden haben, und ihr Vermögen muß durch eine zweite Ursache Wirklichkeit geworden sein. Für die zweite Ursache gilt dasselbe und so fort. Da ein derartiger »Regreß ins Unendliche« nicht möglich ist (vgl. Abschn. 5.3.4), muß es etwas geben, das das nach Möglichkeit (potentiell) Seiende zur Wirklichkeit (Aktualität) bringt, ohne selbst nur Möglichkeit sein zu können. Denn wenn es in seinem Wesen Potentialität besäße, so könnte es auch nicht aktuell da sein. Aber etwas, das keine Möglichkeit besitzt, sondern auf Grund seines Wesens immer ist, das kann nur Gott sein (dieser Beweis ist eine Abwandlung des ersten Beweises).

Aus diesen Gottesbeweisen erhält Maimonides Aussagen über die Unkörperlichkeit und die Unteilbarkeit Gottes, von denen nur einige angeführt werden sollen. Der Ausdruck »Unteilbarkeit« ist dabei weit zu fassen; er enthält auch den Begriff der »Einheit« und damit den Glaubenssatz, daß es nur einen einzigen Gott gibt.

Beweis der Unkörperlichkeit Gottes: Wenn der »erste Beweger« (Gott) körperlich wäre, so müßte er selbst in dem Augenblick bewegt sein, in welchem er etwas anderes bewegt. Nach dem obigen ersten Gottesbeweis ist er aber unbewegt, also muß er auch unkörperlich sein.

Hieraus folgt, daß Gott auch außerhalb der Zeit stehen muß, denn Zeit und Bewegung sind untrennbar miteinander verbunden. Weiter ergibt sich, daß Gott auch jenseits von räumlichen Dimensionen sein muß, da das Körperliche in sich die drei Raumdimensionen enthält, was bei etwas Unkörperlichem nicht der Fall sein kann.

Beweis der Unteilbarkeit (Einheit) Gottes: Nach Aristoteles [11] ist alles, was sich verändern kann, auch zusammengesetzt und damit teilbar. Denn bei einer Veränderung geht das betr. Ding von einem Zustand in einen anderen Zustand über; während der Veränderung befindet es sich teils im Anfangs- und teils im Endzustand. Es ist dann in Teilen vorhanden und damit teilbar.

Jede Bewegung ist nun aber eine Veränderung (von der Möglichkeit zur Wirklichkeit). Da Gott, der erste Beweger, unbewegt ist (s.o.), ist er unveränderlich und somit auch unteilbar, d.h. Einer. Daraus folgt auch, daß es nur einen Gott geben kann: Wenn es zwei (oder mehr) Gottheiten gäbe, so hätten diese einerseits etwas gemeinsam (das, was ihr göttliches Wesen ausmacht), anderseits müßten sie aber auch Unterschiede aufweisen, da sie sonst nicht unterscheidbar und dasselbe wären. Jeder dieser Götter wäre demnach aus mehreren Begriffen zusammengesetzt, und keiner könnte unteilbar sein.

Maimonides hat so den Begriff eines einzigen, unkörperlichen und ruhenden Gottes erhalten, der jenseits von Zeit und Raum existiert. Für seine Beweisführung sind keinerlei Annahmen über die Erschaffenheit oder Nichterschaffenheit (Ewigkeit) der Welt notwendig. Er muß nunmehr versuchen, den Widerspruch zwischen der Schöpfungsgeschichte der Bibel und der aristotelischen Lehre von der Ewigkeit der Welt zu überwinden. Hierzu führt er zunächst mehrere Argumente für die Ewigkeit der Welt an, die teils von Aristoteles, teils von dessen Nachfolgern angegeben worden waren. Von diesen soll nur eines angeführt werden, um die Art der Beweisführung zu zeigen:

> »Die Bewegung ... entsteht und vergeht nicht. Denn wenn sie entstünde, müßte, weil ja allem Entstehenden eine Bewegung vorangehen muß (nämlich sein Übergang zur Aktualität oder sein Werden, nachdem es vorher nicht war), die Bewegung schon existiert haben, welche die letzte Bewegung zum Dasein gebracht hat. Es müßte also unbedingt die erste Bewegung eine ewige sein oder es müßte dies ins Unendliche fortgehen. Und ... entsprechend sagt er (Aristoteles) auch: Die Zeit entsteht nicht und hört nicht auf, denn die Zeit folgt der Bewegung und hängt mit ihr zusammen« [12].

Die Peripatetiker haben die Argumente für die Ewigkeit der Welt als Beweise angesehen, während sich Aristoteles darüber im klaren ist, daß es sich nur um Annahmen handelt, die zwar wahrscheinlich sind, die aber die Anforderungen eines exakten logischen Beweises nicht erfüllen. Sagt er doch selbst:

> »Dasjenige aber, wofür wir keinen Grund haben, oder was nach unserer Meinung zu hoch steht, so daß es uns schwierig erscheint, zu sagen, warum es so ist, z.B. ob die Welt ewig ist oder nicht ... « [13].

Maimonides widerlegt alle Argumente zur Nichterschaffenheit der Welt und führt Gegenargumente an, die für ihre Erschaffenheit sprechen. Aber auch diese sind keine schlüssigen Beweise, sondern nur plausible Annahmen, so daß diese Frage letzten Endes offen bleiben muß. Ihre Beantwortung übersteigt das menschliche Erkenntnisvermögen.

Den Ausweg aus dieser Schwierigkeit findet Maimonides in der Prophetie. Die Worte der Propheten Mose und Abraham müssen gläubig hingenommen werden, da sie übernatürlichen Erkenntnisquellen entstammen:

> »Wir ... sagen, daß die Hl. Schrift uns etwas berichtet hat, was zu begreifen wir unfähig sind, aber das Wunder bezeugt die Wahrheit unserer Behauptungen. Wisse aber, daß bei dem Glauben an die Welterschaffung die Wunder alle möglich sind und die Offenbarung möglich ist. Dann entfällt jede Frage ... : Warum hat Gott die Prophetengabe diesem und nicht einem anderen Menschen verliehen?

Warum hat Gott seine Lehre einem bestimmten Volk und nicht einem anderen gegeben? ... Warum hat er dies geboten und anderes verboten? ... Die Antwort auf alle diese Fragen wäre, daß man sagen müßte: Er wollte es so, oder: Seine Weisheit hat so entschieden ... so kennen wir seinen Willen nicht und wissen nicht, warum seine Weisheit ihn notwendig veranlaßt hat, alles das ... Gefragte so zu bestimmen ...
Und deshalb haben ansehnliche Männer ihre Tage damit verbracht ..., über diese Frage (Erschaffenheit oder Ewigkeit der Welt) zu forschen. Der Grund ist der, daß alles, was die Philosophen unserem Glauben Widerstreitendes gesagt haben, in Nichts zusammenfallen müßte, wenn die Welterschaffung ... bewiesen wäre, und daß ebenso, wenn sie die Meinung Aristoteles' durch einen Beweis bestätigt fänden, unsere Hl. Schrift in ihrer Gänze zusammenfallen müßte« [14].

Nachdem die Einheit und die Unkörperlichkeit Gottes bewiesen sind, stellt Maimonides sich die Frage nach dessen sonstigen Eigenschaften. Er kommt – vermutlich unter neuplatonischem Einfluß – zu der Auffassung, daß man Gott keinerlei Eigenschaften zuschreiben kann. Denn eine Eigenschaft ist etwas, das dem Wesen eines Dinges zugefügt wird, aber Gott kann man nichts zufügen. Andernfalls wäre er zusammengesetzt, nicht einheitlich, und hätte eine Ursache.

Es gibt aber eine Gruppe von Eigenschaften, die anders als die obigen »Wesensattribute« nicht als etwas Zugefügtes anzusehen sind, sondern die ein Ding durch seine Wirkung kennzeichnen. Das sind die sogen. »Wirkungsattribute«. Eigenschaften dieser Art haben nichts mit dem Wesen des Dinges zu tun, und derartige Eigenschaften kann man Gott zuschreiben. Sie werden durch sein Wesen vollbracht, sind aber nicht etwas, das zu seinem Wesen hinzukommt. Die Gott in der Bibel zugeschriebenen Eigenschaften sind solche Wirkungsattribute. (Die Unterscheidung zwischen Wesens- und Wirkungsattributen findet sich auch im Islam).

Weiterhin kann Gott mit nichts verglichen werden, da er keinerlei Beziehung zu einem anderen Wesen haben kann. Wenn man ihm Wesensattribute zuschreiben würde, müßten sie dem menschlichen Sprachgebrauch entnommen werden, müßten aber bei der Kennzeichnung Gottes eine ganz andere Bedeutung erhalten. Man kann daher Gott nicht mit positiven Aussagen erkennbar machen, sondern nur sagen, daß er existiert. Zwischen ihm und dem Menschen befindet sich eine Scheidewand, die Materie, aus der der Mensch besteht, und diese Wand verhindert die Erkenntnis Gottes. Es verbleiben nur negative Aussagen über Gott. Aber solche Aussagen ergeben immer nur eine allgemeine Kenntnis der betr. Wesenheit, nie eine eindeutige und vollständige Charakterisierung. Unsere Erkenntnis besteht darin, daß wir unsere Unfähigkeit einsehen, Gott zu erkennen.

Ein Teil der Attributenlehre sind die sogen. »Namen« Gottes:

> »Mose sprach zu Gott: Siehe, wenn ich zu den Kindern Israels komme und ich spreche zu ihnen: Der Gott eurer Väter hat mich zu euch gesandt! und sie mir sagen werden: Wie ist sein Name? was soll ich ihnen sagen?« (2 Mose 3, 13).

Maimonides zeigt, daß alle in der Bibel erwähnten Namen Gottes von Wirkungen herzuleiten sind und daher nur scheinbar Wesenseigenschaften ausdrücken. Allein das Tetragramm JHWH (Jahweh) kommt Gott, und nur Ihm, zu; es bezeichnet sein Wesen in dem Sinne, daß bei ihm jede Gemeinschaft mit einem anderen Wesen ausgeschlossen ist. In der Bibel kommen an zahlreichen anderen Stellen noch Redewendungen vor, die eine vermenschlichte Gottesvorstellung nahelegen; diese stehen im Gegensatz zur transzendenten Gottesauffassung des Maimonides. Er erklärt die anthropomorphe Ausdrucksweise der Schrift damit, daß sie für den gewöhnlichen Gläubigen geoffenbart wurde, der nicht zu einer tieferen Einsicht in das Wesen der Religion gelangen kann. Einmal lassen sich derartige Ausdrücke durch Homonymie erklären, indem man bei mehrdeutigen Worten eine andere, richtigere Bedeutung wählt. Zum anderen verwendet Maimonides – wie auch andere vor ihm – die allegorische Auslegung, durch die hinter dem vordergründigen Wortlaut die tiefere Bedeutung erfaßt werden kann. Als Auswahlkriterium dient ihm dabei die von der Philosophie entwickelte Logik: Wenn die vordergründige Aussage eines Bibelwortes durch logisch einwandfreie Beweise widerlegt werden kann, so muß es allegorisch gedeutet werden. Nicht widerlegte oder nicht widerlegbare Sätze müssen dagegen im Wortlaut bestehen bleiben.

Der im Judentum immer wieder diskutierten *Prophetie* kommt auch bei Maimonides eine Schlüsselstellung zu. Die Worte der Propheten stellen für ihn letzte Wahrheiten dar, die nicht rationell begründet zu werden brauchen. Der Prophet steht über der Logik, er gelangt durch übersinnliche Erkenntnis zu seinen Glaubenslehren. Die Anlage zur Prophetie ist in einigen Menschen von Geburt an vorhanden. Wenn ein solcher Mensch einen untadeligen Charakter in einem gesunden Körper besitzt, kann bei ihm durch Erziehung, durch Streben nach der Erkenntnis Gottes und durch Überwinden der weltlichen Begierden das potentielle prophetische Vermögen zu aktueller Prophetie umgewandelt werden. Dann ergießt sich etwas von der »aktiven Vernunft« auf sein Denkvermögen und auf seine Einbildungskraft.

> »Das Wesen der Prophetie und ihr wahrer Begriff ist die Emanation, welche von Gott durch Vermittlung der aktiven Vernunft sich zuerst auf das Denkvermögen und dann auf die Einbildungskraft ergießt, und dies ist die höchste Stufe des Menschen und die äußerste Vollkommenheit, die bei seiner Art vorhanden sein kann ... « [15].

Wenn die Emanation der aktiven Vernunft nur auf das Denkvermögen einwirkt, wird der betr. Mensch zum Gelehrten und Forscher. Wenn sie sich nur auf die Einbildungskraft ergießt, wird er »Staatslenker, Gesetzgeber, Wahrsager und Zauberer«. Voraussetzung für die Prophetie ist, daß die Emanation auf beides, Denkvermögen *und* Einbildungskraft, übergeht. Falsche Propheten kann man an ihrem Streben nach Reichtum und Ansehen erkennen.

Die Stellung von *Naturwissenschaft, Philosophie und Religion* zueinander wird von Maimonides am Schluß des »Führers« in einem Gleichnis beschrieben:

Eine Anzahl von Menschen ist einem König untertan. Ein Teil von ihnen befindet sich außerhalb der Stadtmauern; das sind diejenigen, die überhaupt keine Religion besitzen.

Andere haben dem Königshof den Rücken zugekehrt und entfernen sich von ihm; das sind diejenigen, die durch ihr Denken zu falschen Glaubensmeinungen gekommen sind.

Wieder andere haben den Wunsch, in das Haus des Königs einzutreten, sind aber noch weit vom Ziel entfernt; das ist die große Menge der gewöhnlichen Gläubigen, der »Unwissenden, die die Gebote ausführen«.

Diejenigen, die bis zum Königspalast gelangt sind, aber nur um ihn herumgehen, sind die Talmud-Kundigen, die »nicht danach fragen, ob man die Wahrheit einer Glaubenslehre auch erweisen kann«.

Diejenigen, die über die Grundlehren des Glaubens nachdenken, sind bereits in den Vorhof des Palastes eingetreten. Wer aber »hinsichtlich der göttlichen Dinge das Wesen von allem kennt, dessen Wesen zu erkennen möglich ist, ... der ist bereits beim König im Inneren seines Hauses angelangt«.

> »Wisse nun, mein Sohn, daß du, solange du dich mit den mathematischen Wissenschaften und mit der Logik beschäftigst, zu denen gehörst, die rings um das Haus herumgehen, um den Eingang zu suchen ... Wenn du aber die Naturwissenschaften verstehst, bist du bereits in den Vorhof des Hauses eingetreten, und wenn du diese vollends abgeschlossen hast und dich mit der Metaphysik beschäftigst, dann bist du in das Haus des Königs eingetreten und ergehst dich in den Wandelgängen des Vorhofes. Das aber ist die Stufe der Weisen ... Wer aber nach seiner Vervollkommnung sein ganzes Denken auf das Göttliche richtet, ganz Gott ergeben ist, sein Denken von allem anderen abkehrt und alle Tätigkeiten seiner Vernunft ... darein setzt, aus ihnen die Erkenntnis Gottes abzuleiten und zu erkennen, in welcher Weise die Weltregierung Gottes möglich sein kann, gehört zu denjenigen, die in das Haus des Königs gelangt sind. Und dies ist die Stufe der Propheten ... « [16].

Die Denkweise des Maimonides ist wesentlich von der Logik des Aristoteles geprägt. Er ist zwar nicht der erste Jude, der sich mit Aristoteles auseinandergesetzt hat, aber ohne Zweifel der Bedeutendste. Er steht damit in einer geistigen Entwicklung, die auf das gesamte Abendland übergreifen sollte.

Maimonides ist kein Mystiker. Er erwähnt weder die Erfahrung der Selbstaufgabe noch die der unio mystica. Auch seine Theorie der Prophetie zeigt nur lose Anklänge an die untersten Stufen des mystischen Weges, wie er von zahlreichen Mystikern unterschiedlicher Herkunft beschrieben wird.

Maimonides' Synthese von Religion und rationellem Denken fand schon zu seinen Lebzeiten größte Beachtung. Der »Führer der Unschlüssigen«, der in arabischer Sprache geschrieben war, wurde bald in die hebräische und schon zu Beginn des 13. Jahrhunderts in die lateinische Sprache übersetzt. In orthodoxen jüdischen Kreisen wurde das Buch zuerst weitgehend abgelehnt; später setzte sich aber immer mehr die Ansicht durch, daß es das Hauptwerk der jüdischen Religionsphilosophie ist, auf dem alle folgenden jüdischen Philosophen fußen. »Von Mose (dem Propheten) bis Mose (ben Maimon) stand keiner auf, der Mose (ben Maimon) glich«.

Von christlichen Gelehrten wurden die Gedanken des Maimonides schon frühzeitig beachtet. Als man sich in der Scholastik zunehmend den Schriften des Aristoteles zuwandte, trat ebenso wie im Judaismus die Schwierigkeit auf, die aristotelische Lehre von der Ewigkeit der Welt mit der biblischen Schöpfungsgeschichte in Einklang zu bringen. Hier zeigte der »Führer der Unschlüssigen« den Ausweg, und sowohl die führenden Denker der Franziskaner (Duns Scotus und Roger Bacon) als auch der Dominikaner (Albertus Magnus und Thomas von Aquin) benutzten das Werk des Maimonides.

6. 5 Mystische Strömungen im Judaismus

6. 5. 1 Allgemeines

Betrachtet man das völlige Aufgeben des Ichs und die Vereinigung mit einem transzendenten Göttlichen als die wesentlichen Züge der Mystik, so lassen sich im Alten Testament kaum mystische Züge finden. Weder die Liebe zu Gott noch die Visionen der Propheten treffen den innersten Kern der Mystik; sie sind allenfalls Vorstufen auf dem mystischen Wege. Der Gottesbegriff der Bibel ist letzten Endes persönlich, selbst wenn Gott nicht bildlich darstellbar ist. Gott ist gerecht und strafend, er tritt mit dem Volk Israel oder auch mit einzelnen Menschen in Verbindung, aber diese vereinigen sich nicht mit ihm. Manche Stellen in der Genesis, im Hohen Lied und in den Psalmen sind in mystischem Sinne gedeutet worden und möglicherweise sind von den Verfassern auch die höchsten Erfahrungen erreicht worden, doch läßt sich dies nicht mit Sicherheit nachweisen. Auch die apokalyptischen Schriften können nicht zur mystischen Literatur gerechnet werden; zu phantasievoll sind die Visionen, zu konkret die Schilderungen aller Übel.

Wie unten (Abschn. 8.1) näher ausgeführt werden wird, waren die Jahrhunderte vor und nach der Zeitenwende durch das Aufkommen von mehreren religiösen Richtungen gekennzeichnet, was auf Veränderungen in der Rezeption religiöser Ideen in weiten Kreisen hindeutet. Im Judaismus bildeten sich Gemeinschaften, die mit der äußerlichen Ausübung von kultischen Vorschriften nicht mehr zufrieden waren. Sie suchten durch ein asketisches Leben abgeschieden vom Treiben der Welt Gott in Frömmigkeit zu dienen. Die bekanntesten dieser Sekten sind die Essener in Qumram und die »Therapeuten« (Ärzte [der Seele]), die in Ägypten in der Nähe von Alexandria zurückgezogen lebten. In diesen Gemeinschaften hat es wahrscheinlich mystische Strömungen gegeben, doch sind bei der derzeitigen Quellenlage systematische mystische Wege oder Theorien der Mystik in ihnen nicht nachweisbar.

6. 5. 2 Merkaba-Mystik

Etwa vom 3. bis zum 5. Jahrhundert n.d. Zeitenwende bildete sich eine stark von der Gnosis (vgl. Abschn. 8.1.3) beeinflußte Strömung aus, die nach dem Thronwagen Gottes, der Merkaba (Ez 1, 15-28), als Merkaba-Mystik bezeichnet wird. Es gibt ein umfangreiches Schrifttum dieser Richtung, die sogen. Hechaloth-Literatur; die Verfasser sind fast sämtlich unbekannt, vieles wird in der Art der Pseudepigraphen der (geschichtlichen) Gestalt des Rabbi Akiba zugeschrieben.

Die Merkaba-Mystik ist eine Thron-Mystik. Der Myste erlebt in der Versenkung Visionen von der Reise der Seele durch die sieben Himmel oder sieben Paläste bis vor den Thron Gottes; die Seele steigt stufenweise zu immer höheren Sphären auf:

> »Rabbi Akiba sprach zu Rabbi Ismael:
> Als ich in den ersten Palast aufstieg, war ich ein Frommer,
> Im zweiten Palast war ich ein Reiner,
> Im dritten Palast war ich ein Redlicher,
> Im vierten Palast war ich ganz mit Gott,
> Im fünften Palast brachte ich Heiligkeit vor Gott dar,
> Im sechsten Palast sprach ich die Keduscha [17] vor dem, der sprach
> und die Welt erschuf, damit mich die Engel des Dienstes nicht verdürben,
> Im siebten Palast stand ich mit aller meiner Kraft,
> erzitterte und erbebte an allen meinen Gliedern
> und sprach folgendes Gebet:
> ... gelobt seiest Du, der Du erhaben bist,
> Lob sei dem Erhabenen in den Kammern der Größe« [18].

Entsprechende Himmelsreisen gibt es auch im Zoroastrismus und im Mithras-Kult bis hin zu Dantes Göttlicher Komödie; die Schau des Thrones findet eine Parallele in gnostischen Lehren vom Aufstieg der Seele zur Lichtwelt Gottes.

Der Merkaba-Mystiker wird durch gewisse Übungen zum Erlebnis der Himmelsreise hingeführt, Übungen, die den Zustand der Versunkenheit herbeizuführen helfen: Fasten, eine bestimmte Körperhaltung (sitzend mit dem Kopf zwischen den Knien), ferner die stetige Wiederholung von einprägsamen Redewendungen wie dem erwähnten Trishagion. Auch das Aufsagen von feierlichen, aber inhaltsleeren Litaneien mit stereotypen Wiederholungen soll das vernunftgemäße Denken zugunsten einer intuitiven Gottesschau verdrängen. Da diese Versenkungstechnik auch im Christentum ausgeübt wird (vgl. Abschn. 9.2.1), sei eine solche Litanei angeführt:

»Die Allmacht und Treue beim Ewig-Lebendigen
Die Einsicht und der Segen beim Ewig-Lebendigen
Die Hoheit und die Größe beim Ewig-Lebendigen
Die Kunde und Rede beim Ewig-Lebendigen
Der Prunk und die Pracht beim Ewig-Lebendigen
Der Rat und die Gewährung beim Ewig-Lebendigen
Der Glanz und das Strahlen beim Ewig-Lebendigen
Die Huld und die Gnade beim Ewig-Lebendigen
Die Reinheit und die Güte beim Ewig-Lebendigen
Die Einheit und Ehre beim Ewig-Lebendigen
Die Krone und Glorie beim Ewig-Lebendigen
Die Lehre und Liebe beim Ewig-Lebendigen
Das Reich und die Herrschaft beim Ewig-Lebendigen
Der Schmuck und die Dauer beim Ewig-Lebendigen
Das Geheimnis und die Weisheit beim Ewig-Lebendigen
Die Kraft und die Sanftmut beim Ewig-Lebendigen
Das Prangen und Wunder beim Ewig-Lebendigen
Das Rechttun und die Zier beim Ewig-Lebendigen
Der Anruf und die Herrlichkeit beim Ewig-Lebendigen
Der Jubel und der Adel beim Ewig-Lebendigen
Der Sang und die Hymnen beim Ewig-Lebendigen
Das Lob und der Ruhm beim Ewig-Lebendigen« [19].

Die Merkaba-Mystik erstrebt nicht die Vereinigung mit Gott oder mit dem All, die unio mystica, sondern die »schauende Versenkung in die Glorie Gottes«. Der Mensch bzw. die menschliche Seele bleibt immer in unendlichem Abstand von der Majestät Gottes getrennt.

6. 5. 3 Mittelalterlicher deutscher Chassidismus

In Ablösung und Weiterentwicklung der Merkaba-Mystik bildete sich im Rheinland gegen Ende des 12. und zu Anfang des 13. Jahrhunderts eine religiöse Strömung, die als »mittelalterlicher deutscher Chassidismus« bezeichnet wird. Diese Bewegung hat nichts mit dem weit später in Polen und in der Ukraine entstandenen eigentlichen Chassidismus zu tun.

Der mittelalterliche Chassidismus wurde hauptsächlich von drei Mitgliedern der aus Italien nach Deutschland eingewanderten jüdischen Familie der Kalonymiden begründet, und zwar von Samuel dem Chassid (ca. 1250), dessen Sohn Juda dem Chassid (gest. 1217 in Regensburg) und einem Verwandten Eleasar ben Juda aus Worms (gest. ca. 1230). Die wichtigste Schrift dieser Richtung ist das »Sefer Chassidim« (Buch der Frommen); sie fußt wahrscheinlich hauptsächlich auf Gedanken des Juda Chassid. Im mittelalterlichen Chassidismus gewinnen einige Gedanken Gewicht, die vorher im Judentum nur wenig Ausdruck gefunden hatten. Der wahre Chassid (Fromme)

übt asketische Abwendung von der Welt,
besitzt völligen inneren Gleichmut und
ist extrem altruistisch.

Das asketische Lebensideal wurde zweifellos unter dem Eindruck des christlichen Mönchtums, das damals in voller Blüte stand, entwickelt. Es führte zu einer recht pessimistischen Weltanschauung, indem alle, auch die harmlosesten irdischen Vergnügungen abgelehnt wurden. Es führte in weiterer Konsequenz zur Idee der Buße für vergangene Sünden; schließlich wurden sogar (ebenso wie im Christentum) ausführliche Bußkataloge für alle Vergehen aufgestellt. Im Gegensatz zu den Regeln des christlichen Mönchtums wurde jedoch niemals sexuelle Enthaltsamkeit gefordert.

Das Streben nach völligem seelischen Gleichmut gibt es auch bei den indischen Mystikern, bei den griechischen Stoikern, den islamischen Sufis und bei christlichen Mönchen. Im mittelalterlichen Chassidismus wurde vor allem gefordert, daß Beschimpfungen und Schande ohne innere Bewegung ertragen werden sollten.

Weiter gilt für den Chassid: Mein ist dein, und dein ist mein. Es gibt vieles, was zwar nach rabbinischem Gesetz noch erlaubt ist, was aber letzten Endes doch nicht rechtens ist und im Himmel bestraft wird. Der Chassid soll aber einer Art von höherem Recht folgen. Durch seine Haltung und Lebensweise soll er zur wahren Gottesliebe und Gottesfurcht gelangen. Er erreicht dann einen Zustand tiefer innerer Freude und völliger Unabhängigkeit von äußeren Dingen und Beziehungen:

»... wenn die Seele tief über die Gottesfurcht nachsinnt, so flammt die Lohe der Herzensliebe in ihr auf, und der Jubel innerlicher Freude erquickt das Herz ... Und der Liebende bedenkt nicht seinen Vorteil in dieser Welt, er sorgt sich nicht um die Ergötzung seiner Frau, noch um seine Söhne und Töchter, vielmehr ist ihm alles ein Nichts, außer diesem, daß er den Willen seines Schöpfers tue, den Namen Gottes heilige ..., und alles Sinnen seiner Gedanken brennt im Feuer der Liebe zu ihm« [20].

An die Stelle der Thron-Mystik der Merkaba ist die Idee der Demut und der Liebe zu Gott getreten, an die Stelle der Visionen tritt Meditation. Dabei soll aber keineswegs ein tätiges Leben in der und für die Gemeinde aufgegeben werden. Die ganze Haltung ist Ausdruck einer Verinnerlichung der Merkaba-Mystik; sie ist ein Schritt auf dem Wege des Mystikers, aber bis zu völliger Selbstaufgabe und bis zur unio mystica gelangt der Chassid offenbar nicht.

Auch eine Wandlung des Gottesbegriffes ist im mittelalterlichen Chassidismus zu bemerken; das Geistige und die Allgegenwart Gottes werden stärker betont, so daß man fast dem Pantheismus nahekommt: »Gott ist überall und sieht Gut und Böse«. Der gültige Ausdruck dieses Gedankens und Gefühls ist das sogen. Einheitsgebet, das auch in das jüdische Gebetsbuch aufgenommen wurde (und das sich ähnlich bei dem christlichen Religionsphilosophen Eriugena [ca. 810 - 877] findet):

»Höre Israel, Gott unser Gott, ist Gott der einzig Eine!«

Weiterhin wird – wie schon bei Philo und auch in der Gnosis (s. Abschn. 8.1.3) – der Gottesbegriff gewissermaßen aufgespalten. An sich ist Gott transzendent und besitzt keinerlei Attribute, er ist das Schweigen. Er hat aber als erstes die »Glorie Gottes« erschaffen; diese kann vom Menschen erkannt werden, und sie spricht durch Propheten und Mystiker zum Menschen. Die Glorie wird auch »Heiliger Geist« oder »Gottes Wille« genannt. Das letzte Ziel des Chassid ist die Schau der Glorie Gottes.

Zuletzt sind noch Anschauungen zu erwähnen, die einen Übergang in geistige Bereiche zeigen, welche mit echter Mystik kaum etwas zu tun haben. So wird zum Erreichen von Versenkungszuständen ein magischer Buchstabenzauber betrieben. Man sinnt über die Wirksamkeit der Namen Gottes nach und wendet sich dabei der Zahlenmystik zu. Dabei werden die Zahlenwerte von einzelnen Worten ausgerechnet, und den Ergebnissen wird ein tieferer Sinn zugelegt. Die Zahlenmystik spielt in der späteren jüdischen Kabbala eine große Rolle.

6. 5. 4 Die Kabbala; der Sohar

Gegen Ende des 12. Jahrhunderts entstand in Nordspanien und in der Provence eine religiöse Bewegung, die sogen. »Kabbala«. Ursprünglich war die Kabbala eine Geheimlehre; ihr Wesen und ihre Inhalte wurden aber ziemlich schnell durch Schriften und später auch durch Drucke, vor allem durch das Hauptwerk, den »Sohar«, in weiteren Kreisen bekannt.

Im wesentlichen erstrebt der Kabbalist eine vertiefte Ausdeutung der Thora. In Anlehnung an Philo von Alexandria wird zusätzlich zum äußeren Wortsinn der Schrift noch eine geheime innere Bedeutung angenommen. Die Ausgestaltung dieser Ansicht führte zur Annahme von vier Schichten des Sinngehaltes der Thora:

a) des wörtlichen Sinnes,

b) des allegorischen Sinnes,

c) des talmudischen Sinnes
(d.h. der logischen Ausdeutung) und

d) des mystischen Sinnes.

Letzten Endes wird in der Kabbala die rationale Auffassung von der Thora aufgegeben, sie wird als ein Symbol Gottes angesehen. Der Kabbalist erlangt in der Meditation über die Thora einen Strahl des göttlichen Lichtes, und er kann bis zur Berührung des Göttlichen kommen (nicht aber sich mit ihm vereinigen).

Innerhalb der Kabbala lassen sich zwei Hauptrichtungen unterscheiden, eine mehr intuitive und eine mehr rationale. Der wichtigste Vertreter der ersten Richtung ist Abulafia, dessen Lehren im nächsten Abschnitt besprochen werden. Die zweite Richtung kommt in dem außerordentlich einflußreichen Werk, dem »Sefer ha-Sohar« (Buch des Glanzes) zum Ausdruck. Der Sohar ist ein pseudepigraphisches Werk, das von dem Rabbi Simon ben Jochai stammen soll, einem berühmten Gesetzeslehrer, der etwa um 200 n.d. Zeitenwende gelebt hat. Da der Sohar recht uneinheitlich ist, hat man lange vermutet, daß er von mehreren Autoren in einem größeren Zeitraum zusammengetragen wurde; doch wird er neuerdings einem einzigen Verfasser, dem Moses ben Schemtob de Leon (ca. 1240 - 1305) zugeschrieben.

Im Sohar wird versucht, das Wesen Gottes durch die Deutung der Hl. Schrift zu ergründen. Das innerste Wesen Gottes, »En-Sof« genannt (das Unendliche), hat keinerlei Attribute, es ist unerkennbar und unnennbar. Um in der Welt wirken zu können, tritt Gott aus der Verborgenheit heraus, und dann besitzt er menschlichem Denkvermögen zugängliche wirkende Aspekte, die 10 »Sefiroth« (Weisheit, Gnade, Liebe, Macht, Majestät u.a.). Da die Vorgänge in der Welt sich mit nur 10 Aspekten nicht erschöpfend erklären lassen, wird jede Sefira vielfältig abgewandelt. Es gibt gewissermaßen zwei Welten, die aber beide Gott sind: Die des »En-Sof«, die niemand erschaut, und die damit verbundene zweite Welt, in der Gott wirkt und über seine Attribute vorstellbar ist. Die Sefiroth sind Aspekte der verborgenen Gottheit, und jedes Wort der Bibel hängt mit einer Sefira zusammen.

Im Sohar treten prophetische und mystische Erlebnisse, die in der intuitiven Richtung ausgeprägt vorhanden sind, weitgehend zugunsten von mehr ethischen Idealen wie Gottesfurcht, Gottesliebe oder Wertschätzung von Gebet und Buße zurück. Das Sexuelle wird bejaht. Armut sieht man – vielleicht unter dem Einfluß der christlichen Franziskaner – als Verdienst an. Jeder Gläubige kann durch einen untadeligen Lebenswandel zur Berührung des Göttlichen gelangen.

Die Lehren der Kabbala sind mit umfangreichen Vorschriften über Buchstabenkombinationen und Zahlenmystik durchtränkt, sie enthalten auch einen oft nur schwer verständlichen Symbolismus. Man kann dies alles kaum als Mystik bezeichnen, zumal diese Vorschriften manchmal nicht sosehr Hilfen auf dem mystischen Wege, sondern eher Endzweck zu sein scheinen. Auch sind die ausgiebigen Spekulationen über den Ursprung der Welt oder die Ursachen der Sünde sowie messianische Hoffnungen und apokalyptische Visionen anderen Bereichen des religiösen Empfindens zuzuordnen. Anderseits entspricht die Auffassung des Göttlichen weitgehend Anschauungen, die sich auch in mystischen Kreisen herausgebildet haben; und Aussprüche wie

> »Wenn die Dinge in mystischer Meditation betrachtet werden, stellt sich alles als eines heraus« [21]

zeigen, daß der Verfasser des Sohar (wie sicher auch manch' anderer Kabbalist) doch wohl in tiefere Schichten der Mystik eingedrungen ist, ohne daß er es gewagt hätte, auf seine Erlebnisse deutlicher einzugehen.

6. 5. 5 Abulafia

Unter den jüdischen Mystikern nimmt Abraham ben Samuel Abulafia eine Sonderstellung ein. Einmal ist er einer der wenigen, der es wagt, letzte mystische Erfahrungen mehr als vage andeutend zu beschreiben, und zum anderen gibt er ausführliche praktische Anweisungen für den mystischen Weg.

Abulafia wurde 1240 in Saragossa in Nordspanien geboren. Mit 18 Jahren verließ er sein Elternhaus und begab sich auf Wanderschaft; sein unstetes Leben führte ihn in den Orient, nach Griechenland, nach Spanien und nach Italien. Er starb nach 1291, über die Umstände seines Todes ist nichts bekannt.

Abulafia beschäftigte sich eingehend mit Philosophie und mit den Naturwissenschaften, aber auch mit den Schriften der Kabbala. Bedeutenden Einfluß übten die Werke des Maimonides auf ihn aus; so verfaßte er Kommentare zum »Führer der Unschlüssigen« und versuchte, die rationale Philosophie des Maimonides mit seiner Theorie des mystischen Weges in Einklang zu bringen. Er gehörte zu der Art von prophetisch veranlagten Menschen, die ihre mystischen Erfahrungen nicht bei sich behalten können, sondern sie ihrer Umgebung verkünden müssen. Sein messsianisches Sendungsbewußtsein kommt in dem Bericht über die Absicht seines Papstbesuches zum Ausdruck. Er wollte mit Papst Nikolaus III. diskutieren (vielleicht sogar ihn bekehren?). Dieser hatte jedoch Anweisung gegeben, ihn festzunehmen und auf dem Scheiterhaufen zu verbrennen, was aber Abulafia nicht davon abhielt, nach Rom zu gehen. Als er eintraf, erfuhr er, daß Nikolaus III. in der Nacht zuvor gestorben war. Man hielt ihn einige Wochen lang fest, ließ ihn dann aber gehen.

Abulafia arbeitet genaue und rational begründete Vorschriften zur Meditation aus, die er als Fortsetzung und Steigerung der kabbalistischen Versenkungstechnik ansieht. Zuerst müsse der »Weg der Sefiroth« gegangen werden, bevor man seinen »Weg der Namen« beschreiten könne. Der Weg der menschlichen Seele zu Gott sei durch einen Damm verstellt; er besteht aus den sinnlichen Eindrücken, die die Seele soweit erfüllen, daß sie nicht mehr zur Schau des Göttlichen gelangen kann. Sie kann erst dann zu ihrem göttlichen Ursprung zurückkehren, wenn das Sinnliche in ihr ausgeschaltet und dadurch der innere Damm niedergerissen wird. Das kann durch Meditation erreicht werden, aber nicht durch Meditieren über etwas Konkretes oder Begriffliches (wie z.B. die christliche Meditation über die Passion Jesu), sondern durch Meditieren über etwas, das ohne eigentliche Bedeutung ist, das aber die Seele zur Erkenntnis ihrer tieferen Schichten bringen kann. Als solches sieht Abulafia die Buchstaben des Alphabetes an, und er entwickelt eine Wissenschaft von den Kombinationen und Permutationen der Buchstaben, von denen eine der Name Gottes ist.

Der Meditierende soll sich an einen ruhigen Platz begeben, um die Übungen ungestört durchführen zu können. Grundlage der Meditation sind Buchstabenkombinationen, die den Namen Gottes ergeben. Man löst dann die Buchstaben aus ihrem Zusammenhang und kombiniert sie in verschiedener Weise neu; die Motive werden abgewandelt, gelöst und wieder miteinander verbunden. Die Kombinationen brauchen keinen Sinn zu geben, es bilden sich aber Harmonien aus wie in der Musik, bei der die Notenkombinationen ebenfalls ein harmonisches Ganzes ergeben. Man erhält so eine »Musik des Denkens«, eine »mystische Logik«. Gleichzeitig sollen bestimmte Hand- und Kopfbewegungen ausgeführt werden, außerdem soll der Rhythmus des Atmens dem der (ausgesprochenen) Kombinationen angepaßt werden.

Durch die mehrfachen, gleichzeitig auszuübenden Tätigkeiten wird die Aufmerksamkeit des Meditierenden aufs höchste beansprucht, so daß keine von Gott abschweifenden Gedanken aufkommen können. Diese Technik unterscheidet sich völlig von der im indischen Bereich verwendeten, bei der das Ruhigstellen des Geistes und das Ausschalten des Denkens in der vorbereitenden Phase angestrebt werden. Sie unterscheidet sich auch von dem Aufsagen von Litaneien (wie in der Merkaba-Mystik) oder dem mechanischen Wiederholen des Namens Allahs im islamischen Sufitum (s.u. Abschn. 7.5.2), bei dem keine ähnliche Konzentration erforderlich ist.

Abulafias Meditationstechnik führt über mehrere Ebenen; zuerst werden die Buchstabenkombinationen ausgesprochen, dann niedergeschrieben, dann wird das Geschriebene überdacht, und zuletzt kommt man zum reinen Denken und Betrachten. Der Meditierende versucht, die Zusammenhänge zu ergründen, die zwischen Worten und Namen bestehen. Als höchste Form dieser Meditation wird das »Springen« von einer Konzeption oder Assoziation zu einer anderen angesehen; jedesmal wird dabei eine neue geistige Sphäre erreicht und werden neue Denkprozesse ausgelöst. Alles geschieht unter völliger Kontrolle des Meditierenden. Unkontrollierte Ekstase mit Verlust des Bewußtseins hat nichts mit dieser Art von Meditation zu tun.

In den höheren Ebenen der Meditation wird das Eindringen der göttlichen Kraft in die Seele empfunden. Der Versunkene fühlt, wie sein Leib immer schwächer wird und die Seele sich in einem Gefühl von intensiver Freude vom Körper lösen will. Sie hat nun das Sinnenhafte abgestreift und kann die Siegel, die ihr den Zugang zum Göttlichen verwehren, aufbrechen. Sie erlebt das Einströmen des göttlichen Intellektes und hat die Stufe der Prophetie erreicht. Der Meditierende steht im göttlichen Licht und erkennt die unaussprechlichen Geheimnisse der Namen Gottes.

Eine bemerkenswerte Schilderung der Prophetie als Begegnung mit dem eigenen Selbst wird aus kabbalistischen Kreisen überliefert; das Selbst ist aus dem Menschen herausgetreten und steht ihm gegenüber:

> »Wisse, daß das vollkommene Geheimnis der Prophetie für den Propheten darin besteht, daß er plötzlich die Gestalt seines Selbst vor sich stehen sieht und sein Selbst vergißt und es von ihm entrückt wird und er die Gestalt seines Selbst vor sich sieht, wie sie mit ihm spricht und ihm die Zukunft verkündet, und von diesem Geheimnis haben unsere Weisen gesagt: ›Groß ist die Kraft der Propheten, die die Gestalt (die ihnen erscheint) mit ihrem Gestalter vergleichen ...‹
> (und ich rufe) Himmel und Erde zum Zeugen an, daß ich eines Tages saß und ein kabbalistisches Geheimnis niederschrieb; da sah ich plötzlich die Gestalt mei-

> nes Selbst mir gegenüberstehen und mein Selbst von mir entrückt und war genötigt, mit Schreiben aufzuhören« [22].

Begegnungen mit dem eigenen Selbst werden auch in anderen Religionen beschrieben, z.B. wird Mani von seinem »Zwilling« oder »Paargenossen« beauftragt, seine Lehre zu verkünden.

Während die meisten jüdischen Mystiker auf der Stufe der Prophetie stehenbleiben oder von keinen darüberhinausgehenden Erfahrungen berichten, deutet Abulafia noch weitere Stufen an. In (wohl absichtlich) unklaren Ausführungen spricht er über Lehrer auf dem mystischen Wege. Ein menschlicher Lehrer ist nützlich, aber nicht unbedingt erforderlich. Unbedingt notwendig ist aber ein Lehrer von höherer Art, der dem Menschen als Engel erscheint oder der als Gott selbst anzusehen ist. Das höchste Erlebnis ist die Erfahrung der Verwandtschaft mit Gott. Der Mensch steht seinem Lehrer (Gott) gegenüber und verschmilzt mit ihm:

> »Hat er (der Meditierende) aber die göttliche Berührung gespürt und deren Natur erfaßt, so scheint es mir und jedem Vollendeten angemessen, daß er »Lehrer« genannt wird, weil sein Name wie der Name seines Lehrers ist, sei es nur in einem, sei es in vielen oder sei es in allen seinen Namen. Denn er ist nun nicht mehr getrennt von seinem »Lehrer«, und siehe, er ist sein Lehrer, und sein Lehrer ist er; denn er hängt mit ihm in einer so innigen Verbindung zusammen, daß er auf keine Weise von ihm getrennt werden kann, denn er ist Er. Und so wie sein von aller Materie abgelöster Lehrer stets in einem ... *Intellekt*, der *Intelligierende* und das *Intelligierte* (genannt wird), die alle drei in ihm eins sind, so wird auch dieser ausgezeichnete Mensch, der »Meister des ausgesuchten Namens«, selbst *Intellekt* genannt, während er aktuell erkennt. Dann ist er auch das *Intelligierte* selbst wie sein Lehrer, und dann besteht kein Unterschied zwischen ihnen außer dem, daß sein Lehrer Seinen höchsten Rang durch sich selbst und nicht von anderen Kreaturen her hat, dieser aber seinen Rang durch das Instrument der Kreatur erlangt hat« [23].

Wie Abulafia diese Identifikation des menschlichen und des göttlichen Intellektes (»er ist Er«) aufgefaßt hat, ist schwer zu erkennen. Vielleicht meint er die unio mystica, vielleicht aber auch nur die Nähe zu Gott oder eine Berührung des Göttlichen. Jedenfalls hat sich kein anderer jüdischer Mystiker soweit vorgewagt wie er.

Abulafia wurde wegen seiner behaupteten Prophetie und seiner Äußerungen von der Orthodoxie angegriffen. Auch warf man ihm vor, daß seine praktischen Anweisungen zur Meditation in unrechte Hände gelangen und von Unberufenen ausgeübt werden könnten. Trotzdem hatte er Schüler und Nachfolger, und seine Lehren übten auf die spätere Kabbala einen bedeutenden Einfluß aus.

6. 5. 6 *Israel Baal Schemtow und der Chassidismus*

In der Mitte des 18. Jahrhunderts verbreitete sich in der Ukraine und in Polen eine »Chassidismus« genannte religiöse Bewegung, die z.T. durch äußere Bedrängnis des Judentums ausgelöst wurde (sogen. Schmielnikki'sche Verfolgung). Der Begründer dieser Bewegung war Israel ben Eliezer (1700 - 1760) mit dem Beinamen »Baal Schemtow« (Herr des Namens [Gottes]). Er stammte aus einfachen Verhältnissen und lebte längere Zeit mit seiner Familie unter ärmlichen Bedingungen, bis er etwa in seinem 36. Lebensjahr als mystischer Führer und Wundertäter entdeckt und anerkannt wurde. Er besaß keinerlei theologische Ausbildung, muß sich aber durch Selbststudium recht umfangreiche Kenntnisse der Bibel und ihrer Auslegung erworben haben. Israel Baal Schemtow war eine eindrucksvolle Persönlichkeit von großer charismatischer Ausstrahlung. Durch Meditation gelangte er zur Versenkung und zu Visionen und mystischen Erlebnissen. So schreibt er an einen Verwandten:

> »Am Neujahrstage 5507 (1746) stieg meine Seele durch Beschwörungen ... empor, und ich schaute wunderbare Dinge im Gesicht, die ich bis dahin nie gesehen hatte, weil ich ein Mann bin. Und was ich geschaut und gelernt habe, als ich dorthin aufstieg, kann man nicht mit dem Munde ausdrücken und erzählen« [24].

Israel Baal Schemtow hat keine schriftlichen Aufzeichnungen seiner Lehren hinterlassen. Er zog mit Schülern und Anhängern im Lande umher und wandte sich mit Predigten, Unterweisungen und kurzen, einprägsamen Aussprüchen vor allem an das einfache Volk. Seine Worte wurden erst nach seinem Tode von einigen Schülern gesammelt und niedergeschrieben. Um ihn bildete sich bald ein Kranz von Legenden, so daß man später nur mit Mühe die Fakten seines Lebenslaufes ermitteln konnte.

Die Lehren des Chassidismus, wie sie von Israel Baal Schemtow und seinen Nachfolgern gestaltet wurden, fußen in allen wesentlichen Fragen auf älterem Gedankengut, vor allem auf dem der Kabbala, und bis zu einem gewissen Grade kann der Chassidismus als deren Fortsetzung angesehen werden. Im Chassidismus besteht keine grundsätzliche Trennung zwischen dem Diesseits und dem Jenseits. In allen Dingen und in allen menschlichen Handlungen sind göttliche Funken enthalten. Diese sollen durch ein sittlich hochstehendes Leben geläutert und zu Gott zurückgebracht werden. Das geschieht durch Gebet, Demut, Selbstlosigkeit, Hilfsbereitschaft und Gottesliebe. Weltabgeschiedenheit und Askese sind dazu nicht geeignet.

Der Chassidismus betont die Lebensfreude; der Mensch soll Gott freudig dienen. Das Schöne in der Natur ist göttlich, und selbst im Bösen sind göttliche Funken enthalten, die durch Umkehr des Betreffenden befreit und zu Gott geführt werden:

»In allem, was in der Welt ist, wohnen heilige Funken, kein Ding ist ihrer ledig. Auch in den Handlungen des Menschen, ja sogar in der Sünde, die ein Mensch tut, wohnen Funken der Herrlichkeit Gottes. Und was sind das für Funken, die in der Sünde wohnen? Es ist die Umkehr. In der Stunde, wo du ob der Sünde Umkehr tust, hebst du die Funken, die in ihr waren, in die obere Welt«;
» ... auch das Böse ist gut, es ist die unterste Stufe des vollkommenen Guten. Tut man Gutes, dann wird das Böse gut; sündigt man aber, dann wird es zum wirklichen Bösen« [25].

Das letzte Ziel des Chassid ist die mystische Berührung mit dem Göttlichen in der Versenkung; dann sind sein Wille und der Wille Gottes vereint:

»Zuweilen muß der Mensch erfahren, daß es noch unendlich viele Firmamente und Sphären gibt, und er steht auf einem Fleckchen der kleinen Erde, die ganze Welt aber ist wie nichts vor Gott, der der Schrankenlose ist und der die Einschränkung hat und Ort in sich selber setzte, die Welten darin zu schaffen. Und wiewohl der Mensch dies mit seiner Einsicht begreift, vermag er nicht zu den oberen Welten aufzusteigen; und dies ist, was geschrieben steht: ›Fernher gibt sich der Herr mir zu sehen‹ – er betrachtet Gott aus der Ferne. Dient er aber Gott mit aller seiner Macht, dann faßt er große Gewalt in sich ein und erhebt sich in seinem Geist und durchbricht auf einmal alle Firmamente und steigt über Engel und Himmelsräder und Seraphim und Throne: und das ist der vollkommene Dienst« [26].

Der Chassidismus beruht nicht auf wissenschaftlicher Thora-Kenntnis und -Auslegung, sondern auf erlebter Nähe zu Gott. Diese Erfahrung ist auch dem einfachen, ungebildeten Gläubigen möglich. Im Gegensatz zu anderen mystischen Richtungen, auch zur älteren Kabbala, hatte der chassidische Mystiker die Aufgabe, seine Erfahrungen zu verbreiten und auch seine Nächsten zu mystischen Erlebnissen zu führen. Dadurch entstand eine Volksbewegung mit dem Ziel der Verinnerlichung des Glaubens, wodurch es zwangsläufig zu Reibereien mit den etablierten rabbinischen Kreisen kommen mußte, denn der Chassidismus stand deren Denkweise rationaler Auslegung der Thora fern. Es gelang jedoch einigen einsichtigen Persönlichkeiten auf beiden Seiten, trotz gelegentlicher Auseinandersetzungen den endgültigen Bruch zu vermeiden. Das gelang umso eher, als die Chassidim immer im Rahmen ihres jüdischen Glaubens blieben und offensichtliche Häresien nicht duldeten.

Selbstverständlich war es nicht jedem Anhänger des Chassidismus möglich, die Nähe Gottes in mystischer Verzückung zu erleben. Das konnte immer nur einigen wenigen gelingen, die als »Zaddikim« (Vollkommene, Gerechte) bezeichnet wurden. Die Zaddikim wurden naturgemäß die Lehrer und religiösen Führer der Gemeinden, in denen sie lebten, und sie trugen ihrerseits zur Bildung neuer Gemeinden und zur Ausbreitung des Chassidismus bei. Später bildeten sich jedoch erbliche Dynastien von Zaddikim heraus, deren Mitglieder nicht immer der Versuchung zum Anhäufen weltlicher Güter und zum Ausüben von weltlicher Macht widerstehen konnten. Zum Niedergang des Chassidismus trugen außerdem magische Praktiken, die Ausbildung von umfangreichen rituellen Vorschriften und die Anwendung der Buchstabenmystik bei, so daß die Bewegung etwas in Mißkredit kam. Trotz gewisser Verfallserscheinungen ist aber der Chassidismus in seinem mystischen Kern bis heute in manchen jüdischen Kreisen lebendig geblieben.

Anmerkungen

1 Die Bibelzitate (außer [2]) wurden der Übersetzung von Zunz entnommen: Die vier und zwanzig Bücher der Heiligen Schrift; 14. Aufl., Kauffmann, Frankfurt/M 1898.
2 Zitate aus der Weisheit Salomos nach: »Die Heilige Schrift«, Familienbibel. Vollständige Ausgabe nach den Grundtexten übersetzt von Prof. Dr. Vinzen Hamp, Prof. Dr. Meinhart Stenzel, Prof. Dr. Josef Kürzinger; 3.Aufl., Christiana-Verlag, Stein a. Rhein 1974.
3 Nach: Philo von Alexandria (s.Lit.), Bd. VI, S. 87.
4 Philo, Bd. V, S. 175.
5 Philo, Bd. V, S. 238.
6 Philo, Bd. V, S. 156.
7 Philo, Bd. V, S. 280.
8 Philo, Bd. V, S. 282/283.
9 Philo, Bd. V, S. 239 - 241 (Auszüge).
10 Keduscha oder Trishagion: »Heilig, heilig, heilig ist der Ewige der Heerschaaren ... « (Jes 6, 3).
11 Nach: Scholem, Die jüdische Mystik ... (s. Lit.), S. 84.
12 Scholem, Mystik, S. 63.
13 Nach J.Maier, in: Mose ben Maimon (s.Lit.), Einleitung S. XLVIII.
14 Aristoteles, Physik V.
15 Führer II, 14. Sämtliche Zitate aus dem »Führer der Unschlüssigen« nach: Mose ben Maimon (s. Lit.).
16 Führer II, 15 (nach: Aristoteles, Topik I, 11).
17 Führer II, 25.
18 Führer II, 36.
19 Führer III, 51.
20 Nach: Scholem, Mystik (s.Lit.), S. 103.
21 Scholem, Mystik, S. 243.
22 Scholem, Mystik, S. 155.
23 Scholem, Mystik, S. 153/154.
24 Nach: Wehr (s.Lit.), S. 35/36.
25 Aus: M.Buber, Werke Bd. III; 1.Aufl., Kösel-Verlag, München 1963, S. 55 ff.

Literatur

Amir,Y.: Die hellenistische Gestalt des Judentums bei Philon von Alexandrien; 1.Aufl., Neukirchner Verlag, Neukirchen-Vluyn 1983.
Bacher W., M.Brann, D.Simonsen u. J.Guttmann: Moses ben Maimon; G.Fock, Leipzig 1908 (Nachdr. Olms, Hildesheim 1971).
Chorin, Schalom ben: Jüdischer Glaube; 2.Aufl., Mohr, Tübingen 1979.

Gruenwald, I.: Apocalyptic and Merkavah Mysticism; 1.Aufl., Brill, Leiden 1980.
Heinemann, J.: Philons griechische und jüdische Bildung; M.u.H.Marcus, Breslau o.J. (Nachdr. Olms, Hildesheim 1977).
Idel, M.: The Mystical Experience in Abraham Abulafia; 1.Aufl., State University of New York Press, Albany 1988.
Joel, D.H.: Die Religionsphilosophie des Sohar; C.L.Fritsche, Leipzig 1849 (Nachdr. Olms, Hildesheim 1977).
Jüdisches Lexikon in vier Bänden, begründet von Dr. G.Herlitz u. Dr.B.Kirschner; Jüdischer Verlag, Berlin 1927 - 1930.
Kaufmann, D.: Geschichte der Attributenlehre in der jüdischen Religionsphilosophie; Perthes, Gotha 1877 (Nachdr. Olms, Hildesheim 1982).
Maimon, Mose ben: Führer der Unschlüssigen, Übersetzung und Kommentar von A.Weiss; Meiner-Verlag, Hamburg 1981 (Nachdr.).
Maimon, Mose ben: Acht Kapitel. Arabisch und deutsch von M.Wolff; Brill, Leiden 1903 (Nachdr. Meiner-Verlag, Hamburg 1981).
Montes-Peral, L.Angel: Akataleptos Theos. Der Unfaßbare Gott; 1.Aufl., Brill, Leiden 1987.
Müller, E.: Der Sohar. Das Heilige Buch der Kabbala; Diederichs Gelbe Reihe, 3.Aufl., Diederichs Verlag, Köln 1986.
Papus: Die Kabbala; 6.Aufl., Fourier-Verlag, Wiesbaden 1986.
Philo von Alexandria, Die Werke in deutscher Übersetzung, herausgegeben von L.Cohn, I.Heinemann, M.Adler u. W.Theiler; 2.Aufl., de Gruyter, Berlin 1962 - 1964.
Scholem, G.: Zur Kabbala und ihrer Symbolik; Rhein-Verlag, Zürich 1960; Suhrkamp Taschenbuch Wissenschaft 13 (1973).
Scholem, G.: Die jüdische Mystik in ihren Hauptströmungen; Rhein-Verlag, Zürich 1957; Wiss. Sonderausgabe Suhrkamp-Verlag, Frankfurt/M 1967.
Smith, Margaret: An Introduction to the History of Mysticism; The Society for Promoting Christian Knowledge, London 1930 (Nachdr. Philo Press, Amsterdam 1973).
Wehr, G.: Der Chassidismus; 1.Aufl., Aurum-Verlag, Freiburg/Br. 1978.

7. Der Islam

7. 1 Einführung

Der Islam ist die jüngste und – gemessen an der Anzahl der Gläubigen – nach der christlichen die zweitgrößte der Weltreligionen. Der Gründer Muhammad ist nach islamischem Glauben das »Siegel der Propheten«, d.h. der letzte der von Gott mit einer Botschaft zu den Menschen Gesandten. Islam bedeutet völlige Ergebung des Menschen in den Willen Gottes. Gottes Wille unterliegt keinem Gesetz, auch nicht dem von Ursache und Wirkung. Der Glaube an die völlige Abhängigkeit vom unvoraussehbaren Willen Gottes führt zu einer schicksalsergebenen Haltung der Gläubigen.

Muhammad erfuhr den Willen Gottes erstmals in einer Vision; ihm erschien der Engel Gabriel, der ihm »das Heilige Buch Gottes« aufschlug und ihn aufforderte, zu lesen. Dieser Vision folgten in unregelmäßigen Abständen weitere Offenbarungen. Die Verkündigungen wurden schriftlich festgehalten und etwa 20 Jahre nach Muhammads Tode als das Buch des Islam, »Koran« (Lesung) zusammengefaßt. An der absoluten Wahrheit seines Inhaltes wurde nie gezweifelt, da nach islamischem Glauben der Koran dem Buch entspricht, das Gott bei sich verwahrt hat. Der Islam ist daher in einer ganz besonderen Weise eine Buchreligion. Da Muhammad die göttlichen Offenbarungen in arabischer Sprache übermittelt wurden, sind neben dem gemeinsamen Glauben auch die gleiche Sprache und Schrift zum Bindeglied aller Muslime geworden.

Der Islam hat seit seinem Bestehen kaum Gläubige an andere Religionen verloren. Ein Abfallen vom Glauben wird mit der Ausstoßung aus der Gemeinde bestraft, was der Ächtung gleichkommt. Im Koran finden sich genaue Angaben über das Verhalten anderen Religionen gegenüber: Glaubenskriege dürfen geführt werden. Die in eroberten Gebieten zu erlassenden Gesetze sind dem Koran zu entnehmen. Daraus ergibt sich, daß in einem islamischen Staatswesen eine Trennung von Religion und Politik nicht stattfinden kann.

Einige arabische Stämme schlossen sich Muhammads Führung freiwillig an. Noch zu seinen Lebzeiten wurden Botschafter in andere Länder entsandt, um deren Herrscher zur Annahme des islamischen Glaubens aufzufordern. Wenn sie dieser Aufforderung nicht nachkamen, folgte eine kriegerische Auseinandersetzung. In besetzten Gebieten durften Monotheisten und Besitzer einer geoffenbarten Buchreligion, so die Juden und die Christen, ihren Glauben behalten. Sie genossen den Schutz der Gesetze, waren jedoch zur Abgabe einer Grundsteuer und eines Kopfgeldes, durch das der Wehrdienst ersetzt wurde, verpflichtet.

Beim Tode Muhammads hatte die ganze arabische Halbinsel den islamischen Glauben angenommen. Dessen Ausbreitung wurde durch kriegerische Eroberungen fortgesetzt: In den Jahren 635 - 640 fielen Syrien, der Irak und Palästina, 640 - 642 Persien und Ägypten, dann folgte Nordafrika bis auf Marokko, das 702 endgültig unterworfen wurde. 711 setzen die Muslime nach Spanien über, durchzogen erobernd das von den Westgoten beherrschte Land und drangen wenige Jahrzehnte später bis zur Mitte Frankreichs vor. Hier wurden sie 732 bei Tours und Poitiers vom Heer Karl Martells zurückgeschlagen. In Südspanien dauerte ihre Herrschaft bis 1492.

Um das Jahr 1000 wurden dem Christentum Kleinasien, dem Buddhismus Zentralasien und Afghanistan entrissen. Um 1500 verlor der Hinduismus einen Teil Vorderindiens an den Islam. Nach dem Zusammenbruch des byzantinischen Reiches (1453) breitete sich der Islam auch über das restliche Gebiet der heutigen Türkei und über Teile des Balkans aus, später folgten Turkestan und Indonesien. In den letzten Jahrhunderten wurde hauptsächlich in afrikanischen Staaten missioniert. Angaben über die heutige Anzahl der Muslime schwanken zwischen 800 Millionen und etwa einer Milliarde.

7. 2 Das Leben Muhammads; die Nachfolger Muhammads

Muhammad (»der Gepriesene«) wurde 570 n.Chr. in Mekka geboren und starb 632 in Medina. Seine Eltern waren arm, der Vater starb zwei Monate vor Muhammads Geburt, die Mutter, als er sechs Jahre alt war. Er wurde dann von seinem Großvater und seiner Amme Halima aufgezogen, nach dem Tode des Großvaters von seinem Onkel Abi Talib. Als junger Mann trat er in die Dienste der 15 Jahre älteren reichen Kaufmannswitwe Chadischa (555 - 619). Er heiratete sie, und aus der Ehe gingen mehrere Kinder hervor, doch starben die drei Söhne im frühen Kindesalter; von den Töchtern ist Fatima, die spätere Frau seines Vetters Ali ibn Abi Talib am bekanntesten, da nur deren Söhne Hasan und Husain als einzige Enkel Muhammads Nachkommen hatten.

Im Alter von 40 Jahren änderte Muhammad seine Lebensweise. Er vernachlässigte sein Geschäft und zog sich in die wüstenähnliche Landschaft am Berge Hira nahe bei Mekka zurück. In einer Höhle dieses Berges hatte er die erwähnte Vision; er wurde sich aber seiner Berufung als Gesandter Gottes erst nach einer zweiten Vision sicher. In dieser erhielt er die Aufforderung zu predigen und Gott zu preisen:

1. Der du dich (mit dem Obergewand) zugedeckt hast!
2. Stell dich auf und warne (deine Landsleute vor der Strafe Gottes)!
3. Und preise deinen Herrn ... [1].

Muhammad trat nun als Verkünder einer neuen Religion auf. Zu seinen frühesten Anhängern gehörten seine Frau und einige Verwandte. Als erste angesehene Persönlichkeit aus einer anderen Familie bekannte sich Abu Bakr zu ihm. Dieser blieb zeitlebens sein treuer Freund, und Muhammad heiratete nach dem Tode seiner Frau Chadischa Abu Bakrs Tochter Aischa, die seine Lieblingsfrau wurde.

In Mekka stieß Muhammad auf Widerstand, auch bei Mitgliedern seines eigenen Stammes, denn vielen erschien die Forderung unannehmbar, nur an einen einzigen Gott zu glauben. Zu Muhammads Gemeinde gehörten zunächst hauptsächlich Angehörige niederer Klassen, nur wenige aus vornehmeren Familien. Zu diesen zählte Omar, der nach Muhammads Tod der zweite Kalif wurde. Mit dem Anwachsen der Gemeinde wuchsen auch die Schwierigkeiten. Im Jahr 620 kamen Pilger aus Jathrib nach Mekka, um die Kaaba, das Heiligtum der Stadt, das mehreren Göttern geweiht war, aufzusuchen. Diese hörten Muhammad predigen, und er konnte sie zu seiner Lehre bekehren. Da die Lage für ihn in Mekka immer unhaltbarer wurde, folgte er dem Angebot seiner neuen Anhänger, mit ihnen nach Jathrib zu kommen, sagte sich von seinem Stamm los und verließ 622 Mekka. Das Jahr des Auszuges (arabisch »Hidschra«) ist der Beginn der islamischen Zeitrechnung.

Als erstes regelte Muhammad am neuen Wohnort das religiöse Leben. Er setzte die Gottesdienstordnung fest und richtete einen Versammlungs- und Betplatz ein (Moschee = meschid, Bethaus). In Jathrib, das später »Medina an nabi« (die Stadt des Propheten) genannt wurde, war er nicht nur Religionsführer, sondern auch Politiker und Feldherr. Er begann Kriege zu führen; das erste Gefecht

624 gegen die Mekkaner bei Badr endete für ihn siegreich, 625 unterlag er bei Uhud, und 628 versuchte er Mekka zu erobern. Wenn dies auch nicht gelang, so konnte er doch einen Vertrag über einen 10jährigen Frieden aushandeln. Das erhöhte sein Ansehen, da die Mekkaner ihn als gleichberechtigten Partner anerkennen mußten. Dieser Vertrag wurde 630 von den Mekkanern gebrochen, worauf Muhammad ihre Stadt eroberte. Die Kaaba wurde zum Heiligtum des Islams erklärt und Allah, dem einzigen Gott, geweiht, nachdem die zahlreichen darin befindlichen Götterstatuen vernichtet worden waren.

Einen Feldzug gegen das byzantinische Reich führte Muhammad trotz anfänglicher Erfolge nicht zu Ende. 631 unternahm er seine letzte Fahrt zur Kaaba, trug den versammelten Anhängern eine Anzahl von Lehren vor und legte die Zeremonien der Pilgerfahrt nach Mekka endgültig fest. Diese sind seither für alle Gläubigen verbindlich, soweit sie die Möglichkeit haben, die Fahrt zu unternehmen. Einige Monate später starb Muhammad in Medina nach kurzer Krankheit. Sein Grab befindet sich in einem Anbau der später errichteten Moschee. Die beiden ersten Kalifen sowie Fatima, die Tochter des Propheten, wurden ebenfalls dort beigesetzt. Medina wurde nach Mekka zum wichtigsten Wallfahrtsort der Muslime.

Die Nachfolger Muhammads

Die Nachfolger Muhammads werden »Kalifen« (Chalifa Rasul, d.h. Stellvertreter des Gesandten [Allahs]) genannt. Ursprünglich war mit der Kalifenwürde nicht nur die oberste Autorität in Glaubensfragen, sondern auch die als Staatsmann und Heerführer verbunden.

Schon gleich nach dem Tode Muhammads herrschte Uneinigkeit darüber, wen man an die Spitze der Gläubigen berufen solle, da er kein Testament und keine Anordnungen hierüber hinterlassen hatte. Zum ersten Kalifen wurde Abu Bakr gewählt; nach dessen Tod brachen bei der Wahl des zweiten Kalifen offene Streitigkeiten aus. Eine Gruppe befürwortete ein Wahlkalifat, das auch für die ersten vier Kalifen eingehalten wurde:

1. Abu Bakr 632 - 634 (gestorben)
2. Omar 634 - 644 (ermordet)
3. Othman 644 - 656 (ermordet)
4. Ali 656 - 661 (ermordet).

Eine zweite Gruppe war dagegen für ein erbliches Kalifat, das aber nur leiblichen Nachkommen Muhammads zustehen sollte. Diese Gruppe erkannte von den ersten vier Kalifen nur Ali, den Neffen und Schwiegersohn Muhammads, als rechtmäßig an. Mit diesen Streitigkeiten deutete sich schon die spätere Spaltung in Sunniten und Schiiten an.

Das Kalifat wurde ab 661 von den Omayyaden eingenommen, die die Macht an sich gerissen und ihren Sitz nach Damaskus verlegt hatten. Es blieb in dieser Familie bis 750 erblich erhalten. In diesem Jahr kamen die Abbasiden an die Macht; sie gründeten Bagdad als neue Hauptstadt. Die beiden berühmtesten Kalifen dieser Familie waren Harun ar-Rashid (786 - 809) und sein Sohn al-Mamun (813 - 833). Unter ihrer Herrschaft kam es zu einer einmaligen Blüte von Kunst und Wissenschaft. Die Abbasiden setzten damit eine Tradition der früheren sassanidischen Herrscher Persiens fort, die in Gundi-Shapur nahe Ahwas eine Art von Akademie besessen hatten, in der griechische Naturwissenschaft, Medizin und Philosophie übersetzt und gelehrt wurden. Unter Harun ar-Rashid wurden zunächst am gleichen Ort Übersetzungen in die arabische Sprache ausgeführt; al-Mamun verlegte das wissenschaftliche Zentrum nach Bagdad, wo es die Bezeichnung »Haus der Weisheit« erhielt. Die Übersetzer waren meist Nichtaraber, zum großen Teil persische oder syrische Gelehrte. Zu den Übersetzungen gehörten u.a. die medizinischen Schriften des Galen und Hippokrates, die Philosophie des Aristoteles, die mathematischen Bücher Euklids und des Apollonius und die Schriften des Claudius Ptolemaios (Astronomie, Mathematik, Geographie). Besonders zu erwähnen ist die Übersetzung der sogen. »Theologie des Aristoteles«, die in Wirklichkeit die Bearbeitung einer neuplatonischen Schrift (Plotins oder des Porphyrios) war (vgl. Abschn. 5.4.3).

Im 10. Jahrhundert lagen nahezu alle naturwissenschaftlichen Werke der Griechen in arabischer Übersetzung vor. Von den berühmten Wissenschaftlern der Abbasidenzeit seien nur Muhammad ar-Razi (Rhazes, ca. 860 - 930), ibn Sina (Avicenna, 980 - 1032) und Omar Khayyam (1048 - 1131) genannt. Omar Khayyam war nicht nur Dichter, sondern auch einer der besten Mathematiker seiner Zeit. Im 10. Jahrhundert entstand auch die Märchensammlung »1001 Nacht«.

Im Laufe ihrer langen Regierungszeit (750 - 1258) verloren die Abbasiden nach und nach jede politische Macht; außerdem bildeten sich Gegenkalifate, so in Cordoba (929 - 1031) und in Ägypten (909 - 1171). 1258 eroberten die Mongolen Bagdad und ermordeten fast die gesamte Einwohnerschaft und den Kalifen. Einige Mitglieder seiner Familie konnten nach Ägypten fliehen und in Kairo ein Scheinkalifat unter der Herrschaft der Mameluken errichten. Obwohl die meisten islamischen Staaten dies Kalifat, das sich bis 1517 hielt, nicht anerkannten, ließen sich die weltlichen Herrscher doch von dem jeweils dort amtierenden Kalifen bestätigen. Von 1517 bis 1922 waren die Osmanen, die Herrscher der Türkei, Inhaber des Kalifates, aber nur einigen von ihnen gelang es, von der Mehrheit der islamischen Staaten respektiert zu werden. 1924 wurde das Kalifat offiziell abgeschafft.

Wie schon erwähnt, hatte sich bei der Regelung der Nachfolge des Propheten eine Partei gebildet, die nur leibliche Nachkommen Muhammads als

Kalifen anerkennen wollte. Aus dieser Partei entstand nach der Ermordung Husains, des Enkels des Propheten, am Ende des 7. Jahrhunderts nach und nach eine größere Bewegung, die Schia. Heute sind etwa 10 % aller Muslime Schiiten; der Einflußbereich dieser Richtung erstreckt sich i.w. über Persien und den südlichen Irak. Die von den Schiiten als religiöse und politische Führer anerkannten Nachkommen Muhammads werden als »Imam« bezeichnet (Imam: Führer, Vorbild). Da es im Verlauf der Geschichte zu unterschiedlichen Meinungen kam, wer der rechte Imam wäre, bildeten sich in der Schia mehrere Sekten, von denen die sogen. »Zwölfer-Schia« die bedeutendste ist. Nach deren Glauben folgten auf Ali, den ersten Imam, 11 weitere Imame in aufeinanderfolgenden Generationen:

1. Ali ibn Abi Talib	getötet 661
2. Hasan	gest. 670
3. Husain	getötet 680
4. Ali ibn al-Husain Zain al-Abidin	gest. 712
5. Muhammad Baqir al-ilm	gest. 731
6. Ga'far as-Sadiq	gest. 765
7. Musa al-Kazim	gest. 799
8. Ali ar-Rida	gest. 818
9. Muhammad at-Taqi	gest. 830
10. Ali an-Naqi	gest. 868
11. Hasan al-'Askari	gest. 873
12. Muhammad al-Mahdi	verschwunden 873

Der 12. Imam, Muhammad al-Mahdi, soll 873 im Alter von etwa 8 Jahren von der Erde entrückt worden sein und unsichtbar weiterleben, bis er als Mahdi (Messias) wiedererscheinen und ein Friedensreich, das »goldene Zeitalter des Islams« errichten wird. Das Imamat wird als gottgewollte Einrichtung angesehen, der Imam ist daher mehr als nur ein religiöses und politisches Oberhaupt. So gelten z.B. die Imame als frei von jeder Sünde. Nach der Lehre der Zwölfer-Schia vertritt der Machthaber in einem Land, solange er den wahren Islam bekennt, den verborgenen Imam und nimmt dessen Rechte wahr.

Von weiteren schiitischen Gruppen seien die »Siebener-Schia« und die »Ismailiten« erwähnt. Diese beiden Sekten halten den ältesten Sohn des 6. Imams, Ismail, der vor seinem Vater starb (oder nach ihrem Glauben geheimnisvoll verschwand), für den letzten Imam, während die Zwölfer-Schia dessen zweiten Sohn Musa al-Kazim als den Nachfolger ansieht. Eine Untergruppe der Ismailiten waren wiederum die berüchtigten Assassinen.

7.3 Der Koran; islamisches Recht

Der Koran darf von den Muslimen nur in arabischer Sprache, der Sprache, in der er geoffenbart wurde, gelesen werden. Eine Übersetzung kann nach islamischem Glauben niemals den Inhalt, die Sprachform und den Rhythmus ohne Einbußen und Verfälschungen wiedergeben. Außerdem stellt eine Übersetzung von Gottes eigenen Worten durch einen Menschen eine durch nichts gerechtfertigte Anmaßung dar. Es wurde auch nie ein Wort an der ersten Fassung geändert, so daß der Koran die älteste und genaueste Quelle der Lehre Muhammads ist.

Der Koran besteht aus 114 Suren (Abschnitten), deren kürzeste 3 und deren längste 286 Verse enthält. Die Suren wurden nach Muhammads Tod nicht chronologisch nach der Zeit ihrer Entstehung geordnet, sondern dem Umfange nach, so daß die längsten, spät in Medina enstandenen am Anfang und die kürzesten in Mekka verkündeten am Ende stehen (mit Ausnahme der ersten kurzen Einleitungssure). Abgesehen von ihrer Stellung im Koran kann man die mekkanischen Suren von den in Medina entstandenen auch nach Inhalt und Sprachform unterscheiden. Ein poetischer Stil, kurze, rhythmische Sätze und eine mitreißende Sprache kennzeichnen den mekkanischen Teil; die in Medina verkündeten Suren haben eher den Charakter von unterweisenden Reden eines Politikers oder Lehrers.

Alle Suren (mit einer Ausnahme) beginnen mit der Einleitungsformel

> »Im Namen Allahs, des Erbarmers, des Barmherzigen!«

und jede besitzt einen Titel; so heißt z.B. die 1. Sure »Die Eröffnende«, die 8. »Die Beute« und die 112. »Die Reinigung«. Als Beispiele sollen der Wortlaut der 1. Sure, die das wichtigste Gebet der Muslime ist, und der 112. Sure, des Bekenntnisses der absoluten Einheit Allahs, wiedergegeben werden:

Sure 1. Die Eröffnende

1. Lob sei Allah, dem Weltenherrn,
2. Dem Erbarmer, dem Barmherzigen,
3. Dem König am Tag des Gerichts!
4. Dir dienen wir, und zu dir rufen um Hilfe wir;
5. Leite uns den rechten Pfad,
6. Den Pfad derer, denen du gnädig bist,
7. Nicht derer, denen du zürnst, und nicht der Irrenden [2].

Sure 112. Die Reinigung

1. Sprich: Er ist der eine Gott,
2. Der ewige Gott,
3. Er zeugt nicht und wird nicht gezeugt,
4. Und keiner ist Ihm gleich [3].

Der Koran wurde Muhammad in der »Nacht der Macht« im Monat Ramadan vom Himmel herabgesandt. In dieser Nacht zwang der Engel Gabriel ihn trotz seines Widerstandes zum Lesen der Worte:

1. Trag vor im Namen deines Herrn, der erschaffen hat,
2. den Menschen aus einem Embryo erschaffen hat!
3. Trag (Worte der Schrift) vor! Dein allgütiger Herr ist es ja,
4. der den Gebrauch des Schreibrohres gelehrt hat,
5. den Menschen gelehrt hat, was er (zuvor) nicht wußte [4].

Dies war die erste von vielen Botschaften Allahs an Muhammad. Der Koran ist ein inspiriertes Buch, das vom Propheten in Trance empfangen und sofort danach verkündet wurde. Während er die Eingebungen verkündete, lebte er in einer anderen, höheren Wirklichkeit, in der die Umwelt ausgeschaltet war. Versmaß, Schönheit der Sprache und der Glaube an die Göttlichkeit der Offenbarungen übten auf die Zuhörer eine magische Wirkung aus.

Muhammad sieht sich als Erneuerer der einst Abraham geoffenbarten Religion. Abraham ist für ihn der Vertreter einer Glaubenswahrheit, die vor derjenigen der Juden und der Christen bestand. Abraham sei der Stammvater der Araber, die sich auf Ismael, den Sohn Abrahams und der Hagar, zurückführen ließen. Weiter behauptet Muhammad, daß Abraham der ursprüngliche Erbauer der Kaaba wäre, die er zu Ehren des einen Gottes errichtet habe. Er knüpft mit seiner Lehre an die der Juden und Christen an, doch findet man bei ihm neben neuplatonischen Einflüssen auch Gedanken aus der persischen Zoroaster-Religion und aus der Denkweise der Manichäer. Außerdem übernimmt er Vorstellungen aus den alten Stammeskulten, so den Glauben an die Dschinn (Geister) und an den Iblis (Teufel). Was Mose in der Thora, David im Psalter und Jesus in den Evangelien lehrten, hat nach Muhammad auch Gültigkeit für den Islam. Diese heiligen Schriften sind seiner Ansicht nach Teile eines heiligen Urbuches, das von Allah verwahrt wird.

Nach dem Koran ist Adam von Allah selbst auf Erden eingesetzt worden, um hier seinen Willen auszuführen, die Güter der Erde zu erschließen und sie am Ende der Zeiten durch Adams Nachkommen Allah zurückzugeben. Jesus ist für Muhammad Prophet und Wundertäter; er nennt ihn den »Sohn der Jungfrau Maria«, lehnt aber den Glauben ab, daß er Gottes Sohn sei. Weiter lehrt er, daß Jesus nicht am Kreuz gestorben und auch nicht auferstanden sei, sondern daß er direkt in den Himmel entrückt wurde. Er wird aber eines Tages auf die Erde zurückkehren und die Welt vom Antichrist befreien.

» ... doch sie ermordeten ihn nicht und kreuzigten ihn nicht, sondern einen ihm Ähnlichen ...« [5].

Eindrucksvoll sind die Schilderungen des Jüngsten Gerichtes, der Schönheit des Paradieses und der Qualen der Hölle. Mit eindringlichen Worten wird gemahnt, sich auf das Gericht vorzubereiten. Muhammad bekämpft das Gesetz der Juden, doch übernimmt er von ihnen das Verbot des Essens von Schweinefleisch und ergänzt es durch die Verbote des Weingenusses und der Glücksspiele. Wer dem Koran gemäß lebt, darf hoffen, an den himmlischen Freuden des Paradieses teilzunehmen. Doch ist das Paradies eine Gabe Allahs, die man nicht erzwingen kann, auch nicht durch ein noch so vorbildliches Leben. Da die Gedanken des Korans oft stark von denen der Bibel abweichen, machte man Muhammad gelegentlich auf seine vermeintlichen Irrtümer aufmerksam. Er erklärte aber, die überlieferten Berichte seien verfälscht, und die Offenbarungen, die ihm zuteil geworden seien, unterlägen keinem Zweifel.

Einen großen Raum nehmen in den in Medina entstandenen Teilen des Korans Anordnungen über Fragen des Kultes und des privaten und sozialen Lebens ein. Durch den Koran werden ferner die Grundlagen des Rechtswesens, der Ethik sowie der Staatsführung gelegt. Auf dem Koran beruht demnach die Gesetzgebung des Islam. Die wichtigste Forderung bleibt jedoch die Unterwerfung unter den Willen Allahs, und Muhammad wird nicht müde, dies mit immer neuen Worten zu wiederholen. Der Muslim bekennt:

> »Allah ist groß! Ich bezeuge, daß es keinen Gott gibt außer Allah und daß Muhammad der Gesandte Gottes ist!«

Mit dem Zusatz

> »Herbei zum Gebet!«

ist dies der Ruf des Muezzins, mit dem er fünfmal täglich zur Einhaltung des Gebetes mahnt.

Die Lehre vom Sündenfall ähnelt der biblischen Erzählung von der Vertreibung Adams aus dem Paradiese, weist aber doch andere Züge auf. Gott hat Adam über die Engel erhöht und befiehlt ihnen, sich vor ihm niederzuwerfen. Nur Iblis verweigert dies, da er schon lange vor Adam bestanden hat und nicht wie dieser aus Staub erschaffen wurde:

> »Und als wir (Gott) zu den Engeln sprachen: ›Werfet euch nieder vor Adam‹, da warfen sie sich nieder bis auf Iblis, der sich in Hoffahrt weigerte und einer der Ungläubigen ward.
> Und wir sprachen: ›O Adam, bewohne du und dein Weib den Garten (das Paradies) und esset von ihm in Hülle und Fülle, wo immer ihr wollt; aber nahet euch nicht jenem Baum, sonst seid ihr Ungerechte.‹
> Aber der Satan (Iblis) ließ sie aus ihm straucheln und vertrieb sie aus der Stätte, in der sie weilten. Und wir sprachen: ›Hinfort mit euch! Der eine (der Mensch) sei des anderen (des Satans) Feind, und auf der Erde sei euch eine Wohnung und ein Nießbrauch für eine (begrenzte) Zeit.‹

> Und es empfing Adam von seinem Herrn Worte (des Gebets), und er (Gott) kehrte sich ihm wieder zu; denn, siehe, er ist der Vergeber, der Barmherzige« [6].

Iblis, der Satan, ist im Islam ein gefallener Engel, der ein Geschöpf Gottes bleibt, auch wenn er das Böse im Menschen verkörpert. Er kann die Menschen verführen, aber der Mensch kann ihm auch widerstehen. Der Islam kennt keine Erbsünde; Gott nähert sich Adam nach der Vertreibung aus dem Paradiese wieder.

Einige islamische Mystiker – als erster wohl Hallaj – haben versucht, Iblis zu rehabilitieren: Als Gott ihm befiehlt, sich vor Adam niederzuwerfen, muß er sich weigern, denn Gott verlangt auch, daß Er allein angebetet werden soll. Iblis ist also in einer ausweglosen Situation, »er wird gefesselt ins Wasser geworfen«. Am schärfsten hat Ghazzali diese Deutung des Iblis als des vollkommensten Monotheisten vertreten:

> »Wer tauhid (Bekenntnis der Einheit Gottes) nicht vom Satan lernt, ist ein Ungläubiger« [7].

Andere wiederum (z.B. Rumi) lehnen diese Auslegung des Korans ab und weisen daraufhin, daß Iblis sich hätte vor Adam niederwerfen müssen, da Gott ihn nach seinem Bilde geschaffen und ihm seinen Odem eingehaucht hätte.

Die Lehre vom Satan ist eng mit dem Schicksalsglauben verflochten. Der islamische Fatalismus ist in seinen letzten Konsequenzen völlig destruktiv; er hebt jede Moral und jeden Sinn des Lebens auf. Das haben auch mohammedanische Denker erkannt und an dieser Lehre Kritik geübt. Aber der gewöhnliche Gläubige sieht das anders, er zieht diese letzten Konsequenzen nicht. Nach seiner Ansicht ist damit nur die Wahrheit ausgedrückt, daß seine Erlösung ganz in Gottes Hand liegt, und er gibt keineswegs jede Aktivität und Verantwortung auf. Der Mystiker Dhu'n-Nun sagt:

> »Ich bin Gnade von Deiner Gnade, Vorsehung von Deiner Vorsehung. Ich wandere in deiner Gnade, ich wandle frei in Deiner Vorsehung. Ich wachse nach Deinem Vorauswissen und werde nicht kleiner nach Deiner festen Verfügung. Von dem Platz, an den Du mich gestellt hast, wird mich keiner fortstoßen können, nur Du allein. Ich kann der Sünde nicht aus eigener Kraft entfliehen, es sei denn, daß Deine Liebe mich erweckt« [8].

Der Fatalismus hindert den Muslim aber nicht zu sagen:

> »O Gott, meine Sünde gehört mir selbst, ist in ihrer innersten Essenz mein Selbst. Meine Liebe gehört Dir, ihre innerste Essenz ist Dein Selbst« [9],

und man findet auch die in sich widersprüchliche Aussage:

> »Liebe, die Deine Gnade ist, widme ich Dir aus freiem Willen. Sünde, die aus meinem eigenen Selbst stammt, begehe ich gegen meinen Willen« [10].

Eine Synthese zwischen dem Glauben an die göttliche Vorausbestimmung und dem an die menschliche Willensfreiheit versucht Ghazzali; Gott will zwar Unglauben und Sünde in der Welt, aber der Mensch kann frei wählen, wieweit er sich selbst in die Sünde verstricken will:

»Denn die Sünde ist zwar durch den Ratschluß Gottes bedingt, sie hat aber ein doppeltes Gesicht. Beim Menschen ist sie freier Entschluß, bei Gott ist sie Gottes Ratschluß und Bestimmung.
Insofern als es nun Gottes Ratschluß ist, daß die Welt nie von Unglauben und Sünde frei sein soll, muß man sich damit zufrieden geben. Insofern die Sünde aber freier Entschluß des Menschen und eine Eigenschaft von ihm und ein Zeichen seiner Gottverhaßtheit ist, darf man sich nicht damit zufrieden geben« [11].

Im Prinzip ähnlich behandelt Rumi das Problem von Gut und Böse:

»Gott der Erhabene will Gutes und Böses, aber er billigt nur das Gute ... Begreife also, daß Gott Böses einerseits will und andererseits nicht will ... Zu den Voraussetzungen für Gottes Befehl und Verbot gehört diese störrische (Trieb-)Seele, die von Natur aus nach dem Bösen verlangt und von Natur aus das Gute meidet. Diese niedere Seele gehört zu den Voraussetzungen für alle Übel, die in dieser Welt bestehen. Hätte Gott diese Übel nicht gewollt, so hätte Er die Triebseele nicht gewollt, und hätte Er die Triebseele nicht gewollt, so hätte Er nicht Befehl und Verbot gewollt, die mit der Triebseele zusammenhängen ...
Wir sagen weiter: Wenn Gott alles Gute will, und zu den guten Dingen gehört die Ablehnung des Bösen, und so will Er die Ablehnung des Bösen – : nun kann Böses nicht abgelehnt werden, ohne daß es existiere. Oder wir sagen: Gott will Glauben – nun kann Glaube nur bestehen nach Unglauben, so daß Unglaube eine Voraussetzung von Glauben ist. Also ist das Wollen von Bösem nur häßlich, wenn es um seiner selbst willen gewollt wird; wenn es jedoch um etwas anderen willen gewollt wird, dann ist es nicht häßlich ... Das partielle Übel um des total Guten willen zu wollen, ist nicht häßlich, während es häßlich ist, den Willen für ein partielles Übel aufzugeben, weil man das totale Übel billigt ...
Gott der Erhabene ist Allvergebend, Allverzeihend und Hart-Strafend ... Nun kann Er nicht Allverzeihend und Allvergebend sein ohne Sünde, und etwas zu wollen bedeutet, auch seine Voraussetzungen zu wollen ... « [12].

Lustig ist die Erzählung von einem erwischten Obstdieb, der behauptete, es wäre Allahs Garten, und er hätte nur von den Früchten Allahs gegessen. Der Gärtner verprügelte ihn aber »mit dem Stock Allahs«, bis er einsah, daß der Diebstahl nicht auf dem Willen Allahs, sondern auf seinem eigenen Willen beruhte [13].

Gottes Liebe wird verdient, indem man Ihm gehorcht und Ihn liebt. Der Islam ist die Religion der absoluten Abhängigkeit von Gott, aber der positive Aspekt dieses Glaubens ist auch ein grenzenloses Vertrauen in Gott.

Neben dem Koran gibt es noch die Schriften der Überlieferung, den *Hadith* und die *Sunna*. Der Hadith (Tradition des Propheten) fußt auf Aufzeichnungen von Äußerungen Muhammads, die während seines Lebens von Anhängern gemacht wurden. Es handelt sich um zahlreiche, nicht kanonisierte Mitteilungen. Besonders wichtig sind darin die Regeln für eine religiöse Lebensführung.

Die Sunna (das Beispiel des Propheten) gilt als orthodoxe Überlieferung von Regeln, Vorschriften und Gewohnheiten der frühesten Gemeinde. Die

Sunna ergänzt Lücken des Korans und gilt als Maßstab für seine Auslegung und Anwendung. Da sie hauptsächlich den in Medina entstandenen Teil des Korans kommentiert, wird diese Stadt auch als »dar as-sunna« (Haus der Sunna) bezeichnet.

Islamisches Recht

Das islamische Recht regelt Rechte und Pflichten des Gläubigen bis ins Einzelne und greift tief in das private, soziale und politische Leben des Menschen ein. Das göttliche Gesetz, der Koran, gilt auch im Staatswesen als alleinige Richtschnur; so nimmt im Islam der »Gottesstaat« (s. Abschn. 8.4.5, Augustinus) konkrete Form an.

Da der Koran als Basis für Gesetz, Sitte und Verfassung nicht auf alle Streitfragen und Probleme, die nach dem Tode Muhammads auftraten, eine Antwort geben konnte, wurde er durch die Schriften der Sunna ergänzt. Die ältesten Gesetze des islamischen Rechtes gehen jedoch auf das altarabische Gewohnheitsrecht zurück. Die von Muhammad eingeführten Änderungen erklären sich z.T. aus seiner Beeinflussung durch die jüdische Gesetzgebung und durch die Rechtsprechung in Ländern mit christlicher Bevölkerung. Einige der von ihm vorgenommenen Änderungen wurden bereits erwähnt, es sei noch hinzugefügt, daß alle Rechtgläubigen ohne Unterschied als gleich gelten, daß Muhammad die Ehelosigkeit ablehnt, die Anzahl der Frauen auf vier begrenzt und die Scheidung erheblich erschwert. Die rechtliche Stellung der Frau erfährt durch ihn eine wesentliche Verbesserung.

Da nach den umfangreichen Eroberungen der islamischen Heere ein großes Reich mit unterschiedlichen Bevölkerungsgruppen entstanden war, genügten nunmehr neben dem Koran auch die Schriften der Sunna nicht mehr zur Klärung aller auftretenden Rechtsfragen. Man fügte daher noch eine dritte Quelle der Rechtsfindung zu den bestehenden hinzu: Die Folgerung durch Analogie. Das bedeutet, daß strittige Fragen durch Vergleich mit überlieferten Fällen entschieden werden können. Wenn auch dies Verfahren versagt, wird ein Urteil auf Grund des »Prinzips der Übereinstimmung« der Richter gefällt. Die Berechtigung dieser Methode beruht auf einem Ausspruch Muhammads, nach dem nie alle Mitglieder einer Gemeinde in einem Irrtum übereinstimmen könnten.

In der Folgezeit entwickelten sich vier Rechtsschulen, die die Namen ihrer Gründer tragen: Die hanafitische (nach Abu Hanifa, gest. 767), die malikitische (nach Malik ibn Anas, gest. 795), die shafiitische (nach Shafi'i, gest. 820) und die hanbalitische (nach Ahmad ibn Hanbal, gest. 855). Je eine von ihnen wird noch heute in einem bestimmten Gebiet der islamischen Welt anerkannt, dort ist ihre Rechtsauslegung gültig. Alle vier gelten als orthodox und als untereinander gleichberechtigt, zumal sie sich nur unwesentlich voneinander unterscheiden. Sie alle berufen sich auf den Koran. Die wichtigsten Gebote für alle Gläubigen sind die fünf religiösen Pflichten:

1) Der Glaube, daß es außer Allah keinen anderen Gott gibt und daß Muhammad der Gesandte Allahs ist (Bekenntnisformel: shahada).
2) Die Pflicht, fünfmal täglich das rituelle Gebet (salat) zu verrichten.
3) Die an den öffentlichen Schatz abzugebende Almosensteuer (zakat).
4) Das Fasten (zaum), d.h. die Enthaltung von Speise, Trank und Geschlechtsverkehr von der Morgendämmerung bis zum Anbruch der Dunkelheit im Monat Ramadan, dem Monat, in welchem Muhammad der Koran gesandt wurde.
5) Die Pilgerfahrt nach Mekka.

Der Islam kennt keinen Priesterstand wie das Christentum. Die Leitung des Gottesdienstes liegt in der Hand eines angesehenen Gemeindemitgliedes, das auf Grund seiner Kenntnisse für dieses Amt geeignet ist. Hochgeachtet und einflußreich sind die Gelehrten des Korans und der islamischen Gesetze. Man nennt sie Ulema (in Persien Mullah). Am Freitag, dem Feiertag der Muslime, findet zur Zeit des Mittaggebetes in der Moschee ein Predigtgottesdienst statt; neben der religiösen Belehrung behandelt die Predigt oft auch politische Themen.

7. 4 Islam und griechische Philosophie; Kalam

Die Übersetzungstätigkeit am Hofe der Abbasiden machte die führenden islamischen Schichten mehr und mehr mit griechischem Gedankengut bekannt. In Bagdad und in einigen anderen Städten bildeten sich Zirkel, in denen philosophische Themen diskutiert wurden, und nach einer Periode des Aneignens und Kommentierens griechischer Ideen traten auch islamische Gelehrte auf, die eigene Gedanken zur Philosophie beisteuerten. Von diesen seien nur einige der Bedeutendsten – al-Kindi, al-Farabi, ibn Sina und ibn Ruschd – genannt; wegen seines Einflusses auf die islamische Philosophie ist ferner al-Ghazzali zu erwähnen.

Der Verbreitung der Philosophie kam entgegen, daß unter den Beratern und hohen Würdenträgern der ersten abbasidischen Kalifen Anhänger und Sympathisanten der sogen. »Mutazila« waren. Es war dies eine freidenkerisch gefärbte religiöse Richtung, die schon im ersten Viertel des 8. Jahrhunderts von

Wasil ibn Atha (gest. 748), einem ehemaligen Anhänger des Hasan al-Basri, gegründet worden war. Die Mutaziliten erstrebten eine Reform des ihrer Ansicht nach allzusehr erstarrten islamischen Glaubens und bedienten sich bei der Koran-Auslegung der Methode des logischen Schließens und z.T. auch der dialektischen Argumentation. Sie lehnten die Lehre ab, daß der Koran seit Ewigkeit bestanden habe, und behaupteten, er sei erschaffen und könne noch verbessert werden. Die Attributenlehre wurde ebenfalls verworfen, da kein Attribut mit der Einheit Gottes vereinbar wäre. Außerdem wandten sie sich gegen den Fatalismus und setzten an dessen Stelle die Willensfreiheit und die Verantwortlichkeit des Menschen.

Später bildete sich eine gemäßigtere, von Abu'l-Hasan al-Aschari (gest. 941) begründete Richtung, die der sogen. Ascharíten. Diese wollten zwar ebenfalls Glaubenssätze logisch begründen, ließen aber auch Offenbarung und Prophetie als Grundlagen der Religion zu. Sie standen damit zwischen den Mutaziliten und dem Teil der Orthodoxie, der keinerlei philosophische Erklärungen der Glaubensartikel oder auch nur Diskussionen darüber duldete. Die Ascharíten galten als orthodox, ihr System wurde in Bagdad gelehrt.

Die konservativen Kräfte der Orthodoxie mußten sich selbstverständlich gegen die Mutazila, die ja an den Grundlagen des Glaubens rüttelte, zur Wehr setzen. Sie sahen aber auch die Philosophie ganz allgemein, besonders die Logik, als Bedrohung der Lehre an, vielleicht nicht völlig ohne Berechtigung, da manche philosophischen Theorien kaum mit ihrem Glauben in Übereinstimmung zu bringen waren. Anderseits bedienten sich aber auch Theologen philosophischer und dialektischer Methoden, um Angriffen auf ihre Religion besser begegnen zu können. Aus all' diesen Diskussionen und Polemiken entstand eine »Kalam« genannte Denkweise, die sich die wissenschaftliche Begründung der Lehren des Korans, die Vereinigung von Wissen und Glauben, zum Ziel gesetzt hatte; und mit der Zeit bildete sich innerhalb des Kalams eine Art von islamischer Dogmatik, in der die Einheit Gottes, Gottes Attribute und die Prinzipien der Religion definiert wurden. Der Kalam war nicht nur für den Islam von Bedeutung, sondern seine Philosophie wirkte auch auf den Judaismus, und mit der Scholastik entstand im christlichen Abendland eine ganz entsprechende Richtung.

Al-Kindi

Al-Kindi (ca. 813 - 870) wird als erster arabischer Philosoph von Bedeutung angesehen, steht aber noch stark unter dem Einfluß der neu in den Islam eingedrungenen griechischen Ideen. Neben philosophischen Schriften verfaßt er auch astronomische, astrologische, medizinische u.a. Werke. Seine Philosophie ist i.w. von Aristoteles geprägt, doch kennt er auch andere antike Schriftsteller wie Platon, Proklos, Themistios, und selbst christliche Gedanken treten bei ihm in islamischer Umformung auf.

In seiner Schrift über die Seele unterscheidet er zwischen unbeständigen Dingen, die die Objekte von Begierden und Leidenschaften sind, und verbleibenden Gütern, nach denen die Vernunft streben sollte. Aufgabe der Seele ist es, die Kontrolle über die menschlichen Leidenschaften zu gewinnen und Ärger und Begierden zu verhindern. Die Seele bleibt nach dem Tode bestehen. Wenn sie geläutert ist, besitzt sie die wahre Erkenntnis der Dinge. Ihr eigentlicher Aufenthaltsort ist die höhere, übernatürliche Welt. Al-Kindi sieht keinerlei Gegensätze zwischen griechischer Philosophie und islamischer Theologie; die Metaphysik besteht für ihn aus Betrachtungen über das Eine, die Einheit Gottes, die Seele und den Intellekt, d.h. aus Themen, die sämtlich auch in der Theologie behandelt wurden. Die anderen Gebiete der aristotelischen »ersten Philosophie« läßt er aus.

Al-Farabi (Alfarabius)

Abu Nasr al-Farabi (ca. 870 - 950) verfaßt ein umfangreiches Schriftwerk, das aus Kommentaren zu mehreren Werken Platons und Aristoteles' und zahlreichen eigenständigen Schriften besteht. Besondere Verdienste erwirbt er sich durch seine logischen Abhandlungen, die auf dem Organon des Aristoteles und der Eisagoge des Porphyrios beruhen und die vielleicht als Verteidigung der Logik gegen Angriffe der Theologen gedacht sind. Wichtig ist seine Arbeit über die Metaphysik des Aristoteles, in der er zeigt, daß sie mehr umfaßt als nur theologische Fragen, wie al-Kindi angenommen hatte.

Am bekanntesten sind seine Theorien über den Staat. Er geht dabei von der Ordnung im Kosmos aus: An oberster Stelle steht eine vollkommene Wesenheit, ein perfektes Sein, von dem (entspr. der neuplatonischen Emanationstheorie) weniger vollkommene Wesen ausgehen, von diesen noch weniger vollkommene und so fort bis zu den niedersten Daseinsformen. In al-Farabis Idealstaat steht dementsprechend eine Persönlichkeit an der Spitze, die hinsichtlich Führungseigenschaften, Weisheit und Charisma dem Ideal möglichst nahe kommen soll. Dieser Erste im Staat ist der Einzige, der nur Anordnungen trifft, selbst aber von niemand anderem abhängt. Unter ihm stehen die Personen, die in abnehmender Folge immer weniger zu sagen haben und immer stärker von ihren Oberen abhängen, bis zuletzt die Klasse derjenigen erreicht wird, die nur Weisungen auszuführen haben, aber selbst keine Anordnungen treffen können. Der so skizzierte hierarchische Aufbau traf zu al-Farabis Zeit bis zu einem gewissen Grade auf das islamische Staatswesen mit dem Kalifen an der Spitze zu.

Etwa 960 wurde in Basra von einer Gruppe von naturwissenschaftlich, mathematisch und philosophisch gebildeten Personen ein umfangreiches Werk, das «Kitab Ikhwan as-safa« (Buch der lauteren Brüder), verfaßt. In diesem wird in 51 Abhandlungen das gesamte damalige Wissen in gedrängter Form dargestellt. Die Verfasser blieben aus guten Gründen anonym. Der Zweck des Werkes geht über den einer rein lexikalischen Zusammenfassung des Wissens hinaus; im dritten, hier ausschließlich interessierenden Teil ist das Konzept angedeutet:

> »Diese Abhandlung gehört zu den 51 Abhandlungen der »Ikhwan as-safa«, die über die Läuterung der Seele und die Besserung des Charakters handeln und zur Lehre des Sufismus (»Kalam des Sufismus«) gehören« [14].

Die Läuterung der Seele erfolgt nach den Verfassern durch Hinführung zum »Wissen«; Wissen ist das wahre Leben, und Wissen führt zu Gott. Es besteht aus Religion und Philosophie; beide sind von göttlicher Herkunft und ohne Gegensätze miteinander vereinbar. Unter Abwandlung eines Satzes in Platons Theaitetos wird gesagt:

> »Es heißt ja: Die Philosophie ist das Ähnlichwerden mit Gott, gemäß dem menschlichen Vermögen« [15].

Die Seele soll den Zustand der Unwissenheit, die vergängliche Welt, das Gefängnis des Körpers verlassen, um erlöst zu werden und zu Gott zurückzukehren. Die Wissenden sind diejenigen, die lauteren Glaubens sind, die wahren Philosophen:

> »Die Philosophen und die Vortrefflichen, die in der Wissenschaft bewandert sind, sehen mit der Reinheit der Seelen und dem Licht ihres Intellektes ... « [16].

Entsprechend dem Charakter des Werkes sind in ihm alle wichtigen Ideen der griechischen Philosophie von Pythagoras bis zu den Neuplatonikern verarbeitet. Außerdem enthält es kurze Beschreibungen der Gnosis, der wichtigsten Religionen und vieler anderer Strömungen, so daß es müßig ist, darin nach einzelnen Einflüssen zu suchen. Bemerkenswert sind die hohe Einschätzung der Philosophie und der Versuch, sie mit sufischen Idealen zu verbinden. Die orthodoxe Theologie konnte eine Gleichwertigkeit von Philosophie und Religion nicht anerkennen und lehnte das Werk daher ab. Es wurde 1150 in Bagdad öffentlich verbrannt. Trotzdem (oder gerade deswegen) wurde es in gebildeten Kreisen viel gelesen, von späteren Philosophen wie ibn Sina, al-Ghazzali u.a. ausgewertet und auch in der mittelalterlichen jüdischen Religionsphilosophie verwendet.

Als bedeutendster und universellster islamischer Philosoph gilt Abu Ali ibn Sina. Er wurde 980 in der Nähe von Buchara geboren, eignete sich schon in der Jugend umfangreiche Kenntnisse auf zahlreichen Wissensgebieten (Mathematik, Medizin, Philosophie, Theologie, Jura) an und führte ein wechselvolles Leben an mehreren Fürstenhöfen; er gelangte als Wesir zu den Höhen politischer Macht, kam aber auch in Ungnade und in den Kerker. Er starb 1037 in Hamadan.

Das philosophische Werk ibn Sinas ist vielschichtig. Einmal schreibt er für eine größere Anzahl von gebildeten Lesern in vollem Einklang mit den Lehren seines Glaubens, dann verfaßt er Werke von höchster Abstraktion ohne jeden Bezug auf die Religion, und dann wieder gibt es Schriften von ihm, die Wichtiges nur andeuten und die nur von wenigen Eingeweihten verstanden werden können.

In mehreren Werken befaßt sich ibn Sina mit der Metaphysik. In der Anordnung der Themen hält er sich an Aristoteles, in dessen Tradition er sich stehen sieht. Aber er geht über diesen hinaus, indem er nicht nur Auslassungen und Unklarheiten des Stagiriten stillschweigend beseitigt, sondern auch mit Ausführungen über die Metaphysik der Seele ein zusätzliches Gebiet in diesen Teil der Philosophie einführt.

Eine wichtige Änderung gegenüber der aristotelischen Lehre besteht in seiner Behandlung des ersten Prinzips, des »unbewegten Bewegers« des Aristoteles. Dieser war von dem Begriff der Bewegung und von der Unmöglichkeit des Regresses ins Unendliche ausgegangen (vgl. Abschn. 5.3.4). Ibn Sina erscheint es jedoch unbefriedigend, aus einer seelenlosen Bewegung letzte Prinzipien und Wahrheiten abzuleiten. Er übernimmt daher den Begriff des »notwendig Existierenden«, der im Gegensatz zum »physikalischen« Beweis des Aristoteles als »Gottesbeweis der Theologen« bezeichnet wird. Danach ist die Existenz Gottes von grundsätzlich anderer Art als die der übrigen Dinge, denn sie hängt nicht wie deren Existenz von einem Schöpfungsakt ab; sie muß daher eine aus sich heraus »notwendige Existenz« sein. Die Lehre von der »notwendigen Existenz« Gottes gab es schon vor ibn Sina; sie stammt entweder aus der Attributenlehre (ein Attribut Gottes ist seine notwendige Existenz) oder aus der Metaphysik des Aristoteles:

> »Nun gibt es aber etwas, was ohne bewegt zu werden selbst bewegt und ... existiert; bei diesem ist es auf keine Weise möglich, daß es sich anders verhalte« [17].

In etwas anderer Übersetzung lautet diese Stelle:

> »Der Beweger existiert daher notwendig ... « [18].

Aus dem Begriff des »notwendig Existierenden« entwickelt ibn Sina (ähnlich wie Aristoteles aus dem des unbewegten Bewegers) durch logisches Schließen dessen Eigenschaften. Seine Anforderungen an die Beweise sind dabei oft höher als die seines Vorgängers Aristoteles; er geht häufig nach einem von dessen Syllogismen vor, wo dieser selbst nicht so rigoros geschlossen hatte. Aristoteles beweist z.B. die Behauptung, daß es nur einen einzigen Himmel gibt, folgendermaßen:

> »Daß aber nur ein Himmel existiert, ist offenbar ... Was aber der Zahl nach eine Mehrheit ist, hat einen Stoff; denn der Begriff des mehreren, z.B. des Menschen, ist einer und derselbe ... Das erste Sosein aber hat keinen Stoff, denn es ist Vollendung (Wirklichkeit). Eines ist also dem Begriff und der Zahl nach das erste bewegende Unbewegte; also ist auch das immer und stetig Bewegte (der Himmel) nur Eines; also gibt es nur einen Himmel« [19].

Bei ibn Sina wird dieser Beweis mit einem Syllogismus geführt:

a) Wenn das Erste Prinzip Eines ist, geht von ihm nur *eine* Ordnung aus.

b) Das Erste Prinzip ist Eines (was schon anderweitig bewiesen wurde).

c) Daher kann nur *eine* Ordnung von ihm ausgehen (also gibt es nur einen Himmel) [20].

Die Lehren ibn Sinas über die Seele sind verknüpft mit seiner Theorie des Lernens und Erkennens. Es gibt eine absolute Wahrheit, die ein abgeschlossenes Ganzes bildet, das nicht erweitert werden kann. Während seines Lebens kann der Mensch nur Teile davon erkennen, das Ganze erst nach dem Tode. Der Fortschritt der Wissenschaften besteht darin, einen immer größeren Teil dieser Wahrheit zu erfassen. Man erlangt Kenntnis, indem man fundamentale Prinzipien aufstellt und daraus mit den logischen Methoden, die Aristoteles erarbeitet hat, Folgerungen erschließt.

Die Seele entsteht mit dem Beginn des menschlichen Körpers; während des Lebens ist sie mit dem Körper verbunden. Sie ist aber nicht wie der Inhalt des Gefäßes »Körper« anzusehen, sondern sie verhält sich zu diesem wie ein Konstrukteur zu seiner Konstruktion. Sie ist also etwas, das für sich allein bestehen kann. Während des Lebens nimmt die zunächst inhaltlose Seele verschiedene Eindrücke auf; das geschieht durch unmittelbare Anschauung, durch Lernen von anderen, durch Kombinieren und zuletzt durch Intuition. Durch die Intuition besitzt die Seele eine Verbindung zu dem von Gott ausgesandten »aktiven Intellekt«. Die Seele, die »rein« ist, d.h. die zur Erkenntnis Gottes gelangte, die frei von schlechten Trieben ist und die den religiösen Gesetzen anhängt, vermag am leichtesten Intuition zu erhalten. Sie ist dann wie ein Spiegel, in welchem die Dinge unverzerrt gesehen werden. Die Ethik kann eine Veränderung des emotionellen Teils des menschlichen Charakters bewirken und zu einem ausgeglichenen Wesen führen, so daß dann die göttliche Ausstrahlung leichter und vollständiger wahrgenommen wird. Mit dem Tode hört die Bindung der Seele an den Körper auf; sie selbst bleibt bestehen, ihr weiteres Schicksal wird durch ihren Stand vor dem Tode bestimmt. Wenn sie sehr gute Charaktereigenschaften erworben hatte, wird ihr alles zur Kenntnis gebracht, was ihr vordem verborgen war, und sie kann einer der abstrakten Intelligenzen ähnlich werden, die aus Gott hervorgegangen sind und die die Prinzipien der Ursachen des Seins sind.

Von den zahlreichen sonstigen Werken des ibn Sina sei der Kanon der Medizin erwähnt, der für mehrere Jahrhunderte das maßgebende medizinische Lehrbuch sowohl im Orient als auch im Abendland war. Seine theologischen Schriften werden noch heute in den Ausbildungsstätten für Geistliche besprochen.

Al-Ghazzali (Alghazel) und ibn Ruschd (Averroes)

Al-Ghazzali war Theologe, Mystiker und Philosoph. Hier soll nur auf sein Wirken als Philosoph eingegangen werden; sein Leben und seine religiösen Gedanken werden im nächsten Abschnitt ausführlicher behandelt.

Al-Ghazzali lehrt ab 1091 einige Jahre lang an der vom Wesir Nizam al-Mulk gegründeten theologischen Hochschule in Bagdad. In dieser Zeit setzt er sich eingehend mit der griechischen Philosophie auseinander, die für ihn hauptsächlich durch Aristoteles verkörpert wird. Es hatte schon vor seiner Zeit in Theologenkreisen Auseinandersetzungen über die Verträglichkeit mancher philosophischer Thesen mit den Glaubenssätzen des Korans gegeben, doch hatte man sich bisher kaum die Mühe gemacht, tiefer in die Denkmethoden der Philosophie einzudringen. Um zu einem besser begründeten Urteil zu gelangen, studiert al-Ghazzali daher zunächst alle ihm zugänglichen philosophischen Schriften. Deren Inhalte faßt er in dem Kompendium »Ziele der Philosophie« zusammen.

Seine Hoffnung, in der Philosophie letzte Wahrheiten und zwingende Beweise für religiöse Glaubenssätze zu finden, wird jedoch enttäuscht. Stattdessen entdeckt er im Werk des Aristoteles innere Widersprüche und willkürliche, unbewiesene Behauptungen, die wiederum als Grundlage weiterer Schlüsse dienen. Dadurch wird er veranlaßt, seine Einwände in dem Buch »Die Widersprüche der Philosophie« (auch: Die Zusammenhangslosigkeit der Philosophie) darzulegen. In dieser Schrift widerlegt er 20 Thesen des Aristoteles, um so die Nichtigkeit allen Philosophierens zu beweisen und den für die Religion schädlichen Einfluß dieser Wissenschaft auszuschalten. Einige der von ihm widerlegten Sätze werden unten im Zusammenhang mit den Entgegnungen ibn Ruschds angeführt, um die Art der Argumentation zu zeigen.

Abu'l-Walid Muhammad ibn Ahmad ibn Muhammad ibn Ruschd wurde 1126 in Cordoba geboren, wo er auch studierte und eine sorgfältige Ausbildung in allen damaligen Wissenszweigen erhielt. Beruflich war er vorwiegend Jurist und versah längere Zeit das Richteramt in Sevilla und Cordoba, war aber zeitweise auch Leibarzt des Kalifen Abu Yaqub Jusuf und seines Sohnes Yaqub al-Mansur in Marrakesch. Nach wechselvollem Schicksal – Verbannung wegen seiner Schriften, Verbrennung seiner Bücher und Rückberufung – starb er 1198 in Marrakesch.

Ibn Ruschd ist bekannt als Kommentator zahlreicher Werke des Aristoteles, als Philosoph mit eigenen Ideen und als Gegner al-Ghazzalis, dessen Buch über die Widerlegung der Philosophie er seinerseits zu widerlegen versucht. Die Aristoteles-Kommentare sind wegen der philologischen Genauigkeit, mit der die Originaltexte erfaßt und besprochen werden, für lange Zeit vorbildlich gewesen.

In der Philosophie ist ibn Ruschd von Aristoteles abhängig. Er übernimmt dessen Lehre von der Ewigkeit der Welt, versucht aber, sie mit dem Koran in Einklang zu bringen, indem er eine kontinuierlich aus Gott hervorgehende Schöpfung annimmt. Die Vorsehung lehnt er ab, stattdessen soll eine allgemeine Vernunft bestehen, von der jeder Mensch einen größeren oder kleineren Anteil erhält. In dem Buch »Philosophie und Theologie« verteidigt er die Philosophie gegen Bestrebungen, jede Diskussion über religiöse Fragen zu unterbinden, mit dem Hinweis auf den Koran:

> »Die da Allahs gedenken ... und nachdenken über die Schöpfung der Himmel und der Erde (und sprechen): ›Unser Herr, nicht umsonst hast du dies erschaffen. Preis dir! ...‹ « [21].

Es gibt nach ibn Ruschd gewisse religiöse Grundwahrheiten, über die keinerlei Auseinandersetzungen erlaubt sind. Es gibt im Koran aber auch Stellen, die man auslegen muß. Darüber ist man sich einig, nicht aber darüber, welche Stellen auszulegen sind und welche Art der Auslegung zulässig ist. Man muß daher der großen Menge der Gläubigen den Koran nach dem Wortlaut verkünden und bei dunklen Stellen darauf hinweisen, daß nur Allah den Sinn kennt:

> »Der Geist ist auf den Befehl meines Herrn (erschaffen); euch aber ist nur wenig Wissen gegeben« [22].

Die Philosophen sollen den Koran auslegen, aber ihre Schriften dürfen nicht allgemein zugänglich gemacht werden, da es unterschiedliche Ansichten geben kann, wodurch bei Ungebildeten Zweifel und Unglauben hervorgerufen werden. Ibn Ruschd sieht demnach keinen Gegensatz zwischen Philosophie und Theologie; beide kommen zu den gleichen wahren Ergebnissen. Aus dieser

Ansicht entwickelte sich die oben angeführte Lehre von der doppelten Wahrheit, die zeitweise im Abendland diskutiert wurde (vgl. Abschn. 5.1).

Ebenfalls als Verteidigung der Philosophie gegen Angriffe der Orthodoxie ist ibn Ruschds Buch »Widerlegung der Widerlegung« (oder: Zusammenhangslosigkeit der Zusammenhangslosigkeiten) anzusehen. In diesem führt er zu den 20 Widerlegungen aristotelischer Thesen, die Ghazzali angegeben hatte, seinerseits 20 Gegenbeweise an, um zu zeigen, daß die Philosophie durchaus nicht widerlegt wurde. Einige der Wichtigsten seien angeführt:

Immer wieder wurde die Frage der *Erschaffenheit oder Ewigkeit der Welt* behandelt. Bibel und Koran sagen, sie sei von einem Schöpfer zu einem bestimmten Zeitpunkt erschaffen worden.

Aristoteles behauptet dagegen, sie habe seit Ewigkeit bestanden. Begründung: Wenn die Welt einen (zeitlichen) Anfang gehabt hätte, wäre vor diesem Anfang eine leere Zeit gewesen (eine reine Leere). Aber in einer leeren Zeit hätte Gott keinen Anlaß für irgendein Beginnen gehabt; nichts hätte ihn zur Schöpfung veranlassen können.

Al-Ghazzali bestreitet dies Argument mit dem Hinweis, daß Gott in seinem Willen völlig frei ist, zu erschaffen oder nicht zu erschaffen. Sein Wille habe nichts mit äußeren Dingen zu tun, er hinge nicht von äußeren Unterschieden ab, sondern würde diese selbst erzeugen.

Ibn Ruschd hält dagegen: Wenn Gott die Welt willkürlich (aus seinem Willen heraus) erschafft, wenn er Unterschiede erschafft, ohne irgendeinen Grund dafür zu haben, so kann man ihm weder Weisheit noch Gutheit zuschreiben. Entweder steht Gott über Denken und Moral, dann ist er weder weise noch gut; oder er untersteht den Gesetzen des Denkens und der Moral, dann ist er nicht allmächtig.

Ein weiteres Argument für die Ewigkeit der Welt beruht auf dem Begriff der Zeit: Es heißt, daß Gott in zeitloser Ewigkeit (d.h. vor jeder Zeit) existiert habe und daß die Zeit erst mit dem Beginn der Schöpfung und der Bewegung entstanden sei (Zeit und Bewegung sind untrennbar miteinander verbunden). Anderseits kann Gott aber nicht *vor der Zeit* existiert haben, da es ohne Zeit kein »vorher« gibt.

(*Maimonides* hält die Frage nach der Erschaffenheit oder Ewigkeit der Welt für unlösbar; sie geht über die Fähigkeit des menschlichen Verstandes hinaus. Weder die Theologen noch die Philosophen können zwingende Beweise für ihre unvereinbaren Standpunkte beibringen [vgl. Abschn. 6.4.4]).

* * *

Eine Grundfrage der Religion ist die nach der Existenz Gottes. *Aristoteles* hat die Existenz einer ersten Ursache, die mit Gott identifiziert wird, aus der Unmöglichkeit einer unendlichen Kausalkette erschlossen. Eine solche Kette, die keinen Anfang und kein Ende hat, könne keine erste Ursache besitzen und auch keine Wirkung ausüben (vgl. Abschn. 5.3.4).

Al-Ghazzali widerlegt diese Behauptung mit dem Hinweis auf die Existenz einer Kausalkette, die zwar keinen Anfang, aber ein Ende hat: Die vergangene Zeit; sie hat (nach den Philosophen) keinen Anfang, aber ein Ende, nämlich den jetzigen Augenblick.

Ibn Ruschd entgegnet, daß gerade die Existenz einer unendlichen Kausalkette eine ewige Ursache bedingt, aus der diese erst entstehen kann.

* * *

Ein besonders schwerwiegender Angriff al-Ghazzalis bezieht sich auf Eigenschaften der ersten Ursache oder des ersten Prinzips. Nach *Aristoteles* sind beim ersten Prinzip (oder der ersten Ursache) Denken, Gedachtes und das Denkende identisch, so daß es nur sich selbst denkt (vgl. Abschn. 5.3.4).

Al-Ghazzali weist darauf hin, daß die erste Ursache (Gott) dann weniger denke und kenne als der Mensch und selbst als Tiere, die sich selbst *und* anderes kennen würden. Gott stände damit unter Mensch und Tier, was krasse Blasphemie wäre.

Ibn Ruschd widerlegt diesen Einwand mit dem Hinweis auf die Eigenschaften der ersten Ursache: Sie besitzt ein Wesen, das absolut existiert, und alles andere Existierende erhält sein Wesen von ihr. Die erste Ursache kennt alles andere Existierende absolut, weil diese Existenzen nur durch die Kenntnis, die die erste Ursache von sich selbst hat, existieren und erkennen. Da die erste Ursache die Ursache der Existenz und des Erkennens der existierenden Dinge ist, ist sie auch die Ursache ihres Wesens. Die Philosophen haben nur behauptet, daß dic erste Ursache (oder das erste Prinzip) nicht in der gleichen Weise wie die Menschen Kenntnis der existierenden Dinge haben kann. Sie haben vielmehr deren übermenschliche Kenntnis gezeigt.

Ibn Sina hatte jedoch die definitive Antwort auf al-Ghazzalis Angriffe gegen Aristoteles schon Jahrzehnte vorher gegeben, ehe dieser überhaupt seine Einwände formuliert hatte:

> »Denkt nach über das, was dieser große Mann sagte, und erkennt dann: Ist, nach über eintausend und dreihundert und dreißig Jahren, irgendeiner von denen, die Aristoteles Fehler vorgeworfen und nachgewiesen haben, soweit gekommen (wie er)? Und ist nach ihm irgendeiner gekommen, der irgendetwas dem zugefügt hat, was Aristoteles sagte? Sicher nicht« [23].

Al-Ghazzalis Werk »Die Widersprüche der Philosophie« erregte großes Aufsehen; es hat dazu beigetragen, daß die orthodoxen Kräfte im Islam die Oberhand gewannen und philosophische Fragen immer mehr vernachlässigt wurden. Die Entgegnung ibn Ruschds hat im Islam kaum Wirkung gezeigt; zu stark waren inzwischen die orthodoxen Kreise, und zu entfernt vom Zentrum der Macht und

Kultur war Spanien. Für das Abendland war ibn Ruschd dagegen von größter Bedeutung. Seine Aristoteles-Kommentare wurden sehr bald in die hebräische und lateinische Sprache übersetzt, wodurch die Auseinandersetzung mit diesem Philosophen an den Hochschulen (vor allem in Paris) mit eingeleitet wurde. Von dem Einfluß, den ibn Ruschd ausübte, zeugt die »Averroismus« genannte Richtung in der abendländischen Philosophie (s. Abschn. 8.4.5).

7. 5 Islamische Mystik

7. 5. 1 Allgemeines; die formative Periode des Sufismus

Die mystische Richtung im Islam wird »Sufismus« genannt nach dem arabischen Wort »suf«, das meist mit »Wolle« übersetzt wird und auf das Kennzeichen der Sufis, das wollene Gewand, anspielen soll. Zur Zeit der großen islamischen Eroberungen waren Medina sowie Basra und Kufa im Irak die Zentren, in denen die ursprüngliche Religion am reinsten bewahrt blieb und eine Verinnerlichung des religiösen Lebens angestrebt wurde. In diesen Zentren tauchte der Name »Sufi« zuerst auf. Die zunehmende Verbreitung der Sufi-Bewegung erklärt sich u.a. aus einer kritischen Haltung vieler Muslime gegenüber der Verweltlichung der Kalifenhöfe in Damaskus und später in Bagdad. Da die Sufis die aufwendige Lebensweise der Kalifen, die ja auch die obersten religiösen Führer waren, mißbilligten und sich absonderten, wurden sie zeitweise von den Sunniten und ebenso von den Schiiten abgelehnt, zumal sie auch in mancher Hinsicht von der orthodoxen Lehre abwichen. Mehrere von ihnen wurden sogar als Häretiker zum Tode verurteilt und hingerichtet.

Die islamische Mystik ist anfänglich wahrscheinlich von der asketischen Frömmigkeit christlicher Eremiten beeinflußt worden, die in eroberten Ländern lebten und von der islamischen Führung mit wohlwollender Toleranz behandelt wurden. Sie läßt sich bis ins 7. Jahrhundert zurückverfolgen, und aus den Schriften und Lehren einer Reihe von mehr oder weniger auf dem mystischen Pfad Fortgeschrittenen entwickelte sich nach und nach die spätere ausgeprägte Form des Sufismus.

Einer der ersten islamischen Mystiker ist *Uwais al-Qarani* aus dem Yemen (7. Jahrhundert), der die ganze Nacht im Gebet verbringt und zum Vorbild des von Gottes Gnade geleiteten Mystikers wird.

Hasan al-Basri (643 - 728) predigt unter dem Eindruck der Eroberungen und Beutezüge der arabischen Heere die Abkehr von der Welt, Reue und Furcht vor dem Höllenfeuer. Er betont die Wichtigkeit der Meditation und nähert sich dem Göttlichen in Visionen.

Mit *Muqatil ibn Sulaiman* (gest. 767) beginnt die Muhammad-Mystik. Er deutet den Lichtvers des Korans auf Muhammad:

> »Allah ist das Licht der Himmel und der Erde. Sein Licht ist gleich einer Nische, in der sich eine Lampe befindet; die Lampe ist in einem Glase, und das Glas gleich einem flimmernden Stern. Es wird angezündet von einem gesegneten Baum, einem Ölbaum, weder vom Osten noch vom Westen, dessen Öl fast leuchtete, auch wenn es kein Feuer berührte – Licht über Licht! Allah leitet zu seinem Licht, wen er will, und Allah macht Gleichnisse für die Menschen, und Allah kennt alle Dinge « [24].

Muqatil behauptet nun, das im zweiten Satz der Sure erwähnte Licht sei Muhammad, sein Licht durchstrahle alle Propheten. Er lehrt eine mystische Bindung an Muhammad und an den Koran.

Ibrahim ibn Adham aus Balkh (gest. um 790) stammt aus königlicher Familie, gibt aber das Leben am Hofe auf und führt ein Leben in äußerster Armut. Er lehrt die Abkehr von der Welt, Gottvertrauen und Gleichmut. Er soll einen zu Gott führenden Stufenweg angegeben haben:

a) Aufgeben der Welt.

b) Aufgeben des Glücksgefühls, das durch Aufgeben der Welt entsteht.

c) Erreichen eines Zustandes, in dem die Welt so unwichtig wird, daß man sich nicht mehr um sie kümmert.

Rabia al-Adawiyya, die »Heilige von Basra« (ca. 717 - 801), war eine der ersten islamischen Mystikerinnen, die die unio mystica erreichten; sagt sie doch von sich:

> » ... ich habe zu existieren aufgehört und mein Selbst verlassen. Ich existiere in Gott und gehöre Ihm ganz ... « [25].

Bekannt ist Rabia vor allem als Verkünderin der bedingungslosen und selbstlosen Gottesliebe; man muß Gott lieben, weil er der Schöpfer und Erhalter ist, nicht, weil er dem Frommen das Paradies verheißen hat.

> »Wolltest Du (Gott) mich auch von Deiner Tür vertreiben, ich würde sie doch nicht verlassen um der Liebe willen, die ich in meinem Herzen für Dich trage« [26].

Shaqiq al-Balkhi (gest. 809) lebt in absolutem Gottvertrauen und spricht als erster offen über mystische Zustände; er beschreibt das »Licht der reinen Gottesliebe«, das dem Mystiker auf dem Wege zu Gott erscheint. Der für das gesamte Sufitum wichtige Begriff des »tawakkul« (Gottvertrauens) geht wahrscheinlich auf ihn zurück.

Al-Harith al-Muhasibi (der Iraker, 781 - 857) lehrt die Sufis, auf alle ihre seelischen Regungen zu achten und jeden Anflug von Heuchelei durch Zurschaustellen von äußerer Frömmigkeit zu vermeiden. Sufitum ist für ihn ein stetiger Kampf zur Läuterung der Seele. Der »spirituelle« Teil der Seele hat schon vor der Geburt bestanden, und Gott hat diesem Teil etwas von seinem Wesen mitgegeben; er kann daher zur Vereinigung mit Gott zurückkehren. Der niedere Teil der Seele ist dagegen der Sitz allen Übels.

Der mystische Weg besteht nach seiner Lehre aus drei Stufen: Auf der ersten Stufe werden Selbsterkenntnis, Demut, Bereitschaft zu leiden, Armut, Bedürfnislosigkeit, Weltabkehr und Askese gefordert. Wenn die Seele gereinigt ist, wird auf der zweiten Stufe durch Meditation die mystische Versenkung erreicht. Die Seele ersehnt die Liebe zu Gott und kommt dadurch zur letzten Stufe, der Vereinigung mit Gott.

Thauban ibn Ibrahim, mit dem Beinamen *Dhu'n-Nun* (»der mit dem Fisch«, der Ägypter, ca. 796 - 860) verlangt vom Sufi das Aufgeben aller weltlichen Bindungen; er soll der erste gewesen sein, der die intuitive (im Gegensatz zur intellektuellen) Gotteserkenntnis (die »Gnosis«) betont. Die Demut des Sufis ist umso größer, je näher er Gott ist:

> »Der Gnostiker wird mit jeder Stunde demütiger, denn jede Stunde zieht ihn näher zu Gott. Die Gnostiker sehen ohne Wissen, ohne Scheu, ohne Kunde, die sie empfangen, und ohne Beobachtung, ohne Beschreibung, ohne Verhüllung und ohne Schleier. Sie sind nicht sie selber; denn soweit sie existieren, existieren sie in Gott. Ihre Bewegungen werden von Gott verursacht, ihre Worte sind die Worte Gottes, die durch ihre Zungen geäußert werden, und ihr Blick ist der Blick Gottes, der in ihre Augen gekommen ist. Denn Gott der Erhabene hat gesagt: ›Wenn Ich einen Diener liebe, dann werde Ich sein Ohr, daß er durch Mich hört; Ich werde sein Auge, daß er durch Mich sieht, und seine Zunge, daß er durch Mich spricht, und seine Hand, daß er durch Mich nimmt‹ « [27].

Die Liebe zu Gott schließt die Liebe zu den Mitmenschen nicht aus, andererseits soll der Gottsucher aber nach Einsamkeit streben. Dhu'n-Nun entwickelt die für den Sufismus wichtigen Begriffe des »Entwerdens« und des »ewigen Lebens in Gott« :

> »Niemand sieht Gott und stirbt, wie auch niemand Gott sieht und lebt, denn Sein Leben ist ewig, und wer Ihn sieht, bleibt in Ihm und wird von ewiger Dauer« [28].

Dhu'n-Nun ist auch einer der ersten, der die im Islam so beliebte poetische Ausdrucksweise in die mystische Sprache einbringt; die folgenden Beispiele mögen dies zeigen:

> »O Gott, niemals lausche ich auf die Stimme eines Tieres oder das Rauschen eines Baumes, das Sprudeln von Wasser oder den Sang eines Vogels, das Brausen des Windes oder das Grollen des Donners, ohne zu finden, daß sie Deine Einzigkeit bezeugen und darauf hinweisen, daß es keinen gleich Dir gibt, daß Du der All-Umfassende, der Allwissende bist« [29].

Von den Mystikern sagt er:

> »Ihr Geist ist durch die höchsten Himmel gewandert, bis er zuletzt in den Gärten der Gesegneten ruht, und sie tauchen ein in den Fluß des Lebens. Sie haben die Schleusen des Kummers versiegelt und die Brücken der Begierde überschritten; sie sind da stehengeblieben, wo die irdische Kenntnis aufhört, und haben vom Wasser der wahren Weisheit getrunken, und sie betraten das Boot des göttlichen Überflusses und segeln im Wind der Seligkeit auf dem Meer des Friedens, bis sie erreichen die Gärten der Stille und den Ort der Glorie und der Gnade« [30].

Abu Yazid (Bayezid) Bistami (gest. 874) stammt aus einem kleinen Ort in Nordwest-Persien. Er führt ein asketisches Leben, und viele seiner paradoxen Aussprüche sind berühmt. Auch er spricht in poetischen Bildern; als erster hat er die esoterische Bedeutung der Himmelfahrt Muhammads beschrieben:

> »Ich sah, daß mein Geist zu den Himmeln getragen wurde. Er sah auf nichts und beachtete nichts, trotzdem Paradies und Hölle vor ihm ausgebreitet waren, denn er war frei von Wahrnehmungen und Schleiern. Dann wurde ich ein Vogel mit einem Leib aus Einheit und Schwingen aus Ewigkeit und flog immer weiter in der Luft des Absoluten, bis ich in die Sphäre der Reinigung gelangte, auf das Feld der Ewigkeit blickte und den Baum der Einheit betrachtete. Als ich aufsah, war das alles nur mein Selbst. Ich rief: O Gott, mit meiner Selbstsucht kann ich Dich nicht erreichen, was soll ich tun? Gott sprach: O Abu Yazid, du mußt dich von dir selbst befreien, indem du Meinem Geliebten (Muhammad) folgst. Bedecke deine Augen mit dem Staub von seinen Füßen und folge ihm immerdar!« [31].

Bayezid ist auf dem mystischen Pfad weit fortgeschritten und hat offenbar die unio mystica erreicht:

> »Er (Gott) erhob mich einmal und stellte mich vor sich und redete mich an: ›O Bayezid, Meine Geschöpfe möchten dich gern sehen‹. So sagte ich: ›Schmücke mich mit Deiner Einheit und bekleide mich mit Deiner Ichheit und erhebe mich zu Deiner Einzigkeit, damit Deine Geschöpfe, wenn sie mich sehen, sagen mögen: Wir haben Dich (Gott) gesehen, und Du bist es, und ich bin nicht mehr da‹ « [32].

In Verzückung sagte er:

> »Preis sei Mir, wie groß ist Meine Majestät«;
> »Unter meinem Gewand ist nichts als Gott« [33].

7. 5. 2 Lehren der Sufis

Nachdem durch die genannten und einige andere Mystiker die wichtigsten Begriffe der islamischen Mystik ausgearbeitet worden waren, kam man in der späteren, entwickelten Lehre der Sufis etwa zu den folgenden weithin anerkannten Lehren:

Der Mensch ist unendlich weit von Gott entfernt, er kann ihm aber unter besonderen Bedingungen nahekommen oder mit ihm eins werden. Das ist aber nicht mit den Methoden des rationellen Denkens zu erreichen, sondern nur durch Gottes Gnade und durch die Gabe göttlicher Erleuchtung. Intuition ist wichtiger als jede Vernunft.

Die mystische Einung mit Gott wird ohne Hilfe durch einen geistigen Führer nur von wenigen erlangt (so von Muhammad, Jesus und den Propheten der Bibel). Der gewöhnliche Suchende benötigt einen solchen Führer, sofern er überhaupt zum Mystiker geeignet ist, denn der Weg zu Gott ist schwer, er führt die Seele durch Kampf, Verzweiflung und Dunkelheit. Der geistige Führer wurde ebenfalls von einem Vorgänger angeleitet, dieser wieder von einem ihm Vorausgegangenen und so fort bis zu Muhammad, der das erste Glied dieser geistigen Kette darstellt; von ihm aber gehen mehrere solcher Ketten aus. Jesus ist für die Sufis ebenfalls ein Glied einer spirituellen Kette, die letzten Endes zu Gott führt. Auch ein verstorbener Sufi-Meister kann Anleitungen zum mystischen Weg geben, da sein Geist unsterblich und immer gegenwärtig ist, doch wird eine solche geistige Strömung nur von empfindsamen Personen wahrgenommen. Einige bekannte Sufis nennen »Khidr« ihren Meister; dieser Name wird auf einen nicht näher bezeichneten Diener Gottes zurückgeführt, den Mose ein Stück seines Weges begleitet haben soll:

> »Und sie fanden einen unserer Diener, dem wir unsere Barmherzigkeit gegeben und unser Wissen gelehrt hatten.
> Sprach Mose zu ihm: ›Soll ich dir folgen, damit du mich lehrest ..., was dir gelehrt ward?‹
> Er sprach: ›Siehe, du vermagst nimmer bei mir auszuharren.‹
> Wie könntest du auch ausharren bei dem, was du nicht begreifst?‹ « [34].

Khidr, »der unsichtbare Meister«, wurde zum Helfer und Beschützer der Reisenden, vor allem der umherziehenden Sufis. Durch seine spirituelle Macht kann ein Sufi die Stufen des mystischen Weges erfolgreich zurücklegen, da Khidr »aus der Quelle des Lebens getrunken hat«.

Der tiefere Sinn des Auftretens Khidrs kommt in den anschließenden Versen der 18. Sure (68-81) zum Ausdruck. Er wandert, von Mose begleitet, weiter und verrichtet drei Taten, die scheinbar destruktiv sind: Er bohrt ein Loch in ein Boot, mit dem Fischer aufs Meer fahren wollen; er erschlägt einen Jüngling, der ihnen begegnet, und er verhindert in einer Stadt das Einstürzen einer Mauer, ohne daß er dafür einen Lohn verlangt. Jedesmal macht Mose dem Khidr Vorwürfe, doch dieser erklärt ihm zuletzt den Sinn seines Tuns: Das Boot wäre von Piraten gekapert worden, der Jüngling hätte seine gläubigen Eltern zum Unglauben verführt, und unter der Mauer war ein Schatz vergraben, den die Söhne des Eigentümers später heben könnten. Dann schieden sich ihre Wege.

Allahs Zorn kann Gnade sein, seine Gnade Zorn.

Die zukünftigen Sufi-Schüler werden vor der Aufnahme auf ihre Eignung geprüft. Die Aufnahmebedingungen sind nicht allgemein festgelegt, doch sind sie im großen und ganzen einander ähnlich. Verlangt werden Aufrichtigkeit, Geduld, Gehorsam, Demut u.a. Zu den Prüfungen gehört oft eine 40tägige Klausur in einem dunklen Raum; Pflicht sind das Studium des Korans und anderer theologischer Schriften, und dem Prüfling werden weitere, auch demütigende Forderungen zugemutet. Jeder Dünkel wird schwer bestraft. Bei der Aufnahme erhält der angehende Sufi von seinem Meister einen geflickten Rock, der als Symbol für seine Abwendung von der Welt gilt und der etwas von der Segenskraft des Meisters auf ihn übertragen soll. Im Verlauf der mehrjährigen Lehrzeit versucht der Sufimeister weniger, seinen Schülern Kenntnisse und Wissen zu vermitteln, als sie zu inneren Erfahrungen anzuleiten. Sie sollen lernen, sich selbst aufzugeben, sich in andere Menschen hineinzuversetzen und die geistigen Strömungen von Mensch zu Mensch wahrzunehmen. Wenn diese Vorstufen erreicht sind, bedarf es noch der Gnade Gottes, um auch die letzten Stufen des mystischen Erlebens zu erfahren.

Wichtige Techniken zum Erreichen von höheren Bewußtseinszuständen sind Fasten, absichtliche Schlaflosigkeit und Gebete. Außer den für alle Gläubigen vorgeschriebenen Ritualgebeten kann der Sufi frei gewählte Gebete zum Vertiefen der Hinwendung zu Gott aussprechen. Das Gebet soll keine Wünsche ausdrücken, es wird von Gott eingegeben. Oft werden auch Koransprüche wiederholt oder die 99 Namen Allahs an Hand der Perlen eines Rosenkranzes aufgezählt.

Die eigentliche Meditations- oder Versenkungstechnik wird als »dhikr« bezeichnet. Sie enthält zahlreiche Elemente, die offensichtlich auf indische Vorbilder zurückgehen. So soll bei der Meditation eine bestimmte Körperhaltung eingenommen und eine vom Meister ausgewählte Formel tage- und nächtelang unter Atemkontrolle wiederholt werden (vgl. Mantra-Yoga, Abschn. 3.3.8), so daß der Gedanke an Gott schließlich das gesamte Wesen des Meditierenden durchdringt. Das Wort »dhikr« umfaßt auch diesen Seelenzustand. Eine andere Konzentrationsmethode besteht in der intensiven Vorstellung des Bildes eines Heiligen. Auch durch gemeinsames, rhythmisches Wiederholen bestimmter Formeln können Trance-ähnliche Zustände hervorgerufen werden. Eine wichtige Rolle spielen klangvolle Gedichte, poetische Reime und geistreiche oder scheinbar widersprüchliche Sentenzen.

Über den Nutzen von Gesang, Musik und Tanz sind im Sufismus die Ansichten geteilt. Oft wird derartiges scharf abgelehnt, doch gibt es auch Orden, die Musik und Tanz als Hilfsmittel zur Bewußtseinsumwandlung verwenden oder verwendet haben (z.B. der Mevlevi-Orden in der Türkei).

Der Sufismus führt seine Tradition auf Muhammad und damit auf den ihm von Gott geoffenbarten Koran zurück. Koranverse werden zur Grundlage mystischer Betrachtungen, ebenso Aussprüche aus dem Hadith. Nur durch den geistigen Strom, der von Muhammad ausgeht, kann der Sufi den tiefsten Sinn des

Korans erfassen. Muhammads Himmelsreise ist für ihn das Vorbild für seinen geistigen Aufstieg zu Gott. Nach einem Hadith hatte Muhammad vor dem Auszug aus Mekka eine Vision: Der Engel Gabriel entführte ihn von der Kaaba nach Jerusalem und von dort über sieben Himmel bis vor Gottes Thron. Hier erhielt er die Anweisung über die Anzahl der Gebete, die der Gläubige täglich zu verrichten hat. Auf dem Weg durch die sieben Himmel sah und sprach Muhammad Adam, Abraham, Mose und Jesus, außerdem zeigte ihm der Engel Gabriel die verschiedenen Höllen. Für den über diesen Hadith meditierenden Sufi ist Gabriel der Seelenführer, und die biblischen Gestalten, die auf dem Wege zu Gott angetroffen werden, sind Glieder der Kette, durch welche der Aufstieg ermöglicht wird.

Auch die schon an anderer Stelle (Abschn. 5.2 u. 6.5.4) erwähnte Buchstaben- und Zahlenmystik wird als Meditationsübung angewendet. Jedem der 28 Buchstaben des arabischen Alphabetes wird ein geheimer, auf Gott hinweisender Sinn beigelegt. Damit wird jeder Buchstabe zu einem Symbol, das zu erkennen man sich bemühen muß. Buchstabenkombinationen ergeben Worte des Korans, deren verborgener Inhalt ebenfalls ergründet werden soll. Und da die Zahlen mit Buchstaben bezeichnet werden, ergeben Zahlenkombinationen wiederum Worte mit Symbolgehalt.

Meditation über Suren des Korans ruft in der Seele des Sufis etwas wach, das schon immer in ihm vorhanden war und durch Versenken in den heiligen Text nur freigesetzt werden muß. Die völlige Übereinstimmung zwischen dem Sinn des Gelesenen und der seelischen Empfindung führt zur mystischen Gottesliebe, in der der Sufi aufgeht. Vollkommene Liebe zu Gott bedeutet Selbstaufgabe; der Sufi hat keinen eigenen Willen mehr, keine Bedürfnisse und keine Eigenheiten.

> »Eigentlich sprachen sie (die Sufis) über diese Probleme und gaben diese Hinweise und sprachen diese Weisheiten erst aus, nachdem sie alle Bindungen abgebrochen und ihre Neigungen abgetötet hatten durch Anstrengungen und durch (körperliche) Übungen und durch verschiedene Arten der Enthaltsamkeit und durch Gemütserregungen und durch brennende Schmerzen sowie durch Bereitschaft und Sehnsucht, jede Bindung, die sie von Gott einen Augenblick getrennt haben könnte, abzubrechen. Und sie erfüllten die Bedingung des Wissens und waren darin sogar hervorragend, und dann verwirklichten sie sich im Handeln, so daß sie Wissen, Wahrheit und Tat vereinigten« [35].

Der Sufi unterscheidet zwischen äußerer Schale und innerem Kern der Religion. Übungen, Unterweisungen, Sinneswandel und Weltvergessenheit sollen zum Erschließen des verborgenen Gehaltes der Schrift beitragen. Trotz seiner Abwendung von der Welt verachtet der Sufi sie nicht, denn Gott hat sie geschaffen. Er bewundert den Schöpfer und seine Schöpfung, doch schätzt er Gott höher als alle Güter und alle Schönheit dieser Erde. Wer Gott liebt, sucht nur Ihn, nicht seine Gaben. Spricht ein Sufi über die Welt, so zitiert er gern den Ausspruch Gottes aus dem Hadith:

> »Ich war ein verborgener Schatz und wollte erkannt werden, so erschuf ich die Welt«.

Die Lebensweise des Sufis besteht in Armut, schlichtem Auftreten und Freiheit von Stolz. Er muß auf Ehrungen und Ansehen verzichten, soll alle selbstsüchtigen Gedanken aufgeben und darf keine Belohnung für gute Werke erwarten, geschweige denn annehmen. Er kennt keine Sorgen mehr, auch keine weltlichen Vergnügungen; alle Pflichten erfüllt er mit Freude. Er hat sich Gott in absoluter Wahrhaftigkeit zuzuwenden. Aus dem Erkennen seiner Gottesferne erwächst in ihm das Streben nach Nähe zu Gott und nach Gottes Liebe. Der Sufi empfindet die Trennung von Gott als Entwurzelung; es ist sein Wunsch, wieder zum Ursprung zurückzukehren, um in der Liebe Gottes geborgen zu sein. Sein Ziel ist das »Entwerden in Gott«. So heißt es im Koran:

> » ... siehe, wir sind Allahs,
> und siehe, zu Ihm kehren wir heim« [36].

Gott ist der Unbedingte, Ewige; bedingt und hinfällig sind die Welt und der Mensch. An die Stelle des Ichs muß Gott treten, wenn der Mensch an der Ewigkeit teilhaben will. Vorbedingung für die Aufnahme Gottes in die Seele oder in »das innerste Herz der Wesensmitte« ist Freiheit von allem, was nicht Gott ist. Alles hängt von Ihm ab, Gott ist allmächtig. Der Sufi wird durch seine Erfahrungen völlig verändert. Sein Wille ist Gottes Wille, moralisch wird er zum Ebenbild Gottes; Gott verleiht seinen Freunden Großzügigkeit, Sanftmut, Kenntnis, Weisheit, Güte, Mitleid und Nachsicht. Junaid sagt:

> »Wisse, wenn die Erkenntnis Gottes in dir groß ist, und wenn dein Herz davon erfüllt ist, und wenn deine Brust offen ist, indem du dich Ihm völlig ergeben hast; und wenn dein Sein so gereinigt ist, daß du Ihn anflehen kannst; und wenn dein Geist mit Gott vereinigt ist; dann sind deine eigenen charakteristischen Eigenschaften vergangen, und deine Kenntnis ist von Gott selbst erleuchtet« [37].

Die Sufi-Orden und -Meister führen ihre Schüler auf verschiedenen Wegen des Aufstiegs der Seele zu Gott. Da mystische Erfahrungen Gnadenbeweise Gottes sind, gibt es keine feststehenden Stufenwege. Es gibt aber – wie auch in anderen kontemplativen Richtungen – verschiedene Zustände, Ebenen oder Stufen des Aufstieges, die in unterschiedlicher Anzahl und Auswahl kombiniert werden können. Visionen und ekstatische Zustände können erlebt werden, aber die Erkenntnis Gottes steht höher. Stufen auf dem Wege können sein:

Reue (Abwenden von den Sünden der Welt; Aufgeben aller Begierden und Triebe).

Gottvertrauen, *Hingabe an Gott* (sich auf Gottes Güte verlassen; Gott ist allumfassend, allweise, allmächtig, barmherzig).

Armut (entweder Freiheit von Besitz oder Freiheit vom Streben nach Besitz; es gibt ein »Glück der Armut«).

Geduld (Gleichgültigkeit gegenüber Glück und Unglück).

Dankbarkeit (Dankbarkeit für Gaben; Dankbarkeit für das Nichterhalten einer Gabe; Dankbarkeit für die Fähigkeit zum Danken. Dankbarkeit ist die Einsicht in das allweise Wirken Gottes).

Zufriedenheit (Glücklich sein in Armut; innere Freude in Übereinstimmung mit Gottes Ratschluß, auch wenn er bitter erscheint).

Furcht und Hoffnung (Furcht vor Gott; Hoffnung auf seine Gnade).

Erkenntnis (Erkenntnis wird nicht durch den logisch denkenden Verstand erlangt, sondern ist ein tieferes Verstehen des göttlichen Mysteriums. Das Herz muß vom verstandesmäßigen Denken erlöst werden, so daß es nur noch Gott enthält).

Liebe (Vernichtung des Liebenden in Gott; Hingabe an Gottes Güte und Gottes Zorn).

Entwerden (Verlust der eigenen Persönlichkeit; Vernichtung des Ichs in der Gegenwart Gottes; Rückkehr zu der Zeit, in der nur Gott war, nichts außer ihm [d.h. vor der Trennung von Subjekt und Objekt]).

Dauerndes Bleiben in Gott (wie ein Regentropfen, der sich im Ozean verteilt).

Die letzte Stufe wird von vielen Sufis als die Vereinigung mit Gott angesehen; manchmal wird aber auch die Meinung vertreten, daß man sich Gott zwar nähern kann, daß aber immer noch ein Abstand zwischen Gott und dem Menschen verbleibt. Die letzten Stufen führen zu Entrückungszuständen, in denen der Sufi die Welt nicht mehr wahrnimmt. Manche Sufis haben sich dann zu Äußerungen hinreißen lassen, die in orthodoxen Kreisen als verbrecherische Blasphemie angesehen und die auch von gemäßigten Sufis abgelehnt wurden, z.B.:

> »Ich bin die Wahrheit« (al-Hallaj, s.u.);
> »Preis sei Mir, wie groß ist Meine Majestät!« (Bayezid Bistami, s.o.).

Wenn ein Sufi aus dem höchsten mystischen Zustand in die Welt zurückkehrt, wird für ihn die Vielheit wieder sichtbar. Seine Persönlichkeit ist dann für immer umgeformt; er handelt von jetzt an ganz in und durch Gott.

Wie gesagt, gibt es unterschiedliche Stufenwege zu Gott, von denen nur zwei angeführt werden sollen. Ein siebenstufiger Weg führt

1) vom Gott dienen und Gott verehren

2) zur Liebe zu Gott,

3) dann zur Trennung von der Welt,

4) zur Erkenntnis Gottes,

5) zur Kontemplation, Erleuchtung und »Ekstase«,

6) weiter zur Stufe der Wahrheit, d.h. zur wahren Erkenntnis Gottes

7) und schließlich zur Einung mit Gott unter Verlust des eigenen Ichs [38].

Der Stufenweg zu Gott wird auch als Überwinden der Trennung von Gott angesehen. Gott ist für den Menschen mit dichten Schleiern verhüllt, und der Weg des Sufis besteht darin, durch diese Schleier hindurch zu Gott zurückzufinden, um die unterbrochene Verbindung zwischen Schöpfer und Schöpfung wieder herzustellen.

> Das Fallen des ersten Schleiers bedeutet, daß der Sufi trunken ist vom göttlichen Licht.
> Mit dem Fallen des zweiten Schleiers sind alle falschen Vorstellungen und aller Aberglaube verschwunden, aber es besteht noch das Ichgefühl.
> Der dritte Schleier ist gefallen, wenn das Ich in Entrücktheit vergessen wird und der Sufi nur noch Gott fühlt. Er hat dann die Unempfindlichkeit gegen Schmerzen erreicht.
> Der vierte Schleier fällt, wenn der Sufi in Gott aufgeht und nur noch die Einheit mit ihm sieht und erlebt; er fühlt »Ich bin Gott«. Das Fallen des letzten Schleiers bedeutet, daß der Sufi vom Licht Gottes überschwemmt ist; seine Substanz hat sich gewandelt, und sein Wille ist nur noch der Wille Gottes.

Sufis, die die höheren Stufen des mystischen Weges zurückgelegt haben, werden als Heilige verehrt. Es gibt zahlreiche Geschichten von übernatürlichen Fähigkeiten, die sie erworben, und von Wundern, die sie vollbracht haben.

Sie können Gedanken lesen und den Charakter ihrer Schüler durchschauen; sie können jedes Schmerzempfinden ausschalten. Sie können sich unsichtbar machen, gleichzeitig an verschiedenen Orten sein, augenblicklich große Entfernungen zurücklegen, Nahrung und Getränke herbeizaubern, auf dem Wasser wandeln, Kranke heilen, durch die Luft fliegen, andere aus Gefahren erretten und vieles weitere mehr. Man wird an die »Vibhutis«, die übernatürlichen Fähigkeiten der indischen Yogis, erinnert (vgl. Abschn. 3.2), von denen ähnliche Wundertaten berichtet werden.

Die echten Mystiker auch des Islams lehnen solche Fähigkeiten ab. Sie können auf den niederen Stufen des Weges auftreten, sollen aber überwunden werden, da sie die weitere Entwicklung des Sufis nur hemmen. Selbstverständlich ist es eines Sufis nicht würdig, übernatürliche Fähigkeiten zur Schau zu stellen, um damit bei der Menge Eindruck zu machen.

Für den Islam ist die Bedeutung der Mystik weitaus größer als für das Christentum oder den Judaimus. Die Ursachen hierfür sind einmal die Wichtigkeit, die man der Auslegung von Koranversen zumißt, und zum anderen die Zurückführung der spirituellen Kette des Sufis bis auf Muhammad, den Verkünder des Korans; ferner die Tatsache, daß alle islamischen Orden Sufi-Orden sind, und schließlich die außerordentliche Wirkung, welche viele mit größter poetischer Kraft geformte Sufi-Werke und -Dichtungen auf den empfänglichen Geist des Muslims ausüben.

Selbstverständlich hat der Sufismus Ideen und Techniken von anderen Kulturen übernommen; die Einführung indischer Elemente wurde bereits erwähnt, und auch an christliche, jüdische, neuplatonische und zoroastrische Einflüsse läßt sich denken. Man sollte aber die Bedeutung dieser Einwirkungen nicht überschätzen. Mystische Erkenntnisse und Erlebnisse sind in allen Religionen ähnlich, und doch weist gerade das Sufitum in seiner Bezogenheit auf Muhammad und den Koran ihm eigene Besonderheiten auf.

7. 5. 3 Sufi- und Derwisch-Orden

Die geistige Bewegung des Sufismus führte zur Gründung von Bruderschaften und Orden, die Sufi- oder Derwisch-Orden (Derwisch: der Arme) genannt werden. Das Ordenswesen hat seinen Ursprung in der Tradition von Schülerkreisen, die sich um berühmte Sufi-Meister bildeten. Schon im 10. Jahrhundert gab es Orden mit bestimmten Regeln, die aber geheim gehalten wurden, so daß man lange Zeit kaum Kenntnisse über diesen Zweig des islamischen religiösen Lebens hatte. Andererseits haben einige Bücher über den Sufismus entscheidend zur Kenntnis und zum Ansehen der Orden beigetragen. Das erste Lehrbuch des Sufismus, das von den Sufis sehr geschätzt wurde, wurde von Abu Talib al-Makki (gest. 996) verfaßt. Ein anderes, die »Enthüllung des Verborgenen« von al-Hujwiri (gest. ca. 1070 [39]) war und ist ebenfalls weit verbreitet, und ein drittes, das von Angehörigen aller Orden gelesen und damit zum Standardwerk des Sufismus wurde, stammt von dem Ordensleiter Suhrawardi Shihabuddin Umar Abu Hafsan (1145 - 1234); es trägt den Titel »Die Gaben des tiefen Wissens«.

An der Spitze eines Ordens steht der Scheich oder »Pir« als geistiger Führer. Ein Pir kann ein Kloster oder auch mehrere Klöster leiten; er wohnt mit seiner Familie in einem der Anwesen des Klosters. Alle Ordensangehörigen geloben ihm Treue und Gehorsam. Er vermittelt die Erkenntnisse und Erfahrungen, die er von seinem Lehrer empfangen hat, an seine Schüler weiter. Diese sind verpflichtet, die früheren Ordensführer nach Namen und Lehren zu kennen, um sich von deren Geist inspirieren zu lassen. Ein Glied in den verschiedenen, sich bis auf Muhammad zurückführenden geistigen Ketten ist bei fast allen Orden der Mystiker Junaid, dem größte Verehrung entgegengebracht wird (s.u.).

Die Bindung des Schülers an den Pir wird durch Konzentrationsübungen gefördert. Doch darf der Schüler nie bei dieser persönlichen Bindung stehenbleiben, er soll sich vielmehr von dem geistigen Strom des Pirs bis zu Muhammad forttragen lassen, damit er von diesem zur Einung mit Gott geführt wird. Ein Höhepunkt im Leben des Schülers ist die zeremonielle Einführung in den Orden; er erhält dann die Ordenskleidung und spricht das Treuegelöbnis aus. Die Lehrzeit des Novizen beträgt gewöhnlich drei Jahre. Nach der offiziellen Aufnahme in den Orden ist der Sufi nicht gezwungen, zeitlebens im Kloster zu bleiben, doch benötigt er für eine längere Abwesenheit das Einverständnis des Pirs. Die meisten Sufis sind verheiratet und haben Kinder, doch werden Ehe und Familie oft auch als von Gott ablenkend angesehen. Viele Sufis leben in völliger Zurückgezogenheit im Kloster, andere verrichten anfallende Arbeiten, z.B. die Betreuung von Gästen. Allgemein ist die Gastfreundschaft der Klöster groß. Auf Empfehlung eines Pirs können auch Sufis anderer Klöster für kürzere oder längere Zeit aufgenommen werden.

Zu einem Orden zählen neben den Ordensmitgliedern auch Laien, d.h. Gläubige, die sich dem Orden verbunden fühlen und ihn finanziell unterstützen. Die Orden verfügen über eigene Wirtschaftseinrichtungen; sie sind oft sehr reich, doch ist jedes einzelne Mitglied arm, wie es dem Gelöbnis entspricht.

Besonders fähige Sufis können vom Pir zum Predigen ausgesandt werden. Viele solcher Prediger gewannen durch ihr schlichtes, dabei würdevolles Auftreten, durch ihre Gottesliebe und ihr Gottvertrauen neue Glaubensanhänger und trugen damit wesentlich zur Ausbreitung des Islams bei. Auf diese Weise wurden große Teile Indiens, Indonesiens und Schwarzafrikas islamisiert.

Der Pir ernennt seinen Stellvertreter und Nachfolger selbst. Dieser erhält nach dem Tode des Pirs dessen Gebetsteppich, das Symbol seiner Autorität. Zeitweise war die Nachfolge im Amt des Pirs erblich, doch führte dies gelegentlich zur Anhäufung von Macht, Reichtum und Einfluß in einer Familie. In Zeiten des Niederganges nutzten Ordensführer manchmal die ihnen entgegengebrachte Verehrung in unzulässiger Weise zu weltlichen Zwecken aus.

Der Mongolensturm führte 1258 zur Zerstörung Bagdads und zur Vernichtung des abbasidischen Kalifates. Doch wurden in dieser Notzeit die zwischen Orthodoxie und Sufismus bestehenden Spannungen abgebaut, und es fand eine Annäherung statt, die in der Folgezeit bestehen blieb. Nachdem die islamische Kultur im Irak von den Mongolen weitgehend ausgelöscht worden war, wurde Ägypten zum Zentrum der Sufi-Bewegung.

Von den zahlreichen Sufi-Orden sollen nur einige der bekanntesten angeführt werden.

Der *Suhrawardiyya-Orden* wurde von Abdul Qahir Abu Najib Suhrawardi (gest. 1168) gegründet. Suhrawardi war ein Schüler des jüngeren Bruders des berühmten Mystikers al-Gazzali. Der Neffe dieses Ordensgründers wurde bereits als Verfasser des Handbuches des Sufismus erwähnt.

Der *Qadiriyya-Orden*, der von Abdul Qadir al-Gilani (1088 - 1166) in Bagdad gegründet wurde, besitzt noch heute vor allem in Indien viele Anhänger.

Den *Shadiliyya-Orden* gründete Abu'l-Hasan Shadhili (gest. 1258) in Ägypten. Er verbreitete sich von dort über den ganzen Maghreb. Die Shadhili-Sufis sollen den Gebrauch des Kaffees eingeführt haben, mit dem sie sich während nächtlicher Übungen wach hielten.

Der *Mevlevi-Orden* oder der »Orden der tanzenden Derwische« wurde von Jalaluddin Rumi (1207 - 1273) in Konya in der Türkei gegründet.

Der *Rifaiyya-Orden* wird auch der »Orden der heulenden Derwische« genannt. Er erhielt diesen Beinamen wegen des lauten Betens seiner Mitglieder. Er wurde von Ahmad ar-Rifai (gest. 1178) im Irak gegründet.

Der *Chishtiyya-Orden* oder der »Orden der Musiker« wurde von Mu'inuddin Chishti (gest. 1236) in Indien gegründet, wo er auch seine hauptsächliche Ausbreitung erfuhr.

7. 5. 4 Berühmte Sufis

Von den zahlreichen berühmten Sufis, über die in einer umfangreichen Literatur berichtet wird, sollen nur einige der Bedeutendsten – al-Junaid, al-Hallaj, al-Gazzali, ibn al-Arabi, Sanai, Attar und Rumi – besprochen werden. Bis auf ibn al-Arabi waren sie sämtlich Perser.

Al-Junaid

Abu'l-Qasim al-Junaid (ca. 825 - 910) entstammte einer persischen Familie, die in Nihawend ansässig gewesen war. Er studierte zuerst islamisches Recht und wandte sich dann dem Sufismus zu. Er lehrte in Bagdad, wo er der geistige Führer der dortigen Sufi-Schulen wurde. Viele spätere Orden führen sich auf ihn zurück.

Junaid war hochgebildet, dabei nüchtern im Denken; er forderte von einem Sufi-Lehrer, daß er sich knapp und klar ausdrücken könne. Wundertaten waren für ihn kein Beweis für echte Inspiration, Musik und Tanz zur Vorbereitung ekstatischer Zustände lehnte er ab. Er hielt es für schädlich, in der Öffentlichkeit über mystische Erfahrungen zu sprechen, da derartige Äußerungen von Nichtsufis mißverstanden werden könnten und irrige Auslegungen erfahren würden. Al-Junaids Befürchtungen hatten ihren Grund in dem Mißtrauen, mit dem die orthodoxe Führungsschicht in Bagdad die Sufis wegen mancher unüblicher Lehren beobachtete (s.u., »al-Hallaj«). Al-Junaid beherrschte bei religiösen Gesprächen vollkommen die Kunst der Anspielungen und versteckten Hinweise.

Für das Beschreiten des mystischen Pfades, des Weges zu Gott, ist nach al-Junaid eine bestimmte Lebensweise Voraussetzung; erforderlich sind rituelle Reinheit, ständiges Gottesgedenken (dhikr), periodisches Fasten, Klausuren und Zeiten des Schweigens, ferner Aufgeben des Besitzes und die Führung durch einen Sufi-Meister. Es ist ein Weg ständiger Läuterung und immerwährenden seelischen Kampfes. Der Weg zur Einung mit Gott führt durch eine Wildnis voll Schrecken und voller Gefahren. Viele sind auf diesem Wege zerbrochen; der Schmerz wird durch das Gefühl der Trennung von Gott verursacht, aber die Liebe zu Gott bringt auch unendliche Freude.

Al-Junaid unterscheidet vier Stufen des Glaubens:

1) Auf der ersten Stufe befinden sich die gewöhnlichen Gläubigen, die bekennen, daß es nur einen Gott gibt. Sie glauben aber noch an außergöttliche Mächte, die sie fürchten oder die ihnen Wünsche erfüllen sollen. Diese Art von Gläubigen vermag nicht jenes Maß an Anständigkeit, Gleichmut, Wahrhaftigkeit und ethischem Verhalten in der Gesellschaft zu erreichen, das die Religion fordert.

2) Die Gläubigen der zweiten Stufe glauben ebenfalls an den einen Gott. Sie erfüllen die religiösen Pflichten gewissenhaft, so daß sie in der Öffentlichkeit nach den Geboten des Glaubens leben. Aber sie verbinden damit wenigstens teilweise noch den Wunsch nach Belohnung oder haben Furcht vor Strafe.

3) Auf der dritten Stufe steht der Glaube an Gottes Einheit an erster Stelle. Man betrachtet aber Gott nicht mehr als ein höheres Wesen, dessen Handlungen man durch sein Verhalten beeinflussen kann. Man handelt vielmehr nach Gottes Willen, der als inneres Gesetz empfunden wird, ohne Furcht und ohne Hoffnung auf Belohnung. Das ist die Folge der Erkenntnis von Gottes Gegenwart im eigenen Inneren, seines Rufes an den Menschen und dessen Antwort. Aber es besteht noch das Bewußtsein der eigenen Individualität.

4) Auf der vierten Stufe des Glaubens verschwindet die eigene Individualität. Es gibt nichts Trennendes und keinen Vermittler mehr zwischen dem Ich und Gott. Der Gläubige wird zu einem Wesen, über das sich Gottes Befehle ergießen. Gott handelt und spricht durch ihn, wie durch ein Medium. Gott bestimmt in seiner Allmacht, daß der Mensch im fließenden Wasser der Einheit versinken soll, vollständig losgelöst, sowohl von sich selbst als auch von Gottes Ruf an

> ihn und von seiner Antwort. Das ist ein Zustand, in welchem der Gläubige die wahre Erkenntnis der Einheit Gottes erfahren hat und in dem er Gott nahe gekommen ist (aber nicht mit ihm eins wurde). Er hat in diesem Zustand alles Gefühl für sein Tun verloren, weil Gott seinen Willen in ihm erfüllt hat.

Der Sufi, der in Gott entworden ist, kann keinen Ruf von außerhalb mehr vernehmen. Dem Ziel des Aufgehens in Gott dient auch die mystische Liebe; die durch Liebe bewirkte Verwandlung läßt die Eigenschaften des Geliebten an die Stelle des Liebenden treten. Der Liebende wird auf die Ebene der Attribute Gottes, der Ihm zugeschriebenen Eigenschaften emporgehoben, er wird zur Liebe Gottes.

Das letzte Ziel des Sufis ist nach al-Junaid aber nicht das »Einheitserlebnis«, sondern der Zustand nach der Rückkehr zum Bewußtsein seiner selbst. Er besitzt jetzt die Klarheit der Gotteserkenntnis, und sein Leben ist ein Leben in Gott. Er soll aber nicht ein von Gott geleitetes Leben in einsamer Abgeschlossenheit führen, sondern soll in die Gemeinschaft der Mitmenschen zurückfinden, ihnen Vorbild sein und ihnen in tätiger Liebe hilfreich zur Seite stehen. Dies bedeutet eine Rückkehr zum Zustand des »Urvertrages« vor der Erschaffung des Menschen; nach dem Koran bestand in der Vorzeit ein Bund zwischen der zukünftigen Menschheit und Gott, der eine Bestätigung der Allmacht Gottes und auch der Vorherbestimmung des menschlichen Schicksals darstellt. Gott fragte die zukünftige Nachkommenschaft Adams:

> »Bin ich nicht euer Herr? Sie sagten: Jawohl, wir bezeugen es. (Dies tat er) damit ihr (nicht etwa) am Tag der Auferstehung sagt: Wir hatten davon keine Ahnung« [40].

Al-Junaid führt seine Mystik auf diese und auf die Sure des Einheitsbekenntnisses (s.o.) zurück. In der Lehre von der Pflicht des Mystikers zur aktiven Tätigkeit, nachdem er die höchste Stufe des mystischen Weges erreicht hat, unterscheidet sich al-Junaid von den meisten anderen Sufis.

Scharf verurteilt er die Haltung mancher Sufis, die sich über Moral und über religiöse Pflichten erhaben dünken und meinen, die Vorschriften des Korans nicht mehr beachten zu müssen. Für ihn sind Koran und Sunna die Grundlagen des Glaubens, die durch keine mystische Erfahrung außer Kraft gesetzt werden können.

Al-Hallaj

Al-Husain ibn Mansur al-Hallaj wurde etwa 858 in der südpersischen Provinz Fars geboren und wuchs in der Kleinstadt Tustar auf. Der bekannte Sufi Sahl at-Tustari führte ihn in die Mystik ein, doch entzweite sich der Schüler mit seinem Lehrer und ging in jungen Jahren nach Bagdad, das damals das Zentrum des Sufismus war. Hier schloß er sich den Sufis Amr al-Makki und al-Junaid an, doch kam es wiederum zu Meinungsverschiedenheiten und zur Trennung. Al-Hallaj unternahm drei Pilgerreisen nach Mekka, weitere ausgedehnte Reisen führten ihn nach Khorassan (Ostpersien), Turkestan, Turfan und Indien. Wieder in Bagdad machte er sich durch exzentrisches Benehmen und angreifbare Äußerungen ebenso bei den religiösen wie bei den politischen Autoritäten verdächtig; auch die meisten Sufis in seiner Umgebung wandten sich von ihm ab. Hinzu kamen Verleumdungen, nach denen er betrügerische Taschenspielertricks und Zauberei ausgeübt habe. 912 wurde er verhaftet und 922 trotz der Fürsprache hochgestellter Persönlichkeiten zum Tode verurteilt und hingerichtet.

Al-Hallaj's Lebensweg wird von seinem Sohn Hamd beschrieben, die Bewahrung einiger seiner Schriften verdankt man einem Mystiker aus Schiras, Ruzbihan Bagli. Der französische Orientalist L.Massignon hat in diesem Jahrhundert die noch vorhandenen Werke, die verstreuten Angaben über al-Hallaj's Äußerungen sowie zeitgenössische und spätere Berichte über ihn gesammelt und herausgegeben. Ganz oder teilweise erhalten sind ein Korankommentar, Gebete, kurze Aussprüche und Abhandlungen im Stil der Hadith. Ein etwas größeres Werk ist das Kitab at-tawasin, das Gedanken über die Einheit Gottes, Hymnen auf den Propheten, ein Gespräch Gottes mit dem Satan und anderes enthält; ein Abschnitt daraus wird unten zitiert.

Al-Hallaj ist ein eigenwilliger und unabhängiger Geist, der in mehrfacher Hinsicht gegen die zu seiner Zeit gängigen Ansichten und Verhaltensnormen verstößt. Ohne Zweifel bedeutet der Koran für ihn die einzige und letzte Glaubenswahrheit, doch sucht er immer hinter dem vordergründigen Wortlaut den verborgenen, tieferen Sinn.

> »Wer die göttliche Wahrheit mit dem Licht des Glaubensbekenntnisses sucht, ist wie einer, der die Sonne mit dem Licht der Sterne sucht« [41].

In einem Brief sagt er:

> »Gott möge dir das Äußere des Religionsgesetzes verhüllen und dir das wahre Wesen des Unglaubens enthüllen. Denn das Äußere des Religionsgesetzes ist verborgener Unglaube, und das wahre Wesen des Unglaubens ist deutliche Erkenntnis« [42].

Manche seiner Äußerungen zeigen, daß er über die enggefaßten Glaubensmeinungen der Orthodoxie hinausgelangt ist; so hat er z.B. gesagt, daß die Pilgerfahrt nach Mekka auch zu Hause durch Gedanken an Gott ersetzt werden kann, was keineswegs der offiziellen Lehre entsprach:

»Pilgerfahrt ist für das Volk – ich pilgere hin zum Geliebten,
Schafe bringen sie dar, ich bring' mein eigenes Blut.
Manche kreisen ums Haus, ganz ohne äußere Glieder,
Denn sie kreisen um Gott, brauchen die Kaaba nicht« [43].

Besonderen Anstoß erregten Äußerungen, die seine mystischen Erfahrungen wiedergaben oder wiederspiegelten und die von Menschen ohne solche Erlebnisse mißgedeutet werden konnten und mißgedeutet werden mußten.

Ungewöhnlich ist al-Hallaj's Verhalten gegen seine Sufi-Lehrer, mit denen er aus heute nicht mehr erkennbaren Gründen brach, bzw. die sich von ihm zurückzogen. Der Grund der Abneigung al-Junaids ist allerdings bekannt: Sie beruht auf den angreifbaren religiösen Äußerungen al-Hallaj's, die – wie Junaid voraussah – nicht nur ihrem Urheber, sondern der gesamten Sufi-Bewegung schaden würden.

Ungewöhnlich ist auch al-Hallaj's Auftreten während seiner Reisen. Überall predigt und lehrt er und versucht, neue Anhänger für den Islam zu gewinnen. Um ihn pflegt sich eine Schar von Schülern zu sammeln, was wiederum die Regierung in Bagdad argwöhnisch macht, da man jederzeit mit gefährlichen Aufständen rechnen muß. Zum Verderben werden ihm sein Sendungsbewußtsein und sein Mitteilungsbedürfnis, das ihn verleitet, auch vor einer ungeeigneten Zuhörerschaft über seine mystischen Erfahrungen zu sprechen. Hinzu kommen Berichte über angebliche Wundertaten, z.B. das Herbeischaffen von Nahrung aus einem weit entfernten Ort, die den Anlaß zum Vorwurf der Zauberei abgeben. Das Todesurteil wird von vielen seiner Zeitgenossen als berechtigt angesehen; seine Anhänger verehren ihn jedoch als Heiligen, und das Bild al-Hallaj's als eines Märtyrers des Glaubens hat sich in der Folge durchgesetzt. Eine nachträgliche, nüchterne Betrachtung des »Falles Hallaj« stammt von dem Historiker ibn Khaldun (1332 - 1406):

»Es gibt ketzerische Äußerungen, die Sufis nennen sie ›Äußerungen in Ekstase‹. Diese rufen die Kritik der rechtgläubigen Muslime hervor. Gerechterweise muß man den Sufis zugestehen, daß sie außerhalb der Kontrolle durch die Vernunft stehen, daß die Inspiration sie überwältigt und daß sie schließlich Gedanken über ihre Inspiration äußern, die sie nicht sagen sollten. Jemand, der dem Einfluß der Vernunft entzogen ist, ist nicht ansprechbar, und wer zu etwas gezwungen ist, ist nicht dafür zur Rechenschaft zu ziehen ... Sufis, die nicht im Zustand der Ekstase, sondern bei Sinnen sind, müssen aber für solche Äußerungen verantwortlich gemacht werden. Daher beschlossen auch die Richter und die großen Sufis, daß al-Hallaj getötet werden müsse, weil er derartige Äußerungen machte, obwohl er bei Sinnen und nicht im Zustand der Ekstase war« [44].

Die Gottesvorstellung Hallaj's ist die einer transzendenten, über Raum und Zeit stehenden und für den Menschen unfaßbaren Wesenheit:

»O Mensch! Nichts in der Schöpfung ist kleiner als das Atom, und du kannst es nicht erfassen. Wie kann jemand, der das Atom nicht erkennen kann, fähig sein, Ihn (Gott) zu erkennen, der doch viel unfaßbarer ist als das Atom?« [45];
» ... Ihn (Gott), erhaben sei Er, kann kein ›oben‹ überschatten und kein ›unten‹ tragen, und keine Grenze kann sich Ihm gegenüberstellen, und kein ›bei‹ kann Ihn drängen, und kein ›hinten‹ kann Ihn nehmen, und kein ›vorne‹ begrenzt Ihn, und kein ›davor‹ läßt Ihn erscheinen, und kein ›nach‹ geht an Ihm vorüber, und kein Ganzes kann Ihn zusammenstellen. Und kein ›es war‹ kann Ihn vorhanden machen, und kein ›es war nicht‹ kann Ihn verloren gehen machen. Seine Beschreibung hat keine Eigenschaft. Und Sein Tun hat keine Ursache. Und Sein Sein hat keine Zeitmaße. Er ist über die Zustände Seiner Geschöpfe erhaben. Von Seinem geschaffenen Bild hat Er keine Gemütsart. Und in Seinem Tun gibt es keine Verhandlung. Er ließ sich von ihnen (seinen Geschöpfen) in Seiner anfanglosen Ewigkeit unterscheiden, genau wie sie sich von Ihm in ihrem Geschaffen-Sein unterscheiden« [46].

Al-Hallaj's Gedichte haben die Liebe zu Gott und Gottes Gegenwart im menschlichen Herzen zum Thema. Gott ist sein Gesprächspartner, er steht zu ihm in einer Ich-Du-Beziehung:

»Ich habe einen Geliebten, dessen Liebe mitten in meinen Eingeweiden (meinem Inneren) ist.
Hätte er es gewünscht, dann könnte er auf meiner Wange (als Träne) laufen« [47];
»Du hast in meinem Herzen, in dem es von Dir Geheimnisse gibt, gewohnt.
So sei froh mit dieser Wohnung und sei zufrieden mit diesem Nachbarn!« [48].

Der Mensch ist unendlich weit von Gott entfernt, doch kann er sich Gott nähern, ausgelöscht werden und zur Einheit mit ihm gelangen. Immer wieder kommt al-Hallaj auf diesen Themenkreis zurück:

»Du hast mich an Dich genähert, so daß ich glaubte, daß Du ›mein Ich‹ bist« [49];
»Zwischen mir und Dir (Gott) gibt es eine ›Ichhaftigkeit‹, die mich bedrängt.
So hebe mit Deiner ›Ichhaftigkeit‹ meine ›Ichhaftigkeit‹ auf und beseitige die Trennung!« [50];
»Mache mich zu Eins, o Du mein Einer, mit einer wahrhaftigen Vereinigung,
Wohin es keinen Weg auf dem begangenen Pfad gibt« [51].

Von al-Hallaj stammt auch der berühmte Vergleich des Gottsuchenden mit einem Falter, der in der Flamme einer Kerze verglüht:

»Die Fassungskraft der geschaffenen Kreaturen ist nicht mit der Wirklichkeit verbunden, und die Wirklichkeit haftet nicht den geschaffenen Kreaturen an. Gedanken sind Anhaftendes, und Anhaftendes geschaffener Kreaturen ist nicht mit der Wirklichkeit verbunden. Die Erkenntnis der Wirklichkeit ist schwer zu erreichen, um wieviel schwieriger ist also die Erkenntnis der Wirklichkeit der Wirklichkeiten. Sodann, das Wirkliche (Allah) ist noch weiter hinter der Wirklichkeit, und die Wirklichkeit enthält nicht das Wirkliche (Allah).
Der Falter umschwirrt die Flamme bis zur Morgendämmerung; dann kehrt er zurück zu seinesgleichen und berichtet mit den wohlklingendsten Worten von seinem Zustand. Danach kehrt er zurück zur Vertrautheit der Flamme in seinem Bestreben, die vollkommene Einheit zu erreichen.

> Das Licht der Flamme ist die Erkenntnis der Wirklichkeit. Die Glut der Flamme ist die Wirklichkeit der Wirklichkeiten, und die Vereinigung mit ihr ist die Wahrheit der Wirklichkeit.
> Er (der Falter) war nicht zufrieden mit dem Licht der Flamme und der Glut, so flatterte er ganz in sie hinein. Inzwischen warteten seine Freunde auf ihn, daß er ihnen von dem erzähle, was er selbst gesehen hat, denn er war nicht zufrieden mit den Berichten anderer. Aber in diesem Augenblick war er völlig verzehrt, zu Staub zerfallen, verblieb ohne Form und Körper oder erkennbares Merkmal. In welchem Sinne kann er jetzt zu seinen Kameraden zurückkehren, und in was für einem Zustand, in welchen er gekommen ist? Wer die Erkenntnis erlangt hat, braucht keine Mitteilungen mehr, und wer das Objekt der Erkenntnis erreicht hat, befaßt sich nicht länger mit der Erkenntnis« [52].

Der Ausspruch, der al-Hallaj hauptsächlich vorgeworfen wurde, war das schon erwähnte »Ich bin die Wahrheit«. Dies konnte als Blasphemie gedeutet werden, da »die Wahrheit« auch einer der 99 Namen Allahs ist. In etwas vollständigerer Lesart heißt es:

> »Ich bin der Wahre, und der Wahre ist für den Wahren wahr. Er ist mit sich selbst bekleidet, und es gibt keinen Unterschied« [53].

Dem Sinne nach vergleichbar ist die folgende Episode: In einem Brief schreibt er als Anrede:

> »Der Gnädigste, Barmherzigste an ... «

Nun sind das Gott zugeschriebene Attribute, und al-Hallaj wird daher gefragt:

> »Du hast schon deine prophetische Macht verkündet, und jetzt verkündest du deine Göttlichkeit?«

Er antwortet:

> »Ich verkünde nicht meine Göttlichkeit, sondern es handelt sich um etwas, was wir Mystiker als ›die vollkommene Vereinigung mit dem Willen Gottes‹ bezeichnen. Gott ist der Schreiber (meines Briefes), und ich bin nur sein Instrument« [54].

Im Leben und in den Reden al-Hallaj's gibt es einen Zug von Todessehnsucht, wie er bei christlichen Asketen und Märtyrern des öfteren zu finden ist, bei Sufis aber seltener als Ideal auftritt. Hallaj will im Tode die endgültige Vereinigung mit Gott erreichen. Zu einem Anhänger sagt er:

> »Und wie wird es dir gehen, Ibrahim, wenn du mich gekreuzigt, getötet und verbrannt siehst? – Und das wird der glücklichste von allen Tagen meines Lebens sein« [55].

Weiter heißt es:

> »Da bin ich im Gefängnis des Lebens, umgeben von den Menschen.
> So nimm meinen (Geist) zu Dir, lasse mich sterben aus diesem Gefängnis des Lebens« [56];

»Tötet mich, o meine Freunde!
Denn im Tod nur ist mein Leben,
Ja, im Leben ist mir Tod nur,
Und im Sterben liegt mein Leben.
Wahrlich, höchste Gnade ist es,
Selbst verlöschend zu entschweben ... « [57].

Der menschliche Wille kann zum Willen Gottes werden, wenn der Mensch das Leiden bejaht und herbeisehnt. Die Belohnung für bedingungslose Gottesliebe ist das Sichverlieren in Gott. Das Todesurteil nahm al-Hallaj ungerührt entgegen, auf dem Wege zur Richtstätte lachte er und tanzte in seinen Fesseln. Der Mystiker Attar gibt die folgende Beschreibung von der Hinrichtung [58]:

»Sie sahen viele Wunder, die er bewirkte. Geschwätz ging um, und seine Reden wurden dem Kalifen hinterbracht. Schließlich war man sich darüber einig, daß er sterben müsse wegen seiner Äußerung: ›Ich bin die Wahrheit‹ ...
Der Kalif ließ ihn ins Gefängnis werfen ...
Sie schlugen ihn dreihundertmal mit Stöcken. Dann führten sie ihn hinaus zur Hinrichtung. Als sie ihn zum Galgen am Tor »al-Taq« gebracht hatten, küßte er das Holz und setzte seinen Fuß auf die Leiter.
›Wie fühlst du dich?‹ verspotteten sie ihn.
›Der Aufstieg wahrer Menschen führt zur Spitze des Galgens‹ antwortete er. ...
Er wandte sich gegen Mekka, erhob die Hände und betete ...
Dann hieben sie ihm die Hände ab. Er lachte. ...
Sie hackten seine Füße ab. Er sagte lächelnd: ›Mit diesen Füßen machte ich eine Reise auf Erden. Ich habe andere Füße, die jetzt durch beide Welten wandern. Wenn ihr könnt, hackt diese Füße ab‹.
Dann rieb er mit seinen blutigen Armstümpfen über sein Gesicht, so daß Arme und Gesicht blutig wurden.
›Warum hast du das getan?‹ fragten sie ihn. ›Ich habe viel Blut verloren und glaube, daß mein Gesicht blaß geworden ist. Ihr denkt, meine Blässe kommt aus Angst. Ich habe Blut auf mein Gesicht gewischt, damit ich in euren Augen rote Backen habe‹. ...
Dann stach man ihm die Augen aus. ...
Dann wollte man seine Zunge abschneiden. ›Wartet noch ein wenig, gebt mir noch Zeit für ein Wort‹ bat er dringend. ›O Gott,‹ schrie er gen Himmel, ›verstoße sie nicht wegen der Leiden, die sie mir um Deinetwillen antun, noch entziehe ihnen die Glückseligkeit. Gelobt sei Gott, denn sie haben meine Füße abgehackt, als ich auf dem Wege zu Dir war. Und wenn sie mir den Kopf abschlagen, so haben sie mich doch auf die Höhe des Galgens gebracht, wo ich Deine Majestät betrachte‹.
Dann schnitten sie ihm Nase und Ohren ab. ...
Die letzten Worte, die Hallaj sprach, waren: ›Die Liebe zu dem Einen führt zur Einswerdung mit Ihm‹. ...
Nach seinen letzten Worten schnitten sie seine Zunge ab. Zur Zeit des Abendgebetes schnitten sie seinen Kopf ab. Er lächelte, als sie das taten.
So starb Hallaj«.

Der Leichnam wurde verbrannt und die Asche verstreut.

Al-Ghazzali (Algazel)

Abu Hamid Muhammad al-Ghazzali wurde 1058 in Tus (nahe Mashad in der nordostpersischen Provinz Khorassan) geboren. Er verwaiste früh. Sein Vater hatte ihn kurz vor seinem Tode einem Sufi-Freund anvertraut, und bei diesem erhielt er den ersten Unterricht. Danach studierte er Theologie und Rechtswissenschaft zunächst in Tus, dann in Gurgan, einem Städtchen östlich des kaspischen Meeres. Wieder nach Tus zurückgekehrt setzte er seine Studien allein fort und beendete seine Ausbildung zuletzt in Nishapur, der Hauptstadt Khorassans.

Der Wesir Nizam al-Mulk berief ihn 1091 an die theologische Schule (Medrese), die er 1064 in Bagdad gegründet hatte. Al-Ghazzali hatte hier als Lehrer großen Erfolg, zahlreiche Schüler drängten sich zu seinen Vorlesungen. Nach einigen Jahren erkrankte er aber ernstlich und konnte den Unterricht wegen Sprachstörungen nicht fortsetzen. Die Erkrankung war psychisch bedingt; die Ursache waren bohrende Zweifel an allem, was er bisher geglaubt und gelehrt hatte. Nach einigem Zögern beschloß er, das Lehramt aufzugeben und Bagdad zu verlassen. Von 1095 - 1106 zog er sich aus der Öffentlichkeit zurück und besuchte die heiligen Stätten des Islams, hielt sich aber vorwiegend in Damaskus auf. Hier wandte er sich der Mystik als der einzigen befriedigenden Glaubenshaltung zu.

Auf Bitten seiner Kinder ging er schließlich nach Tus zurück. Er erhielt dort den Auftrag, an der Medrese von Nishapur zu unterrichten, gab diese Tätigkeit aber bald wieder auf, um sich endgültig in Tus niederzulassen und nur im engsten Kreis weiterzulehren. Bis zu seinem Tode (1111) betreute er einige Sufi-Anhänger, verfaßte weitere Schriften und gab sich religiösen Übungen hin.

Al-Ghazzali war ein überaus fruchtbarer und vielseitiger Schriftsteller, dessen Werke große Verbreitung und viel Anerkennung fanden. Zwei philosophische Bücher wurden bereits angeführt (Abschn. 7.4); von seinen sonstigen, mehr als 70 Werken sollen nur einige der Wichtigsten erwähnt werden:

»Die Erneuerung der Religionswissenschaften«,
»Das Elixier der Glückseligkeit«,
»Die Nische der Lichter« und
»Der Retter (oder: Der Führer) aus dem Irrtum«.

Außerdem verfaßte er polemische Schriften, so eine Widerlegung der Lehren der islamischen Sekte der Batiniten und eine Schrift gegen die christlichen Auffassungen von der Trinität und der Gottesnatur Jesu (deren Echtheit allerdings nicht sicher ist). Weiter kennt man von ihm Werke theologischen, juristischen, dialektischen und logischen Inhaltes. In späteren Abschnitten seines Lebens herrschen mystische Themen vor.

Die Denkweise al-Ghazzalis ist geprägt von kompromißloser Suche nach Wahrheit, wobei er jedes Übernehmen von Dogmen und jeden Autoritätsglauben ablehnt. Er will nur das akzeptieren, was er selbst kritisch geprüft hat und was nicht seinem an klassischer Logik geschulten Denken widerspricht.

Die entscheidende Wendung im Leben al-Ghazzalis brachte die Periode äußerster Skepsis, die ihn an allem, auch am Sinn seines Lehrens an der Nizamya, zweifeln ließ. Er erkannte, daß ihm das Lehramt zwar Reichtum, Ruhm und Ehren einbrachte, daß diese weltlichen Güter ihn aber nur vom Denken an Gott abhielten. Weder die übliche, rein äußerliche Erfüllung der religiösen Pflichten, noch die Philosophie konnten seinen nach letzten Wahrheiten suchenden Geist befriedigen. Daher studierte er als nächstes die Schriften der Sufis, sah aber schnell ein, daß eine nur theoretische Beschäftigung mit sufischen Lehren zu nichts führt. So zog er sich von allen weltlichen Verbindungen und Verpflichtungen zurück und gelangte in den 11 Jahren des Herumwanderns und Meditierens in der Einsamkeit zu den höchsten mystischen Erfahrungen. In dieser Zeit arbeitete er an seinem Hauptwerk, der »Erneuerung der Religionswissenschaften«. Da diese Schrift allzu umfangreich war, verfaßte er auf Bitten seiner Freunde davon einen Auszug, »Das Elixier der Glückseligkeit«.

In beiden Schriften wendet sich al-Ghazzali gegen die Veräußerlichung der Religion, die zu seiner Zeit um sich gegriffen hatte. Er fordert die Gläubigen auf, die Gebote des Korans mit dem Herzen zu befolgen. Alle das praktische Leben betreffenden Fragen sind durch das islamische Gesetz geregelt. Breiten Raum nehmen bei ihm ethische Ermahnungen ein. Der Mensch soll sich selbst und die diesseitige Welt, Gott und die jenseitige Welt erkennen. Er soll im tätigen Leben Zucht und Sitte bewahren, soll schlechte Charaktereigenschaften ablegen und gute erwerben oder fördern. Er soll Gott vertrauen, Gott dienen und Gott lieben; Gottesliebe, die keine Belohnung erwartet, ist die höchste Form der Liebe. Die Liebe zu Gott schließt jede andere Liebe aus, ihre Ursache ist die innere Verwandtschaft des Menschen mit Gott.

Der Mensch unterscheidet sich vom Tier nur durch die Vernunft, nicht in seinen Trieben. Der Geist ist etwas Göttliches, Gott hat ihn dem Menschen eingehaucht. Außer dem gewöhnlichen, oberflächlichen Wissen gibt es ein höheres Wissen, welches die letzte und höchste Wahrheit darstellt. Jeder trägt in sich die Möglichkeit der Gotteserkenntnis, und wer den Weg zu Gott beschreitet, wird Prophet oder Heiliger. Der Weg zu Gott bedeutet das Aufgeben aller weltlichen Dinge, Freiheit von Haß und Feindschaft, ein Leben in Einsamkeit und unablässigen Gottesdienst. Dieser Weg ist schwer, und selbst Sufis erreichen nur selten die Vollkommenheit. Ohne die Führung eines erfahrenen Meisters ist sie nicht zu erlangen, und auch dann noch muß die Gnade Gottes dem Suchenden beistehen.

Der Mensch soll mit allem zufrieden sein, was ihm nach dem Ratschluß Gottes bestimmt ist, auch wenn es seinen Wünschen oder seinem Wohlbefinden nicht entspricht. Wer Gott liebt, wird durch Leid und Schmerz in seiner Liebe nicht beeinflußt, er merkt Ungemach gar nicht. Der Mensch kann Gott nahekommen und ihm ähnlich werden. Er kann aber nicht mit Gott eins werden, wie manche Sufis behaupten; sie überschreiten damit die Grenze der Verwandtschaft. Die letzte Wahrheit ist ein Geheimnis, welches nur den allerwenigsten geoffenbart wird. Der Sufi ist beglückt in der Erfahrung der Schönheit der göttlichen Gegenwart, er schwindet dahin in die Einheit zu Gott und gibt sich selbst auf. Er hat jedes Bewußtsein seiner selbst verloren, und wenn er wieder zu Sinnen kommt, weiß er, daß es nichts außer Gott gibt. Er hat jetzt die Aufgabe, seine Mitmenschen zu Gott zu führen.

Eine besonders von Sufis geschätzte Schrift al-Ghazzalis ist die »Nische der Lichter«; sie fußt auf dem schon oben (Abschn. 7.5.1) angeführten Lichtvers des Korans. In diesem kleinen Werk geht Ghazzali auf die Symbolik des Lichtes ein: Alle Lichter sind Aspekte Gottes, das Nichts ist die größte Finsternis. Ihr Gegenteil ist das Sein, das wahrhafte Sein ist Gott. Es gibt zwei Welten, die der Sinne und eine übersinnliche Welt. Der Mensch kann zu dieser aufsteigen und so in die Nähe Gottes gelangen. Die Wahrnehmungen der Sinne werden im Gedächtnis gespeichert und von der Vernunft zu logischen Schlüssen verarbeitet. Das Übersinnliche wird aber nur von Propheten und Heiligen erfahren; der prophetische Geist offenbart das Verborgene. Die meisten Menschen können nicht an der übersinnlichen Sphäre teilhaben, sie sollen aber wenigstens glauben, daß es sie gibt.

Es gibt vier Gruppen von Menschen mit unterschiedlicher Einstellung zum Religiösen: Die Ungläubigen, die Götzendiener, diejenigen, die Gott als ein unkörperliches, allmächtiges Wesen anbeten, und die, die zu Gott gelangen (die Mystiker). Für sie ist Gott eine über allen menschlichen Vorstellungen erhabene Wesenheit. Bei der letzten Gruppe findet man wiederum zwei Arten von Gläubigen:

Einmal gibt es Gotteskenner, für die alles außer ihrem Selbst erloschen ist, das aber durch Teilhabe am Göttlichen Schönheit erlangt hat.

Dann gibt es diejenigen, die von der Erhabenheit Gottes überwältigt wurden, zugrunde gehen und sich selbst auslöschen. Es bleibt nur der Einzige, Wahrhaftige (Gott). Sie verwenden dafür den Ausdruck »Identität«. Sie befinden sich auf der höchsten Stufe, sie sind die Auserwählten der Auserwählten. Von einigen wird diese Stufe in einem Augenblick erreicht (z.B. von Muhammad), von anderen aber erst nach langem Bemühen.

In der »Nische der Lichter« geht al-Ghazzali auch auf das Wesen der unio mystica ein:

> »Einige unter ihnen (den Gotteskennern) erreichten diesen Zustand (den Aufstieg in den Himmel der Wahrheit) durch wissenschaftliche Erkenntnisse, andere durch ›Schmecken‹ [59]. Für diese wurde die Vielheit völlig undenkbar, und sie versenkten sich in die reine Einzigkeit, in der sie ihren Verstand verloren. So erstarrten sie beinahe und gewährten keinem anderen als nur der Erwähnung des Namens Gottes einen Platz, noch nicht einmal dem Gedanken an sich selbst. Für

> sie gab es nichts anderes als Gott; so berauschten sie sich, und dieser Rausch überwältigte die Macht ihres Verstandes. Einer von ihnen sagte deshalb: ›Ich bin der Wahre‹ (al-Hallaj) ... Die Worte der Verliebten im Zustand des Rausches aber müssen geheimgehalten und dürfen nicht erzählt werden.
> Als sie aus ihrem Rausch erwachten und ihr Verstand ... wieder Besitz von ihnen ergriff, erkannten sie, daß dies nicht die wahrhaftige Identität (mit Gott) ist, sondern ihr lediglich nahe kommt ...
> Wenn dieser Zustand (der vermeintlichen Identität mit Gott) vorherrscht, wird er in Bezug auf denjenigen, der ihn erlebt, ›Erlöschen‹ genannt, ja sogar ›Erlöschen des Erlöschens (in Gott)‹, weil sein Selbst erlischt und er in seinem Erlöschen (in Gott) erlischt. Denn er empfindet in diesem Zustand weder sein eigenes Bewußtsein noch die Unbewußtheit seines Bewußtseins ... Dieses wird in Bezug auf denjenigen, der sich in diesem Zustand befindet, im metaphorischen Sinne ›Identität‹ oder in der Sprache der Realität ›Vereinigung‹ genannt. Hinter diesen Wahrheiten stehen Geheimnisse, deren Erklärung jedoch sehr weit führen würde« [60].

Als letztes soll das Werk »Der Retter aus dem Irrtum« besprochen werden. Al-Ghazzali geht hier nochmals auf die Themen ein, die ihn zeitlebens beschäftigt haben, und er fügt ihnen, soweit es zum Verständnis beiträgt, autobiographische Angaben hinzu. Sein Leben ist bestimmt von der Suche nach sicherer Erkenntnis, und sein kritischer Geist findet, daß diese weder durch die Sinne noch durch die Vernunft allein erlangt werden kann. Die sinnlichen Erfahrungen können ebenso trügerisch sein wie die durch Denken gewonnenen Schlüsse, und auch die Lehren der Überlieferung und die Ansichten der Autoritäten sind nicht zuverlässig. Es gibt aber noch über oder hinter dem Denken liegende Quellen der Erkenntnis; das sind die Worte der Propheten und die Erfahrungen der Mystiker.

Als erstes unterzieht al-Ghazzali die Methoden der islamischen Scholastiker einer Kritik. Er lehnt ihre Versuche ab, die Aussagen des Korans und der religiösen Überlieferung (des Hadith) mit philosophischen Methoden zu verteidigen oder zu beweisen. Denn immer sind unterschiedliche Erklärungen möglich, so daß man nie Gewißheit erlangt. Er führt die logischen Erklärungsversuche mit folgender Erzählung ad absurdum:

> »Nehmen wir an, daß ein Kind und ein Erwachsener, die beide gläubig starben, in den Himmel gekommen sind; aber der Erwachsene nimmt dort einen höheren Rang ein. Das Kind wird Gott fragen: ›Warum hast du diesem Mann einen höheren Rang gegeben?‹ Und Gott wird antworten: ›Er hat viele gute Werke getan‹. Das Kind wird dann sagen: ›Warum hast du mich so früh sterben lassen, daß ich keine guten Werke tun konnte?‹ Gott wird antworten: ›Ich wußte, daß du ein Sünder werden würdest; es war daher besser, daß du als Kind gestorben bist‹. Dann erhebt sich ein Geschrei von den Verdammten in der Tiefe der Hölle: ›Warum, o Gott, ließest du uns nicht sterben, ehe wir Sünder wurden?‹ « [61].

Man kann den Ratschluß und die Wege Gottes nicht mit menschlicher Logik erforschen.

Dann wendet sich al-Ghazzali nochmals der Philosophie zu. Er bemängelt, daß die Philosophen religiöse Themen in manche Wissensgebiete einbringen, die nichts mit religiösen Fragen zu tun haben. Da religiöse Lehren von der Art der Religion abhängen, ergeben sich dann auch unterschiedliche Meinungen über philosophische und naturwissenschaftliche Fragen.

Die Mathematik hat nichts mit dem Glauben zu tun. Sie kann auch nicht als Beweis für die Glaubwürdigkeit oder Unglaubwürdigkeit der Religion herangezogen werden, weil sich religiöse Aussagen nicht wie mathematische Sätze beweisen lassen.

Die Logik kann ebenfalls nicht zur Begründung des Glaubens verwendet werden, und das Gleiche gilt für die Naturwissenschaften. Die aus der Beobachtung der Natur abgeleiteten Regeln und Gesetze haben nichts mit der Religion zu tun.

Ghazzali erkennt demnach, daß es unmöglich ist, Glaubenslehren mit mathematischen oder naturwissenschaftlichen Methoden zu beweisen. Umgekehrt kann auch eine Religion nichts über naturwissenschaftliche Dinge aussagen. Es handelt sich um zwei völlig getrennte Gebiete, die keinerlei Gemeinsamkeiten aufweisen.

In der Metaphysik werden philosophische Vorstellungen über Gott, das Jenseits, die Welt und die Menschheit behandelt und die Beziehungen erörtert, die zwischen ihnen bestehen. Die Ergebnisse, zu denen die Metaphysiker kommen, hängen von der Art ihrer Religiosität ab. Sie sind daher für den wirklich gläubigen Mohammedaner ohne Belang.

Die Politikwissenschaften beschäftigen sich vorwiegend mit administrativen Fragen, die sie allerdings z.T. aus den heiligen Schriften entnommen haben.

Bei den ethischen Wissenschaften gibt es Unterschiede in der Auffassung zwischen den Sufis und den Philosophen. Die Mystiker entwickeln ihre moralischen Lehren auf Grund ihres Weges zu Gott nach Erkenntnis ihrer eigenen Fehler und Sünden. Die Philosophen dagegen vermischen die Erkenntnisse der Frommen mit ihren eigenen falschen Lehren und versuchen, dies unhaltbare Gemisch zu verbreiten.

Im Kapitel über das Sufitum erfährt der Leser etwas über die Lebenskrise al-Ghazzalis und deren Überwindung durch seine mystischen Erfahrungen. Wer Sufi werden will, muß an Allah, den Propheten Muhammad und an dessen Verkündigung glauben. Denn nur der kann Gott nahekommen, der glaubt. Wenn man zur Gotteserkenntnis gelangen will, muß man Ruhm, Reichtum, Begierden, Freunde und die Familie aufgeben. Nur so ist es möglich, sich Gott allein zu widmen. Ein solcher Verzicht hat eine Änderung der Persönlichkeit zur Folge, eine Abkehr von der auf Äußerlichkeiten gerichteten Haltung; er bewirkt eine Hinwendung ins eigene Innere. Ein weiterer Schritt auf dem Wege zu Gott ist das Sichzurückziehen in die Einsamkeit, um durch nichts abgelenkt zu werden und sich ganz dem »dhikr«, dem Denken an Gott, hingeben zu können.

> »O ihr Gläubigen, gedenket Allahs in häufigem Gedenken und preiset ihn morgens und abends« [62].

Wenn der Sufi den Zustand absoluter innerer Ruhe erreicht hat und seine Gedanken sich ausschließlich mit Gott befassen, kann er Visionen erleben und überirdische Stimmen vernehmen. Soweit läßt sich der Weg zu Gott noch beschreiben. Der nächste Schritt, das letzte und höchste Erlebnis, ist mit Worten nicht ausdrückbar. Als al-Ghazzali einmal danach gefragt wird, antwortet er:

> »Es war, was war, was ich nie sagen werde,
> Du denke gut davon und frage nicht« [63].

Für ihn ist der Weg des Sufis der vollkommenste aller Wege zu Gott. Denn das Erlöschen in Gott ist die erlebte Gewißheit des göttlichen Seins, während der Glaube nur das Fürwahrhalten einer religiösen Überlieferung darstellt.

Weiter spricht al-Ghazzali im »Retter aus dem Irrtum« vom Wesen der Prophetie und vom Propheten Muhammad, dem die Worte Gottes geoffenbart wurden. Von ihm angefangen gibt es einen geistigen Strom, der bis in die Gegenwart reicht und der sich von Zeit zu Zeit in großen Persönlichkeiten zu erkennen gibt. Diese sind dazu berufen, den Glauben zu erneuern und zu festigen. Ein Sufi kann auf höheren Bewußtseinsebenen diese Strömung geistiger Religiosität erfahren, sein inneres Wahrnehmungsvermögen führt ihn zu intuitiver Erkenntnis.

Der Glaube an Prophetie ist für einen Nicht-Sufi schwer, da er das Sicherheben auf eine andere Bewußtseinsebene nicht kennt. Al-Ghazzali versucht, das Wesen der Prophetie an Hand von Beispielen aus dem Alltag verständlich zu machen. So gleichen z.B. die Traum-Erlebnisse in keiner Weise dem realen Leben, und doch werden sie im Schlaf als real empfunden. Auch die Prophetie gehört zu den Erscheinungen, die wir nicht erklären können, und doch gibt es sie. So wie man bei körperlichen Leiden auf die Hilfe des Arztes vertraut, so soll man bei seelischem Leid der Autorität des Propheten und seinen Lehren vertrauen. Das Vertrauen in ihn ist gerechtfertigt durch seine Güte, Freundlichkeit und Hilfsbereitschaft. Wenn man Vertrauen zu ihm gefaßt hat, fällt es leicht, an seine Offenbarungen und Wunder zu glauben.

* * *

Die tiefe Religiosität Ghazzalis gab den Muslimen seiner Zeit ein Beispiel, und sein Werk setzte sich trotz anfänglichen Widerstandes unter den islamischen Theologen durch. Sein Einfluß erstreckte sich nicht nur auf die offizielle Lehre, sondern auch auf die der Mystik zugeneigten Kreise des Sufismus. Die hohe Wertschätzung seiner Schriften ließ ihn zum bedeutendsten Theologen der damaligen islamischen Welt werden. Er erhielt den Ehrentitel »Autorität des Islams«.

Von bleibendem Wert ist seine Erkenntnis, daß Logik und rationale Denkweise zwar notwendig sind, daß sie aber Glaubensfragen weder beweisen noch widerlegen oder entscheiden können. Sie müssen durch übersinnliche Erfahrungen ergänzt werden.

Zum wichtigsten Thema seiner späteren Werke wurde die Mystik, die für ihn der eigentliche und einzige Weg zu Gott ist. Es gelang ihm, ihre Lehren mit denen der Orthodoxie zu versöhnen; dabei erwies sich wohl als hilfreich, daß der Mystiker seiner Ansicht nach keine Vereinigung mit Gott, sondern nur eine Annäherung an Gott erreichen kann. So trug al-Ghazzali wesentlich zum Abbau der Spannungen zwischen der Orthodoxie und dem Sufitum bei. Anderseits übersah er aber auch nicht die Auswüchse und Fehlentwicklungen im Sufismus. Er verlangte ein besonders genaues Einhalten der äußeren Formen des Ritus und Gebetes und tadelte alle Sufis, die über all' diesem zu stehen glaubten. Über den Einfluß seiner Schrift gegen die Philosophie wurde bereits gesprochen (Abschn. 7.4).

Mehrere Werke al-Ghazzalis wurden bereits im Mittelalter in die hebräische und die lateinische Sprache übersetzt, so daß seine Gedanken schon frühzeitig wenigstens teilweise im Abendland bekannt wurden.

Ibn Arabi

Später als im islamischen Osten entfaltete sich die Mystik in Spanien, wo sie erst im 12. und 13. Jahrhundert ihre größte Blüte erreichte; von dort wirkte sie jedoch auf den Osten zurück. Ihr bedeutendster Vertreter war Muhammad ibn al-Arabi al-Hatimi (mit dem Ehrentitel »Wiedererwecker des Glaubens«), der 1165 in Murcia geboren wurde und 1240 in Damaskus starb.

Ibn Arabi studierte Rechtswissenschaft und Theologie in Lissabon, Cordoba und Sevilla. Von Jugend an verkehrte er in Sufi-Kreisen, bezeichnete jedoch »Khidr« als seinen wirklichen geistigen Führer. Etwa um 1200 verließ er Sevilla für immer und unternahm die Pilgerfahrt nach Mekka; nach Aufenthalten in Konya, Kairo, Aleppo und Bagdad verbrachte er seine letzten Lebensjahre in Damaskus. Sein Grab wird heute noch von Gläubigen aufgesucht.

Ibn Arabi hat viel geschrieben; es heißt, daß er seine Werke z.T. in einem tranceähnlichen Zustand verfaßt habe, in einem Zustand von medialer Empfängnisbereitschaft, in welchem er aber bei vollem Bewußtsein war. Er behauptete, eines seiner bedeutendsten Werke sei durch Inspiration des Propheten Muhammad entstanden und ein anderes sei ihm von Gott durch einen Engel diktiert worden. Im Zustand größter geistiger Empfänglichkeit konnte er bis zu den tiefsten Schichten seines Bewußtseins vordringen. Er forderte daher, daß man seine Gedanken im Traum kontrollieren solle. Wenn diese »Traum-Wachheit« erreicht werde, könnten die tieferen Bewußtseinsschichten wahrgenommen werden.

Von den zahlreichen Werken ibn Arabis sind die wichtigsten »Die Fassungen (oder Facetten) der Weisheit«, »Der Deuter der Sehnsüchte« und die »Mekkanischen Offenbarungen«. Das zuerst genannte wird als sein Vermächtnis angesehen. Es stellt eine Betrachtung über die Propheten, die Verkünder göttlicher Weisheit, dar; jedes der 29 Kapitel ist einem Propheten gewidmet. Wie gezeigt wird, ist auf Grund der Unterschiedlichkeit der Personen auch die Art der Verkündigungen verschieden. Nach ibn Arabis Ansicht spricht ein jüdischer Prophet anders zu seinem Volk als ein arabischer. Trotzdem sind alle Propheten als Vermittler göttlicher Botschaften einander ähnlich, denn Gott teilt sich nur den Menschen mit, die ganz von ihm erfüllt sind. Diese werden zum Medium seiner Offenbarungen, und in ihnen werden die Namen und Eigenschaften Gottes sichtbar; sie werden dadurch zum unerreichbaren Vorbild für alle Gläubigen.

Das Buch »Der Deuter der Sehnsüchte« ist vordergründig reine Liebeslyrik. Es entsteht während ibn Arabis Aufenthalt in Mekka, wo er einem Mädchen von großer Frömmigkeit und Schönheit begegnet, das zu einer Gruppe persischer Pilger aus Isfahan gehörte. Dies Erlebnis regt ihn zum Schreiben von Liebesgedichten mit vielen ebenso phantasievollen wie schönen Bildern an. Wie er in einem von ihm selbst verfaßten Kommentar angibt, sollen mit den Versen gleichnishaft spirituelle Erfahrungen wiedergegeben werden.

An den »Mekkanischen Offenbarungen«, die viele Bände umfassen, schreibt ibn Arabi von 1202 - 1238 fast täglich. Neben rein religiösen Texten enthalten sie seine Lebensbeschreibung, doch steht das Religiöse im Vordergrund. Er gibt vor allem theologische Gespräche, Schilderungen von Visionen, Erlebnisse und Erfahrungen auf dem mystischen Wege sowie seine Beziehungen zu anderen Sufis wieder.

Von seinen vielen Visionen sollen einige gekürzt wiedergegeben werden, um die Art seiner Erlebnisse zu zeigen; bei der ersten handelt es sich um Gedankenübertragung, die zweite stellt eine Begegnung mit Khidr dar, die dritte ist eine Lichtvision in der Ashar-Moschee in Fes und die vierte eine Begegnung mit sich selbst, mit seiner eigenen geistigen Substanz, in Mekka [64]:

Als ibn Arabi noch in Sevilla lebt, empfindet er eines Tages den Wunsch, mit dem »größten Scheich« seiner Zeit, dem aus Andalusien stammenden Abu Madyan (Bou Medine; 1126 - 1197) zu diskutieren. Abu Madyan befindet sich aber gerade in Beijaia (frz. Bougie) in Algerien. Sogleich sieht ibn Arabi einen ihm bekannten Schüler Abu Madyans bei sich eintreten; dieser beantwortet ihm alle Fragen, die er dem Scheich stellen wollte, und richtet ihm aus, daß er Abu Madyan niemals persönlich kennenlernen würde, daß aber auch weiterhin ein Gedankenaustausch zwischen ihm und Abu Madyan möglich wäre.

* * *

»Ich (ibn Arabi) war zur Schlafenszeit bei Mondschein in einem Boot im Hafen von Tunis und sah über das Meer. Es war Vollmond. Plötzlich erkannte ich, daß jemand über das Wasser auf mich zukam. Er erreichte mich und blieb stehen, und ich sah, daß seine Beine trocken waren. Er sprach eine Zeitlang mit mir. Nach einem Abschiedsgruß schlug er auf dem Rückweg die Richtung zu einem Leuchtturm ein, der über zwei Meilen entfernt war. Mit 2 bis 3 Schritten war er dort. Ich hörte ihn im Leuchtturm Gott preisen. Als ich zur Stadt zurückging, begegnete mir ein Mann, der mich fragte, was al-Khidr bei dem Treffen im Boot mich gefragt und was ich geantwortet habe«.

* * *

»Ich betete mit einer Gruppe von Leuten in der Azhar-Moschee, als ich ein Licht sah, das alles vor mir erleuchtete. Ich verlor jedes Raumgefühl, mein Gesichtsfeld schien mir kugelförmig zu sein. Ich wußte zwar genau, wo ich war, aber sinnlich wahrnehmen konnte ich außer der Lichterscheinung nichts mehr«.

* * *

»Ich umschritt die Kaaba in Mekka und pries Gott. Als ich zu dem schwarzen Stein kam, sah ich den ›Adlerstein des Jünglings in ständiger Anbetung‹. Als ich ihn die Kaaba umschreiten sah, wurde mir seine Bedeutung klar: Das Umschreiten ist gleich dem Totengebet ... Eine göttliche Eingebung ließ mich erkennen, daß es für den Jüngling weder Raum noch Zeit gab. Ich wandte mich ihm zu und sagte ihm, daß ich seine Nähe und seine Freundschaft suchen würde. Er gab mir durch Zeichen zu verstehen, daß ich seine Gestalt genau betrachten und im Gedächtnis behalten sollte, dann würde es mir gelingen, das Geheimnis seiner Erscheinung zu enträtseln. Und ich erkannte, daß diese visionäre Gestalt niemand ist, zu dem man spricht oder der selber spricht. Sie ist die ewige Substanz eines Menschen. Sie kennt nur sich, ist Geist, Name. Sie ist Erkenntnis, das Erkannte und der Erkennende zugleich« (vgl. Aristoteles, Abschn. 5.3.4).

Ibn Arabi gelingt es, die Lehren der Orthodoxie mit denen des Sufismus in Einklang zu bringen. Er erkennt die orthodoxe Richtung voll an, betont aber, daß es daneben noch eine andere, innere Wahrheit gibt. Dem Gläubigen ist es möglich, vom vordergründigen Verständnis des Korans zu seinem inneren Gehalt vorzudringen. Auch ibn Arabis Schriften können unterschiedlich ausgelegt werden. Die einfache Interpretation entspricht der gewöhnlichen islamischen Lehre, die mystische Auslegung ergibt dagegen einen anderen Sinn, der den inneren Erfahrungen entstammt. Ibn Arabi sagt weiter, daß die Visionen und mystischen Erkenntnisse eines Christen anders sind als die eines Muslims, obwohl beide die Einung mit Gott zum Ziel haben; sie sind sogar bei Menschen gleichen Glaubens verschieden, da sie von deren Wesen und Empfänglichkeit abhängen.

Die durch die Sinne und den Verstand des Menschen erfahrbare vergängliche Welt weist nach ibn Arabi auf Gott hin. Doch gehört Gott, der die Welt geschaffen hat, einer anderen Wirklichkeit an. Er hat die Welt ermöglicht und findet in ihr seinen Widerschein. Es besteht eine gegenseitige Abhängigkeit, eine Beziehung, die sich bei Gottes Geschöpfen in einer Sehnsucht nach Rückkehr zu Ihm äußert, bei Gott in dem Wunsch, sich zu offenbaren, wie es in dem bereits erwähnten Hadith (Abschn. 7.5.2) vom verborgenen Schatz, der erkannt werden will, ausgesprochen ist.

Ibn Arabi steht den Gedanken der neuplatonischen Philosophie nahe; er kennt Plotins Emanationstheorie, und er glaubt an einen stufenförmigen Aufbau des Kosmos, der aus der Überfülle Gottes entstanden ist. Der Mensch kann sich nach und nach aufsteigend Gott nähern. Er kann ein Aufgehen in Gott erfahren, das dem Versinken eines Wassertropfens im Meer gleicht. Er kehrt damit zum Ursprung zurück, aus dem er als eine von unendlich vielen Möglichkeiten hervorgegangen ist.

Der Inhalt der geistigen Schau, zu der der mystische Pfad führt, ist nach ibn Arabi ein Sichbetrachten »im Spiegel Gottes«. Dabei wird das innere Wesen des Menschen nicht zum Spiegel Gottes, sondern Gott wird zum Spiegel, der dem Betrachter sein eigenes Bewußtsein widerspiegelt. Das bedeutet, daß das Göttliche im Menschen wie in einem Spiegel erkannt wird, einem Spiegel, der von Gott geoffenbart wird. Diese Offenbarung führt aber nicht zum Erkennen des göttlichen Wesens, denn Gottes Wesen bleibt dem Menschen für immer verborgen.

Von ibn Arabi werden alle Seiten des Sufismus erschöpfend behandelt. Seine Lehre wird als »Einheitslehre« bezeichnet. Gott ist der Allesbeweger, ohne Ihn wird alles zu Nichts. Von Ihm geht alles aus, und zu Ihm kehrt alles zurück. Es gibt keine eigenständige Wirklichkeit ohne Gott.

Sanai

Abu'l-Majd Majdud Sanai (gest. um 1131) war zunächst Hofdichter in Ghazna und mehreren anderen Orten im Osten Persiens und schrieb hauptsächlich Lobgedichte auf seine Gönner. Er wandte sich im Laufe seines Lebens aber mehr und mehr dem Sufismus zu, ohne sich jedoch völlig von seinen Mäzenen lösen zu können. Sanai schrieb in persischer Sprache; er war Meister des dichterischen Ausdruckes, einer Kunst, die sich in islamischen Ländern größter Wertschätzung erfreut. Er wird oft zusammen mit seinen Nachfolgern Attar und Rumi erwähnt, die er beide beeinflußte. Rumi soll gesagt haben:

> »Sanai war der Geist, Attar seine Augen;
> wir kamen nach Sanai und Attar«.

Sanais Werk besteht aus Sammlungen von Gedichten, in denen Lobpreisungen des Propheten, Anekdoten aus dem Leben großer Sufi-Meister, Erzählungen über die Rückkehr der Seele zu ihrem Ursprung und natürlich auch panegyrische Teile vorhanden sind. Als sein Hauptwerk gilt »Der Garten der Wahrheit«, ein umfangreiches Gedicht in gereimten Doppelversen (sogen. Mathnavi), das außer belehrenden und ethischen Betrachtungen auch dem Sufismus zuzurechnende Abschnitte enthält. So beschreibt er z.B., wie ihm sein spiritueller Führer (oder sein Gewissen) in der Gestalt eines alten Mannes entgegentritt und ihn zur Abkehr von der Welt ermahnt:

»Als die verborg'ne schwarze Gestalt (der Nacht) zum Kampf gegen die Kälte der Dämmerung
Feuer und Kohlen entzündete,
Seufzte die Dämmerung tief
Als wenn die Sonne riefe: ›Bei der Nacht‹ (... siehe, euer Streben ist wahrlich verschieden; Sure 92/1),
So daß der König des Himmels sein Antlitz
Wie einen gold'nen Schild aus dem Fenster des Ostens streckte.
Blaß wie mein Gesicht wurde die Welt,
Als die Dämmerung mit ihrem roten Banner aufbrach.

* * *

Wie der Mond vor dem Aufgang der Sonne kam plötzlich
Ein alter Mann und sprach: ›Gott segne diesen Morgen!‹
Sanft war er, in sich ruhend,
Mit scharfem Auge, er kannte wohl den steilen Pfad.
Sein Antlitz glich der Sonne, war mit Licht geschmückt;
Sein Gewand war blau wie das Gewand des Himmels.
Ganz plötzlich – wie es schien – tauchte
Eine Sonne aus dem Teich voll Wasserlilien auf.
Er tränkte seine Augen mit meinem Selbst,
Dann füllte er den Raum des Himmels bis zum Rand mit Perlen
Und rief: ›Wohin, mein Sohn,
Der du in diesem Verließ geblieben?
Wach auf! Denn dieser Haufen Staub ist nicht dein Heim;
Dies ist das Reich der Wünsche, nicht dein Platz!‹

* * *

Er sprach: ›Wenn du mir folgst, mein Führen wünschest,
Nimm alles an, was ich zu deiner Seele sage;
Eine Botschaft von dem höchsten Wesen
zur tiefsten bewußten Kreatur.
Warum bleibst du stehen
In dieser Welt, in diesem Tal des Jammers? Sag's mir!
Wenn du um Brot und Wasser bleibst,
Warum verstreust du dann die Saat von Zorn und Lust und Leid?
Dein Irren entehrt dich,
Und deine Furcht verhindert alles Tun.
Was der Körper begehrt, soll die Seele abweisen;
Was gut ist für den Fuß, schlecht ist für den Kopf« [65].

Mit seinen Werken hat Sanai das Vorbild für viele andere religiöse und mystische Dichtungen gegeben, selbst wenn er darin einige Vorgänger hatte; erst durch ihn erlangte diese Art von Poesie die Bedeutung, die ihr später zugemessen wurde, vor allem, nachdem Rumi sie zur höchsten Entfaltung gebracht hatte.

Attar

Der mystische Dichter Fariduddin Attar wurde etwa 1150 in der Gegend von Nishapur geboren, und hier ließ er sich nach längeren Reisen nieder. Er besaß wahrscheinlich eine Apotheke oder eine Drogerie (Attar: Drogist). Er starb um 1220 zur Zeit des Mongolensturms in seiner Vaterstadt. Das genaue Datum seines Todes ist ebenso wie das seiner Geburt nicht bekannt.

Attar hat zahlreiche Werke verfaßt, in denen er immer wieder den sufischen Weg, die Reise der Seele zu Gott, das Vernichten der eigenen Persönlichkeit und die Leiden des Sufis während seiner Umformung zum Mystiker beschreibt. Oft übt er Kritik an den Mächtigen seiner Zeit, nie hat er sich dazu hergegeben, um eigener Vorteile willen Loblieder auf die Regierenden zu singen. Viel Freude hat er am Erzählen von Anekdoten und Legenden; aus der Sammlung von Lebensläufen frommer Sufis »Gedenken der Heiligen« wurde oben der Abschnitt über den Tod al-Hallajs (gekürzt) zitiert. In seinem wohl berühmtesten Werk, »Vogelgespräche«, wird der mystische Weg in der Form einer Tierfabel geschildert; in Anspielung auf die Gestalt Salomos im Koran

> »Und Salomo beerbte David. Und er sprach: ›O ihr Leute, gelehrt ward uns die Sprache der Vögel und gegeben ward uns von allen Dingen. Siehe, dies ist wahrlich offenkundige Huld‹ « [66]

läßt er die Vögel sich versammeln und miteinander sprechen. Das Verhalten der verschiedenen Vogelarten gleicht dem der unterschiedlich gearteten menschlichen Seelen.

Die Vögel haben sich den Wiedehopf zum Führer (Seelenführer) gewählt, der sie auf einem langen Flug durch sieben Täler zu einem mystischen Vogel, dem Simurgh, dem König der Vögel (dem Symbol Gottes), bringen will. Er beschreibt ihnen die Beschwernisse der Reise:

Das erste Tal ist das Tal der Suche und der Gefahren (d.h. der Änderung des Lebens und der Aufgabe von Begierden und Wünschen).

> »Wenn ihr das erste Tal, das Tal der Suche, betretet, werden euch hundert Schwierigkeiten entgegentreten; ihr werdet hundert Prüfungen erdulden müssen. Dort ist der Papagei des Himmels nicht mehr als eine Fliege. Ihr werdet mehrere Jahre dort verbringen müssen, euch großen Mühen unterziehen und euren Zustand ändern müssen. Ihr werdet alles aufgeben müssen, was euch wertvoll erschien, und alles, was ihr besitzt, für nichts erachten. Wenn ihr dann sicher seid, daß ihr nichts besitzt, werdet ihr euch noch von allem lösen müssen, was existiert. Dann

wird euer Herz vor der Verdammnis bewahrt werden, ihr werdet das reine Licht der Göttlichen Majestät erblicken, und eure wahren Wünsche werden sich bis ins Unendliche vervielfachen. Wer hier Eingang findet, den wird eine solche Sehnsucht erfüllen, daß er sich ganz der Suche hingibt, die dieses Tal symbolisiert. Er wird seinen Mundschenk um einen Schluck Wein bitten, und wenn er ihn getrunken hat, wird ihm nichts mehr wichtig sein außer der Verfolgung seines wahren Ziels. Dann wird er die Drachen, die ihn zu verschlingen suchen, nicht mehr fürchten. Wenn das Tor aufgeht und er eintritt, werden Dogma, Glaube und Unglaube zu existieren aufhören« [67].

Das zweite Tal ist das Tal der sehnsüchtigen Liebe zum angestrebten Ziel.

»Das nächste Tal ist das Tal der Liebe. Um es betreten zu können, muß man ein flammendes Feuer sein – was soll ich sagen? Ein Mensch muß wie das Feuer selbst sein. Das Gesicht des Liebenden muß entflammt sein, er muß lodernd und ungestüm sein wie das Feuer. Wahre Liebe kennt keine Hintergedanken. Mit der Liebe hören Gut und Böse auf zu existieren ...
In diesem Tal steht das Feuer für die Liebe und der Rauch für die Vernunft. Wenn die Liebe kommt, verschwindet die Vernunft. Der Verstand kann mit der Torheit der Liebe nicht leben; Liebe hat nichts mit dem menschlichen Verstand zu tun ...« [68].

Das dritte Tal ist das Tal der Erkenntnis, des Erkennenkönnens von Zusammenhängen, des Erkennens der Wahrheit.

»Nach dem Tal, von dem ich (der Wiedehopf) soeben gesprochen habe, kommt noch ein weiteres – das Tal der Erkenntnis, das weder Anfang noch Ende hat. Kein Weg kommt diesem gleich, und die Entfernung, die man zurücklegen muß, um das Tal zu durchqueren, läßt sich nicht abschätzen.
Erkenntnis ist für jeden Reisenden etwas Bleibendes; doch Wissen ist vergänglich. Die Seele befindet sich ebenso wie der Körper in einem Zustand des Fortschritts oder des Verfalls, und der spirituelle Weg offenbart sich nur in dem Maße, in dem der Reisende seine Fehler und Schwächen, seinen Schlaf und seine Trägheit überwunden hat ... Man kann auf unterschiedliche Art und Weise zur Erkenntnis gelangen. Wenn die Sonne der Erkenntnis diese Straße erleuchtet, empfängt jeder Reisende Licht gemäß seinem Verdienst und erlangt jenen Grad der Erkenntnis der Wahrheit, der ihm bestimmt ist ... Der Strebende wird die Mandel in ihrer harten Schale erkennen können. Er wird nicht mehr mit sich selbst beschäftigt sein, sondern wird zum Angesicht seines Freundes emporschauen. In jedem Atom wird er das Ganze sehen; er wird über Tausende leuchtender Geheimnisse nachdenken ... « [69].

Das vierte Tal ist das Tal der Befreiung von allen Wünschen und der Loslösung von allen Bindungen.

»Dann kommt das Tal, in dem es weder das Verlangen gibt, etwas zu besitzen, noch den Wunsch, etwas zu entdecken. In diesem Zustand der Seele bläst ein kalter Wind, so heftig, daß er binnen einer Sekunde ungeheuren Raum verwüstet: Die sieben Ozeane sind nicht mehr als ein Teich, die sieben Planeten ein bloßer Funke, die sieben Himmel ein Leichnam und die sieben Höllen zerbrochenes Eis. Doch dann etwas Wunderbares, etwas, was über unseren Verstand hinausgeht!

Eine Ameise hat die Kraft von hundert Elefanten, und hundert Karawanen kommen um in der Zeit, die eine Saatkrähe braucht, um ihren Kropf zu füllen ... In diesem Tal hat nichts Altes oder Neues Wert; man kann handeln oder nicht handeln ... Wenn unzählige Seelen in diesen unendlichen Ozean fielen, wäre es nicht mehr als ein Tautropfen. Wenn Himmel und Erde in winzig kleine Teilchen zersprängen, so wäre das nicht mehr als ein Blatt, das vom Baume fällt; und wenn alles ausgelöscht würde, vom Fisch bis zum Mond, fände man in den Tiefen einer Grube das Bein einer lahmen Ameise? Wenn weder vom Menschen noch vom Dschinn auch nur eine Spur übrigbliebe, müßte man immer noch über das Geheimnis des einen Wassertropfens nachdenken, aus dem alles gebildet worden ist« [70].

Das fünfte Tal ist das Tal der Einswerdung, d.h. der Erkenntnis, daß alles Eines ist und daß nichts außer Gott von Bedeutung ist.

»Als nächstes müßt ihr das Tal der Einheit durchqueren. In diesem Tal wird alles in Stücke zerbrochen und dann vereint. Alle, die hier ihre Köpfe emporheben, erheben sie aus demselben Kragen. Obwohl es euch so vorkommt, als sähet ihr viele Wesen, gibt es in Wirklichkeit nur eines – alle ergeben eines, das in seiner Einheit vollkommen ist. Das, was ihr als Einheit wahrnehmt, unterscheidet sich nicht von dem, was als Vielzahl erscheint. Und da dieses Wesen, von dem ich spreche, jenseits von Einheit und jenseits von Zählung steht, teilt die Ewigkeit nicht mehr in ›Vorher‹ und ›Nachher‹ ein; und wenn diese beiden Ewigkeiten ausgelöscht sind, braucht ihr auch nicht mehr von ihnen zu sprechen. Wenn alles Sichtbare zu nichts zerfällt, was bleibt dann noch übrig, worüber ihr Betrachtungen anstellen könnt?« [71].

Im *sechsten Tal*, dem Tal der Verwirrung, hören alle verstandesmäßigen und gefühlsmäßigen Reaktionen auf; nur das Gefühl der allesumfassenden Liebe verbleibt.

»Nach dem Tal der Einheit kommt das Tal des Erstaunens und der Verwirrung, in dem man der Trauer und der Niedergeschlagenheit zum Opfer fällt. Dort sind die Seufzer wie Schwerter, und jeder Atemzug ist ein bitterer Seufzer. Dort herrschen Kummer und Klage und glühende Inbrunst. Es ist Tag und Nacht zugleich. Dort ist Feuer, und doch ist der Mensch verzagt und bedrückt. Wie soll er in seiner Verwirrung seinen Weg fortsetzen? Doch in wessen Herz die Einheit eingraviert ist, der vergißt alles und vergißt auch sich selbst. Wenn man ihn fragt: ›Bist du oder bist du nicht? Hast du das Empfinden zu existieren, oder hast du es nicht? Bist du in der Mitte oder bist du am Rande? Bist du sterblich oder unsterblich?‹ wird er mit Gewißheit antworten: ›Ich weiß nichts, ich verstehe nichts, ich bin mir meiner selbst nicht bewußt. Ich bin verliebt, aber ich weiß nicht in wen. Mein Herz ist voller Liebe und gleichzeitig liebeleer‹ « [72].

Das siebente Tal ist das Tal der Selbstaufgabe, des Entwerdens und des Vergessens.

»Als letztes kommt das Tal der Entbehrung und des Todes, das zu beschreiben nahezu unmöglich ist. Die Essenz dieses Tales ist Vergessen, Stummheit, Taubheit und Wahnsinn; die tausend Schatten, die euch umgeben, verschwinden in einem einzigen Strahl der himmlischen Sonne. Wenn der Ozean der Unermeßlichkeit

in Wallung gerät, verliert das Muster auf seiner Oberfläche seine Form; und dieses Muster ist nichts anderes als die gegenwärtige und die zukünftige Welt. Wer erklärt, daß er nicht existiert, der erwirbt sich großen Verdienst. Der Tropfen, der Teil dieses großen Ozeans wird, verweilt dort für immer und in Frieden. In diesem ruhigen Meer erfährt der Mensch anfangs nur Erniedrigung und Untergang; doch wenn er aus diesem Zustand auftaucht, wird er ihn als Schöpfung begreifen, und viele Geheimnisse werden ihm enthüllt werden ...
Ein unreiner Gegenstand, den man in Rosenwasser taucht, bleibt ... unrein; doch ein reiner Gegenstand, der in den Ozean sinkt, wird seine eigene Existenz verlieren und am Ozean und seinen Bewegungen teilhaben. Indem er aufhört, als gesonderter Gegenstand zu existieren, behält er seine Schönheit. Er existiert und existiert doch nicht. Wie kann das sein? Der Geist kann es sich nicht vorstellen« [73].

Nicht alle Vögel sind bereit, dem Wiedehopf auf diesem Wege zu folgen. So will die Nachtigall bei der Rose bleiben, der ihre Sehnsucht und Liebe gilt; sie läßt sich nicht überzeugen, daß das wirklich zu erstrebende Ziel ein anderes ist. Von denen, die sich mit dem Wiedehopf auf die Reise begeben, gehen unterwegs durch Hunger und Durst, durch Überanstrengung, Kälte und Hitze die meisten zugrunde; nur 30 Vögel erreichen schließlich das Ziel. Die Erzählung endet mit einem Wortspiel: die 30 Vögel (»si murgh«) gelangen zum Simurgh, sie gelangen zu Gott und gelangen zu sich selbst:

»Als sie sich völlig von allem gelöst hatten, empfingen sie Leben vom Licht der göttlichen Majestät. Alle ihre alten Sünden und Verfehlungen wurden von ihnen genommen und aus ihren Herzen entfernt. Die Sonne der Majestät sandte Strahlen aus, und ihre Seelen wurden vom Licht erhellt. Im Widerschein ihrer Gesichter erschauten die dreißig Vögel (si murgh) der äußeren Welt das Antlitz des Simurgh der inneren Welt. Als sie aufschauten, sahen sie den Simurgh: Aber ohne Zweifel war der Simurgh auch diese dreißig Vögel. Alle waren vor Staunen verwirrt, wußten nicht, ob sie dies (si murgh) oder jenes (Simurgh) waren. Schließlich erkannten sie, daß sie der Simurgh waren, und daß der Simurgh nichts anderes als dreißig Vögel war. Als sie den Simurgh ansahen, sahen sie, daß er unter ihnen war. Aber als sie sich selbst betrachteten, waren sie dreißig Vögel und waren auch der Simurgh. Und als sie beide zugleich betrachteten, waren beide der Simurgh und nichts anderes. Dieser war das, und jener dies; niemand in der Welt hat jemals so etwas gehört [74] ...
Das alles wunderte sie, und sie dachten nach, ohne zu denken. Da ihnen das alles unverständlich war, fragten sie den Simurgh, ohne zu sprechen, nach der Lösung dieses Geheimnisses; sie wollten das Wesen der Einheit und der Vielheit enthüllt sehen. Wortlos antwortete ihnen der Simurgh: ›Die Sonne meiner Majestät ist ein Spiegel. Wer sich darin sieht, der sieht seine Seele und seinen Körper und sieht sich vollständig. Da ihr als dreißig Vögel (si murgh) gekommen seid, werdet ihr dreißig Vögel in diesem Spiegel sehen. Wenn vierzig oder fünfzig kämen, würde es dasselbe sein. Obwohl ihr nun völlig verwandelt seid, seht ihr euch so, wie ihr vorher wart ...
Alles, was ihr gewußt, gesehen, gesagt oder gehört habt – all' das ist nicht mehr das. Als ihr die Täler des spirituellen Weges durchquert habt und eure Aufgaben gut erfülltet, tatet ihr das durch meine Einwirkung, und so wurdet ihr fähig, die

Täler meiner Essenz und meiner Vollkommenheit zu schauen. Ihr, die ihr nur dreißig Vögel seid, habt gut daran getan, bestürzt, ungeduldig und verwundert zu sein. Doch ich bin mehr als dreißig Vögel. Ich bin die Essenz des wahren Simurgh. So geht glorreich und freudig in mir auf, und in mir werdet ihr euch finden‹. Daraufhin gingen die Vögel endlich für immer im Simurgh auf – der Schatten verlor sich in der Sonne, und damit ist alles gesagt« [75].

Rumi

Maulana (»unser Meister«) Jalaluddin Rumi (1207 - 1273) war ein Mystiker von höchster künstlerischer Ausdruckskraft. Durch Musik, Tanz und Poesie führte er seine Anhänger auf den mystischen Pfad und warb mit künstlerischen Mitteln für sufische Lehren.

Rumi wurde als Sohn einer angesehenen Familie in Balkh in Nordost-Afghanistan geboren. Sein Vater stand als Religionslehrer und Prediger in den Diensten des dortigen Fürstenhauses. Auf Einladung des Sultans von Konya verließ er einige Jahre vor dem Mongoleneinfall Balkh mit seiner Familie und gelangte 1226 nach Konya, der Hauptstadt der sogen. Rum-Seldschuken.

Rumis Vater starb 2 Jahre nach seiner Ankunft in Konya, und der Sohn übernahm dessen Lehr- und Predigeramt. In dieser Zeit schloß sich Rumi einigen ortsansässigen Sufis an, wurde von diesen in die Mystik eingeführt und lernte die Dichtungen und Werke Sanais und Attars kennen. Den größten Einfluß auf ihn übte jedoch ein Derwisch mit Namen Schamseddin Tabrizi aus, der 1244 nach Konya gekommen war. Durch ihn wurde Rumi zu mystischen Dichtungen und zu ekstatischen Tänzen angeregt. Er war von Schamseddin so fasziniert, daß er alle seine Pflichten vernachlässigte, um nur mit ihm zusammensein zu können. Schamseddin machte sich durch einige gewagte Äußerungen und durch die Ärger erregende enge Bindung an Rumi so unbeliebt, daß er fliehen mußte. Auf inständige Bitten Rumis kam er zurück, wurde aber einige Zeit darauf ermordet. Zwei weitere Sufis beeinflußten Rumi, und diese Männerfreundschaften berauschten ihn und regten ihn zu dichterischem Schaffen an; in der Gedichtsammlung »Divan i Kebir« hat er dem Andenken Schamseddins poetischen Ausdruck verliehen.

Rumi führte ein asketisches Leben mit ausgedehnten Perioden des Fastens und Betens. Viele Tage und Nächte waren ausgefüllt mit Gottesdienst und Meditation. Er war nicht nur durch seine mystischen Dichtungen bekannt, sondern auch durch die Gründung des bedeutenden Mevlewi-Ordens, in dem Musik (mit Rohrflöte, Laute und Trommel), Rezitationen und Tanz eine große Rolle spielen. Rumi genoß in Konya großes Ansehen; als er 1273 gestorben war, gaben ihm auch viele Anhänger nichtmuslimischer Religionen das letzte Geleit. Der Leichnam wurde in dem Kloster beigesetzt, das Rumi selbst gegründet hatte. Nachfolger wurde sein Schüler Husameddin; nach dessen Tode übernahm Rumis Sohn Sultan Walad die Scheichwürde.

Die Werke Rumis sind in persischer Sprache, die er wie kein anderer Dichter beherrschte, geschrieben. Der schon erwähnte Divan besteht aus 30 000 Ghazelen, einer beliebten Form des lyrischen Gedichtes, und zusätzlich 2000 Vierzeilern; eine andere Dichtung ist das sogen. Mesnevi (oder Mathnavi), eine sechsbändige Gedichtsammlung aus 26 000 Versen, die als sein Hauptwerk gilt. Sie enthält Fabeln, Gespräche, bringt Lehren früherer Sufis, geht auf Meditationsmethoden ein u.a.m. Das Werk ist unsystematisch, doch ist sein Ziel klar:

Es will den Sufi zur mystischen Einung mit Gott führen. Eine Sammlung von Gesprächen Rumis mit Freunden und Anhängern, das Prosawerk »Fihi ma fihi« (Darin ist, was darin ist), gibt seine Einstellung zu vielen Fragen oft deutlicher wieder als die manchmal schwer verständlichen Gedichte.

Trotz starker Beeinflussung durch einige Sufi-Dichter erhält Rumi die tiefsten Inspirationen aus dem Koran. Dieser hat für ihn mehrere Ebenen, aber die letzten Geheimnisse erschließen sich nur wenigen begnadeten Menschen. Die Poesie ist für Rumi ein Mittel, mit dem er zum Verständnis des Korans beitragen will und durch das er den Menschen zur Erkenntnis seiner inneren Wirklichkeit, die er Liebe nennt, bringen will. Er weiß, daß seine Poesie auf die Menschen seiner Zeit eine fast magische Wirkung ausübt und daß man die Botschaft seiner Verse versteht.

Nach Rumi ist der Mensch von einem Drang erfüllt, dessen wahre Ursache ihm selbst unbekannt ist, da jedes erreichte Ziel neue Wünsche hervorruft. Dies diffuse Wollen überschattet dauernd den inneren Wesenskern, zu dem man nur vordringen kann, indem man seine niederen Triebe bekämpft und ausschaltet. Es gibt drei Arten von Geschöpfen: Einmal die Engel, sie sind reiner Intellekt ohne Begierden; dann die Tiere, sie sind reine Begierde ohne Intellekt.

> »Die dritte Gruppe ist der arme Mensch, der aus Intellekt und Begierde zusammengesetzt ist. Er ist halb Engel, halb Tier, halb Schlange, halb Fisch. Der Fisch zieht ihn zum Wasser, die Schlange zum Staube. Er ist ständig in Unruhe und Kampf...
>
> Nun sind manche Menschen so sehr ihrem Intellekt gefolgt, daß sie ganz zu Engeln und reinem Licht geworden sind. Das sind die Propheten und Heiligen ... In manchen Menschen wieder hat die Begierde ihren Intellekt überkommen, so daß sie völlig den Status von Tieren bekommen haben ... Einige aber sind noch im Kampf, und das sind diejenigen, die in sich Schmerz und Sorge, Klagen und Sehnen verspüren; sie sind mit ihrer Lebensart nicht zufrieden. Das sind die Gläubigen. Die Heiligen warten auf sie, um sie zu ihrem eigenen Standplatz zu bringen und sie sich anzugleichen. Auch die Teufel warten auf sie, um sie zum *Niedersten der Niederen* zu ziehen, ja zu sich selbst« [76].

Ohne Beseitigung dieses Getriebenwerdens ist keine Höherentwicklung möglich. Das erfolgreichste Mittel in dem Kampf des Menschen gegen seine Triebe ist nach Rumis Auffassung die Liebe, auf der das Einssein von Geist und Intuition beruht, das zur Erleuchtung führt. Der gesamte Bereich der weltlichen Erfahrung ist nur ein Abbild der wahren Wirklichkeit, die dem Sinnesbereich nicht vergleichbar ist. Da die wahren Erkenntnisse nicht in den äußeren Erfahrungen wurzeln, muß man sich zuerst von allen Vorurteilen, festgefahrenen Meinungen und Gewohnheiten befreien. Die Wahrheit liegt im inneren Bewußtsein des Menschen. Rumi drückt das so aus: »Ich fand Gott in meinem Herzen« oder »Jesus ist in dir, suche seinen Beistand oder gehe den Weg Muhammads!« Rumi lehrt, daß es in allen Religionen Wege zur Mystik gibt; die wichtigsten Vorbedingungen zum Beschreiten des mystischen Weges sind Toleranz und Liebe.

Einige Griechen, die der persischen Sprache nicht mächtig waren, hörten einer Ansprache Rumis zu, und man konnte sehen, daß sie den Sinn seiner Worte erfaßt hatten; Rumi meinte, daß sie »die Wurzel der Worte« verstanden, weil alle Gläubigen letzten Endes das gleiche Ziel haben:

> »Wenn auch die Wege (der Religionen) verschieden sind, das Ziel ist doch eines. Siehst du nicht, daß es viele Wege zur Kaaba gibt? Für einige ist es der Weg von Anatolien, für einige von Syrien, für einige von Persien, für einige von China, für einige übers Meer von Indien und Jemen. Wenn du die Wege betrachtest, ist die Mannigfaltigkeit gewaltig und die Verschiedenheit grenzenlos, aber wenn du das Ziel betrachtest, so sind sie alle einig und eines, und die Herzen aller sind der Kaaba verbunden ... Wenn sie einmal bei der Kaaba angekommen sind, erkennt man, daß der Streit nur um die Wege ging, während das Ziel eines war« [77].

Rumi wendet sich immer wieder im Gebet an Gott, doch ist dieser unfaßbar, mit dem menschlichen Verstand nicht zu begreifen:

> »Gott ist völlig frei von Form und Buchstaben. Sein Wort ist außerhalb von Buchstaben und Stimme. Aber Er läßt seine Worte durch Buchstaben und Stimme und Zunge, wie Er will, verkünden« [78];
> »Verstand ist das, was immer, Tag und Nacht, ruhelos und rastlos ist, denkend und sich anstrengend und versuchend, Gott zu begreifen, selbst wenn Gott unerfaßbar und unbegreiflich ist, d.h. außerhalb unserer Denkweise liegt ...
> Deswegen ist der wahre Mensch einer, der niemals von Bemühung frei ist, der ruhelos und unaufhörlich um das Licht der Majestät und Schönheit Gottes kreist. Und Gott ist es, der den Menschen verbrennt und ihn zunichte werden läßt, und kein Verstand kann Ihn fassen« [79].

Der Mensch ist von Gottes Gnade abhängig. Er ist nur ein Schatten in dieser Welt; doch ist seine höhere Existenz jenseits von Raum und Zeit:

> »Weh uns, wir sind verlassen, die Stund' ist vorgerückt,
> Auf einem Meer, da nirgends ein Ufer wird erblickt –
> Nur Schiff und Nacht und Wolken, so fahren wir dahin
> Auf Gottes Meer, von Seiner Gnade und Huld beglückt« [80];
> »Es ist die Zeit ein Wahnbild, voll Düsternis und Leid;
> doch unser Sein und Wesen ist außerhalb der Zeit.
> Es ist die Zeit ein Käfig, indessen jenseits liegt
> Berg Kaaf, und Vogel Anka weit jenseits von ihm fliegt.
> Ein großer Strom die Welt ist: doch wir sind nicht darin;
> und nur von uns ein Schatten fällt auf die Wogen hin« [81].

Der Klage eines Gläubigen, der an Gott verzweifeln will, gibt Rumi in dem Gedicht von einem Beter Ausdruck:

> »O Gott! rief einer viele Nächte lang,
> Und süß ward ihm sein Mund von diesem Klang.
> ›Viel rufst du wohl‹ sprach Satan voller Spott,

›Wo bleibt die Antwort – Hier bin ich – von Gott?
Nein, keine Antwort kommt vom Thron herab!
Wie lange schreist du noch – O Gott – ? Laß ab!‹
Als er betrübt, gesenkten Hauptes schwieg,
Sah er im Traum, wie Khidr niederstieg
Und sprach: ›Warum nennst du Ihn nicht mehr?
Was du ersehnst – bereust du es so sehr?‹
Er sprach: ›Nie kommt die Antwort – Ich bin hier! –
So fürchte ich, er weist mir die Tür!‹
›Dein Ruf – O Gott – ist Mein Ruf: Ich bin hier!
Dein Schmerz und Flehen ist Botschaft doch von Mir,
Und all dein Streben, um Mich zu erreichen –
Daß ich zu Mir dich ziehe, ist's ein Zeichen!
Dein Liebesschmerz ist Meine Huld für dich –
Im Ruf – O Gott! – sind Hundert – Hier bin ich!« [82].

Der Liebende, der sich ganz Gottes Willen ergibt, gelangt zu Ihm. Er muß den Verstand ausschalten, wenn er zum »Tor des Königs« gelangt:

»Alle sagen: ›Wir werden in die Kaaba kommen‹. Einige sagen: ›*Wenn Gott will*, werden wir eintreten‹. Diejenigen, die sagen, ›Wenn Gott will‹, sind die wahren Gottesliebenden. Denn der Liebende sieht sich nicht mit freier Wahl begabt, sondern weiß, daß der Geliebte handelt. Deshalb sagt er: ›Wenn der Geliebte will, werde ich eintreten‹ « [83];
»Verstand ist so lange gut und wünschenswert, bis er dich an das Tor des Königs bringt. Hast du einmal sein Tor erreicht, dann ergib dich und scheide dich vom Verstand, denn in jener Stunde ist der Verstand schädlich, ein richtiger Wegelagerer. Wenn du (den König) erreicht hast, ergib dich Ihm; du hast dann keinen Nutzen vom Wie und Warum!« [84].

In vielen Bildern beschreibt Rumi die Nähe zu Gott, das Verlöschen des Selbst und die Vereinigung oder das Einswerden mit Gott:

»Nun verstehen die Externalisten die *Heilige Moschee* als Kaaba, zu der die Menschen gehen. Für die Liebenden und die Erwählten Gottes jedoch ist die *Heilige Moschee* Vereinigung mit Gott. ...
Jene Liebenden, die sagen: ›Wenn Gott will‹, das heißt, ›Der Geliebte ist verantwortlich‹ – ›Wenn der Geliebte will, werden wir in die Kaaba eintreten‹ – die sind in Gott untergegangen. Es gibt keinen Raum für andere, und anderer zu gedenken, ist verboten. Was für ein Platz wäre da für anderes? Denn solange du dich nicht ausgelöscht hast, paßt du dort nicht hinein. *Es wohnt niemand im Hause als Gott* ... « [85];
»Versunkenheit ist das, wo man nicht mehr da ist und keine Anstrengung mehr machen kann; man hört auf zu handeln und sich zu rühren und ist im Wasser untergegangen. Jede Handlung, die von einem ausgeht, ist nicht seine eigene Handlung; es ist die Handlung des Wassers. Aber wenn jemand im Wasser noch mit Händen und Füßen schlägt, nennt man das nicht Versunkensein, oder wenn er noch aufschreit: ›O, ich ertrinke!‹, das nennt man auch nicht Versunkenheit. ...
Da leistet jemand Dienst ganz für Gott, aber da ist seine Sklavenstellung noch dazwischen, selbst wenn es ganz für Gott ist; er sieht noch sich selber und sieht

seine eigenen Handlungen und sieht Gott; er ist nicht im Wasser untergegangen. Jener aber ist im Wasser versunken, in dem keine Bewegung und keine Aktion mehr vorhanden ist, sondern dessen Bewegungen alle die Bewegung des Wassers sind« [86];

»Siehe, ich starb als Stein und ging als Pflanze auf,
starb als Pflanz' und nahm drauf als Tier den Lauf,
starb als Tier und ward ein Mensch. Was fürcht ich dann,
da durch Sterben ich nicht minder werden kann?
Wieder, wann ich werd als Mensch gestorben sein,
und als Engel muß geopfert sein ich auch,
werden, was ich nicht begreif, ein Gotteshauch.
O laß mich nicht-sein! Denn das Nichtsein ruft
mit Orgeltönen aus: ›Zu Ihm kehr'n wir zurück!‹ « [87];

»In Gottes Gegenwart passen keine zwei Ich. Du sagst Ich und Er sagt Ich – entweder stirbst du vor Ihm oder Er stirbt vor dir, damit keine Zweiheit bleibe. Daß Er stürbe, ist unmöglich im Äußeren wie als Vorstellung; denn *Er ist der Lebendige, der nicht stirbt*. So huldvoll ist Er, daß, wäre es möglich, Er um deinetwillen sterben würde, damit die Zweiheit verschwinde. Nun, da Sein Sterben nicht möglich ist, stirb du, damit Er bei dir aufscheinen möge und die Zweiheit verschwinde!« [88].

* * *

Inschrift auf Rumis Sarg:

»Wenn aus meinem Staube Weizen sprießt –
Bäckst du Brot daraus, wächst die Trunkenheit!
Teig und Bäcker werden ganz besessen;
Und der Ofen singt berauschte Verse;
Kommst du, meine Grabstatt zu besuchen,
Scheint vor dir der Dachfirst selbst zu tanzen ...
Ich bin Rausch, der Liebeswein mein Ursprung –
Sag, was außer Rausch kann von mir kommen?« [89].

Anmerkungen

1 Sure 74/1-3, »Der sich zugedeckt hat« (nach: Der Koran, Übersetzung von R.Paret [s.Lit.]).
2 Sure 1, »Die Eröffnende« (nach: Der Koran, Übersetzung von M.Henning [s.Lit.]). Die Suren werden teils nach der Übersetzung von Paret, teils nach der von Henning zitiert. Die Übersetzung von Paret entspricht mehr dem Wortlaut, die von Henning ist oft sprachlich schöner.
3 Sure 112/1-4, »Die Reinigung« (n. Henning).
4 Sure 96/1-5, »Der Embryo« (n. Paret).
5 Sure 4/156, »Die Weiber« (n. Henning).
6 Sure 2/32-35, »Die Kuh« (n. Henning).
7 Nach: Schimmel, Mystische Dimensionen ... (s.Lit.), S. 278.
8 Nach: Andrae (s.Lit.), S. 108.
9 Nach: Andrae, S. 109.
10 Nach: Andrae, S. 109.

11 Nach: Ghazzali, Übers. Ritter (s.Lit), S. 176.
12 Nach: Schimmel, Von Allem und vom Einen (s.Lit.), S. 291/292.
13 Nach: Schimmel, Von Allem und vom Einen (s.Lit.), S. 253/254.
14 Nach: Diwald (s.Lit.), S. 31.
15 Diwald, S. 110.
16 Diwald, S. 182.
17 Aus: Aristoteles' Metaphysik. Neubearbeitung u. Übersetzung von H.Bonitz, herausgeg. von H.Seidl; 2. Aufl., Meiner, Hamburg 1984, 2.Halbband, S. 255.
18 Nach: Morewedge (s.Lit.), S. 240.
19 Aristoteles' Metaphysik, 2.Halbband, S. 265.
20 Nach: Gutas (s.Lit.), S. 316.
21 Sure 3/188, »Das Haus Imrans« (n. Henning).
22 Sure 17/87, »Die Nachtfahrt« (n. Henning).
23 Nach: Gutas (s.Lit.), S. 37.
24 Sure 24/35, »Das Licht« (n. Henning).
25 Nach : Smith, Studies ... (s.Lit.), S. 186.
26 Schimmel, Myst. Dimensionen, S. 69.
27 Schimmel, Myst. Dimensionen, S. 73.
28 Schimmel, Myst. Dimensionen, S. 74.
29 Schimmel, Myst. Dimensionen, S. 76.
30 Nach: Smith, Studies ... (s.Lit.), S. 197.
31 S.H.Nasr, in: R.N.Frye (Ed.), The Cambridge History of Iran, 1.Aufl., Vol. IV; Cambridge Univ.Press, Cambridge 1975, S. 458.
32 Nach: Schimmel, Myst. Dimensionen, S. 81.
33 Schimmel, Myst. Dimensionen, S. 82.
34 Sure 18/64-67, »Die Höhle« (n. Henning).
35 Nach: Al-Sarraj, Kitab al-Luma; aus: Dahdal (s.Lit.), S. 113.
36 Sure 2/151, »Die Kuh« (n. Henning).
37 Nach: Andrae (s.Lit.), S. 123.
38 Nach: Palmer (s.Lit.), S. 66/67.
39 The Kashf al-Mahjub by Ali B. Uthman al-Jullabi Al-Hujwiri (s.Lit.).
40 Sure 7/172, »Die Höhen« (n. Paret).
41 Nach: Schimmel, Halladsch (s.Lit.), S. 71.
42 Schimmel, Halladsch, S. 73.
43 Schimmel, Halladsch, S. 38.
44 Ibn Khaldun: The Muqaddimah; übers. von F.Rosenthal, gekürzte Ausgabe von F.Dawood; 1.Aufl., Routledge and Kegan Paul, London 1978, S. 366/367.
45 Aus: Al-Hallaj, The Tawasin (s.Lit.), S. 65.
46 Dahdal (s.Lit.), S. 86.
47 Dahdal, S. 256.
48 Dahdal, S. 216.
49 Dahdal, Anhang, S. 7.
50 Dahdal, S. 198.
51 Dahdal, S. 16.
52 Nach: Massignon (s.Lit.), Bd. III, S. 289 und al-Hallaj (s.Lit.), S. 24.
53 Aus: Al-Ghazali, Nische (s.Lit.), S. 73.
54 Aus: Abdel-Kader, Junaid (s.Lit.), S. 46.
55 Schimmel, Halladsch, S. 52.
56 Dahdal, S. 223.

57 Schimmel, Halladsch, S. 48/49.
58 Aus: Attar, Le mémorial des saints (s.Lit.), S. 304 ff.
59 Vgl. Ps. 34, 9: »Schmecket und sehet, wie freundlich der Herr ist«.
60 Ghazali, Nische, S. 24.
61 Averroes' Tahafut al-Tahafut (s.Lit.Bergh), Bd. I, S. X.
62 Sure 33/41, »Die Verbündeten« (n. Henning).
63 Aus: Al-Ghasali, Elixier (s.Lit.), S. 10.
64 Nach: Austin, Sufis of Andalusia (s.Lit.), S. 27, 30, 37, 121.
65 Gekürzt nach de Bruijn (s.Lit.), S. 229 ff.
66 Sure 27/16, »Die Ameise« (n. Henning).
67 Attar, Vogelgespräche (s.Lit.), S. 119/120.
68 Vogelgespräche, S. 123/124.
69 Vogelgespräche, S. 129/130.
70 Vogelgespräche, S. 133/134.
71 Vogelgespräche, S. 138.
72 Vogelgespräche, S. 143.
73 Vogelgespräche, S. 148/149.
74 Vogelgespräche, S. 156 und: E.G.Browne, A Literary History of Persia, Cambridge, At The University Press 1969 (Nachdr.), Bd. II, S. 514.
75 Vogelgespräche, S. 157/158.
76 Aus: Schimmel, Von Allem und vom Einen (s.Lit.), S. 150/151.
77 Schimmel, Von Allem ... , S. 177.
78 Schimmel, Von Allem ... , S. 101.
79 Schimmel, Von Allem ... , S. 96.
80 Aus: Bürgel (s.Lit.), S. 73.
81 Bürgel, S. 79.
82 Schimmel, Ich bin Wind ... (s.Lit.), S. 152/153.
83 Schimmel, Von Allem ... , S. 180.
84 Schimmel, Von Allem ... , S. 196.
85 Schimmel, Von Allem ... , S. 180.
86 Schimmel, Von Allem ... , S. 107.
87 Schimmel, Mystische Dimensionen, S. 454.
88 Schimmel, Von Allem ... , S. 80.
89 Schimmel, Ich bin Wind ... , S. 44.

Literatur

Abdel-Kader, A.Hasan: The Life, Personality and Writings of al-Junaid; 1.Aufl., Luzac and Comp., London 1962 (E.W.Gibb Memorial).

Andrae, T.: In the Garden of Myrtles; 1.Aufl., State Univ. of New York Press, Albany 1987.

Attar, Farid al-Din: Muslim Saints and Mystics, Episodes from the Tadkhirat al-Auliya (transl. A.J.Arberry); 1.Aufl., Routledge & Kegan Paul, London 1973 (Nachdr.).

Attar, Farid ud-Din: Vogelgespräche (aus der engl. Übertragung von C.S.Nott ins Deutsche übersetzt von M.Zerbst); 1.Aufl., Ansata-Verlag, Interlaken 1974.

Austin, R.W.J.: Sufis of Andalusia; 1.Aufl., Allen & Unwin, 1971 (Nachdr. Univ. of California Press, Berkeley 1977).

Bergh, S. van den: Averroes' Tahafut al-Tahafut; 1.Aufl., Univ. Press, London 1954.

Bruijn, J.P.T. de: Of Piety and Poetry. The Interaction of Religion and Literature in the Life and Works of Hakim Sana'i of Ghazna; 1.Aufl., Brill, Leiden 1983.
Bürgel, J.Chr.: Rumi, Licht und Reigen; 1.Aufl., H.Lang, Bern, u. P.Lang, Frankfurt/M 1974.
Dahdal, Naser Musa: Al-Husain ibn Mansur al-Hallag; 1.Aufl., Oikonomia (Quellen u. Studien zur orthodoxen Kirche), Erlangen 1983.
Diwald, S.: Arabische Philosophie und Wissenschaft in der Enzyklopädie; 1.Aufl., Harrassowitz, Wiesbaden 1975.
Dugat, G.: Histoire des Philosophes et des Theologiens Musulmans de 632 à 1258; Oriental Press, Amsterdam 1973 (Nachdr. d. Ausgabe Paris 1878).
Al Ghasali: Das Elixier der Glückseligkeit. Aus den persischen und arabischen Quellen in Auswahl übertragen von H.Ritter; 1.Aufl., Diederichs, Jena 1923.
Al-Ghazali: Der Erretter aus dem Irrtum; aus dem Arabischen übersetzt von Abd-Elsamad Abd-Elhamid Elschatzli; 1.Aufl., Meiner, Hamburg 1988.
Al-Ghazali: Die Nische der Lichter; aus dem Arabischen übersetzt von Abd-Elsamad Abd-Elhamid Elschatzli; 1.Aufl., Meiner, Hamburg 1987.
Gutas, D.: Avicenna and the Aristotelian Tradition; 1.Aufl., Brill, Leiden 1988.
al-Hallaj, Mansur: The Tawasin (transl. Aisha Abd ar-Rahman); 1.Aufl., Diwan Press, London 1974.
Henning, M.: Der Koran; Reclam jun., Stuttgart 1960 (Nachdr.).
al-Hujwiri, Ali b. Uthman al-Jullabi: The Kashf al-Mahjub (transl. R.A.Nicholson); E.W.Gibb Memorial, London 1970 (Nachdr.).
Massignon, L.: The Passion of al-Hallaj (transl. H.Mason); 1.Aufl., Princeton Univ. Press 1982 (Bollingen Series).
Morewedge, P.: The Metaphysics of Avicenna (ibn Sina); 1.Aufl., Routledge & Kegan Paul, London 1973.
Netton, I.R.: Muslim Neoplatonists. An Introduction to the Thought of the Brethren of Purity; 1.Aufl., G.Allen & Unwin, London 1982.
Opelt, I.: Griechische Philosophie bei den Arabern; 1.Aufl., Heimeran, München 1970.
Palmer, E.H.: Oriental Mysticism; 1.Aufl., F.Cass & Comp. London 1867 (Nachdr. 1969).
Paret, R.: Der Koran; 4.Aufl., Kohlhammer, Stuttgart 1985.
Ridah, M.A.Abu: Al-Ghazali und seine Widerlegung der griechischen Philosophie; 1.Aufl., Blass S.A., Madrid 1952.
Ritter, H.: Das Meer der Seele; Mensch, Welt und Gott in den Geschichten des Fariduddin Attar; 1.Aufl., Brill, Leiden 1955.
Rumi, Maulana Dschelaladdin: Von Allem und vom Einen (fihi ma fihi). Aus dem Persischen und Arabischen von A. Schimmel; 1.Aufl., Diederichs, München 1988.
Schimmel, A.: Mystische Dimensionen des Islam; 1.Aufl., Diederichs, Köln 1985.
Schimmel, A.: Al-Halladsch, Märtyrer der Gottesliebe; 1.Aufl., Hegner, Köln 1968.
Schimmel, A.: Al-Halladsch, »O Leute, rettet mich vor Gott«; 1.Aufl., Herder, Freiburg/Br. 1985.
Schimmel, A.: Rumi, Ich bin Wind und du bist Feuer; 1.Aufl., Diederichs Gelbe Reihe, Diederichs, Köln 1978.
Shah, Idries: Die Sufis; 1.Aufl., Diederichs, Düsseldorf 1976.
Smith, Margaret: Al-Ghazali the Mystic; Hijra International Publ., Lahore 1983 (Nachdr.).
Trimingham, J.S.: The Sufi Orders in Islam; 1.Aufl., Oxford Univ. Press, Oxford 1971.

8. Christentum

8. 1 Religiöse Strömungen im Römerreich in den ersten Jahrhunderten der christlichen Zeitrechnung

8. 1. 1 Allgemeines

Die ersten Jahrhunderte nach Christi Geburt waren durch religiöse Unrast im römischen Imperium gekennzeichnet. Solange die römische Vielgötterreligion Staatsreligion war und die Stellung des Kaisers als oberster Priester und Gott von anderen Glaubensrichtungen nicht in Frage gestellt wurde, blieb die Regierung tolerant gegen die verschiedenartigen religiösen Strömungen. Diese Haltung war ohne weiteres möglich, da die meisten der im Römerreich ausgeübten Religionen ihren Anhängern nicht verboten, auch fremde Götter zu verehren. Eine ablehnende Haltung gegenüber der Staatsreligion nahmen allein die beiden monotheistischen Religionen der Juden und der Christen ein. Die Zugehörigkeit zu ihrem Glauben schloß die Anerkennung anderer Götter aus.

Auf das religiöse Denken dieser Zeit übten u.a. die Stoiker der Spätantike einen großen Einfluß aus. Sie gaben den überkommenen Glaubensvorstellungen einen neuen Sinn. Nach ihrer Auffassung verbergen sich hinter den alten Göttersagen und Mythen Erkenntnisse über die Natur der Dinge und die Naturgesetze sowie geheime Weisheiten über das Zusammenleben der Menschen und über das Walten des Schicksals. In ihre vergleichende und allegorische Betrachtungsweise bezogen sie neben der griechisch-römischen auch die Götterwelt anderer Völker mit ein. Sie kamen hierbei zu der Ansicht, daß alle Religionen auf denselben Grundwahrheiten beruhen; nur die Verschiedenheit der Völker würde zu unterschiedlichen Glaubensinhalten und -formulierungen führen.

Diese Gedanken gingen einher mit der Vorstellung eines allen Göttern übergeordneten, völlig jenseitigen Gottes, auf den sich die Vielheit der anderen Götter zurückführen ließe. Der Stoiker Seneca (2 - 65 n.Chr.) z.B. war der Ansicht, daß die Vielzahl der Götter nur verschiedene Aspekte einer einzigen Gottheit wiederspiegele, daß also jene Götter nur »Hypostasen« der einen Gottheit seien. Diese Entwicklung zum Monotheismus stand im Einklang mit der Lehre der Stoa, daß es eine übergeordnete, alles bestimmende Instanz gäbe, die man »Logos« (Weltvernunft) nannte. Der Mensch könne diese geistige Kraft auch in seinem Inneren entdecken und deren Identität mit der Weltvernunft erfahren.

8. 1. 2 Mysterienreligionen

Begünstigt durch den kosmopolitischen Charakter des römischen Reiches, die verbesserten Verkehrswege und die ausgedehnten militärischen Unternehmungen konnten sich mehrere Mysterienreligionen verbreiten, von denen einige zu ernsthaften Gegnern des Christentums wurden. Diese Religionen kamen mit Ausnahme des Dionysos-Kultes und der Mysterien von Eleusis aus Kleinasien oder aus Ägypten. Durch sie wurden bis dahin unbekannte Arten des Gottesdienstes eingeführt, die die Entwicklung einer der Mystik zugeneigten Frömmigkeit erleichterten.

Einige Mysterienreligionen kamen mehr oder weniger dem Monotheismus nahe. Manchmal wurde nur eine einzige Gottheit verehrt, manchmal betete man einige wenige Götter an, von denen einer die Hauptgottheit war. Diesen Gott stellte man sich meist als jung vor, er hat den Tod erlebt, kehrt ins Leben zurück und wird unsterblich. Die wichtigsten Götter der Mysterienreligionen waren Adonis, die Göttermutter Kybele und der von ihr geliebte, jung verstorbene Attis, ferner Isis und Osiris sowie Mithras (für diesen trifft allerdings die Tod- und Auferstehungslegende nicht zu).

Die Angehörigen der Mysteriengemeinschaften waren ihrem Gott eng verbunden; sie hatten teil an seiner Göttlichkeit und wurden damit unsterblich wie er. Man glaubte an die Gegenwart des Gottes während der Ausübung des Kultes. Der feierlichen Einführung von Initianten ging gewöhnlich eine harte Prüfung voraus. Der Betreffende mußte geloben, niemandem etwas über die Einweihungszeremonien und die gottesdienstlichen Rituale zu verraten. Man weiß jedoch, daß bei manchen dieser Religionen die Weihe des neu Einzuführenden in der Suggestion der Vorstellung bestand, den Tod zu erleiden und in Gemeinschaft mit dem verehrten Gott wiedergeboren zu werden. Danach fand ein gemeinsames Mahl statt, bei dem einige Kulthandlungen in der Darreichung von Brot und Wein bestehen konnten. Von den verschiedenen Mysterienreligionen sollen hier nur der Isis- und Osiris-Kult und der Mithras-Kult kurz besprochen werden, die – wie man annehmen kann – das Christentum bis zu einem gewissen Grade beeinflußten.

Bei den ägyptischen *Isis- und Osiris-Mysterien* bestand der Kern der Lehre in der Auferweckung des getöteten Osiris durch die Göttin Isis. Im Kult erlebte der Myste einen symbolischen Tod; dann bewirkte Isis durch ihren Priester seine Auferweckung und Bindung an den Gott Osiris. Der Isis-Kult hatte in den ersten nachchristlichen Jahrhunderten im römischen Reich viele Anhänger. Isis wurde als Muttergottheit oft mit ihrem Kind Horus, dem Sohn des Osiris, auf dem Arm oder auf dem Schoß dargestellt.

Der *Mithras-Kult* war vor allem die Religion der römischen Legionäre, durch diese wurde er im ganzen Imperium verbreitet. Als einziger der Mysterienkulte nahm er keine Frauen in seine Gemeinschaft auf. Der Gott Mithras wurde schon in früher Zeit bei den Indern und Persern verehrt; obwohl bei letzteren die Religion Zoroasters vorherrschend war, hatte die Mithras-Verehrung nie ganz zu bestehen aufgehört. Mithras war ein Erlösergott. Sein Mythos beginnt mit der wundersamen Geburt aus einem Felsen; man feierte seinen Geburtstag zur Zeit der Wintersonnenwende. Wesentlich im Kult ist die Darstellung seines Kampfes mit einem Stier und dessen Opferung in einer Höhle. Aus dem Körper des sterbenden Tieres wachsen Heilkräuter und andere Pflanzen. Neben Mithras stehen bei dieser Szene zwei Gestalten mit Fackeln in den Händen, die als Hypostasen des Gottes gedeutet werden. Seltener wird in den Mithras-Heiligtümern ein Mahl dargestellt, das Mithras zusammen mit dem Sonnengott, der an seinem Strahlenkranz zu erkennen ist, einnimmt. Aus polemischen Schriften des Justinus (100 - 165) und des Tertullianus (gest. 222) ist zu entnehmen, daß es in der Mithras-Religion Kulthandlungen gab, die der christlichen Taufe und dem Abendmahl ähnelten. Ferner hat der Mithras-Kult mit dem Christentum die Feier des Geburtstages seines Gottes am 25. Dezember gemeinsam (der Geburtstag Jesu wurde allerdings erst 354 von Papst Liberius [352 - 366] auf den 25.12. festgesetzt). Auch sind Vorstellungen über das Ende der Welt, das letzte Gericht und die Auferstehung in der Mithras-Religion und im Christentum einander ähnlich.

8. 1. 3 Gnosis; Mandäer; Marcioniten; Manichäismus

In der Zeit um Christi Geburt und in den ersten Jahrhunderten danach entstanden zahlreiche Lehrsysteme, die man unter der Bezeichnung *Gnosis* zusammenzufassen pflegt. (Auf die Unterscheidung zwischen »Gnosis« und »Gnostizismus« als verschiedene Phasen der Entwicklung soll hier nicht eingegangen werden. Weder ist die Datierung der bisher aufgefundenen Schriften gesichert, noch konnten allgemein akzeptierte Definitionen dieser Bezeichnungen gefunden werden). Die gnostischen Lehren sind nur in wenigen Originalschriften und außerdem bruchstückweise in polemischen Entgegnungen christlicher Schriftsteller erhalten. Es handelt sich um ein überaus uneinheitliches Material; der Begriff »Gnosis« hat sich daher bis heute einer klaren Definition entzogen, und auch ein vor kurzem geglückter Fund einer ganzen Anzahl von gnostischen Werken (Nag Hammadi-Fund) hat keine völlige Klärung der strittigen Fragen gebracht.

Die gnostischen Systeme enthalten jüdisches, christliches und heidnisches Gedankengut. Zum Teil waren gnostische Lehren weit verbreitet, fanden eine große Anhängerschaft und bedeuteten eine ernsthafte Herausforderung des

Christentums wie z.B. der Manichäismus (den man allerdings nicht immer der Gnosis zurechnet). Zum Teil bildeten sich Sekten von nur geringer Bedeutung, wie etwa die der Mandäer oder der Marcioniten, und zum Teil dürften manche Schriften nur die Gedanken einzelner Gnostiker enthalten, ohne daß sich eine größere Anhängerschaft bildete. Es ist bisher nicht gelungen, alle diese Lehren in einem einheitlichen System zusammenzufassen [1], doch ist die Gnosis für das Christentum von Bedeutung, da sie zur Zeit der Bildung der christlichen Religion die Denkweise weiter Kreise beeinflußte.

Die Gnosis (Gnosis bedeutet Erkenntnis) ist ein Offenbarungswissen, über das nur Auserwählte verfügen können. Sie hat geheimen Charakter, wer sie besitzt, ist erlöst. Gnostische Ideen kreisen um die menschliche Seele, ihren göttlichen Ursprung, ihren Fall aus der überirdischen Sphäre, ihr Verweilen im menschlichen Körper und um das Vergessen ihrer göttlichen Herkunft. Durch Gnosis erinnert man sich an alles dieses und gelangt zum Wissen über die Möglichkeit der Rückkehr zu Gott.

Die gnostischen Sekten stimmen überein in der Geringschätzung der materiellen Welt und in der Überzeugung, daß die Seele nicht ohne die Hilfe eines von Gott gesandten Retters den Rückweg zu ihrem Ursprung finden kann. In den gnostischen Lehren findet sich auch der dualistische Zug der Religion Zoroasters, in der der Kampf des guten Lichtgottes gegen den bösen Gott der Finsternis die entscheidende Rolle spielt. Allein der transzendente Gott und seine Geschöpfe sind gut, die sonstige sichtbare Welt ist böse. Der wahre Gott ist der Gott des Lichtreiches, an dessen Randzonen zum Reich der Finsternis finden aber Grenzüberschreitungen statt: Hier erfolgt die Erschaffung der Welt durch einen zweiten Gott, der mit dem jüdischen Gott des Alten Testamentes identifiziert wird. Da für den Gnostiker die Welt böse ist, kann der Schöpfergott nicht das höchste Wesen darstellen, sondern er muß dem wahren Gott untergeordnet sein. Dieser ist für menschliche Gedanken und Worte unerreichbar, er kann nur durch Vermittlung seiner Engel oder anderer himmlischer Wesen erfahren werden. Von ihm gehen die Kräfte des Guten, der Liebe, der Gerechtigkeit und des Lebens aus.

Bei der Entstehung der Welt sind nach gnostischen Lehren Teile des göttlichen Lichtes von der Finsternis eingefangen worden. So entstand die Vorstellung eines göttlichen Funkens im Menschen, einer Lichtseele, die – eingekerkert im Körper – das irdische Schicksal miterleiden muß und erst im Tode befreit werden kann. Die Befreiung der Seele geschieht durch einen erlösenden Akt, der von einem gottgesandten Retter bewirkt wird. In christlich-gnostischen Sekten ist Jesus als Sohn des wahren Gottes dieser Retter, doch unterscheidet sich seine Gestalt von dem Jesus der Evangelien; er ist nur göttlicher Natur, er war niemals Mensch.

In der Gnosis sind die Retter der Seelen Boten Gottes, sie haben nur diese eine Aufgabe zu erfüllen. Die vom Körper befreite Seele muß zur Läuterung einen langen, beschwerlichen Weg zurücklegen, um Gott zu erreichen. Viele Seelen scheitern auf dem Wege, sie kehren dann in einem neuen Körper nochmals ins Leben zurück, und dies wiederholt sich solange, bis sie endgültig gerettet oder verdammt werden. Das Drama der Menschheit – die Gefangenschaft der Seele im Irdischen fern von Gott – ist nach manchen gnostischen Lehren auch ein Drama Gottes. Doch werden schließlich alle zu Gott gehörenden Seelen in das Lichtreich zurückgeführt, und damit steht der Sieg des Guten, des Lichtes, über die Finsternis fest.

Das Christentum mußte sich mit der Gnosis auseinandersetzen, da manche Ähnlichkeiten bestanden und da sich außerdem gnostisch-christliche Mischsekten bildeten. Die Auseinandersetzung wurde für die Christen dadurch erschwert, daß anfänglich bei ihnen kein festgelegter Schriftenkanon bestand, sondern von den Gemeinden z.T. unterschiedliche Schriften anerkannt und verwendet wurden. Gnostiker beriefen sich nun auf geheime Lehren Christi, die nur mündlich weitergegeben worden seien; manchmal verwiesen sie auch auf Worte des auferstandenen Jesus, die den Aposteln mitgeteilt worden wären, die aber sonst unbekannt geblieben seien. Erst als das Neue Testament endgültig und verbindlich zusammengestellt worden war (im Osten 367 n.Chr. durch Athanasius, im Westen auf den Synoden von Rom [382], Hippo Regius [393] und Karthago [397]), konnte man derartige Behauptungen begründet zurückweisen. Im folgenden sollen von den zahlreichen gnostischen Sekten nur drei der bekanntesten – die Mandäer, die Marcioniten und die Manichäer – kurz behandelt werden.

Bei den *Mandäern* (manda: Erkentnis, Wissen) handelt es sich um eine jüdische taufende Sekte, über deren Alter man nichts Sicheres weiß. Die Mandäer sehen Johannes den Täufer als wichtigsten Vertreter ihres Glaubens, aber nicht als ihren Sektengründer an. Sie lehnen das Christentum ab. Sie sind die einzige heute noch bestehende gnostische Sekte. Es gibt z.Z. einige kleine mandäische Gemeinden im Irak und in Südwestpersien, die aber insgesamt nur etwa 15 000 Mitglieder zählen. Es besteht noch ein umfangreiches Schrifttum dieser Sekte.

Ihre Lehre ist durch den Dualismus zwischen Licht und Finsternis gekennzeichnet. Der Herrscher des Lichtes steht dem der Finsternis gegenüber. Der eine verkörpert die Prinzipien des Hellen, des Guten und des Lebens, der andere die des Finsteren, Bösen und des Todes. Es werden verschiedene Lichtwelten unterschieden, die durch stufenweise Emanation aus dem Herren der Lichtwelt hervorgegangen sind und die die Namen von verschiedenen untergeordneten Göttern tragen. Eine dieser Welten untersteht dem Schöpfergott. Das Reich der Finsternis wird von dem Gegner der Lichtwelt beherrscht. Als Folge der Beziehungen zwischen den beiden Welten entsteht durch den Schöpfergott und durch den Gott der Finsternis gemeinsam die Welt mit Adam als dem ersten Menschen. Dieser ist das wichtigste Glied der Schöpfung, aber nur seine Seele, der sogen. innere Adam, entstammt der Lichtwelt, während der irdische Adam nur das Abbild des himmlischen Adams ist. Um die Macht des Herrn der Finsternis einzuschränken, schickt der Herr der Lichtwelt seinen ersten Lichtboten, der »Gnosis des Lebens« genannt wird, in die geschaffene Welt. Der Schöpfergott wird verdammt und darf bis zum Weltende nicht wieder in das Lichtreich zurückkehren. Der Lichtbote soll auch Adam erlösen, damit dessen Seele in die Lichtwelt eingehen kann.

Die Mandäer führen sich auf das erste Menschenpaar Adam und Eva zurück. Ihr Glaube kreist um die Rettung der in der Finsternis lebenden Seelen. So nehmen sie an, daß es zu allen Zeiten Lichtboten gegeben hat und noch gibt, die von den Gläubigen jederzeit angerufen werden können. Diese Boten waren aber niemals historische Persönlichkeiten. Wichtig ist ihre geistige Gegenwart bei kultischen Veranstaltungen, von denen die Taufe und die Totenmesse die bedeutendsten sind. Am Tage des Todes verläßt die Seele den Körper. Ihr Aufstieg zur Lichtwelt verläuft über mehrere Stationen, die schweren Prüfungen entsprechen. Totenmessen sollen der Seele diesen gefahrvollen Weg erleichtern, an dessen Ende der Eintritt in die Lichtwelt und die »Vereinigung mit dem Leben« stehen. Wie die Juden glauben die Mandäer an eine Endzeit und an ein Gericht am Ende der Welt, ihre Ethik ähnelt der jüdischen Ethik. Ein typisch gnostischer Zug ist jedoch ihre Weltfeindlichkeit.

Die *Sekte der Marcioniten* wurde von Marcion (ca. 85 - 160) gegründet. Vom Leben des Stifters weiß man nur wenig. Er stammte aus Sinope am Schwarzen Meer, kam etwa 139 nach Rom und fand dort Anschluß an die christliche Gemeinde, der er einen großen Teil seines Vermögens schenkte. Wahrscheinlich entstand in dieser Zeit seine Lehre. Da er Ansichten vertrat, die man als häretisch ansehen mußte, wurde er 144 auf Grund eines Synodalbeschlusses aus der Gemeinde ausgeschlossen. Der gestiftete Betrag wurde ihm zurückerstattet.

Marcion lehnte das Alte Testament ab, da nach seiner Lehre der Schöpfergott für die Mängel dieser Welt verantwortlich ist. Er gründete seine Kirche auf die Schriften des Neuen Testamentes. Die wichtigsten Worte Jesu waren für ihn die Bergpredigt und die Seligpreisungen. Von den Evangelien wählte er nur das des Lukas aus, dazu übernahm er noch 10 Briefe des Apostels Paulus, den er besonders schätzte. Dies war die erste Sammlung neutestamentlicher Schriften überhaupt, denen er noch ein eigenes Werk, die »Antithesen«, hinzufügte. Hierin stellte er dem harten Gott des Alten Testamentes den barmherzigen des Neuen Testamentes gegenüber und entwickelte aus dieser Antithese seine Lehre.

Der gütige Gott des Neuen Testamentes sandte seinen Sohn Jesus in die Welt, um die Menschheit von ihrem unglücklichen Dasein zu erlösen. Nach dem Willen des strengen Schöpfergottes wurde Jesus aber seinen Verfolgern ausgeliefert und ans Kreuz geschlagen. Durch seinen Tod kaufte er die Gläubigen von diesem Gott frei, doch bleiben sie bis ans Ende der Zeiten unter seiner Herrschaft. Dann wird der gütige Gott sie in sein Reich aufnehmen; die Ungläubigen werden ebenso wie die Welt und selbst ihr Schöpfer endgültig vernichtet werden. Die Zweigötterlehre Marcions und die Abwertung des Schöpfergottes und seiner Schöpfung sind gnostisch. Von anderen gnostischen Lehren unterscheidet sich die seine aber durch die Behauptung, daß die menschliche Seele keine göttlichen Anteile enthielte und daß sie nur durch die Gnade Gottes erlöst werden könne.

Das Jahr 144 gilt als Gründungsjahr von Marcions Kirche. Er verkündete dann seine Lehre an verschiedenen Orten des römischen Reiches und konnte viele Gemeinden ins Leben rufen. Seine Kirche verbreitete sich immer mehr, so daß sie zeitweise zu einer ernsten Bedrohung für das Christentum wurde. Vom 4. Jahrhundert an nahm ihr Einfluß jedoch ab, und im 6. Jahrhundert war sie völlig erloschen.

Die von Mani begründete *Sekte der Manichäer* war wohl diejenige, die dem Christentum am gefährlichsten wurde.

Mani wurde 216 n.Chr. in der Nähe von Bagdad geboren und wuchs im Kreise der Täufersekte der Elkesaiten auf. Mit 12 Jahren hatte er eine Vision; sein Doppelgänger (»Zwilling«) befahl ihm, auf eine zweite Vision zu warten, die in seinem 24. Lebensjahr erfolgte. Er betrachtete sich nun als »Apostel des Lichtes« und begann eine rege Missionstätigkeit, die ihn in zahlreiche Länder, angeblich sogar nach Indien führte. Er hielt sich für den letzten Apostel, für den von Jesus angekündigten Messias, für einen Nachfolger Zoroasters und für den »Buddha der Zukunft« (Maitreya, s.o., Buddhismus), für die endgültige Erfüllung aller Religionen. Im Jahre 242 oder 243 gelang es ihm, mit dem Sassanidenkönig Shapur I. (240 - 272) in Verbindung zu treten. Shapur stand seinen Lehren freundlich gegenüber, nach dessen Tode verlor Mani jedoch die Gunst des Königshauses und wurde – wohl auf Betreiben der zoroastrischen Priesterschaft – im Jahre 276 in Bet Lapat (Gundishapur) eingekerkert. Er starb im Gefängnis.

Mani legte größten Wert auf die schriftliche Festlegung seiner Lehren, damit spätere Zwistigkeiten durch unterschiedliche Fassungen (wie bei den Christen) vermieden würden. Von seinen Schriften ist im Original nichts mehr erhalten, erst aus dem 4. - 6. Jahrhundert sind einige manichäische Werke bekannt. Die Lehre Manis breitete sich schnell aus, ihr Wirkungsfeld reichte schließlich von Spanien bis nach China, so daß sie das Christentum und andere einheimische Religionen zu verdrängen drohte. Der Manichäismus verlor dann aber zunächst die westlichen Missionsgebiete an die christliche Religion, und sein Zentrum verlagerte sich nach Mittel- und Ostasien, wo er sich bis ins 14. Jahrhundert halten konnte. Man nimmt einen Einfluß der manichäischen Lehren auf die häretischen christlichen Sekten der Bogumilen und Paulikianer auf dem Balkan und der Katharer (Albigenser) in Südfrankreich an.

Manis Lehre geht wie die anderer gnostischer Systeme von den Dualismen Licht – Finsternis, Geist – Körper und Gutes – Böses aus. Das Lichtreich und das Reich der Finsternis bestanden von Anfang an. Zum Herrscher des Lichtes, dem »Vater der Größe«, gehören mehrere Lichtwelten. Auch die Finsternis oder die Materie hat einen Herrscher, auch sie besteht aus einer Anzahl von Welten. Die Finsternis drängt an die Grenzen des Lichtreiches und beginnt den Kampf um die Vorherrschaft. Die Gegenmaßnahmen des Lichtgottes bestehen aus drei Berufungen: Als erster wird der Urmensch in den Kampf geschickt. Er unterliegt, und seine Seele bleibt in der Unterwelt. Zur Rettung des Urmenschen wird ein zweiter Gesandter berufen, der »Lebendige Geist« oder der »Geliebte des Lichtwesens«. Dieser erweckt durch seinen Ruf den Urmenschen, der ihm antwortet. Nun kann das Erlösungswerk beginnen, das in der Befreiung des Urmenschen endet.

Die Befreiungsaktion setzt mit der Erschaffung der Welt ein. Der Kosmos entsteht aus Licht- und Finsternisteilchen, er wird von Mani etwas weniger negativ beurteilt als von anderen gnostischen Sekten. Jetzt wird ein dritter Bote gesandt, der »Gott des Lichtreiches«, der alle Lichtteilchen sammeln, läutern und in das Lichtreich zurückführen soll, wodurch auch der Urmensch erlöst wird. Um dies zu ermöglichen, werden Tiere, Pflanzen und das erste Menschenpaar erschaffen. Der Plan zur Rettung des Urmenschen gilt auch für Adam und Eva und für alle ihre Nachkommen. Zu ihrer Rettung wird Jesus durch den dritten Gesandten berufen; dieser, der sogen. »Glanz-Jesus«, übermittelt Adam im Auftrage des dritten Boten die erlösende Erkenntnis und gibt auch Adams Nachkommenschaft die Kenntnis des göttlichen Rettungsplanes weiter. Die menschliche Seele kann als Teil des Lichtreiches erlöst werden, der Leib kehrt zu seinem Ursprung, zur Finsternis, zurück. Unerweckt gebliebene Seelen werden wiedergeboren, bis sie endgültig erlöst oder gerichtet werden. Wenn die Befreiung der Lichtteilchen beendet ist, erscheint Jesus als der König, und das Weltgericht findet statt. Durch einen Weltenbrand wird die Welt vernichtet, wobei auch die letzten Lichtteilchen geläutert werden. Für Mani besteht das Erlösungsgeschehen im wesentlichen aus der Erkenntnis des Erlösungsweges; dieser wird durch die Lichtboten übermittelt, welche die manichäische Lehre den Gläubigen mitteilen.

8. 2 Jesus von Nazareth

8. 2. 1 Die Quellen zu Leben und Lehre Jesu

Unser gesamtes Wissen über Jesus geht auf die vier Evangelien des Matthäus, Markus, Lukas und Johannes im Neuen Testament zurück. Die anderen Schriften – Apostelgeschichte, 21 Briefe und die Offenbarung des Johannes – sind sekundäre Quellen, die im folgenden nicht berücksichtigt werden sollen. Eine kurze Erwähnung Jesu bei dem jüdischen Geschichtsschreiber Josephus wird als späterer Zusatz angesehen.

Die griechische Sprache der Evangelien ist die Alltagssprache des hellenistischen Kulturkreises im römischen Reich. Sie weist Züge einer Übersetzung aus einem semitischen Idiom auf, und man schließt daraus, daß schon zu Lebzeiten Jesu oder doch unmitttelbar nach seinem Tode Aufzeichnungen in aramäischer oder hebräischer Sprache entstanden waren; sie sollen dann später, Jahrzehnte nach Jesu Kreuzigung, als Grundlage der Berichte der Evangelisten gedient haben. Im einzelnen ist man sich aber über Anzahl und Art dieser Quellen nicht im klaren.

Die Evangelien nach Matthäus, Markus und Lukas ähneln sich trotz einiger Unterschiede in der Betonung der Lebensumstände Jesu und seiner Aussagen zur Lehre. Ihre Verfasser werden daher als »Synoptiker« (Synopsis: Zusammenschau) bezeichnet. Das Johannes-Evangelium besitzt einen völlig anderen Charakter.

Das *Markus-Evangelium* ist als erstes der vier Evangelien kurz vor der Zerstörung Jerusalems (70 n.Chr.) verfaßt worden. Es bringt nicht die Kindheitsgeschichte Jesu, sondern setzt erst mit seiner Taufe ein. Markus stellt Jesus vor allem als Sohn Gottes und als Messias dar.

Das *Matthäus-Evangelium* entstand ein wenig später. Für den Verfasser sind die alttestamentlichen messianischen Prophezeiungen, soweit sie auf Jesus zutreffen, von entscheidender Bedeutung. Er gibt einen Stammbaum Jesu wieder, der seine Ahnenreihe bis auf Abraham zurückgehen läßt.

Im *Lukas-Evangelium*, das etwa 80 n.Chr. niedergeschrieben wurde, wird die Abstammung Jesu von David betont; der Verfasser bringt aber zusätzlich noch Angaben über geschichtliche Ereignisse und über historische Persönlichkeiten wie Herodes, Augustus, Tiberius u.a. Wir wissen von ihm, daß Jesus zu Beginn seiner Lehrtätigkeit 30 Jahre alt war. Lukas gilt auch als Verfasser der Apostelgeschichte.

Den Verfassern des Matthäus- und des Lukas-Evangeliums muß das Markus-Evangelium bereits vorgelegen haben, da jene einige Stellen fast wörtlich von Markus übernahmen. Sie müssen außerdem aber noch auf eine der weiteren Quellen zurückgegriffen haben, welche Sprüche, Gleichnisse und Reden Jesu enthielt.

Als letztes wurde etwa zwischen 90 und 100 n.Chr. das *Johannes-Evangelium* geschrieben. Für Johannes ist Jesus vor allem der Gesandte und Sohn Gottes, der zum Mittler zwischen Gott und den Menschen ausersehen ist. Jesu Stammbaum wird nicht erwähnt, auch nicht die Jungfrauengeburt, und im Verhältnis zu den Synoptikern bringt Johannes nur wenige Wundertaten Jesu.

Über die Verfasser der Evangelien weiß man außer den Namen nichts; wahrscheinlich gehörten sie dem Kreis der Apostelschüler an. Obwohl die Sammlung der neutestamentlichen Schriften im wesentlichen bereits etwa 200 n.Chr. feststand, wurde die endgültige griechische Fassung – wie schon erwähnt – erst 367 durch Athanasius, den Bischof von Alexandria, festgelegt. Die maßgebende Übersetzung in die lateinische Sprache wurde von Hieronymus (geb. ca. 340; gest. 420) im Auftrage von Papst Damasus (366 - 384) ausgeführt. Diese Übersetzung, die unter dem Namen »Vulgata« bekannt ist, wurde etwa 382 begonnen und 405 unter dem Pontifikat des Papstes Innozenz I. (402 - 417) beendet. Durch sie wurde die etwas ältere lateinische »Itala« ersetzt.

Die vier Evangelien liegen uns in einer Form vor, die durch die Vereinigung von jeweils mehreren, in Einzelheiten voneinander abweichenden Urtexten entstanden ist. Manches mag früher schon abgeändert oder umgedeutet worden sein, doch lassen sich derartige Änderungen heute nicht mehr mit Sicherheit ermitteln und auch nicht rückgängig machen. Die Quellen werden daher im folgenden ihrem Wortlaut nach verwendet, ohne daß irgendwelche Deutungen oder Auslegungen vorgenommen werden. Erst im letzten Abschnitt des Jesus selbst gewidmeten Teils soll versucht werden, ein Bild von dessen Persönlichkeit zu gewinnen. Den Zitaten liegt (mit einer Ausnahme) der Text der Luther-Bibel zugrunde.

8. 2. 2 Das Leben Jesu

Der Bericht über die Botschaft des Engels, Gott habe Maria auserwählt, Mutter des Gottessohnes zu werden, und die Beschreibung von dessen Geburt findet sich nur bei Matthäus (1, 18-21 u. 2, 1-12) und Lukas (1, 26-33 u. 2, 4-21). Die beiden anderen Evangelisten schreiben nichts davon. Das Auftreten des 12-jährigen Jesus im Tempel wird nur von Lukas (2, 42-50) geschildert. Johannes der Täufer kündigt das Kommen Jesu an:

> »Es kommt einer nach mir, der ist stärker als ich, und ich bin nicht genug, daß ich mich bücke und die Riemen seiner Schuhe auflöse« (Mt 1, 7; ähnlich Lk 3, 16).

Die Juden fragten Johannes, ob er Elia sei oder Mose, deren Wiederkehr man vor dem Auftreten des Messias erwartete (Mal 3, 23; 5 Mose 18, 15-18). Aber er beantwortete ihre Fragen nicht:

> »Er sprach: Ich bin eine Stimme eines Predigers in der Wüste: ›Richtet den Weg des Herrn!‹ wie der Prophet Jesaja gesagt hat« (Joh 1, 23; vgl. Jes 40, 3).

Als Jesus zu ihm kommt, um sich taufen zu lassen, heißt es:

> »Siehe, das ist Gottes Lamm, welches der Welt Sünde trägt. Dieser ist's, von dem ich gesagt habe: Nach mir kommt ein Mann, welcher vor mir gewesen ist, denn er war eher als ich« (Joh 1, 29-30);
> »Und ich sah es und bezeugte, daß dieser ist Gottes Sohn« (Joh 1, 34).

Der 40-tägige Aufenthalt in der Wüste nach Jesu Taufe wird von den drei Synoptikern als Zeit der Versuchung durch den Teufel dargestellt (Mt 4, 1-2; Mk 1, 12-13; Lk 4, 1-2). Im Johannes-Evangelium findet sich diese Episode nicht.

Die Berufung der Jünger, die Jesu Lehre annehmen und ihn auf seinen Wanderungen begleiten, wird von allen Evangelisten beschrieben.

Die Wundertaten Jesu werden ebenfalls in jedem Evangelium erwähnt; bei den Synoptikern wird ihnen breiter Raum gegeben. Sie werden von Dritten erbeten (Krankenheilungen, Totenauferweckungen) oder ergeben sich aus der Situation heraus (Speisenvermehrung, Verwandlung von Wasser in Wein, Wandeln auf dem See Genezareth). Sie werden nicht ausgeübt, um bei den Zuschauern Eindruck zu machen; Jesus verbietet im Gegenteil den Anwesenden, darüber zu sprechen:

> »Und ihm folgten viele nach, und er heilte sie alle und bedrohte sie, daß sie die Kunde von ihm nicht ausbreiten sollten ... « (Mt 12, 15-16);
> »Und er streckte seine Hand aus und rührte ihn an und sprach: Ich will's tun, sei gereinigt! Und alsbald ging der Aussatz von ihm. Und er gebot ihm, daß er's niemand sagen sollte« (Lk 5, 13-14).

Die Wunder zeigen Jesu göttliche Kraft. Findet er keinen Glauben, wie in Nazareth, so kann er kaum helfen:

> »Und er konnte allda nicht eine einzige Tat tun; nur wenigen Kranken legte er die Hände auf und heilte sie. Und er verwunderte sich ihres Unglaubens« (Mk 6, 5-6).

Die vier Evangelisten beschreiben ausführlich *Jesu Lehrtätigkeit*, die nach der Taufe und und dem Aufenthalt in der Wüste beginnt. Jesus wendet sich bevorzugt an die Armen, Unterdrückten und Verachteten und sehr oft auch an Frauen. Er verkündet seine Lehre in Form von Reden und Ansprachen, von Gleichnissen und gelegentlichen kurzen Bemerkungen während der Wanderschaft. Die einzige größere, zusammenfassende Rede ist die Bergpredigt, die aber nur von Matthäus und (verkürzt) von Lukas wiedergegeben wird (Mt Kap. 5-7; Lk 6, 20-49). Die Lehrtätigkeit endet am Vorabend der Kreuzigung mit dem feierlichen Mahl, bei dem er Brot und Wein an seine Jünger austeilt.

Verhältnismäßig ausführlich wird von den Synoptikern das *Auftreten Jesu in seiner Vaterstadt* Nazareth geschildert. Nach Lukas (4, 29-30) konnte er dort nur unter Lebensgefahr seinen Feinden entkommen. Bei Matthäus heißt es:

> »Ist er nicht des Zimmermanns Sohn? Heißt nicht seine Mutter Maria und seine Brüder Jacobus und Joseph und Simon und Judas? Und seine Schwestern, sind sie nicht alle bei uns? Woher kommt ihm denn das alles? Und sie nahmen Ärgernis an ihm« (Mt 13, 55-57; vgl. auch Mk 6, 3-4; Lk 4, 22; Joh 6, 42).

Doch Jesus spricht zu ihnen:

> »Ein Prophet gilt nirgend weniger als in seinem Vaterland und im eigenen Hause. Und er tat daselbst nicht viel Zeichen um ihres Unglaubens willen« (Mt 13, 57-58; ähnlich Lk 4, 24 und Joh 4, 44).

Über Jesu Brüder wird gesagt:

> »Denn auch seine Brüder glaubten nicht an ihn« (Joh 7, 5).

Von engeren Beziehungen Jesu zu seiner Familie wird im Neuen Testament kaum etwas berichtet. Sein Bruder Jacobus gehört später zu den Ältesten der judenchristlichen Gemeinde in Jerusalem. Seine Mutter wird in der Schrift mehrfach erwähnt: Die Verkündigung durch einen Engel und die Jungfrauengeburt wurden oben schon angeführt. Lukas erzählt den Besuch Marias bei Elisabeth, der Mutter Johannes des Täufers, und die Lobpreisung des Herrn durch Maria in deren Haus (Lk 1, 39-56). Als der 12-jährige Jesus im Tempel in Jerusalem zurückgeblieben ist und erst nach mehreren Tagen von seinen Eltern wiedergefunden wird, tadelt seine Mutter ihn (Lk 2, 48). Auf der Hochzeit zu Kana vertraut sie seiner Fähigkeit, Wunder zu tun (Joh 2, 5), und unter dem Kreuz wird sie von Jesus in die Obhut des Jüngers Johannes gegeben (Joh 19, 26-27). Während sie in der Schrift verhältnismäßig wenig erwähnt wird, hat man ihr später in den christlichen Kirchen eine zentrale Stellung als Gottesmutter eingeräumt.

Jesus wurde während seiner Lehrtätigkeit mehrfach bedroht und angegriffen, er entzog sich der Gefahr wiederholt durch die Flucht (Mt 12, 14-15; Lk 4, 28-30; Joh 8, 59; 10, 39). Erst als »seine Zeit gekommen ist«, als er alles gesagt hatte, was er sagen wollte, zog er nach Jerusalem in den sicheren Tod.

Gefangennahme, Passion und Kreuzigung werden von allen Evangelisten im wesentlichen gleich erzählt, ebenso die *Auferstehung* und die Ereignisse danach.

8. 2. 3 Jesu Sendung und Aufgabe

Das Sendungsbewußtsein Jesu wird am eindringlichsten vom Evangelisten Johannes herausgestellt. Jesus ist der Gesandte Gottes, der Sohn Gottes, der von jeher zu Gott gehörte. Er wurde zu den Menschen gesandt, um einen Auftrag Gottes zu erfüllen. Er ist als Mittler zwischen Gott und der Menschheit ausersehen. Die Selbstaussagen in seinen Reden, vor allem die »Ich bin-Sätze« sind hierfür kennzeichnend:

> »Ich bin Gottes Sohn« (Joh 10, 36);
> »Ich bin vom Himmel gekommen« (Joh 6, 42);
> »Ich bin das Licht der Welt« (Joh 8, 12);
> »Ich bin das Brot des Lebens. Wer zu mir kommt, den wird nicht hungern; und wer an mich glaubt, den wird nimmermehr dürsten« (Joh 6, 35);
> »Ich bin der gute Hirte« (Joh 10, 11);
> »Ich bin der Weg und die Wahrheit und das Leben; niemand kommt zum Vater denn durch mich« (Joh 14, 6);
> »Ich bin die Auferstehung und das Leben. Wer an mich glaubt, der wird leben...« (Joh 11, 25);
> »Ich bin der rechte Weinstock, und mein Vater der Weingärtner« (Joh 15, 1).

Auf seine Präexistenz hinweisend sagt Jesus:

> »Ich sage euch, ehe denn Abraham ward, bin ich« (Joh 8, 58).

Dieses »bin ich« drückt die Ewigkeit seiner göttlichen Existenz aus; wie Gott ewig ist, so ist es auch Jesus.

In der Bergpredigt stellt Jesus dem Buchstaben des Gesetzes wiederholt seine eigene Lehre gegenüber:

> »Ihr habt gehört, daß gesagt ist.... Ich aber sage euch...« (Mt Kap. 5-7).

Dieses »Ich aber sage euch...« zeigt, daß er nicht wie die Propheten nur eine Botschaft Gottes weitergibt, sondern daß er aus eigener Machtvollkommenheit, aus dem Bewußtsein seines göttlichen Wesens lehrt. Die meisten Menschen lehnen ihn ab, doch denen, die an ihn glauben, verspricht er das ewige Leben:

> »Denn also hat Gott die Welt geliebt, daß Er seinen eingeborenen Sohn gab, auf daß alle, die an Ihn glauben, nicht verloren werden, sondern das ewige Leben haben« (Joh 3, 16).

Nach dem Evangelisten Johannes ist Jesu ganze Sendung, nicht nur sein Tod, eine Hingabe und ein Opfer. Der Tod am Kreuz gehört zu seinem Auftrag. Danach kehrt der Sohn Gottes in die Einheit des Vaters zurück:

> »Ich bin vom Vater ausgegangen und gekommen in die Welt. Wiederum verlasse ich die Welt und gehe zum Vater« (Joh 16, 28).

Unmittelbar vor der Verhaftung spricht Jesus ein langes Gebet (Joh Kap. 17). Er bittet um die Einbeziehung der Gläubigen in die Einheit Gottes und des Gottessohnes:

> »Ich bitte für sie und bitte nicht für die Welt, sondern für die, die Du mir gegeben hast, denn sie sind Dein« (Joh 17, 9);
> »Und ich habe ihnen gegeben die Herrlichkeit, die Du mir gegeben hast, daß sie eins seien, gleichwie wir eins sind, ich in ihnen und Du in mir, auf daß sie vollkommen eins seien und die Welt erkenne, daß Du mich gesandt hast und liebst sie, gleichwie Du mich liebst« (Joh 17, 22-23).

Der Tod am Kreuz ist das Ende seines Auftrages; er hat ihn so ausgeführt, wie es Gottes Wille ist.

Im Gegensatz zum Johannes-Evangelium, in welchem Jesus in aller Klarheit sagt, daß er Gottes Sohn ist, äußert er sich in den anderen Evangelien zu seiner Sohnschaft nur indirekt. Wenn er von dritten als Sohn Gottes bezeichnet wird, so verbietet er, darüber zu sprechen. Als er Petrus fragt, für wen ihn die Leute halten, antwortet dieser:

> »Du bist Christus, des lebendigen Gottes Sohn« (Mt 16, 16; ähnlich Mk 8, 29 u. Lk 9, 20).

Jesus aber will nicht, daß er als Gottes Sohn angesprochen und bekannt wird:

> »Da bedrohte er seine Jünger, daß sie niemandem sagen sollten, daß er der Christus wäre« (Mt 16, 20; ähnlich Mk 8, 30 u. Lk 9, 21).

Erst bei der Vernehmung durch den Rat der Ältesten, Hohenpriester und Schriftgelehrten vor der Kreuzigung antwortet er auf die Frage, ob er der Messias, der Sohn Gottes sei:

> »Du sagst es. Auch sage ich euch: Von nun an wird's geschehen, daß ihr sehen werdet des Menschen Sohn sitzen zur Rechten der Kraft und kommen in den Wolken des Himmels« (Mt 26, 64; ähnlich Mk 14, 62 u. Lk 22, 67-69).

Der Gedanke, daß ein Messias kommen wird, der die Juden und schließlich die gesamte Menschheit erretten wird, ist seit alters im jüdischen Volk verbreitet. Schon Jesaja (8. Jahrhundert v.Chr.) spricht vom Messias; er kommt aus dem Hause Davids, er ist von Gottes Geist erfüllt, und er wird einst an Gottes Stelle über das zu erwartende Friedensreich herrschen (Jes 9, 5-6; 11, 1-5).

Deutero-Jesaja (6.Jahrhundert v.Chr.) sieht eine Zeit kommen, in der alle Völker an Gott glauben werden. Bei ihm ist nicht mehr vom Messias die Rede, sondern vom Gottesknecht (»er, mein Knecht, der Gerechte«), der von allen verachtet wird, die ihm auferlegten Schmerzen geduldig erträgt und die Sünden der Welt auf sich nimmt:

> »Siehe, das ist mein Knecht – ich halte ihn – und mein Auserwählter, an dem meine Seele wohlgefallen hat. Ich habe ihm meinen Geist gegeben; er wird das Recht unter die Heiden bringen« (Jes 42, 1);
> »Siehe, meinem Knecht wird's gelingen, er wird erhöht und sehr hoch erhaben sein« (Jes 52, 13; vgl. auch Jes Kap. 40-66).

Zwar bleibt die Frage offen, ob der Gottesknecht eine individuelle Persönlichkeit oder das idealisierte Israel ist, aber er ist auf jeden Fall der Mittelpunkt des zukünftigen Gottesreiches, zu dem alle Menschen Zutritt haben werden.

Daniel (2.Jahrhundert v.Chr.) spricht ebenfalls nicht vom Messias; er verwendet den Ausdruck »Menschensohn«:

> »Ich sah in diesem Gesicht in der Nacht, und siehe, es kam einer mit den Wolken des Himmels wie eines Menschen Sohn, und gelangte zu dem, der uralt war, und wurde vor ihn gebracht. Der gab ihm Macht, Ehre und Reich, daß ihm alle Völker und Leute aus so vielen verschiedenen Sprachen dienen sollten. Seine Macht ist ewig und vergeht nicht, und sein Reich hat kein Ende« (Dan 7, 13-14).

In den jüdischen Spätschriften schwankt die Meinung, ob der von Gott bestimmte Retter der Menschheit rein irdischer oder transzendenter Natur ist. Der »Menschensohn« ist z.B. in Henochs Bilderreden (Hen 47-69) ein präexistentes himmlisches Wesen, das sich am Ende der Tage den Menschen offenbaren wird. Er ist der verheißene König des Friedens und der Gerechtigkeit. Er wird zum messianischen Heilsbringer, zum Licht der Völker.

In den synoptischen Evangelien werden die Ausdrücke »Messias«, »Gottesknecht« und »Menschensohn« ohne Unterschied verwendet. Durch sie wird die Hoffnung auf einen Erlöser wiedergegeben, der die Menschen an Gottes ewigem Reich teilnehmen läßt.

8. 2. 4 *Die Lehre*

Die wesentlichen Gedanken der Lehre Jesu sind der Glaube an das bevorstehende Weltende, der Glaube an die Gültigkeit des Gesetzes der Hl. Schrift, die Forderungen der Gottes- und der Menschenliebe, die Forderung nach Aufgabe allen Besitzes und aller menschlichen Beziehungen, die Forderung des Dienens und die Verpflichtung der Gläubigen, ihm (Jesus) bedingungslos zu folgen.

Zum Verstehen von Jesu Gedankenwelt und Haltung muß man seine Stellung zum jüdischen Glauben und Gesetz kennen. Die Gesetze des Alten Testamentes, die Gott dem Volke Israel durch Mose verkünden ließ, sind in den 5 Büchern Mose, der Thora, zusammengestellt (vgl. Abschn. 6.2). Ein wichtiger Zug der jüdischen Religiosität besteht im Gehorsam gegenüber diesem Gesetzeswerk und damit im Gehorsam gegen Gott. Die jüdische Ethik ist u.a. eine Gehorsamsethik. Das biblische Gesetz fordert und verheißt Gerechtigkeit. Wer die Gebote einhält, kann damit rechnen, daß Gott ihm den verdienten Lohn nicht vorenthalten wird, denn Gott ist gerecht. Jesus kennt das jüdische Schrifttum sehr gut; er kann allen Angriffen der Schriftgelehrten durch Zitate aus der Hl. Schrift begegnen. Die Worte der Schrift sind für ihn unbedingt gültig:

> »Denket nicht, daß ich gekommen bin, das Gesetz oder die Propheten aufzulösen; nicht aufzulösen bin ich gekommen, sondern zu erfüllen« (Mt 5, 17);
> »Bis daß Himmel und Erde vergehe, wird nicht vergehen der kleinste Buchstabe noch ein Tüpfelchen vom Gesetz, bis daß alles geschehe« (Mk 5, 18).

Trotz seines Sendungsbewußtseins und seiner Klarheit, wenn es sich um sein Verhältnis zu Gott oder um das Verhältnis Gottes zu den Menschen handelt, bezieht sich Jesus vorbehaltlos auf den Wortlaut der Schrift, wenn er seiner Lehre größeren Nachdruck verleihen will. Im Gegensatz zu Mose, der das Gesetz dem ganzen Volk Israel verkündet, wendet Jesus sich an den einzelnen Menschen.

Andererseits übt Jesus wiederholt Kritik am Gesetzeswerk der Schrift und bemängelt vor allem die Art und Weise, wie seine Landsleute die Gesetze auffassen und befolgen. Sinngemäß sagt er: Wenn eure Gerechtigkeit nicht besser ist als die der Pharisäer und Schriftgelehrten, so werdet ihr nicht in das Himmelreich kommen. Jesu Stellungnahme zum Gesetz wird hauptsächlich in der Bergpredigt wiedergegeben (Mt Kap. 5-7). Er unterscheidet zwischen dem Willen Gottes, wie er ihn versteht, und dem formalen Wortlaut der Gesetze in den 5 Büchern Mose. Offenbar gibt es für Jesus Gesetze, deren Einhaltung er nicht für unbedingt erforderlich hält:

> »Zu der Zeit ging Jesus durch ein Kornfeld am Sabbath; und seine Jünger waren hungrig, fingen an, Ähren auszuraufen, und aßen. Da das die Pharisäer sahen, sprachen sie zu ihm: Siehe, deine Jünger tun, was am Sabbath nicht erlaubt ist« (Mt 12, 1-2; ähnlich Lk 6, 1-2);

»Und er ging von dannen weiter und kam in ihre Synagoge. Und siehe, da war ein Mensch, der hatte eine verdorrte Hand. Und sie fragten und sprachen: Ist's auch recht, am Sabbath zu heilen?, auf daß sie eine Sache wider ihn hätten ... Da sprach er zu dem Menschen: Strecke deine Hand aus! Und er streckte sie aus; und sie ward ihm wieder gesund gleichwie die andere« (Mt 12, 9-11. 13; ähnlich Lk 6, 6-7. 10);

»Als er noch redete, bat ihn ein Pharisäer, daß er mit ihm das Mittagsmahl äße. Und er ging hinein und setzte sich zu Tische. Da das der Pharisäer sah, verwunderte er sich, daß er die Waschung vor dem Essen unterlassen hatte« (Lk 11, 37-38; ähnlich Mt 15, 1-2).

Jesu Ethik ist die jüdische Gehorsamsethik, doch denkt er den Begriff des Gehorsams bis zu Ende und fordert, daß die innere Haltung des Menschen mit seinem Tun übereinstimmen muß. Es genügt nicht, seinen Nächsten zu lieben, sondern man soll auch seine Feinde lieben. Der Mensch soll nicht nur nicht töten, sondern soll auch frei sein von Haß und soll vergeben können. Nach Jesu Ansicht liegt der Ursprung alles Bösen im Menschen selbst (vgl. Mt 15, 17-20; Mk 7, 21-23). Jesus lehnt den blinden Gehorsam, mit dem nur der Wortlaut des Gesetzes befolgt wird, ab. Gott erwartet einen Gehorsam, der aus der Einsicht in den Sinn der Gesetze heraus erfolgt. Rituelle Gebote und Reinheitsvorschriften gehören zu den weniger wichtigen Gesetzen. Jesus nimmt für sich das Recht der Entscheidung in Anspruch, ob ein Gesetz den unbedingten Willen Gottes ausdrückt oder nicht.

Die Anschauung vom Wert guter Werke, die im jüdischen Denken so ausgeprägt ist, gibt es auch in Jesu Lehre, allerdings lehnt er Handlungen ab, die nur nur vom Wunsch nach Belohnung bewirkt werden. Gott belohnt den Menschen nach seinem Gutdünken, aber dieser hat keinerlei Anspruch auf Belohnung. Gehorsam gegen Gott ist keine Leistung, die anerkannt werden muß, sondern eine Haltung, die zu innerer Unabhängigkeit führt; eine solche Haltung ist Gehorsam aus eigener Verantwortlichkeit.

Jesus erkennt zwar grundsätzlich das jüdische Gesetzeswerk an, erstrebt aber doch erhebliche Erweiterungen, Abkehr von allzu enger Auslegung und Änderung oder Aufgabe unwesentlicher Teile. Auch dadurch kommt er zwangsläufig in Gegensatz zur damaligen Priesterschaft.

Die Lehre vom Weltende und vom jüngsten Gericht findet sich in unterschiedlicher Ausformung in mehreren östlichen Religionen. Jesus übernimmt sie aus den Schriften des Alten Testamentes, vielleicht auch von Johannes dem Täufer oder aus dem Buch Henoch (das Buch Henoch gehört zu den nachbiblischen Schriften. Es ist eine Sammlung von apokalyptischen Werken, die etwa von 150 v.Chr. an verfaßt und nicht in die Bibel aufgenommen wurden. Darin finden sich Visionen vom Messias und vom jüngsten Gericht).

»Darum wartet auf mich, spricht der Herr, bis auf den Tag, an dem ich zum letzten Gericht auftrete...« (Zeph 3, 8);

»Er (der Herr) wird unter großen Völkern richten und viele Heiden zurechtweisen in fernen Landen...« (Mich 4, 3);
»Tausendmal Tausende dienten ihm, und zehntausendmal Zehntausende standen vor ihm. Das Gericht wurde gehalten, und die Bücher wurden aufgetan« (Dan 7, 10);
»Zu der Zeit kam Johannes der Täufer und predigte in der Wüste des jüdischen Landes und sprach: Tut Buße, denn das Himmelreich ist nahe herbeigekommen« (Mt 3, 1-2).

Obwohl die Voraussagen der Propheten niemals eingetroffen waren, ist Jesus überzeugt, daß das Ende der Welt nunmehr unmittelbar bevorstände:

»Die Zeit ist erfüllt, die Gottesherrschaft ist nahe, kehrt um und glaubt an die Heilsbotschaft!« (Mk 1, 15);
»Tut Buße, denn das Himmelreich ist nahe herbeigekommen!« (Mt 4, 17).

Zu den Jüngern sagt er:

»Geht aber und predigt und sprecht: Das Himmelreich ist nahe herbeigekommen« (Mt 10, 5-7).

Dieser Glaube an das bevorstehende Weltende erklärt manche Forderung Jesu, deren wörtliches Befolgen durch die ganze Menschheit zu untragbaren Verhältnissen führen würde:

»Sorgt nicht um euer Leben, was ihr essen sollt ... Seht die Raben an, sie säen nicht, sie ernten auch nicht ... und Gott ernährt sie doch« (Lk 12, 22-24);
»Und warum sorgt ihr für die Kleidung? Schauet die Lilien auf dem Felde, wie sie wachsen; sie arbeiten nicht, auch spinnen sie nicht« (Mt 6, 28).

Für den Evangelisten Johannes ist das Geschehen am Weltende ohne Bedeutung, da Gott schon jetzt durch Jesu Wirken die Menschen vor die Entscheidung zu glauben oder nicht zu glauben gestellt hat. Mit dieser Entscheidung ist das Gericht bereits vorweggenommen:

»Wer an ihn glaubt, wird nicht gerichtet. Wer nicht glaubt, ist schon gerichtet eben darin, daß er nicht an den Namen des einzig geborenen Sohnes Gottes geglaubt hat« (Joh 3, 18).

Immer wieder findet sich im Neuen Testament die *Forderung, Jesus nachzufolgen und an ihn zu glauben.* Zunächst werden die Jünger berufen:

»Als nun Jesus an dem Galiläischen Meer ging, sah er zwei Brüder, Simon, der da heißt Petrus, und Andreas, seinen Bruder, die warfen ihre Netze ins Meer; denn sie waren Fischer. Und er sprach zu ihnen: Folget mir nach, ich will euch zu Menschenfischern machen ... Und als er von dannen weiter ging, sah er zwei andere Brüder, Jacobus, den Sohn des Zebedäus, und Johannes, seinen Bruder, im Schiff mit ihrem Vater Zebedäus, daß sie ihre Netze flickten. Und er rief sie« (Mt 4, 18-19. 20-21);
»Und da er vorüberging, sah er Levi, den Sohn des Alphäus, am Zoll sitzen und sprach zu ihm: Folge mir nach!« (Mk 2, 14);
»Und er ging auf einen Berg, und rief zu sich, welche er wollte, und die gingen

hin zu ihm. Und er ordnete zwölf, daß sie bei ihm sein sollten ...« (Mk 3, 13-14; ähnlich Lk 6, 12-14).

Während Jesus zuerst seine Forderung der Nachfolge nur an Einzelne richtet, wendet er sich später an alle Menschen:

»Kommet her zu mir alle, die ihr mühselig und beladen seid....« (Mt 11, 28).

Die Bedeutung, die Jesus dem Glauben an sich selbst und an seine Lehre beimißt, ist aus dem Wissen um seine Mittlerrolle zwischen Gott und den Menschen erwachsen. Er weiß sich als Sohn Gottes zu den Menschen gesandt, um sie Gott zuzuführen:

»Und wer mich aufnimmt, der nimmt den auf, der mich gesandt hat« (Mt 10, 40);
»Ich bin der Weg und die Wahrheit und das Leben, niemand kommt zum Vater denn durch mich« (Joh 14, 6).

Jesus verheißt allen, die seine Nachfolge ernst nehmen und seine Forderungen erfüllen, das ewige Leben in Gemeinschaft mit ihm im Reiche Gottes:

»Wer nun mich bekennet vor den Menschen, den will ich auch bekennen vor meinem himmlischen Vater« (Mt 10, 32; ähnlich Lk 12, 8);
»Und wer verläßt Häuser oder Brüder oder Schwestern oder Vater oder Mutter oder Kinder oder Äcker um meines Namens willen, der wird's vielfältig empfangen und das ewige Leben erben« (Mt 19, 29).

Wenn der Menschensohn auf seinem Thron sitzend Gericht halten wird, wird er zu den Auserwählten sprechen:

»Kommt her, ihr Gesegneten meines Vaters, ererbet das Reich, das euch bereitet ist von Anbeginn der Welt« (Mt 25, 34);
»Meine Schafe hören meine Stimme und ich kenne sie, und sie folgen mir, und ich gebe ihnen das ewige Leben ... « (Joh 10, 27);
»Es kann niemand zu mir kommen, es sei denn, daß ihn ziehe der Vater, der mich gesandt hat; und ich werde ihn auferwecken am jüngsten Tage« (Joh 6, 44).

Jesus nachfolgen heißt aber auch, »sein Kreuz auf sich zu nehmen«, die Bedingungen anzunehmen, die er seinen Anhängern stellt:

»Und wer nicht sein Kreuz auf sich nimmt und folget mir nach, der ist mein nicht wert« (Mt 10, 38).

Seine Forderungen sind: *Aufgeben von Besitz, Aufgeben von menschlichen Beziehungen und Aufgeben der eigenen Persönlichkeit.* Zunächst wird das Aufgeben aller materiellen Güter verlangt. Auf die Frage, was man tun müsse, um das ewige Leben zu erlangen, antwortet Jesus:

»Willst du aber zum Leben eingehen, so halte die Gebote. Da sprach er (der reiche Jüngling) zu ihm: Welche? Jesus aber sprach: Du sollst nicht töten; du sollst nicht ehebrechen; du sollst nicht stehlen; du sollst nicht falsch Zeugnis geben; ehre Vater und Mutter; und: du sollst deinen Nächsten lieben wie dich selbst. Da sprach der Jüngling zu ihm: Das habe ich alles gehalten. Was fehlt mir noch? Jesus sprach zu ihm: Willst du vollkommen sein, so gehe hin, verkaufe, was du hast, und gib's den Armen, so wirst du einen Schatz im Himmel haben; und komm und folge mir nach! Da der Jüngling das Wort hörte, ging er betrübt von ihm; denn er hatte viele Güter. Jesus aber sprach zu seinen Jüngern: Wahrlich, ich sage euch, ein Reicher wird schwer ins Himmelreich kommen. Und weiter sage ich euch: Es ist leichter, daß ein Kamel durch ein Nadelöhr gehe, als daß ein Reicher ins Reich Gottes komme« (Mt 19, 17-24).

Im Lukas-Evangelium heißt es:

» ... Ihr könnt nicht Gott dienen und dem Mammon« (Lk 16, 13);
»Verkauft, was ihr habt, und gebt Almosen ... Denn wo euer Schatz ist, da wird auch euer Herz sein« (Lk 12, 33-34).

Aber das Aufgeben von Besitz genügt noch nicht. Der Mensch muß auch alle persönlichen Bindungen, selbst die zu Eltern, Frau und Kindern, aufgeben, um innerlich völlig frei zu werden:

»Wer Vater oder Mutter mehr liebt als mich, ist meiner nicht wert; und wer Sohn oder Tochter mehr liebt als mich, der ist meiner nicht wert« (Mt 10, 37);
»Und sie sprachen zu ihm: Siehe, deine Mutter und deine Brüder und deine Schwestern draußen fragen nach dir. Und er antwortete ihnen und sprach: Wer ist meine Mutter und meine Brüder? ... Wer den Willen Gottes tut, der ist mir Bruder, Schwester und Mutter« (Mk 3, 32-33. 35);
»Und ein anderer unter den Jüngern sprach zu ihm: Herr, erlaube mir, daß ich hingehe und zuvor meinen Vater begrabe. Aber Jesus spricht zu ihm: Folge du mir und laß die Toten ihre Toten begraben« (Mt 8, 21-22).

Schließlich wird als Letztes und Höchstes die Selbstaufgabe gefordert:

»Da sprach Jesus zu seinen Jüngern: Will mir jemand nachfolgen, der verleugne sich selbst« (Mt 16, 24; ähnlich Lk 9, 23);
»Und er rief zu sich das Volk samt seinen Jüngern und sprach zu ihnen: Wer mir will nachfolgen, der verleugne sich selbst und nehme sein Kreuz auf sich und folge mir nach. Denn wer sein Leben erhalten will, der wird's verlieren; und wer sein Leben verliert um meinetwillen, der wird's erhalten« (Mk 8, 34-35).

Der Mensch kann sich Gott erst dann nähern, wenn er alle Wünsche und Bindungen aufgegeben hat. Er muß sich als Geschöpf Gottes erkennen, das völlig von seinem Schöpfer abhängt, der ihm das Leben gab und es ihm nehmen wird.

Die *Gebote der Nächstenliebe und der Liebe zu Gott* finden sich nicht unter den 10 Geboten, wie sie von Mose übermittelt worden waren. Sie werden aber anschließend im Gesetzeswerk der Thora klar ausgesprochen. Jesus weist diesen beiden Geboten eine entscheidend wichtige Rolle zu:

»Das ist mein Gebot, daß ihr euch untereinander liebet, gleichwie ich euch liebe. Niemand hat größere Liebe denn die, daß er sein Leben läßt für seine Freunde« (Joh 15, 12-13);
»Wer meine Gebote hat und hält sie, der ist's, der mich liebt. Wer mich aber liebt, der wird von meinem Vaer geliebt werden, und ich werde ihn lieben und mich ihm offenbaren« (Joh 14, 21);

> »Du sollst lieben Gott, deinen Herrn, von ganzem Herzen, von ganzer Seele und von ganzem Gemüte. Dies ist das vornehmste Gebot. Das andre ist dem aber gleich: Du sollst deinen Nächsten lieben wie dich selbst. In diesen zwei Geboten hängt das ganze Gesetz und die Propheten« (Mt 22, 37-40; ähnlich Mk 12, 30-31 u. Lk 10, 27-28; vgl. auch 3 Mose 19, 18 u. 5 Mose 6, 5).

Von den Ungläubigen sagt Jesus:

> »Aber ich kenne euch, daß ihr nicht Gottes Liebe in euch habt« (Joh 5, 42).

In den vier Evangelien wird übereinstimmend auf die *Bedeutung des Dienens* hingewiesen. Jesus wäscht am Vorabend seines Todes beim letzten gemeinsamen Mahl seinen Jüngern die Füße. Wie er bereit ist, diesen Dienst an ihnen auszuüben, so sollen sie sich auch untereinander dienstbar sein:

> »Wenn nun ich, euer Herr und Meister, euch die Füße gewaschen habe, so sollt auch ihr untereinander die Füße waschen. Ein Beispiel habe ich euch gegeben, daß ihr tut, wie ich euch getan habe« (Joh 13, 14-15);
> »Wer mir dienen will, der folge mir nach; und wo ich bin, da soll mein Diener auch sein. Und wer mir dienen wird, den wird mein Vater ehren« (Joh 12, 26).

Das Dienen soll den Geltungstrieb unterdrücken und zur Demut erziehen:

> »Da rief Jesus sie (die Jünger) zu sich und sprach zu ihnen: Ihr wisset, daß die weltlichen Fürsten ihre Völker niederhalten, und ihre Mächtigen tun ihnen Gewalt. Aber so soll es nicht sein unter euch; sondern wer groß sein will unter euch, der sei euer Diener; und wer unter euch will der Erste sein, der sei aller Knecht. Denn auch des Menschen Sohn ist nicht gekommen, daß er sich dienen lasse, sondern daß er diene und gebe sein Leben zu einer Erlösung für viele« (Mk 10, 42-45; ähnlich Mt 20, 25-28 u. Lk 22, 25-27).

8. 2. 5 Wer war Jesus?

Nur vom Menschen Jesus soll hier die Rede sein. Wer war dieser Jesus?

In Jesu Leben und in Jesu Predigten und Aussprüchen findet sich manches Widersprüchliche. Zum einen ist das wohl auf die Unachtsamkeit der Evangelisten zurückzuführen (so die Jungfrauengeburt mit Joseph als Vater zu Beginn des Stammbaumes bei Matthäus und Lukas), zum anderen sind aber auch Jesus zugeschriebene Äußerungen gelegentlich nur schwer miteinander vereinbar. So heißt es einerseits:

> »Den Frieden lasse ich euch, meinen Frieden gebe ich euch« (Joh 14, 27)

und anderseits

> »Ihr sollt nicht wähnen, daß ich gekommen sei, Frieden zu bringen auf die Erde. Ich bin nicht gekommen, Frieden zu bringen, sondern das Schwert« (Mt 10, 34).

An anderer Stelle sagt Jesus:

> »Du sollst deinen Nächsten lieben wie dich selbst« (Mt 22, 39; nach 3 Mose 19, 18),

aber auch

> »Denn ich bin gekommen, den Menschen zu erregen wider seinen Vater und die Tochter wider ihre Mutter und die Schwiegertochter wider ihre Schwiegermutter« (Mt 10, 35; vgl. Mich 7, 6).

Jesu Persönlichkeit erscheint manchmal seltsam gespalten. Einerseits ist er dem genauen Wort der Schrift verhaftet (immer wieder zitiert er: »Denn es steht geschrieben ...«), anderseits will er über den äußeren Wortlaut hinausgehen oder sogar den Sinn ändern: »Liebet eure Feinde!« anstelle von »Auge um Auge, Zahn um Zahn«, oder: Völlige Loslösung von allen Angehörigen, aber auch »Du sollst Vater und Mutter ehren!« Einmal äußerste Bescheidenheit und Demut, indem er seinen Jüngern die Füße wäscht, dann wieder extremes Selbstbewußtsein: »Ich bin der Weg und die Wahrheit und das Leben« (Joh 14, 6).

Schwer verständlich sind auch seine wiederholten Angriffe auf die »Pharisäer und Schriftgelehrten«. Mögen die Vorwürfe im einzelnen noch so berechtigt sein, so ist doch wohl sein pauschales Urteil fraglich. Hatten nicht diese ihn in der Schrift unterwiesen? Waren unter ihnen nicht auch Demütige und Gerechte? Und wie verhält sich das »Liebet eure Feinde!« zu seinen Angriffen?

Jesus konnte den Menschen bis auf den Grund ihrer Seele blicken. Und doch war er manchmal recht weltfremd, so bei dem berühmten Ausspruch: »Wenn dir jemand einen Streich gibt auf deine rechte Backe, dem biete die andre auch dar« (Mt 5, 39), von dem schon Abu Rayhan, der Mann aus Birun, sagte:

> »Bei meinem Leben, das ist eine noble Philosophie! Aber die Leute in dieser Welt sind nicht alle Philosophen. Die meisten sind dumm und voller verrückter Ideen, sie können nur mit dem Schwert und der Peitsche auf dem rechten Wege gehalten werden. Und seit Konstantin der Siegreiche Christ geworden ist, wurde allezeit mit dem Schwert und der Peitsche regiert; denn ohne das geht es nicht« [2].

Wir können dem Menschen Jesus näher kommen, wenn wir ihn wie die indischen Yogis und die islamischen Sufis als Mystiker ansehen. So heißt es bei einem Yogi:

> »Wenn Christus sagte: ›Ich und mein Vater sind eins‹, so heißt dies auch ›Aham Brahma Asmi‹, ›ich bin Brahman‹. Moses hatte dieselbe Enthüllung im brennenden Busch: ›Jahweh - ich bin der ich bin‹. ›Ich und mein Vater sind eins‹ könnte den *Mahavakyas* (Verkündungen der Upanishaden) hinzugefügt werden. Jesus war ein hochentwickelter Jnana-Yogi, er wurde gekreuzigt, weil seine Zeitgenos-

sen seine Behauptungen nicht verstehen konnten. Würde er heute erscheinen, er würde noch immer gekreuzigt. Die Menschen halten nach einem Messias Ausschau, der ihren eigenen Vorurteilen entspricht. Sie sind nicht an Verkündigungen der Wahrheit interessiert ...
Aus Unwissenheit konnte der gewöhnliche Mensch Christus nicht verstehen, der sagte: ›Die Wahrheit wird euch frei machen‹. Jesus war ein sehr fortgeschrittener *Advaita Vedantin*, der den Bhakti Yoga (den Weg der Hingabe) benutzte, um zur Verehrung des Vaters zu ermutigen, und ein wenig Raja Yoga in Form von *Yamas* (Ethik) und *Niyamas* (Selbstzucht). Er konnte die Menschen nicht darüber hinaus führen, obwohl er das höchste Wissen hatte. Vedanta war nie für die Massen gedacht. Wenn Jesus sagte: ›Ich und mein Vater sind eins‹, meinte er *Aham Brahma Asmi* (Ich bin *Brahman*) und schloß damit den Namen, den Körper und die äußeren Eigenschaften aus. Die Schüler nahmen an, daß diese Worte nur für Christus galten und nicht für sie selbst. Jesus fand keinen einzigen Menschen, der tatsächlich die Bedeutung seiner Worte verstand« [3].

Auch die islamischen Sufis rechnen Jesus – wie Abraham, Mose, David und andere biblische Personen – zu den ihren. Über den mystischen Weg wurde bei ihnen gelehrt:

»Meister des Weges sagen, daß in jedem Menschen inhärent die Möglichkeit der Selbstbefreiung und der Vereinigung mit Gott liegt. Aber das ist latent, schlafend. Die meisten brauchen dazu die Hilfe eines Führenden, und nur bei einigen von Gott Erleuchteten kann dies von selbst eintreten« [4].

Einer von den Wenigen, die von sich aus ohne Hilfe zu mystischen Erfahrungen gelangen, war offenbar Jesus. Wir finden bei ihm alle Stufen des oben (Kap. 1) bei der Definition der Mystik beschriebenen Weges: Das Aufgeben von Besitz, von allen menschlichen Bindungen und schließlich das Aufgeben der eigenen Persönlichkeit. Erst bei dieser Betrachtungsweise werden manche seiner Äußerungen verständlich, die sonst als Undankbarkeit oder Gefühlskälte gegenüber seinen Angehörigen angesehen werden könnten:

»Wer ist meine Mutter und meine Brüder?« (Mk 3, 33)

oder

»So jemand zu mir kommt und hasset nicht seinen Vater, Mutter, Weib, Kinder, Brüder, Schwestern und dazu sein eigen Leben, der kann nicht mein Jünger sein« (Lk 14, 26).

Eine nicht authentische, aber interessante Variante dieses Ausspruches findet sich im »Evangelium nach Thomas«, einer christlich-gnostischen Schrift des Nag Hammadi-Fundes (s.o., Gnostik):

»Wer seinen (Vater) und seine Mutter nicht hassen wird wie ich, der wird mir nicht Jünger sein können. Und wer seinen (Vater und) seine Mutter (nicht) lieben wird wie ich, der wird mir nicht Jünger sein können« [5].

Jesus hat sich von allen menschlichen Bindungen gelöst; jeden Versuch, ihn wieder mit seinen Angehörigen in Berührung zu bringen, wehrt er ab, dadurch würde er nur von seiner Sendung abgelenkt werden.

Die Forderung, sich bei tätlichen Angriffen nicht zu wehren, erklärt sich aus der Emotionslosigkeit des Mystikers, dessen Bewußtsein von solch' nebensächlichen Ereignissen nicht berührt wird. Typisch für Jesu mystische Haltung sind ferner der Frieden und die innere Freude, die ihn ohne Bezug auf Irdisches erfüllen:

> »Solches rede ich zu euch, damit meine Freude in euch bleibe und eure Freude vollkommen werde« (Joh 15, 11);
> »Nun aber komme ich zu dir und rede solches in der Welt, auf daß sie in sich haben meine Freude vollkommen« (Joh 17, 13).

Das entscheidende Erlebnis Jesu trat bei der Taufe durch Johannes den Täufer ein:

> »Und alsbald, da er aus dem Wasser stieg, sah er, daß sich der Himmel auftat und der Geist gleichwie eine Taube herabkam auf ihn« (Mk 1, 10).

Das war die Berührung mit dem Göttlichen, die unio mystica, die ihm plötzlich, für ihn selbst unerklärlich, widerfuhr. Die 40 Tage in der Wüste gaben ihm die letzte Klarheit über seine Aufgabe und über den Weg, den er zu gehen hatte. Spätere Aussprüche wie

> »Ich und der Vater sind eins« (Joh 10, 30);
> »... damit ihr zur Erkenntnis kommt, und in ihr bleibt, daß der Vater in mir ist und ich in ihm« (Joh 10, 38)

sind Beschreibungen der Vereinigung mit Gott. Charakteristisch für Jesu mystische Erfahrungen sind auch Äußerungen wie »Ich bin das Licht« oder »Ich bin Gottes Sohn«, Worte, die ähnlich auch bei vielen anderen Mystikern zu finden sind, die aber in aller Regel mißverstanden und abgelehnt werden.

Die Synoptiker beschreiben noch ein weiteres mystisches Erlebnis Jesu:

> »Und nach sechs Tagen nahm Jesus zu sich Petrus und Jacobus und Johannes, seinen Bruder, und ging mit ihnen allein auf einen hohen Berg. Und er ward verklärt vor ihnen, und sein Angesicht leuchtete wie die Sonne, und seine Kleider wurden weiß wie das Licht. Und siehe, da erschienen ihnen Mose und Elia; die redeten mit ihm. Petrus aber hob an und sprach zu Jesus: Herr, hier ist für uns gut sein! Willst du, so wollen wir hier drei Hütten machen, eine dir, Mose eine und Elia eine. Da er noch redete, siehe, da überschattete sie eine lichte Wolke. Und siehe, eine Stimme aus der Wolke sprach: Dies ist mein lieber Sohn, an welchem ich Wohlgefallen habe, den sollt ihr hören! Da das die Jünger hörten, fielen sie auf ihr Angesicht und erschraken sehr. Jesus aber trat zu ihnen und rührte sie an und sprach: Stehet auf und fürchtet euch nicht! Da sie aber ihre Augen aufhoben, sahen sie niemand als Jesus allein. Und da sie vom Berge herabgingen, gebot ihnen Jesus und sprach: Ihr sollt dies Gesicht niemand sagen,

bis des Menschen Sohn von den Toten auferstanden ist« (Mt 17, 1-9; ähnlich Mk 9, 2-9 u. Lk 9, 28-36).

Auch dies Erlebnis, dessen Bedeutung offenbar weder die Jünger noch später die Evangelisten verstanden, das aber durch seine Stärke sogar bei Jesu Begleitern Visionen hervorrief, dürfte beweisen, daß er die höchste Stufe der mystischen Entrückung erreicht hatte. Den drei Jüngern wird dabei zuerst die Gleichrangigkeit Jesu mit Mose und Elia, dann aber auch seine göttliche Natur aufgezeigt.

Nunmehr wird auch Jesu wiederholte, eindringliche Forderung, alles aufzugeben und ihm zu folgen, verständlich. Der von Gott Erleuchtete hat die Pflicht, für den mystischen Weg Begabte anzuleiten und zu führen, damit auch sie die unio mystica erreichen. Voraussetzung ist aber die bedingungslose Unterordnung unter den geistigen Führer, eine Forderung, die von allen Mystikern zu erfüllen ist.

Es ist fraglich, ob Jesus den Begriff des Mystikers kannte, der zu seiner Zeit im Mittelmeerraum noch nicht geläufig war, sondern hier erst später durch Philo, Plotin u.a Gestalt annahm. Man hat angenommen, daß er Gedanken und mystische Begriffe aus Indien übernommen hat, auch läßt sich ein Teil seiner Wundertaten mit den bei indischen Yogis beschriebenen außergewöhnlichen Kräften (»Vibhutis«) vergleichen (s. Abschn. 3.2), so die Speisung der 5000, das Wandeln auf dem Wasser und die Verwandlung von Wasser in Wein auf der Hochzeit zu Kana. Eine Beeinflussung Jesu durch indische Methoden und indisches Gedankengut ist jedoch äußerst unwahrscheinlich. Anklänge seiner Lehre an indische Ideen lassen sich zwanglos mit dem allen Mystikern gemeinsamen Grund an Erfahrungen erklären.

Jesus war eng mit dem Judentum verbunden, von dem er sich nicht lösen konnte und nicht lösen wollte. Er wollte den Bund, den Gott über Mose mit seinem Volk geschlossen hatte, erneuern; denn das Volk und die Priester hatten ihn gebrochen:

> »Ihr aber seid vom Wege abgewichen und habt viele zu Fall gebracht durch falsche Weisung und habt den Bund mit Levi verdorben, spricht der Herr Zebaoth« (Mal 2, 8).

Beim letzten Mahl sagt Jesus:

> »Dies ist mein Blut, vergossen für viele, um den Gottesbund zu bekräftigen« (Mk 14, 24) [6].

Wie Mose beim ersten Bund ein Opfer dargebracht hat, so muß auch bei der Erneuerung des Bundes ein Opfer gebracht werden; das ist er selbst.

Jesus wollte alles Wesentliche der Heiligen Schrift beibehalten, nur Nebensächliches sollte geändert oder fallen gelassen werden. Er forderte, daß nicht der Buchstabe, sondern der Sinn der Gesetze eingehalten werden müsse. Dazu hätten sich aber die Gesinnung und die Einstellung des jüdischen Volkes und seiner Führer ändern müssen.

An dieser Aufgabe ist Jesus gescheitert. Sein Volk verstand ihn nicht und nahm ihn nicht an.

Wer nun war Jesus von Nazareth?
Er war Mystiker, ohne es zu wissen.
Er war der Gründer einer Weltreligion, ohne es sein zu wollen,
und anderes mehr.

8 .3 Entwicklung der christlichen Lehre und Bildung der Kirche nach Jesu Tod

8. 3. 1 Der Apostel Paulus

Bei Jesu Tod lag keine in sich abgeschlossene christliche Lehre vor. Allzu kurz war sein Auftreten gewesen, allzu unstet sein Leben. Weder findet sich eine Erklärung des Leidens und der Ungerechtigkeit in der Welt, noch gibt es eine systematische Tugendlehre, in der moralische und ethische Werte definiert werden. Alles Organisatorische lag Jesus fern, was wohl durch seinen Glauben an das baldige Ende der Welt mitbedingt war. Er gibt keine Vorschriften für Kulthandlungen, wie sie in allen Religionen zu finden sind (abgesehen von Taufe und Abendmahl, deren tiefere Ausdeutung aber erst später erfolgte). Und er hat keine Anweisungen hinterlassen, nach denen christliche Gemeinden gegründet werden konnten und nach denen das Zusammenleben der Gemeindemitglieder zu regeln war. Auch das ist verständlich: Jesus wollte keine neue Religion gründen, sondern nur die alte reformieren. Jesu Lehre hatte wenig Aussicht, vom jüdischen Volk anerkannt zu werden. Wenn sie überdauern sollte, so mußte sie als erstes aufgezeichnet und ausgestaltet werden, Aufgaben, die von den Evangelisten und vom Apostel Paulus übernommen wurden.

Der *Apostel Paulus* ist die zentrale Gestalt der ersten, formativen Periode des Christentums. Über sein Leben und seine Tätigkeit sind wir durch die Apostelgeschichte und die Briefe unterrichtet, die er den von ihm gegründeten christlichen Gemeinden sandte.

Paulus wurde in den ersten Jahren der christlichen Zeitrechnung in Tarsus im Süden der heutigen Türkei geboren. Diese Stadt gehörte damals zum römischen Reich, und Paulus besaß als Einheimischer das römische Bürgerrecht. Umgangssprache war das Griechische; außerdem erlernte Paulus das Hebräische von seinen Lehrern in der Synagoge, wie es bei den Juden in der Diaspora üblich war. In jungen Jahren ging er nach Jerusalem, um bei dem berühmten Rabbi Gamaliel d.Ä. theologisch ausgebildet zu werden.

In der Apostelgeschichte wird erwähnt, daß er ein eifriger Verfolger der Christen war und daß er der Steinigung des Stephanus, des ersten christlichen Märtyrers, zusah. Auf dem Wege nach Damaskus, wo er gegen die Christen vorgehen wollte, hatte er eine Vision, in der ihm Jesus erschien. Durch diese Erscheinung wurde sein Leben völlig verändert, und aus einem Verfolger der Christen wurde ein glühender Verkünder des Christentums. Er hatte Jesus niemals gesehen oder gehört, muß aber schon damals mit dessen Lehren vertraut gewesen sein.

Sofort nach seiner Bekehrung (ca. 36 n.Chr.) begann Paulus in der jüdischen Diaspora zu missionieren; zuerst wandte er sich immer an die ansässige jüdische Gemeinde, erst wenn er bei dieser keinen Erfolg hatte, predigte er den Nichtjuden. Nach mehrjähriger Tätigkeit in verschiedenen Ländern besuchte er erstmals wieder Jerusalem, um sich den dortigen Aposteln bekannt zu machen. Danach unternahm er weitere ausgedehnte Reisen und kehrte etwa 49/50 n.Chr. nach Jerusalem zurück, um am sogen. Apostelkonzil (s.u.) teilzunehmen. Er setzte dann die Missionstätigkeit in der Diaspora fort, kam nochmals nach Jerusalem und wurde hier der Häresie angeklagt; er berief sich aber auf sein römisches Bürgerrecht, nach welchem er nur von einem römischen Gericht verurteilt werden konnte. Man sandte ihn daher gefangen nach Rom, wo er vermutlich gestorben ist, möglicherweise als Opfer einer Christenverfolgung des Kaisers Nero (54 - 68 n.Chr.). Paulus wird wegen seiner Erfolge bei der Bekehrung von Nichtjuden der »Heidenapostel« genannt.

In seinen Briefen geht Paulus nicht auf das Leben und die Lehre Jesu ein, wie die Evangelien sie überliefert haben. Seine Botschaft handelt vom Sinn des Lebens Jesu und von der Bedeutung des Todes am Kreuz. Als Begründung und Rechtfertigung seiner Missionstätigkeit beruft er sich auf eine Offenbarung, auf einen göttlichen Befehl:

> »(Ich,) Paulus, berufen zum Apostel Jesu Christi durch den Willen Gottes ...« (1 Kor 1, 1);
> »Da es aber Gott wohlgefiel, der mich ... berufen durch seine Gnade, daß er seinen Sohn offenbarte in mir, damit ich ihn durch's Evangelium verkündigen sollte unter den Heiden, fuhr ich zu ...« (Gal 1, 15-16).

Glaube und Lehre des Paulus lassen sich kurz etwa folgendermaßen wiedergeben:

a) Der Mensch soll an Jesus Christus, Gottes Sohn und Messias, glauben.

b) Durch die Taufe wird er in die Gemeinschaft der Christen aufgenommen. Er empfängt dabei vom Geist (Gottes) und wird zum »Gotteskind« und zum »Erben Gottes«.

c) Mit der Taufe legt der Mensch seinen alten, sündigen Leib ab und wird zu einem neuen Menschen umgewandelt.

d) Als Gotteskind wird er nach dem Tode auferweckt, wie Gott auch seinen Sohn Jesus Christus von den Toten auferweckt hat.

Diese Lehren werden vor allem im Römerbrief zusammenhängend wiedergegeben, sie finden sich verstreut aber auch an anderen Stellen. Sie sollen im folgenden durch einige Auszüge aus Paulus' Briefen belegt werden. Jesus ist der Sohn Gottes, den Gott aus Liebe zu den Menschen Mensch werden ließ. Es gibt nur einen Gott und einen einzigen Herrn Jesus Christus, der am Kreuz gestorben ist, um die Menschen von der Sünde zu befreien:

» ... so haben wir doch nur einen Gott, den Vater, von welchem alle Dinge sind und wir zu ihm; und einen Herrn, Jesus Christus, durch welchen alle Dinge sind und wir durch ihn« (1 Kor 8, 6) [7];
» ... wir glauben an den, der unsren Herrn Jesus auferweckt hat von den Toten, welcher ist um unsrer Sünden willen dahingegeben und um unsrer Rechtfertigung willen auferweckt« (Röm 4, 24-25).

Das Leben in der Gemeinschaft mit Jesus bedeutet den Beginn eines neuen Lebens; durch die Taufe »zieht man Jesus an« (wie man ein Kleid anzieht) und empfängt vom Geist Gottes:

»Denn ihr seid alle Gottes Kinder durch den Glauben an Jesus Christus. Denn wie viele von euch auf Christus getauft sind, die haben Christus angezogen« (Gal 3, 26-27);
»Gott ist's aber, der uns befestigt samt euch in Christus und gesalbt und versiegelt in unsre Herzen als Unterpfand den Geist gegeben hat« (2 Kor 1, 21-22);
»Ich sage aber: Wandelt im Geist, so werdet ihr die Lüste des Fleisches nicht vollbringen ... Offenbar sind aber die Werke des Fleisches als da sind: Unzucht, Unreinigkeit, Ausschweifung, Götzendienst, Zauberei, Feindschaft, Hader, Zorn, Zank ... Die Frucht aber des Geistes ist Liebe, Freude, Friede, Geduld, Freundlichkeit, ... Welche aber Christus angehören, die haben ihr Fleisch gekreuzigt samt den Lüsten und Begierden« (Gal 5, 16-24).

Alle Menschen, die den Geist Gottes in sich tragen, sind Kinder und Erben Gottes:

»Denn welche der Geist Gottes treibt, die sind Gottes Kinder« (Röm 8, 14);
»Der Geist selbst gibt Zeugnis unserem Geist, daß wir Gottes Kinder sind. Sind wir aber Kinder, so sind wir auch Erben, nämlich Gottes Erben und Miterben Christi ...« (Röm 8, 16-17).

Die Kinder Gottes werden wie Jesus nach dem Tode von Gott auferweckt werden:

»Wenn nun der Geist des, der Jesus von den Toten auferweckt hat, in euch wohnt, so wird derselbe, der Jesus Christus von den Toten auferweckt hat, auch eure sterblichen Leiber lebendig machen durch seinen Geist, der in euch wohnt« (Röm 8, 11);
»Denn wenn wir in ihn (Christus) eingepflanzt sind zu gleichem Tode, so werden wir ihm auch in der Auferstehung gleich sein, weil wir ja wissen, daß unser alter Mensch samt ihm gekreuzigt ist ... Sind wir aber mit Christus gestorben, so glauben wir, daß wir auch mit ihm leben werden« (Röm 6, 5-8).

Eine für die Zukunft des Christentums entscheidende Frage war die nach dem Verhältnis des Christen zum jüdischen Gesetz, wie es Mose am Berge Sinai von Gott verkündet worden war. Paulus hatte erkannt, daß die zahlreichen Vorschriften als Ganzes, vor allem aber das Gebot der Beschneidung im Einzelnen, einem nicht in jüdischer Tradition aufgewachsenen Heiden kaum zumutbar sein konnten. Er betrieb daher die Loslösung von diesem Gesetz und setzte an dessen Stelle den Glauben an Jesus Christus. Aber erst derjenige ist für ihn ein echter Christ, der den sündigen Leib abgelegt hat und ein neuer, gerechter Mensch geworden ist:

»So halten wir dafür, daß der Mensch gerecht werde ohne des Gesetzes Werke, allein durch den Glauben« (Röm 5, 1);
»Denn Christus ist des Gesetzes Ende; wer an den glaubt, der ist gerecht« (Röm 10, 4);
»Denn ich bin durchs Gesetz dem Gesetz gestorben, damit ich in Gott lebe; ich bin mit Christus gekreuzigt ... Ich werfe nicht weg die Gnade Gottes; denn wenn durch das Gesetz die Gerechtigkeit kommt, so ist Christus vergeblich gestorben« (Gal 2, 19. 21).

Auch Jesus hatte den Glauben an den starren Wortlaut des Gesetzes verworfen, aber er hatte sich keineswegs völlig davon gelöst. Erst Paulus beging den radikalen Bruch, auf dessen Bedeutung und Folgen noch bei der Besprechung des Apostelkonzils eingegangen wird.

Paulus war offenbar Mystiker, und der Weg, der ihn zum Erleben der Erscheinung Christi und zur Selbstaufgabe führte, läßt sich mit einiger Wahrscheinlichkeit erkennen. Die Bekehrung auf dem Wege nach Damaskus konnte sicher nicht ohne vorherige intensive Beschäftigung mit der Person Jesu und auch nicht ohne ein eindrucksvolles, auslösendes Erlebnis stattfinden. Als solches kann man die Steinigung des Stephanus, der tapfer und seinem Glauben getreu gestorben war, ansehen:

»Und die Zeugen legten ab ihre Kleider zu den Füßen eines Jünglings, der hieß Saulus [8], und steinigten Stephanus ... Saulus aber hatte Wohlgefallen an seinem Tode« (Apg 7, 57-58; 8, 1).

Die grausame Ermordung eines aufrechten Menschen um seines Glaubens willen hat sicher im Geiste des gerecht empfindenden Paulus nachgewirkt und vielleicht auch bei ihm Schuldgefühle hervorgerufen; so läßt sich seine plötzliche Wandlung, seine »Erleuchtung«, vor Damaskus verstehen.

So gesehen war die Tötung des Stephanus der zweite, der vermutlich entscheidende Fehler (nach der Kreuzigung Jesu) der jüdischen Führung bei der Behandlung der christlichen Häresie. Denn es ist fraglich, ob das Christentum ohne Paulus zu einer Weltreligion geworden wäre.

Die Jesus-Vision des Paulus wird in der Apostelgeschichte folgendermaßen beschrieben:

»Und als er (Paulus) auf dem Wege war und nahe an Damaskus kam, umleuchtete ihn plötzlich ein Licht vom Himmel, und er fiel auf die Erde und hörte eine Stimme, die sprach zu ihm: Saul, Saul, was verfolgst du mich? Er aber sprach: Herr, wer bist du? Der Herr sprach: Ich bin Jesus, den du verfolgst. Stehe auf und gehe in die Stadt; da wird man dir sagen, was du tun sollst. Die Männer aber, die seine Gefährten waren, standen und waren erstarrt; denn sie hörten die Stimme, aber sahen niemand. Saulus aber richtete sich auf von der Erde; und als er seine Augen auftat, sah er nichts. Sie nahmen ihn aber bei der Hand und führten ihn nach Damaskus; und er war drei Tage nicht sehend und aß nicht und trank nicht« (Apg 9, 3-9).

Diese drei Tage brachten ihm die Erkenntnis seiner Aufgabe und seines zukünftigen Weges. Vielleicht hatte er damals schon das Erlebnis der Selbstaufgabe, das er später beschreibt:

» ... ich bin mit Christus gekreuzigt. Ich lebe; doch nun nicht ich, sondern Christus lebt in mir ...« (Gal 2, 19-20).

Paulus gelangte so zur Vereinigung mit dem Göttlichen, die sich bei ihm als Jesus-Mystik äußert. Als Ausdruck seiner mystischen Erfahrungen kann man auch seine Gedanken über die Liebe ansehen, die Liebe Gottes zu den Menschen, die Liebe der Menschen zu Gott und die Liebe der Menschen untereinander:

» ... denn die Liebe Gottes ist ausgegossen in unser Herz durch den heiligen Geist, welcher uns gegeben ist« (Röm 5, 5);
»Wenn ich mit Menschen- und mit Engelszungen redete und hätte der Liebe nicht, so wäre ich ein tönend Erz oder eine klingende Schelle ... Und wenn ich alle meine Habe den Armen gäbe und ließe meinen Leib brennen und hätte der Liebe nicht, so wäre mir's nichts nütze.
Die Liebe ist langmütig und freundlich, die Liebe eifert nicht, die Liebe treibt nicht Mutwillen, sie blähet sich nicht, sie stellet sich nicht ungebärdig, sie suchet nicht das Ihre, sie läßt sich nicht erbittern, sie rechnet das Böse nicht zu, sie freuet sich nicht der Ungerechtigkeit, sie freuet sich aber der Wahrheit, sie verträgt alles, sie glaubet alles, sie hoffet alles, sie duldet alles.
Die Liebe höret nimmer auf, so doch die Weissagungen aufhören werden und das Zungenreden aufhören wird und die Erkenntnis aufhören wird. Denn unser Wissen ist Stückwerk. Wenn aber kommen wird das Vollkommene, so wird das Stückwerk aufhören ... Jetzt erkenne ich stückweise; dann aber werde ich erkennen, gleichwie ich erkannt bin. Nun aber bleibt Glaube, Hoffnung, Liebe, diese drei; aber die Liebe ist die größte unter ihnen« (1 Kor 13, 1-13).

8. 3. 2 *Die Gemeinde in Jerusalem; Missionstätigkeit; das Apostelkonzil*

Die erste christliche Gemeinde hatte ihren Sitz in Jerusalem, ihre Mitglieder waren ausschließlich Juden, die zum christlichen Glauben übergetreten waren. Sie wurden von Anfang an von ihren Mitbürgern verfolgt, die das Christentum für eine gefährliche Irrlehre hielten. Trotzdem bestand diese Gemeinde, der Sitz der Apostel und die oberste Instanz in Glaubensfragen, bis zur Zerstörung Jerusalems durch die Römer im Jahre 70 n.Chr.

Die Mitglieder der Jerusalemer Gemeinde hielten sich im wesentlichen immer noch an das jüdische Gesetz (z.B. in Fragen der Sabbatruhe, des Einhaltens der religiösen Feste, der Beschneidung u.a.). Es waren nun aber sogleich zwei für die weitere Entwicklung des Christentums entscheidend wichtige Fragen zu klären:

a) Sollen auch Nichtjuden zum christlichen Glauben bekehrt werden?

b) Sollen zum christlichen Glauben bekehrte Nichtjuden das jüdische Gesetz des Mose anerkennen und einhalten?

Da eine Missionierung unter Heiden damals (wie heute) jüdischer Auffassung widersprach, bedeutete ein Bejahen der ersten Frage eine weitere Vertiefung der Kluft zwischen orthodoxen und zum Christentum übergetretenen Juden. Ein Bejahen der zweiten Frage war aber offensichtlich noch wesentlich folgenschwerer: Es bedeutete die völlige Loslösung des Christentums vom Judentum.

Zur Frage der Missionierung unter den Heiden lagen eindeutige Jesus-Worte vor:

> »Ich bin nur gesandt zu den verlorenen Schafen des Hauses Israel« (Mt 15, 24); »Gehet nicht auf der Heiden Straße und ziehet nicht in der Samariter Städte, sondern gehet hin zu den verlorenen Schafen aus dem Hause Israel« (Mt 10, 5-6; in Samaria wohnte eine Mischbevölkerung).

Anderseits hatte Jesus aber in Hinblick auf die Zeit nach seinem Tode und das bevorstehende Weltende auch gesagt:

> »Und es wird gepredigt werden dies Evangelium vom Reich in der ganzen Welt zum Zeugnis für alle Völker, und dann wird das Ende kommen« (Mt 24, 14; ähnlich Mk 13, 10).

Trotz erheblicher Meinungsverschiedenheiten, die unter den Aposteln über die Bekehrung von Nichtjuden bestanden, missionierten Petrus und Paulus schon frühzeitig unter den Heiden. Daß Paulus häufig weite Reisen unternahm, wurde schon erwähnt; Petrus bekehrte den römischen Hauptmann Cornelius in Caesarea zum Christentum. Er wurde deshalb in der Gemeinde zu Jerusalem angegriffen, verteidigte sich aber mit dem Hinweis auf göttliche Befehle, die sowohl Cornelius als auch er selbst in Visionen erhalten hätten (Apg Kap. 10; 11, 1-18).

Auch über die Frage, ob die Heidenchristen das jüdische Gesetz zu befolgen hätten, war man sich in der Gemeinde zu Jerusalem nicht einig. Einige Gemeindemitglieder waren nämlich nach Antiochia gegangen und hatten den dortigen Christen erklärt:

> »Wenn ihr euch nicht beschneiden lasset nach der Weise des Mose, so könnt ihr nicht selig werden« (Apg 15, 1).

Gegen diese Forderung, die offenbar ein schwerwiegendes Hindernis bei der Bekehrung von Heiden darstellte, wandten sich Paulus und sein Begleiter Barnabas ganz entschieden. Sie begaben sich nach Jerusalem, um dort eine Entscheidung herbeizuführen; etwa 50 n.Chr. fand das sogen. Apostelkonzil statt, auf welchem Petrus die im Sinne einer weiteren erfolgreichen Missionierung einzig mögliche Auffassung durchsetzen konnte. Zuerst rechtfertigte er nochmals die Heidenmission und führte dann aus:

> »Und Gott, der die Herzen kennt, gab Zeugnis für sie (die Heiden), denn er gab ihnen den Heiligen Geist gleichwie auch uns und machte keinen Unterschied zwischen uns und ihnen, nachdem er ihre Herzen gereinigt hatte durch den Glauben. Was versucht ihr denn nun Gott dadurch, daß ihr ein Joch auf der Jünger Hälse legt, welches weder unsere Väter noch wir haben tragen können?« (Apg 15, 8-10).

Gemeint ist, daß die Juden nicht durch das Gesetz des Mose (»das Joch«), sondern erst durch den Glauben an Jesus Vergebung der Sünden erlangen können (vgl. Apg 13, 38). Jacobus, der Bruder Jesu, unterstützte Petrus und verwies auf die Schrift, in der Gott sein Einverständnis zur Heidenmission gegeben habe:

> » ... Danach will Ich mich ihnen wieder zukehren und die verfallene Hütte Davids wieder aufbauen, sie aufrichten, *damit auch die übrige Menschheit den Herrn suchen kann, alle Heidenvölker*, über die mein Name ausgerufen ist, spricht der Herr, der es von Ewigkeit her kundgetan hat« (Apg 15, 16-17; Amos 9, 11; vgl. [6]).

Daraufhin wurde die Freistellung der Heidenchristen vom jüdischen Gesetz beschlossen und folgendes Schreiben an die Gemeinde in Antiochia gesandt:

> » ... Denn beschlossen haben der Heilige Geist und wir, euch keine Last weiter aufzulegen als nur diese nötigen Stücke: daß ihr euch enthaltet vom Götzenopfer und vom Blut und vom Erstickten und von Unzucht« (Apg 15, 28-29).

Damit war der Weg frei von einer jüdischen Sekte zu einer Weltreligion.

In zwei Evangelien findet sich der sogen. Taufbefehl, den Jesus nach der Auferstehung seinen Jüngern gegeben haben soll:

»Darum gehet hin und machet zu Jüngern alle Völker: taufet sie auf den Namen des Vaters, des Sohnes und des Heiligen Geistes ... « (Mt 28, 19-20; ähnlich Mk 16, 15).

Die beiden anderen Evangelien enthalten nur die Aufforderung zur Verkündung des christlichen Glaubens bei anderen Völkern (Lk. 24, 47; Joh. 20, 21-23). Abgesehen von dem für Jesus untypischen Wortlaut des Taufbefehls ist es schwer verständlich, daß weder Petrus und Jacobus noch andere Gemeindemitglieder diesen Befehl auf dem Apostelkonzil angeführt haben. Man kann daher annehmen, daß es sich um eine spätere Einfügung handelt.

8. 3. 3 Erste Ausgestaltung der Lehre; Kult

Da die Verfasser der Evangelien ihre Berichte erst Jahrzehnte nach Jesu Tod verfaßten, betrachteten sie sein Leben und Wirken rückblickend aus einer Sicht des Glaubens, die sich aus Jesu Passion, Kreuzigung und Auferstehung entwickelt hatte. Die Deutung dieser Geschehnisse wurde zum wichtigsten Inhalt der christlichen Religion. Besonders ausgeprägt findet sich diese Richtung bei Paulus, der bei der Ausgestaltung der Lehre eine wesentliche Rolle spielte. Wie bereits erwähnt, geht er überhaupt nicht auf das Wirken Jesu vor der Passion ein; in seinen Sendschreiben werden nur Tod und Auferstehung Christi als Grundlagen des christlichen Glaubens angesehen. Die christliche Religion ist die einzige, in der Ereignisse aus dem Leben des Gründers neben der von ihm verkündeten Lehre von grundsätzlicher Bedeutung sind. Im Christentum bindet Gott sich durch Jesus an den Menschen (während in anderen Religionen der Mensch sich durch Riten, Opfer u.dgl. an Gott bindet).

Die Evangelisten und Paulus sehen in Jesus den von den Juden erwarteten Messias, durch dessen Erscheinen die alten Prophezeiungen erfüllt werden. Die Menschwerdung Gottes in Jesus hat das Heil der Menschen zum Ziel; der Weg des Menschen zu Gott führt über Jesus. Ohne die Bereitschaft, Jesus zu folgen, gibt es für den Christen kein ewiges Leben und keine Teilhabe am Göttlichen. Die Kreuzigung Christi ist als eine Art von Bestrafung zu deuten; da Jesus aber ohne Sünde war, nahm er die Sünden der Menschheit auf sich und wurde für diese gekreuzigt. Jesu Tod ist das Sühneopfer für die Sünden der Menschen, das er stellvertretend für die ganze Menschheit vollbracht hat.

Schon in der ersten Zeit des Christentums wurden die Taufe und das Abendmahl die wichtigsten Kulthandlungen. Die Taufe hat ihren Ursprung in der Taufe Jesu durch Johannes. Johannes der Täufer fordert die Menschen zu Umkehr und Buße auf. Die Taufe bewirkt als symbolische Reinigung die Vergebung der Sünden. Das Christentum übernahm diese Bedeutung, fügte aber noch als Bedingung hinzu, daß der Täufling die christliche Lehre anzunehmen habe:

> »Paulus aber sprach: Johannes hat getauft mit der Taufe der Buße und sagte dem Volk, daß sie sollten glauben an den, der nach ihm kommen sollte, das ist Jesus. Da sie das hörten, ließen sie sich taufen auf den Namen des Herrn Jesus. Und da Paulus die Hände auf sie legte, kam der Heilige Geist auf sie ... « (Apg 19, 4-6).

Das Abendmahl symbolisiert mit Brot und Wein den Leib und das Blut Christi. Es bewirkt eine Beziehung des Empfängers zu Jesus, der beim Abendmahl gegenwärtig ist, und es bewirkt ein Teilhaben am ewigen Leben Christi. Nach der Tradition wird die Abendmahlsfeier in Gemeinschaft begangen, und dabei werden die Worte Jesu wiederholt, mit denen die Erneuerung des Bundes Gottes mit Israel ausgesprochen wurde. Nach christlicher Lehre ist der neue Bund durch Jesu Tod am Kreuz geschlossen worden. Diese Deutung geben die drei Synoptiker; Matthäus spricht zusätzlich von der Vergebung der Sünden:

> » ... das ist mein Blut des Neuen Testamentes (Bundes), welches vergossen wird für viele zur Vergebung der Sünden« (Mt 26, 28).

Nur bei Lukas findet sich der weitere Zusatz:

> » ... das tut zu meinem Gedächtnis« (Lk 22, 19).

8. 3. 4 Die Ausbreitung des Christentums

Durch die Missionstätigkeit einiger Apostel, vor allem des Paulus, waren schon bald zahlreiche christliche Gemeinden innerhalb und außerhalb Palästinas entstanden. Die weitere Ausbreitung des Christentums wurde durch mehrere Umstände teils politischer, teils persönlicher Art begünstigt. Die Gründung von Gemeinden in Ländern außerhalb Palästinas wurde hauptsächlich durch die politische Einheit des römischen Reiches und die herrschende religiöse Toleranz ermöglicht. Weiterhin waren viele Gemeindemitglieder von einem geradezu fanatischen Bekehrungseifer erfüllt; und schließlich wirkten sich paradoxerweise auch Vorgänge zugunsten der neuen Lehre aus, die zunächst als Schlag gegen das Christentum gedacht waren. So flohen Anhänger und Freunde des Stephanus nach dessen Steinigung, begannen aber an ihren neuen Zufluchtsorten sogleich mit der Missionierung. Noch folgenreicher war die Zerstörung Jerusalems durch die Römer als Vergeltung für den jüdischen Aufstand. Die dortige judenchristliche Gemeinde wurde zerstreut, so daß ihre noch stark der jüdischen Tradition verbundenen Mitglieder an Einfluß verloren und der nichtjüdische Charakter des Christentums zunahm.

Nach einigen Jahrzehnten stieß das Christentum aber im römischen Reich auf Widerstand. Man hatte anfangs die neue Religion als eine jüdische Sekte angesehen, und da man sich möglichst wenig in religiöse Dinge einmischte, ließ man zunächst die Christen unbehelligt. Als strenge Monotheisten weigerten diese sich aber, dem Kaiser und den Göttern des Staates die gebotene Verehrung zu erweisen; das galt als Staatsverbrechen. Die Christen waren daher unbeliebt und wurden hin und wieder dem Volkszorn ausgeliefert. Nach dem Brand der Stadt Rom zur Zeit Neros (54 - 68) erlitten sie eine grausame Verfolgung. Der Kaiser ließ das Gerücht ausstreuen, die Christen hätten den Brand gelegt, um den Verdacht von sich selbst abzulenken. In die Regierungszeit Neros fällt nach der Tradition auch der Märtyrertod der Apostel Petrus und Paulus in Rom, doch gibt es hierüber keine schriftlichen Zeugnisse von Zeitgenossen.

In den folgenden Jahrzehnten blieben die Christen unbeachtet, und erst unter Domitian (81 - 96) kam es wieder zu Verfolgungen. Die erste staatliche Regelung der Christenfrage geschah durch eine Verordnung Trajans (98 - 117). Er verfügte, daß die Christen nicht aufgespürt und daß anonyme Anzeigen nicht berücksichtigt werden sollten. Wenn ein den Behörden angezeigter Christ dem Kaiser und den Staatsgöttern opfern würde, so wäre er straffrei, andernfalls sollte er zum Tode verurteilt werden. In den nächsten Jahrzehnten verfuhren die römischen Behörden nach dieser Verordnung. Im 2. und 3. Jahrhundert waren Christenprozesse häufig, doch gab es bis etwa 250 auch längere Zeiträume, in denen der Staat die Christen gewähren ließ. Trotz der Tatsache, daß sie sich durch ihre Haltung dem Kaiser und den Staatsgöttern gegenüber ungesetzlich verhielten, wurden sie lange Zeit nur von Fall zu Fall bestraft. Die Lage änderte sich aber unter dem Kaiser Decius (249 - 251) erheblich, indem dieser die ersten systematischen Christenverfolgungen durchführen ließ. Er erreichte zwar sein Ziel, die Ausrottung des Christentums, nicht, doch gab es zu seiner Zeit viele Märtyrer und auch viele, die vom Glauben abfielen. Die Verfolgungen wiederholten sich unter Valerian (253 - 260). Zu Beginn des 4. Jahrhunderts verfügte der Kaiser Diokletian (284 - 305) eine besonders blutige Verfolgung. Trotzdem wurde nach ihm das Christentum zu einem einflußreichen Faktor, als sich mehrere rivalisierende Parteien um den Kaiserthron bewarben. Konstantin I. (306 - 337) wurde Sieger im Ringen um die Macht. Er erkannte mit dem Edikt von Mailand (313) als erster das Christentum als erlaubte Religion an. Unter dem Kaiser Julian (361 - 363) kam es vorübergehend nochmals zu einer heidenfreundlichen Politik, doch erklärte 380 Kaiser Theodosius I. (379 - 395) das Christentum zur Staatsreligion. Von nun an wurden die Angehörigen anderer Religionen und christliche Sekten, die eigene Wege gehen wollten, die Verfolgten.

Zur Zeit Theodosius I. war das Christentum bereits im gesamten römischen Reich verbreitet. Die wichtigsten Zentren waren die Gemeinden in Konstantinopel, Rom, Alexandria und Antiochia. Die ältesten Bistümer Frankreichs sind Lyon (gegründet 177) und Paris (gegründet 250). In Deutschland bildeten Rhein und Donau die Grenze; die drei ältesten deutschen Bistümer sind Köln (seit 313), Trier (seit 314) und Mainz (seit 343). Die mächtigsten Kirchenfürsten waren damals neben dem Bischof von Rom die Patriarchen von Alexandria, Konstantinopel und von Antiochia in Syrien.

Äthiopien ist erst seit dem 4. Jahrhundert christlich, und etwa zur gleichen Zeit bekannten sich die Armenier in Kleinasien zum Christentum. Der Glaube breitete sich über den Balkan bis zum Schwarzen Meer aus; am Ende des 6. Jahrhunderts wurden England und dann die germanischen Stämme östlich des Rheins christianisiert, und im 9. und 10. Jahrhundert nahmen auch slawische Völker den christlichen Glauben an. Die Christianisierung Russlands wurde von Photius, dem Patriarchen von Konstantinopel, etwa 870 eingeleitet. Die endgültige Durchsetzung der Ostkirche im russischen Raum erfolgte aber erst 100 Jahre später; der byzantinische Kaiser Basileus II. gab Vladimir Svjatoslavic, dem Fürsten von Kiew, den er als Bundesgenossen gegen die Bulgaren gewinnen wollte, seine Schwester unter der Bedingung zur Frau, daß dessen Land den christlichen Glauben annähme.

Die Völker der Ostseeländer wurden im 13. Jahrhundert christlich. Seit dem 16. Jahrhundert breitete sich das Christentum im Zuge der Entdeckung neuer Länder und Erdteile sowie durch die Gründung von Kolonialreichen über die ganze Erde aus. Heute gibt es ca. 800 Millionen bis eine Milliarde Christen.

8. 4 Entwicklung der christlichen Kirchen

8. 4. 1 Einführung

In den ersten Jahrhunderten unserer Zeitrechnung erfolgten die maßgebliche Ausbildung der christlichen Lehre und die Entwicklung der Organisationsformen der Kirchen. Man kann die entscheidenden Vorgänge auf drei Ebenen verfolgen: Auf der staatlich-politischen, auf der kirchengeschichtlichen und auf der religionsphilosophischen Ebene. Doch greifen diese Ebenen vielfach ineinander über.

8. 4. 2 Kirche und Politik

Wie schon erwähnt, hatte 313 n.Chr. Kaiser Konstantin I. (zusammen mit Licinius, dem Herrscher des weströmischen Reiches) dem Christentum durch das Edikt von Mailand Gleichberechtigung mit den anderen Religionen zugesichert, und Kaiser Theodosius I. hatte 380 die neue Religion zur Staatsreligion erhoben. Es lag im Interesse des zunehmend von außen bedrängten Reiches, religiöse Streitigkeiten unter den Christen nach Möglichkeit zu unterbinden, zumal Differenzen damals überaus heftige Kontroversen nach sich zogen. Unterschiedliche Meinungen ergaben sich zwangsläufig, da weder ein einheitlicher Text des Neuen Testamentes, noch eine zentrale Entscheidungsbehörde über strittige Fragen der Lehre, der Liturgie oder des Kirchenrechtes vorhanden waren.

In der ersten Zeit des Christentums hatte jeder Bischof als Nachfolger der Apostel volle kirchliche Gewalt über die Mitglieder seiner Gemeinde. Je älter und größer diese war, desto angesehener war sie; Jerusalem, Antiochia, Ephesus, Thessaloniki und Alexandria waren die bedeutendsten Bischofssitze der Frühzeit, Rom aber beanspruchte eine Vorrangstellung vor allen anderen.

Nach dem Apostelkonzil in Jerusalem hatten schon mehrfach Bischofssynoden an verschiedenen Orten stattgefunden, um Streitfragen zu entscheiden. Die auf derartigen Zusammenkünften gefaßten Beschlüsse hatten jedoch nur begrenzte Gültigkeit, allein die der Synode von Nicaea (325 n.Chr.), welche heute als das 1. Konzil gerechnet wird, waren für die gesamte Christenheit verbindlich. Erst nachdem das Christentum Staatsreligion geworden war, hatte die Kirche – unterstützt von den staatlichen Autoritäten – die Macht, ihre Beschlüsse im ganzen römischen Reich durchzusetzen. Man bediente sich dazu der Konzile (consilium: Zusammenkunft, Versammlung), die vom Kaiser einberufen wurden und auf denen hohe Kirchenführer unter dem Vorsitz des Kaisers oder eines kaiserlichen Kommissars die strittigen Fragen berieten. Diese Regelung galt für die ersten 8 Konzile; danach erfolgte die Spaltung in die römisch-katholische und die griechisch-orthodoxe Kirche. Nach heutigem katholischen Recht muß ein Konzil vom Papst einberufen werden.

Konzilsbeschlüsse bestehen aus Dogmen, die die Lehre festlegen, und aus Canones (canon: Regel, Richtschnur), mit denen kirchenrechtliche Fragen gelöst werden. Im heutigen Katholizismus versteht man unter Dogmen religiöse Wahrheiten, die Gott auf übernatürliche Weise geoffenbart hat. Da sie vom Heiligen Geist eingegeben werden, müssen die Mitglieder der Kirche an sie glauben. Diese Lehre geht auf das Apostelkonzil zu Jerusalem zurück:

> »Der Heilige Geist und wir haben beschlossen« (Apg 15, 28; s. Abschn. 8.3.2).

Die Dogmen der ersten sieben Konzile wurden von der damaligen Gesamtkirche in Ost und West übernommen, allerdings ereigneten sich mehrfach Abspaltungen von Sekten, die in einzelnen Fragen anderer Ansicht waren (s.u.). Die Dogmen und Beschlüsse des 8. Konzils (870) wurden nur von der römischen Kirche anerkannt, trotzdem sowohl Vertreter aus dem Osten als auch aus dem Westen des römischen Reiches anwesend gewesen waren; diese acht Konzile werden als »ökumenisch« bezeichnet. Im Jahre 1054 kam es zum endgültigen Bruch zwischen den beiden Kirchen (s.u.). Der geschichtliche Ablauf der Ereignisse ist in großen Zügen in der folgenden Aufstellung wiedergegeben. Für die Betrachtungen dieses Buches sind vor allem der Verlauf und die Ergebnisse der ersten vier Konzile von Interesse.

8. 4. 3 Die ersten vier Konzile

Das schon erwähnte *erste Konzil von Nicaea* (heute Isnik, südöstlich von Konstantinopel auf der asiatischen Seite der Türkei) wurde 325 n.Chr. vom Kaiser Konstantin I. einberufen. Es wurde von über 200 Teilnehmern besucht, von denen aber nur 7 aus den westlichen Teilen des Reiches kamen. Der Bischof von Rom, Sylvester I. (314 - 335), ließ sich durch zwei Legaten vertreten. Außer über einige religionsgeschichtlich weniger wichtige Fragen (z.B. Festlegung des Datums für das Osterfest) wurde hauptsächlich über die grundlegend wichtige Bedeutung der göttlichen Natur Christi diskutiert.

Zur Debatte standen die Ansichten,

a) daß Jesus Gott wesens*ähnlich* (homoiousios) sei (Gott ihm die Sohneswürde nur verliehen habe) und daß er nicht präexistent wäre, und

b) daß Jesus Gott wesens*gleich* (homoousios) und von Anbeginn an gewesen sei.

Oberflächlich gesehen ging es demnach nur um den einen Buchstaben »i«. Die Thesen von der Wesensgleichheit und Präexistenz wurden vom Bischof Alexander aus Alexandria (gest. 328) vertreten und auf dem Konzil von dem Presbyter (Gemeindesprecher, Gemeindeältester) Athanasios (293 - 373) verfochten. Die Wesensähnlichkeit behauptete Arius (gest. 326), der auch Presbyter in Alexandria gewesen war (Alexander hatte ihn aber 320 auf einer Synode abgesetzt).

Jede der beiden Parteien hatte eine große Anhängerschaft, und nach heftigen Auseinandersetzungen wurden die Lehren der Wesensgleichheit Christi mit Gott und seine Präexistenz angenommen. In der abschließenden Erklärung hieß es, daß jede Unterordnung des »Logos« (d.h. des Sohnes) unter den Gott-

DIE ÖKUMENISCHEN KONZILE

Politik		Kirche
Konstatin I. 306 - 337	313 325	Edikt von Mailand Konzil zu Nicaea (1. Konzil)
Theodosius I. 379 - 395	380 381	Christentum Staatsreligion 1. Konzil zu Konstantinopel (2. Konzil) Abspaltung der Arianer

395 Teilung des Reiches

Westrom — Ostrom

Ostrom		Kirche
Theodosius II. 408 - 450	431	Konzil zu Ephesus (3. Konzil) Abspaltung der Nestorianer
Marcianus 450 - 457	451	Konzil zu Chaldecon (4. Konzil) Abspaltung der Monophysiten
Justinian I. 527 - 563	553	2. Konzil zu Konstantinopel (5. Konzil)
Konstantin III. 668 - 685	681	3. Konzil zu Konstantinopel (6. Konzil)
Irene 780 - 802	787	2. Konzil zu Nicaea (7. Konzil)
Basilius I. 867 - 886	870	4. Konzil zu Konstantinopel (8. Konzil)

1054 Spaltung der Kirche

römisch-katholische Kirche — griechisch-orthodoxe Kirche

vater ausgeschlossen sei, und in einem Anhang wurden die wichtigsten Sätze des Arius ausdrücklich verurteilt. Als Diskussionsgrundlage für die Abfassung eines gemeinsamen Glaubensbekenntnisses diente das alte Taufsymbol von Caesarea in Palästina, wo seinerzeit Origines (s.u.) viele Jahre lang gewirkt hatte. Man einigte sich auf den folgenden Text:

> »Wir glauben an einen Gott, den allmächtigen Vater, Schöpfer aller sichtbaren und unsichtbaren Dinge; und an einen Herrn, Jesus Christus, den Sohn Gottes, gezeugt als Eingeborenen aus dem Vater, das heißt aus dem Wesen des Vaters, Gott aus Gott, Licht aus Licht, wahrer Gott aus dem wahren Gott, gezeugt, nicht geschaffen, gleichen Wesens mit dem Vater, durch welchen alles geschaffen ist, sowohl im Himmel als auch auf Erden; der wegen uns Menschen und zu unserer Errettung herabgekommen und Fleisch geworden, Mensch geworden ist, gelitten hat und auferstand am dritten Tage, aufgefahren in die Himmel, und kommen wird, zu richten die Lebendigen und die Toten. Und (wir glauben) an den Heiligen Geist« [9].

Den Lehren des Arius war damit zwar im römischen Reich weitgehend der Boden entzogen worden, doch gab es immer noch Anhänger seiner Sekte; sie hielt sich unter germanischen Stämmen noch bis ins 7. Jahrhundert.

Eine weitere, für den christlichen Glauben ebenfalls entscheidend wichtige Frage wurde auf dem 1. Konzil nur angeschnitten, aber nicht endgültig geklärt: Die Frage nach der Natur des Heiligen Geistes. Problematisch war, ob dieser als eigenständig und göttlich aufzufassen sei oder ob ihm solche Eigenschaften nicht zugebilligt werden könnten. Auch hierüber gab es heftige Auseinandersetzungen; der sogen. »Trinitätsstreit« zog sich bis zum nächsten Konzil hin.

Das *erste Konzil zu Konstantinopel* (das zweite Konzil) wurde 381 von Theodosios I., dem letzten Kaiser des gesamten römischen Reiches, einberufen. Der Bischof von Rom (Damasus I., 366 - 384) ließ sich wiederum von zwei Legaten vertreten. Auf dem Konzil wurden zunächst die Beschlüsse von Nicaea bestätigt, womit man die Lehre des Arius erneut verdammte. Weiterhin legte man fest, daß der Heilige Geist göttlicher Natur sei; an sich folgte das aus der Definition der Gottheit Jesu, es war aber im Trinitätsstreit angezweifelt worden. Das Glaubensbekenntnis von Nicaea wurde in einigen Punkten geändert und ergänzt, es lautete nunmehr:

> »Wir glauben an einen Gott, den allmächtigen Vater, Schöpfer Himmels und der Erde, aller sichtbaren und unsichtbaren Dinge.
> Und an einen Herrn Jesus Christus, Gottes eingeborenen Sohn, gezeugt aus dem Vater vor allen Äonen, Licht aus Licht, wahrer Gott aus dem wahren Gott, gezeugt, nicht geschaffen, gleichen Wesens mit dem Vater, durch den alles geschaffen ist; der für uns Menschen und zu unserem Heil herabgekommen ist aus den Himmeln und Fleisch angenommen hat aus dem Heiligen Geist und aus Maria der Jungfrau und Mensch geworden ist; gekreuzigt worden ist um unsertwillen unter Pontius Pilatus und gelitten hat und begraben worden ist und auferstanden ist am dritten Tag gemäß der Schrift; und zurückgekehrt ist in die Himmel und

> sich zur Rechten des Vaters gesetzt hat und wiederkommt mit Herrlichkeit zu richten die Lebendigen und die Toten; dessen Reich kein Ende nehmen wird.
> Und (wir glauben) an den Heiligen Geist, den Herrn, den Lebensspender, der aus dem Vater ausgeht, der zugleich mit dem Vater verehrt und verherrlicht wird, der gesprochen hat durch die Propheten.
> (Wir glauben) an eine heilige katholische und apostolische Kirche. Wir bekennen eine Taufe zur Vergebung der Sünden. Wir erwarten die Auferstehung der Toten und das Leben der zukünftigen Welt. Amen« [10].

Die Zusammenfassung von Vater, Sohn und Heiligem Geist findet sich im schon erwähnten Taufbefehl (s. Abschn. 8.3.2), und die Taufe auf die drei Namen war bereits in den frühen christlichen Gemeinden üblich. Ferner wurde in der Liturgie die Formel gebraucht: »Ehre sei dem Vater und dem Sohne und dem Heiligen Geist!«

Daß der dreifache Gottesbegriff dem Verständnis große Schwierigkeiten machte (und noch heute macht), zeigt sich schon an den langwierigen Auseinandersetzungen zur Zeit der ersten Konzile. Erschwert wurde das Verständnis für spätere Generationen durch eine zum mindesten falsch auslegbare Übersetzung des griechischen Ausdruckes »Hypostase« (wahres Wesen, Substanz, Wirklichkeit, Natur, Eigenschaft), mit dem die Glieder der Dreieinigkeit bezeichnet wurden. Unglücklicherweise gab man dies Wort durch das lateinische »persona« (Person) wieder und verwischte damit gewissermaßen die Einheitlichkeit des Begriffes. Auch wurde den Gegnern des Christentums das Argument der Vielgötterei in die Hand gegeben.

Nach christlichem Glauben ist die Dreiheit von Vater, Sohn und Geist untrennbar. Der Sohn lebt in der Einheit des Vaters, der Geist ist das einende Band. Die im Trinitätsbegriff liegende Denkschwierigkeit läßt sich aber beseitigen, wenn man ihn in die Begriffswelt der Mystik eingliedert (s.u., Abschn. 8.5.1).

Das *Konzil zu Ephesus* (drittes Konzil) wurde 431 vom Kaiser Theodosios II., dem Enkel des Theodosios I., einberufen. Zu dieser Zeit war Coelestin I. (422 - 432) Bischof von Rom. Zu den Eingeladenen gehörte auch Aurelius Augustinus, der Bischof von Hippo Regius, der jedoch starb, bevor er die Einladung erhielt.

Nachdem der trinitarische Streit um die Gottheit von Sohn und Heiligem Geist beigelegt war, wandte man sich nun dem Wesen Jesu zu. Daß er Mensch und Gott zugleich ist, wurde von niemandem bezweifelt. Doch inwieweit ist er Gott, und inwieweit ist er Mensch, und gibt es eine Trennung zwischen seiner göttlichen und seiner menschlichen Natur? Weiter sollte entschieden werden, ob Maria, die Mutter Jesu, »Gottesgebärerin« genannt werden solle.

Gegner waren auf diesem Konzil Cyrill, der Bischof von Alexandria (gest. 444), und Nestorius, der Bischof von Konstantinopel (gest. 451), der in Antiochia zum Presbyter geweiht worden war. Es ging nicht nur um persönliche

Streitigkeiten der beiden Bischöfe, sondern vor allem um die unterschiedlichen Lehren der antiochenischen und der alexandrinischen Schulen.

Von Nestorius und damit von der Schule von Antiochia wurde Jesu menschliche Seite betont: Der Logos (das Göttliche) wohnt im Menschen Jesus wie in einem Tempel. Maria, die den Menschen Jesus Christus zur Welt gebracht hat, darf daher nur *Christus*gebärerin genannt werden.

Nach Cyrill aber gebar Maria wegen der Präexistenz und Gottheit Jesu einen Gott. Sie ist daher *Gottesgebärerin.* Er konnte sich dabei auf die Tradition der alexandrinischen Schule berufen: Schon Origines hatte Maria die Gottesgebärerin genannt. Cyrill betrachtete die göttliche und die menschliche Natur Jesu als eine Einheit, die aber frei von jeder Vermischung sein sollte. Er verwies bei seinen Ausführungen auf Joh 1, 14 (»Und das Wort ward Fleisch und wohnte unter uns«).

Man warf Nestorius vor, daß er Jesus in zwei Personen zerreißen würde und seine wahre Gottheit leugne, und entschied sich schließlich im Sinne Cyrills. Im Konzilsbeschluß heißt es:

> »Wir bekennen, daß unser Herr Jesus Christus der eingeborene Sohn Gottes, wahrer Gott ist und wahrer Mensch, bestehend aus einer vernünftigen Seele und einem Leib, vor aller Zeit aus dem Vater gezeugt der Gottheit nach, am Ende der Tage aber um unserer und unseres Heils willen aus der Jungfrau geboren der Menschheit nach, gleichen Wesens mit dem Vater in betreff der Gottheit und gleichen Wesens mit uns in betreff der Menschheit. Denn aus zwei Naturen ist Einheit geworden. Deshalb bekennen wir einen Christus, einen Herrn und einen Sohn. Um dieser Vereinigung willen, die aber von aller Vermischung fern ist, bekennen wir auch, daß die heilige Jungfrau Gottesgebärerin sei, weil Gott der Logos Fleisch und Mensch geworden ist und schon von der Empfängnis an mit sich den Tempel (die Menschheit) vereinigt hat, den er aus jener (der Jungfrau) annahm ...« [11].

Nestorius verlor seinen Bischofssitz und wurde verbannt. Seine zahlreichen Anhänger spalteten sich aber von der Kirche ab und gründeten in Persien eine eigene nestorianische Kirche. Diese verbreitete sich von dort aus bis nach Vorderindien und China. Die Zahl der Nestorianer nahm aber in 13. Jahrhundert zur Zeit des Mongoleneinfalls in Persien stark ab, und der Rückgang setzte sich später fort. Im 16. Jahrhundert ging ein Teil der Nestorianer eine Union mit der römisch-katholischen, im 19. Jahrhundert ein anderer Teil eine Union mit der russisch-orthodoxen Kirche ein. Nach dem ersten Weltkrieg nahm die Mitgliederzahl der nestorianischen Kirche weiter ab, und ihr Mönchtum erlosch völlig.

Das *Konzil zu Chalcedon* (nahe Konstantinopel), das vierte Konzil, wurde 451 vom oströmischen Kaiser Marcianus (450 - 457) einberufen. Diesem Konzil waren heftige Streitigkeiten vorausgegangen, sogar eine Art von Konzil in

Ephesus, die sogen. »Räubersynode«, deren Beschlüsse jedoch sämtlich verworfen wurden. In Chalcedon ging der Streit wieder um die Natur Christi.

Eutyches, der Abt eines Klosters in Konstantinopel, und seine Anhänger, zu denen auch der Patriarch Dioskuros von Alexandria gehörte, betonten die *göttliche Natur Jesu Christi* so stark, daß ihr gegenüber die menschliche Natur bedeutungslos wurde. Damit wurde gewissermaßen die Gegenposition zum Nestorianismus bezogen. Man nannte die Anhänger dieser neuen Lehre »Monophysiten« (monos: ein; physis: Natur).

Bischof Flavian von Konstantinopel hatte 448 die Anschauungen des Eutyches verurteilt; Leo I., der Bischof von Rom (440 - 461), nahm in einem an Flavian gerichteten sehr ausführlichen Schreiben ebenfalls gegen Eutyches Stellung. Andererseits forderte Dioskuros dessen Rehabilitation. Auf dem Konzil wurden die früheren Beschlüsse der Konzile von Nicaea und Konstantinopel über die göttliche und menschliche Natur Jesu Christi bekräftigt, wobei vor allem die Schriften Cyrills von Alexandria und der Brief Leos zur Begründung herangezogen wurden. In einer gemeinamen Erklärung der Bischöfe heißt es am Schluß:

> »Folgend also den heiligen Vätern, lehren wir alle einstimmig einen und denselben Sohn, unseren Herrn Jesus Christus, vollständig der Gottheit und vollständig der Menschheit nach, wahren Gott und wahren, aus der vernünftigen Seele und dem Leibe bestehenden Menschen, wesensgleich dem Vater nach der Gottheit und wesensgleich auch uns nach der Menschheit, uns in allem ähnlich, die Sünde ausgenommen; vor aller Zeit aus dem Vater gezeugt der Gottheit nach, in den letzten Tagen aber um unserer und unseres Heiles willen aus Maria der Jungfrau, der Gottesgebärerin, der Menschheit nach geboren ... Wir bekennen nicht einen in zwei Personen getrennten und zerrissenen, sondern einen und denselben Sohn und Eingeborenen und Gott Logos und Herrn Jesus Christus, wie es schon die Propheten von ihm verkündet und er selbst es uns gelehrt und das Symbolum der Väter es uns überliefert hat ...« [12].

Dioskuros von Alexandria wurde abgesetzt, Eutyches verlor nach dem Konzil jeden Einfluß. Die Beschlüsse von Chalcedon riefen aber in Ägypten, Syrien und Mesopotamien heftige Kritik hervor, und in diesen Ländern bildeten sich mehrere neue Kirchen (oder Sekten). Die bedeutendsten von diesen waren die koptische Kirche in Ägypten, die jacobitische Kirche in Syrien und die armenische Kirche.

Weiterhin wurde in Chalcedon beschlossen, daß der Bischof von Konstantinopel die gleichen Vorrechte wie der von Rom haben solle und daß ihm nach dem römischen Bischof der zweite Platz zukäme. Diesen Beschluß wies Leo I. aber mit der Begründung zurück, daß er der Lehre vom Primat Roms widerspräche.

Die wohl wichtigsten Ergebnisse der ersten vier Konzile waren die Beendigung des Trinitätsstreites, die Klärung der Stellung der Gottesmutter Maria und die Festigung der Stellung des Bischofs von Rom:

a) *Trinitätsstreit:* Das 1. Konzil (Nicaea) beschloß die Anerkennung der Gottheit Jesu, das 2. Konzil (Konstantinopel) definierte die Gottheit des Heiligen Geistes. Auf dem 3. Konzil (Ephesus) einigte man sich über das Wesen Jesu Christi; die göttliche und die menschliche Natur bilden in ihm eine Einheit. Die Beschlüsse des 4. Konzils (Chalcedon) richteten sich gegen die Auffassung, daß Jesus nur Gott und nicht Mensch wäre.

b) *Stellung Mariä:* Im Glaubensbekenntnis von Nicaea wird Maria noch nicht erwähnt, das Glaubensbekenntnis von Konstantinopel führt die Jungfrau Maria, die Mutter Christi, an, und in Ephesus werden ihr der Beiname »Gottesgebärerin« und die Heiligkeit zuerkannt.

c) *Stellung des Bischofs von Rom:* Bereits auf dem Konzil von Nicaea wurde die Amtsgewalt des Bischofs von Rom über die Christen im Westen anerkannt. Innozenz I. (Bischof von Rom 402 - 417) behauptete, daß alle wichtigen, die Kirche betreffenden Entscheidungen in Rom gefällt werden müßten, doch führten seine Ansprüche zum Bruch mit den Gemeinden in Alexandria und Konstantinopel. Leo I. erwirkte 445 beim weströmischen Kaiser Valentinian III. (425 - 455) die Verfügung, daß sich sämtliche Bischöfe des Westens dem Urteil des Bischofs von Rom zu unterwerfen hätten. Er sah diesen als Nachfolger und Stellvertreter des Apostels Petrus an, der das Recht und die Pflicht der Leitung der Gesamtkirche hätte. Einen großen Schritt näher war man diesem Anspruch auf dem Konzil von Chalcedon gekommen, auf welchem Leo durch seinen Brief eine strittige Glaubensfrage mitentschieden und damit die Stellung des Bischofs von Rom weiter gefestigt hatte.

8. 4. 4 Spätere ökumenische Konzile; päpstliche Konzile

Die ersten vier Konzile hatten die wesentlichsten Glaubensfragen geklärt, so daß auf den späteren Konzilen nur Angelegenheiten zu behandeln waren, welche uns heute als zweitrangig erscheinen. Außerdem standen vermehrt kirchenpolitische Angelegenheiten zur Debatte, die aber zu ernsten und folgenreichen Zwistigkeiten zwischen den Bischöfen von Rom und Konstantinopel führten.

Auf dem 2. Konzil zu Konstantinopel (dem 5. Konzil, 553) wurde die Wiedergeburtslehre, die man bis dahin stillschweigend geduldet hatte, zur Irrlehre erklärt; sonst wurden keine wesentlichen Neuerungen eingeführt. Das 3. Konzil zu Konstantinopel (das 6. Konzil, 681) befaßte sich u.a. mit der Frage, ob Jesus nur einen Willen oder gemäß der Zweinaturenlehre einen göttlichen und einen menschlichen Willen gehabt habe. Die sogen. »Monotheleten« (monos: ein, einzig; thelema: Wille) lehrten, Jesus habe trotz seiner gott-menschlichen Natur nur einen Willen besessen, da sein menschlicher Wille im göttlichen Willen aufgegangen sei. Das Konzil lehnte das ab; es stützte sich bei der Widerlegung dieser Lehre auf Maximus den Bekenner (580 - 662), einen byzantinischen Theologen und späteren Heiligen der Ostkirche. Nach dessen Ausführungen besäße Jesus nicht mehr seine volle Menschlichkeit, wenn man ihm den menschlichen Willen abspräche, und sein Kreuzestod würde dann kein wahres, die Erlösung bewirkendes Opfer sein. (Maximus der Bekenner spielte später bei der Anerkennung der Schriften des Pseudo-Dionysios eine wichtige Rolle; s. Abschn. 8.5.2).

Auf dem 2. Konzil zu Nicaea (dem 7. Konzil, 787) wurden die Bilderstürmer verurteilt. Man hielt fest, daß das Verehren eines Bildes sich nur auf die dargestellten Personen beziehen kann. Abbildungen von Jesus, der Gottesmutter und von Engeln wurden gestattet.

Eine wesentlich größere Bedeutung als die eben besprochenen Konzile erlangte das 4. Konzil von Konstantinopel (das 8. Konzil, 870), auf dem sich unüberbrückbare Differenzen zwischen Ost und West ergaben. Dies Konzil wird von der Westkirche noch als »ökumenisch« bezeichnet, nicht aber von der Ostkirche, die die damaligen Beschlüsse nicht anerkennt. Eng miteinander verknüpft sind hier die Anordnungen kirchlicher Instanzen in Ost und West und die Vorgänge im byzantinischen Kaiserhaus in der Zeit von 857 - 880.

Ignatius, der Patriarch von Konstantinopel, hatte sich gegen die Willkürherrschaft des oströmischen Kaisers Michael III. (842 - 867) gewandt. Der Kaiser enthob ihn daraufhin 857 seines Amtes und ersetzte ihn durch den Patriarchen Photius. Diese Maßregelung wurde aber vom Papst Nikolaus I. (858 - 867) nicht akzeptiert, zumal sich der neue Patriarch weigerte, auf die ihm zustehende Jurisdiktion über Süditalien und Dalmatien zugunsten des Papstes zu verzichten. Photius wurde 863 auf Betreiben des Papstes auf einer römischen Synode verurteilt und gebannt; er erhob aber nun seinerseits in einem Rundschreiben an die Patriarchen der Ostkirche schwere Anschuldigungen gegen den Papst; sie gipfelten in dem Vorwurf, Nikolaus habe das Glaubensbekenntnis verfälscht. Photius bannte 867 auf einer Synode in Konstantinopel den Papst, was de facto die Trennung von Ost- und Westkirche bedeutete.

Kaiser Michael III. unterstützte Photius, wurde aber noch im gleichen Jahr ermordet. Der Nachfolger Basileus I. (867 - 886) setzte Photius ab und gab Ignatius sein Amt zurück. Papst Nikolaus I. starb 867, Nachfolger wurde Hadrian II. (867 - 870). Um das Schisma zu beseitigen, verständigte sich Kaiser Basileus I. mit dem neuen Papst über die Einberufung eines Konzils, das 869 - 870 in Konstantinopel abgehalten wurde und das als Hauptsache den Prozeß gegen Photius durchzuführen hatte.

Strittig war die Frage, ob der Heilige Geist von Gott allein oder ob er von Gott und auch vom Sohn ausgeht. Im Glaubensbekenntnis, das 381 in Konstantinopel ausgearbeitet worden war, heißt es vom Heiligen Geist:

> » ... der aus dem Vater ausgeht ... «

Die Westkirche hatte aber etwa um 800 eigenmächtig und ohne Absprache mit der Ostkirche den Text geändert in:

> » ... der vom Vater *und dem Sohne* (filioque) ausgeht ...«

Photius hatte diese Änderung zum Ausgangspunkt seiner Anklagen gegen den Papst gemacht; er verteidigte auf dem Konzil seinen Standpunkt unbeirrt, verweigerte ein Schuldbekenntnis und bestritt die richterliche Kompetenz der päpstlichen Legaten. Er wurde jedoch verurteilt.

Später setzte sich aber in Konstantinopel doch die Ansicht des Photius durch. Nach dem Tode des Ignatius erhielt er 877 das Patriarchenamt zurück, und eine von ihm in den Jahren 879 - 880 veranstaltete Synode verwarf die Beschlüsse des voraufgegangenen Konzils. Diese Synode gilt in der Ostkirche als das 8. Konzil. Offiziell wurde zunächst ein zweites Schisma vermieden; es kam erst 1054 zum endgültigen Bruch.

Die etwas verwickelte zeitliche Abfolge der Ereignisse möge durch das umstehende Schema verdeutlicht werden.

Der Streit um das eine Wort »filioque« mag in erster Näherung als trivial und die scharfe Ablehnung dieses Zusatzes durch Photius als übertriebene Rechthaberei erscheinen. Tatsächlich verbarg sich dahinter aber der Anspruch der römischen Kirche auf die unbedingte Vorherrschaft über die gesamte Christenheit. Nach Matthäus hatte Jesus den Jünger Petrus zu seinem Nachfolger ernannt:

> »Und ich sage dir auch: Du bist Petrus, und auf diesen Felsen will ich bauen meine Gemeinde, und die Pforten der Hölle sollen sie nicht überwältigen. Ich will dir des Himmelsreiches Schlüssel geben, und alles, was du auf Erden binden wirst, soll auch im Himmel gebunden sein, und alles, was du auf Erden lösen wirst, soll auch im Himmel los sein« (Mt 16, 18-19).

Nach der Tradition war Petrus aber der erste Bischof von Rom gewesen. Wenn er der Nachfolger Jesu war, von dem nach römischer Diktion der Heilige Geist ebenfalls ausgehen sollte, so ging dieser auch von allen seinen Nachfolgern auf dem Stuhle Petri aus. In letzter Konsequenz ist dieser Anspruch im Unfehlbarkeitsdogma von 1870 ausgedrückt. Die Bedenken des Photius werden damit verständlich.

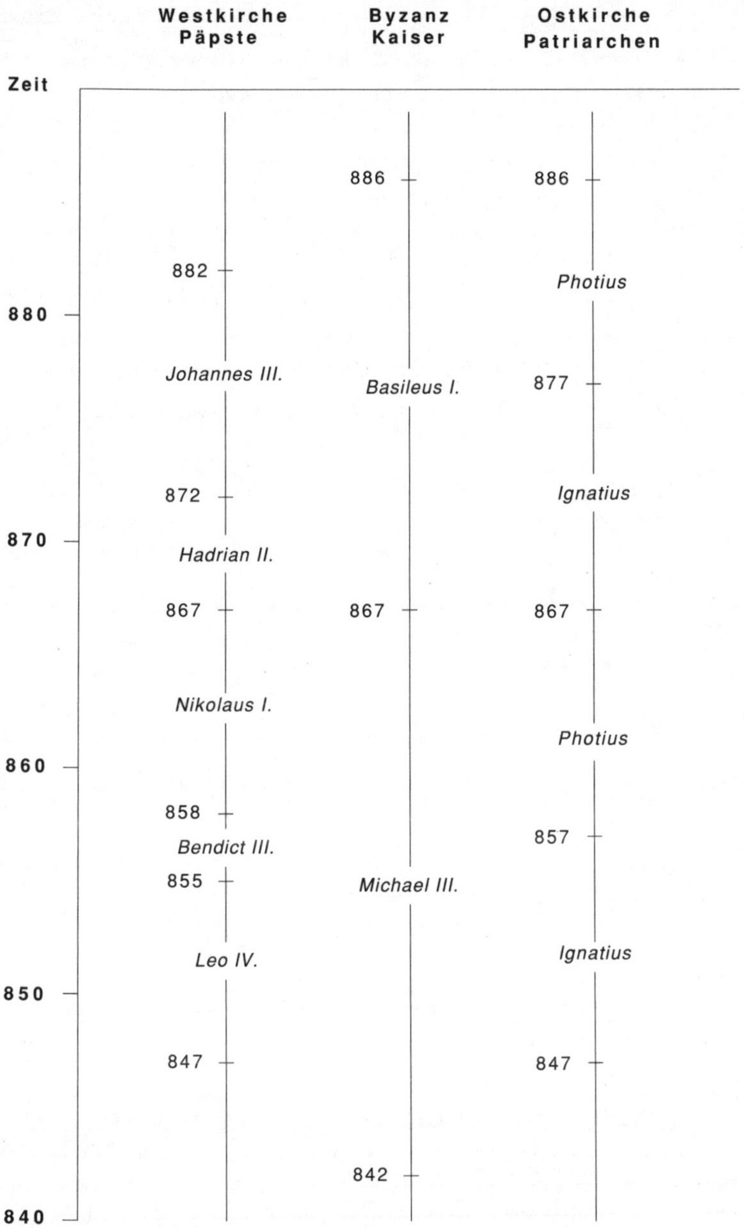
Westkirche
Päpste
Byzanz
Kaiser
Ostkirche
Patriarchen
Zeit
880
870
860
850
840
886
886
882
Photius
Johannes III.
Basileus I.
877
872
Ignatius
Hadrian II.
867
867
867
Nikolaus I.
Photius
858
857
Bendict III.
855
Michael III.
Leo IV.
Ignatius
847
847
842

Wegen der Bedeutung des »filioque« für die Kirchengeschichte soll die Stellung des Begriffes »Geist«, »Heiliger Geist« oder »Geist Gottes« innerhalb der Trinität an Hand der Schrift zu klären versucht werden.

Der Ausdruck »Geist Gottes« tritt schon an einigen Stellen des Alten Testamentes auf, ohne daß aber eine Erläuterung oder Definition gegeben wird:

»Und der Geist Gottes schwebte auf dem Wasser« (1 Mose 1, 2);
»Und nach diesem (Geschehen) will ich meinen Geist ausgießen über alles Fleisch, und eure Söhne und Töchter sollen weissagen ... « (Joel 3, 1).

Im Neuen Testament ist verschiedentlich vom Heiligen Geist die Rede. Vor allem im Johannes-Evangelium werden Gott, Gottes Sohn und Heiliger Geist des öfteren erwähnt und an einigen Stellen auch miteinander verknüpft:

»Und ich will den Vater bitten, und er wird euch einen anderen Tröster [13] geben, daß er bei euch sei ewiglich: der Geist der Wahrheit, welchen die Welt nicht kann empfangen, denn sie sieht ihn nicht und kennt ihn nicht. Ihr aber kennt ihn, denn er bleibt bei euch und wird in euch sein« (Joh 14, 16-17);
»Aber der Tröster, der Heilige Geist, welchen mein Vater senden wird in meinem Namen, der wird euch alles lehren und euch erinnern alles des, was ich euch gesagt habe« (Joh 14, 26; ähnlich Mk 13, 11 u. Lk 12, 12);
»Wenn aber der Tröster kommen wird, welchen ich (Jesus) euch senden werde vom Vater, der Geist der Wahrheit, der vom Vater ausgeht, der wird zeugen von mir« (Joh 15, 26; ähnlich Lk 24, 49).

Paulus läßt in dem (ihm allerdings nur zugeschriebenen) Titus-Brief ebenfalls den Heiligen Geist von Gott ausgehen:

»Als aber erschien die Freundlichkeit und Leutseligkeit Gottes, unseres Heilandes, rettete er uns, nicht um der Werke willen der Gerechtigkeit, die wir getan haben, sondern nach seiner Barmherzigkeit durch das Bad der Wiedergeburt (Taufe) und Erneuerung im Heiligen Geist, welchen er ausgegossen hat über uns reichlich durch Jesus Christus unsern Heiland« (Tit 3, 5-6).

Während der Geist bei diesen Worten der Schrift eindeutig nur von Gott ausgeht, ist eine andere Stelle weniger klar:

»Aber ich (Jesus) sage euch die Wahrheit: Es ist euch gut, daß ich hingehe (sterbe). Denn wenn ich nicht hingehe, so kommt der Tröster nicht zu euch. Wenn ich aber gehe, so will ich ihn euch senden« (Joh 16, 7).

Man sollte dies wohl so auffassen, daß der Geist, der von Gott ausgeht, von Jesus gesandt wird. Daß er von Jesus selbst ausgeht, ist dem Wortlaut nicht zu entnehmen, wenn es auch nicht auszuschließen ist. Ebensowenig eindeutig in dieser Hinsicht ist auch das von Johannes angeführte Gespräch des auferstandenen Jesus mit seinen Jüngern:

»Da sprach Jesus abermals zu ihnen: Friede sei mit euch! Gleichwie mich der Vater gesandt hat, so sende ich euch. Und da er das gesagt hatte, blies er sie an und spricht zu ihnen: Nehmet hin den Heiligen Geist!« (Joh 20, 21-22).

Auch hier könnte man annehmen, daß der Geist von Jesus ausgeht, doch wird das wiederum nicht unmißverständlich gesagt. Einige weitere Erwähnungen des Heiligen Geistes sind für die Entscheidung der hier angesprochenen Frage unergiebig, z.B. das »Herabfahren des Geistes Gottes« bei der Taufe Jesu (s. Abschn. 8.2.5) oder:

> »Wenn aber jener, der Geist der Wahrheit, kommen wird, der wird euch in alle Wahrheit leiten« (Joh 16, 13);
> »Gott ist Geist, und die ihn anbeten, die müssen ihn im Geist und in der Wahrheit anbeten« (Joh 4, 24);
> »Petrus sprach zu ihnen: Tut Buße und lasse sich ein jeglicher taufen auf den Namen Jesu Christi zur Vergebung eurer Sünden, so werdet ihr empfangen die Gabe des Heiligen Geistes« (Apg 2, 38).

Aus alldem geht hervor, daß nach mehreren eindeutigen Schriftworten der Heilige Geist von Gott ausgeht. Worte, die auch an Jesus als den Ursprung des Geistes denken lassen, können auch in anderem Sinne ausgelegt werden. Da man nun nicht klare Aussagen auf der einen Seite mit weniger klaren Aussagen auf der anderen Seite widerlegen kann, muß man den Sinn der Schrift wohl so deuten, daß der Heilige Geist von Gottvater und nicht vom Sohn ausgeht. Zu diesem Ergebnis waren offenbar die Theologen in Rom auch gekommen; sie begründeten den Zusatz »filioque« zum Glaubensbekenntnis nicht mit Worten der Schrift, sondern mit der Behauptung, daß die Textänderung von Spanien ausgegangen sei und seit langem in der gesamten weströmischen Kirche Tradition geworden wäre.

Von den *päpstlichen Konzilen* nach der Trennung der beiden Kirchen sollen einige besprochen werden, da nur diese für die Länder des Westens von Bedeutung sind. Für die katholische Kirche sind sie sämtlich ökumenisch, von der griechisch-orthodoxen Kirche werden sie aber nicht anerkannt.

Mit wenigen Ausnahmen wurden auf diesen Konzilen lediglich organisatorische Fragen und gelegentlich auch politische Angelegenheiten behandelt (z.B. Kreuzzüge, Abgrenzung der päpstlichen Macht, innere Organisation der Kirche, Papstwahl, Stellungnahme gegen Kaiser und Könige, Ausgestaltung des Gottesdienstes u.a.m.).

Auf dem 2. Laterankonzil (1139) wurde die Einführung des Zölibates für Priester und Mönche beschlossen, auf dem 4. Laterankonzil (1215) sprach man vor allem über die Inquisition. Von nun an wurden Häretiker nicht mehr bloß aus der Kirche ausgeschlossen, sondern als ihre Feinde bis zur Vernichtung verfolgt. Auf diesem Konzil wurde auch der Begriff der »Transsubstantiation« ausgearbeitet (Wesensverwandlung; Gegenwart Jesu beim Abendmahl), ferner legte man die Pflicht zur Beichte fest.

Das 2. Konzil zu Lyon (1274) erbrachte u.a. die Lehren vom Fegefeuer und von der Siebenzahl der Sakramente (Taufe, Firmung, Altarsakrament, Buße, letzte Ölung, Priesterweihe und Ehe). Vorschläge zu Reformen der Kirche wurden auf mehreren Konzilen vorgebracht, aber erst auf dem Konzil zu Trient (1545 - 1563, mit Unterbrechungen) unter Einleitung der Gegenreformation beschlossen. Ein Dekret über die Sakramente besagt, daß die Gnade Gottes auch kraft der Zelebrierung durch den Priester, nicht allein durch den Glauben erlangt wird. Ergänzend zum Ehesakrament werden Trauzeugen und die Eintragung in das Kirchenbuch verlangt.

Auf dem 1. Vatikanischen Konzil (1869 - 1870) wird die Unfehlbarkeit des Papstes in Glaubensdingen angenommen. Der Papst kann dogmatische Entscheidungen ohne Beschluß eines Konzils treffen. So wird 1950 die schon bestehende Lehre, daß die Gottesmutter Maria mit Leib und Seele in den Himmel aufgenommen wurde, von Pius XII. auf Grund seiner Unfehlbarkeit zum Dogma erklärt.

Auf dem 2. Vatikanischen Konzil (1962 - 1965) ernennt Papst Paul VI. Maria zur »Mutter der Kirche«. Ferner wird die Haltung des Katholizismus gegenüber den anderen christlichen Kirchen modifiziert (stärkere Betonung der Gemeinsamkeiten anstelle der Gegensätze). Diese veränderte Einstellung gilt auch für das Judentum, den Islam, den Hinduismus und den Buddhismus. Im Gottesdienst wird die lateinische Sprache durch die jeweilige Landessprache ersetzt.

8. 4. 5 Weitere Ausgestaltung der christlichen Lehre; Einbeziehung der Philosophie (Clemens von Alexandria, Origines, die drei Kappadozier, Augustinus; Scholastik)

Keine anspruchsvolle religiöse oder sonstige weltanschauliche Lehre konnte die hochentwickelte griechische Philosophie außer acht lassen. Das Christentum wurde von ihr vor allem durch die Vermittlung alexandrinischer Gelehrter beeinflußt. Alexandria war mehrere Jahrhunderte lang das geistige Zentrum des ganzen Mittelmeerraumes gewesen, nicht nur auf dem Gebiete der Religionsphilosophie (durch Philo, Ammonias Saccas, Plotin), sondern auch auf dem der Mathematik (Euklides, Eratosthenes, Diophantos u.a.), der Astronomie (Aristarchos, Ptolemaios) und der Physik (Ptolemaios, Heron). In Alexandria bestand auch eine berühmte Katechetenschule zur Ausbildung christlicher Theologen, in der ein anspruchsvoller Unterricht von der Philosophie über Mathematik und Ethik zur christlichen Lehre hinführte. Andererseits bestanden in christlichen Kreisen aber auch starke Widerstände gegen die Philosophie, die man als Ursache aller Häresien und als Hauptfeind des Christentums ansah. Man konnte sich dabei sogar auf ein Wort des Paulus stützen:

»Sehet zu, daß euch niemand einfange durch Philosophie und leeren Trug, gegründet auf der Menschen Lehre und auf die Elemente der Welt und nicht auf Christus« (Kol 2, 8).

Die philosophische Durchdringung der christlichen Lehre erfolgte einmal auf Grund von Schriften nichtchristlicher Philosophen wie Platons, der Stoiker, Philos und anderer. Wichtig war die Übernahme des Logosbegriffes, der möglicherweise direkt aus dem Stoizismus, wahrscheinlicher aber über Philo Eingang in die christliche Theologie fand. Allerdings war dieser Begriff gegenüber der alten Bedeutung abgewandelt worden, indem man zwischen einem im Inneren der Gottheit befindlichen und einem nach außen wirkenden Logos unterschied. Dieser Gedanke führte dann im Christentum zur Identifizierung des Logos mit dem präexistenten Messias Christus, der aus Gott gezeugt ist. Ferner waren der Gottesbegriff Philos und z.T. auch seine mystischen Erfahrungen wegweisend für die spätere christliche Mystik.

Auf christlicher Seite verteidigten die sogen. »Apologeten« ihre Lehre gegen Angriffe der Philosophen und gegen den Vorwurf der Staatsfeindlichkeit. Sie waren bemüht, die Vereinbarkeit des Christentums mit der Philosophie zu zeigen, und naturgemäß mußten dabei philosophische Gedanken übernommen werden. Neben einigen weniger bedeutenden Apologeten (Justin der Märtyrer, Tatian, Athenagoras u.a.) waren Clemens von Alexandria, Origines und die drei *»Kappadozier«* (s.u.) die herausragenden Denker. Schließlich steuerte auch Augustinus wichtige Ideen bei, die aber zum Teil auf neuplatonisches Gedankengut zurückgeführt werden können. Auch Ambrosius, der Bischof von Mailand, der Augustinus zum Christentum bekehrt hatte, war als Vermittler und Übersetzer griechischer Werke von Bedeutung. Im folgenden Schema sollen die zeitliche Stellung dieser Denker und die wichtigsten geistigen Strömungen angedeutet werden, die für das damalige Christentum wesentlich waren; einige der Aufgeführten werden anschließend kurz besprochen.

Clemens von Alexandria

Clemens von Alexandria wurde um die Mitte des zweiten nachchristlichen Jahrhunderts als Sohn heidnischer Eltern in Griechenland geboren. Nach ausgedehnten Reisen auf der Suche letzten Wahrheiten wurde er schließlich in Alexandria von Pantaenus, dem Leiter der schon erwähnten Katechetenschule, zum Christentum bekehrt. Später wurde er dessen Nachfolger. Während der Christenverfolgung unter Kaiser Septimus Severus (193 - 211) floh er aus Alexandria. Er starb etwa 213 n.Chr. an einem unbekannten Ort.

Clemens versucht (wie auch andere vor ihm), eine Verbindung zwischen der christlichen Lehre und der griechischen Philosophie herzustellen. Ei-

DIE BEDEUTENDSTEN VERTRETER DER RELIGIONSPHILOSOPHIE IN DEN ERSTEN JAHRHUNDERTEN DER CHRISTENHEIT

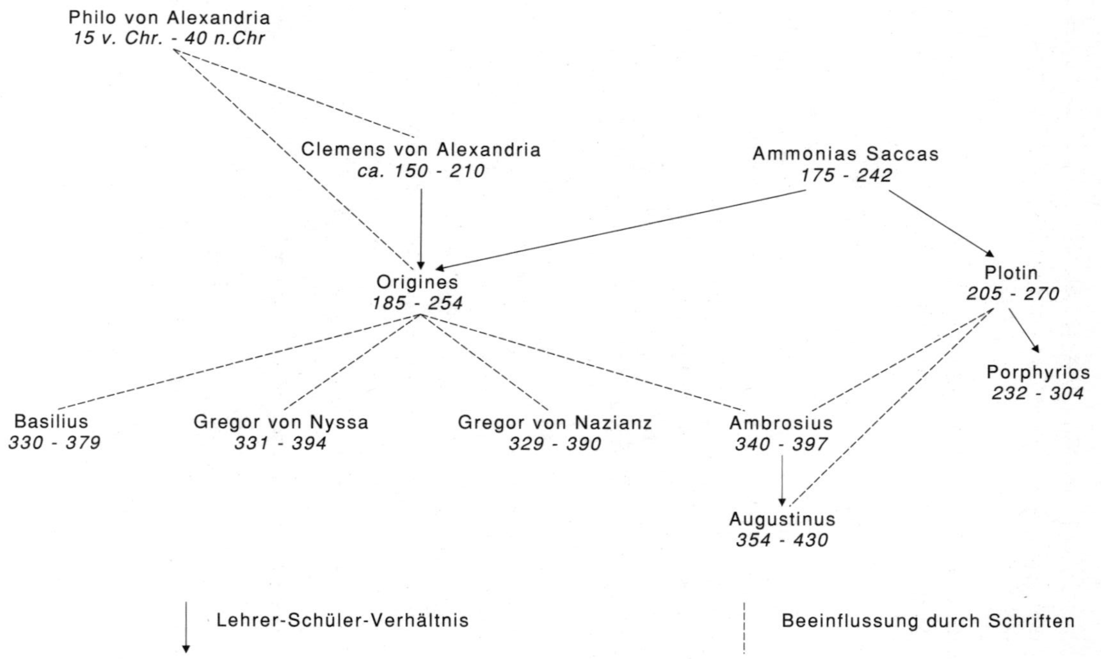

nesteils stützt er sich auf die Platoniker und Stoiker, andernteils übernimmt er aber auch manches von Philo, so den transzendenten Gottesbegriff und die allegorische Bibelauslegung. Wie Philo erkennt er, daß in der heidnischen Philosophie wertvolle Ideeen enthalten sind; seiner Ansicht nach lassen sich ähnliche Gedanken im Christentum ebenfalls finden. Sie seien aber bei den Philosophen mehr oder weniger mit falschen Theorien durchsetzt, während das Christentum die reine Wahrheit darstelle. Mit seiner verhältnismäßig positiven Beurteilung der Philosophie steht er aber im Gegensatz zu anderen christlichen Gelehrten, wie z.B. zu Tertullian und Irenäus von Lyon.

Nach Clemens ist Gott ohne Namen, Qualitäten und Beziehungen; er erhält die Aktualität durch den Sohn, welcher die Weisheit, Wahrheit und Allmächtigkeit verkörpert, doch sind beide eins. Der Sohn ist das Bewußtsein Gottes. Gott erschuf die Welt, die (im Gegensatz zu den Platonikern und zu Philo) nicht böse sein kann. Das Böse wurde erst durch die menschliche Willensfreiheit hervorgerufen. Jeder hat in sich die Anlage zur Tugend, er kann aber nur mit Gottes Hilfe ein tugendhaftes Leben führen.

Auch den Logosbegriff übernimmt Clemens. Im Johannes-Evangelium heißt es:

> »Und das Wort (der Logos) ward Fleisch ... « (Joh 1, 14).

Der Ausdruck »Logos« ist hier als der präexistente Jesus zu verstehen, und nachdem an einer anderen Stelle des Johannes-Evangeliums die Wahrheit erwähnt wird (» ... die Wahrheit wird euch frei machen«; Joh 8, 32), identifiziert Clemens die Wahrheit mit dem Logos und kann diesen nunmehr mit Platons Ideenlehre verknüpfen: Im Timaios setzt Platon die Gesamtheit der (platonischen) Ideen mit der Wahrheit gleich, so daß für Clemens Ideenlehre und Logoslehre ein und dasselbe sind.

Aus der Logoslehre ergibt sich für Clemens auch ein gewisser religiöser Universalismus. Der göttliche Logos hat vor seiner Menschwerdung nicht nur durch die jüdischen Propheten des Alten Testamentes, sondern auch durch begnadete Menschen anderer Völker gesprochen. Dadurch hat er sich auch in fremden Religionen (der Griechen, Ägypter, Perser, Inder u.a.) offenbart. So ist die gesamte Menschheit in den Heilsplan Gottes einbezogen, der in Jesus seine Erfüllung gefunden hat.

Ideale des Clemens sind Freiheit von Emotionen und Liebe zu Christus, beides kann durch Meditation erreicht werden. Das Wichtigste aber ist die Erkenntnis (Gnosis); der Gnostiker ist die Tugend selbst, er wird gottähnlich. Demnach bringt Clemens mystische Ideen in das Christentum ein, obwohl er selbst kaum Mystiker ist, denn im Grunde denkt er rational. Zum Mystiker fehlen bei ihm die Selbstaufgabe und das Einheitserlebnis.

Origines

Origines wurde etwa 185 n.Chr. in Ägypten als Sohn christlicher Eltern geboren. Nach einer vielseitigen Ausbildung in Alexandria, wo u.a. Clemens und Ammonius Saccas seine Lehrer waren, unterrichtete er zunächst Grammatik, wandte sich dann aber der Theologie zu. Zur Weiterbildung unternahm er mehrere Reisen, wurde jedoch vom Bischof Demetrius nach Alexandria zurückberufen und zum Leiter der Katechetenschule bestellt. Er übernahm den für Begabtere bestimmten Teil der Ausbildung, in welchem auch Mathematik und Philosophie gelehrt wurden. Während eines Aufenthaltes in Palästina wurde er vom Bischof von Caesarea zum Presbyter geweiht. Diese Ordination entsprach aber nicht den in Alexandria gültigen Regeln; er wurde daher von Demetrius exkommuniziert. Origines ging daraufhin nach Caesarea zurück und gründete dort eine eigene Schule, die bald zu großem Ansehen gelangte. Er starb etwa 254 infolge von gesundheitlichen Schäden, die er sich während der Christenverfolgung des Kaisers Decius (249 - 251) im Kerker zugezogen hatte.

Von den zahlreichen Schriften des Origines sollen nur einige der wichtigsten aufgeführt werden. Berühmt wurde seine Ausgabe des Alten Testamentes, die sogen. »Hexapla«, in der sechs griechische Texte mit Varianten nebeneinandergestellt worden waren. Mit der Hexapla beginnt die biblische Textkritik. Eine weitere Schrift des Origines ist »Contra Celsum« betitelt. Der Philosoph Kelsos (lat. Celsus) hatte um 180 eine Polemik gegen die Christen verfaßt, denen er unkritisches Denken, blinde Gläubigkeit und Schwärmerei sowie ihre inneren Streitigkeiten vorwarf. Er hielt die Lehren von der Menschwerdung Gottes und vom Leiden und Tod Christi für unglaubwürdig und stellte ihnen die der völligen Jenseitigkeit und Transzendenz Gottes gegenüber. Die Schrift des Kelsos ist nicht erhalten, sie kann aber aus der Entgegnung des Origines weitgehend rekonstruiert werden. Offenbar wurde sie noch 50 Jahre nach ihrer Veröffentlichung als gefährlicher Angriff auf das Christentum angesehen.

Das Hauptwerk des Origines ist die Schrift »De Principiis«, in der die christliche Lehre erstmals systematisch zusammengestellt wird. Dabei scheut er sich nicht, manche Bibelworte als fraglich, als unvernünftig oder sogar als unmöglich hinzustellen. Er meint aber, es sei die Absicht derartiger Bibelstellen, den Leser zum Nachdenken anzuregen. Je nach Auffassungsvermögen gäbe es mehrere Arten von Gläubigen: Die »Einfältigen«, die den Wortlaut der Bibel ohne eigenes Nachdenken hinnehmen; die »Fortgeschrittenen«, die die »Seele« der Heiligen Schrift erfassen, und die (wenigen) »Vollkommenen«, die ihren wirklichen Gehalt erkennen können. An die Stelle der oft spitzfindigen Bibelauslegung der jüdischen Schriftgelehrten tritt auch bei Origines eine allegorische Deutung.

In der Vorstellung des Origines ist Gott eine unkörperliche, transzendente Wesenheit, eine Auffassung, die zu seiner Zeit nicht allgemein vertreten wurde; so war der Gottesbegriff des Tertullian, des Irenäus von Lyon und anderer durchaus körperlich. Nach Origines ist Gott dagegen dem menschlichen Geist nicht faßbar, er ist allwissend, allgegenwärtig, aber jenseits von Zeit und Raum. Er ist frei von Emotionen wie Haß oder Rachegefühl, besitzt aber Liebe und Mitleid. Er steht an der Spitze eines stufenförmigen Aufbaues der Welt; er ist die Ursache von Geist, Leben und von allem Seienden. Gott ist ewig, daher ist auch alles ewig, was vom Begriff »Gott« umfaßt wird, so auch Jesus, der Sohn. Das steht im Einklang mit Jesu Aussage über seine Präexistenz (»Ehe denn Abraham ward, bin ich«, vgl. Abschn. 8.2.3). Er ist Sohn von Ewigkeit her, doch auch geboren in der Zeit. Der Sohn ist eines Wesens mit dem Vater, ohne aber dessen Wesenheit zu vermindern.

Die platonischen (und später die neuplatonischen) Philosophen begriffen die Gottheit als das »Eine«, das Urwesen, das letzten Endes alles Leben, allen Geist und alle Materie zum Dasein bringt. Wie die Sonne ihr Licht ausstrahlt und dabei sich immer gleich bleibt, so läßt das Eine die Hypostasen Geist und Weltseele und danach alles Weitere entstehen und bleibt doch unverändert. Diese Lehre enthält demnach die Vorstellung, daß die Hypostasen in stufenförmiger Abfolge nacheinander aus dem Einen hervorgehen.

Es liegt nahe, diesen Gedankengang auf die Dreifaltigkeit, auf das Verhältnis von Vater, Sohn und Heiligem Geist zu übertragen. Origines will so eine logisch befriedigende Erklärung für die Lehre finden, daß trotz der Individualitäten der drei Hypostasen die Einheit Gottes gewahrt bleibt. Er denkt in der Trinitätslehre subordinatorisch, d.h. daß der Sohn dem Vater untergeordnet ist, da er ja sein Sohnsein vom Vater erhalten hat. Der Logos (Sohn) entsteht aus Gott, wie der Wille aus dem Geist hervorgeht. Diese Denkweise entspricht zwar der neuplatonischen Philosophie, nach der das Eine allem anderen übergeordnet ist; sie widerspricht aber der später auf den ersten beiden Konzilen angenommenen kirchlichen Lehre, die die Gleichrangigkeit von Vater, Sohn und Heiligem Geist postuliert und die Verbindung der Dreiheit in der Einheit in die Formel faßt: »Drei Hypostasen in einem Wesen«. Origines' Vorstellungen über Gott und über die himmlische und die diesseitige Welt berühren sich in vielem mit der griechischen Philosophie; bei allen diesen Berührungspunkten vergißt er aber nicht, daß seine Ansichten auf menschliches Verstandesdenken zurückgehen, und er betont, daß menschliche Begriffe vor Gott und vor Göttlichem scheitern müssen; denn Gott ist unserem Denken nicht faßbar.

Der Mensch besitzt die Freiheit des Willens. Das Böse kommt nicht von Gott, es kommt auch nicht aus der Materie, sondern es kommt vom Menschen. Die menschlichen Seelen haben (allerdings in unterschiedlichem Ausmaße) Anteil an der Weisheit und damit auch am Göttlichen, sie müssen daher unsterblich sein. Die Erde ist der Verbannungsort der gefallenen Seelen, die sich nach ihrer göttlichen Heimat zurücksehnen.

Die Gedanken des Origines über die Ereignisse am Weltende sind in seiner

Äonenlehre enthalten, die möglicherweise von östlichen Vorbildern beeinflußt worden war. Danach ist das Jüngste Gericht am Ende unserer Zeit nicht das letzte Gericht; es bewirkt nicht die ewige Scheidung von Erlösten und Verdammten, sondern es schafft nur die Bedingungen für ein Leben im nächsten Äon, in dem jeder Verdammte die Chance eines neuen Aufstieges erhält. Am Ende aller Äonen ist das Böse völlig beseitigt, und der Wille Gottes bringt alle Gefallenen zurück in seine göttliche Sphäre; auch die aus dem Himmel gestürzten Engel und sogar der Satan wenden sich wieder dem göttlichen Logos zu.

Die Kirche hat die Äonenlehre als häretisch verworfen, doch besteht in der griechisch-orthodoxen Frömmigkeit bis heute eine gewisse Neigung zum Glauben an eine All-Erlösung. In losem Zusammenhang mit der Äonenlehre und der Lehre von der All-Erlösung steht der Gedanke, daß sich das heilsgeschichtliche Wirken Gottes in vorchristlicher Zeit nicht auf das jüdische Volk allein beschränkt haben kann, sondern sich auch auf alle anderen Völker erstreckt haben müsse. Origines kommt daher auf anderem Wege zu denselben Ideen wie Clemens von Alexandria, der sie aus der Logoslehre abgeleitet hatte.

Wegen platonischen Gedankengutes und wegen einiger recht kühner Bibelauslegungen wurde das Buch »De Principiis« schon zu Lebzeiten des Verfassers als häretisch angegriffen; es wurde nach seinem Tode von den kirchlichen Behörden verboten, der Autor wurde verurteilt. Es ist als Ganzes nur in einer lateinischen Übersetzung erhalten, in der die kirchlich anstößigsten Stellen abgemildert oder ausgelassen sind.

Weiterhin verfaßte Origines auf Grund von mystischen Erfahrungen auch religionsphilosophisch-spekulative Schriften. Der tiefste Wunsch des gläubigen Menschen bestehe darin, Gott ähnlich zu werden, denn Gott schuf den Menschen nach seinem Bilde. Man kann diesen Wunsch aber nur dann verwirklichen, wenn man es mit der Nachfolge Christi ernst meint und dessen Anforderungen erfüllt. Origines zählt diese Forderungen auf und fügt ihnen noch das griechischem Denken entnommene Verlangen nach Selbsterkenntnis hinzu.

Schließlich führt Origines auch Übungen an, die den Gläubigen in seinem Vollkommenheitsstreben unterstützen sollen: Askese, Nachtwachen, Fasten, Versenkung in sich selbst und das Studieren heiliger Schriften. Sein Ideal ist die stoische Gleichmütigkeit, die völlige innere Ruhe; in diesem Zustand ist der Mensch fähig, die Grenzen der Zeitlichkeit und des Bewußtseins zu überwinden. Der vollkommene Friede und die vollkommene Ruhe sind Stufen auf dem Wege der Nachfolge Jesu. Das letzte Ziel ist die Vereinigung mit Christus, um ichlos seines Wesens und damit Gottes Wesens teilhaftig zu werden.

Origines war einer der bedeutendsten Theologen der Ostkirche. Seine Lehren wurden zwar teilweise abgelehnt, doch haben die einflußreichsten Kirchenführer der nächsten Generationen seine Gedanken in erheblichem Umfange übernommen. Dadurch beeinflußte er wie kein zweiter indirekt die Dogmenbildung der ersten Konzile. Sein Vollkommenheitsstreben und seine Christusmystik wirkten sich zunächst auf das Mönchtum der Ostkirche aus, später wurden sie u.a. durch Ambrosius auch im Westen verbreitet.

Die drei Kappadozier

Die Beendigung des langjährigen Trinitätsstreites ist vor allem den drei *»Kappadoziern«* [15] Basilius von Caesarea, dessen Bruder Gregor von Nyssa und Gregor von Nazianz zu verdanken; durch ihre Schriften und Formulierungen wurde der Text des schließlich angenommenen Glaubensbekenntnisses vorbereitet. Die drei sind als geistige Nachfolger des Origines anzusehen.

Gregor von Nazianz wurde um 329 in der Gegend von Nazianz in Kappadozien geboren. Er lernte Basilius während seines Studiums in Athen kennen, freundete sich mit ihm an und gab später zusammen mit ihm die Schriften des Origines unter der Sammelbezeichnung »Philokalia« (Liebe zum Schönen) heraus. Auf Wunsch des Kaisers Theodosius I. übernahm er 379 den Bischofsitz von Konstantinopel, obwohl ihm die organisatorische Tätigkeit nicht lag; er war mehr philosophisch interessiert. Infolge von politischen Intrigen mußte er das Bischofsamt aufgeben; er starb etwa 390 in Kappadozien.

Seinen Ruf verdankte er außer verschiedenen Schriften den gehaltvollen und rhetorisch ausgefeilten Predigten, die er in einer kleinen Gemeinde in Konstantinopel gehalten hatte. Als Bischof kam ihm u.a. die Aufgabe zu, die Lehre des Arius zu widerlegen, deren Vertreter in Konstantinopel großen Einfluß besaßen. Sodann griff er durch Erörterung der Natur des Heiligen Geistes aktiv in den Trinitätsstreit ein.

Gregor von Nyssa wurde 331 in Caesarea geboren, erhielt 372 das Bischofsamt in Nyssa (in Kappadozien) und starb dort etwa 394. Er war mit Gregor von Nazianz befreundet. Seine Bedeutung besteht hauptsächlich in der Mitarbeit bei der Klärung des Trinitätsbegriffes.

Basilius von Caesarea (Basilius der Große, geb. 330 in Caesarea) war der Bedeutendste der drei Kappadozier.

Basilius hatte in Konstantinopel und Athen studiert, wo er mit Gregor von Nazianz zusammengetroffen war. Nach Tätigkeit als Rhetor, nach längeren Reisen und Mönchstum wurde er 370 Bischof von Caesarea am Pontus, dort starb er 379. Er erwarb sich große Verdienste durch Werke der christlichen Barmherzigkeit, ihm vor allem ist die Verbreitung des Mönchswesens in der Ostkirche zu verdanken (»Basilianer«).

Von den Schriften des Basilius sollen nur einige erwähnt werden, welche die Trinitätsfrage behandeln. Eine anschauliche und einleuchtende Formulierung, die er in Diskussionen mit seinem Bruder Gregor entwickelt hatte, verwendet die aristotelische Unterscheidung zwischen genus und species, d.h. zwischen übergeordneter Art und untergeordnetem Einzelbegriff:

> »Wir bekennen in der Gottheit ein einziges Sein, eine einzige ›Wesenheit‹, denn der Begriff Sein läßt sich nicht unterschiedlich anwenden. Dagegen fassen wir als

Bezeichnung der Eigenheit das Wort ›Person‹ und erhalten so von dem Vater, dem Sohn und dem Heiligen Geist unvermischte und deutliche Begriffe ...
So haben wir dem Gemeinsamen das Besondere hinzuzufügen und den Glauben zu formulieren wie folgt: Das Gemeinsame ist das Gottsein, das Besondere das Vatersein. Beide Merkmale gilt es zu verbinden zu dem Bekenntnis: Ich glaube an Gott den Vater. Ebenso muß man beim Bekenntnis des Sohnes vorgehen, das Gemeinsame mit dem Besonderen verbinden und sprechen: Ich glaube an Gott den Sohn. Schließlich hat man nach dem Vorgesagten auch über den Heiligen Geist festzuhalten: Ich glaube an den göttlichen Geist, den Heiligen.
So wird durchgehend das Einssein bewahrt im Bekenntnis der einen Gottheit, die Besonderheit der Personen aber verkündet durch die Scheidung der Eigenheiten, wie sie den einzelnen zukommen« [16].

Über die Gottheit des Heiligen Geistes hat Basilius eine eigene Schrift verfaßt, und in einem seiner Briefe heißt es:

»Nun ist uns vom Erlöser gegeben worden die Taufe im Namen des Vaters und des Sohnes und des Heiligen Geistes. Dieser Taufe gemäß legen wir das Glaubensbekenntnis ab, und dem Bekenntnis entspricht unsere Doxologie (Lobpreisung), darin wir mit dem Vater und dem Sohne zugleich den Heiligen Geist verherrlichen (Ehre sei dem Vater und dem Sohne und dem Heiligen Geist), weil wir überzeugt sind, daß er nicht außerhalb der göttlichen Natur steht. Wäre es anders, so käme ihm jene Verherrlichung nicht zu.
Die den Heiligen Geist ein Geschöpf nennen, bedauern wir. Denn natürlich braucht keinem, der sich auch nur ein wenig in der Schrift auskennt, lang gesagt zu werden, daß ein Geschöpf (eine Kreatur) sich weit unterscheidet von der Gottheit. Die Kreatur dient; der Geist macht frei. Die Kreatur empfängt Leben; der Geist ist es, der lebendig macht (vgl. Joh 6, 63). Die Kreatur bedarf der Unterweisung; der Geist ist es, der unterweist. Die Kreatur wird geheiligt; der Geist ist es, der heiligt ... Er selbst aber hat die Heiligkeit von der Natur, er hat sie nicht als Gnade empfangen. Sie gehört zu seinem Wesen ...« [17].

Von Interesse ist auch des Basilius Ansicht über das Lesen und Aufnehmen der Bibel:

»Wer sich an den Buchstaben der Heiligen Schrift hält, dessen Herz ist wie mit einer Hülle bedeckt. Kann aber jemand durch das gesetzliche (vordergründige) Verständnis zur Tiefe durchblicken und, die Undeutlichkeit des Buchstabens wie einen Vorhang zerteilend, in das Verborgene eindringen, so wird ihm wie Moses, als dieser mit Gott redete, die Hülle fortgenommen und er gewinnt die geistige Schau. Bei solchem Lesen kehrt er sich zu dem Herrn ... « [18].

Wie für Origines so ist auch für Basilius und seinen Bruder Gregor die völlige innere Ruhe nach Aufgabe aller Wünsche und Begierden die Vorbedingung für den Weg zu Gott.

Augustinus

Aurelius Augustinus wurde 354 in Thagaste, einem kleinen Landstädtchen im heutigen Algerien, geboren. Er war schon in jungen Jahren Rhetoriklehrer in Karthago und setzte seine Lehrtätigkeit später in Rom und zuletzt in Mailand fort. Hier konvertierte er durch den Einfluß des Bischofs Ambrosius zum Christentum und kehrte dann nach Nordafrika zurück. Im Alter von 36 Jahren wurde er in Hippo Regius zum Priester ordiniert und übernahm nach einigen Jahren das dortige Bischofsamt. Er starb 430 in Hippo Regius.

Augustins Leben war von rastloser Tätigkeit erfüllt. Zusätzlich zu den vielfältigen Aufgaben seines Bischofsamtes war er in großem Umfange schriftstellerisch tätig; über 100 (teils längere) Schriften, über 200 Briefe und etwa 500 Predigten aus seiner Hand sind noch erhalten. Mehrere Werke sind polemischer Art (gegen die Manichäer; gegen die Juden; gegen die Heiden; gegen verschiedene christliche Häresien). Berühmt sind seine »Selbstgespräche« (soliloquia), seine »Bekenntnisse« (confessiones), sein Werk über das Johannes-Evangelium, seine 15 Bücher über die Dreieinigkeit (de trinitate) und seine 22 Bücher über den »Gottesstaat« (de civitate dei).

Durch die »Selbstgespräche« und die »Bekenntnisse« sind wir über die äußeren Umstände seines Lebens sowie über seine geistige Entwicklung eingehend unterrichtet. Die »Bekenntnisse« sind manchmal etwas peinliche Beschreibungen von Jugendsünden, dann wieder eine Darstellung seines Ringens um die »Wahrheit«, d.h. um die Erkenntnis Gottes und der eigenen Seele, und zuletzt eine Wiedergabe seiner christlichen Weltanschauung auf hohem Niveau und in vollendeter, fast dichterischer Form.

Augustinus war in der Jugend beherrscht vom Streben nach Erfolg, Anerkennung und materiellem Wohlstand, hatte aber schon frühzeitig den Wunsch, den oberflächlichen Beruf des Rhetors aufzugeben, um zu wertvolleren, höheren Einsichten zu gelangen. Die Philosophie lernte er vor allem durch ein (heute verlorenes) Buch Ciceros »Hortensius« kennen, in dem der Verfasser das Studium der Philosophie im Gegensatz zum Geschwätz der Redner als Schlüssel zu innerer Befriedigung anpreist.

Augustinus beschäftigt sich eingehend mit dem Problem des Bösen in der Welt. Er glaubt zuerst, in der dualistischen Lehre der Manichäer eine Erklärung für dessen Existenz zu finden (vgl. Abschn. 8.1.3). Nach einem wenig befriedigenden Gespräch mit dem manichäischen Bischof Faustus von Mileve wendet er sich aber enttäuscht von dieser Religion ab.

Die für seine Entwicklung entscheidenden Eindrücke empfängt er in Mailand. Hier wird er mit neuplatonischen Schriften bekannt, die in Übersetzungen des Marius Victorinus vorliegen. Auch im Neuplatonismus wird das Problem des Bösen behandelt. Anders als im Manichäismus wird es aber nicht als eine besondere Wesenheit, sondern als Mangel an Gutem empfunden. Aus den Schriften Plotins lernt Augustinus ferner eine transzendente Gottesauffassung sowie den Stufenaufbau der übersinnlichen Welt vom »Einen« über den Geist zur Seele kennen (vgl. Abschn. 5.4.3). Noch wichtiger sind für ihn die Predigten des Bischofs Ambrosius; durch diese geht ihm der tiefere Sinn der Bibel auf, die er vorher wegen vermeintlicher Inhaltslosigkeit abgelehnt hatte. Durch Ambrosius findet er vor allem Zugang zu den Briefen des Paulus und zum Johannes-Evangelium. Ein weiteres bedeutsames Ereignis ist für ihn die Erzählung seines Landsmannes Ponticianus vom asketischen Leben des Einsiedlers Antonius und von der Bekehrung von zwei seiner (des Ponticianus) Freunde zum Christentum.

Dies ist der geistige Hintergrund, als Augustinus zum Christentum findet. Durch die Konversion wird ein radikaler Bruch mit seinen bisherigen Anschauungen und mit seiner Lebensweise bewirkt. Seine Auffassung von einem Leben mit Gott und für Gott bedingt die ausschließliche Hinwendung zu seinem Schöpfer. Er gibt seinen Besitz auf, bekämpft seine Sexualität und ist bestrebt, allen menschlichen Freuden gegenüber gleichgültig zu werden. Auch die Naturwissenschaften sieht er als nichtig an:

> »Unglücklich ist der Mensch, der alles das (die Wissenschaften) weiß, von dir (Gott) aber nichts weiß, selig dagegen, wer von dir weiß, auch wenn er von jenem nichts weiß« [19].

Von seinen heidnischen Freunden erwartet er den Übertritt zur christlichen Religion. In Hippo versammelt er einen Kreis von Gleichgesinnten um sich, denen er bestimmte Lebensregeln gibt (hauptsächlich wird Besitzlosigkeit gefordert); das ist die erste mönchische Regel im Christentum.

Der Gottesbegriff Augustins ist der eines unkörperlichen, über allen Dingen stehenden schöpferischen Wesens. Gott bleibt dem menschlichen Geist unerkennbar, doch ist er für Augustin nicht so völlig abstrakt wie der Begriff des »Einen« Plotins. Er liebt Gott, betet zu ihm, dankt ihm und wendet sich in sehr persönlicher Weise an ihn:

> »Ich liebe dich, o Herr; das sage ich nicht mit zweifelndem, sondern mit sicherem Bewußtsein« [20];
> »Ich möchte dich erkennen, dich, der du mich kennst ... « [21].

In seinen Schriften verschmilzt Augustin die Philosophie mit der christlichen Theologie. Die philosophischen Lehren sind seiner Meinung nach nicht falsch, aber sie sind unvollständig, da in ihnen Christus und die Gnade Gottes nicht behandelt werden. Erst durch Vereinigung von Philosophie und christlicher Lehre entsteht ein vollkommenes Gedankengebäude.

Von Paulus übernimmt Augustin die Lehren von der Erbsünde und von der Gnade Gottes. Bei der Deutung der Dreieinigkeit geht er von den drei Stufen der intelligiblen Welt Plotins aus. Im Gegensatz zu diesem bestehen aber in der christlichen Triade Gottvater, Sohn und Heiliger Geist keine Rang-Unterschiede zwischen den drei Aspekten. Eine anschauliche Darstellung ihrer engen Verflochtenheit gibt er durch die Beschreibung der inneren Vorgänge in einem Menschen, der sich von allen sinnlichen Eindrücken löst, um bis zum letzten Grund seiner Seele vorzudringen. Dazu müssen drei Kräfte zusammenwirken: Das Bewußtsein (d.h. das Wissen um den Urgrund), der Wille (dorthin zu gelangen) und der Verstand, der das Erkennen erst ermöglicht. Auch für diese drei Kräfte gibt es eine wechselseitige Durchdringung; sie sind zwar getrennt, bilden aber doch eine Einheit, da sie immer zusammen wirken müssen. Sie entsprechen damit dem Wesen der Trinität, wenn auch der Vergleich unvollkommen ist.

In Augustins »Gottesstaat« wird den weltlichen Reichen das Reich Gottes auf Erden entgegengestellt. Der weltliche Staat ist auf Eigennutz und Selbstliebe seiner Bewohner gegründet. Dagegen beruht das christliche Gottesreich auf der Nächstenliebe und der Gottesliebe seiner Bewohner. Es lag nahe, auch wenn Augustin es nicht so meinte, den Gottesstaat mit der Kirche und den weltlichen Staat mit dem römischen Reich zu identifizieren. Die beiden Staaten Augustins sind jedoch Idealreiche (im guten bzw. im schlechten Sinne); in der Wirklichkeit ist die Trennung nicht so eindeutig, denn im weltlichen Staat gibt es auch Gerechtigkeit, Uneigennützigkeit und Nächstenliebe, und im Gottesstaat der Realität kann das Ideal auch nicht erreicht werden.

In dieser Schrift wird auch eine Ansicht vertreten, die sich im ungünstigen Sinne als folgenreich erwies und die zu Kritik Anlaß gab. Zur Bekehrung von Heiden und zur Bekämpfung von Häresien dürfe die Kirche staatliche Machtmittel zu Hilfe rufen, wenn gütliches Zureden und Unterweisung nichts fruchten würden. Das geschah denn auch schon zu Augustins Zeiten bei der Bekämpfung der Sekte der Donatisten. Damit wurde die Trennung von Staat und Kirche verwischt, und man hat Augustin wegen dieser Theorie auch als einen der geistigen Väter der Inquisition bezeichnet.

In der Beurteilung der Frage, ob Augustin Mystiker war oder nicht, herrscht in der Literatur keine Einmütigkeit. Die unterschiedlichen Ansichten rühren von unterschiedlicher Definition der Mystik her. Ohne Zweifel gibt es in Augustins Werken Passagen, die auf mystische Erlebnisse hindeuten. Dazu läßt sich besonders ein Gespräch mit seiner Mutter kurz vor derem Tode anführen:

> »Als nun die Rede dahin geführt hatte, daß uns keine durch die Sinne vermittelte Ergötzlichkeit ... neben den Freuden jenes Lebens der Vergleichung, ja selbst nur der Erwähnung wert erschien, da richteten wir in steigender Inbrunst unsere Herzen auf das ›Seiende Selbst‹, stufenweise durchwanderten wir die gesamte körperliche Welt und auch den Himmel, von dem aus Sonne, Mond und Sterne über der Erde leuchteten. Und weiter aufsteigend, innerlich betrachtend und

miteinander redend und deine (Gottes) Werke bewundernd, gelangten wir zu unserer Seele, aber wir schritten auch über sie hinaus, damit wir zu dem Lande unerschöpflicher Fruchtbarkeit gelangten, wo der Herr ewiglich Israel weidet auf den Gefilden der Wahrheit, wo Leben Vereinigung mit der Weisheit ist, durch welche alles besteht, was ist, was war und sein wird ... Und während wir von ihr (der Weisheit) redeten und danach verlangten, berührten wir sie leise in einer Verzückung des Herzens ...
Und wir sagten also: Es schweige einem Menschen die Unruhe des Fleisches, es schweige jede Erinnerung an Erde, Wasser, Luft, es schweige der Himmel, und es schweige in sich die Seele, und ihrer selbst vergessend erhebe sie sich über sich selbst, es schweigen die Träume und die Schöpfungen der Phantasie, jedes Wort und jeder Gedanke, und alles, was vergeht, indem es geschieht, wenn es möglich wäre, daß einem Menschen so volle Stille würde ...« [22].

An anderer Stelle heißt es:

»Aber zugleich war mir, als hörte ich deine Stimme aus der Höhe: Ich bin die Speise der Erwachsenen. Wachse, und du wirst mich genießen. Aber nicht wie die Speise deines Leibes wirst du mich in dich verwandeln, sondern umgekehrt wirst du in mich umgewandelt werden« [23];
»Und manchmal versetztest du (Gott) mein Inneres in einen von dem gewöhnlichen völlig verschiedenen Zustand und erfülltest es mit einer wunderbaren Süßigkeit, und wenn dies sich in mir vollzieht, dann weiß ich nicht, was es Höheres geben könnte als solch ein Leben ... « [24].

Demgegenüber finden sich aber Züge in Augustins Ansichten und Charakter, die sich mit denen eines echten Mystikers kaum vereinbaren lassen: Ein starkes Selbstbewußtsein, eine unduldsame Härte gegenüber Gegnern, Bekehrungseifer, Empfänglichkeit für Anerkennung und der Wille, seine Meinung durchzusetzen. Der echte Mystiker, der die letzten Stufen des Weges bis zur unio mystica durchschritten hat, polemisiert nicht, ereifert sich nicht, bekämpft keine Gegner, ist gleichgültig gegenüber Lob und Tadel und hat keine Ziele, die er – koste es, was es wolle – durchsetzen will. Es ist daher fraglich, ob Augustin letzte mystische Erlebnisse erfahren hat.

Die außerordentlichen Verdienste, die er sich um den christlichen Glauben und um seine Kirche erworben hat, werden von diesem Urteil nicht berührt. Er hat das christliche Mönchsleben mitgestaltet, er hat als Erster einen Leitfaden für die christliche Ausbildung verfaßt; von ihm wurden die Lehren der Erbsünde und der Gnade als zentrale Glaubensinhalte herausgearbeitet; die Schrift vom Gottesstaat hat das Verhältnis von Kirche und Staat mitgeprägt, und vieles andere mehr wird seinen Anregungen verdankt. Die von ihm ausgehenden Impulse wirken in seiner Kirche bis heute nach, seine Gedanken haben selbst Luther beeinflußt. Er wird mit Recht als einer der größten Kirchenlehrer angesehen.

Augustinus wurde zu Lebzeiten schon kritisiert. Sein Gegner Pelagius wandte sich gegen die Erbsünden- und Gnadenlehre; der Bischof Julianus von Aeclanum (in Apulien) vertrat eine weniger strenge Glaubensrichtung und wollte auch die völlige Ablehnung der Sexualität nicht gelten lassen. Im wesentlichen haben sich aber die Ideen Augustins in der katholischen Kirche durchgesetzt.

Scholastik

Die erste, hauptsächlich von Alexandria ausgegangene Einwirkung der griechischen Philosophie auf das Christentum kann man mit Augustinus als beendet ansehen. Im Westen des römischen Reiches traten nun für mehrere Jahrhunderte keine bedeutenden Interpreten griechischer Weisheit mehr auf (mit Ausnahme von Boethius, der aber durch seinen frühzeitigen Tod an der Ausführung umfangreicher Pläne gehindert wurde). Dagegen bildeten sich im Islam – beginnend etwa im späten 8. Jahrhundert – und etwas danach im Judentum die oben beschriebenen geistigen Strömungen aus, durch die vor allem eine Auseinandersetzung mit dem Werk des Aristoteles bewirkt wurde. Die immer wieder aufgeworfene Frage war die nach dem Verhältnis von Wissen (d.h. vernünftigem Denken und Schließen) und Glauben. Selbstverständlich wurden diese Entwicklungen auch von den führenden Kreisen des Christentums beachtet, zumal auch mehr und mehr griechisches Schrifttum – teils über arabische Übersetzungen, teils direkt aus griechischen Manuskripten – in die lateinische Sprache übertragen wurde. Die Auseinandersetzung der abendländischen kirchlichen Kreise mit diesem Schrifttum, vor allem mit den Werken des Aristoteles, wird als *Scholastik* bezeichnet. Auch hier war das Hauptanliegen die Klärung der Frage, inwieweit sich die Philosophie mit der Religion vereinbaren läßt. Führend bei diesen Diskussionen war die Universität zu Paris.

Scholastik im eigentlichen Sinne des Wortes ist die Philosophie, die im Mittelalter an den christlichen Schulen des Abendlandes, vor allem Frankreichs, gelehrt wurde. Man schrieb später der Scholastik teils die Ausbildung einer hochstehenden Religionsphilosophie zu, teils sah man sie aber auch als Ausartung des vernünftigen Denkens in spitzfindige oder sogar unsinnige Dialektik an. Beide Ansichten sind bis zu einem gewissen Grade richtig; die scholastische Philosophie brachte viele bedeutende Werke ganz unterschiedlicher Richtungen hervor, wobei das Spektrum von scharfer Ablehung der Philosophie bis zu Überbetonung zu Lasten des Glaubens reichte. Anderseits sind aber auch sophistische Auswüchse reichlich vorhanden. Daß jedoch im großen und ganzen ein überaus reiches Geistesleben herrschte, geht u.a. aus den zahlreichen Gründungen von Universitäten hervor: 1160 Paris und Bologna, 1167 Oxford, 1181 Montpellier, 1209 Cambridge, 1222 Padua und 1224 Neapel.

Vorläufer der Scholastik sind Boethius und Eriugena. *Boethius* (ca. 480 - 525) hatte mehrere griechische Werke ins Lateinische übersetzt, darunter auch einige logische Schriften des Aristoteles; diese Übersetzungen waren lange Zeit im Abendland die einzige Quelle der peripatetischen Philosophie. *Eriugena* (ca. 810 - nach 877), der Abt des Klosters St. Denis, gab dem Glauben den unbedingten Vorrang vor dem »Wissen«; neben der absoluten Gültigkeit der Bibel gibt es die Autorität der Kirchenväter, die aber nicht über jeder Kritik steht. Die Bedeutung Eriugenas liegt aber mehr in seiner Übersetzung der Schriften des Pseudo-Dionysios (s.u.).

Als Vater der Scholastik gilt *Anselm von Canterbury* (1033 - 1109), der zuerst Prior und dann Abt des Klosters Bec in der Normandie gewesen war und später Erzbischof von Canterbury wurde. Für Anselm hat die Bibel den höchsten Wahrheitsgehalt:

a) Wahr sind alle Lehren, die mit der Bibel in Einklang stehen;

b) wahr sind alle Lehren, die zwar in der Bibel nicht erwähnt sind, die aber entweder implizit in ihr enthalten sind oder nicht zu ihr in Widerspruch stehen;

c) falsch sind alle Lehren, die der Bibel widersprechen.

Es besteht somit ein Vorrang des Glaubens vor der Vernunft. Diese wird jedoch benötigt, damit der Glaube rational verstanden werden kann. Der Ausgangspunkt von metaphysischen Spekulationen muß immer die Glaubenswahrheit sein, der Verstand kann nur Ziele setzen und Wege zur Gottesschau angeben.

Viel beachtet wurde auch der (von Kant »ontologisch« genannte) Gottesbeweis des Anselm von Canterbury: Gott ist die allergrößte Wesenheit, über die hinaus etwas Größeres und Vollkommeneres nicht gedacht werden kann. Also muß Gott existieren. Da Gott alle Vollkommenheiten in höchster Steigerung besitzt, ist er eine Wesenheit ohne Anfang und Ende, etwas Absolutes und Notwendiges. Dagegen hat alles, was man sich als nichtexistierend denken kann, einen Anfang und ein Ende und ist daher nicht notwendig existierend.

Diesen und alle anderen Gottesbeweise hat Kant in seiner »Kritik der reinen Vernunft« als nicht schlüssig erwiesen: Wissen und Beweise im logischen und mathematischen Sinne können sich ausschließlich auf Dinge erstrecken, die in Raum und Zeit und in der Natur vorkommen. Man kann aber grundsätzlich kein solches Wissen über Dinge haben, die über Raum und Zeit hinausgehen; das sind alle in der Metaphysik behandelten Themen, also auch Gott (zu praktisch dem gleichen Ergebnis war auch al-Ghazzali schon gelangt; vgl. Abschn. 7.5.4).

Von sonstigen Vertretern der Scholastik sollen nur einige angeführt werden (Abaelard, Albert der Große und Thomas von Aquin); einige weitere, deren Schriften mystische Erfahrungen enthalten, werden unten besprochen (Meister Eckhart, Bernhard von Clairvaux, Richard von St. Victor und Ruysbroek).

Peter Abaelard (1079 - 1142), der wohl mehr durch die unglückliche Liebesgeschichte mit Heloise als durch seine Werke bekannt ist, war ein unsteter

Geist; durch Streitsucht und hochfahrendes Auftreten machte er sich viele Feinde, so daß er zu häufigem Wechsel des Aufenthaltsortes gezwungen war. Als Lehrer der Dialektik hatte er große Erfolge; damit nicht zufrieden, wandte er sich der Theologie zu, doch wurden mehrere seiner Schriften als häretisch verurteilt.

Abaelard erwirbt sich jedoch große Verdienste um die Scholastik, indem er die aristotelische Logik in den Vordergrund stellt und korrekte dialektische Methoden angibt, die von Nachfolgern viel angewendet werden und sie zu schärferer Begriffsbildung und Abkehr von Sophisterei zwingen. Seine Theologie ist im Prinzip der Anselms ähnlich: Auch für ihn ist die Bibel unbedingt wahr, aber er betont stärker die Notwendigkeit der Vernunft. Durch logisches Schließen werden die Glaubenswahrheiten gefestigt, und man kann damit häretische und heidnische Lehren widerlegen. Im christlichen Schrifttum gibt es zwar zahlreiche Widersprüche, besonders in den Werken der Kirchenväter, aber durch richtige Dialektik kann man diese auflösen. Abaelard stellt in einer Schrift »Sic et non« (Ja und nein) eine ganze Reihe solcher Widersprüche gegeneinander, um seinen Schülern zu zeigen, wie man durch Aufspüren von Gründen für die unterschiedlichen Meinungen zur Lösung des Problems gelangen kann.

Mit *Albert dem Großen* übernimmt der Dominikaner-Orden die führende Rolle in den geistigen Auseinandersetzungen um die Mitte des 13. Jahrhunderts.

Albert der Große (Albertus Magnus) wurde 1206 oder 1207 in Lauingen in Schwaben geboren, trat 1223 in den Dominikaner-Orden ein und wirkte nach theologischer Ausbildung schon in jungen Jahren als Lehrer an verschiedenen Orten. 1242 erhielt er als erster Deutscher einen Lehrstuhl an der Universität Paris. 1254 wurde er Provinzial der deutschen Ordensprovinz, später Bischof von Regensburg; von dem Bischofsamt wurde er aber bald auf eigenen Wunsch entbunden und lebte dann hauptsächlich in Köln, wo er schon 1248 das Studienhaus der Dominikaner (Studium Generale) begründet hatte. Hier starb er 1280.

Albert vereinigt alle ihm zugänglichen philosophischen, theologischen und naturwissenschaftlichen Erkenntnisse in einer überaus umfangreichen Serie von Schriften; dabei beschränkt er sich aber nicht auf reine Kompilation, sondern fügt Kommentare und eigene Ideen ein. Er beabsichtigt, mit diesem enzyklopädischen Werk das von früheren Generationen griechischer, arabischer und jüdischer Denker erarbeitete Wissen zu sammeln, um die zur Einarbeitung in die christliche Lehre geeigneten Teile verfügbar zu machen.

Albert betont die Bedeutung der Philosophie stärker als die meisten seiner Zeitgenossen. Wenn auch Theologie und Philosophie zwei getrennte Wissenschaften sind, so sollte doch eine Synthese beider möglich sein, ohne daß vom Glauben etwas preiszugeben wäre. Das völlig Neue an Alberts Lehren ist die

Einbeziehung der Naturwissenschaften in das Weltbild der Theologen. Er vertritt die Ansicht, daß die Naturwissenschaften (bzw. die Naturphilosophie) von den beobachtbaren Tatsachen und von empirischen Versuchen ausgehen müßten, um nicht in unhaltbaren Spekulationen zu enden. Er stößt damit eine Entwicklung an, die allerdings erst Jahrhunderte später zum Tragen kommt.

Die Betonung der Naturwissenschaften veranlaßt Albert zur intensiven Beschäftigung mit dem Werk des Aristoteles, dessen Schriften zu seiner Zeit fast ausschließlich die Grundlage aller Naturphilosophie sind. Damit leitet Albert die später von Thomas von Aquin durchgesetzte Aristoteles-Rezeption mit ein.

Thomas von Aquin, der bedeutendste Schüler Alberts des Großen, setzte das Werk seines Lehrers fort und führte es mit seinem geschlossenen philosophischen System zum Abschluß.

Thomas von Aquin wurde 1224/25 in der Nähe von Neapel geboren, wurde im Kloster von Monte Cassino erzogen und trat 1244 gegen den Willen seiner Familie in den Dominikaner-Orden ein. Wahrscheinlich 1245 ging er nach Paris, wo er Schüler Alberts des Großen wurde, den er 1248 nach Köln begleitete. 1252 kehrte er nach Paris zurück und wurde dort 1257 als Lehrer an der Universität zugelassen. Nach mehreren weiteren Lebensstationen, u.a. am Hof des Papstes Urban IV. in Viterbo, war er wieder in Paris. 1269/70 griff er in den Streit zwischen den Lehrern an der Fakultät der Künste, den »Averroisten«, und den orthodoxen Theologen ein. 1272 gründete er in Neapel ein Studienhaus der Dominikaner. Er starb 1274 auf dem Wege zum Konzil zu Lyon.

Die Hauptwerke des Thomas von Aquin sind seine »Summa contra gentiles«, eine Art von Handbuch für Missionare, das ihnen bei Diskussionen mit Heiden behilflich sein sollte, und die »Summa Theologiae« (Summe der Theologie), die aber unvollendet blieb. Außerdem verfaßte er Kommentare zur Bibel, zu Werken des Aristoteles, des Pseudo-Dionysios und des Boethius, verschiedene philosophische Schriften (darunter eine Streitschrift gegen die Averroisten), und die sogen. »Quaestiones«, Disputationen in Dialogform, in denen er seine Lehre darlegte.

Thomas versucht eine Synthese von Theologie und Philosophie oder von Glauben und Vernunft. Er sieht Aristoteles als den bedeutendsten aller Philosophen an und verwertet dessen Werke stärker als alle anderen christlichen Philosophen vor ihm. Außerdem greift er aber auch auf Philosophen wie die Neuplatoniker, Avicenna, Maimonides und viele weitere zurück. Aus deren Schriften wählt er kritisch die Ideen aus, die sich in eine christliche Philosophie einfügen lassen, wobei er alles ausscheidet, was seinen Ansprüchen an Wahrheitsgehalt nicht entspricht, selbst wenn es von Aristoteles geäußert worden war.

Philosophie und Theologie unterscheiden sich in der Art des Vorgehens und teilweise auch in ihren Zielen. Während die Theologie vom Begriff Gottes und von Gottes Offenbarungen ausgeht, die sie als wahr ansieht, beginnt der Philosoph mit den sichtbaren Dingen und gelangt durch logisches Schließen zum Gottesbegriff. Da die Vernunft ebenso wie die Offenbarung von Gott gegeben ist, kann zwischen beiden überhaupt kein Gegensatz bestehen. Beiden haftet aber etwas Unvollkommenes an: Gott hat den Menschen über das Wesen der Dinge nicht alles geoffenbart, so daß man ihre Kenntnis noch durch Philosophie ergänzen muß. Die Philosophie wiederum kann zwar zur Gotteserkenntnis beitragen, und das ist sogar ihre Hauptaufgabe, aber durch Philosophie allein kann man nicht zur Gotteserkenntnis gelangen, dazu sind zusätzlich noch Offenbarung und Glaube notwendig. Die Philosophie zeigt zwar die Vernünftigkeit des Glaubens, aber manche Glaubenssätze, z.B. die Zeitlichkeit der Welt oder die Trinität, lassen sich überhaupt nicht durch Vernunftschlüsse beweisen, hier ist allein der Glaube zuständig. Die Kenntnis der Natur und ihrer Gesetze ist für die Theologie wichtig, da sie die Weisheit Gottes zeigt. Es ist nicht richtig, wenn manche meinen, man brauche sich nicht um die Natur zu kümmern, da der Glaube genüge.

Gottes Existenz läßt sich beweisen, und Thomas führt einige schon früher gegebene Beweise an, lehnt aber andere, so den des Anselm von Canterbury, als nicht schlüssig ab. Gottes Eigenschaften können zunächst nur durch die Methode der negativen Theologie erschlossen werden. Da diese aber im Grunde zu nichts führt, läßt er auch positive Angaben über Gott zu. Solche Angaben sind aber immer dem menschlichen Denken entnommen, sie können daher Gott nur auf »analoge Weise« charakterisieren; z.B. kommt Gott ebenso wie den Geschöpfen das »Sein« zu. Der Mensch erkennt aber nur das Sein der Geschöpfe, während das Sein Gottes unendlich hoch darüber steht. Daher kann das Sein Gottes nur auf analoge Weise erkannt werden.

Gegen Ende seines Lebens hat sich Thomas mit den sogen. »Averroisten« an der Fakultät der Künste der Pariser Universität auseinanderzusetzen. Hier hatte sich unter Führung des Siger von Brabant und des Dänen Boethius Dacus eine Lehrrichtung herausgebildet, die Aristoteles derart in den Vordergrund stellte, daß daneben die christliche Lehre bedeutungslos erschien und sogar offenbare Widersprüche zum Christentum geduldet wurden. Wenn man den Averroisten dies vorwarf, behaupteten sie, sie trügen nur die Lehren anderer Philosophen sachlich vor, seien selbst aber keineswegs damit einverstanden. Es lag trotzdem nahe, ihnen den Umgang mit der »doppelten Wahrheit« zuzuschreiben, selbst wenn sie es abstritten. Gegen diese Tendenzen wendet sich Thomas mit einer Schrift »De unitate intellectus contra Averroistes« (Über die Einheit des Intellektes gegen die Averroisten). Diese Schrift bringt ihm indessen Kritik von allen Seiten ein. Die Averroisten werfen ihm vor, daß er ja genau so wie sie selbst Aristoteles bevorzugen würde, während die orthodoxen Kreise ihm seine hohe Bewertung des Stagiriten verübeln. Einige Jahre nach seinem Tod verurteilt der Bischof von Paris in einer umfangreichen Liste 219 Sätze als häretisch, darunter auch einige von Thomas, der allerdings nicht namentlich genannt wird. Nach einigen Auseinandersetzungen stellt sich aber der Dominikaner-Orden hinter ihn und erkennt seine Lehre als verbindlich an. Nachdem Thomas 1323 heilig gesprochen worden war, verringerten sich die Angriffe auf sein Werk, und 1567 wurde er zum Kirchenlehrer erhoben.

Das philosophische System des Thomas von Aquin bietet eine christliche Philosophie, die stark auf Lehren und Denkmethoden des Aristoteles beruht. Durch seine Anerkennung wurden schließlich die kirchlichen Widerstände gegen den Stagiriten überwunden und dessen Schriften allgemein anerkannt.

8. 5 Christliche Mystik

8. 5. 1 Einführung; Quellen der christlichen Mystik

Die christliche Mystik ist nicht allein aus sich heraus entstanden, sondern sie verdankt ihre Ausprägung den verschiedensten Einwirkungen, die in unterschiedlicher Stärke Denkweise und Erleben der einzelnen Mystiker geformt haben. Von Einfluß waren vor allem das Alte Testament, der Mittelplatonismus und die Stoa, Philo von Alexandria, der Neuplatonismus und später einige jüdische und islamische Philosophen. Selbstverständlich wurden auch Gedanken früher christlicher Mystiker von Nachfolgern aus den eigenen Reihen übernommen.

Der älteste Einfluß auf die christliche Mystik ist wohl das »Hohe Lied Salomos«, eine Sammlung jüdischer Hochzeitslieder, die dem König Salomo zugeschrieben wurde. Schon von jeher wurden diese Lieder als Gleichnis betrachtet, von den Juden als Bild der Liebe Gottes zu seinem Volk, vom frühen Christentum (z.B. von Origines) als Liebe Christi zu seiner Kirche. Christliche Mystiker wurden immer wieder durch das Hohelied zu eigenen Dichtungen angeregt.

Am Beginn der christlichen Mystik stehen Jesus, Paulus und das Johannes-Evangelium, und schon in den ersten Anfängen des Christentums gab es in Ägypten Eremiten und kleinere Mönchsgemeinschaften, deren Gott zugewandte Lebensweise mystischem Erleben entgegenkam. Aus Ägypten stammt auch die erste christlich-mystische Schrift, »Stromateis« (Teppich) des Clemens von Alexandria. Sie ist eine Einführung in die christliche Gnosis mit mystischen Passagen, die jedoch unsystematisch und schwer verstehbar sind. Erst mit Origines wird die christliche Mystik deutlicher faßbar.

Der mystischen Gedankenwelt läßt sich auch der Begriff der Trinität zuordnen. Der Gläubige, der Jesus nachfolgt und sich selbst aufgibt, vermag den

Geist Jesu in sich aufzunehmen und in die Nähe Gottes zu gelangen. In ihm wirkt dann der Heilige Geist, der ihn zu seinem Werkzeug oder Medium macht, wie es ähnlich den Propheten geschah. Im Zustand der Gottesnähe wird der Begriff der Trinität als Offenbarungsform Gottes erkannt und verstanden. Die letztmögliche und höchste Gotteserkenntnis, die noch über die Vorstellung der Trinität hinausgeht, kann aber erst nach dem Wegfallen der Grenze zwischen Objekt und Subjekt als unio mystica erfahren werden. Dann erst wird der göttliche Urgrund erlebt, von dem alles ausgeht.

Als Zeit der Besinnung auf religiöse Werte kann man den Mittelplatonismus und die späte Stoa ansehen (vgl. Abschn. 5.4.1). Auch Philo von Alexandria ist als einer der Wegbereiter der christlichen Mystik anzuführen. Von allergrößter Bedeutung war jedoch der Neuplatonismus; die Gedanken seines wichtigsten Vertreters Plotin wurden teils durch Übersetzungen des Marius Victorinus, teils durch Vermittlung des Proklos und eines »Dionysios-Areopagita« genannten christlichen Mönches im Westen bekannt. Neuplatonische Ideen wurden außerdem durch Übersetzungen von Werken jüdischer Philosophen wie ibn Gabirol (Avicebron) oder Maimonides (vgl. Abschn. 6.4.3 u. 6.4.4) vermittelt. In gleicher Weise trugen islamische Schriftsteller wie ibn Sina (Avicenna) und ibn Ruschd (Averroes) zur christlichen Philosophie und Mystik bei.

Im folgenden sollen die wohl einflußreichsten christlichen Mystiker – Dionysios-Areopagita und Meister Eckhart – eingehend, einige weitere Mystiker kürzer besprochen werden.

8. 5. 2 Dionysios-Areopagita

In der zweiten Hälfte des 5. Jahrhunderts entstand im östlichen Teil der christlichen Welt eine Reihe von Schriften religionsphilosophischen und mystischen Inhaltes:

> »Die himmlische Hierarchie«,
> »Die kirchliche Hierarchie«,
> »Die Namen Gottes« und
> »Die mystische Theologie«

sowie eine Anzahl von Briefen an namentlich genannte, sonst aber unbekannte Empfänger. Auf Grund einiger Hinweise in den Briefen (nicht in den größeren Abhandlungen) wurde das Gesamtwerk dem vom Apostel Paulus auf dem Areopag zu Athen bekehrten Dionysios zugeschrieben:

> »Einige Männer aber schlossen sich ihm (Paulus) an und kamen zum Glauben, darunter Dionysios, ein Mitglied des Areopag, nannte man einen ...« (Apg 17, 34).

Das Corpus dieser Schriften wurde erstmals 533 während eines Glaubensgespräches in Konstantinopel diskutiert, aber trotz der Fürsprache des Johannes von Scytopolis, eines angesehenen Gelehrten, wegen zweifelhafter Rechtgläubigkeit abgelehnt. Erst 649 konnte der byzantinische Theologe Maximus der Bekenner die Anerkennung als Werk des Dionysios (des Areopagiten) durchsetzen. Viel später stellte sich jedoch heraus, daß die Schriften auf der neuplatonischen Philosophie beruhen und vor allem von Proklos (gest. 485) stark beeinflußt sind, so daß sie frühestens um 450, wahrscheinlich aber erst im letzten Drittel des 5. Jahrhunderts verfaßt sein konnten. Der Autor wurde daher als Plagiator und Fälscher hingestellt, und er wird heute meist als »Pseudo-Dionysios« zitiert; es ist aber nicht auszuschließen, daß die Hinweise auf den Areopagiten später eingeschoben wurden, um den Schriften ein größeres Gewicht zu verleihen. Trotz mancher Versuche, den Autor mit einer Persönlichkeit aus dieser Zeit zu identifizieren, konnte das Geheimnis um die Urheberschaft bis heute nicht gelüftet werden.

Von den Schriften des Pseudo-Dionysios sollen nur »Die Namen Gottes« und »Die mystische Theologie« ausführlich behandelt werden. In der »Himmlischen Hierarchie« werden die von Proklos ausgearbeiteten Triaden (vgl. Abschn. 5.4.4) auf die Welt der Engel übertragen. Ähnlich wird in der »Kirchlichen Hierarchie« eine Dreiteilung der Diener der Kirche nach ihren Aufgaben durchgeführt: Die Bischöfe sind die »Vollendeten«, die Priester die »Erleuchteten« und die Liturgen die »Gereinigten«, und jede Gruppe hat entsprechend ihrem Status die unter ihr stehenden Gläubigen zu führen und zu unterrichten.

Die göttlichen Namen

Die Schrift »Die göttlichen Namen« stellt zum einen eine Lehre über das Wesen Gottes dar, die von den Bezeichnungen Gottes in der Bibel ausgeht. Zum anderen gibt sie aber auch den Glauben des Verfassers wieder und versucht, Schwierigkeiten und scheinbare Widersprüche in der christlichen Religion zu erklären. Ein wirkliches Verstehen wäre aber nur nach Maßgabe des Fassungsvermögens des Lesers möglich. Die höchste Stufe, die man erreichen könne, sei die der Einung mit Gott. Das Werk ist in 13 Abschnitte gegliedert:

I. Die Absichten dieser Schrift und die Überlieferung der Namen Gottes

Gott ist das Allumfassende, das Unaussprechlich-Geheime, er steht über allem Denkbaren und ist der Urgrund allen Seins. Obwohl er für den Menschen unfaßbar und unbegreiflich ist, kann man auf Grund der Hl. Schrift einiges über ihn aussagen, indem man die dort angeführten Namen Gottes deutet. Außerdem gibt es einige begnadete Menschen, denen »die Schau seines Abglanzes« zuteil werden kann.

Gott ist der Eine, die Ursache aller Dinge, Anfang und Mitte, Wesen und Leben. Er führt Abgefallene zurück auf den rechten Weg. Allen, die des Schauens fähig sind, ist er das Licht; allen, die der Vollkommenheit fähig sind, ist er die Vollkommenheit, und für alle, die zum Einen vordringen können, ist er die Einheit.

Der Mensch muß sich der Symbole bedienen, um nach seinen Möglichkeiten zur Erkenntnis Gottes zu gelangen. Von den Symbolen ausgehend kann er sich stufenweise zur höheren Schau erheben. Er muß aber alle Versuche rationeller Erklärung aufgeben, wenn ihn der »Strahl getroffen hat, der von jenseits der geschaffenen Welt kommt«. Gott als Ursache alles Seienden ist letztlich namenlos, aber ihm geziemen alle Namen des Seienden.

II. Die Offenbarung der Gottheit über das, was Einheit und Geschiedenheit ist

Die Heilige Dreifaltigkeit ist eine Einheit, sie steht noch über dem Prinzip der Einheit selbst, denn sie ist jenseits von jeder Eigenschaft, jenseits von Vielheit und jenseits von allem Trennen und Verbinden. Jeder Name Gottes ist als die gesamte Trias umfassend zu verstehen. Alles, was vom Vater gesagt wird, gilt auch für den Logos (Sohn) und den Heiligen Geist. Es gibt aber einige Namen, die man nicht auf alle drei Aspekte des Göttlichen anwenden kann wie »Vater« oder »Sohn«. So hat Jesus durch sein Menschsein besondere Eigenschaften.

Die Wesenszüge der Einheit Gottes sind geheime Wirklichkeiten, tiefgründiger als jeder Urgrund und mit Worten nicht mitteilbar. Sie führen bis zu jener Höhe empor, die uns unerreichbar und unerkennbar ist. Wenn wir sein Wesen als »Wort« oder als »Licht« bezeichnen, so meinen wir nur die aus Gott heraustretenden Kräfte, die uns Verstand und Leben spenden. Alle göttlichen Dinge sind nur durch den Begriff »Teilhabe« erfaßbar; das Göttliche an sich übersteigt unser Vorstellungsvermögen. An das Wesen der Gottheit kann man sich nur nach dem Aufgeben der Denkfähigkeit herantasten. Die eindeutige Offenbarung Gottes ist die Menschwerdung Jesu; sie ist allerdings für uns unbegreifbar, denn Jesus steht über allen Wesen.

Die göttliche »Sonderung« oder »Geschiedenheit« besteht in den von der Urgottheit ausgehenden Wirkungen, ihren wohltätigen Offenbarungen. Da alle von Gott geschaffenen Wesen an Ihm Anteil haben, wird sein Wesen in ihnen in unterschiedlicher Weise sichtbar. Doch bleibt Gott immer der Eine, nur strömt alles Geschaffene vielfältig aus Ihm heraus.

III. Kraft des Gebetes – Hierotheus – Gottesfurcht

Dionysios ruft den Beistand Gottes und der Dreifaltigkeit an, um zur rechten Geistesverfassung zu gelangen, die ihn zur Vereinigung mit Gott bringen kann. Er könnte, um von Gott zu sprechen, aus den Werken seines Lehrers Hierotheus zitieren, aber diese sind nur für Eingeweihte verständlich.

IV. Das Gute, das Licht und das Schöne

Das Wesen des Urgöttlichen ist Güte, sie ist der Urquell alles Guten. Alle Geschöpfe bestehen durch das Gute, alle Handlungen erhalten nur durch Gottes Güte ihren Sinn. Die Engel, die menschlichen Seelen mit ihrer Vernunft und die Seelen der unvernünftigen Tiere stammen aus dem Guten. Selbst die Pflanzen erhalten von ihm ihre Lebenskraft. Das Gute besitzt keine Gestalt, es verleiht aber dem Formlosen Gestalt. Auch das Licht der Sonne entstammt dem Guten, das Gute wird daher auch als (geistiges) Licht bezeichnet.

Das Gute wird auch »das Schöne« oder besser »die Schönheit« genannt; diese ist mit dem Guten identisch: »Alles, was ist und wird, ist und wird wegen des Schönen und Guten«. Auch die göttliche Liebe ist gütig durch die Gutheit des Guten. Liebesverlangen bedeutet immer Einssein-Wollen, aber nicht Sinnlichkeit, sondern Verlangen nach dem Einssein mit dem Göttlichen. Die göttliche Liebe führt auch zu Zuständen der Entrückung, wie sie der Apostel Paulus erfahren hat.

Warum hat Gott das Böse zugelassen? Das Gute kann doch nicht etwas Nicht-Gutes hervorbringen. Die Lösung dieses Problems besteht darin, daß es ein absolut Böses überhaupt nicht gibt. Das Gute wirkt überall, aber in manchen Dingen ist es mehr, in anderen weniger enthalten, und das sogen. Böse ist nur ein Mangel an Gutem. Das Böse ist relativ, es besteht nur als Gegensatz zum Guten. Etwas kann für den einen gut, für einen anderen aber böse sein. Erzeuger des Bösen sind nicht positive Kräfte, sondern Schwäche, Ohnmacht und Unordnung. Das Böse ist keine Macht, sondern ein Abfallen vom Guten.

V. Über das Seiende und die Vorbilder

Das »Seiende« ist der Übergang zu jenem Namen Gottes, der im eigentlichen Sinne dem wahrhaft Seienden zukommt. Der Ausdruck »das Seiende« will nur das erfassen, was durch Gott sein Sein erhalten hat, wie sich z.B. der Begriff »Leben« nur auf das erstreckt, was Leben erhalten hat, oder »Weisheit« nur auf das, was durch Gott Weisheit erhielt.

Diese Ausführungen besagen nicht, daß das »Gute«, das »Seiende«, das »Leben« oder die »Weisheit« jemals in Gott unterschieden werden könnten. Es soll nur versucht werden, alle Namen des einzig einen Gottes zu erklären, die mehr oder weniger umfassend sind. So vermag vielleicht ein bestimmter Name die umfassende Wesenheit Gottes wiederzugeben, während andere Namen nur einzelne seiner Wirkungsweisen andeuten.

Von Seienden stammen auch die Gottesnamen »Äon«, »Wesenheit« und »Zeit« ab, d.h. alles, was den Dingen Bestand gibt. Denn in Ihm ist das Sein aller Zeiten. Er ist der vor allem Existieren vorhandene Ursprung, der Grund von Zeit und von Wesen und Dingen. Durch sein Sein gibt er den Dingen erst die Möglichkeit des Seins. Er selbst ist aber allen Zeiten und Äonen entrückt. Er ist jenseits jeder Grenze und außerhalb aller Gegensätze. »Das erste Geschenk absoluter Urgüte an die Welt, ihre Schöpfung, ist also das Hervorbringen des Seins an sich«.

VI. Über das Leben

Nunmehr soll etwas über den Gottesnamen »Das ewige Leben« ausgesagt werden, jenes göttliche Leben, dem das Leben an sich und jegliches Leben überhaupt sein Leben und sein Dasein verdankt. Das Leben der unsterblichen Engel kommt von Ihm, auch das Leben der Seelen, das der Tiere und das aller Pflanzen. Das urquellhaft vor aller Schöpfung und Gestaltung vorhandene Leben ist Ursache jeden nachfolgenden Lebens. Gott hat den Menschen das Versprechen gegeben, daß sie – sowohl ihre Seelen als auch ihre Körper – nach dem Tode in ein vollkommenes Leben, in die Unsterblichkeit versetzt werden.

VII. Über die Weisheit, die Wahrheit und den Glauben

Gott der Schöpfer ist auch Schöpfer der Weisheit, der Weisheit an sich, des Prinzips der Weisheit. Doch steht Er selbst jenseits von allem Denken, Verstehen, Kennen und Wissen. Unser Verstand besitzt zwar die Kraft, das für ihn Faßbare zu erkennen, aber das dient ihm nicht zum Erlangen jener mystischen Einigung, durch die allein er mit der göttlichen Kraft verbunden wird, deren Quelle außer und über der Verstandessphäre liegt. Unsere beschränkte geistige Fassungskraft vermag das Göttliche nicht zu erkennen. Eine Annäherung ist nur möglich, soweit wir imstande sind, aus unserem Ich herauszutreten, um dann zu Gott erhoben zu werden.

Wenn die göttliche Weisheit aller Anfang und alle Vollendung der Weisheit an sich ist, wie kann dann Gott als Urheber dieser Weisheit der Weise genannt werden? Die Attribute, die wir Gott zulegen, können immer nur angenähert auf Ihn zutreffen. Man kann sagen, daß Gott der Schöpfer der Weisheit ist, die angenähert dem Göttlichen entspricht; sie gibt aber nicht den ganzen Gottesbegriff wieder, der weit umfassender ist.

Man kann Gott in seiner Schöpfung erkennen, die vor unseren Augen liegt. Über sie führt der Weg zur Erkenntnis, daß Er über allem steht und daß wir

Ihm alles Endliche absprechen müssen, dessen Ursache Er ist. Die nächste Erkenntnis ist die mystische Einung jenseits von Wissen und Begreifen. Losgelöst von allem Verstehen und durch Verlassen von sich selbst kann man beschenkt werden mit der Weisheit und der Tiefe des göttlichen Urquells.

In der heiligen Schrift wird Gott auch als Vernunft (Logos) gefeiert, da Er der Spender von Vernunft, Verstand und Weisheit ist. Auf der göttlichen Vernunft beruht alle Erkenntnis, auf sie ist unser Glauben gerichtet, da sie den Geist vor Verirrungen bewahrt, ihn auf die einfache Wahrheit des Göttlichen zurückführt und ihm eine feste Basis gibt.

VIII. Über Macht, Gerechtigkeit, Heil und Erlösung

Gott ist Macht, weil er zugleich vor und jenseits von aller Macht, Übermacht und Macht an sich ist. Keine andere Macht erreicht das über alle Grenzen mächtige Schaffen seiner Macht, aus der jede andere Macht hervorgeht und die sich über alles erstreckt.

Gott wird auch als »Macht der Gerechtigkeit« gefeiert und »der Gerechte« genannt, denn er läßt allen Wesen das ihnen Gebührende zukommen. Zustände, die uns ungerecht erscheinen, haben oft nicht die Bedeutung, die wir ihnen zumessen. Wie können Gute von Bösen ins Elend gebracht werden, und warum läßt Gottes Güte das zu? Wenn die Guten irdische Dinge lieben, sind sie von der Liebe zu Gott abgekommen. Besitzen sie aber das rechte Streben, so sind sie von allen Begierden nach irdischen Dingen frei. In Sünde Gefallene werden durch Gottes Heil immer wieder zurück zur Erlösung geführt. Gott will Ungleichheiten in der Welt, damit jedes Ding nach seiner Natur in Harmonie mit dem Ganzen existieren kann.

IX. Das Große, das Kleine und die Selbstgleichheit

Groß nennt man Gott wegen der Unermeßlichkeit seiner Schöpfung, klein, weil Er sich auch im Kleinsten und Geringsten offenbaren kann. Mit Gottes Größe wird auch das Allumfassende, die Unendlichkeit charakterisiert. Die Kleinheit bezeugt dagegen, daß auch das Kleinste die Ursache von etwas Besonderem sein kann, wie das Samenkorn die Ursache der Vielheit der Pflanzen ist.

Ähnlich heißt Er, weil man glaubt, Gottähnliches erkennen zu können, unähnlich, weil Ihm nichts wirklich ähnlich ist. Gott ist keinem geschaffenen Wesen ähnlich, doch vermag Er einigen Menschen, die sich Ihm zuwenden, eine Ausstrahlung, einen Anteil an Ähnlichkeit zu verleihen. Doch darf man nicht behaupten, daß Gott diesen Menschen ähnlich ist. Er ist allein der Urheber dieser Ähnlichkeit, und man darf nicht die Umkehrbarkeit dieses Ähnlichkeitsverhältnisses behaupten.

Als Ruhender gilt Er, weil Er in Ewigkeit über allem thront, als Bewegter, weil Er in alles eindringt. Der Immergleiche wird Er wegen seiner Unveränderlichkeit genannt, der Immerverschiedene wegen seiner Offenbarungen, die Ihn in einer Vielfältigkeit ohnegleichen erscheinen lassen. Der Gleichheit gemäß ermöglicht Gott jedem Lebewesen die Teilnahme an seinem göttlichen Wirken, das alles auf gleiche Weise durchdringt. Jedem Wesen schenkt Er die Aufnahmefähigkeit für sein Wirken, aber je nach Art und Würdigkeit in unterschiedlichem Maße.

X. Über den Allherrscher, den Alten der Tage, Äonen und Zeiten

Der »Allherrscher«, der »Alleinherrscher« heißt Er, weil Er das All in sich selbst gegründet hat und es umschlossen hält. Er ist der Urgrund, aus dem die ganze Welt hervorgeht. »Allesherrscher« wird Er auch genannt, weil Er alles in seiner Gewalt behält und über die Regierten herrscht. »Der Alte vom Tage« wird er genannt, weil Er von jeher da war. Er ruht in sich selbst und ist doch Urheber aller Äonen, Zeiten und Tage. Zeit ist Ablauf von Entstehen und Vergehen. Wir selbst sind zeitlich begrenzt, werden aber an der Dauer der Äonen teilhaben, wenn wir wieder in die unvergängliche, gleichbleibende Ewigkeit eingehen.

XI. Über den Frieden und das Absolute

Der göttliche Friede ist Ruhe und Stille, er erzeugt Eintracht und Harmonie und verhindert das Chaos in dieser Welt. Der Mensch kann am göttlichen Frieden teilhaben, aber Gott vereinigt sich dadurch nicht mit ihm. Doch wird der Anteil am Frieden im Menschen mit dem göttlichen Frieden vereint.

Der göttliche Friede, der Friede an sich, schenkt jedem sonstigen Frieden Bestand und Wirklichkeit. Bei der Vereinigung mit dem göttlichen Frieden bleibt jedes Wesen in seiner Art bestehen; trotzdem muß man aber die Natur als Eines, als friedvolle Einigung betrachten, in der alle Dinge miteinander in Einklang gebracht worden sind. Das ganze Universum wird durch friedvolle Einigung zusammengehalten.

Abfall vom Frieden tritt bei denen ein, die von Unruhe, Leidenschaften und Unverstand gequält werden. Sie glauben, durch Befriedigung ihrer Begierden in Frieden leben zu können, während sie dadurch doch nur die Beute ihrer Verwirrung werden. All dem steht die Frieden ausstrahlende Menschenliebe Christi gegenüber. Wir sollen lernen, dieser Liebe gemäß friedvoll zu leben. Christus versöhnt uns mit uns selbst, mit unseren Nächsten und mit dem Vater. Über den Dissonanzen dieser Welt steht der Gottesfriede.

Was besagen die Ausdrücke »das Seiende an sich«, »das Leben an sich«, »die Weisheit an sich« u.s.w.? Wieso ist Gott einmal das Leben an sich und ein andermal der Urheber des Lebens an sich? Das ist kein Widerspruch, denn die eine Benennung kommt vom Urseienden, das der Urheber allen Seins ist, die andere deutet auf den Urheber selbst hin und zeigt, daß Gott über allem von Ihm Geschaffenen steht.

Alles Sein kommt von Gott, betrifft Ihn aber nicht. Absolutes, ursprüngliches Sein bedeutet den ungeschaffenen Schöpfer selbst, sofern man das Sein in Ihm betrachtet. Die anderen Arten des Seins gehen aus Ihm hervor: Zunächst das geschaffene Sein an sich, das die Ursache von allem weiteren Sein ist; jenes besitzt keine göttliche Wesenheit. Es bezeichnet die schöpferische Tätigkeit ohne konkreten Gegenstand. Die Dinge nehmen daran nachträglich teil, jedes gemäß der ihm verliehenen Natur.

XII. Über die Namen »Heiliger der Heiligen«, »König der Könige«, »Herr der Herren«, »Gott der Götter« u.a.

Zu den bereits angeführten Namen Gottes kommen noch diese ebenfalls in der Hl. Schrift enthaltenen Namen hinzu. Mit Heiligkeit bezeichnet man den Zustand absoluter Reinheit, der vollkommen und makellos ist. Königtum bedeutet die absolute Macht über andere zu befehlen und Recht und Gesetz zu bestimmen. Herrschertum umfaßt dagegen nicht nur die genannten Königsgewalten, sondern auch noch den Besitz alles Guten und Wahren und die Fähigkeit gnädigen Herrschens. Herr ist, wer das ihm gehörende Reich verantwortungsbewußt verwaltet. Mit »Gott der Götter« bezeichnen wir die Vorsehung, die alles umfaßt und zusammenhält und dabei alles überragt.

Weil der Urheber von allem die Überfülle allen Seins besitzt und zugleich jenseits von allem Sein und Nichtsein bleibt, wird er als »Heiliger der Heiligen« gefeiert. Der über alle Welt Erhabene ist auch seiner Schöpfung überlegen. Er ist erhaben über alles Seiende, da er dessen Urheber ist. Er ist auch über das Anteilnehmen an sich selbst hinausgerückt.

XIII. Das Vollkommene und das Eine

Wir kommen jetzt zum wichtigsten Punkt der Darlegungen. Die göttliche Offenbarung führt alle unendliche Vielfalt der Schöpfung auf Ihn als den Schöpfer zurück; anderseits feiert sie Ihn als das Eine, das Ewig-Vollkommene. Vollkommen heißt das Göttliche, weil es keines Wachstums fähig und über jede Vollkommenheit hinausgelangt ist; weil es alles in sich enthält und überströmt in seinem nie abnehmenden Schaffen. So erschafft das Göttliche das Vollkommene und erfüllt es mit der eigenen Vollkommenheit.

Das »Eine« wird Gott genannt, weil Er Eines und Alles ist ohne je aus dem Einen herauszutreten, und weil Er die Ursache von allem ist, was es überhaupt geben kann. Alles in der Welt hat Anteil am Einen, dem Allurheber. Das Eine umfaßt alles, auch wenn es gegensätzlich ist. Ohne das Eine würde es keine Vielfalt geben. Das Eine ist stets das Grundelement des Vielen. Das gemeinsame Einssein einer Vielheit von Dingen offenbart sich uns in der Urform der Gattungsbegriffe, die den Dingen vorausgeht, also in der ihnen gemeinsamen schöpferischen Idee, zu deren mannigfaltigen Ausprägungsformen sie dann geworden sein können. Darum wird alles auf diese göttliche Einheit zurückgeführt, und alles hat in ihr Bestand. Die Gottheit, die über jeden Namen erhaben ist, wird von uns mit den Namen »Monas« (Einheit), »Trias« (Dreiheit), »Heilig-Eines« oder »Heilige Dreifaltigkeit« benannt, um das Übergeeinte und Gottzeugende in ihr zu feiern. Aber wir wissen, daß wir dadurch nur das, was über allen Dingen und Wesen ist, mit Namen von geschaffenen Dingen und Wesen benennen.

Die über jeden Verstand hinausgehende, unerreichbare »Überhaupt-Gottheit«, die uns ewig entrückt bleibt, kann von niemandem erkannt werden. Von der letzten Wahrheit des wirklich Seienden sind wir weit entfernt geblieben, und deshalb haben viele Theologen negative Kennzeichen des Göttlichen bevorzugt. Doch führt dieser Weg der Verneinung aller Eigenschaften über das »Nichts-Nicht« letzten Endes zum Verstummen. Man kann über Gott nichts Zutreffendes aussagen; Ihm gegenüber gebührt nur das Schweigen. Aber der negative Weg führt die Seele doch zuletzt zum Göttlichen, soweit es überhaupt möglich ist, mit ihm verbunden zu sein.

Die mystische Theologie

Die »mystische Theologie« gibt sich als eine für einen Freund des Verfassers ausgearbeitete Anleitung zum Annähern an das Göttliche aus. Sie enthält neben den – allerdings nur kurz behandelten – Elementen der Mystik vor allem die transzendente Gottesauffassung des Pseudo-Dionysios, die in 5 kleinen Abschnitten abgehandelt wird.

I. Die göttliche Dunkelheit

Der Mensch muß zum Schweigen, zur Enthüllung der Geheimnisse des göttlichen Dunkels hingeführt werden, zur Dunkelheit, für die es keine Worte gibt. Er muß sich hierzu von allem Irdischen lösen und aufsteigen zur Höhe, in der alle Unterschiede verschwinden, bis er in die Nähe Gottes gelangt. Erst wenn er von allem Äußerlichen, auch von sich selbst, völlig frei geworden ist, kann er sich in der Entrückung bis zur letzten Grenze emporschwingen:

> »Du aber, o mein geliebter Timotheus, lasse nicht davon ab, dich in mystischer Schau zu üben, entsage den Künsten des Verstandes, tue ab von dir, was immer noch den Sinnen oder der Klugheit verhaftet ist, befreie dich vollkommen von

> allem Sein oder Nichtsein und erhebe dich, wenn du es kannst, bis zur Höhe des Nichts-mehr-Unterscheidens, über das All hinaus, bis dicht an die Schwelle des Verschmelzens mit dem, der über jedem Wesen und über jedes Wissen ist.
> Denn erst, wenn du dich von allem ganz entäußert hast, vornehmlich aber von dir selbst, unaufhaltsam und absolut, und ohne jeden Rest leer bist, erst dann wirst du dich in reinster Ekstase bis zu jenem dunkelsten Strahl erheben können, der aus der Urgottheit vor aller Erschaffung kam, jenseits von aller Welt und jenseits von allem Sein, entblößt auch noch von dem, was jedes und dich selbst erst zum Wesen macht« [25].

Gott, der sich die Dunkelheit als die Quelle seines Lichtes erwählt hat, kann man sich nicht auf dem Wege des Erkennens nähern; man kann nicht mit dem Verstand den übersinnlichen Urgrund allen Seins und allen Geschehens erklären. Der Urgrund ist unendlich, er enthält in sich die Eigenschaften des Seins und des Nichtseins. Die Verneinungen widersprechen nicht den Bejahungen, beide sind zu wenig, um Gott kennzeichnen zu können. Denn Er ist erhaben über jedes Ja und Nein, Er enthält alle Eigenschaften und alle Verneinungen von Eigenschaften in sich.

Das Evangelium hat sich auf die Jenseitigkeit des Schöpfers konzentriert. Unsere Gedanken über die Ursache seiner spürbaren Allgegenwart bleiben immer innerhalb der uns sichtbaren Schöpfung, der der Schöpfer selbst doch so fern ist. Wer Ihn erkennen will, muß die Grenzen des Irdischen, aber auch die Grenze zum Heiligen überschreiten. Erst dann gelangt er in die Nähe dessen, der im Dunkel des Ungeschaffenen wohnt und der über allem Sein steht, weil er selbst alles zum Sein erhebt:

> »Eines vor allem muß überschritten haben, wer in den Urgrund blicken will: das Tor der Grenze von heilig oder verrucht, die Täler der Eingebung, Trieb oder Läuterung, und die höchsten Gipfel der Heiligkeit muß er unter sich gelassen haben, weit hinaus über alles, was nur Schöpfung und Licht ist und göttliche Klarheit und zeugendes Wort und Glanz und Grenzen und Gründe des Himmels« [26].

Mose näherte sich dem Gipfel, auf dem er dem Göttlichen nahekam, doch sah er Gott nicht, denn Gott ist unsichtbar:

> » ... aber Mose nahte sich dem Dunkel, darinnen Gott ist« (2 Mose 20, 21);
> »Und Er (Gott) sprach weiter: Mein Angesicht kannst du nicht sehen, denn kein Mensch wird leben, der Mich sieht« (2 Mose 33, 20).

II. Wie man Ihn preisen soll

Will man in dieses Dunkel eindringen, das heller ist als alles Licht, so muß man zuerst auf jedes Wissen und Erkennen verzichten, da niemand den erkennen kann, der jenseits von aller Erkenntnis steht. Wenn man bereit ist, sich außerhalb von allem Geschaffenen zu stellen, so kann man zum Erfühlen des »unerschaffenen Lichtes« gelangen, das erschaffend stets im Unerschaffenen bleibt.

Die Lichter des Seienden verdecken das dunkle Urlicht des Schöpferischen, das doch das unvergleichlich hellere ist:

> »So etwa wie ein Bildhauer, um zu einer Wesensgestaltung zu gelangen, mit Hammer und Händen den Marmor von aller Materie reinigen muß, die dem reinen Anschauen der in ihm noch gänzlich verborgenen Form in Wege stünde: unsere einzig ausführbare Tat ist das Wegräumen solcher materieller Hindernisse! Nur dies negative Aberkennen kann uns erlauben, die verhüllte Schönheit des unbekannten Bildes zu offenbaren« [27].

III. Bejahende und verneinende Theologie

Bei der bejahenden Theologie schreibt man Gott bestimmte Eigenschaften zu wie das »All-Sein«, das »Allumfassende Gute«, das »All-Schaffen«, das »All-Leben«, die »Allmacht« u.s.w. und begründet diese Zuschreibungen. Man kann Gott »gut«, »einig«, »dreifaltig« nennen und kann zeigen, wie alles dieses unerschöpflich aus Ihm hervorgeht und gleichzeitig in Ihm ruht. Jesus ist aus dem Dunkel des unerschaffenen Lichtes herausgetreten ohne es zu verlassen, um menschliche Natur anzunehmen und verbindende Brücke zu werden zwischen dem unendlichen »Außer-All« und dem endlichen »Nur-hier«.

Die verneinende Theologie schreibt Gott ebenfalls Eigenschaften zu, zeigt dann aber, daß sie nicht zutreffen können. So kann man Ihm durch Entfernen aller nicht zutreffenden Beschreibungen näher kommen. Schließlich wird man aber erkennen, daß jede Aussage über Gott unmöglich ist; es geht um das »Aufhören der Gültigkeit von Worten und Gedanken überhaupt«. Das negative Aberkennen von Eigenschaften vermag uns der verhüllten Schönheit des Unbekannten näher zu bringen.

Der Weg der bejahenden Theologie führt von den allgemeinen Eigenschaften herab zu den niederen, zu den besonderen; um Bejahendes auszusagen, beginnen wir bei den umfassenden Eigenschaften, die möglicherweise Gott zukommen, also in der Höhe. Dann erst dringt man vor in die Niederungen der Einzelerscheinungen.

Bei der negativen Theologie steigt man umgekehrt vom Äußerlichen, Faßbaren stufenweise zum Unfaßbaren, zur absoluten Dunkelheit empor, bis Worte und Gedanken aufhören und nur völliges Schweigen verbleibt.

IV. Der Urheber alles Wahrnehmbaren kann nicht selbst wahrnehmen

Der Urheber, der Urgrund des Alls (der Schöpfergott) kann nicht Stoff sein, nicht Geist, nicht Wesen, nicht Leben, nicht Bewußtsein, nicht Körper, Figur, Bild, Form, Idee, Qualität, Quantität oder Masse. Er kann nicht an einem Ort mehr sein als an einem anderen, kann also nicht konturenhaft gesehen werden oder durch abgrenzende Sinne oder Gedanken erfaßt werden. Daher kann er auch weder Sinne erregen noch durch Sinne erregt werden. Er entzieht sich jeder Ordnung und Unordnung und jedem Verstricktsein in materielle Unterscheidungen. Ihm ist nichts zu eigen, das dem Bereich der Sinne angehört.

V. Über die Unfaßbarkeit Gottes

Noch höher steigend kann man sagen, daß der Urgrund, Gott, nicht Seele ist und auch nicht Geist. Er kann nicht Gleichheit sein und auch nicht Ungleichheit, er kann nicht unbeweglich sein, noch sich bewegen, er lebt nicht und ist auch nicht Leben, nicht Sein, nicht Zeit, nicht Wirken, nicht Beharrung.

Über Gott lassen sich überhaupt keine Aussagen machen, da man Ihn nicht mit Sinnen oder Gedanken fassen kann. Er allein ist der Urgrund, der Ursprung allen Seins und Nichtseins, darin Fülle und Verzicht und die Jenseitigkeit selbst umschlossen sind. Er als der Unendliche kennt uns nicht, »Ja und Nein erreichen Ihn nicht«.

* * *

Der Verfasser der dem Areopagiten zugeschriebenen Schriften tritt uns als ein mit dem Neuplatonismus wohlvertrauter Christ entgegen, der die Ideen der griechischen Denker in umgedeuteter Form in das Christentum einbringen will. Vieles entnimmt er den Werken des Proklos, z.B. die negative Theologie (die allerdings in Ansätzen schon vorher vorhanden gewesen war). Die Ausführungen über das »Eine« und über das »Gute« erinnern stark an Plotin, und bei diesem findet sich auch schon das Gleichnis vom Bildhauer und ebenso der transzendente Gottesbegriff, der im Werk des Areopagiten immer wieder erläutert wird. Auch die Ausführungen über den mystischen Weg dürften kaum ohne Kenntnis der Enneaden geschrieben worden sein, selbst wenn man als wahrscheinlich ansieht, daß Dionysios auf eigene mystische Erfahrungen zurückgreifen konnte.

Bei der Erwähnung der göttlichen Dunkelheit bezieht sich der Verfasser auf die Hl. Schrift (Mose); bei den von heidnischen Philosophen übernommenen Gedanken durfte er selbstverständlich seine Quellen nicht angeben, wenn er die Aufnahme seiner Werke in das Corpus christlicher Schriften anstrebte. Bei der ganzen tiefreligiösen Haltung des Autors und dem inneren Gehalt seines Werkes ist es unwahrscheinlich, daß er sich in bewußter Fälschungsabsicht des Namens des Areopagiten bedient hätte, um das Ganze aufzuwerten. Eher sollte man annehmen, daß er anonym blieb, teils auf Grund der Bescheidenheit und Zurückhaltung des Mystikers, teils aus Vorsicht gegenüber Unverstand und böswilliger Mißdeutung; sagt er doch:

> »Doch gib acht! Daß dich niemand höre von denen, die nicht eingeweiht sind« [28].

Die anfänglichen Bedenken der kirchlichen Kreise gegen die Schriften des Pseudo-Dionysios waren nicht ganz unberechtigt: Der neuplatonische Geist des Ganzen konnte nicht verborgen bleiben, die mystischen Abschnitte waren für die große Masse der Gläubigen unverständlich und der transzendente Gottesbegriff paßte ebensowenig zum gütigen Gottvater der Christen wie zu dem gerechten Gott des Alten Testamentes. Die Idee der unendlichen Ferne Gottes von jedem menschlichen Verständnis wurde jedoch von Maximus dem Bekenner mit dem Hinweis auf die Hl. Schrift verteidigt:

> »Niemand kann den Sohn erkennen, der nicht den Vater erkennt – aber den Vater kann nur der Sohn erkennen« (Mt 11, 27).

Im Westen war das Werk des Pseudo-Dionysios schon gegen das Ende des 6. Jahrhunderts bekannt; in Rom befand sich ein Exemplar, das bei Glaubensstreitigkeiten gelegentlich zu Rate gezogen wurde. Die eigentliche Rezeption erfolgte aber erst, nachdem 827 eine Gesandtschaft des oströmischen Kaisers dem König Ludwig dem Frommen eine Prachthandschrift geschenkt hatte, die dieser dem Kloster St. Denis übergab. Hier ließ der Abt Hilduin den Text ins Lateinische übersetzen. Hilduin verwechselte nun den als Verfasser angesehenen (echten) Dionysios-Areopagita mit einem 250 bei Paris zu Tode gekommenen Dionysios und verfaßte ein umfangreiches Werk über dessen angeblichen Lebenslauf; er sei mit dem Apostel Paulus nach Rom und von da als Missionar nach Gallien gelangt und habe in der Nähe von Paris den Märtyrertod erlitten. So wurde Dionysios-Areopagita zum Schutzpatron des fränkischen Reiches.

Die von Hilduin veranlaßte Wort-für-Wort-Übersetzung wurde später mehrfach verbessert und kommentiert, zuerst von Eriugena (um 860), dann von Anastasius, dem Bibliothekar des Vatikans in Rom, weiter von Hugo v. St.Victor (ca. 1140), Johannes Saracenus (1166) und schließlich von Robert Grosseteste (etwa 1240). Die für das Abendland neuartige Gottesauffassung und die mystischen Abschnitte erregten offenbar größtes Interesse; so förderte das Werk des Pseudo-Dionysios die Entwicklung der christlichen Mystik nicht nur im Osten, sondern auch in den Ländern der Westkirche. Es war auch Albertus Magnus und Meister Eckhart bekannt.

8. 5. 3 Meister Eckhart

Die Lebensdaten Meister Eckharts sind nur angenähert bekannt. Er wurde, wie sich durch Rückrechnung aus anderen Angaben ermitteln läßt, etwa 1260 in einem kleinen Ort in der Nähe von Erfurt geboren und trat in jungen Jahren in das Dominikanerkloster zu Erfurt ein. Dort erhielt er vermutlich den ersten theologischen Unterricht. Er wurde etwa 1285 zur weiteren Ausbildung nach Köln gesandt; hier hatte der Dominikaner Albert der Große (gest. 1280) das sogen. Studium Generale begründet und von

1248 - 1254 selbst geleitet. Später finden wir Eckhart in Paris, wo er 1293/1294 als Lektor an der Universität nachweisbar ist. Nach Rückkehr von Paris wurde er 1298 Prior des Erfurter Dominikanerklosters und zugleich Vikar der großen Ordensprovinz Teutonia. Als solcher war er Stellvertreter des Ordensprovinzials Dietrich von Freiberg (ca. 1245 - 1310), und damit unterstanden ihm die Ordensklöster dieser Provinz. 1302/1303 wurde er wieder nach Paris gesandt, um den theologischen Lehrstuhl an der Universität, der seinem Orden zustand, einzunehmen.

Die Ordensprovinz Teutonia wurde 1303 geteilt und Eckhart wurde Provinzial des abgetrennten Teils Saxonia. Neben administrativen Aufgaben gehörten Klosterneugründungen, Neubauten, Reformen des Klosterlebens und die Aufstellung von Lehrplänen zu seinen Verpflichtungen. 1307 erhielt er zusätzlich das Amt des Generalvikars von Böhmen, wo sich eine Reform der Ordensgemeinschaften als notwendig erwiesen hatte. 1311 - 1313 wurde ihm zum zweiten Mal das Ordinariat an der theologischen Fakultät der Universität Paris übertragen. Die Lehrtätigkeit wurde durch seine Berufung zum Generalvikar des Ordensgenerals Berengar von Landora in Straßburg beendet. Er hatte nun hauptsächlich die zahlreichen Frauenklöster des Ordens im süddeutschen Raum zu beaufsichtigen. 1323 oder 1324 ging er nach Köln zurück, um den theologischen Lehrstuhl des Generalstudiums der Dominikaner einzunehmen.

Hier wurde 1325/1326 durch den Generalvikar Nikolaus von Straßburg ein Verfahren gegen ihn eingeleitet, in dem seine Lehren auf Rechtgläubigkeit überprüft wurden. Der Prozeß endete mit seinem Freispruch. Trotzdem eröffnete der Erzbischof von Köln, Heinrich von Virneburg, auf Grund von Denunziationen einiger Dominikanermönche gegen ihn ein Inquisitionsverfahren, das in zweiter Instanz an die Kurie in Avignon überging. Dort wurden 17 Sätze aus den Predigten und Schriften Eckharts als häretisch verurteilt, weitere 11 wurden als »der Häresie verdächtig« bezeichnet. Die Verurteilung wurde 1329 mit der päpstlichen Bulle »In agro dominico« bekannt gemacht. Eckhart war aber bereits verstorben; er starb vermutlich 1327 oder 1328 in Avignon. Dies Inquisitionsverfahren ist das einzige, das im Mittelalter gegen einen prominenten Geistlichen durchgeführt wurde.

Geistige Strömungen zur Zeit Eckharts

Das geistige und weltanschauliche Umfeld zu Eckharts Zeit war das der Hochscholastik. Durch die Übersetzertätigkeit der Schulen in Toledo und Palermo waren die Ideen griechischer, jüdischer und islamischer Philosophen und Mystiker im Abendland bekannt geworden. Als Eckhart kurz nach dem Tode Alberts des Großen nach Köln kam, war dort die Lehre stark durch die Persönlichkeit des Gründers des Studium Generale geprägt. Dieser wiederum war vom Neuplatonismus beeinflußt, dessen Lehren über Augustinus und Pseudo-Dionysios verbreitet worden waren.

Albert der Große hatte sich als erster im deutschsprachigen Raum mit der Philosophie des Aristoteles auseinandergesetzt und Kommentare zu mehreren von dessen Werken verfaßt. Sein Schüler Thomas von Aquin integrierte dann gegen den Widerstand von kirchlichen Kreisen die aristotelische Philosophie in die christliche Lehre. Eckhart war als Dominikaner zweifellos verpflichtet, seinen Unterricht nach dem Beispiel der Vorgänger zu gestalten, zumal die Lehre des Thomas von Aquin 1308 für alle Dominikaner als verbindlich erklärt wurde. Weniger ist über die Einwirkung des Ordensprovinzials Dietrich von Freiberg auf seinen jungen Untergebenen bekannt. Doch war jener ein vielseitig gebildeter Vorgesetzter, der nicht nur Schriften metaphysischen und erkenntnistheoretischen Inhaltes verfaßt hatte, sondern auch mit bemerkenswerten Theorien zur Entwicklung der Naturwissenschaften beigetragen hatte.

Sodann gab es vom 12. Jahrhundert an eine recht ausgeprägte und weitverbreitete Frauenmystik, die hauptsächlich von Klöstern ausging und daher als Nonnenmystik bezeichnet wird. Diese Mystik drückte sich allerdings bevorzugt in Visionen und Träumen aus, und es ist fraglich, ob alle ihre Vertreterinnen zu höheren mystischen Erlebnissen gelangten. Aus dem Kreis dieser Frauen seien nur Hildegard von Bingen (gest. 1179), Suster Hadewich (gest. um 1260) und Mechthild von Magdeburg (gest. 1282) genannt. Weiterhin bildeten sich als Reaktion auf die damaligen politischen Wirren religiöse Laiengemeinschaften. Viele Frauen suchten Trost und inneren Frieden und gingen in losen Zusammenkünften einer z.T. mystisch gefärbten Frömmigkeit nach, ohne einer kirchlichen Aufsicht in geregeltem Ordensleben zu unterliegen. Die Kirche beobachtete diese sogen. »Beginen-Gemeinschaften« argwöhnisch, und deren Mitglieder wurden oft der Inquisition überantwortet. Das bedeutete Tod auf dem Scheiterhaufen oder Ertränken im Rhein. Der Erzbischof von Köln, der spätere Gegenspieler Eckharts, tat sich hierin besonders hervor. Alle diese Strömungen müssen auch Eckhart bekannt gewesen sein, und er kannte wahrscheinlich auch die Schrift »Spiegel der armen Seelen« der Marguerita Porete, die 1310 in Paris als Häretikerin auf dem Scheiterhaufen verbrannt wurde.

Das Werk Meister Eckharts

Originalschriften Eckharts sind nicht erhalten. Sein Werk – soweit es noch vorhanden ist – besteht aus lateinisch geschriebenen Abhandlungen sowie aus Predigten und belehrenden Schriften in deutscher Sprache. Es liegen ausnahmslos nur Ab- oder Nachschriften vor.

Die lateinischen Schriften entstanden wahrscheinlich während Eckharts Universitätslaufbahn in Paris und seiner Lehrtätigkeit in Köln. Mit ihnen wendet er sich an ein gelehrtes Publikum, sie enthalten theologische Disputationen, Vorlesungen, Predigten und verschiedene Kommentare zu Büchern der Hl. Schrift (u.a. zu Genesis, Exodus und zum Johannes-Evangelium), von denen der Kommentar zum Johannes-Evangelium als sein bestes lateinisches Werk gilt. Eckharts religionsphilosophisches Hauptwerk sollte das sogen. »Opus tripartitum« werden, das aber nur in Umrissen ausgearbeitet wurde.

Bei den deutschen Schriften handelt es sich zumeist um Predigten und Ansprachen, die in Klöstern gehalten und von Zuhörern oder Zuhörerinnen mitgeschrieben wurden. Hauptsächlich in diesen Manuskripten, die teilweise wohl auch auf originalen Vorlagen Eckharts basieren, finden sich die mystischen Aussprüche und Lehren Eckharts. Es sind noch zahlreiche solcher Handschriften vorhanden; die Texte stimmen oft nicht gut überein, und man versucht heute, durch Auswählen und Vergleichen die vermutlich authentische Fassung zurückzugewinnen. Die Deutsche Forschungsgemeinschaft betreut seit 1936 die kritische Gesamtausgabe der Werke Eckharts. Während die lateinischen Texte z.Z. nur teilweise herausgegeben sind, ist die Ausgabe der deutschen Werke dank der lebenslangen Arbeit von J.Quint weitgehend abgeschlossen. Im wesentlichen handelt es sich um drei Gruppen von Abhandlungen:

1) »Reden der Unterweisung«, sogen. Lehrgespräche, d.h. Vorträge mit anschließender Diskussion, die vor Eckharts Mitbrüdern im Kloster zu Erfurt und vielleicht auch in anderen Klöstern gehalten wurden.

2) Predigten. Man schreibt Eckhart etwa 150 Predigten zu, von denen aber nur etwa 100 als echt angesehen werden. Von diesen sind die meisten bereits erschienen.

3) Verschiedene sogen. Traktate, das sind kleinere religiöse Abhandlungen. Der bekannteste ist das »Buch der göttlichen Tröstungen«, das zusammen mit der »Predigt vom edlen Menschen« überliefert ist.

Glaube und Mystik Eckharts

Die lateinischen Schriften Eckharts enthalten kaum mystische Gedanken. Dagegen finden sich in den deutschen Predigten und Traktaten und vor allem im »Trostbüchlein« verstreut zahlreiche Hinweise und auch etwas längere Ausführungen, die eindeutig seine mystischen Erfahrungen belegen. Ein zusammenhängendes System oder einen mystischen Stufenweg hat Eckhart nicht angegeben, auch spricht er nie von der unio mystica. Man kann daher nur versuchen, nachträglich die wichtigsten seiner Themen und Thesen geordnet zusammenzustellen.

Eckhart gehört zu den Mystikern, denen die Verkündigung seiner mystischen Erlebnisse ein wichtiges Anliegen ist. Es kümmert ihn nicht, daß bei den Predigten ein Teil der Zuhörer seinen Gedanken nicht folgen kann; er muß sie äußern:

> »Was kann ich dafür, wenn jemand das nicht versteht!« [29];
> »Ist aber jemand, der dieses Wort unrecht versteht, was kann der Mensch (d.h. wohl er selbst) dafür, der dieses Wort, das recht ist, recht äußert?« [30];
> »Wer diese Predigt verstanden hat, dem vergönne ich sie wohl. Wäre niemand hier gewesen, ich hätte sie diesem Opferstock predigen müssen« [31].

In Eckharts Predigten glaubt man oft den erregten Ton, das eindringliche Ermahnen seiner Zuhörer zu vernehmen:

»Wahrlich, wahrlich! Bei Gott, bei Gott« [32];
»Dies ist wahrlich so wahr, wie daß Gott lebt« [33];
»Nun bitte ich euch: vernehmt bei der ewigen Wahrheit und bei der immerwährenden Wahrheit und bei meiner Seele ... « [34].

Die Sprache in den Predigten ist reich an einprägsamen Bildern und Vergleichen und an überraschenden Paradoxien:

»Gott ist in allen Dingen. Je mehr er in den Dingen ist, umso mehr ist er außerhalb der Dinge« [35];
»Dies ist seine (Gottes) Natur, daß er ohne Natur ist« [36];
»Wisset, meine Seele ist so jung, wie da sie geschaffen ward, ja, noch viel jünger! Und wisset, es sollte mich nicht wundern, wenn sie morgen noch jünger wäre als heute« [37].

Eckhart ist ein selbständiger Denker, der bei aller Wahrung traditioneller Ideen auch seine eigenen Gedanken vertritt. Er scheut sich nicht, gegen die Autoritäten aufzutreten:

»Und dies will ich nun deuten, wie es in Wahrheit ist ... Und ich will es tun, ist es gleich wider alle die Meister, die jetzt leben« [38].

Bei der Auslegung der Bibel wagt er sogar, den ursprünglichen Sinn ins Gegenteil zu verkehren. So wird die Erzählung von Martha und Maria anders gedeutet als es dem klaren Wortlaut des Evangeliums entspricht (»Maria hat das gute Teil erwählt«, Lk 10, 42). Nach Eckharts Meinung ist Martha durch ihre tätige Liebe die Bevorzugte. An anderer Stelle sagt er:

»Die Schrift sagt, wir sollen Gott gleich werden (1 Joh 3, 2: Wir wissen aber, ... daß wir ihm gleich sein werden). ›Gleich‹, das ist böse und trügerisch ... Gleichheit ist etwas, das es an Gott nicht gibt; es gibt vielmehr (wohl) Einssein in der Gottheit und in der Ewigkeit; Gleichheit ist aber nicht Eins. Wäre ich Eins, so wäre ich nicht gleich« [39];
»Nun spricht der Herr: ›Wer etwas um meinetwillen und meines Namens willen hingibt, dem will ich's hundertfältig wiedergeben und das ewige Leben dazu‹ (Mt 19, 29). Gibst du's aber hin um des hundertfältigen und um des ewigen Lebens willen, so hast du *nichts* hingegeben; ja, gibst du hin um tausendfältigen Lohn, so hast du nichts hingegeben. Du mußt dich selbst lassen, und zwar völlig lassen, dann hast du recht gelassen« [40].

Viele Äußerungen Eckharts über Gott und Göttliches erscheinen recht gewagt und können – besonders, wenn sie aus dem Zusammenhang gerissen sind – Anlaß zu Kritik und Mißdeutungen geben. Manche derartige Worte wurden ihm denn auch später vorgeworfen:

»Die Wahrheit ist so edel, wär's, daß Gott sich von der Wahrheit abkehren könnte, ich wollte mich an die Wahrheit heften und wollte Gott lassen« [41];
»Gott liebt die Seele so stark, daß, wenn man es Gott nähme, die Seele zu lieben,

man ihm sein Leben und sein Sein nähme und Gott tötete, wofern man so etwas sagen dürfte« [42];
»Wer immer seinen Willen Gott gänzlich aufgibt, der fängt Gott und bindet Gott, so daß Gott nichts vermag, als was der Mensch will« [43].

In vielen Predigten beschäftigt sich Eckhart mit dem *Gottesbegriff*, mit Gottes Eigenschaften und mit der Stellung des Menschen zu Gott. Häufig erwähnt er die Trinität Gottvater – Sohn – Heiliger Geist in traditioneller Weise. An anderen Stellen vertritt er aber den aus der Antike oder von Pseudo-Dionysios übernommenen transzendenten Gottesbegriff:

»Alles aber, was das Erkennen zu begreifen und alles, was das Begehren zu begehren vermag, das ist nicht Gott. Wo der Verstand und das Begehren enden, da ist es finster, da (aber) leuchtet Gott« [44];
»Hierzu sagt ein heidnischer Meister ... : Gott ist überseiend und unbegreifbar und unerkennbar, soweit es sich um natürliches Erkennen handelt« [45];
»Gott ist namenlos, denn von ihm kann niemand etwas aussagen oder erkennen« [46].

So finden sich bei Eckhart zwei Gottesbegriffe gleichzeitig: Einmal spricht er von dem vorstellbaren Schöpfergott, von Gottvater, ausgedrückt in der Trinität; dann wieder ist Gott der unvorstellbare, eigenschaftslose, transzendente Gott. Eckhart ist sich der Gegensätzlichkeit der beiden Begriffe durchaus bewußt. Er unterscheidet zwischen Gott und »Gott« oder zwischen Gott und der Gottheit:

»Ehe die Kreaturen waren, war Gott noch nicht ›Gott‹: er war vielmehr, was er war. Als die Kreaturen wurden, und sie ihr geschaffenes Sein empfingen, da war Gott nicht in sich selber Gott, sondern in den Kreaturen war er Gott« [47];
»Wieder will ich sagen, was ich (noch) nie gesagt habe: Gott und Gottheit sind so weit voneinander verschieden wie Himmel und Erde« [48];
»Alles das, was in der Gottheit ist, das ist Eins, und *davon* kann man nicht reden. Gott wirkt, die Gottheit wirkt nicht, sie hat auch nichts zu wirken, in ihr ist kein Werk; sie hat auch niemals nach einem Werke ausgelugt. Gott und Gottheit sind unterschieden durch Wirken und Nichtwirken« [49].

Ob es sich bei dieser Wandlung vom anschaulichen zum transzendenten Gottesbegriff um eine zeitliche Entwicklung in Eckharts Denken handelt oder um ein bewußtes Eingehen auf die jeweilige Zuhörerschaft oder um Reminiszenzen an den Demiurgen der alten Philosophen, läßt sich nicht entscheiden.

Eckharts Verhältnis zu Jesus erhellt aus einem Wort des Johannes-Evangeliums, das Jesus zu seinen Jüngern spricht; Eckhart erwähnt und kommentiert es mehrfach:

»Über ein kleines und ein weniges und ein geringes, und ihr werdet mich nicht sehen; wiederum über ein kleines, und ihr werdet mich sehen« ([50]; vgl. Joh 16, 16).

Das bedeutet, daß in Kürze der *Mensch* Jesus nicht mehr auf Erden weilen wird, daß dann aber der *göttliche Jesus* erscheinen wird. In Abänderung eines

Ausspruches von Augustinus (»Als Sankt Paulus nichts sah, sah er Gott«) weist Eckhart auf die göttliche Natur Jesu nach seinem Tode hin:

»Als Sankt Paulus sah das Nichts, da sah er Gott« [51].

Der Mensch Jesus mit seinen Predigten und Wundertaten ist daher für ihn weniger wichtig; von Bedeutung sind vielmehr Gott und der göttliche Jesus innerhalb der Trinität. Daß Jesus Mensch wurde und leiden mußte, geschah um des Leidens willen:

»Weil Gottes Sohn in der Gottheit und in der Ewigkeit nicht leiden konnte, darum sandte ihn der himmlische Vater in die Zeit, auf daß er Mensch würde und leiden könnte. Willst du denn Gottes Sohn sein und willst doch nicht leiden, so hast du gar unrecht« [52];

Die Menschwerdung Jesu geschah auch, damit der Mensch Gott näher kommen und damit er sich von der Welt befreien kann:

»Warum ist Gott Mensch geworden? Darum, daß ich als derselbe Gott geboren würde« [53];
»Darum ist Gott gestorben, damit ich in der Welt und allen geschaffenen Dingen absterbe« [54].

Jesu Kreuzestod und die dadurch bewirkte Vergebung der Sünden spielen in Eckharts Gedankenwelt nur eine verhältnismäßig geringe Rolle. Seine Erklärung für das Bestehen der Sünde nähert sich der Lehre Plotins und des Pseudo-Dionysios, nach der die Sünde nur ein Mangel an Gutem ist. Sünde ist für Eckhart ein Beweis, daß der Mensch noch einen zu großen Eigenwillen besitzt, wodurch er ferne von Gott ist. Erst die völlige Hingabe in Gottes Willen ergibt das wahre Gute. Hier kommt es wieder zu einer seiner gewagten Äußerungen:

»Ein solcher Mensch (der sich in Gottes Willen ergibt) ist so einwillig mit Gott, daß er alles das will, was Gott will, und in der Weise wie Gott es will. Und darum, da Gott in gewisser Weise will, daß ich auch Sünde getan habe, so wollte ich nicht, daß ich sie nicht getan hätte« [55].

Das Verhältnis der Seele zu Gott ist ein zentrales Problem der abendländischen christlichen Theologie. Die gottsuchende Seele und die Offenbarung Gottes stehen in Wechselwirkung zueinander; das letzte und höchste Ziel des Gläubigen ist die mystische Einung der Seele mit dem Göttlichen. Mit dem Veranschaulichen und Erklären dieses Vorganges hatte man sich bereits vor Eckhart befaßt. Schon die Stoiker hatten der Seele einen gottähnlichen oder gottgleichen Anteil zugeschrieben, ein Gedanke, der vom Neuplatonismus aufgenommen wurde. Proklos bezeichnet den obersten, göttlichen Teil der Seele als »Seelenfunken«, durch Pseudo-Dionysios wurde dieser Begriff im Christentum bekannt; er wurde auch mit den Ausdrücken »Präexistenz der Seele in Gott«, »Vergottung des Menschen«, »Licht der Seele« oder »Gottesgeburt in der Seele« beschrieben, Ausdrücke, die Eckhart z.T. übernimmt:

»Mit den obersten Kräften berührt die Seele Gott; dadurch wird sie nach Gott gebildet« [56];
»Ich habe zuweilen von einem Licht gesprochen, das in der Seele ist ... dieses selbe Licht nimmt Gott unmittelbar, unbedeckt, entblößt auf, so wie er in sich selbst ist« [57];
»Das Fünklein der Vernunft, das ist das Haupt der Seele, das heißt der ›Mann‹ der Seele und ist so etwas wie ein Fünklein göttlicher Natur und ein göttliches Licht, ein Strahl und ein eingeprägtes Bild göttlicher Natur« [58].

Die auf Platons Ideenlehre zurückgehende Theorie von der *Präexistenz der Seele in Gott* wurde seinerzeit von Augustin übernommen und dann auch von Eckhart aufgegriffen: Alle Kreaturen besitzen ein ideelles Sein in Gott; diese »Urbilder« sind göttlichen Wesens. Sie unterscheiden sich nicht voneinander, obwohl sie in der realen Welt in verschiedener Weise verwirklicht werden. Alle Geschöpfe weisen daher ein zweifaches Sein auf, ein ideelles in Gott und ein reelles in der äußeren Welt.

»Ich sagte neulich an einem Ort: Als Gott die Kreaturen schuf, hätte da Gott vorher nicht etwas geboren, das ungeschaffen war, das aller Kreaturen Urbilder in sich trug – das ist der Funke, ... dies Fünklein ist Gott so verwandt, daß es ein einiges Eines ist, unterschiedslos, das (doch) die Urbilder aller Kreaturen in sich trägt, bildlose und überbildliche Urbilder« [59];
»In Gott sind aller Dinge Urbilder gleich; aber sie sind ungleicher Dinge Urbilder. Der höchste Engel und die Mücke haben ein gleiches Urbild in Gott« [60].

Der Mensch hat demnach in seinem ideellen Urbild Anteil an der göttlichen Natur. Man kann nun einen Grundsatz der Philosophie anwenden, nach welchem Ähnliches nur von Ähnlichem erkannt wird (simile similibus cognoscitur), und damit läßt sich die Verbindung zwischen dem Urbild der Seele in Gott und der Seele im körperlichen Dasein knüpfen. Gott ist mit seinem ganzen Wesen im ideellen Urbild enthalten, doch bleibt er ganz in sich. Die Seele aber kann über diesen göttlichen Teil zur Erkenntnis Gottes gelangen, wenn Gott ihr entgegenkommt und sein Abbild in sie eindrückt. Das gelingt in tiefer Abgeschiedenheit und in Hinwendung zum eigenen Inneren. Durch diese Teilhabe an Gott kehrt die Seele in ihr eigenes Urbild zurück:

»Wohl ist es wahr: die Seele ist nach Gott gebildet in ihrem obersten Teile; aber der Engel ist ein näheres Bild Gottes. Alles, was am Engel ist, das ist nach Gott gebildet. Darum wird der Engel zur Seele gesandt, auf daß er sie zurückbringe zu demselben Bild, nach dem er gebildet ist; denn Erkenntnis fließt aus Gleichheit« [61].

Der Ausdruck »Gleichheit« wird hier und im nächsten Zitat im Sinne von größter Ähnlichkeit verwendet.

»Was lobt Gott? – Das tut die Gleichheit. So lobt denn alles Gott, was in der Seele Gott gleich ist; was irgend Gott ungleich ist, das lobt Gott nicht« [62].

Die Lehre von der *Gottesgeburt in der Seele* kann man auf Paulus zurückführen (» ... bis daß Christus in euch Gestalt gewinne«; Gal 4, 19), sie findet sich dann bei Origines voll ausgebildet und wurde über Gregor von Nyssa durch Eriugena in das abendländische Denken eingeführt. Es handelt sich dabei um den Gedanken, daß Gott in zeitlich unbegrenztem Wirken fortwährend seinen Sohn »gebiert«; die Trinität wird gewissermaßen nicht statisch, seiend, sondern fließend aufgefaßt. Alles, was Gott bewirkt, bewirkt er aber auch im Inneren oder Höchsten der Seele. Er gebiert also auch den Sohn in der Seele des Menschen, in deren Seelenfünklein, und damit kommt dem Menschen ein Anteil am göttlichen Wesen zu. Eckhart übernimmt diese Idee:

»Die Seele, die Gottes Kind sein will, soll nichts in sich gebären, und die, in der Gottes Sohn geboren werden soll, in die soll sich nichts anderes gebären. Gottes höchstes Streben ist: gebären. Ihm genügt es nimmer, er gebäre denn seinen Sohn in uns. Auch die Seele begnügt sich in keiner Weise, wenn der Sohn Gottes nicht in ihr geboren wird« [63];

»Hierum sagt das Wörtlein, das ich euch vorgelegt habe: ›Gott hat seinen eingeborenen Sohn in die Welt gesandt‹; das dürft ihr nicht im Hinblick auf die äußere Welt verstehen, wie er mit uns aß und trank: ihr müßt es verstehen mit Bezug auf die *innere* Welt. So wahr der Vater in seiner einfaltigen Natur seinen Sohn natürlich gebiert, so wahr gebiert er ihn in des Geistes Innigstes, und dies ist die innere Welt. Hier ist Gottes Grund mein Grund und mein Grund Gottes Grund. Hier lebe ich aus meinem Eigenen, wie Gott aus seinem Eigenen lebt« [64].

Während Eckhart mit diesen und ähnlichen Äußerungen noch im Rahmen der zu seiner Zeit geläufigen Gedanken bleibt, geht er an anderen Stellen deutlich darüber hinaus; er sagt, daß durch die Gottesgeburt die Seele Gott gleich wird:

»Der Vater gebiert seinen Sohn ohne Unterlaß, und ich sage mehr noch: Er gebiert mich nicht allein als seinen Sohn; er gebiert mich als sich und sich als mich und mich als sein Sein und als seine Natur« [65];

»Alles, was vergangen ist, und alles, was gegenwärtig ist, alles, was zukünftig ist, das erschafft Gott im Innersten der Seele. Alles, was Gott in allen Heiligen wirkt, das wirkt Gott im Innersten der Seele. Der Vater gebiert seinen Sohn im Innersten der Seele und gebiert dich mit seinem eingeborenen Sohn als nicht geringer. Soll ich Sohn sein, so muß ich in demselben Sein Sohn sein, in dem er Sohn ist, und in keinem anderen« [66].

Solche Worte sind als Hinweis auf die mystische Einung mit Gott zu verstehen.

Eckharts Mystik läßt sich aus zahlreichen verstreut in seinen Predigten zu findenden Äußerungen entnehmen. Seine Erfahrungen decken sich mit denen vieler anderer Mystiker. Der Weg zur unio mystica führt über die völlige Selbstaufgabe, die er schon in seinen ersten Schriften, den »Reden der Unterweisung«, von seinen Mitbrüdern fordert. Die Selbstaufgabe besteht in der Abkehr von materiellen Gütern, von jeglicher Bindung an Irdisches und in der Beseitigung jeden Eigenwillens:

»Der Mensch muß lernen, bei allen Gaben sein Selbst aus sich heraus zu schaffen und nichts Eigenes zu behalten und nichts zu suchen, weder Nutzen noch Lust noch Innigkeit noch Süßigkeit noch Lohn noch Himmelreich noch eigenen Willen ...
Solange lerne man sich lassen, bis man nichts Eigenes mehr behält. Alles Gestürm und aller Unfried kommt allemal vom Eigenwillen, ob man's merke oder nicht. Man soll sich selbst mit allem dem Seinen in lauterem Entwerden des Wollens und Begehrens in den guten und liebsten Willen Gottes legen mit allem dem, was man wollen und begehren mag in allen Dingen« [67];
»So muß auch die Seele, die Gott erkennen soll, so gefestigt und gestetigt sein in Gott, daß nichts sich in sie einzudrücken vermag, weder Hoffnung noch Furcht, weder Freude noch Jammer, weder Liebe noch Leid noch irgendetwas, das sie aus der Bahn zu bringen vermöchte ... auch soll die Seele gleich fern sein von allen irdischen Dingen ... , dem allem soll sie völlig abgestorben, gelassen und erhaben gegenüberstehen« [68].

Eckhart lehnt – wie auch andere Mystiker – Visionen, bildhafte Vorstellungen, Bittgebete, sogen. gute Werke, Askese, Bußübungen und Kasteiung ab:

»Du sollst Gott bildlos erkennen, unmittelbar und ohne Gleichnis« [69];
»Zum ersten sagen wir, daß der ein armer Mensch sei, der nichts will. Diesen Sinn verstehen manche Leute nicht richtig: es sind jene Leute, die in Bußübung und äußerlicher Übung an ihrem selbstischen Ich festhalten ... Diese Menschen heißen heilig auf Grund des äußeren Anscheins, aber von innen sind sie Esel, denn sie erfassen nicht den (genauen) eigentlichen Sinn göttlicher Wahrheit« [70];
»Des Wachens, Fastens, Betens und aller Kasteiung bedarf Gott nicht« [71];
»Hätte ein Mensch hundert Mark und gäbe die für Gott hin und schüfe ein Kloster, das wäre eine große Sache. Ich aber sage: Es wäre viel größer und besser, wenn ein Mensch ebensoviel sich um Gottes Willen verachtete und als nichtig ansähe« [72].

Den Zustand tiefer innerer Freude, der von vielen Mystikern beschrieben wird, erlebt auch Eckhart:

»Geschieht's, daß das Kind in dir geboren wird, so hast du so große Freude durch jedes der guten Werke, die in dieser Welt geschehen, daß deine Freude die allergrößte Beständigkeit erlangt, so daß sie sich nicht ändert« [73];
»Niemand soll glauben, daß es schwer sei, hierzu (zur Erkenntnis) zu gelangen, wenngleich es schwer klingt und auch schwer ist am Anfang und im Abscheiden und Absterben gegenüber allen Dingen. Aber wenn man (erst) hineinkommt, so hat es nie ein leichteres, lustvolleres und liebenswerteres Leben gegeben« [74].

Immer wieder, mit eindringlichen Worten, beschreibt Eckhart die letzte Stufe des Mystikers, die Einung mit dem Göttlichen:

»Wenn aber Gott in mir ist und ich in Gott bin, so bin ich nicht geringer und Gott ist nicht höher« [75];
»Soll ich Gott auf solche Weise unmittelbar erkennen, so muß ich schlechthin er und er muß ich werden« [76];
» ... so wird auf alle Weise das Fünklein in der Seele emporgetragen in dem Lichte und in dem Heiligen Geiste und auf solche Weise hinaufgetragen in den ersten

Ursprung und wird ganz so eins mit Gott und strebt so ganz ins Eine und ist in eigentlicherem Sinne eins mit Gott, als die Speise mit meinem Leibe ist« [77]; »Denn mir wird in diesem Durchbrechen zuteil, daß ich und Gott eins sind« [78]; »Soll ich Gott unmittelbar und ohne Bild und ohne Gleichnis erkennen, so muß Gott geradezu ich werden und ich geradezu er, so völlig eins, daß ich mit ihm wirke ... « [79].

Zeit und Raum werden in der unio mystica überwunden:

» ... was Gott vor tausend Jahren getan hat, und nach tausend Jahren (tun wird) und was er jetzt tut, das ist nichts als ein Werk. Darum wirkt der Mensch, der über die Zeit erhoben ist in die Ewigkeit, mit Gott, was Gott vor tausend und nach tausend Jahren gewirkt hat« [80].

An manchen Stellen spricht Eckhart vom »Durchbrechen in die Einöde« oder in die »Wüste«, Ausdrücke, die an das »Chaos« taoistischer Mystiker (s.u., Abschn. 9.4.2) erinnern:

»Dieser Geist muß alle Zahl überschreiten und alle Vielheit durchbrechen; und er wird (dann) von Gott durchbrochen; ebenso aber, wie er mich durchbricht, so durchbreche ich ihn! Gott leitet diesen Geist in die Wüste und in die Einheit seiner selbst, wo er ein lauteres Eines ist und (nur noch) in sich selbst quillt. Dieser Geist hat kein warum mehr; ... Dieser Geist steht in Einheit und Freiheit« [81];
»Ich habe von einer Kraft in der Seele gesprochen; in ihrem ersten Ausbruche erfaßt sie Gott nicht, sofern er gut ist, sie erfaßt Gott auch nicht, sofern er die Wahrheit ist: sie dringt bis auf den Grund und sucht weiter und erfaßt Gott in seiner Einheit und in seiner Einöde; sie erfaßt Gott in seiner Wüste und in seinem eigenen Grunde« [82].

Schließlich finden sich bei Eckhart auch Abschnitte, die dem buddhistischen »töte den Buddha!«, d.h. »töte dich selbst und überwinde alle Grenzen«, entsprechen:

»Wenn ich in den Grund, in den Boden, in den Strom und in die Quelle der Gottheit komme, so fragt mich niemand, woher ich komme oder wo ich gewesen sei. Dort hat mich niemand vermißt, dort entwird Gott« [83];
»Darum bitte ich Gott, daß er mich Gottes quitt mache; denn mein wesentlicheres Sein ist oberhalb von Gott, sofern wir Gott als Beginn der Kreaturen fassen« [84].

Als Letztes bleibt das Schweigen:

»Die Schrift sagt: Zur Zeit der Mitternacht, als alle Dinge im Schweigen waren, da kam, Herr, dein Wort herab von den königlichen Stühlen (Weish 18, 14-15). Das heißt: In der Nacht, wenn keine Kreatur (mehr) in die Seele leuchtet noch lugt, und im Stillschweigen, wo nichts mehr in die Seele spricht, da wird das Wort (ein-)gesprochen in die Vernunft« [85];
»Darum sagt Augustinus: Das Schönste, was der Mensch über Gott auszusagen vermag, besteht darin, daß er aus der Weisheit des inneren Reichtums schweigen könne. Schweig daher und klaffe nicht über Gott ... « [86].

Wie steht der Mystiker Eckhart den Anforderungen des praktischen Lebens gegenüber? Fragt man ihn: Warum lebst du?, so wird er antworten: Ich weiß es nicht, (aber) ich lebe gern! Er lebt und wirkt, ohne nach dem warum zu fragen. Seine Liebe gilt Gott *und* seinem Nächsten. Die erwähnte Auslegung der Erzählung von Martha und Maria zeigt Eckharts Denken: Nicht kontemplatives *oder* aktives, sondern kontemplatives *und* aktives Leben sind anzustreben. Beide sind notwendig auf dem Wege zu Gott. Nach dieser Anschauung hat Eckhart gelebt.

Der Prozeß

In seiner ersten deutschen Schrift, den »Reden der Unterweisung«, steht Eckhart noch ganz auf dem Boden der kirchlich anerkannten Lehre. Wie für jeden Christen war auch für ihn das von der Kirche vermittelte Gedankengut der feste Grund seines Glaubens.

Später kam er aber verschiedentlich zu Ansichten, die deutlich von den Lehren der Kirche abweichen. Anscheinend war er sich dieser Gegensätze zum hergebrachten Glauben nicht bewußt, sondern meinte, seine Ideen in die orthodoxen Anschauungen der Kirche einfügen zu können. Vielleicht brachten ihm die mystischen Erlebnisse das Gefühl, daß manche Glaubenssätze unwesentlich seien und daß er innerlich über den Bereich ihrer Gültigkeit hinausgelangt wäre, ohne daß er deshalb außerhalb der Kirche stehen müßte.

Im Gegensatz zu manchen Mystikern, die in gleicher Situation es vorzogen zu schweigen (z.B. al-Ghazzali, al-Junaid, auch Thomas von Aquin), wagte Eckhart die Verbreitung seiner Einsichten in öffentlicher Predigt und in Diskussionen im Kreise von Mitbrüdern; wie auch andere Mystiker stieß er bei seinen kirchlichen Vorgesetzten auf Unverständnis und Ablehnung. Hinzu kam die schon erwähnte Originalität in der Formulierung und Auslegung gängiger Lehren, die manchmal die Kritik geradezu herausforderte. Und schließlich fehlten bei ihm auch einige beißende Angriffe auf andere Gelehrte nicht:

> »Nun wundert's mich bei manchen Pfaffen, die recht gelehrt und große Pfaffen sein wollen, daß sie sich's schnell genügen lassen und sich betören lassen ... « [87]; »Die besten Meister sagen, der Kern der Seligkeit liege im Erkennen. Ein großer Pfaffe kam neulich nach Paris, der war dagegen und schrie und tat gar aufgeregt. Da sprach ein anderer Meister ... : Meister, ihr schreit und erregt euch sehr; wäre es nicht Gottes Wort im Heiligen Evangelium, so dürftet ihr schreien und gar sehr euch aufregen« [88].

Auch wenn das Wort »Pfaffe« zu Eckharts Zeit noch nicht die heutige abwertende Bedeutung gehabt hat, so hat er sich doch durch derartige Äußerungen kaum Freunde geschaffen; auch könnte mancher, der gar nicht gemeint war, den Spott auf sich bezogen haben.

In der Bulle des Papstes Johannes XXII., die Eckhart häretische und der

Häresie verdächtige Aussprüche vorwirft [89], lassen sich mehrere Themenkreise unterscheiden. Einmal werden Aussagen als falsch erklärt, die sich mit dem Schöpfergott und der Erschaffung der Welt befassen, z.B.:

2) Desgleichen kann zugegeben werden, daß die Welt von Ewigkeit her gewesen ist.

In mehreren Artikeln werden paradoxe Äußerungen Eckharts verurteilt, die wohl am prägnantesten im folgenden Satz enthalten sind:

6) Wer Gott selbst lästert, lobt Gott.

Weiterhin erregte Anstoß, daß Eckhart Gebet und gute Werke ablehnte und jedes Streben nach Belohnung verurteilte:

7) Wer um dieses oder jenes bittet, der bittet um Übles und in übler Weise, weil er um die Verneinung des Guten und um die Verneinung Gottes bittet, und er betet darum, daß Gott sich ihm versage.

8) Die nach nichts trachten, weder nach Ehren noch nach Nutzen noch nach innerer Hingabe noch nach Heiligkeit noch nach Belohnung noch nach dem Himmelreich, sondern auf dieses alles verzichtet haben, auch auf das, was das ihrige ist, – in solchen Menschen wird Gott geehrt.

16) Gott befiehlt nicht ausdrücklich das äußere Werk.

Den größten Raum nehmen in der Bulle aber Äußerungen Eckharts ein, die auf seine mystischen Erlebnisse zurückzuführen sind und die sich um die Vereinigung mit Gott und um den Begriff des »Einen« drehen, z.B.:

10) Wir werden völlig in Gott umgeformt und in ihn verwandelt; auf gleiche Weise, wie im Sakrament das Brot verwandelt wird in den Leib Christi: so werde ich in ihn verwandelt, daß er selbst mich hervorbringt als ein Sein als eines, nicht (etwa nur) als gleiches; beim lebendigen Gott ist es wahr, daß da kein Unterschied besteht.

23) Gott ist auf alle Weisen und in jedem Betracht nur Einer, so daß in ihm selber keinerlei Vielheit zu finden ist, weder in der Vernunft noch außerhalb der Vernunft; wer nämlich Zweiheit oder Unterschiedenheit sieht, der sieht Gott nicht, denn Gott ist Einer außerhalb jeder Zahl und über aller Zahl und fällt mit nichts in Eins zusammen.

Daraus folgt: In Gott selbst kann demnach keinerlei Unterschied sein oder erkannt werden.

* * *

Beim Urteil über die Bulle »In agro dominico« sollte man der Kurie zugestehen, daß eine Anerkennung aller Ansichten Eckharts für die Kirche nicht ohne Gefahr war. So hätte ihr der Verzicht auf gute Werke, d.h. auch auf Spenden, die materielle Grundlage bis zu einem gewissen Grade entzogen. Außerdem traf der von Eckhart geforderte Verzicht auf weltliche Güter eine wunde Stelle des damaligen Papsttums: Johannes XXII. war als überaus prachtliebend bekannt, und zudem hatte man nicht lange vorher heftige Streitigkeiten mit den Franziskanern gehabt, die ebenfalls völlige Armut auch der kirchlichen Institutionen forderten. Mit der Behauptung, daß Bußübungen, Gebete und Askese nicht im Sinne Gottes seien, befand Eckhart sich weiterhin im Widerspruch zu kirchlichen Auffassungen. Und schließlich konnte auch der Ausspruch »Wer Gott selbst lästert, lobt Gott« nicht akzeptiert werden; hätte man ihn anerkannt, so wäre jede Abwehr gegen Feinde des Christentums unmöglich geworden.

Sodann wurden in der Bulle vor allem Sätze beanstandet, die Eckhart im Überschwang mystischen Erlebens geäußert hatte. Letztlich mündeten diese in die Aussage: »Ich bin Gott« oder »Ich bin göttlich«. Derartiges konnten, wollten oder durften die nüchternen Theologen der Kurie nicht hinnehmen. Allerdings kann man hier auch Eckhart einen Vorwurf machen: Er hatte nicht damit gerechnet, daß eine Zuhörerschaft ohne Kenntnis der Mystik und ohne mystische Erfahrungen diese Äußerungen nicht verstehen konnte, und er hatte nicht daraufhingewiesen, daß mystische Erfahrungen nur ganz wenigen Menschen zuteil werden. Es konnte daher der Eindruck entstehen, daß er diese Erfahrungen als allgemein erreichbar ansah.

Eine andere Frage ist es, ob man nicht auf weniger spektakuläre Weise gegen Eckhart hätte vorgehen können. Denn auch dieser Prozeß hat der Kirche nicht zur Ehre gereicht.

Durch die Verurteilung wurden Eckharts Schriften – vor allem nach dem Tod seiner unmittelbaren Schüler – für mehrere Jahrhunderte aus dem Bewußtsein der christlichen Welt verdrängt. Heute werden sie als das gedankenreichste und originellste Werk der deutschen Mystik anerkannt.

8. 5. 4 Weitere christliche Mystiker

Man kann Pseudo-Dionysios als den Begründer der abendländischen Mystik ansehen. Er hat an der Verbreitung mystischer Ideen entscheidenden Anteil gehabt und gewissermaßen in die Theorie der Mystik eingeführt, wie sie vom Neuplatonismus (vor allem von Plotin) entwickelt worden war (vgl. Abschn. 5.4). Als weiterer herausragender Vertreter der mystischen Denkweise ist Eckhart zu nennen, dessen für die christlichen Kirchen außergewöhnliche Formulierungen oben beschrieben wurden. Außer diesen gibt es zahlreiche andere Mystiker, die ihre Erlebnisse beschrieben haben. Einige von diesen sollen im Folgenden kurz besprochen werden: Bernhard von Clairvaux, Richard von St. Victor, Schwester Katrei, Johannes Tauler, Heinrich Seuse, Jan van Ruysbroek, der Autor der »Wolke des Nichtwissens« und Johannes vom Kreuz.

Mit Eckhart, Tauler, Seuse und Ruysbroek trat eine Reihe von bedeutenden Vertretern der Mystik im Rheingebiet (in weiterem Sinne) innerhalb einer verhältnismäßig kurzen Zeitspanne auf; man pflegt sie als Gruppe der »rheinischen Mystiker« zusammenzufassen. In Spanien erreichte die Mystik mit Johannes vom Kreuz ihren Höhepunkt. Nach etwa 1600 verflachte die mystische Richtung innerhalb der europäischen Kirchen mehr und mehr und erlosch zuletzt fast völlig. Erst in neuerer Zeit beginnt sich das Interesse der Mystik wieder zuzuwenden.

Bernhard von Clairvaux

Bernhard von Clairvaux (1090 - 1153) trat im Alter von 22 Jahren zusammen mit 30 Freunden und Verwandten in das Zisterzienser-Kloster Citeaux ein. Von dort wurde er 1115 mit zwölf Mitbrüdern ausgesandt, das Kloster Clairvaux zu gründen, dessen erster Abt er wurde und in dem er auch starb. Sein Leben war erfüllt von weltlichen Unternehmungen wie organisatorischen Aufgaben in seinem Orden und politischer und kirchenpolitischer Tätigkeit; daneben gab es aber auch Zeiten zurückgezogener Besinnung. Hier interessieren nur seine in der Kontemplation erlebten mystischen Erfahrungen, die er in zahlreichen Predigten und Briefen beschrieb.

Das Hauptthema Bernhards ist die Gottesliebe. Ausgehend von der Liebeslyrik im Hohen Lied Salomos kommt er immer wieder auf das Bild von Braut und Bräutigam zurück. Das Hohe Lied war schon früher, so von Gregor von Nyssa und Origines, in christlichem Sinne gedeutet worden, wobei man seinen erotischen Gehalt übersah. Der Ausdruck »Braut« wurde dabei meist auf Maria oder auf die Kirche bezogen. Eine andere, tiefere Auslegung – das Hohe Lied als Abbild der Begegnung der Seele mit Gott – wurde vor allem von Bernhard gefördert und durchgesetzt. Jesus ist der Bräutigam, die Kirche die Braut; die Seele des Gläubigen, der in der Kirche lebt, wird dadurch ebenfalls zur Braut Christi.

Auf dem Wege zu Gott durchschreitet der Mensch mehrere Stufen. Zuerst ist er Gott unähnlich. Er hat sich durch die Sünde von Gott entfernt, bleibt aber für Göttliches empfänglich. Die nächste Stufe ist die der göttlichen Offenbarungen und Visionen, wie sie z.B. den biblischen Propheten zuteil wurden. Aber das sind nur von außen kommende Einflüsse; Gott ist noch nicht in der Seele des Gläubigen. Zuletzt kommt Gott in die Seele dessen, der für ihn empfänglich ist. Diese Erfahrung kann für kurze Augenblicke zur Entrückung führen, zu einem Zustand, bei dem das Ich völlig ausgeschaltet ist und der Beginn des absoluten Einsseins mit Gott erlebt wird.

Zu Gott führen unablässiges Gebet und Selbsterkenntnis, d.h. Erkenntnis des Urgrundes, aus dem die Seele in das irdische Leben abgestiegen ist. Entscheidend ist das Aufgeben aller Wünsche, die nicht Gott betreffen; nichts darf von dem Gedanken an Gott ablenken. Nur durch völliges Versenken in Gott und durch Meditation über Christus und über Bibelworte kann der Mystiker zu höheren Bewußtseinsstufen gelangen. Andererseits lehnt Bernhard untätiges Eremitentum ab. Zusätzlich zum kontemplativen Leben soll aktive Tätigkeit im Dienste an den Mitmenschen ausgeübt werden.

Die Bedeutung Bernhards besteht in der Entwicklung der Liebes- und Brautmystik, die später in der katholischen Kirche eine bedeutende Rolle spielte. Bei dieser mystischen Strömung besteht aber die Gefahr, daß nur eine schwärmerische Gottesliebe entsteht oder daß ins Unterbewußtsein verdrängte Erotik zum Ausdruck gelangt.

Richard von St. Victor

Richard von St.Victor (gest. 1173), ein aus Schottland stammender Mönch, lebte und wirkte in der Abtei St.Victor vor den Toren von Paris. Als Abt und Lehrer vermittelte er das Gedankengut Plotins, des Proklos und des Pseudo-Dionysios und beschrieb seine mystischen Erfahrungen in mehreren Schriften. Er versuchte, die Mystik in die Theologie einzuordnen. Durch intensive Beobachtung der menschlichen Seele kam er zu wichtigen psychologischen Einsichten; so sagt Dante von ihm, daß er auf Grund seiner Kenntnis göttlicher Geheimnisse »mehr als je ein Mensch erschaute«.

In seinem Werk »De Quatuor Gradibus Violentae Charitatis« (Über die vier Stufen der innigen [christlichen] Liebe) teilt er den Weg des Mystikers in vier Stufen ein, wobei er wie Bernhard von Clairvaux die Bilder von Braut, Bräutigam und Hochzeit verwendet. Auf einer Vorstufe des Weges muß sich der Gläubige von allen weltlichen Bindungen lösen, sich von der Welt reinigen, einfach und schlicht werden und sich dem eigenen Inneren zuwenden. Die Liebe der Seele zu Gott wird mit der Liebe der Braut zum Bräutigam verglichen.

Die erste Stufe des Weges entspricht dem Verlöbnis: Alle Gedanken sind auf Gott gerichtet, alles ist aufgegeben, was die Konzentration auf Gott beeinträchtigt. »Die Seele dürstet nach dem Geliebten«.

Auf der zweiten Stufe, der der Hochzeit, ist die Seele von jeder irdischen Bindung befreit, sie erkennt jetzt das Göttliche in sich.

Die dritte Stufe, die der Ehe, ist die Vereinigung der Seele mit Gott, die unio mystica. Der Mystiker hat sich selbst aufgegeben, seine Seele geht in Gott auf.

An diese schließt sich noch eine vierte Stufe an, die der »Fruchtbarkeit der Seele«. Der Mystiker hat die allumfassende Liebe Gottes in der Entrückung erfahren, er soll aber nicht in diesem Zustand verharren, sondern geläutert in das gewöhnliche Leben zurückkehren. Er soll für seine Mitmenschen leben und wirken und ihnen seine mystischen Erkenntnisse vermitteln. Diese Stufe ist gewissermaßen die Ernte seines mystischen Erlebens.

Mehrfach beschreibt Richard eine Erfahrung, die ihm auf der ersten Stufe zuteil wurde: das Erlebnis eines tiefen inneren Friedens. Alles Belastende ist von ihm abgefallen, die Seele befindet sich im Zustand völliger Ruhe. Dieser Zustand ist nicht mit dem eines traumlosen Tiefschlafes gleichzusetzen, denn er wird bei vollem Bewußtsein wahrgenommen und führt zu einer lebhaft empfundenen geistigen Frische. Doch warnt Richard davor, bei diesem Zustand stehenzubleiben; er muß überwunden werden, wenn man zur Einung mit Gott gelangen will.

Die mystischen Hauptwerke Richards sind die Schriften »Benjamin minor« und »Benjamin major« (der kleinere Benjamin und der größere Benjamin). Der Titel bezieht sich auf den jüngsten Sohn der Rahel, einer der beiden Frauen Jacobs, die bei seiner Geburt starb (1 Mose 35,18). Im »Benjamin major«, der ausführlicheren Fassung, wird eine systematische Ordnung der mystischen Erfahrungen gegeben. Die Vorbereitung des mystischen Weges besteht in der »intuitiven Selbsterkenntnis« oder der Erkenntnis des Göttlichen in der menschlichen Seele. Rahel entspricht dem Abbild Gottes in der Seele. Sie mußte sterben (das Abbild muß vernichtet werden), damit Benjamin (die vergöttlichte Seele) geboren werden kann. Die Seele, die Gott erreicht, gibt sich auf, um von Gott aufgenommen werden zu können. Nach der Einswerdung mit Gott weiß sie nichts mehr von sich selbst.

Schwester Katrei

Der Traktat Schwester Katrei eines unbekannten Autors, der im 14. Jahrhundert lebte, soll wegen der außergewöhnlich klaren Beschreibung mystischer Erlebnisse auszugsweise wiedergegeben werden.

> »Die Tochter (Katrei) sprach (zu ihrem Beichtvater): Bittet Gott für mich, und (sie) geht in ihre Einsamkeit und genießt Gottes. Die Weile aber währt nicht lang, da kommt sie wieder vor die Pforte und verlangt ihren Beichtvater und spricht:

Herr, freuet euch mit mir, ich bin Gott geworden. Er sprach: Gelobt sei Gott! Nun geh von allen Leuten wieder fort in deine Einsamkeit: bleibst du Gott, ich gönne dirs wohl. Sie ist dem ehrwürdigen Beichtvater gehorsam und geht in einen Winkel in der Kirche. Da kam sie dazu, daß sie all das vergaß, was je Namen gewann, und ward so fern aus sich selber und aus allen geschaffenen Dingen gezogen, daß man sie aus der Kirche tragen mußte, und lag bis an den dritten Tag, und man hielt sie für sicherlich tot. Der Beichtvater sprach: Ich glaube nicht, daß sie tot sei. Wisset, wäre der Beichtvater nicht gewesen, man hätte sie begraben. Man versuchte alles, was man erdenken konnte, ob die Seele im Leibe wäre; das konnte man nicht erfahren. Man sprach: Gewiß, sie ist tot. Der Beichtvater sprach: Gewiß, sie ist es nicht. Am dritten Tage kam die Tochter wieder zu sich und sprach: Ach, ich Arme, ich bin wieder hier? Der Beichtvater war bereit und redete zu ihr und sprach: Laß mich göttlicher Treue genießen und offenbare mir, was du erfahren hast. Sie sprach: Gott weiß wohl, ich kann nicht. Was ich erfahren habe, das kann ich nicht in Worte bringen. Er sprach: Hast du nun alles, was du willst? Sie sprach: Ja, ich bin bewährt.

Sie sprach: Ich hatte alle Kräfte meiner Seele gezäumt und gezähmt, so daß, wenn ich mich sah, ich Gott in mir sah und alles was Gott je schuf im Himmel und auf Erden. Dies will ich euch noch besser erzählen. Ihr wisset wohl, wer in Gott gekehrt ist und in den Spiegel der Wahrheit, der sieht alles was nach dem Spiegel gerichtet ist, das sind alle Dinge. Dies war meine innere Übung, ehe ich bewährt wurde. Habt ihr den Sinn wohl verstanden? Er sprach: Es muß notwendig so sein. Ist aber deine Übung nun nicht so? Sie sprach: Nein. Ich habe mit den Engeln und mit den Heiligen nichts zu schaffen noch mit alledem was je geschaffen ward. Mehr: Was je zu Worte ward, damit habe ich nichts zu schaffen. Er sprach: Davon berichte mir mehr. Sie sprach: Das tue ich. Ich bin bewährt in der nackten Gottheit, darin nie Bild noch Form bestand. Er sprach: Bist du da beständig? Sie sprach: Ja. Er sprach: Wisse, diese Rede höre ich gern, liebe Tochter, rede weiter. Sie sprach: Ich bin da wo ich war, ehe ich geschaffen wurde, da ist bloß Gott in Gott. Da ist weder Himmel noch Heilige noch Chöre noch Engel noch dies noch das. Manche Leute sagen von acht Himmeln und von neun Chören; das ist da nicht, wo ich bin. Ihr sollt wissen, alles was man so zu Worte bringt und den Leuten mit Bildern vorlegt, das ist nichts als ein Anreiz zu Gott. Wisset, daß in Gott nichts ist als Gott. Wisset, daß keine Seele in Gott kommen kann, sie werde denn zuvor so Gott wie sie Gott war, ehe sie geschaffen wurde« [90].

Johannes Tauler

Johannes Tauler wurde um 1300 geboren und trat etwa 1315 in das Dominikaner-Kloster zu Straßburg ein. Nach einigen Studienjahren ging er zur weiteren Ausbildung nach Köln. Ob er dort Meister Eckhart, der von 1324 - 1327 in Köln lehrte, persönlich kennenlernte, ist nicht bekannt, aber möglich. 1335 war Tauler in Straßburg als Lektor und Prediger tätig. Von 1338 - 1348 verließ er Straßburg, da Papst Johannes XXII. diese Stadt infolge eines Streites mit dem Kaiser mit dem Interdikt belegt hatte, was bedeutete, daß keine Gottesdienste abgehalten und keine Sakramente gespendet werden durften. 1348 kehrte Tauler nach Straßburg zurück, wo er 1361 starb. Sein Grabstein ist noch erhalten.

Wegen seines schlechten Gesundheitszustandes konnte er nicht alle Regeln seines Ordens einhalten und daher auch keine akademischen Titel erwerben. Es gibt keine umfangreicheren Schriften von ihm, seine Briefe sind bis auf einen verloren. Man kann heute Taulers Gedanken und Lehren nur aus den zahlreich erhaltenen Nachschriften seiner Predigten erschließen.

Die Lehren Taulers stehen in der Tradition Alberts des Großen und des Thomas von Aquin, doch weisen seine Predigten auch eigene Züge auf. Er scheut sich nicht, Gedanken zu vertreten, die im Widerspruch zu Thomas von Aquin stehen. Am stärksten ist er von Eckhart beeinflußt, durch den er Zugang zum Neuplatonismus und zu den Schriften des Pseudo-Dionysios findet.

Wie Eckhart spricht Tauler nie direkt von eigenem mystischen Erleben, doch rechnet man ihn gewöhnlich zu den Mystikern. So sagt er, daß man den mystischen Weg nicht vor dem 40. Lebensjahr beschreiten solle, und gewöhnlich würden sich mystische Erfahrungen erst noch später einstellen. Er behandelt hauptsächlich die psychologische Seite der Mystik; theoretische Erörterungen liegen ihm offenbar fern.

Während Thomas von Aquin nur zwei Bereiche der menschlichen Seele – den sinnlichen und den intellektuellen – anerkennt, unterscheidet Tauler (wie Eckhart) noch eine zusätzliche Komponente, welche die Vereinigung der Seele mit Gott ermöglicht. Das ist der »Seelengrund« oder die »geistige Natur« der Seele. Der Mensch ist befähigt, sich diesem Grund zuzuwenden. Gelegentlich spricht er auch vom »Gemüt«, einem Seelenbereich, der gewissermaßen zwischen dem Seelengrund und dem intellektuellen Teil steht und letzteren lenkt. Allerdings ist eine genaue Abgrenzung beider Ausdrücke nicht möglich.

Von Eckhart übernimmt Tauler auch die Lehre von der Gottesgeburt in der Seele:

> »Die dritte Messe singt man am klaren Tage, ... und sie denkt auf die liebreiche Geburt, die alle Tage und in allen Augenblicken in jeder guten, heiligen Seele geschehen soll und geschieht ... ; denn soll sie diese Geburt in sich empfinden und ihrer gewahr werden, so muß das geschehen durch eine Einkehr und Rückkehr aller ihrer Kräfte, und in dieser Geburt wird Gott ihr so zu eigen und gibt sich ihr so zu eigen, wie niemals jemandem etwas zu eigen ward« [91].

Der Mensch hat die Einheit mit Gott verlassen, und sein Ziel muß die Rückkehr zu Gott sein. Er muß sein eigenes innerstes Wesen erkennen, um den verborgenen Grund der Seele zu erreichen, in dem das Abbild Gottes ist. Diese Wendung nach innen erfordert eine völlige Läuterung des Charakters und den Verzicht auf alle Äußerlichkeiten. Die mystische Erfahrung ist das Hineintragen des geschaffenen menschlichen Geistes in den ungeschaffenen Geist Gottes:

> » ... wenn der Mensch mit allen Übungen den äußersten Menschen in den inwendigen, vernünftigen Menschen zieht, und wenn dann die beiden Menschen, das sind die sinnlichen und die vernünftigen Kräfte, sich völlig hinauftragen in den allerinwendigsten Menschen, in die Verborgenheit des Geistes, in der das wahre

Bild Gottes liegt, und wenn sich dieses dann völlig in den göttlichen Abgrund schwingt, in dem der Mensch ewig in seiner Ungeschaffenheit war – dann, wenn Gott den Menschen so in Lauterkeit und in Nacktheit sich zugekehrt findet, so neigt sich der göttliche Abgrund und sinkt in den lauteren, ihm zugekehrten Grund und überformt den geschaffenen Grund und zieht ihn durch die Überformung in die Ungeschaffenheit, so daß der Geist ganz eins mit ihm wird. Könnte der Mensch sich darin sehen, er sähe sich so edel, daß er völlig glaubte, Gott zu sein ... « [92].

Heinrich Seuse

Heinrich Seuse (latinisiert Suso) wurde 1295 geboren und mit 13 Jahren in das Dominikaner-Kloster in Konstanz (das »Inselkloster«) aufgenommen. Im Alter von 18 Jahren hatte er ein inneres Erlebnis, das ihn zu einem asketischen Leben mit grausamen Kasteiungen führte. Erst 20 Jahre später gab er diese Lebensweise wieder auf. Etwa 1325 weilte er für einige Zeit in Köln, wo er Schüler Eckharts wurde. Er ging dann wieder nach Konstanz zurück und wurde in seinem angestammten Kloster Lektor. Hier vertrat er die Ansichten seines Lehrers Eckhart und wurde vermutlich deshalb vor ein kirchliches Gericht gestellt, aber nicht verurteilt. Er wandte sich dann der geistlichen Betreuung der Nonnen in den Dominikanerrinnen-Klöstern der Umgebung zu, verließ aber wegen einer üblen Verleumdung Konstanz und ging nach Ulm, wo er 1366 starb. 1831 wurde er selig gesprochen. Seine Mystik ist in dem kleinen »Buch der Wahrheit« enthalten.

In seiner Religiosität ist Seuse stark von seinem Lehrer Eckhart beeinflußt. Er übernimmt die (auf den Neuplatonismus zurückgehende) Lehre, daß alles Irdische der Einheit mit Gott entstammt und zu dieser Einheit zurückkehren muß. Die letzte Einheit, der Urgrund, ist namenlos, und man kann sie bzw. Gott sogar als »Nicht-Sein« oder als »Nicht« bezeichnen:

> »Der Mensch kann mit der Zeit dahin kommen, daß er sich erkennt eins mit dem, das da ein Nicht aller Dinge ist, die man aussinnen oder in Worte fassen kann; und dieses Nicht nennt man nach allgemeiner Übereinstimmung Gott und es ist an sich selbst ein allerwirklichstes Etwas. Und hier erkennt sich der Mensch eins mit diesem Nicht und dieses Nicht erkennt sich selbst ohne das Werk der Erkenntnis ... « [93].

Auch die Eckhartsche Unterscheidung zwischen Gott und Gottheit findet sich bei Seuse. Die Gottheit steht über allem und wirkt nicht, nur Gott wirkt und schafft, doch sind beide eins. Der Weg zur mystischen Einung führt auch bei ihm über die Selbstentäußerung:

> »Es geschieht ohne Zweifel; wenn der gute und getreue Knecht eingeführt wird in die Freude seines Herrn, so wird er trunken von dem unermeßlichen Überfluß des göttlichen Hauses; denn ihm geschieht in unaussprechlicher Weise wie einem trunkenen Menschen, der seiner selbst vergißt, daß er seiner selbst nicht mächtig ist, daß er sich selbst zumal entworden ist und zumal in Gott untergegangen ist und ein Geist mit ihm geworden ist völlig in der Weise, wie ein kleines Wassertröpflein, in viel Wein gegossen. Denn wie dies sich selbst entwird, wenn es den

Geschmack und die Farbe des Weines an sich und in sich zieht, also geschieht denen, die im vollen Besitz der Seligkeit sind, daß ihnen in unaussprechlicher Weise alle menschliche Begierde entweicht und sie sich selber entsinken und zumal in den göttlichen Willen versinken« [94].

»Verstehst du nicht, daß die kräftige, entwerdende Entrückung in das Nicht in dem Grunde Gottes allen Unterschied aufhebt, nicht nach dem Wesen, sondern nur für unsere Auffassung, wie gesagt ist? ...« [95].

Seuse drückt seine Gedanken anschaulicher, weniger abstrakt als Eckhart aus. Er vermeidet überspitzte Formulierungen, die Eckhart in Schwierigkeiten gebracht hatten. Auch ist seine Mystik leichter zu verstehen als die seines Lehrers oder als die der Neuplatoniker. Sie verleitet allerdings eher zu einem Verbleiben auf einer der unteren Stufen, zumal er viel von Visionen und ekstatischen Zuständen spricht, die nicht zum Bereich der tiefsten mystischen Erfahrungen gehören. Er vermochte die deutsche Mystik stärker zu beeinflussen als Eckhart, der ihm jedoch an Originalität weit überlegen war.

Jan van Ruysbroek

Jan van Ruysbroek wurde nach dem Dorf Ruusbroec bei Brüssel benannt, in dem er 1293 geboren wurde; seinen eigentlichen Namen kennt man nicht. Ruysbroek wurde 1317 zum Priester geweiht und versah dann 25 Jahre lang das Amt eines Vikars und später das eines Kaplans an der Kirche St.Gudula in Brüssel. In Opposition zu dem verflachten kirchlichen Leben in der Gemeinde zog er sich 1343 zusammen mit seinem Vetter Hinkaert und dem Chorherrn van Coudenberg in die Einsiedelei Groenendael bei Brüssel zurück, um dort ein vollkommeneres Leben zu führen. Ruysbroek blieb bis zu seinem Tode in Groenendael, wo er hochgeachtet und verehrt 1381 starb. Er wurde 1909 selig gesprochen.

Von den zahlreichen Schriften Ruysbroeks sollen nur »Das Reich der Geliebten« und »Die Zierde der geistlichen Hochzeit« erwähnt werden. In beiden werden mystische Erlebnisse beschrieben. Von ihm stammen klare Schilderungen der Beziehungen der Seele zu Gott und ihrer Einung mit Gott. Wie andere Mystiker lehrt auch Ruysbroek, daß eine lange Zeit der Vorbereitung notwendig ist, bevor es zum letzten mystischen Erlebnis kommen kann, das aber nur wenige erreichen. Bescheidenheit, Demut und die Bereitschaft, sich selbst aufzugeben, sind »das Tor zur Stadt Gottes«. Er mahnt zu Geduld in »Zeiten der Trockenheit«, d.h. der Stagnation, und er warnt andererseits davor, bei dem Zustand der inneren Ruhe zu verweilen, der sich auf dem Wege zu Gott einstellt. Wer die Einung zum Ziel hat, muß darüber hinausschreiten. Alle Mühen dieses beschwerlichen Weges sind aber schnell vergessen, wenn erst die letzte Stufe erreicht ist.

Der Weg zu Gott führt über Jesus Christus, dessen Person und Leben das Vorbild des werdenden Mystikers sind. Doch ist der Pfad nicht frei von Prüfungen, welche die Seele zum Aufgeben jeden eigenen Willens zwingen; erst dann gelangt sie durch die Gnade Gottes zur Erkenntnis und Erleuchtung. Dabei wird sie von einer »weiselosen« Liebe erfüllt, d.h. von einer Liebe, die ohne jede Eigenschaft und Vorstellbarkeit ist. Die Stufen auf dem Wege zur Einung mit Gott sind für Ruysbroek nicht scharf getrennt, sondern gehen fließend ineinander über. Die letzte Stufe wird als »überwesentlich« oder als »göttliches Leben« bezeichnet.

Ruysbroek spricht immer wieder von Vereinigung der Seele mit Gott:

> »In dieser genußvollen Einheit mit Gott werden wir stets ruhen, erhaben über uns selbst und allen Dingen. Aus dieser Einheit fließen alle Gaben hervor, die natürlichen und die übernatürlichen. Und doch ruht der minnende Geist in dieser Einheit über allen Gaben. Denn hier ist nichts als Gott, und der Geist unmittelbar vereint mit Gott« [96].

Für Ruysbroek bedeutet »Überwesentlichkeit« und »göttliches Leben« auf der Stufe der Einung, daß das trinitarische Wesen Gottes fortwährend in die Einheit zurückfließt und wiederum aus der Einheit heraustritt. Die Seele, die zur Einung mit Gott gelangen will, muß diesem Hin- und Herfließen folgen; sie kann aber nicht im Zustand der Einung verbleiben, sondern wird zurück zum tätigen Leben geführt. Die Beschreibungen Ruysbroeks über den Aufstieg der Seele zur Einung mit Gott fußen demnach auf der Idee der Hl. Dreifaltigkeit.

Im höchsten Erlebnis empfindet sich der Mystiker hineingezogen in die ungeheure Kraft Gottes, in sein Leben und in seine allumfassende Liebe. In diesem Zustand hat er teil an einem Frieden und an einer Freude, die keinen Gegenstand haben. Die Seele ist in der Welt abgestorben und lebt nur in Gott. Dieser Zustand ist ein Untertauchen, ein Versinken des Selbst im Absoluten. Alle Dinge sind vollendet, und alle Dinge werden erneuert, erlebt wird die Unermeßlichkeit Gottes. Der eigene Wille wird leer von jedem Wollen und verwandelt sich in Liebe. Der Geist wird frei von jedem Gedanken und erfüllt sich mit Gottes Leben. Trotz dieser Erfahrungen erkennt der Mystiker, daß seine Seele zwar in Gott, aber nicht Gott selbst war. Die Seele erleidet bei der Einung eine »Überformung Gottes in Einfalt«; sie weiß, daß Gott für sie ein Geheimnis ist und daß er unverstanden bleiben wird, denn der menschlichen Erkenntnis sind Grenzen gesetzt, die nicht überschritten werden können. Es bleibt die »Dunkelheit des Nichtwissens«.

Der Gottesbegriff Ruysbroeks ist manchmal der persönliche und manchmal der unpersönliche Gott. Während des Aufstieges auf dem mystischen Wege erwartet er, daß Gott auf ihn zukommt. Emporgehoben über alles Denken kommt es zu einer noch anschaulich erlebbaren Begegnung mit dem Bräutigam, dem Geliebten der Seele. Diese Begegnung beseitigt alles Trennende und macht die »Vereinignug in Seligkeit«, die mystische Hochzeit, möglich. Bei der Beschreibung der Einung gibt es aber für Ruysbroek keinen persönlichen Gott mehr, sondern nur noch das Absolute, in dem die Seele versinkt. Alle Vorstellungen über Gott und die Dreifaltigkeit verschwinden; Gott wird nur als der Eine, als der grenzenlose Ozean, in dem alle Flüsse aufgehen, empfunden. Das »Sicheinsfühlen mit Gott« ist nicht beschreibbar, jedes rationale Denken ist ausgeschaltet:

> »Denn in diesem bodenlosen Wirbel der Einfalt werden alle Dinge in die genießende Seligkeit hineingezogen, der Grund und Boden selbst aber bleibt unverstanden, außer durch die wesentliche Einheit selbst. Hiervor müssen die Personen zurückweichen und ebenso alles, was in Gott lebt, denn hier gibt es nichts anderes als ein ewiges Ruhen in einer genießenden Umarmung minniglicher Entsunkenheit. Dies nun geschieht in jenem weiselosen Wesen, das alle innigen Geister über alles andere erkoren haben. Dies ist die dunkle Stille, worin alle Liebenden verloren sind ...« [97].

Das Verbundensein mit dem göttlichen Grund beruht auf Liebe, und die Liebe bestimmt fortan das Tun des Mystikers. Er ist über sich selbst hinausgewachsen, in seiner Versunkenheit ist er ganz in Gott, er lebt in Gott. In der Wachheit bleibt er erfüllt von der Liebe zu Gott, denn Gott zieht alle, die ihn lieben, kraft seiner Liebe zu sich. So ist der Mystiker in seiner inneren Ruhe ein wahrer Sohn Gottes. Er ist nicht mehr er selbst, sondern die Geburt des ewigen Sohnes hat in seiner Seele stattgefunden.

Das Wichtigste am Erlebnis der Einung ist für Ruysbroek die Veränderung im Bewußtsein und im Charakter des Mystikers. Er wird umgeschaffen für ein Leben in Gott. Das Gefühl des Verbundenseins mit dem göttlichen Grund muß einhergehen mit von Gott gelenktem, nie ermüdenden Wirken aus Liebe zu Gott und zu den Menschen. »Das ist die höchste Stufe des innigen Lebens«. Ruysbroek vergleicht die charakterliche Veränderung nach der Einung mit der Veränderung nach der Hochzeit; auch dann ändert sich das Leben durch neue Aufgaben und neue Verantwortlichkeiten.

Die Wolke des Nichtwissens

Weite Verbreitung hat die Schrift *»The Cloud of Unknowing«* (Die Wolke des Nichtwissens oder des Nichterkennens) eines unbekannten Engländers des 14. Jahrhunderts gefunden. Die dunkle Wolke des Nichtwissens schiebt sich zwischen den Gläubigen und Gott. Sie bedeutet das unerkennbare Anderssein Gottes, dessen letzte Wirklichkeit verstandesmäßig überhaupt nicht und intuitiv nur angenähert erfaßt werden kann. Ausdruck und Bild wurden aus dem Alten Testament übernommen:

> »Da kam der Herr hernieder in einer Wolke, und Mose trat daselbst zu ihm und rief den Namen des Herrn an« (2 Mose 34, 5; vgl. auch 2 Mose 40, 34).

Diese Symbolik wurde auch von anderen christlichen Schriftstellern verwendet, so von Gregor von Nyssa und von Richard von St.Victor. Der Verfasser der »Wolke« steht mit der Vorstellung eines transzendenten Gottes, über den man nichts aussagen kann und der für den Menschen unerkennbar ist, in der Traditionslinie, die von Empedokles über Protagoras, Platon und Plotin zu Pseudo-Dionysios und Augustin führt und die auch als »negative Theologie« bezeichnet wird (vgl. Abschn. 8.5.2).

Der Verfasser der »Wolke« wendet sich an einen jüngeren Freund oder Mitbruder, der den mystischen Weg beschreiten möchte. Er betont die Bedeutung eines erfahrenen Lehrers für den Anfänger und gibt sowohl seine mehr theoretischen Ansichten über die Mystik als auch praktische Ratschläge für den Weg zu mystischen Erfahrungen wieder. Die Schrift hat hauptsächlich wegen dieser praktischen Unterweisung große Beachtung gefunden. Ausdrücklich wird hervorgehoben, daß das Buch nur für diejenigen geschrieben wurde, die sich ernsthaft um die »Vollkommenheit« oder um das »Werk« bemühen, und daß es nicht in die Hände der neugierigen Menge gehört.

Im Mittelpunkt der theoretischen Erörterungen stehen das Wesen der Seele und ihr Verhältnis zu Gott. Alle körperlichen Dinge sind geringer als die Seele, sie müssen ausgeschaltet werden. Nur Gott steht über der Seele. Sie selbst besteht aus drei Haupt- und zwei Nebenkräften: Gemüt, Vernunft und Wille sind die Hauptkräfte, Vorstellungskraft und sinnliche Wahrnehmung die Nebenkräfte; dabei ist das Gemüt den anderen Kräften übergeordnet. Vernunft und Wille wirken im geistigen, Vorstellungskraft und sinnliche Wahrnehmung im körperlichen Bereich.

Durch die Vernunft kann der Mensch Gut und Böse unterscheiden, durch den Willen das Gute erwählen. Die Fähigkeiten des rechten Unterscheidens und der richtigen Wahl des Guten waren aber nur vor dem Sündenfall uneingeschränkt vorhanden; danach wurde die Vernunft durch die Erbsünde getrübt. Zur richtigen Unterscheidung und Wahl bedarf der heutige Mensch daher noch der Gnade Gottes. Vollkommenheit, d.h. Vereinigung mit Gott, kann nicht erlangt werden, wenn sich das Gemüt durch Vorstellungskraft und sinnliche Wahrnehmung mit materiellen Dingen befaßt; es darf sich nur mit geistigen Vorgängen abgeben. Vorbedingung für mystisches Erleben ist Selbsterkenntnis, die Erkenntnis der eigenen Laster und Tugenden. Als nächster Schritt folgt die Meditation über das Wesen Gottes.

Das geistige Ringen wird als das »Nichts« bezeichnet, um das man sich bemühen muß. Aber nur der äußere Mensch nennt es das »Nichts«, der innere dagegen das »All«. Die Erfahrung des »Nichts« vollzieht sich in mehreren Stufen: Zuerst kommt es zur Erkenntnis der eigenen Sündhaftigkeit und zur Überzeugung, daß man unausweichlich verdammt ist. Viele bleiben auf dieser Stufe stehen, verzweifeln und wenden sich wieder weltlichen Vergnügungen zu.

Auf der zweiten Stufe glaubt man, daß die Sünden durch Gottes Gnade getilgt werden können, und vertraut auf die reinigende Kraft des Fegefeuers. Man findet jetzt Trost und Hoffnung.

Auf der dritten Stufe erkennt der Gläubige, daß die Sünde von der Erbsünde ausgeht, in der die einzelnen Sünden aufgehen. Er gelangt zu Frieden und innerer Ruhe. Seine Erfahrungen sind aber immer beschränkt, denn die Wolke des Nichtwissens steht zwischen ihm und seinem Gott.

Durch andauernde Beschäftigung mit Gott ist der Mystiker »über sich und unter Gott«. Die Gnade bewirkt seine Vereinigung mit Gott im Geist. Obwohl er dann »vergottet« ist, wird er nicht Gott, denn Gott war von Anfang an Gott, der Mensch aber ist sündig und wird erst durch die Gnade göttlich. Mit dieser Lehre von der Grenze, die dem Menschen in der unio mystica gesetzt ist, dürfte der Verfasser der »Wolke« seinen Kirchenoberen die Mystik annehmbarer gemacht haben.

Bei den praktischen Ratschlägen zum Erreichen der »Vollkommenheit« geht der Verfasser von den beiden Lebensweisen, der aktiven und der kontemplativen, aus. Beide enthalten je eine niedere und eine höhere Stufe, die zu drei Stufen zusammengezogen werden; es gibt

a) niederes aktives Leben (gute Werke, Nächstenliebe u.dgl.),

b) höheres aktives Leben = niederes kontemplatives Leben (geistige Selbstbesinnung, Versenkung in das Leben Jesu, Lobpreisung Gottes u.a.m.) und

c) höheres kontemplatives Leben (völlige Hingabe an das reine Sein Gottes); dies Leben endet nicht mit dem Tode, sondern setzt sich danach fort.

Zur Vollkommenheit führt ausschließlich das höhere kontemplative Leben. Diese Ansicht wird durch das bekannte Jesus-Wort »Maria hat das gute Teil erwählt« (Lk 10, 42) gestützt. Askese und Kasteiungen sind nutzlos, wenn nicht die Ursache der Sünde beseitigt wird. Vielmehr ist ein gesunder Körper wünschenswert, da Krankheit von Gott ablenkt. Daher wird eine maßvolle Lebensweise in Essen, Trinken und Schlafen empfohlen. Visionen, Träume und Gesichte von Engeln oder Heiligen sind belanglos.

Kontemplation, die zur Vollkommenheit führen soll, ist mühsam und schwierig, sie erfordert Ruhe und Konzentration. Zu Beginn soll man sein Gewissen durch Beichte reinigen. Hilfen für Anfänger und Fortgeschrittene sind Lektüre heiliger Schriften, Selbstbesinnung und Gebet. Anfangs soll über die eigene Sündhaftigkeit meditiert werden; dabei hilft das Gebet, die Sünde abzuwehren und das Gute zu erwählen. Auch kann man als eine Art von Mantra entweder das Wort »Sünde«, den Satz »Sünde geh' weg!« oder das Wort

»Gott« immer wieder vor sich hinsprechen. So werden sündige Gedanken durch den Gedanken an Gott verdrängt. Gelingt das nicht, so soll man sich ihnen ruhig überlassen; die Seele schämt sich dann ihrer Niederlage, und daraus kann ein Gefühl für die Größe Gottes und eine Kraft entstehen, die den Meditierenden der dunklen Wolke annähert.

Man kann eine Zeitlang über die Passion Jesu, die eigene Sünde oder über den Weg zur Vollkommenheit meditieren, soll aber nicht allzulange bei derartigen Themen verharren, denn sie bewirken immer auch eine Beschäftigung mit der eigenen Person. Auf den höchsten Stufen der Kontemplation ruhen alle solche Gedanken, selbst die heiligsten Gefühle; auch diese gehören zu den unerwünschten Zerstreuungen, die den blinden Eifer der Gottesliebe behindern. Der Mystiker soll sich in völliger Demut der Liebe zu Gott hingeben und in allem mit dem Willen Gottes übereinstimmen. Gott ist Geist; erst dann kann man mit ihm vereint werden, wenn man sich von jeder sinnlichen Empfindung gelöst hat, Gefühlen der Freude und des Ärgers gleichgültig gegenübersteht und alle Empfindungen des Bewußtseins aufgegeben hat. Gerade die letzte Forderung ist aber besonders schwer zu erfüllen. Das Bewußtsein des eigenen Seins läßt sich nur durch die Gnade Gottes in tiefster Versenkung ausschalten. Doch wird diese Gnade nur wenigen zuteil.

Wenn die körperlichen Sinne schwinden, kann man geistige Dinge erkennen, aber Gott kann man nicht mit dem Verstand erfassen. Erst wenn die Tätigkeit des Geistes aufhört, wird Gott bis zu einem gewissen Grade erkannt, denn Gott ist das Wesen, bei dessen Betrachtung alles Geistige vergeht. Man gelangt so schließlich durch die Gnade zur Vereinigung mit Gott in der Liebe. Manchmal tritt dann ein tiefes inneres Glücksgefühl ein, das dem Mystiker von Gott gewährt wird. Es muß aber von dem schädlichen Gefühl der Freude unterschieden werden, das nur durch äußere Einwirkung hervorgerufen wird.

Der Mystiker ist auf seinem Wege zu Gott auch der Gefahr von Verirrungen ausgesetzt. Dazu gehört z.B. der Glaube, daß er auf dem Weg schon weit fortgeschritten ist, während er in Wahrheit erst am Anfang steht, noch einen Rest von Stolz besitzt und seine Frömmigkeit zur Schau stellen will. Der wahre Mystiker ist darüber erhaben. Er ist von liebenswürdigem, bescheidenem Auftreten und hat weder Freunde noch Feinde. Er hütet sich davor, andere tadeln oder belehren zu wollen, er ist sich vielmehr seiner eigenen Sündhaftigkeit bewußt.

Johannes vom Kreuz

Der spanische Mystiker Johannes Yepes, genannt Johannes vom Kreuz, wurde 1542 in Kastilien geboren und trat 1563 in den Karmeliter-Orden ein. Er studierte in Salamanca, wo er 1567 zum Priester geweiht wurde, und widmete sich dann der Lehrtätigkeit und organisatorischen Aufgaben in seinem Orden. Unter anderem versuchte er, Reformen des etwas lässig gewordenen Ordenslebens durchzusetzen. Von 1572 - 1577 wirkte er im »Kloster der Menschwerdung« in Avila, dessen Priorin die Hl. Teresa von Avila (1515 - 1582) war. Wegen seines reformatorischen Eifers wurde er jedoch viel angefeindet; 1577 verschleppten ihn seine Gegner nach Toledo, kerkerten ihn ein und mißhandelten ihn. Nach 9 Monaten gelang es ihm zu fliehen; er wirkte danach in mehreren spanischen Provinzen und starb 1591 in Ueda (Provinz Jaen). 1675 wurde er selig, 1726 heilig gesprochen.

Johannes vom Kreuz besaß eine intensive mystische Begabung und hatte häufig tiefe Entrückungszustände. Er ist Meister in der Darstellung des verinnerlichten Lebens und des Zustandes der Versenkung oder Entrückung. Er beschreibt seine Erfahrungen nicht nur in Lehrschriften, sondern auch in formvollendeten Gedichten, die in ihrer Ausdruckskraft den Vergleich mit Werken islamischer Mystiker wie Rumi zulassen. Mit seinen Dichtungen will er andere zu gleichem mystischen Erleben, wie es ihm beschieden war, hinführen.

Obwohl er vor allem aus der Kraft seiner durch Gotteserfahrung gewonnenen Einsichten lehrt, lassen sich bei ihm doch auch Einflüsse des Denkens des Thomas von Aquin, des Augustinus und des Pseudo-Dionysios feststellen. Das Vorbild seiner Poesie ist wegen des gleichnishaften Charakters und der Schönheit der Sprache das Hohe Lied Salomos. Einige seiner häufigsten Themen sind das Bild von Braut und Bräutigam und die mystische Hochzeit. Von seinen zahlreichen Werken sollen nur drei Gedichte, »Der geistliche Gesang«, »Die lebendige Liebesflamme« und »Die dunkle Nacht« erwähnt werden; das zuletzt genannte ist in dem umfangreichen Werk »Empor den Karmelberg« enthalten. Alle drei wurden unmittelbar nach dem Erwachen aus einem mystischen Erlebnis niedergeschrieben. Vordergründig sind sie Liebesgedichte und daher ohne Deutung nur schwer zu verstehen; sie wurden von ihm selbst mit Kommentaren versehen.

Das Gedicht »Der geistliche Gesang« steht dem Hohen Lied am nächsten. Zuerst lernen wir die Gedanken von Braut und Bräutigam kennen, danach die des Gatten und der Gattin. Zuerst sind sie erfüllt vom Schmerz der Trennung (d.h. vom Unglück des von Gott Verlassenseins) und dann vom Glück des Vereintseins (vom Glück der Nähe Gottes).

Im Gedicht »Die lebendige Liebesflamme« versucht Johannes eine Vorstellung vom Leben der Seele in und mit Gott zu geben. Die Seele empfindet den Rest an menschlichem Empfinden, der ihr noch anhaftet, als Last und möchte davon befreit werden. Sie möchte nie mehr von Gott getrennt sein.

»Die dunkle Nacht« bedeutet, daß die von Liebe zu Gott erfüllte Seele ihren Leib verläßt. Die Loslösung vom Irdischen ist schmerzhaft, doch der Glaube, daß Gott selbst diese Trennung bewirkt und am Ende des Weges auf die Seele wartet, läßt sie alle Beschwernisse auf sich nehmen. Am Ziel ihrer Liebe angekommen wird sie mit Gott vereint:

»In einer dunklen Nacht,
die Liebesglut – o glückliches Geschehen! –
zum Sehnsuchtsbrand entfacht,
entfloh ich ungesehen
und ließ mein Haus schon tief in Ruhe stehen.

Ich konnt' in Heimlichkeit,
vermummt, auf schmaler Treppe sicher gehen,
gedeckt von Dunkelheit
– o glückliches Geschehen! –
und ließ mein Haus schon tief in Ruhe stehen.

Sollt' niemand meiner achten
in dieser Segensnacht; auch wollte ich
mir selbst kein Ding betrachten;
nichts andres führte mich,
als nur mein Licht im Herzen innerlich.

Dies hat mich hingeleitet,
Viel sich'rer als das volle Licht am Tage,
wo Er sich mir bereitet,
zu dem ich Liebe trage;
und kein Geschöpf uns dort zu stören wage.

O Nacht, die holder scheint
als Morgenrot, in ihren dunklen Falten
die Liebenden vereint,
bis göttliche Gewalten
die Liebste in den Liebsten umgestalten.

An meiner Brust, allein
für Ihn erblüht, genoß Er traute Rast;
hier schlief Er friedlich ein;
ich labte meinen Gast,
und Kühlung fächelte ein Zedernast.

Als schon der Morgenwind
Sein Haar umspielte, fühlt' am Nacken streichen
ich Seine Hand, so lind;
dies traf mich ohnegleichen
und ließ mir alle Sinne süß entweichen.

Vergessen sog mich ein.
Ich blieb, das Haupt dem Liebsten angeschmiegt,
und ließ mein ganzes Sein
entschwinden. Eingewiegt,
ist unter Lilien mein Gram versiegt« [98].

Voraussetzung für den Aufstieg zu Gott ist das Läutern und Leerwerden der Sinne und des Geistes; erst dann kann man Gott in sich einlassen:

»Hätte sich die Seele demnach durch Verzicht jeglichem Genuß entzogen, und ihr Begehren ertötet, so können wir von ihr sagen, sie weile wie zur Nachtzeit im Dunkeln. Dies ist nichts anderes als ein inneres Leersein von allen Dingen« [99].

Beim Aufstieg zu Gott unterscheidet Johannes zwei Nacht- bzw. Leidenserlebnisse: Die Nacht der Sinne und die Nacht des Geistes. In der Nacht der Sinne erfolgt die Loslösung von allem Irdischen:

> »Dies gibt zu verstehen, daß die Seele, um zum Berg der Vollkommenheit aufsteigen und mit Gott verkehren zu können, nicht nur auf alle Dinge verzichten und sie unten lassen muß, sondern auch die Begierden, dies sind die Tiere, dürfen nicht im Umkreis des Berges weiden, nämlich nichts genießen, was nicht rein Gott ist, in dem jedes Begehren vergeht. Dies ist der Stand der Vollkommenheit« [100].

In der Nacht des Geistes wird das Selbst aufgegeben:

> »Darum möchte ich die geistlich Strebenden davon überzeugen, daß dieser Weg zu Gott nicht in der Vielfalt der Erwägungen besteht, noch in Methoden und Übungsweisen oder Genüssen, sondern nur in dem einzig Notwendigen: im Verstehen, sich wahrhaft zu verleugnen, im Äußeren und Inneren, sich um Christi willen dem Leiden zu überlassen und sich in allem zu vernichten« [101].
> »Das Gedächtnis muß sich durchaus aller Bilder entledigen, wenn es sich mit Gott vereinigen will. Dies kann nicht geschehen ohne totale Trennung von allen Formen, die nicht Gott sind; denn Gott fällt unter keinerlei deutliche Form noch Erkenntnis ... Da es von Gott kein dem Gedächtnis faßbares Bild gibt, so folgt daraus, daß die Erinnerung in der Vereinigung mit Gott ohne Form und Gestalt verbleibt; die Einbildungskraft verliert sich, das Gedächtnis, durchtränkt von einem höchsten Gute, weilt in großem Vergessen, ohne jede Erinnerung. Denn diese göttliche Vereinigung entleert die Phantasie, streicht alle Formen und Erkenntnisse aus und erhebt das Gedächtnis in die Übernatur« [102].

Die Leiden, Ängste und Verlassenheitsgefühle in diesen Nächten werden gemildert durch die Liebe, die den Suchenden zu Gott hinzieht. Johannes spricht vom Feuer, das die Seele ausbrennt, ein Bild, das an die Vorstellung vom Fegefeuer erinnert, durch welches die Seele gereinigt wird. Nach der völligen inneren Entblößung von allem Irdischen kann man Gott in der Tiefe der eigenen Seele finden. Erst dann kommt es zur spirituellen Vermählung, zur Vereinigung mit Gott. Für Johannes vom Kreuz ist aber die Berührung Gottes und der Seele nicht das letzte Ziel des Mystikers; er soll vielmehr auch im späteren Leben vom Hl. Geist erfüllt bleiben.

Anmerkungen

1 Vgl. F.Wiese, in: A.H.B.Logan u. A.J.M.Wedderburn, The New Testament and Gnosis; 1.Aufl., T. and T.Clark Ltd., Edinburgh 1983.
2 Abu Rayhan al-Birun (973 - 1048): Alberuni's India, engl. Übersetzung von E.C.Sachau; S.Chand u. Co., Delhi 1964 (Nachdr. der Ausgabe Routledge and Kegan Paul, London), S. XIX.

3 Aus: Vishnu Devananda, Meditation und Mantras; 1. deutschspr. Ausgabe, Hugendubel, München 1986, S. 149/150.
4 Frei übersetzt aus: S.Sp.Trimingham, The Sufi Orders in Islam; 1.Aufl., Oxford Univ. Press, Oxford 1964, S. 3.
5 Nach: J.Leipold, Das Evangelium nach Thomas; 1.Aufl., Akademie-Verlag, Berlin 1967.
6 Nach der Übersetzung von U.Wilckens (Das Neue Testament, 3.Aufl., Furche-Verlag, Hamburg 1971). Diese Fassung nähert den Text mehr dem der Vorlage (2 Mose, 24,8).
7 In der leichter verständlichen Übersetzung von Wilckens ([6]) heißt es: « ... den Vater, von dem her alles ist, und auf den hin wir leben; und den einen einzigen Herrn: Jesus Christus, durch den alles ist, und durch den auch wir selbst leben«.
8 Saulus ist die hebräische, Paulus die römische Form desselben Namens.
9 Nach Dallmayr (s. Lit.), S. 50/51.
10 Dallmayr, S. 126/127.
11 Dallmayr, S. 180/181.
12 Dallmayr, S. 249/250.
13 Griechisch »Paraklet«: a) Sachwalter, Verteidiger; b) Tröster, Fürsprecher, Helfer.
14 Ammonios Saccas wird nicht allgemein als Lehrer des Origines angesehen.
15 Kappadozien ist ein Gebiet im Osten der heutigen Türkei.
16 Dallmayr (s. Lit.), S. 81/82.
17 Dallmayr, S. 92/93.
18 Dallmayr, S. 94.
19 Nach: Augustinus, Bekenntnisse (s. Lit.), Conf. V,4.
20 Bekenntnisse, Conf. X,6.
21 Bekenntnisse, Conf. X,1.
22 Bekenntnisse, Conf. IX,10.
23 Bekenntnisse, Conf. VII,10.
24 Bekenntnisse, Conf. X,40.
25 Dionysios Areopagita (s.Lit.), S. 161/162.
26 Dionysios Areopagita, S. 163.
27 Dionysios Areopagita, S. 165.
28 Dionysios Areopagita, S. 162.
29 Quint, Meister Eckhart (s. Lit.), Buch der göttlichen Tröstung.
30 Quint, Buch der göttlichen Tröstung.
31 Quint, Predigt 26.
32 Quint, Predigt 41.
33 Quint, Predigt 12.
34 Quint, Predigt 26.
35 Quint, Predigt 43.
36 Quint, Predigt 47.
37 Quint, Predigt 39.
38 Quint, Predigt 44.
39 Quint, Predigt 14.
40 Quint, Predigt 31.
41 Quint, Predigt 49.
42 Quint, Predigt 40.
43 Quint, Predigt 38.
44 Quint, Predigt 39.

45 Quint, Predigt 55.
46 Quint, Predigt 42.
47 Quint, Predigt 32.
48 Quint, Predigt 26.
49 Quint, Predigt 26.
50 Quint, Predigt 53 (vgl. Joh 16,16).
51 Quint, Predigt 53.
52 Quint, Buch der göttlichen Tröstung.
53 Quint, Predigt 29.
54 Quint, Predigt 29.
55 Quint, Buch der göttlichen Tröstung.
56 Quint, Predigt 30.
57 Quint, Predigt 34.
58 Quint, Predigt 51.
59 Quint, Predigt 23.
60 Quint, Predigt 10.
61 Quint, Predigt 3.
62 Quint, Predigt 19.
63 Quint, Predigt 12.
64 Quint, Deutsche Werke I,90 (nach: L.Cognet [s. Lit.], S. 69).
65 Quint, Predigt 7.
66 Quint, Predigt 43.
67 Quint, Reden der Unterweisung, Traktat 21.
68 Quint, Predigt 36.
69 Quint, Predigt 42.
70 Quint, Predigt 32.
71 Quint, Predigt 45.
72 Quint, Predigt 48.
73 Quint, Predigt 35.
74 Quint, Predigt 36.
75 Quint, Predigt 50.
76 Quint, Predigt 42.
77 Quint, Predigt 21.
78 Quint, Predigt 32.
79 Quint, Predigt 53.
80 Quint, Predigt 25.
81 Quint, Predigt 29.
82 Quint, Predigt 11.
83 Quint, Predigt 26.
84 Quint, Predigt 32.
85 Quint, Predigt 33.
86 Quint, Predigt 42.
87 Quint, Predigt 29.
88 Quint, Predigt 53.
89 Eine Übersetzung der Bulle »In agro dominico« findet sich bei Quint, Meister Eckhart (s.Lit.).
90 Aus: Ekstatische Konfessionen, gesammelt von Martin Buber; 5.Aufl., Verlag Lambert Schneider, Heidelberg 1984, S. 228 - 230.
91 Seuse/Tauler (s.Lit.), S. 155/56.

92 Seuse/Tauler, S. 272/73.
93 Mystiker Seuse (s.Lit.), S. 311/12.
94 Mystiker Seuse, S. 306.
95 Mystiker Seuse, S. 312.
96 Aus: Jan van Ruysbroek, Die Zierde der geistlichen Hochzeit (s.Lit.), S. 118.
97 Ruysbroek, S. 162.
98 Aus: Johannes vom Kreuz, Empor den Karmelberg (s.Lit.), S. 3/4.
99 Johannes vom Kreuz, S. 16.
100 Johannes vom Kreuz, S. 25.
101 Johannes vom Kreuz, S. 86.
102 Johannes vom Kreuz, S. 221/222.

Literatur

Augustinus: Bekenntnisse, Übertragung von G.v.Hertling; 1.Aufl., Johannes Verlag, Einsiedeln 1948.
Ball, H.: Byzantinisches Christentum; 1.Aufl., Insel Verlag, Frankfurt/M 1979.
Behn, I.: Johannes vom Kreuz, Im Dunkel das Licht; Benziger Verlag, Zürich 1978 (Nachdr. d. Ausgabe 1958).
Benz, E.: Geist und Leben der Ostkirche; rowohlts deutsche enzyklopädie, Rowohlt, Hamburg 1967.
Bigg, Ch.: The Christian Platonists of Alexandria; Oxford Univ. Press, Oxford 1886 (Nachdr. Olms, Hildesheim 1981).
Böhner, Ph., u. E.Gilson: Christliche Philosophie; 3.Aufl., Schöningh, Paderborn 1954.
Bultmann, R.: Jesus; 1.Aufl., Mohr, Tübingen 1983.
Bultmann, R.: Das Urchristentum; rowohlts deutsche enzyklopädie, Rowohlt, Hamburg 1963.
Cognet, L.: Gottes Geburt in der Seele; 1.Aufl., Herder, Freiburg/Br. 1980.
Dallmayr, H.: Die vier großen Konzilien; 1.Aufl., Kösel, München 1961.
Dionysios Areopagita: Mystische Theologie und andere Schriften, aus dem Griechischen übersetzt und mit Einleitung und Kommentar von W.Tritsch; 1.Aufl., Beck, München 1956.
Meister Eckhart: Die deutschen und lateinischen Werke, herausgeg. i.A. der deutschen Forschungsgemeinschaft; Die Deutschen Schriften, herausgeg. u. übersetzt von J.Quint; Kohlhammer, Stuttgart 1936 - 1976.
Jedin, J.: Kleine Konziliengeschichte; 3.Aufl. der Neuausgabe, Herder, Freiburg/Br. 1978.
Johannes vom Kreuz: Empor den Karmelberg, übertragen von Oda Schneider; 1.Aufl., Johannes Verlag, Einsiedeln 1984.
Johannes vom Kreuz: Das Lied der Liebe, übertragen von Irene Behn; 3.Aufl., Johannes Verlag, Einsiedeln 1984.
Origines: Vier Bücher von den Prinzipien, herausgeg. von H.Görgemanns u. H.Karpp; 2.Aufl., Wiss. Buchgesellschaft, Darmstadt 1985.
Quint, J.: Meister Eckhart, Deutsche Predigten und Traktate; Diogenes Taschenbuch 20642, 1979 (Lizenzausgabe des Hanser-Verlages, München 1963).
Richard v. St.Victor: Die Dreieinigkeit, Übertragung u. Anmerkungen von H.U.v.Balthasar; 1.Aufl., Johannes Verlag, Einsiedeln 1980.
Ruh, K.: Die mystische Gotteslehre des Dionysios Areopagita; Verlag d. Bayrischen Akad. d. Wiss., München 1987.

Ruh, K.: Meister Eckhart; 1.Aufl., Beck, München 1985.
Ruhbach, G., u. J.Sudbrack: Große Mystiker, Leben und Wirken; 1.Aufl., Beck, München 1984.
Ruysbroek, Jan van: Die Zierde der geistlichen Hochzeit. Nach dem flämischen Urtext neu übersetzt von Marijke Schaad-Visser und mit einem Nachwort versehen von Alois M.Haas; 1.Aufl., Johannes Verlag, Einsiedeln 1987.
Schellenberger; B.: Bernhard von Clairvaux; 1.Aufl., Walter-Verlag, Olten 1982.
Seuse, Heinrich/Johannes Tauler: Mystische Schriften. Werkauswahl von W.Zeller, herausgeg. von B.Jaspert; Diederichs Gelbe Reihe, erweiterte Neuausgabe; Diederichs, München 1988.
Des Mystikers Heinrich Seuse O.Pr. Deutsche Schriften. Eingeleitet, übertragen und erläutert von Nikolaus Heller; 1.Aufl., Verlag Kerle, Heidelberg 1926.
Szarmach, P.E. (Ed.): An Introduction to the Medieval Mystics of Europe; 1.Aufl., State Univ. of New York Press, Albany 1984.
Die Wolke des Nichtwissens, übertragen u. eingeleitet von Wolfgang Riehle; 2.Aufl., Johannes Verlag, Einsiedeln 1983.

9. Schlußwort

9. 1 Religiosität

Die religiösen Systeme, welche die Menschheit im Laufe ihrer Geschichte ausgebildet hat, bieten in ihren äußeren Erscheinungsformen ein überaus uneinheitliches Bild. In der verwirrenden Vielfalt der Lehren und Kulte sind bei flüchtiger Betrachtungsweise kaum Züge zu erkennen, die allen Religionen gemeinsam zukommen. Sieht man Religion als Suche nach letzten Wahrheiten an, so lassen sich die unterschiedlichen Auffassungen als Ergebnis der menschlichen Unvollkommenheit deuten. Die menschliche Vernunft ist in ihrem Einsichtsvermögen begrenzt; sie kann nur Teilaspekte einer endgültigen Wahrheit erfassen, welche dann in individuell verschiedener Ausbildung zur Grundlage von Lehren und Systemen gemacht werden. Da alle diese Erkenntnisse unvollständig und unvollkommen sind, ergeben sich die verschiedensten Gedankengebäude, die nicht ohne weiteres zu einer Einheit auf höherer Ebene zuammengefaßt werden können.

Trotz der Verschiedenheit der Religionen kann man aber doch einige gemeinsame Ideen – wenigstens in den Fragestellungen, weniger in den Ergebnissen – erkennen. Es sind das die wohl allgemeinsten Fragen, die der religiös empfindende Mensch zu stellen hat:

Die Frage nach der Existenz und dem Wesen des Göttlichen;
die Frage nach dem Verhältnis von Gott und Welt und
die Frage nach dem Verhältnis von Gott und Mensch.

In zweiter Linie pflegen die Religionen sich mit moralischen und ethischen Fragen zu befassen, die allerdings oft auch vom Standpunkt der Philosophie aus behandelt werden.

Ausgangspunkt jeder Religion ist die erste der oben angeführten Fragen, die nach *Existenz und Wesen des Göttlichen.* Von den in diesem Buch behandelten Religionen sind der Judaismus, der Islam und das Christentum monotheistisch; der Hinduismus ist polytheistisch mit Hinneigung zu einem obersten Prinzip. Der Buddhismus in der älteren Form des Hinayana ist als Philosophie anzusehen, er entwickelte sich aber im Mahayana zu einer stark philosophisch beeinflußten Religion. Daß selbst in ein und derselben Glaubensgemeinschaft erhebliche Unterschiede in der Auffassung vom Wesen des Göttlichen bestehen können, wurde bereits ausgeführt (Abschn. 1).

Die Frage, ob es Gott oder Götter überhaupt gibt, hat immer wieder zur Suche nach logischen Beweisen für die Existenz Gottes geführt (vgl. Abschn. 5.3.5, Stoa, und 6.4.4, Maimonides). Selbst wenn sich heute weitgehend die Ansicht durchgesetzt hat, daß ein Gottesbeweis unmöglich ist, weil es sich um eine der Logik nicht zugängliche Glaubensfrage handelt, so hat es doch immer wieder Versuche gegeben, einen solchen Beweis zu finden.

Mit den Vorstellungen vom Wesen des Göttlichen verknüpft ist die sogenannte »Attributenlehre«, die ihrerseits wieder die »positive« und die »negative Theologie« und die Lehre von den »Namen Gottes« enthält. Wird das Göttliche als eine Art von Person mit menschlichen oder der menschlichen Vorstellung zugänglichen Zügen aufgefaßt, so kann man ihm Eigenschaften wie Güte, Gerechtigkeit, Vollkommenheit u.dgl. zuschreiben und es auch mit Namen wie »der Allerbarmer«, »der Allmächtige«, »der König der Könige« u.s.w. benennen. Diese Auffassung wird als »positive Theologie« bezeichnet.

Ein völlig transzendenter, dem menschlichen Vorstellungsvermögen absolut unzugänglicher Gottesbegriff gestattet dagegen keine Zuschreibungen irgendwelcher Art. Zwischen diesen beiden Extremen steht einmal die »negative Theologie«, bei der von Gott wenigstens ausgesagt wird, was er nicht ist, und zum anderen die Methode der Zuschreibung von »Wirkungsattributen«, die Gott durch sein Wirken kennzeichnen, aber nichts über sein Wesen aussagen (vgl. Abschn. 6.4.4).

Die hier behandelten Religionsgemeinschaften sind sämtlich im Besitz von heiligen Schriften, deren Inhalt für die Gläubigen verbindlich ist: Die Bibel (Altes Testament) der Juden, das Alte und das Neue Testament der Christen, der Koran der Mohammedaner, die Veden und Upanishaden der Hindus und der »Dreikorb« sowie zahlreiche weitere Schriften der Buddhisten.

Im Hinduismus werden die hauptsächlich rituelle Vorschriften enthaltenden Veden durch die mehr philosophisch ausgerichteten Upanishaden ergänzt. Das überaus umfangreiche religiöse Schrifttum der Buddhisten enthält außer den Lehren des Gründers zahlreiche Vorschriften für das Leben der Laien und der Mönche. Für die drei anderen Religionen ist die Bibel von grundlegender Bedeutung. Dem Judaismus ist sie mit der Thora das maßgebende Gesetzeswerk, das Gott seinem Volk durch Mose verkündet hat. Das Christentum übernahm das Alte Testament, ohne aber die Gesetze der Thora im ganzen anzuerkennen; es fügte das Neue Testament als Hauptquelle der Lehre und des Glaubens an. Auch der Islam wurde von der Bibel beeinflußt; viele biblische Vorstellungen wurden – mehr oder weniger abgeändert – in den Koran eingefügt; die Religion Muhammads ist wie die jüdische eine Gesetzesreligion.

Sekundär sind die Formen der Verehrung des Göttlichen in Kult und Ritus und die Methoden, mit denen man den göttlichen Willen im voraus erkennen und beeinflussen will. Dazu dienen Gebete, Hymnen, Prozessionen, Gottesdienste, Andachtsübungen, Wallfahrten, in primitiven Religionen auch Beschwörungen, Orakelwesen und Magie. Ein großer Teil der Anhänger einer Religion pflegt sich mit dem Ausüben derartiger Handlungen zufriedenzugeben; andere jedoch möchten ihre Religiosität erweitern und streben vertiefte Erfahrungen in asketischer Lebensweise oder als Mitglieder von Mönchsgemeinschaften an (s.u.).

Die Frage nach dem *Verhältnis des Göttlichen zur materiellen Welt* veranlaßt Betrachtungen über die Erschaffenheit der Welt zu einem bestimmten Zeitpunkt oder über ihre Nichterschaffenheit, d.h. Ewigkeit. Für den Judaismus, den Islam und das Christentum gilt die Schöpfungsgeschichte des Alten Testamentes, nach der Gott die Welt aus dem Nichts geschaffen hat. In der Philosophie des Aristoteles gilt diese Lehre als widerlegt, da eine Schöpfung aus dem Nichts als unmöglich angesehen wird (»Aus Nichts entsteht Nichts«). Die Welt müsse daher seit ewigen Zeiten bestanden haben. Aber auch bei Anerkennung der biblischen Schöpfungsgeschichte ergeben sich Schwierigkeiten, wenn Gott als transzendente Wesenheit ohne Eigenschaften und Tätigkeiten angesehen wird. Als Ausweg kann in dieser Art der Gottessicht die sogen. »Emanationstheorie« dienen, nach der wirkende Kräfte von Gott ausgehen, ohne daß er selbst dabei irgendwie betroffen oder in seinem Wesen verändert wird. Andere Lehren stellen zwischen Gott und die Welt verbindende Zwischenglieder, z.B. den Logos des Philo von Alexandria oder den Demiurgen Platons, die den Akt der Schöpfung übernehmen. Der Logos als Verbindungsglied wird in den Schriften des Pseudo-Dionysios durch Jesus ersetzt, während die Gestalt des Demiurgen hauptsächlich von gnostischen Kreisen übernommen wird; er tritt unter dem eigenschaftslosen, nichthandelnden Gott wirkend in Tätigkeit.

Im indischen Denken wird eine Synthese beider Anschauungen (von der Erschaffenheit bzw. Nichterschaffenheit der Welt) erreicht. Anders als im Westen mit seiner linear fortschreitenden Zeit werden sich wiederholende Zyklen postuliert, Zeitalter von bestimmter Dauer mit einem Anfang und einem Ende. Nach dem Ende eines solchen Zeitalters kehrt die Welt zu ihrem Anfangszustand zurück, und der Ablauf des Ganzen beginnt von neuem in gleicher Weise. Die Dauer eines Zeitalters wird unterschiedlich angegeben; der zyklische Ablauf besteht aber seit ewigen Zeiten und wird sich ewig fortsetzen.

Beim Nachdenken über das *Verhältnis von Gott und Mensch* geht man in zahlreichen Religionen von Betrachtungen über das Wesen der menschlichen Seele aus. Gewöhnlich wird die Seele ganz oder doch wenigstens teilweise als von göttlicher Art angesehen (vgl. Plotins »oberer Seelenteil« oder Eckharts »Seelenfünklein«). Die Ansicht vom Göttlichen in der Seele führt zu Lehren, die mit den Ausdrücken »Unsterblichkeit der Seele«, »Rückkehr der Seele zu Gott« oder »Präexistenz der Seele« beschrieben werden können. In diesen Rahmen gehören auch die Seelenwanderungs- oder Wiedergeburtslehren und der Auferstehungsglaube.

Wenn man der Seele eine göttliche Wesensart zuschreibt, so muß sie auch unsterblich sein und nach dem Tode des Menschen in irgendeiner Weise weiterbestehen. Die Art ihrer Existenz nach der Trennung vom Körper wird unterschiedlich angenommen: Einmal gibt es den Glauben an ein Gericht mit Scheidung in Gerechte und Ungerechte (z.B. in der ägyptischen Religion, im Judaismus, Christentum, Islam und Zoroastrismus), zum anderen findet man die Wiedergeburtslehre, die wohl in Indien entstanden ist, die aber auch im griechischen Kulturkreis Anhänger besaß. Für Christen wurde sie erst auf dem zweiten Konzil zu Konstantinopel zur ketzerischen Irrlehre erklärt.

Die Beurteilung der Seele in einem göttlichen Gericht führt zu Rechtfertigung oder Verdammnis. Die Seele des Gerechten gelangt in das Paradies in die Nähe Gottes (im Judaismus, Islam und Christentum), sie vereinigt sich mit einer übergeordneten Weltseele, der sie entstammt (im Hinduismus), oder sie vereinigt sich mit dem Göttlichen oder dem Absoluten (in der Mystik). Verschiedentlich wird die Möglichkeit einer Läuterung sündhafter Seelen zugestanden. Im katholischen Christentum gibt es das Fegefeuer (dessen Definition aber erst 1259 gegeben wurde), aus dem die Seele nach harten Prüfungen von ihren Sünden befreit hervorgehen kann. Im tibetischen Totenbuch kann die Seele im Verlaufe von Prüfungen die Erkenntnis erlangen, daß ihre Ichbezogenheit das Hindernis auf dem Wege der Befreiung aus dem Kreis der Wiedergeburten ist. Schließlich bedeutet die Wiedergeburtslehre selbst eine Möglichkeit der Verbesserung der Chancen der Seele auf ihrem Wege durch verschiedene Körper.

Die Lehre von der Unsterblichkeit der Seele führt auch zu der Auffassung, daß sie schon vor der Geburt des Menschen bestanden haben müsse, d.h. zur Lehre von der Präexistenz. Schon in der biblischen Schöpfungsgeschichte ist dieser Gedanke indirekt enthalten: Der Mensch befand sich anfangs im Paradies in der Nähe Gottes in einem Dasein ohne Sünde. Nach dem Sündenfall wurde er aus dieser höheren, übersinnlichen Sphäre vertrieben und muß nun fern von Gott ein niederes Dasein auf Erden führen. Im späteren apokalyptischen Schrifttum wird auf die Präexistenz des Messias angespielt. Die klare Formulierung der Präexistenzlehre geht auf Platon zurück; im »Phaidon« gebraucht er das Bild vom Körper als dem Kerker der Seele; sie gelangt bei der Geburt aus dem höheren Bereich der Ideenwelt in den menschlichen Körper und kehrt nach dem Tode zu ihrem Ursprung zurück. Während des Lebens bleibt dem Menschen eine Ahnung von ihrer Herkunft erhalten, so daß er sich in innerer Schau an die Ideenwelt erinnern kann.

Im Neuen Testament wird die Präexistenzlehre auf Jesus bezogen. Im Prolog des Johannes-Evangeliums wird der Logos mit dem präexistenten Jesus identifiziert, ferner heißt es in dem schon angeführten Jesus-Wort (Abschn. 8.2.3): »Ehedem Abraham war, bin ich«, und weiter:

> »Jetzt verherrliche du mich bei dir, Vater, durch die Herrlichkeit, die ich vor der Gründung der Welt bei dir hatte« (Joh 17,5).

Als Varianten der Präexistenzlehre kann man die Seelenwanderungs- und Wiedergeburtslehren ansehen, wenn man die Kette der Wiedergeburten nach rückwärts verfolgt. Bei diesem Glauben befinden sich die Seelen vor der Geburt allerdings nicht in einer höheren geistigen Sphäre, sondern in einem anderen Körper, den sie bei dessen Tod verlassen müssen.

Auch im Islam gibt es den Glauben an die Präexistenz, doch wird hier das Vorbestehen der gesamten Menschheit angenommen. Nach dem Koran bestand ein Bund zwischen Gott und der zukünftigen Menschheit, der eine Bestätigung der Allmacht Allahs und auch der Vorherbestimmung des menschlichen Schicksals bedeutet (vgl. Sure 7/172, Abschn. 7.5.4).

Wie oben angedeutet wurde, gibt es in wohl allen bedeutenderen Religionen Gläubige, denen Gottesdienst, das Ausüben von Ritualen oder das Befolgen von religiösen Vorschriften allein noch keine innere Befriedigung gewähren. Diese »Gottessucher« pflegen als Eremiten in der Einsamkeit ein asketisches Leben zu führen oder sich mit Gleichgesinnten in Mönchs- oder Nonnengemeinschaften zusammenzuschließen. Die Mitglieder derartiger Gemeinschaften müssen in der Regel alle materiellen Güter aufgeben, doch gibt es auch Richtungen, in denen keine Einwände gegen Besitz erhoben werden, solange man ihm nicht innerlich verhaftet ist und ihn jederzeit ungerührt aufgeben kann. So ist der Betreffende unabhängig und nicht auf fremde Hilfe angewiesen. Das Ziel der inneren Unabhängigkeit erstreckt sich auch auf die menschlichen Beziehungen, die weitgehend gelockert oder im Extremfalle sogar völlig aufgegeben werden sollen. Häufig wird auch sexuelle Enthaltsamkeit verlangt; im Sufismus ist Ehelosigkeit zwar erwünscht, aber nicht Bedingung, im Judaismus herrscht in dieser Hinsicht Toleranz, und in einigen tantrischen Richtungen des Buddhismus wird Sexuelles in die Meditationsübungen einbezogen.

In den Orden verläuft der Tagesablauf oft nach einer bestimmten Regel, die vom Gründer ausgearbeitet wurde. Die Haltung der Mitglieder ist überwiegend kontemplativ, doch gibt es auch Orden, in denen kontemplatives und aktives Leben kombiniert werden (vgl. das »Bete und arbeite!« des Hl. Benedict). Aktives und kontemplatives Leben sind an sich kein Widerspruch; wenn Gott im Menschen wirkt, so wirkt der Mensch auch durch ihn. Wer in Gott lebt, dessen Tun wird von Gott geleitet; Tätigkeit wird zu Liebe, die nach außen gerichtet ist, Kontemplation ist Liebe zum Ursprung, und ein Leben in Gott ist selbstlose Liebe.

Die meisten Mönchsorden geben ihren Mitgliedern eine bestimmte Kleidung, wodurch Unterschiede in der äußeren Erscheinung beseitigt werden sollen. Doch hebt man sich dadurch auch in etwas elitärer Weise von anderen Menschen ab, selbst wenn die Kleidung denkbar einfach ist:

> »Mila widersprach ... : Ich mag die verweltlichten Mönche und Yogis nicht, die dir gefallen. Selbst jene in der Safranrobe ... scheinen noch immer Spuren der acht weltlichen Interessen in sich zu tragen ... « [1].

Weiterhin sind Gebote des Gehorsams verbreitet, bei Yogis und Sufis gegenüber dem spirituellen Führer, bei Mönchen gegenüber ihren Oberen (vgl. die Formel »Armut, Keuschheit, Gehorsam« christlicher Mönche).

Ein Leben als Eremit bringt zusätzlich Verzicht auf menschliche Gemeinschaft und sprachliche Kommunikation, so daß ein noch intensiveres Hinwenden zum Göttlichen erreicht wird (es gibt aber auch Mönchsorden mit Schweigegeboten). Durch das Aufgeben der äußeren Welt kann sich in der Persönlichkeit des Eremiten eine Wandlung vollziehen, eine »Reise in sein Inneres«, bei der alle gewöhnlichen Gedanken ausgeschaltet werden. Der Einsiedler ist für die Welt gestorben, und die Welt ist für ihn gestorben. Dieser Tod bedeutet aber für ihn ein neues Leben.

Die Grenzen zwischen Einsiedlertum, Mönchstum und aktivem Leben sind fließend. Oft verbringt der Gottsuchende nur eine begrenzte Zeit in der Einsamkeit, um dann in ein Kloster oder in die Welt zurückzukehren. Durchaus üblich ist ein solches Verhalten im asiatischen Bereich, in dem die Klöster weniger abgeschlossen sind als im Christentum. Man kann auch das mehrjährige asketische Leben des Buddha, den 40tägigen Aufenthalt Jesu in der Wüste und das zurückgezogene Leben Muhammads in der Höhle am Berge Hira als ein solches begrenztes Eremitentum ansehen. Ein extremes Beispiel ist die Sitte einer speziellen Richtung des tibetischen Buddhismus (Kalachakra): Besonders veranlagte Mitglieder lassen sich für die Dauer von drei Jahren, drei Monaten und drei Tagen in eine dunkle Höhle einmauern, wo ihnen täglich nur ein wenig Wasser und die notwendigste Nahrung durch eine kleine Öffnung zugeschoben werden.

9. 2 Meditation und Mystik

9. 2. 1 Versenkungstechniken

Es gibt zahlreiche Methoden, durch die ein Loslösen des Geistes von menschlichen Begierden sowie von den Einflüssen der Umgebung und der Erziehung bewirkt werden soll: Körperliche Übungen im weitesten Sinne, Gebete, Litaneien und Meditation.

Sowohl im Yoga als auch im Islam wird körperliche Sauberkeit bei Übungen bzw. im Gottesdienst gefordert. Im Christentum und im Islam legt man Wert auf Fasten; so darf der islamische Gläubige im Fastenmonat Ramadan von Sonnenauf- bis Sonnenuntergang nichts zu sich nehmen. Im Yoga wird ein »mittlerer« Weg bevorzugt und ausreichende, aber nicht übermäßige leichte Nahrung empfohlen. Bei manchen Meditationsübungen hinduistischer und buddhistischer Mönche wird die Nahrungsaufnahme auf das zum Leben notwendigste beschränkt. Askese und Kasteiungen sowie das Ertragen von Leiden aller Art wurden vom vorbuddhistischen Indien bis zum mittelalterlichen christlichen Mönchstum ausgeübt, wobei es oft zu Exzessen kam. Im Buddhismus und im Yoga wird aber jede Art von Selbstpeinigung abgelehnt.

Sitzweisen, bestimmte Körper- und Handhaltungen sowie Atemtechnik wurden im Yoga systematisch untersucht und werden als der Meditation vorangehende oder sie begleitende Schritte vorgeschrieben. Diese Techniken spielen im ostasiatischen Bereich und im Sufitum eine erhebliche Rolle, im Christentum hat man sie weitgehend vernachlässigt. Die Atemtechnik wurde in der hesychastischen Richtung des griechisch-orthodoxen Mönchtums angewendet; sie erlangte im Abendland aber erst mit der Ausbreitung des Yoga mehr Beachtung und wird neuerdings auch in der Psychiatrie und Psychologie zu therapeutischen Zwecken empfohlen.

Wohl in allen Religionen geben Gebete als Zwiesprache mit Gott oder als Bitten um Erfüllung von Wünschen dem Gläubigen das Gefühl, sich dem Göttlichen nähern zu können. Von dieser persönlichen Hinwendung zu Gott ist eine andere Art des Betens zu unterscheiden, bei der Gebete mehr oder weniger mechanisch wiederholt werden, um den Geist von äußeren Ablenkungen zu befreien und das Gefühl der Verehrung zu bestärken. Im katholischen Christentum werden Wiederholungen an Hand der Perlen eines Rosenkranzes gezählt, wobei man z.B. das Ave Maria oder das Vaterunser spricht. Im Islam memoriert oder nennt man die 99 Namen Allahs, d.h. seine Aspekte, indem man die 3 x 33 Perlen von drei Rosenkränzen durch die Finger gleiten läßt (der hundertste Name ist unbekannt und unaussprechbar). Im Buddhismus werden Rosenkränze mit 108 oder 111 Perlen in ähnlicher Weise verwendet. Wenn im tibetischen Buddhismus eine Mechanisierung des Gebetes mit Gebetsmühlen auf die Spitze getrieben wird (jede Umdrehung eines beschriebenen Papierstreifens entspricht einem Gebet), so sollte man auch das nicht als sinnlos, sondern als Bemühen um die Verehrung des Göttlichen ansehen.

Ähnlich ist das fortgesetzte Wiederholen einer Silbe, eines Wortes oder eines Satzes. Das Aussprechen der Silbe »OM« ist hier ebenso zu erwähnen wie das tagelange Wiederholen des Wortes »Allah«, das einem angehenden Sufi vorgeschrieben werden kann. Die Wirksamkeit derartiger Übungen läßt sich durch Kombination mit Atemregulierung steigern; z.B. wird das indische »So ham« (das bin ich) mit dem Atmen verbunden:

So	ham
(einatmen)	(ausatmen).

Eine Parallele hierzu ist das Jesus-Gebet der griechisch-orthodoxen Kirche, das auch als christliches Mantra bezeichnet wird:

Herr Jesus Christus	erbarme dich meiner
(einatmen)	(ausatmen).

Häufig werden auch Teile von Sätzen zum Ergänzen einer Anzahl von wechselnden Aussagen immer wieder angeführt, eine Methode, die sich schon in den Upanishaden findet:

> »Und die Götter sprachen zu Prajapati:
> Durch welche Sprüche muß der Gott gepriesen werden? ...
> Da sprach Prajapati:
> Om! ihm, der der erhabene Gott Nrisinha und der auch Brahman ist,
> ihm sei Ehre, Ehre!
> Om! ihm, der der erhabene Gott Nrisinha und der auch Vishnu ist,
> ihm sei Ehre, Ehre!
> Om! ihm, der der erhabene Gott Nrisinha ist und der auch Mahecvara ist,
> ihm sei Ehre, Ehre!« ... [2].

Im Koran werden mit ähnlicher Ausdrucksweise die Wohltaten Allahs für die Menschheit gepriesen:

»Für den aber, der seines Herren Rang gefürchtet, sind der Gärten zwei.
Welche von den Wohltaten eures Herrn wollt ihr beide (die Menschen und die Dschinn) wohl leugnen?
Beide (Gärten) mit Zweigen.
Und welche der Wohltaten eures Herrn wollt ihr beide wohl leugnen?
In ihnen sind zwei eilende Quellen.
Und welche der Wohltaten eures Herrn wollt ihr beide wohl leugnen?
In ihnen sind von jeder Frucht zwei Arten.
Und welche der Wohltaten eures Herrn wollt ihr beide wohl leugnen?« ... [3].

Eine ähnliche Methode, der Verehrung des Göttlichen Ausdruck zu geben, ist das Aufsagen von Litaneien, von dem bereits ein Beispiel im Abschn. 6.5.2 (Merkaba-Mystik) angeführt wurde. Im katholischen Christentum sagt man Litaneien auch in Wechselrede zwischen einem Vorsprecher und einer Gruppe von Gläubigen auf:

»Gottvater im Himmel,
– Erbarme dich unser!
Gott, Sohn, Erlöser der Welt,
– Erbarme dich unser!
Gott, Heiliger Geist,
– Erbarme dich unser!
Heiligste Dreifaltigkeit, ein einiger Gott,
– Erbarme dich unser!
Herz Jesu, des Sohnes des ewigen Vaters,
– Erbarme dich unser!« ... [4].

In einigen islamischen Sufi-Orden werden beim Rezitieren von Texten Rhythmus und Reim stark akzentuiert, und im türkischen Mevlevi-Orden ruft man trance-ähnliche Zustände durch Tanz und Musik hervor.

Als letztes seien Konzentrationsübungen genannt, eine Versenkungstechnik, die schon zur Meditation überleitet. Man richtet dabei die Gedanken intensiv auf ein real vorliegendes oder nur im Geiste vorgestelltes Bild (z.B. eines Gottes oder eines Heiligen) oder auf den Inhalt eines heiligen Textes, wobei jedes Abschweifen der Gedanken auf andere Dinge vermieden werden soll.

9. 2. 2 Meditation

Meditation ist ein intensives Bemühen, eine Schau in das eigene Innere mit dem Ziel, zu höheren Bewußtseinszuständen zu gelangen. In den Endstufen einer fortschreitenden Umwandlung des Bewußtseins wird das eigene Ich aufgegeben und eine Verschmelzung von Subjekt und Objekt erlebt; zuletzt kann die unio mystica erreicht werden. Diese letzten Stufen wurden oben (Abschn. 1) als Mystik definiert.

Für die meisten Menschen sind diese letzten Erfahrungen unerreichbar, und die wenigen, die das Ziel erreichen, können in der Regel erst nach langem Bemühen unter höchstem persönlichen Einsatz die unio erleben. (Ganz vereinzelt hat es aber auch Mystiker gegeben, die scheinbar mühelos und ohne längeres Meditieren zu den letzten Stufen des mystischen Weges gelangten.) Vorauszusetzen sind eine ernsthafte Neigung zur Kontemplation, eine sittlich hochstehende Haltung und charakterliche Beständigkeit, denn fast immer muß das Meditieren über Jahre hinweg regelmäßig ausgeübt werden. Die genannten technischen Hilfen können (in jeweils geeigneter Auswahl) zum Erfolg des Meditierens beitragen.

In den ersten, niedrigsten Stufen bezweckt die Meditation ein Ruhigstellen des Geistes, damit Abstand vom gewöhnlichen Leben mit seiner Hektik gewonnen wird. Es kommt zu einer Verlangsamung des umherschweifenden Gedankenflusses und zu einem Gefühl von innerer Ruhe, das mit Überklarheit des noch bestehenden Denkens einhergeht. Der Meditierende vermag sich von allen ihn im tätigen Leben quälenden Problemen zu lösen, auch werden alle menschlichen Bindungen, auch die an die nächsten Angehörigen, aufgegeben.

Die Beseitigung von inneren Spannungen haben meditative und psychotherapeutische Methoden gemeinsam. Doch dann trennen sich die Wege: Während psychische Behandlung und Psychoanalyse ein besseres Einfügen in die soziale Umwelt und ein freudvolleres Teilnehmen an weltlichen Aktivitäten bezwecken, will die Meditation im Gegenteil ein Loslösen von der materiellen Welt bewirken. Verbleibende praktische Tätigkeiten sollen ohne innere Anteilnahme und ohne Wunsch nach Anerkennung oder Belohnung ausgeübt werden.

Mit zunehmender Vertiefung des Versenkungsvorganges nimmt das logische Denken mehr und mehr ab, und das Bewußtsein wird frei für andere Erlebnisse. Jede Regung des Willens muß verschwinden; der Meditierende überläßt sich passiv den auf ihn einströmenden Regungen. Auf dieser Stufe kann es zu körperlichen Sensationen kommen: Hitze- oder Kältegefühl, Lichterscheinungen, Empfindung von körperlicher Leichtigkeit, Visionen, Wahrnehmung von Stimmen. Es gibt Zustände von Angst und Verzweiflung, aber auch von überströmender Freude.

Die höchsten Stufen der Meditation sind geprägt vom bewußten Aufgeben der eigenen Persönlichkeit und dem sogen. »Einheitserlebnis«. Alle Unterschiede zwischen Subjekt und Objekt verschwinden, alle Gegensätze sind aufgehoben, auch die zwischen Mensch und Mensch. Das »Ich« wird zum »Du«, und zuletzt erlebt der Mystiker die Einheit mit etwas Unnennbarem, das die Welt durchdringt und über das nichts ausgesagt werden kann. Dies Erlebnis ist offenbar weitgehend unabhängig von Religion und Weltanschauung des Mystikers. Das Loslösen des Menschen vom eigenen Selbst führt zur Erkenntnis von etwas Gemeinsamem, das hinter den trennenden religiösen und philosophischen Systemen steht. Nach dem Verlust seiner Identität wird dem Menschen ein Tiefenverständnis zuteil, das ihn am Ewigen teilnehmen oder dem Ewigen zugehörig sein läßt. Durch die Aufhebung der Dualität von Subjekt und Objekt entfällt auch die Vorstellung eines persönlichen Gottes, dem man sich bittend oder verehrend nähern kann, und der sich seinerseits dem Menschen zuwendet. Es verbleibt nur ein Gefühl des Einsseins, das durch etwas ausgelöst wurde, welches hinter dem Identitäts- oder Ichbewußtsein verborgen war.

Es gibt Hindernisse, die den Erfolg der Meditation in Frage stellen können. Unverständnis oder Spott von Verwandten und Bekannten sind wohl noch am leichtesten zu ertragen. Während der Meditation auftretende Begierden und andere ablenkende Gedanken und Gefühle sollen teils bekämpft, teils als natürlich hingenommen und mit Geduld überwunden werden. Oft treten längere Perioden auf, in denen man keinerlei Fortschritt verspürt. In solchen »Zeiten der Trockenheit« (n. Teresa von Avila) hilft nur ein geduldiges Fortsetzen des Meditierens. Eine ernsthafte Krise bedeutet das Gefühl der Vereinsamung nach dem Aufgeben der menschlichen Bindungen. Verloren sind jegliches Interesse an der Umgebung und an den Angehörigen und jedes Engagement an der Arbeit, die man ohne innere Beteiligung verrichtet. Dadurch können Zweifel an der Richtigkeit des eingeschlagenen Weges ausgelöst werden. Man soll dann das Gute dagegen abwägen, das durch die Meditation erlangt wurde: Innerer Friede, Ruhe, Gelassenheit, völlige Klarheit des Denkens, Beständigkeit, Abwesenheit von Haß- und Neidgefühlen u.a.m. Man ist nicht mehr nur für die nächsten Angehörigen, sondern für alle Menschen da.

Eine weitere Schwierigkeit besteht darin, daß der Meditierende auf der Stufe der völligen Ruhe oder der der inneren Freude stehen bleiben will. Statt sich weiteren Erlebnissen zu öffnen und sich von sich selbst zu lösen, verschließt er sich diesen Erfahrungen und will nur das schon Erreichte genießen. Dieser Wunsch soll aber überwunden werden, damit der mystische Weg bis zum Ende zurückgelegt werden kann.

Die wohl größte Gefahr besteht beim Beschreiten der Ebene, auf der das eigene Ich beseitigt wird. Hier kann es zu einem Gefühl »geistigen Selbstmordes« kommen mit Angst, Verzweiflung oder sogar Wahnsinn als Folgen. Das abgrundtiefe Empfinden der eigenen Nichtigkeit wird wie das Durchschreiten eines finsteren Bezirks ohne Hoffnung auf ein rettendes Licht gesehen. Erst wenn das Ich völlig aufgegeben ist, wenn der Meditierende den mystischen Tod gestorben ist, kann ein Licht wahrgenommen werden, das aus dem Dunkel herausführt. (In der christlichen Meditation wird diese Stufe als »eingegossene Beschauung« bezeichnet). Der Meditierende, der den Gefühlen von Angst und Verzweiflung hilflos gegenübersteht, soll sich unbedingt einem spirituellen

Führer anvertrauen, der diese Gefahren kennt und selbst schon überwunden hat.

Ein geistiger Führer (Guru oder Pir) wird in mehreren kontemplativen Richtungen (z.B. im Buddhismus und im Sufismus) als unbedingt notwendig angesehen. Der Guru wählt seine Schüler nach mehr oder weniger intensiven Prüfungen sorgfältig aus und überträgt sein Wissen durch mündliche Belehrung, stumme Gesten oder Gedankenübertragung auf sie. Er verfolgt ihre Fortschritte und bewahrt sie vor Irrtümern. Der Guru muß ein außerordentliches psychologisches Einfühlungsvermögen besitzen, um jederzeit den inneren Zustand seiner Schüler erkennen zu können.

Der Schüler wiederum hat sich dem Guru bedingungslos anzuvertrauen. Dieser bedeutet für ihn die ganze Kette der Lehrer bis hinauf zum Buddha bzw. zu Muhammad. Im fortgeschrittenen Stadium wird der Schüler eins mit seinem Lehrer; er muß sich aber zuletzt wieder von ihm lösen, da er die letzten Stufen des Weges nur aus eigenem Bemühen zurücklegen kann. Die Rolle des Gurus wird in anderen Richtungen weniger streng gesehen. Er ist zwar nützlich, und beim Auftreten von Hindernissen kann seine Hilfe entscheidend sein, doch kann man ihn im allgemeinen entbehren.

Wenn auch das Ziel der Meditation – sofern sie auf letzte mystische Erfahrungen gerichtet ist – immer gleichartig ist, so gibt es doch erhebliche Unterschiede in der praktischen Ausführung. In diesen mehr äußerlichen Aspekten machen sich Herkunft, Religion und geistige Haltung des Meditierenden bemerkbar.

In Indien hat es im frühen Jainismus extrem asketische Richtungen gegeben. Auf Grund der Lehre, daß alle Übel der Welt von menschlicher Tätigkeit herrühren, wurde völlige Bewegungslosigkeit gefordert, die Aufnahme von Nahrung fast ganz eingeschränkt und sogar das Atmen bis zur Gefahr des Erstickens verlangsamt.

Die Meditationstechniken des frühen Hinduismus gründeten sich auf verstreut in den Upanishaden, in der Bhagavadgita und anderen Schriften vorliegende Hinweise und vor allem auf die verschiedenen Yoga-Arten. Daneben gab es auch streng asketische Richtungen mit Einsiedlertum und extremer Bedürfnislosigkeit.

Durch den Yoga wurden übertrieben asketische Techniken zurückgedrängt und Systeme geschaffen, die von den verschiedenen Glaubensrichtungen in jeweils ihrer Art angepaßter Auswahl übernommen werden konnten. Dem indischen Sinn für logische Ordnungen kam dabei die Ausarbeitung von klar gegliederten Stufenwegen entgegen; erstmals wurde im Yoga-Sutra des Patanjali ein solcher Weg angegeben.

Im Pali-Kanon des frühen Theravada-Buddhismus wird besonderer Wert auf die »Achtsamkeit« gelegt, durch die die Wertlosigkeit und Vergänglichkeit aller Dinge erkannt wird. Die zur Befreiung führende Erkenntnis beseitigt das Anhaften am Ich. Der Hauptzweck dieser Meditationsart ist die Zerstörung der Ich-Vorstellung.

Im Mahayana-Buddhismus kommen theistische Vorstellungen stärker zur Geltung. Das letzte Ziel ist die Erleuchtung, bei der sich Weisheit und Erbarmen in der Seele des Meditierenden vereinigen. Die japanischen Zen-Sekten erstreben ein Leerwerden des Geistes und ein Überwinden des logischen Denkens. In der Erleuchtung wird das eigene

Wesen erschaut. Im tibetischen Lamaismus gibt es zahlreiche Götter, Dämonen und Symbole, die aber nur als äußere Abbilder der Elemente der Seele des Meditierenden angesehen werden. Die vom Schüler gewählte oder ihm von seinem Lehrer gegebene Gottheit entspricht seiner seelischen Konstitution.

Bei den islamischen Sufis steht die Gottesliebe im Vordergrund des mystischen Erlebens, und aus dieser Haltung wurde eine inhaltsreiche Liebesmystik entwickelt. Echter Sufismus bedeutet Einheit von Liebendem und Geliebtem (Gott). Das letzte Ziel ist das »Entwerden« und die darauffolgende »Dauer in Gott«.

Auch die christliche Meditation ist vom Gedanken der Liebe und Hingabe an Gott geprägt. Anders als im indischen Bereich und im Sufismus wurden im Christentum aber nur vereinzelt systematische Vorschriften und klar gegliederte Wege zum Erreichen der mystischen Erfahrungen ausgearbeitet. Auch die Versenkungstechniken spielen nur eine untergeordnete Rolle. Während im Mittelalter eine ganze Anzahl von bedeutenden Mystikern auftrat, verfiel diese Art der Spiritualität später immer mehr. Die Meditation wurde kaum noch als Weg zu den höchsten mystischen Erfahrungen angesehen; sie verflachte durch Auswüchse asketischer Übungen, Selbstpeinigung, Überbewertung von Visionen und Trance-Zuständen, Stigmatisierungen und Träumen zu einer Übung, die zwar schwärmerische Religion, aber nicht echte Mystik (im hier definierten Sinne) genannt werden kann. Erst in jüngster Zeit scheint sich unter dem Eindruck der Hinwendung zahlreicher Christen zu östlichen Meditationsmethoden ein Wandel anzubahnen.

9. 3 Religiöse Mystik; Religiosität des Genies Leibniz

Im allgemeinen wird Mystik als gesteigerte oder sogar als die höchste Form der Religion angesehen, und die in religiösen Traditionen aufgewachsenen Mystiker sind in der Mehrheit wohl auch über ihre Religion zu mystischen Erlebnissen gekommen. Sie haben die letzten Erfahrungen als Annäherung an das Göttliche oder als Vereinigung mit ihrem Gott erlebt.

Der von religiöser Grundhaltung ausgehende Mystiker ist innerlich leer und damit offen für die Erkenntnis des Göttlichen. Diese Öffnung führt zum Erfahren eines inneren Bereiches, in welchem »sein (des Menschen) Grund Gottes Grund« ist (nach Eckhart). Man kann so die Mystik als das über allen Religionen stehende, einheitliche Gotteserlebnis und damit als die höchste Form der religiösen Spiritualität auffassen.

Nach der Rückkehr aus dem Zustand, in dem die unio mystica erfahren wird, ist der Mystiker erfüllt von Frieden, Glück und Liebe zu den Menschen. Er wirkt nunmehr intuitiv: Seine Tätigkeiten werden nicht vom Verstand oder Willen diktiert, sondern Gott wirkt in ihm und durch ihn. Die Aktivierung seines Wesenskernes befreit ihn von aller Belastung durch sein Ich. Die von Gott kommenden Kräfte können durch ihn in der Welt wirksam werden, wie es Jesus von sich sagte:

»Glaubst du nicht, daß ich im Vater und der Vater in mir ist? Die Worte, die ich zu euch rede, die rede ich nicht von mir selbst. Der Vater aber, der in mir wohnt, der tut seine Werke. Glaubet mir, daß ich im Vater und der Vater in mir ist; wo nicht, so glaubet mir doch um der Werke willen« (Joh 14, 10-11).

Religiosität des Genies Leibniz

Genial begabte Menschen beschreiben verschiedentlich ein Gefühl des Emporgehobenseins auf höhere Bewußtseinsebenen in den Momenten, in denen ihnen schöpferische Eingebungen zuteil werden. In solchen Augenblicken der Intuition oder Erleuchtung, die dem Menschen das Gefühl der Gottähnlichkeit geben, fühlen sie sich als Medium, das passiv zum Empfänger von etwas wird und dieses Etwas nur weitergibt. Goethe beschreibt solche Empfindungen, auch Mozart hatte sie während des Schaffensprozesses. Der Philosoph, Mathematiker, Jurist, Historiker und Diplomat Leibniz deutet sie (wie auch andere) in religiösem Sinne als Annäherung an das Göttliche.

G.W.Leibniz wurde 1646 geboren. Den größten Teil seines Lebens verbrachte er an den Höfen des Kurfürsten Joh. Philipp in Mainz und des Herzogs Joh. Friedrich von Braunschweig-Lüneburg und seiner Nachfolger in Hannover. Er war das letzte Universalgenie; als einziger beherrschte er das gesamte Wissen seiner Zeit und vollbrachte geniale Leistungen auf mehreren Gebieten. Erwähnt seien auch seine jahrzehntelangen (vergeblichen) Bemühungen, die zerstrittenen christlichen Kirchen wieder zu vereinigen. Einige Auszüge aus seinen Schriften sollen seine religiöse Haltung und gewisse mystische Züge zeigen. Er starb 1716 in Hannover.

Frömmigkeit und Liebe zu Gott bringen den Menschen Gott näher. Gott ist vollkommen, aber auch der Mensch trägt etwas Göttliches in sich:

»Man könnte Gott nicht lieben, ohne seine Vollkommenheiten zu kennen, und diese Erkenntnis schließt die Prinzipien der wahren Frömmigkeit ein« [5];
»Um ihn zu lieben, genügt es, seine Vollkommenheit zu betrachten, was sehr leicht ist, weil wir die Ideen seiner Vollkommenheiten in uns tragen. Die Vollkommenheiten Gottes sind auch die unserer Seele, nur daß er sie schrankenlos besitzt; er ist ein Ozean, von dem wir nur einige Tropfen bekommen haben; in uns ist etwas von Macht, von Erkenntnis, von Güte, aber ganz ist das alles in Gott ... Daraus folgt offenbar, daß die wahre Frömmigkeit und selbst die wahre Glückseligkeit in der Liebe zu Gott bestehen ... « [6].

Die Vollkommenheit und die Weisheit Gottes drücken sich auch in seinem Schaffen aus; alles, was er erschafft, muß vollkommen sein:

» ... es gäbe im Handeln Gottes etwas zu berichtigen, wenn es möglich wäre, es besser zu machen. Und wie in der Mathematik, sobald es weder Maximum noch Minimum und überhaupt nichts Ausgezeichnetes gibt, alles gleichförmig wird, oder, wenn das nicht möglich ist, überhaupt nichts zustande kommt: so kann man in betreff der vollkommenen Weisheit, die nicht weniger geregelt ist als die Mathematik, sagen: wenn es unter den möglichen Welten keine beste gäbe, dann hätte Gott überhaupt keine hervorgebracht« [7].

Die mathematische Betrachtungsweise, die in diesem Zitat anklingt, wird von Leibniz wiederholt auf religiöse Fragen übertragen; das göttliche Denken ist die unendliche Steigerung des menschlichen Denkens. Durch das Erschaffen der Welt übt Gott eine »göttliche Mathematik« aus:

> »Indem Gott rechnet und denkt, entsteht die Welt« [8];
> »Ich glaube, wie unsere Geometrie und Arithmetik auch bei Gott standhalten, so sind auch die allgemeinen Gesetze des Guten und Gerechten von mathematischer Gewißheit und auch bei Gott gültig« [9].

Es muß demnach möglich sein, durch mathematisch-logische Schlußweise die Strukturen der Welt bloßzulegen und zu erkennen, daß sie mit dem Denken Gottes übereinstimmen. Wer diese Erkenntnis erlangt, wird Mitgestalter Gottes und erhält Einblick in die tiefsten Zusammenhänge des göttlichen Schaffens:

> »Man kann demnach sagen, daß ... jeder Geist ... ein Abbild Gottes ist, da seine Erkenntnis sich nicht nur auf die Tatsachen und ihre erfahrbaren Verknüpfungen beschränkt, ... sondern darüber hinaus die Notwendigkeit der ewigen Wahrheiten begreift, indem er die Gründe der Tatsachen einsieht« [10].

Für Leibniz gibt es Schicksal und Freiheit zugleich:

> »Es bildet eines der Gesetze meines Systems der allgemeinen Harmonie, daß die Gegenwart die Zukunft in sich enthält, und daß der Allessehende auch in dem Seienden das Werden erblickt. Noch mehr: ich habe überzeugend dargetan, daß Gott in jedem Teil des Universums das ganze Universum sieht und zwar dank der vollkommenen Verbindung der Dinge ... Es läßt sich also nicht bezweifeln, daß die Wirkungen auf bestimmte Weise aus ihren Ursachen hervorgehen, ungeachtet der Zufälligkeit, ja selbst der Freiheit, die beide nichtsdestoweniger mit Gewißheit und Determiniertheit zusammen bestehen« [11].

Die menschliche Seele wird von Gott beeinflußt; Gott ist mit allen Geschöpfen nach Maßgabe ihrer Vollkommenheit verbunden. Einsichtsvolle Seelen vermögen große Wahrheiten über Gott und das Universum auszudrücken. Je nach dem Grade seiner Beschränktheit oder Größe drückt der Geist mehr die Welt oder mehr Gott aus:

> »Der Geist ist nicht nur ein Spiegel des Universums der Geschöpfe, sondern außerdem ein Abbild der Gottheit ... Er hat nicht nur eine Perzeption der Werke Gottes, sondern ist auch imstande, etwas ihnen Ähnliches, wenngleich nur im Kleinen, hervorzubringen ... Deshalb gehen alle Geister, seien es nun Menschen oder Genien, kraft der ewigen Vernunft und Wahrheit mit Gott eine Art Gemeinschaft ein ... « [12].

Wenn auch der denkende Geist erkennt, daß Gott Ursache der Ordnung und Harmonie in der Welt sein muß, vermag er doch nicht die letzten Beweggründe Gottes zu erfassen:

> » ... aber die Gründe im einzelnen zu erkennen, die ihn (Gott) zur Wahl der faktisch bestehenden Ordnung des Universums ... bewegen konnten, das über-

steigt die Kräfte eines endlichen Geistes, besonders wenn er noch nicht zum Genusse der Anschauung Gottes gelangt ist« [13].

Doch kann der Mensch durch intuitives Erkennen über seine normalen Grenzen hinausgelangen und sich Gott in einem Zustand der Glückseligkeit nähern:

»Und wenn mein Geist mit einem Schlage ... alle Urbestandteile eines Begriffes umgreift, so hat er von ihm eine intuitive Erkenntnis, die indessen sehr selten ist ... « [14];

»Indessen tut man gut zu bemerken, daß Kummer und Mühe, die den Sieg über die Leidenschaften begleiten, bei manchen Menschen in Lust umschlagen, durch die große Zufriedenheit, die sie in dem lebendigen Gefühl der Stärke ihres Geistes und der göttlichen Gnade finden. Asketen und echte Mystiker können aus Erfahrung davon reden; und selbst ein wahrer Philosoph kann etwas darüber sagen. Man kann in diesen glücklichen Zustand gelangen, und es ist einer der Hauptwege der Seele, um ihre Herrschaft zu befestigen« [15];

»Wir sind die vollkommensten und glücklichsten der gewöhnlichen Geschöpfe, zumindest hängt es nur von uns ab, es zu sein. Bereiten wir diese Glückseligkeit vor, die uns soweit an Gott annähern wird, als wir es fähig sind, und die eine Art Vergöttlichung darstellt« [16].

9.4 Areligiöse Mystik

9. 4 1. Allgemeines

Wie schon in der Einleitung (Abschn. 1) ausgeführt wurde, gibt es auch Formen von Mystik, bei denen religiöse Anschauungen und Vorstellungen keine Rolle spielen (in der Literatur findet sich auch der Ausdruck »gottlose Mystik« [17]). Hierzu gehören die meisten Yoga-Arten, die Mystik des Hinayana-Buddhismus ebenso wie Plotins Mystik des »Einen«, das entweder als Gottheit oder als rein philosophisches »Etwas« aufgefaßt werden kann. Die areligiöse Form der Mystik stellt höchste Ansprüche an das Abstrahierungsvermögen des Mystikers, da jeder Gottesbegriff und damit alles in erster Näherung Vorstellbare fehlen. Daß aber auch auf dieser Grundlage die höchsten mystischen Erfahrungen erlebt werden können, bezeugen die zahlreichen Schilderungen von Yogis, Buddhisten und mystisch veranlagten Philosophen. Da man annehmen kann, daß auch bei religiös veranlagten Mystikern in der unio alle konkreten Gottesvorstellungen aufgegeben werden, dürften während dieses Erlebnisses religiöse und areligiöse Mystik zusammenfallen.

Die außerordentliche Erweiterung, die der Bereich der Mystik durch das Einbeziehen der areligiösen Variante erfährt, wurde schon in den bisherigen Ausführungen verdeutlicht. In diesem abschließenden Kapitel sollen noch einige zusätzliche Angaben gemacht werden. Einmal ist das ein kurzer Hinweis auf den Taoismus, in dessen ursprünglicher, von Lao Tse und Dschuang Tse gegebener Form deutlich mystische Züge vorhanden sind; und zum anderen sollen zwei Mystiker angeführt werden – Paul Brunton und Carl Albrecht –, die in diesem Jahrhundert gelebt und eine moderne abendländische Erziehung durchlaufen haben. Beide haben ihre mystischen Erfahrungen ausführlich beschrieben; ihre Erlebnisse zeigen, daß auch unter heutigen Lebensumständen Mystik bestehen kann.

9. 4. 2 Taoismus

In seiner frühen Ausprägung, die hauptsächlich von Lao Tse (6. vorchristl. Jahrhundert) und Dschuang Tse (4. vorchristl. Jahrhundert) gegeben wurde, ist der Taoismus als mystisch gefärbte Philosophie zu bezeichnen. Götter werden gelegentlich erwähnt, spielen aber keine entscheidende Rolle. Das bekannte Weisheitsbuch *Tao te Ching* des Lao Tse besteht aus nur 81 kurzen, z.T. schwer verständlichen Sinnsprüchen. Neben ethischen und philosophischen Aphorismen und praktischen Lebensregeln enthält dies Werk aber auch manches, was eine Deutung als Mystik oder als mystische Erfahrung nahelegt.

Der zentrale Begriff des Taoismus ist der des Tao; es ist das allem anderen übergeordnete Prinzip, es ist unerkennbar, besitzt keine Namen, ist aber der Ursprung aller Schöpfung:

> »Das Tao, über das (etwas) ausgesagt werden kann,
> Ist nicht das absolute Tao.
> Die Namen, die (ihm) gegeben werden können,
> Sind keine absoluten Namen.
> Das Namenlose ist der Ursprung des Himmels und der Erde.
> Das Benannte ist die Mutter aller Dinge ... « [18];
> »Das Ding, das Tao genannt wird,
> Ist entweichend, entgleitend;
> Entgleitend, entweichend,
> Doch in ihm sind Formen verborgen,
> Entgleitend, entweichend,
> Doch in ihm sind Dinge verborgen,
> Dunkel und trüb,
> Doch in ihm ist Lebenskraft verborgen.
> Da die Lebenskraft höchst wahr ist,
> Liegen in ihr Beweise verborgen ... « [19];
> »Das Tao ist ein Hohlgefäß;
> Und sein Gebrauch ist unerschöpflich!
> Und unauslotbar! ...
> Ich weiß nicht, wessen Sohn es ist,
> Ein Bildnis dessen, was früher als Gott vorhanden war« [20];

»Ehe Himmel und Erde bestanden,
War etwas Nebelhaftes ...
Ich weiß seinen Namen nicht
Und spreche es »Tao« an ... « [21].

Nach taoistischer Ansicht verläuft alles Geschehen auf Erden zyklisch in den Stadien

Entstehen – Bestehen – Vergehen.

So folgen Geburt, Leben und Tod einander in endlosem Ablauf; in der Welt ist alles im Fluß, nur das Tao ist unveränderlich. Aus ihm, der Einheit, geht über die beiden Urkräfte Yin und Yang alle Vielheit aus, die zuletzt aber wieder zur Einheit wird:

»Das Tao tut niemals (etwas),
Aber alles wird durch es getan ...« [22];
»Aus dem Tao entsteht das Eins;
Aus dem Eins das Zwei;
Aus dem Zwei das Drei;
Aus dem Drei das geschaffene All.
Das geschaffene All trägt auf dem Rücken das Yin und vorne das Yang;
Durch die Vereinigung dieser alldurchdringenden Prinzipien erlangt es den Einklang« [23].

Yin und Yang sind Symbole für die Dualität in der Natur, sie bedeuten gegensätzliche Paare wie männlich – weiblich, hell – dunkel, Himmel – Erde u.a. Der schöpferische Prozeß ist eine Folge der Yin und Yang zugrundeliegenden Einheit, in der die (scheinbaren) Gegensätze aufgehoben sind:

»Wenn die Menschen der Erde alle die Schönheit als Schönheit erkennen,
Entsteht die (Erkenntnis der) Häßlichkeit.
Wenn die Menschen der Erde alle das Gute als gut erkennen,
Entsteht das Böse (die Erkenntnis des Bösen).
Darum:
Sein und Nichtsein hängen im Werden voneinander ab ...« [24].

Das Tao hält Yin und Yang im Gleichgewicht, so daß Harmonie entstehen kann. Auch im Menschen müssen diese beiden Kräfte einander die Waage halten; er muß sich im Einklang mit der Natur befinden, sich ihrem Wandel anpassen und eins mit dem Tao werden:

»Wer dem Tao folgt, eins mit dem Tao wird ...
Wer mit dem Tao eins wird –
das Tao freut sich auch, ihn willkommen zu heißen ...« [25].

Dann hat er den Zustand des Schweigens erreicht:

»Wer weiß, redet nicht.
Wer redet, weiß nicht.

Fülle aus seine Öffnungen,
Schließe seine Pforten,
Mach' stumpf seine Schneiden,
Löse seine Schlingen,
Mildere sein Licht,
Versenke seinen Wirbel,
Das ist die mystische Einheit.
Dann können Liebe und Haß ihn nicht berühren,
Gewinn und Verlust ihn nicht erreichen,
Ehre und Schande ihm nichts anhaben.
Darum ist er immer der Geehrte der Welt« [26].

Dschuang Tse spricht sich über das Tao ähnlich aus wie Lao Tse; es ist unerkennbar, untätig und bewirkt doch alles:

»Das ist das Tao: es ist gütig und treu, aber es äußert sich nicht in Handlungen und hat keine äußere Gestalt; man kann es mitteilen, aber man kann es nicht fassen; man kann es erlangen, aber man kann es nicht sehen; es ist unerzeugt, aber sich selber Wurzel. Ehe Himmel und Erde waren, bestand es von Ewigkeit; Geistern und Göttern verleiht es den Geist; Himmel und Erde hat es erzeugt. Es war vor aller Zeit und ist nicht hoch; es ist jenseits allen Raumes und ist nicht tief; es ging der Entstehung von Himmel und Erde voran und ist nicht alt; es ist älter als das älteste Altertum und ist nicht greis« [27].

Die mystischen Züge des Taoismus werden bei Dschuang Tse stärker hervorgehoben als bei Lao Tse, auch geht er mehr auf den Menschen und die Wege zu seiner Vervollkommnung ein und führt Stufen des mystischen Weges (allerdings ohne Systematik) an:

»Da war ferner noch Liä Dsi, der sich vom Winde treiben lassen konnte mit großartiger Überlegenheit. Nach fünfzehn Tagen erst kehrte er zurück. Er war dem Streben nach dem Glück gegenüber vollständig unabhängig; aber obwohl er nicht auf seine Beine angewiesen war, war er doch noch von Dingen außer ihm abhängig. Wer es aber versteht, das innerste Wesen der Natur sich zu eigen zu machen und sich treiben zu lassen von dem Wandel der Urkräfte, um dort zu wandern, wo es keine Grenzen gibt, der ist von keinem Außending mehr abhängig.
So heißt es: der höchste Mensch ist frei vom Ich; der geistige Mensch ist frei von Werken; der berufene Heilige ist frei vom Namen« [28].

Das letzte Ziel ist das Einswerden mit dem Tao:

»Yen Hui sprach: ›Ich bin vorangekommen.‹
Kung Dsi sprach: ›Was meinst du damit?‹
Er sagte: ›Ich habe Güte und Gerechtigkeit vergessen.‹
Kung Dsi sprach: ›Das geht an, doch ist's noch nicht das Höchste‹.
An einem andern Tag trat er wieder vor ihn und sprach: ›Ich bin vorangekommen.‹
Kung Dsi sprach: ›Was meinst du damit?‹
Er sprach: ›Ich habe Umgangsformen und Musik vergessen.‹
Kung Dsi sprach: ›Das geht an, doch ist's noch nicht das Höchste‹.

An einem andern Tag trat er wieder vor ihn und sprach: ›Ich bin vorangekommen‹.
Kung Dsi sprach: ›Was meinst du damit?‹
Er sagte: ›Ich bin zur Ruhe gekommen und habe alles vergessen‹.
Kung Dsi sprach bewegt: ›Was meinst du damit, daß du zur Ruhe gekommen und alles vergessen?‹
Yen Hui sprach: ›Ich habe meinen Leib dahinten gelassen, ich habe abgetan meine Erkenntnis. Fern vom Leib und frei vom Wissen bin ich eins geworden mit dem, das alles durchdringt. Das meine ich damit, daß ich zur Ruhe gekommen bin und alles vergessen habe‹.
Kung Dsi sprach: ›Wenn du diese Einheit erreicht hast, so bist du frei von allem Begehren; wenn du dich so gewandelt hast, so bist du frei von allen Gesetzen und bist weit besser als ich, und ich bitte nur, daß ich dir nachfolgen darf‹ « [29].

Bei Dschuang Tse ist auch schon ein mystischer Stufenweg angedeutet (später wurden ausführlichere Wege angegeben):

»Kui sprach: ›Ist das Tao etwas, das man durch Lernen erwerben kann?‹ Jener (ein Arzt) sprach: ›Nein, wie sollte das möglich sein! Ihr seid nicht der Mann dazu. Da ist Sorglos Gratewohl, der hat die Gaben eines Berufenen, aber nicht das Tao eines Berufenen. Ich verstehe das Tao des Berufenen, habe aber nicht die Gaben dazu. Ihn möchte ich belehren; da wäre vielleicht zu hoffen, daß er ein Berufener würde. Aber auch abgesehen davon: Es ist leicht, das Tao des Berufenen einem Manne kundzutun, der die entsprechende Begabung hat. Wenn ich ihn bei mir hätte zur Belehrung, nach drei Tagen sollte er so weit sein, die Welt überwunden zu haben. Nachdem er die Welt überwunden, sollte ich ihn in sieben Tagen so weit bringen, daß er außerhalb des Gegensatzes von Subjekt und Objekt stünde. Nach abermals neun Tagen wollte ich ihn so weit bringen, daß er das Leben überwunden hätte. Nach Überwindung des Lebens könnte er so klar sein wie der Morgen, und in dieser Morgenklarheit könnte er den Einzigen sehen. Wenn er den Einzigen erblickte, so gäbe es für ihn keine Vergangenheit und Gegenwart mehr; jenseits der Zeit könnte er eingehen in das Gebiet, wo es keinen Tod und keine Geburt mehr gibt. Das, was den Tod des Lebens herbeiführt, ist selbst dem Tod nicht unterworfen; das, was das Leben erzeugt, wird selbst nicht geboren. Es ist ein Wesen, das alle Dinge begleitet, das alle Dinge empfängt, das alle Dinge zerstört, das alle Dinge vollendet. Sein Name heißt: Ruhe im Streit. Ruhe im Streit bedeutet, daß es durch den Streit zur Vollendung kommt‹. Kui sprach: ›Woher habt ihr das nur gehört?‹
Jener sprach: ›Ich habe es gehört vom Sohne des Schriftstellers; der Sohn des Schriftstellers hat es gehört vom Enkel des Rhapsoden; der Enkel des Rhapsoden hat es gehört von Klarblick; Klarblick hat es gehört vom Hörenden; der Hörende hat es gehört vom Ton; der Ton hat es gehört vom Laut; Laut hat es gehört vom Geheimnis; Geheimnis hat es gehört von der Leere; Leere hat es gehört vom Jenseits‹ « [30].

Im Laufe der Entwicklung nahm der Taoismus immer mehr magische Praktiken, Alchemie und Wahrsagewesen auf, so daß der Niedergang unausweichlich wurde. Ob es heute noch taoistische Gruppen gibt, ist nicht bekannt.

9. 4. 3 Paul Brunton: Mystische Erfahrungen eines Europäers unter der Anleitung eines indischen Gurus

Nur wenigen Europäern ist bisher ein tieferes Eindringen in indische Meditationstechniken und Methoden zur Bewußtseinsumformung gelungen. Daher dürfte die Schilderung des Engländers P.Brunton über ein mystisches Erlebnis, zu dem er in Südindien unter der Anleitung eines »Maharishi« (Sehers, Weisen) gelangte, von besonderem Wert sein. Er war von diesem als Schüler angenommen worden und gehörte eine Zeitlang zu dessen Kreis. Gegen Ende seines dortigen Aufenthaltes gelangte er während einer Meditationsübung zu mystischen Erfahrungen, die er ebenso wie die bleibende Wirkung dieses Erlebnisses schildert:

»Ich kehre von der Besichtigung einiger gewöhnlich verschleierter Heiligtümer des großen Tempels eilig zurück und betrete die Halle, als die abendliche Meditationsstunde schon halb vorüber ist. Leise lasse ich mich auf dem Boden nieder und nehme meine gewohnte Meditationsstellung ein. Ich sammle mich in ein paar Sekunden und bringe meine schweifenden Gedanken zur Ruhe. Nachdem ich die Augen geschlossen habe, wendet sich mein Bewußtsein ganz nach innen.

Im Geiste sehe ich deutlich die sitzende Gestalt des Maharishi vor mir schweben. Seiner wiederholt erteilten Anweisung folgend bemühe ich mich, zu dem hinter dem Bild befindlichen Gestaltlosen, seinem wahren Wesen, seiner inneren Natur, seiner Seele, vorzudringen. Zu meiner Überraschung gelingt mir dies fast auf der Stelle. Das Bild verschwindet wieder und hinterläßt in mir nichts weiter als den lebhaften Eindruck seiner unmittelbaren Gegenwart.

Die mit den meisten meiner früheren Meditationen verknüpften geistigen Fragen haben nach und nach fast ganz aufgehört. Wohl haben meine körperlichen, seelischen und geistigen Empfindungen mir immer wieder zu Fragen Anlaß gegeben, doch habe ich – von dieser Suche nach dem Ich nicht befriedigt – sie schließlich alle auf sich beruhen lassen und meine Aufmerksamkeit dem Innern selbst zugewandt und mich bemüht, an seinen Ursprung zu gelangen. In der dabei erreichten völligen Stille und bei einem ganz in sich zurückgezogenen Geist kommt es zu dem entscheidenden Augenblick, da die vertraute Welt langsam zu schattenhafter Unwirklichkeit zu verblassen beginnt, da man scheinbar eine Zeitlang vom reinen Nichts umgeben ist, vor einer Art geistig leerer Wand steht und gleichzeitig alle Mühe hat, seine Aufmerksamkeit aufrecht zu erhalten. Wie schwer aber fällt es, das äußerliche, allzu geschäftige Leben aufzugeben und den Geist ganz nach innen, gleichsam auf eine Nadelspitze zu konzentrieren.

An diesem Abend erreiche ich diesen Punkt ziemlich rasch, da ich die ununterbrochene Folge von Gedanken, die gewöhnlich das Vorspiel bilden, leicht loswerden kann. Eine neue und mächtige Kraft tritt in meinem Inneren in Aktion und trägt mich mit unaufhaltsamer Geschwindigkeit in die Tiefen meines Seins. Die erste große Schlacht ist fast kampflos vorüber, und auf ihre Hochspannung folgt ein angenehmes, beglükkendes Wohlgefühl.

Im nächsten Stadium fühle ich mich wie losgelöst von meinem Verstand und weiß doch, daß er denkt; zugleich aber sagt mir eine innere Stimme, daß er nur ein Werkzeug ist. Ich verfolge diese Gedanken mit einem eigenartigen Gefühl des Abgesondertseins. Der Denkfähigkeit, auf die ich bisher so stolz war, möchte ich nun entrinnen, denn ich erkenne plötzlich mit bestürzender Klarheit, daß ich, ohne es zu wissen, bis heute ihr Gefangener gewesen bin. Dem entspringt der plötzliche Wunsch, außerhalb des Verstandes zu stehen und eben nur zu *sein*. Ich möchte in tiefere Tiefen dringen als das Denken. Ich möchte wissen, wie einem zumute ist, wenn man sich von den ständigen Fesseln des Denkens befreit, möchte aber diesen Vorgang zugleich mit wacher Aufmerksamkeit verfolgen. Es ist schon seltsam genug, abseits stehen und die Gehirntätigkeit in einer Weise beobachten zu können, als wäre sie die von jemand anderem; noch seltsamer aber ist es, intuitiv zu fühlen, daß man im Begriff ist, in die sich in den innersten Winkeln der menschlichen Seele verbergenden Geheimnisse einzudringen. Ich komme mir vor wie Kolumbus, der gerade dabei ist, auf einem unbekannten Kontinent zu landen. Eine völlig beherrschte, ahnungsvolle Vorfreude erfüllt mich.

Wie aber macht man sich frei von der uralten Tyrannei der Gedanken? Ich erinnere mich, daß der Maharishi mir von dem Versuch abgeraten hat, das Denken gewaltsam abzustellen. ›Verfolge den Gedanken bis an seinen Ursprung‹, befahl er ständig, ›sieh darauf, daß das wahre Ich sich selbst enthüllt, dann werden deine Gedanken von selbst verschwinden!‹ Als ich schließlich das Empfinden habe, am Ursprung des Denkens angelangt zu sein, gebe ich die willentliche Haltung, die mich zu diesem Punkt gebracht hat, auf und überlasse mich völliger Passivität, bleibe jedoch wachsam wie eine Schlange gegenüber ihrer Beute. Dieser Gleichgewichtszustand hält an, bis ich erkenne, daß der Weise recht hat. Die Wogen des Denkens glätten sich allmählich. Das logisch-rationale Räsonieren sinkt auf den Nullpunkt, und es ergreift mich die seltsamste Empfindung, die ich jemals gehabt habe. Die Zeit scheint sich immer mehr zu verflüchtigen, je tiefer ich in das Unbekannte meines Inneren eindringe. Was meine Sinnesorgane melden, wird nicht mehr gehört, gefühlt oder in Erinnerung gebracht, und ich weiß, daß ich im nächsten Augenblick *außerhalb* der Dinge, direkt vor der Enthüllung der Geheimnisse des Lebens stehen werde.

Schließlich ist es soweit. Das Denken erlischt wie eine zum Erlöschen gebrachte Kerze. Der Geist zieht sich auf seinen Urgrund zurück, das heißt, das Bewußtsein arbeitet unbehindert durch das Denken. Ich bemerke jetzt, was ich schon lange vermutete, und was der Maharishi fest behauptet: daß der Geist seinen Ursprung im Transzendenten hat. Der Verstand ist jetzt, wie im tiefen Schlaf, völlig ausgeschaltet, ohne daß dabei das Bewußtsein auch nur im geringsten verloren gegangen wäre. Ich bleibe absolut ruhig und weiß durchaus, wer ich bin und was mit mir geschieht.

Das Bewußtsein meiner selbst aber ist herausgelöst aus den engen Grenzen der eigenen Persönlichkeit und in etwas Erhabenes, Allumfassendes verwandelt worden. Das Ich ist noch vorhanden, aber es ist ein verändertes, strahlendes Ich. Aus der kleinen, unbedeutenden Person, die ich war, ist, wie ich mir selbst mehr und mehr bewußt werde, ein größeres, tieferes, göttlicheres Wesen geworden. Und es ist damit zugleich ein wunderbares, neues Gefühl absoluter Freiheit entstanden, denn das Denken ist wie ein unablässig hin- und herschießendes Weberschiffchen, und von seiner tyrannischen Bewegung befreit zu werden ist, als träte man aus einem Gefängnis ins Freie hinaus.

Die Welt ist mir völlig entrückt. Der Planet, der mich bisher beherbergt hat, verschwindet. Ich befinde mich inmitten eines Ozeans von blendend hellem Licht, das sich unsagbar weit in den unendlichen Raum hinein erstreckt und mir doch so unglaubhaft nahe ist, und das ich, mehr fühlend als denkend, als den Urstoff erkenne, aus dem Welten geschaffen werden.

Blitzartig erfasse ich den Sinn dieses geheimnisvollen, im Raum sich abspielenden Weltdramas, und kehre dann zum Ausgangspunkt meines Seins zurück.

Mein Ich, das neue Ich, ruht im Schoße der heiligen Glückseligkeit. Ich habe aus der

Lethequelle einen Becher des Vergessens getrunken, so daß alle bitteren Erinnerungen und alle Ängste zukünftiger Sorgen völlig verschwunden sind.

Ich habe eine göttliche Freiheit und eine fast unbeschreibliche Glückseligkeit erlangt. Meine Arme umfangen voll inniger Sympathie alle Geschöpfe, denn ich begreife zutiefst, daß alles verstehen nicht nur alles verzeihen, sondern auch alles lieben heißt. Mein Herz ist vor lauter Entzücken wie neu geboren. Wie soll ich das, was ich dann erlebt habe, wiedergeben, da es fast zu zart ist, um niedergeschrieben zu werden? Ich will aber versuchen, die mir zuteil gewordenen überirdischen Wahrheiten in unsere irdische Sprache zu übersetzen. Vielleicht wird mein Bemühen nicht vergeblich sein. So will ich denn, wenn auch nur in groben Strichen, einige Erinnerungen an jene wundervolle, archaische Welt, die sich jenseits des menschlichen Geistes pfad- und weglos erstreckt, festhalten.

* * *

Der Mensch ist hohen Ursprungs. In seinen besinnlicheren Augenblicken wird ihm dies vielleicht aufgehen.

In fernen Zeiten seiner Vergangenheit legte der Mensch einst aus freien Stücken einen hohen Eid gegenüber den Göttern ab. Wenn ihn auch heute die geschäftige Welt gebieterisch für sich fordert und er ihr Folge leistet, gibt es doch welche, die diesen Eid nicht vergessen haben und zu gegebener Stunde wieder an ihn erinnert werden.

Es gibt im Menschen etwas, das dem Unvergänglichen angehört. Er vernachlässigt sein wahres Wesen fast ganz, niemals kann aber dessen strahlende Größe dadurch beeinträchtigt oder verändert werden. Er mag es vergessen und sich ganz dem Sinnenleben hingeben; an dem Tag aber, da es die Hand nach ihm ausstreckt und ihn berührt, wird er sich erinnern, wer er ist, und seine Seele wiederfinden.

Der Mensch ist sich seines wahren Wertes nicht bewußt, weil er den Sinn für das Göttliche verloren hat. Deshalb richtet er sich meist nach der Meinung anderer Leute, während er in den Tiefen seines eigenen geistigen Wesens völlige Gewißheit finden könnte. Die Sphinx schaut auf keine irdische Landschaft. Ihr Blick ist stets und unverwandt nach innen gerichtet, und das Geheimnis ihres unergründlichen Lächelns ist das Wissen um das eigene Ich.

Wer in sein Inneres schaut und dort nur Unzufriedenheit, Schwachheit, Finsternis und Furcht vorfindet, braucht nicht höhnisch zu lächeln. Er möge tiefer und länger schauen, bis er auf einmal, wenn sein Herz still wird, schwache Regungen und hauchzarte Andeutungen wahrnimmt. Er möge wohl auf sie achten, denn sie werden lebendig werden und sich zu hohen Gedanken auswachsen, die wie höhere Wesen die Schwelle seines Bewußtseins überschreiten. Sie sind aber nur die Vorläufer einer Stimme, die später kommen wird – der Stimme eines verborgenen, dunklen und geheimnisvollen Wesens, das sein Inneres bewohnt und sein altes Ich ist.

Die göttliche Natur offenbart sich in jedem Menschenleben von neuem, wenn aber ein Mensch achtlos an dieser Offenbarung vorbeigeht, so ist sie wie eine Saat auf steinigem Grund. Von diesem göttlichen Bewußtsein ist niemand ausgeschlossen; es ist der Mensch selbst, der sich davon ausschließt. Die Menschen suchen durch theoretische und anspruchsvolle Untersuchungen hinter das Geheimnis und den Sinn des Lebens zu kommen, während der Vogel auf dem Zweig und das Kind an der Hand der Mutter das Rätsel schon lange gelöst haben und die Antwort auf ihrem Gesicht tragen.

Der Mensch, der glaubt, so frei leben zu können, wie es ihm seine unbedachten Wünsche eingeben, und nicht gewillt ist, die ihm aufgegebene Bürde zu tragen, für die von ihm einmal Rechenschaft verlangt wird, bindet sein Leben an einen leeren Traum.

Wer gegen seinen Nächsten oder gegen sich selbst sündigt, spricht sich damit sein eigenes Urteil. Er kann seine Sünden wohl vor den Augen der Welt, nicht aber vor den alles wahrnehmenden Augen der Götter verbergen. Immer noch herrscht eine unwandelbare Gerechtigkeit auf der Welt, wenn sie auch oft unsichtbar wirkt und nicht immer in den stattlichen, aus Stein gebauten Gerichtshöfen zu treffen ist. Wer sich der irdischen Gerechtigkeit entzieht, wird sich doch nie den gerechten Strafen, die die Götter auferlegen, entziehen können. Die Nemesis hält einen solchen Menschen die ganze Zeit – unbarmherzig und unversöhnlich – in ihrem Griff.

Wer den Bitternissen der Sorge ausgesetzt war, wer mit tränenverschleierten Augen durch düstere Jahre gewandert ist, wird bereitwilliger die Wahrheiten annehmen, die ihm das Leben schweigend anbietet. Wer sonst nichts bemerkt, dem kann doch das nur flüchtige Verweilen des Glücks nicht entgehen. Wer sich von seinen lichteren Stunden nicht täuschen läßt, wird auch unter seinen dunkleren nicht so sehr leiden. Es gibt kein Leben, das sich nicht aus den Kettfäden des Vergnügens und den Schußfäden des Leidens zusammensetzte. Daher kann es sich im Grunde niemand leisten, mit stolzer und hochgemuter Miene umherzugehen. Demut ist die einzig schickliche Haltung den unsichtbaren Göttern gegenüber, die einem in wenigen Tagen nehmen können, was man in vielen Jahren erworben hat. Es ist das Schicksal aller Dinge, sich in einem Kreislauf zu erfüllen, und nur der gedankenlose Beobachter kann diese Tatsache übersehen. Auch im Weltall folgt auf jede Sonnennähe eine Sonnenferne. Ähnlich verhält es sich im Leben und Schicksal des Menschen: auf die Flut des Wohlstands kann die Ebbe der Entbehrung folgen, und die Gesundheit kann ein unbeständiger Gast sein, und die Liebe mag kommen und wieder verschwinden. Wenn aber die Nacht der ständigen Kümmernisse zu Ende geht, zieht strahlend die Morgenröte einer neuentdeckten Weisheit herauf. Sie lehrt uns, als letztes Wissen, daß der ewige Zufluchtsort im Menschen – so unbeachtet und unbesucht er auch sein mag – wieder werden muß, was er einst war: sein Trost; sonst werden Leiden und Enttäuschung sich immer wieder gegen ihn verschwören. Niemand kann sich des Glücks rühmen, daß die Götter ihm erlauben würden, ohne diese beiden großen Erzieher des Menschengeschlechts auszukommen.

Ein Mensch wird sich nur unter dem Mantel des Ewigen behütet, beschützt und sicher fühlen. Wenn er nicht nach Erleuchtung strebt, werden ihn seine besten Empfindungen keinen Schritt weiter bringen, und alles, was ihn enger an die Welt der Erscheinungen fesselt, wird zu einem weiteren Knoten werden, den er später aufknüpfen muß; denn er ist untrennbar mit seiner fernen Vergangenheit verbunden und steht immer dem ihm innewohnenden Göttlichen nahe, das er nicht abschütteln kann. Daher soll er sich mitsamt seinen irdischen Sorgen und geheimen Nöten in die Obhut seines besseren Ich begeben, das ihn nicht enttäuschen wird. Er möge dies tun, wenn er in beglückendem Frieden leben und furchtlos und würdig sterben möchte.

Wer einmal sein wahres Ich geschaut hat, wird nie mehr einen anderen hassen. Es gibt keine größere Sünde als den Haß und keine sicherere Folge als die, daß sich das Vergehen wider die kehren wird, die es begangen haben. Unsichtbar wachen die Götter als stumme Zeugen über die Missetaten der Menschen, und niemand kann hoffen, ihrem Blick zu entgehen. In Leiden und Kümmernissen liegt zu ihren Füßen eine wehklagende Welt; doch allen ist der erhabene und erhebende Friede nahe erreichbar; müde, von Sorgen geplagte und von Zweifeln gequälte Menschen tasten sich mühsam und stolpernd durch die dunklen Straßen des Lebens, auf einmal aber fällt ein großer Lichtschein auf das Pflaster vor ihnen. Der Haß wird aus der Welt nur verschwinden, wenn der Mensch gelernt haben wird, das Gesicht seines Nächsten zu erkennen – nicht im gewöhnlichen Tageslicht, sondern im verklärenden Licht seiner göttlichen Möglichkeit; wenn er ihm die Achtung entgegenbringt, die er als ein Wesen verdient, in dessen Herz ein Element jener Macht wohnt, die wir Gott nennen.

Alles wahrhaft Große und Schöne in Natur und Kunst ist ein Spiegel der menschlichen Seele. Wo der Priester bei seiner Gemeinde keinen Anklang findet, greift der erleuchtete Künstler die unbeachtete Botschaft auf und offenbart den Menschen ihre Seele. Wer immer sich der seltenen Augenblicke erinnern kann, da die Schönheit ihm Bereiche der Ewigkeit erschloß, sollte es sich, wann immer er der Welt müde ist, angelegen sein lassen, das Heiligtum in sich selbst aufzusuchen. Dorthin sollte er sich begeben, um ein wenig Ruhe, neue Kraft und einen Lichtschimmer zu finden. Dabei dürfte er davon überzeugt sein, daß er in dem Augenblick, da es ihm gelingt, mit seinem wahren Ich in Berührung zu kommen, einer unendlichen Unterstützung und tiefen Befriedigung teilhaftig werden wird. Gelehrte mögen sich wie Maulwürfe in die wachsenden Stapel moderner Bücher und alter Manuskripte vergraben; sie können jedoch kein tieferes Geheimnis erfahren als dieses und keine höhere Wahrheit als die erhabene Wahrheit, daß das wahre Ich des Menschen göttlich ist. Die Sehnsüchte und Hoffnungen des Menschen mögen mit den Jahren schwinden, aber die Hoffnung auf ein unsterbliches Leben, auf vollkommene Liebe und stete Glückseligkeit wird zuletzt eine sichere Erfüllung finden; denn diese Hoffnungen sind prophetische Instinkte eines unausweichlichen Schicksals, dem niemand entgeht.

Die Welt schaut auf die alten Propheten um ihrer hohen Gedanken willen und bewundert längst vergangene Zeiten um ihrer edlen Ethik willen. Wenn aber dem Menschen seine eigene göttliche Natur offenbart wird, ist er überwältigt. Alles, was an Denken und Fühlen von Wert ist, kommt ihm nun mühelos zu. In der klösterlichen Stille seines Geistes stellen sich bei ihm Visionen ein, die nicht weniger heilig sind als die der hebräischen und arabischen Seher, die ihr Volk an seinen göttlichen Ursprung erinnerten. Durch dieselbe Erleuchtung wurde Buddha das Wissen um Nirvana zuteil, das er dann den Menschen brachte.

Die ernste Größe dieser alten, schon seit den frühesten Tagen der Menscheit bestehenden Wahrheiten kann niemals verstauben. Es gibt kein Volk, das nicht etwas von diesem tieferen Leben erfahren hätte, das jedem Menschen offensteht. Wer bereit ist, diese Wahrheiten anzunehmen, darf sie nicht nur mit dem Verstand annehmen, sondern muß sie sich mit dem Herzen zu eigen machen, bis sie ihn zu göttlicher Handlung inspirieren.

* * *

Einem Zwang folgend, dem ich nicht widerstehen kann, kehre ich in den irdischen Bereich zurück. Ganz allmählich werde ich mir meiner Umgebung wieder bewußt. Ich entdecke, daß ich noch in der Halle des Maharishi sitze, die leer zu sein scheint. Mein Blick fällt auf die Uhr der Einsiedelei, und es wird mir klar, daß die Anhänger des Weisen im Speisesaal bei ihrer Abendmahlzeit sein müssen. Dann merke ich auf einmal, daß zu meiner Linken jemand ist. Es ist der fünfundsiebzigjährige Bahnhofsvorsteher, der dicht neben mir auf dem Fußboden hockt und mich mit freundlichem Blick ansieht.

›Sie sind fast zwei Stunden im Trancezustand gewesen‹, sagt er zu mir. Sein vom Alter und von Sorgen durchfurchtes Gesicht wird von einem Lächeln erhellt, als ob er sich über meine Glückseligkeit freue.

Ich will etwas antworten, merke aber zu meiner Überraschung, daß ich die Sprache verloren habe. Es dauert fast eine Viertelstunde, bis ich sie wiedererlange. Inzwischen spricht der alte Mann weiter: ›Der Maharishi hat die ganze Zeit sorgsam auf Sie achtgegeben. Ich glaube, er hat Sie mit seinen Gedanken geleitet‹ « [31].

9. 4. 4 Carl Albrecht: Psychologie der Mystik

Der Arzt und Mystiker C.Albrecht hat auf Grund eigener Erfahrungen eine Beschreibung des mystischen Erlebens gegeben. Sein Buch »Psychologie des mystischen Bewußtseins« dürfte in der mystischen Literatur einzigartig dastehen.

Carl Albrecht wurde 1902 in Bremen geboren. Er studierte zuerst Geschichte, Volkswirtschaft, Philosophie und Psychologie, interessierte sich auch für Theologie und wandte sich schließlich der Medizin zu. Während und nach seiner internistischen Ausbildung befaßte er sich immer wieder mit Psychologie und Psychoanalyse. Versuche mit Patienten, Versenkungstechniken therapeutisch zu nutzen, führten ihn zur Mystik und zur psychologischen Untersuchung der Bewußtseinsumwandlung auf dem mystischen Pfad. Diese Erfahrungen wertete er in mehreren Büchern aus. Carl Albrecht starb 1965.

Albrecht unterscheidet fünf Bewußtseinsebenen oder -vorgänge, die während des mystischen Erlebens durchlaufen werden:

1) Wachbewußtsein,
2) Versenkungsvorgang,
3) Versunkenheitszustand,
4) ekstatisches Bewußtsein,
5) mystisches Bewußtsein.

Dabei handelt es sich nicht um scharf gegeneinander abgegrenzte Stufen, sondern um Erlebnisse, die fließend ineinander übergehen.

Das Wachbewußtsein

Das Wachbewußtsein ist der Normalzustand des denkenden und fühlenden Menschen. Es ist charakterisiert durch einen Strom von mannigfaltigen, meist schnell wechselnden Erlebnissen wie Sinneseindrücken, Empfindungen, Gefühlen und Affekten, die teils durch äußere Reize hervorgerufen werden, teils aber auch eigenem Erleben entstammen. Alle diese Vorgänge werden vom Bewußtsein wahrgenommen, doch ist die Intensität der Wahrnehmung unterschiedlich. Der größte Teil spielt sich gewissermaßen auf dem Hintergrund der Bewußtseinsbühne ab, fließt mehr oder weniger automatisch dahin und wird nicht weiter beachtet. Dieser Teil des Erlebnisstromes verläuft in einer »Sphäre geringen Klarheitsgrades«.

Aus dem diffusen und flüchtigen Erleben können einzelne Ereignisse herausgehoben werden, indem sie die Aufmerksamkeit erregen. Sie werden vom

Ich nicht nur wahrgenommen, sondern auch beachtet und bewirken willentliche Überlegungen und Handlungen. Das Bewußtsein hat dann die Sphäre des geringen Klarheitsgrades verlassen und ist in den Zustand des »klaren Wachbewußtseins« eingetreten; dieser ist ein Grundmerkmal des Wachbewußtseins.

Der Versenkungsvorgang

Der Versenkungsvorgang bewirkt eine Veränderung des Wachbewußtseins: Der Sich-Versenkende wird aus den Beziehungen zur Umwelt herausgelöst und sein Bewußtseinsraum wird entleert und vereinheitlicht. Die Bewußtseinsänderungen erstrecken sich auf zahlreiche Bereiche wie

Wille und Einstellung,
Aufmerksamkeit,
Verhältnis zur Umwelt,
Denken,
Erleben und Bewußtsein,
Ich,
Gefühle.

Alle Wandlungen verlaufen praktisch gleichzeitig. Die wichtigsten Ergebnisse der Bewußtseinsänderungen seien vorgreifend schon jetzt angeführt: Ein dominierendes Gefühl der Ruhe, das sich auf allen Stufen der Versenkungsvorganges fortschreitend entwickelt, und eine übergroße Klarheit des Bewußtseins. Ziel des Versenkungsvorganges ist das Erreichen der Versunkenheit. Die Versenkung kann durch Störungen unterbrochen werden.

Wille und Einstellung: Der Vorgang der Versenkung wird im allgemeinen durch einen Willensakt eingeleitet; man begibt sich an einen ruhigen Ort, schließt die Augen und entspannt die Muskeln. (Es gibt allerdings auch Abläufe, bei denen der Versenkungsvorgang ausbleibt und der Zustand der Versunkenheit plötzlich »von selbst« eintritt, ohne daß ein vorhergehender Willensakt erforderlich ist). Nach dem Beginn der Versenkung muß aber jeder Wille aufgegeben werden; Wille und Versenkung schließen einander aus. Selbst das bewußt erstrebte Aufgeben des Willens ist ein zu vermeidender Willensakt.

Andererseits hat der Sich-Versenkende die Absicht, zum Zustand der Versunkenheit zu gelangen, er ist auf dies Erlebnis »eingestellt«. Diese Einstellung bleibt während des ganzen Versenkungsvorganges als »determinierende Tendenz« bestehen und bestimmt weitgehend seinen Ablauf.

Die Aufmerksamkeit hört schon zu Beginn der Versenkung auf, soweit sie ein gerichteter Willensakt ist. Sie kann nur noch unwillkürlich bei bewußt wahrgenommenen Störungen in Aktion treten und ist dann ein letzter Rest des

Wachbewußtseins. Sie bleibt aber ein unwesentliches Randerlebnis, das vom Erlebnis der Ruhe abgelöst wird. Gegen Ende der Versenkung gibt es keine Aufmerksamkeit mehr.

Das Verhältnis des Bewußtseins zur Umwelt wird während des Versenkungsvorganges aufgelöst, alle äußeren Beziehungen werden aufgegeben. Damit verschwinden auch alle triebhaften Regungen, soweit sie der »Leibsphäre« angehören. Triebe können zu Beginn der Versenkung noch schwach vorhanden sein, lösen sich aber im weiteren Verlauf ebenso auf wie alle Wünsche und alles Begehren.

Dagegen bleiben der »Geistsphäre« zugeordnete Triebe erhalten. Sie werden ohne Zwänge, ohne »Drang« in das Versenkungsbewußtsein eingefügt. Als Beispiel sei der sogen. Hingabetrieb erwähnt, der in gewandelter Form übernommen wird und eine Einstellung des »sich Öffnens« hervorruft.

Das Denken: Aktives, vom Willen beeinflußtes Denken und Urteilen gibt es in der Versenkung nicht. Zu Beginn können noch von selbst verlaufende Denkvorgänge auftreten, die gefühlsmäßig gesteuert sind und die besonders bei Störerlebnissen in Erscheinung treten. Auch gibt es noch flüchtig vorüberhuschende Gedanken; diese verschwinden ebenso wie alles gerichtete Denken mit dem Fortschreiten des Versenkungsvorganges.

Erleben und Bewußtsein: Das weitgehende Aufhören des Denkens bedeutet nicht ein Aufgeben des Bewußtseins; es gibt durchaus noch »Wissen«. Der Sich-Versenkende ist sich seiner Situation voll bewußt, er weiß, daß er den Zustand der Ruhe erreicht hat, Störungen und ihre Überwindung werden bewußt erlebt u.a.m.

Wie schon gesagt wurde, besteht im Wachbewußtsein eine breite Schicht fließenden Erlebens, die kaum beachtet in einer Sphäre geringen Klarheitsgrades verläuft. In der Versenkung gibt es Aufmerksamkeit, Beachten und willentlich gesteuerte Vorgänge nicht mehr. Geblieben ist aber der Teil des ungesteuerten, vorher nicht beachteten Erlebnisstroms, der nicht von äußeren Sinneseindrücken hervorgerufen wurde. Er fließt nunmehr unbeeinflußt von Störungen frei dahin, kommt voll zur Geltung und wird in »übergroßer Klarheit« empfunden.

Die *Überklarheit* ist die höchste erreichbare Klarheitsstufe; sie ist ein Grundphänomen der Versenkung.

Man ist sich dabei völlig im klaren, welche Erlebnisvorgänge im eigenen Bewußtsein verlaufen. Man ist sich des Zustandes der Ruhe klar bewußt; Erlebnisse, die im Wachbewußtsein nur am Rande vermerkt wurden, stehen nunmehr überklar im Vordergrund. Das Versenkungsbewußtsein ist gesammelt und gefügt. Zwar tritt eine Entleerung von der Wahrnehmungswelt ein, aber damit ist keine Einengung des Bewußtseins verbunden. Man spricht von einer »leeren Klarheit« oder »klaren Leere«. (Dieser Zustand hat aber nichts mit dem

Bewußtmachen von in das Unterbewußtsein verdrängten Erlebniskomplexen zu tun; er ist psychoanalytisch nicht verwendbar).

Auch die Form des *Erlebens* hat sich gegenüber dem Erleben im Wachbewußtsein verändert. In diesem werden Akzente gesetzt und finden abrupte Wechsel des Gegenstandes statt. Dagegen wird im Versenkungsbewußtsein alles Erleben als ein ruhiges und gleichmäßiges Dahinfließen empfunden, das durch keinerlei Willensakte beeinflußt wird. Der Erlebnisstrom verlangsamt sich immer mehr, und etwa auftauchende bildhafte Vorstellungen bleiben immer länger im Bewußtseinsraum stehen.

Das Ich: In der Versenkung ist das Ich nicht mehr aktiv handelnd, steuernd oder kontrollierend, sondern nur noch passiv empfindend und aufnehmend. Es hat nur noch eine zuschauende Funktion; alle Vorgänge werden (im Gegensatz zum Wachbewußtsein) als nicht vom Ich ausgehend empfunden. In den Anfangsstadien der Versenkung können noch gefühlsmäßige Stellungnahmen vorkommen, später entfallen auch diese.

Während im Wachbewußtsein gegenständliche Objekte im Vordergrund stehen, tritt in der Versenkung eine Abwendung von äußeren Dingen ein. Das Bewußtsein wird von ihnen entleert; es verbleiben aber Inhalte, die man als »Schauen« oder »Innewerden« bezeichnen kann. Das Ichbewußtsein wird gelockert, »entleert«; in der Mystik wird vom »Entwerden« gesprochen (was aber nicht »Auslöschung« bedeutet).

Gefühle nehmen während des Versenkungsvorganges immer mehr an Tiefe zu, weil sich der Bewußtseinsraum weitgehend von den Inhalten des Wachbewußtseins entleert; auch verschwinden oberflächliche Gefühle wie Kummer, Unmut oder Ängstlichkeit. Man unterscheidet zwei Arten von Gefühlen:

a) Gerichtete Gefühle, die entweder auf Gegenständliches oder auf die Selbstsphäre bezogen sind. Sie werden als »Angemutet-Werden« bezeichnet.

b) Gegenstandslose Gefühle in der Form des »Zumuteseins« (d.h. Gefühle, die nur in die Zuständlichkeit des Ichs fallen; Gefühle von etwas, das uns in unserem eigenen Inneren begegnet).

Die »gerichteten Gefühle« nehmen im Versenkungsvorgang immer mehr ab. Das sind einmal Gefühle, die sich mit Gegenständlichem befassen oder die dem Mitmenschen zugewandt sind, aber auch Gefühle, deren »Gegenstand« ein geistiger Wert ist. Damit tritt eine Abkehr von allen menschlichen Beziehungen, aber auch von religiösen, ethischen und ästhetischen Vorstellungen ein. Das Gefühlsleben wird zunehmend verengt, der Sich-Versenkende wird immer mehr auf sich selbst zentriert.

Eine zweite Art der gerichteten Gefühle, die der Selbstsphäre zugewandt ist, tritt in der Versenkung zunehmend hervor. Es handelt sich dabei nicht um aktive Selbst-Reflexion (Selbsterkenntnis), sondern um ein reines Fühlen. Solche Gefühle können mehr negativ sein (Besorgnis, Trauer, Gefühl der eigenen Unzulänglichkeit), sie können aber auch positiv und bereichernd als Heiterkeit, Zufriedenheit oder Selbstvertrauen auftreten. Sie werden vom Bewußtsein in übergroßer Klarsicht wahrgenommen.

Die »gegenstandslosen Gefühle« (das »Zumutesein«) werden als ein »Durchströmen« des Ichs oder als Erschütterung empfunden, ohne daß sie von etwas Konkretem ausgelöst werden. Die Sphäre des »Zumuteseins« breitet sich zu Lasten der Sphäre des »Angemutet-Werdens« immer weiter aus.

Außer positiv empfundenen gegenstandslosen Gefühlen wie Freude, Glück u.a. können auch negative Gefühle auftreten: Trauer, Unruhe oder Angst, die zu einem Gefühl der Wehmut verwandelt und in das Gefühl der Ruhe eingeschmolzen werden. Heftige Angstgefühle, die im Wachbewußtsein verdeckt waren und mit in die Versenkung hineingenommen wurden, können dagegen in extrem starker Form zu Verzweiflung, Gefühlen absoluten Unwertes oder zum Fehlen jeden Selbstvertrauens führen. Wenn sie nicht überwunden werden, bewirken sie das Abbrechen der Versenkung.

Weiterhin ändert sich auch das Zeitgefühl. Im Wachbewußtsein findet ein schneller Wechsel von Gefühlen, Affekten und Willensregungen in großer Mannigfaltigkeit statt. In der Versenkung tritt eine Verarmung an Erlebnissen und Empfindungen ein; die verbleibenden Erlebnisse sind aber von größerer Dauer, so daß die Zeit langsamer zu fließen scheint. Der Bewußtseinsraum wird schließlich von dem Gefühl der Ruhe fast völlig ausgefüllt, und am Ende des Versenkungsvorganges scheint die Zeit stillzustehen. Trotzdem ist man sich durchaus bewußt, daß man in der Zeit lebt.

Während des Versenkungsvorganges können Halluzinationen und Illusionen auftreten. Sie spielen sich ausschließlich im äußeren Bewußtseinsraum ab; sie sind wertlos und müssen im weiteren Verlauf der Meditation aufhören. (Die später zu beschreibenden Visionen treten dagegen in der inneren Sphäre des Bewußtseinsraumes auf).

Der Versunkenheitszustand

Mit dem Ende der Versenkung wird der Zustand der Versunkenheit erreicht. Das Triebleben ruht, alle Aktivität des Ichs ist erloschen, das Fühlen ist einfacher und ruhiger geworden, der Erlebnisstrom ist verlangsamt, und Störungen werden nicht mehr wahrgenommen. Der Bewußtseinsraum ist von reflexivem und Ich-gesteuertem Denken entleert. Geblieben sind aber zahlreiche andere Erlebnisabläufe wie Schau von Bildern oder gegenstandslose Gefühle.

Das Gefühl der Ruhe ist eine Qualität des gesamten Erlebens geworden; die Ruhe »kommt nicht mehr an«, sondern ist beherrschender Grund des Gefühlslebens, sie ist »klare‹, »stehende« oder »leere« Ruhe geworden.

Grundmerkmale der Versunkenheit sind:

a) Die Überklarheit des Bewußtseins,

b) die weitgehende Entleerung des Bewußtseinsraumes,

c) die Verlangsamung des Erlebnisstromes und

d) die völlige Passivität des Ichs.

Als wesentliches neues Phänomen tritt nunmehr die sogen. *Innenschau* auf. Sie ist die einzige Funktion, die dem passiv erlebenden Ich noch verbleibt. *Innenschau* setzt voraus, daß es etwas gibt, das angeschaut werden kann. Angeschaut wird etwas »Ankommendes«.

Die Innenschau ist keine Sinneswahrnehmung und kein »Innesein« von etwas. Sie ist ein außersinnliches Erleben, das nur in der Versunkenheit auftritt. Die Innenschau ist eine seelische Erfahrung, ein Erwarten kommender Ereignisse, die aber nicht als Wahrnehmungen im üblichen Sinne auftreten, sondern vom Ich ohne eigene Aktivität »erschaut« werden.

Das bedeutungsvollste Empfinden in der Innenschau ist das Gefühl eines *Ankommenden*. Es tritt auf, wenn die selbsttätig verlaufenden Denkvorgänge aufgehört haben. Das Ankommende ist eine »außerbewußt gedachte Ganzheit«, die in der Innenschau zunehmend bewußt wird. Plötzlich ist ein Etwas vorhanden, das nicht oder nicht mehr im Bewußtsein vorhanden war und das nun mit überklarem Bewußtsein angeschaut wird. Das Ich sieht diesen im Bewußtseinsraum ankommenden »Gegenstand« gewissermaßen von außen her an.

In der Versunkenheit können auch Erlebnisreihen ablaufen, die aus dem Wachbewußtsein mitgebracht wurden und während der Versenkung nur latent vorhanden waren. Das »Ankommende« kann dementsprechend in überaus unterschiedlicher Weise erfahren werden. Jeder Versunkene erlebt eine ihm eigene Form des Ankommenden, die als Ausprägung seiner Individualität erscheint.

Das Ankommende kann eine Folge von Bildern sein (sogen. »Bildstreifenerlebnis«), es kann ein Erinnern an längst Vergessenes sein, ein Gefühl, ein Symbol, ein intuitives Erfassen oder ein auftauchendes Wort. Auch das Schweigen kann ein Ankommendes sein. Der Schauende kann den Zustand seiner eigenen Seele klar erkennen, er empfindet Gefühle der Hingabe, er läßt das Dunkle seines Wesens hinter sich und sein Selbst wird zu einem »Urwert«. Solche Erlebnisabläufe in der Versunkenheit bewirken eine bleibende Wandlung des Wesens des Versunkenen, die in das spätere Wachbewußtsein (nach Rückkehr des Bewußtseins) mitgenommen wird.

Manchmal kommt es in der Versunkenheit zu unwillkürlichem Sprechen, das ohne Zutun des Ichs abläuft und an das man sich nach Rückkehr zum Wachbewußtsein nur andeutungsweise erinnert. Dies Sprechen bewegt sich jedoch in ganz anderen Kategorien als es bei der Psychoanalyse der Fall ist, bei der es sich um ein Aussprechen und Befreien von verdrängten Erlebnissen der Vergangenheit handelt.

C.Albrecht hat eine Anzahl solcher Äußerungen, die im Versunkenheitszustand gemacht wurden, protokollieren lassen; einige davon seien wiedergegeben (die gedehnte Schreibweise soll das langsame Sprechen mit Unterbrechungen andeuten):

»Im Raum des Grundes.
Der Ort ist offen.
Im Sinnen Gottes.
Das Urgeheime
ist laut geworden.
Gelichtet im Dunkel.
Verborgen im Leuchten.
Urheilige Ruhe
im Singen des Meeres.
Urgrund
im Ursprung
aufgetan.
Flamme in der Schale
des Ja«;

»Am Grunde.
In der Gnade.
In der Halle der Nacht,
wo im ewigen Wandern des betenden Wortes,
im Ringe des Lichtes,
im Heiligen
ein Ort gesegnet ruht,
ein Herz zum Leuchten kommt,
ein Wunder seine Wahrheit sagt«; [32].

In der Versunkenheit werden gelegentlich körperliche *Leistungssteigerungen* beobachtet. Wenn bildhafte Vorstellungen selbständig und vom Ich ungesteuert auftreten, können physiologische Vorgänge im Körper beeinflußt und z.B. meßbare Temperaturänderungen oder Änderungen der Herzfrequenz hervorgerufen werden. Weiterhin kann es zu gesteigerter Durchblutung der Haut kommen, so daß Kälte nicht mehr wahrgenommen wird, auch kann das Schmerzempfinden ausgeschaltet sein. Das Atmen kann soweit herabgesetzt werden, daß für eine begrenzte Zeit eine Art von »Winterschlaf« eintritt.

In der Versunkenheit treten schließlich auch *Wertungserlebnisse* auf, das sind Erlebnisse der Zugehörigkeit zu einer Wertsphäre, die aber nicht durch reflexives Denken erhalten werden. Der Versunkene will sein »wahres Selbst« finden, er hat die Vorstellung, daß diese Kenntnis ein »Urwert« des Lebens ist. Diese Elemente des Versunkenheitsbewußtseins werden positiv bewertet, und die erlebte Gesamtform ist ein »wertendes Schauen« oder ein »schauendes Werten«.

Das ekstatische Bewußtsein

Im Versunkenheitsbewußtsein erlebt und bemerkt das Ich noch ihm gegenüberstehende Objekte, auf die Vorstellen und Fühlen hingerichtet sind. Dieser Dualismus von Subjekt und Objekt wird als »Subjekt - Objekt - Spaltung« bezeichnet. Nach und nach kann aber in der Versunkenheit der Unterschied zwischen Subjekt und Objekt verblassen, bis ein Zustand erreicht wird, in dem zwar noch ein Erleben stattfindet, aber kein Unterschied zwischen Subjekt und Objekt mehr bemerkt wird.

Ein solches Bewußtsein unterscheidet sich vom Versunkenheitsbewußtsein, in dem das Ich noch Objekte bemerkt. Es wird *ekstatisches Bewußtsein* genannt; es ist ein Grenzfall des Versunkenheitsbewußtseins.

Das Aufhören der Subjekt - Objekt - Spaltung im gewöhnlichen Versunkenheitsbewußtsein ist noch kein mystisches Erleben, da es auch im Wachbewußtsein als »Sich-vergessen« eintreten kann.

Das mystische Bewußtsein

Voraussetzung für das Erreichen des mystischen Bewußtseins ist das Versunkenheitsbewußtsein mit dem Gefühl des »Ankommenden«. Aber erst wenn das Ankommende das Merkmal des *Umfassenden* besitzt, wird in den Bereich der Mystik eingetreten.

Gewöhnlich hat das in der Versunkenheit Ankommende Qualitäten, die dem Versunkenen vertraut oder die ihm doch wenigstens nicht fremd sind. Das Umfassende, das ankommt, ist jedoch etwas völlig anderes. Es hat keinerlei Ich-Qualität. Es wird als etwas Fremdes, Unbekanntes, Unheimliches erlebt, als etwas überragend Großes, das einer anderen Welt entstammt. Es ist ein Mysterium tremendum, das nie als Ganzes sichtbar wird.

Das Umfassende wird als ein Ankommendes erlebt, aber es bleibt dabei immer der Eindruck, als ob dahinter noch etwas Unerkennbares verborgen sei. Es erscheint nicht selbst im Bewußtseinsraum, sondern nur in unterschiedlicher, verhüllter Form; es hat immer eine Fremdqualität.

Das Erleben des Umfassenden hat eine Patientin Albrechts in der Versunkenheit durch unbewußtes Sprechen verdeutlicht; ihre Sätze stehen in drastischem Gegensatz zu den oben angeführten Worten, die dem Erlebnis eines gewöhnlichen Ankommenden entsprachen:

> »Es ist etwas da – im Kommen – – es ist etwas da in einer Bewegung auf mich zu. ... Und es ist so, daß ich Sehnsucht danach habe und Angst davor, und Angst davor, daß ich dann nicht mehr bin, so wie ich jetzt bin, daß ich dann etwas aufgeben werde, daß sich dann etwas entscheidend verändern wird und daß ich dann nicht mehr gefragt werde, daß ich mich dann nicht mehr entscheiden kann. –
> Ich weiß nicht, wie ich das aushalten kann – – wie ich das aushalten werde. Ich weiß nicht, ob ich das wirklich kann, denn es ist etwas ganz Großes – – etwas ganz Besonderes und es wird mich ganz erfassen – ganz – ganz – bedecken ... ganz nehmen – ganz – – – es ist so schwer zu sagen – – es ist das Unbedingte – das, vor dem ich Angst habe – das, nach dem ich große Sehnsucht habe – was ich nicht kenne – was ich nicht kennen mag – – und doch irgendwie ersehne. Und es kommt – – es ist – ich weiß nicht wodurch – aber es ist gerufen worden. Es ist durch mich oder durch eine Stimme in mir, die ich auch noch nicht kenne, – es ist gerufen worden zu kommen, und nun nähert es sich und macht, daß ich Angst vor ihm habe, denn es kommt und es kommt mit unbekannten und unbegreiflichen und unabmeßbaren Kräften und Gewalten, die ich nicht mehr beherrsche, die ich nicht mehr erkenne, die ich nicht mehr – mit denen ich nicht mehr tun kann, denn sie sind mehr als ich – selber bin. – – – Sie sind ein ganz Großes Unbedingtes und Unheimliches und sie kommen – aus einem Reich, zu dem ich keinen Zutritt habe, zu dem ich nicht hineingelangen kann von mir aus. – –
> Dieses ist etwas unabhängig von mir, ... Es ist etwas – – Großes ... Aber ich weiß nicht, ob das richtig ist, wenn ich das so sage, es kann auch anders sein, aber da ist etwas im Kommen und es ist da noch ein großer Abstand, ein großer Abgrund zwischen dem, was kommt, und dem, was ich bin. Es ist da auch meine Angst dazwischen und das, was *noch nicht bereit ist*, das, was noch an einer Welt festhält, die ich doch gewesen bin« [33].

Das Umfassende kann als apersonale oder als personale Wesenheit erlebt werden. Apersonal ist z.B. die »allumfassende Ruhe«. Die Ruhe gehört sowohl zum Versenkungsbereich, als auch zu dem der Versunkenheit. Hier kann sie das Merkmal einer allumfassenden Letztheit annehmen; sie wird dann als höchstes Gut gewertet. Wenn die Versunkenheit selbst zum Gegenstand der Innenschau wird, wird sie eine allumfassende Einheit, deren Einzelelemente (die absolute Ruhe, die absolute Leere, die Zeitlosigkeit) nicht mehr zu unterscheiden sind. Die allumfassende Ruhe kann so auch die Leere, die Ewigkeit oder das Nichts genannt werden. Für den christlichen Mystiker ist sie das Erlöschen des Ichs, ein »Verlorensein in dem Willen Gottes«.

Eine andere apersonale Wesenheit ist das sogen »Ur«; es ist etwas Gewaltiges, Bedrängendes, Furchtbares, hinter dem sich ein unerkennbarer Bereich befindet. Eine andere Ausprägung dieser Wesenheit ist die »Ur-Liebe«, die im Gegensatz zum »Ur« im Versunkenen Rausch, Entzücken und Glückseligkeit bewirkt.

Das *personal Umfassende* ist die Begegnung mit einem »Du«, das dem Versunkenen als unerkennbare Person entgegentritt. Es ist aktiv wirkender Urheber für alles, was in der Versunkenheit erlebt wird. In dieser Begegnung erschaut der Versunkene auch sein eigenes Wesen. Es kommt zu einem Werterlebnis: Dem Umfassenden wird der allerhöchste Wert zugeordnet, während sich das Ich in einer Unwertsphäre befindet. Beide Werte sind abgrundtief voneinander geschieden, und der Versunkene erleidet ein Purgatorium, bis schließlich sein Ich aus der Beziehung zu den Unwerten herausgelöst wird (vgl. die Ausführungen über das tibetische Totenbuch, Abschn. 4.4.7) und für die Bindung an das Wertvolle frei ist. Das Erlebnis des Wertens führt zu Verwandlung des Verhaltens und zu einer Veränderung des Ichs, das – soweit möglich – in die Wertsphäre eintritt. Durch die Begegnung mit dem personalen Du wird das Ich befähigt, später, nach Rückkehr zum Wachbewußtsein, liebend für alle Mitmenschen geöffnet zu sein.

Auch beim Erleben eines ankommenden Umfassenden im Versunkenheitszustand kann es zum Verschwinden der Subjekt - Objekt - Spaltung kommen. Für den Versunkenen wird dann alles zu einer Einheit, in der er auch selbst enthalten ist. Dieser Zustand wird von Albrecht »Ekstase mystischen Charakters« genannt; er ist das höchste, endgültige Erlebnis im Dasein des Mystikers. Man kann hier drei Formen unterscheiden:

1) Ein Erlöschen des Ichs im Umfassenden (dabei geht der Standpunkt des bewußt erlebenden Ichs, auf das in der Innenschau noch alles bezogen wurde, verloren);

2) ein Überwältigtwerden (das Ich wird vom Umfassenden überwältigt, es wird aufgegeben und wird eins mit ihm);

3) eine Einigung durch Gefühlsüberschwang (Ichbewußtsein und Gegenstandsbewußtsein gehen in einer unterschiedslosen Einheit auf).

In der Einigung wird die allumfassende Liebe als höchste Lebensform erfahren. Dies Erlebnis formt den Menschen um und wird zu seinem unverlierbaren Besitz; es bleibt für immer in ihm wirksam. Die Untersuchung der mystischen Versunkenheit durch Klären der psychischen Vorgänge ist der einzige Zugangsweg zur Beurteilung der »Ekstase mystischen Charakters«. Nur das Schwinden der Subjekt-Objekt-Beziehung kann noch psychologisch gedeutet werden. Der Kernbereich der mystischen Einung ist aber einer wissenschaftlichen Analyse nicht zugänglich, weil hier das Bewußtsein aufgehoben ist.

* * *

Wegen der zahlreichen und unterschiedlichen Erlebnisse in der Versunkenheit ist es oft schwierig zu entscheiden, ob eine Erfahrung schon echte Mystik ist oder ob sie noch der Selbstsphäre angehört. Das entscheidende Kriterium ist immer die Erfahrung der Anwesenheit eines Umfassenden, das als etwas übergeordnetes Mächtiges in höchster Intensität auf den Versunkenen einwirkt. Es muß auch die Ursache aller im Versunkenheitszustand erfahrenen auditiven und visuellen Erscheinungen sein. Auch die Gefühle von überströmender Liebe und Freude müssen vom Umfassenden ausgelöst sein, andernfalls gehört alles dieses nicht zum Bereich der Mystik.

Man kennt zwei Arten der Erfahrung des Umfassenden: Es kann als Bild in Erscheinung treten oder bildlos erfahren werden.

Die *bildhaften Erfahrungen* (z.B. Christus- oder Maria-Erscheinungen in der christlichen Mystik) können echte Mystik sein, wenn sie als Gegenwart eines übermächtigen Umfassenden erlebt werden. In der Regel handelt es sich aber bei der bildhaften Schau nur um ein rein äußerliches Sehen, das nichts mit Mystik zu tun hat (»wir sehen, was wir glauben«). Die zahlreichen Beschreibungen von Visionen Jesu, von Engeln, Heiligen und Teufeln gehören fast sämtlich dem äußerlichen, nichtmystischen Bereich an. In diesem Zusammenhang sind auch Phänomene zu erwähnen, bei denen der Versunkene etwas zu vernehmen glaubt, sei es eine Stimme oder eine Art von stummer Anrede. Das akustische Wahrnehmen von Worten oder Befehlen dürfte wohl immer aus der Selbstsphäre kommen; derartige Erscheinungen sind daher nur sehr selten – wenn überhaupt – Mystik. Wenn es sich dagegen um eine »tonlose« Ansprache handelt, die mehr in »intellektueller Gestalt« einherkommt, so ist eher ein mystischer Gehalt vorhanden.

Eine Zwischenstellung zwischen bildhafter und bildloser Schau nehmen *Lichterscheinungen* ein. Diese gehen oft mit bildlichen Vorstellungen einher und gehören dann zur bildhaften Schau. Sie können aber auch als Erleuchtung auftreten, als ein Einströmen von Erkenntnis; dann sind sie ein Erscheinungsbild des Umfassenden (nicht das Umfassende selbst) und leiten über zum mystischen Bereich.

Die *bildlose Schau* ist wesentlich weniger der Selbsttäuschung ausgesetzt als die bildhafte. Das Wort »Schau« verliert hier seinen eigentlichen Sinn, denn es handelt sich um die Erfahrung von etwas Unsichtbarem und Unnennbarem, um das Anhaften an ein unsichtbares, aber gegenwärtiges Etwas, dessen Umschreibung allenfalls an die Begriffe der negativen Theologie erinnert. Mit der bildlosen Schau nähert sich der Versunkene gewöhnlich der letzten Erfahrung der mystischen Vereinigung, obwohl die Scheidung von Subjekt und Objekt noch vorhanden ist. Aber nunmehr kann das Eintreten in das mystische Einheitserlebnis erfolgen.

Albrecht gibt zwei Definitionen der Mystik:

> Nach der engeren, wissenschaftlich einwandfreien Definition ist Mystik das Ankommen eines Umfassenden im Versunkenheitszustand.

Die erweiterte Definition enthält noch zusätzlich den Begriff der Ekstase, die der Versunkenheit nebengeordnet ist. Nach dieser Definition ist Mystik sowohl das Ankommen eines Umfassenden im Versunkenheitszustand als auch das ekstatische Erleben des Umfassenden.

* * *

Mystik ist eine eigenartige Richtung in Philosophie, Psychologie und Religion, die in den verschiedensten Kulturkreisen durchaus ähnliche Züge aufweist. Man kann sie als eine geistige Verfassung des Mystikers oder auch als ein psychisches Phänomen ansehen, welches nur schwer in das gewöhnliche Geistesleben einzuordnen ist. Sie ist das Erleben einer Kraft oder einer Macht, die nicht zum eigenen Bewußtsein gehört. Der Mensch muß sich auf die Begegnung mit dieser Kraft durch Loslösen von allen weltlichen Bindungen bis hin zur Selbstaufgabe, dem mystischen Tod, vorbereiten. Das letzte Erleben ist ein Eintauchen oder ein Zurückfinden zum Ursprung des Seins, das Wahrheit und Leben zugleich ist. Für den religiös Denkenden und Empfindenden ist es das Überschreiten einer Brücke, die nach christlichem Glauben zur Vereinigung mit Gott führt. Für den Buddhisten bedeutet die höchste mystische Erfahrung die Befreiung von der Illusion einer realen Welt und das Eingehen ins Nirvana. C.Albrecht kommt – wie auch zahlreiche andere Mystiker vor ihm – zu der Erkenntnis, daß Ausagen über den letzten mystischen Zustand nicht möglich sind. Das Bewußtsein begegnet einem Etwas, das nicht von ihm abstammt und nicht in ihm selbst enthalten ist, und das sich auch nicht auf eine frühere Erfahrung zurückführen läßt. Es übersteigt das Fassungsvermögen des Menschen, bewirkt aber bleibende Veränderungen im Wesen dessen, der es erfahren hat.

Die psychologische Untersuchung der mystischen Erlebnisse durch C.Albrecht hat in allen wesentlichen Punkten die Beschreibungen vieler Mystiker aus den verschiedensten Kulturkreisen und Religionen bestätigt, obwohl er von ganz anderen Voraussetzungen und von der geistigen Haltung eines modernen westlichen Wissenschaftlers ausging. Man kann dies als einen weiteren, gewichtigen Hinweis auf die letzte Einheitlichkeit der mystischen Erlebnisse über Raum und Zeit ansehen.

Anmerkungen

1 Milarepa; nach: J.Bachhofer, Verrückte Weisheit, Leben und Lehre Milarepas; 1.Aufl., Edition Shangrila, Haldenwang 1986, S. 107.

2 Nrisinhapurvatapaniya-Upanishad 4, 3; nach: P.Deussen, Sechzig Upanishads des Veda; Kleine Verlag, Bielefeld 1980 (Nachdr.).

3 Sure 55/46-53, »Der Erbarmer«; nach: Der Koran, Übersetzung M.Henning: 1.Aufl., Reclam, Stuttgart 1960.

4 Litanei vom hochheiligen Herzen Jesu (aus dem katholischen Gesang- und Gebetbuch).
5 Leibniz, Hauptwerke (s.Lit.), S. 166.
6 Hauptwerke, S. 164/165.
7 Hauptwerke, S. 189.
8 Aus: Heer (s.Lit.), S. 25.
9 Hauptwerke, S. XLII.
10 Heer, S. 132.
11 Leibniz, Theodizee (s.Lit.), S. 369.
12 Heer, S. 126.
13 Hauptwerke, S. 30.
14 Hauptwerke, S. 57.
15 Hauptwerke, S. 292.
16 Heer, S. 44.
17 Mauthner, F: Der Atheismus und seine Geschichte im Abendlande; 1.Aufl., Eichborn-Verlag, Frankfurt/M 1920-1923, Bd. IV, S. 372 ff.
18 Aus: Lin Yutang, Die Weisheit des Laotse (s.Lit.), Spr. 1.
19 Weisheit des Laotse, Spr. 21.
20 Weisheit des Laotse, Spr. 4
21 Weisheit des Laotse, Spr. 25.
22 Weisheit des Laotse, Spr. 37.
23 Weisheit des Laotse, Spr. 42.
24 Weisheit des Laotse, Spr. 2.
25 Weisheit des Laotse, Spr. 23.
26 Weisheit des Laotse, Spr. 56.
27 Aus: Dschuang Dsi (s.Lit.), S. 87 (geringfügig geändert: »Tao« statt »SINN«).
28 Dschuang Dsi (s.Lit.), 30.
29 Dschuang Dsi (s.Lit.), S. 94/95.
30 Dschuang Dsi (s.Lit.), S. 88 (geringfügig geändert: »Tao« statt »SINN«).
31 Aus: Brunton, P., Von Yogis ... (s.Lit.), S. 336 - 344.
32 Aus: Albrecht, Das mystische Wort (s.Lit.), S. 264 u. 260.
33 Aus: Albrecht, Psychologie (s. Lit.), S.212/213.

Literatur

Albrecht, C.: Psychologie des mystischen Bewußtseins; 1.Aufl., Schünemann, Bremen 1951.

Albrecht, C.: Das mystische Erkennen; 1.Aufl., Schünemann, Bremen 1958.

Albrecht, C.: Das mystische Wort. Erleben und Sprechen in Versunkenheit. Dargestellt und herausgeg. von A.Fischer-Barnicol; 1.Aufl., Matthias Grünewald-Verlag, Mainz 1974.

Blofeld, J.: Der Taoismus; Diederichs Gelbe Reihe, 1.Aufl., Diederichs, Köln 1986.

Brunner, A.: Der Schritt über die Grenzen, Wesen und Sinn der Mystik; 1.Aufl., Echter Verlag, Würzburg 1972.

Dschuang Dsi: Das wahre Buch vom südlichen Blütenland, aus dem Chinesischen übertragen von R.Wilhelm; Diederichs Verlag, Köln 1969.

Dumoulin, H.: Östliche Meditation und christliche Mystik; 1.Aufl., Herder, Freiburg/Br. 1966.

Goel, B.S.: Psycho-Analysis and Meditation, Vol. 1; 1.Aufl., Third Eye Foundation of India, Kurukshetra 1986.
Heer, F.: Gottfried Wilhelm Leibniz; 1. Aufl., Fischer-Bücherei, Frankfurt/M 1958.
Leibniz, G.W., Die Hauptwerke. Zusammengefaßt und übertragen von Gerhard Krüger; 1.Aufl., Kröner Verlag, Leipzig 1933.
Leibniz, Gottfried Wilhelm, Auswahl und Einleitungen von Friedrich Heer; 1.Aufl., Fischer Bücherei, Frankfurt/M 1958.
Leibniz, G.W.: Die Theodizee. Übersetzung von Artur Buchenau; 2.Aufl., Meiner, Hamburg 1968.
Lin Yutang, Die Weisheit des Laotse, 1.Aufl., Fischer Taschenbuchverlag, Frankfurt/M 1986.
Smet, M. de: 50 Techniken der Meditation; 1.Aufl., Aurum Verlag, Freiburg/Br. 1986.
Tschöngyam Trungpa: Aktive Meditation; 6.Aufl., Walter-Verlag, Olten 1987.
Underhill, E.: Mystik; Turm-Verlag, Bietigheim o.J. (Nachdr. d. Ausgabe 1928).

Register